病気

育育児典

毛利子来
山田 真

岩波書店

この本の使いかた

●この本は、育児にたずさわるすべての人たちと、今後育児にかかわってほしい人たちに向けて書かれています。

ですから、母親だけでなく、父親にも、親になる可能性のある人にも、また祖父母や親戚、友人、知人のほか、保育士、幼稚園教師、ベビーシッター、子育て支援スタッフ、さらには小児科医、保健師などの方々にも、おおいに使っていただけるはずです。

●この本がめざすことは、「まえがきにかえて——これからの育児」に、まとめて掲げてあります。

●内容は、おおまかに「暮らし編」と「病気編」とにわけ、2冊にしてあります。育児には、子どもをかかえた生活の面と、子どもの健康や病気に関する医学の面とがありますから、まずは、それぞれにふさわしい編を選んで読んでください。しかし、その両面は、密接に関係するし、わけられないことも多いので、必要に応じて、「暮らし編」と「病気編」とを照らし合わせて使ってほしいと思います。

なお、この本は学齢前の子どもを対象にしています。

ちなみに、「暮らし編」は毛利子来が、「病気編」は山田真が、たがいに相談しながら、執筆しました。

●「暮らし編」では、子どもの月齢と年齢を、カレンダー式にはわけず、成長の質的・構造的な節目で、おおまかに区分した章を立ててあります。
たとえば1カ月、2カ月、3カ月……とか、1歳、2歳、3歳……といったふうではなく、「1カ月から3カ月のころ」とか「1歳半から3歳のころ」といったように。そうしたほうが、その期間に共通する特徴をつかみやすいからです。しかし移行期もありますから、月齢と年齢が、この区分の境目にある場合には、その前後の章も見るようにしてください。

●「病気編」では、子どもの月齢や年齢とは関係なく、病気別にお話ししました。ある病気が特定の年齢にだけ起こるということは少ないので、年齢別にはわけにくいからです。ひとつの病気について、ていねいな解説を心がけました。また、各章であつかう主な症状と病気を冒頭に掲げてありますので、参考にしてください。
しかし、子どもが急に病気になったとき、その症状から病気の見当をつけたり、処置法を知ったりするために、症状別ガイドもつくりました。急いでいるときは、そちらを見て、そこにあげられている病気のなかから見当をつけ、その病気のページを読むようにしてください。

●全編を通じて

1　関連のあるところを(→　ページ)で示してあるので、なるべく、そこも読んでほしいと思います。なお、(→暮らし　ページ)とあるのは暮らし編のページ、(→病気　ページ)とあるのは病気編のページです。

2　読みたいところを探すには、それぞれの本にある目次と索引を使ってください。

3　最低限必要と考えた文献や資料と、参考にしてほしいインターネット上のサイトを紹介してあります。ただし、サイトは変わることが多いので、その点は、あらかじめ、お含みください。

この本に書かれていることが、すべてとは思わないでください。子どもも大人もひとりひとりちがうし、社会の状況によって異なってもきます。とくに医学的な事項などは、いままで常識と思われていたことが、まちがっていたとわかるなどということが、しばしば起こります。不明だった病気の原因がウイルスだったと、ある日突然わかったりするのです。ですから、ここに書かれているのは、いまの時点でもっとも真実に近いと思われていること、ぼくたち著者が、こうしたらいいだろうと考えていることなのです。疑問や批判があったら、どんどんお便りをください。そういうことを通じて、この本を、もっと豊かなものにしたいと思います。

毛利子来
山田　真

病気編のはじめに

この本では、子どもの暮らしに関することと病気に関することを、わけてお話しするかたちをとりました。でも病気になっているときだって、まちがいなく子どもの日常の一部分ではあるわけですから、暮らしと病気とをわける、という方法は、おかしいと思われる方もあるかもしれません。

　確かに、あとでお話しするように、健康と病気のあいだに、はっきりした境界線《きょうかいせん》があるわけではないのです。

　そこで、病気になっているときも、子どもの暮らしのなかの一部分なのだけれど、それは暮らしのなかで、ちょっとだけ「特別なとき」と考えていいだろうということで、病気についてのお話しをわけてみたのです。そのほうが、この本を読まれるみなさんにも便利ではないかと思ったのですが、どうでしょうか。

　しかし先ほども言いましたように、元来、健康と病気のあいだに、はっきりした境界線はないのですから、「暮らし編」のほうに書かれていることと、だぶっている部分もあります。そのことについて、「だぶって書いてある」と目くじら立てたりしないでくださいね。

健康と病気の境目《さかいめ》は?

ここで、「健康と病気の境界線《きょうかいせん》」という大問題を、最初に考えておくことにしましょう。

　「健康」という言葉が使われるようになったのは明治維新《めいじいしん》以後のことで、江戸時代までは、「丈夫《じょうぶ》」や「健《すこ》やか」という言葉が使われていました。この「丈夫」や「健やか」という言葉のあらわすものと、「健康」という言葉のあらわすものが同じかどうかについて、健康教育学の専門家である北澤一利《きたざわかずとし》さんは、著書のなかで、「違う」と言っています(『「健康」の日本史』)。

　北澤さんによると、「「丈夫」や「健やか」という語は、客観的な根拠《こんきょ》があって判定されるのではなく、「具合」がいいかわるいかや「気分」が優《すぐ》れているかどうかなどのように、どちらかというと主観的な判断に託《たく》されているもの」だと言います。

　そして「健康」のほうは、身体《しんたい》の解剖学的構造《かいぼうがくてきこうぞう》や生理学的メカニズムなどの医学的根拠にもとづき、客観的に判定されるものだと言うのです。つまり健康という語は、身体の「内部」を「診察《しんさつ》」して、すべてが「異常ではない状態」を意味するのだということです。

ちょっとわかりにくい話になってしまったと思うので、整理しましょう。

明治維新以前は自分が健やかであるかどうかを、自分の「からだの感じ」で判定してよかったのですね。「丈夫でおすごしですか」と問われれば、「どこも具合《ぐあい》の悪いところはありませんよ。おかげさまで、丈夫ですごしています」というふうに応答してよかったのです。

しかし、近代になり、健康という言葉が使われるようになると、健康かどうかは、専門家に判断してもらわなければならなくなりました。たとえば会社へ就職することになって、「健康であるかどうか証明してください」と言われたとき、「どこも具合の悪いところはありませんから、健康です、だいじょうぶです」と答えても、会社はそれでいいとは言いませんね。医療機関《いりょうきかん》へ行って健康であることを証明した診断書をもらってきてください、と言われます。

保育園や幼稚園へ入るときなども、そうでしょう。「うちの子は、病気ひとつしたことがありません。ピンピンしてますから、健康です」と言っても、「医療機関へ行って、診断書を書いてもらうように」と言われます。

そして、医療機関での健康診断がごく簡単なものであったとしても、そこで「健康」と判断されれば、そのお墨付《すみつ》きは十分有効で、「天下晴れての健康なからだ」ということになります。

こんなふうに、健康かどうかが医者の判断に委《ゆだ》ねられてしまっているいまの世の中では、そのことによって、いろいろな問題が生じてもいます。

たとえば自分ではからだの調子がとても悪いと思っているのに、いろいろくわしく検査をしてみて、どこにも異常が見られない場合、医者からは、「だいじょうぶ、どこも悪いところはありません。あなたは健康です」と判定されます。

こういうとき、ほかの医療機関へ行ってみると、「検査ではどこも悪いところはないんだから、気持ちの問題でしょう」などと言われたりします。しかし本人は、自分は健康だという感じがもてないのですから、こういうケースを健康と言っていいのかどうか疑問ですね。

これとは逆に、本人は健康と思っているのに病気と判定され、そのことによって、本当に体調が悪くなってしまうような場合もあります。

人間ドックを受けたりすると、ちょっとした「異《い》常所見《じょうしょけん》」が、たくさん見つかることがあります。人間ドックがくわしいものであればあるほど、そうした「わずかな異常所見」は、よりたくさん見つかります。そういう所見の大半は、からだにとって何の害もないもので、気にしなくてもいいのですが、「気になる性質」の人にとっては、たいへんな悩みの種になることが、しばしばあります。だいたい人間ドックを毎年のように受けるような人は、「気になる性質」の人が多く、気にしない性質の人は、最初から検査など受けないのです。

人間ドックのような健康診断は、病気の早期発見につながるので有益だと言われていますが、一方で、とるに足らない異常所見を見つけだしては、ドックを受けた人を悩ませてしまうこともあります。こういう「病気とは言えない異常所見」については、「検査をどう受けるか」でお話ししますが(→443ページ)、この類《たぐい》の所見がある人を健康と呼ぶべきか、病気と呼ぶべきか、迷ってしまいますね。

ここまでお話ししてきたことは、ほとんど大人にかかわることで、幼い子どもの場合は、「検査結果を気にして、そのために本当にからだの具合が悪くなってしまう」というようなことは、めったにありません。だから子どもの場合、健康と病気の境界は、はっきりしていると思われるかもしれませんが、そんなことは決してないのです。

子どもの場合、自分では病気と思っていないのに、まわりの人に「病気にされてしまう」ケースがずっと多いと言えます。

下痢《げり》、はな水、発熱といった、ありふれた症状を例にとって考えてみましょう。

子どもをすぐに「病人」あつかいしていませんか?

ぼくのような小児科の開業医のところには、「はな水が出ているだけ」の子どもや、「下痢《げり》をしているだけ」の子どもが、たくさんやってきます。この子どもたちのなかには、まれに「病院好き」という興味深い趣味をもった子どももいますが、大半は病院へ行きたいと思っていないのに、親に連れられてきた子どもです。みんな元気で、見たところ、どこが悪いのかわかりません。こういう子どもを見るたびに、「この子たちは病気じゃないよなあ」と思いますが、子どもを連れてくるお母さんやお父さんから見れば、確かに病気であって、そこにちょっとしたズレを感じます。

子どもは、ふつうに暮らしていれば、はな水が出ることもあれば下痢をすることもあります。

そして子ども自身は、そうした症状でつらい思いをすることもなく、また、とくに治療もしなくても、自然に治ってしまうのがほとんどです。

ですから、お母さんやお父さんのなかには、はな水や下痢といった程度では子どもを病院へ連れて行かない人も、たくさんいます。そして子どもは病院へ連れて行かれなければ、病人としてあつかわれることはありません。

一方、ちょっとしたはな水や下痢でも、こまめに病院へ連れて行くお母さん、お父さんもいて、こういう家庭に育つ子どもは、「病気がちな子」、「からだの弱い子」とされてしまいます。

しかし、病院へ連れて行かれた子どもが、みんな病人あつかいされるわけでもありません。

「子どものはな水や下痢は、病気のうちに入りません。元気で遊んでるんだから、治療する必要なんかありません」と言うお医者さんにあたれば、子どもは「健康」と判定されたことになります。

一方、「こういう、はな水程度の軽いときに、ちゃんと治しておかないと、中耳炎《ちゅうじえん》になったり肺炎《はいえん》になったりして、たいへんです。きっちり治しておきましょう」と言うお医者さんだと、ばっちり薬も出て、しばらく通院したりすることになりますから、子どもは、れっきとした「病人」ということにもなります。

いまの世の中の傾向を見ると、病気あつかいしないで、健康あつかいしたほうがいいと思われる状態を、過剰《かじょう》に病気あつかいしている傾向があるように思われます。

大人の場合、健康だと自分で思っている人が人間ドックを受けたとすると、「健康」と判定される人は、1割強にすぎないと言われます。

健康と判定されなかったということは、すなわち病人と判定されたことだと考えると、世の中の人の約8割(病気だとわかっていて、人間ドックを受けない人も含めるわけですから)は病人だということになります。

これは、いくらなんでもあんまりだ、という感じがしますが、人間ドックの検査内容は、日ましにくわしくなっていますから、すべての項目について標《ひょう》準範囲《じゅんはんい》に入っている人の数は、どんどん減っていくわけです。そういう人がみな病人ということになれば、誰でも自分のからだに自信がもてなくなり、健康不安に満ちた世の中が作られてしまうのは当然です。

そして、必要以上にみんなが健康不安にとらわれているのが、現代の日本の実情と言ってよいでしょう。

子どもの場合も、当《とう》の子どもは元気に遊んでいるのに、「病気になっているのではないかしら」、「いまはだいじょうぶだけど、そのうち何かの病気がうつりはしないかしら」と、まわりの大人が過剰に心配するのが、いま、よく見られる情景です。

お母さんやお父さんだけでなく、おばあちゃんやおじいちゃんが孫に対して、異常に気をつかったりします。保育園などでも、ちょっとせきをしているくらいの子どもについても、「ちゃんと病院へ連れて行ったほうがいいですよ」と、保護者にすすめたりすることがあります。みんなで子どもを病人にしたてているような気がします。

はな水ひとつたらさず、せきもせず、皮膚《ひふ》に傷ひとつついていなくて、強くたくましく生きている、というのを、子どもの健康像だと考え、そこからはずれた子どもは医療の対象だと考えてしまう人が、少なくないのではないでしょうか。

はな水ぐらいたらしていても、いいのです。楽しく遊びまわっている子どもは、けがもしますし、皮膚もよごれます。元気のないときもあれば、あまり食べたがらない日だってあります。

からだの具合にだって、雨の日もあれば、お天気の日だってあるわけで、それこそがふつうの姿、健康な姿と言ってよいのだと思います。

健康と病気をすっぱりと二分《にぶん》したものとしてとらえ、病気ひとつしないバリバリの健康をめざしてしまうと、子どもたちをかえって弱くしてしまうのではないか、と思うのです。

病気には「効用」がある

ここまで、健康とは何か、病気をしないことが健康なのかという、ちょっと理屈《りくつ》っぽいことを考えてきました。

こんな面倒《めんどう》なことを考えてみたのも、いま、健康に不安をもっている人がとても多いからです。日常、健康に細心《さいしん》の注意をはらい、健康によいものを食べ、食べるだけでは足りず、サプリメントをとり、からだによいことは何でもしよう、という健康中心の生活をしている人は、たくさんいます。こういう人は病気になることを最大限避《さ》けようとし、予防のためなら、あらゆることをします。それが本当に病気の予防になるのか、ちゃんと証明されていないようなものでも、とにかく試してみたりするのです。

そしてそれだけのことをしながら、なお病気への不安がぬぐいきれず、そのストレスのために体調を崩《くず》したりしていることもあります。

こうした国民総「健康不安」の時代と言うべき現象は、不安をあおるような情報が氾濫《はんらん》しているから起こっているのです。

他人の不安感を誘《さそ》って、それを商売に利用しようとする産業は「不安産業」と呼ばれますが、健康への不安をかきたてて、それで商売しようとする企業などは、たくさんあります。そして国民の健康不安をかきたてるのは、国の政策のようにもなっています。インフルエンザをこわい病気だとキャンペーンして、抗ウイルス薬の乱用を生みだしたり、効果のはっきりしないワクチンを奨励《しょうれい》しているのは、まさに国をあげての事業のようになっているのです。

病気を予防することが国民の義務のように言われ、病気になるのは個人の責任、つまり、健康管理が不十分だったからだ、と言われてしまう時代になっています。

子どもについては、子どもを病気にしないことが親の義務のように言われます。よく病気になる子どもの親は、育てかたが悪いからそうなるのだ、と言われたりします。

アメリカでは、子ども時代にかかるほとんどの感《かん》染症《せんしょう》をワクチンを使って予防し、「感染症に、ひとつもかからない子ども時代」というものをめざしており、親に対しては子どもにワクチンを受けさせることを、きびしく義務づけようとしています。

しかし子ども時代に感染症に数多くかかった子どもほど、将来アレルギーの病気になりにくいというデータが欧米の文献でいくつか証明されていますから、子ども時代には病気を経験することも大事だと思います。

病気のときは、一息《ひといき》ついてからだを休ませることができますし、共働きで、ふだん子どもに接する機会が少ないお母さん、お父さんなどにとっては、遊んだり話したりすることのできるチャンスでもあったりします。

ぼくは幼いころ病弱で、しょっちゅう床《とこ》についていていましたが、いま思い返しても病気のときの記憶は決してにがいものではなくて、なつかしく思い返せるシーンがいくつもあります。

病気には効用があると、ぼくは思っています。とくに現代は、生命にかかわるようなこわい病気は少なくなっているのですから、病気にかかることを、おそれなくてもいいと思うのです。

しかし、お医者さんのなかにさえ、「子どもの病気はこわい」と思っている人がいます。ぼくも内科のお医者さんに、「小児科はたいへんでしょう。子どもの病気は、急変しますからね」と言われたりします。

でも、それは古い考えです。確かにむかしは子どもの病気で、いろいろこわいものがありました。ただそれも1950年ころまでの話で、それ以後、子どもの病気でこわい病気は、なくなったり減ったり、また残っていても軽くなったりしていて、ぼくのような開業医が、急激に進む子どもの病気に出会うことは、めったにないのです。具体的な例は次ページのコラムを見てください。

むかしの病気、いまの病気

コラムで紹介した『決戦下の育児』を見ますと、赤痢《せきり》以外にも、子どもにとっておそろしい病気だけれど、いまではまったく見られなくなってしまった病気や、いまでも見られるけれど、日本では非常に珍しいものになった病気が、いくつかのっています。それをあげてみましょう。

ジフテリア、天然痘《てんねんとう》、マラリア、アメーバ赤痢、
デング熱、腸チフス

何だか名前だけ見ても、こわい感じがするでしょう。しかし、幸いなことに、日本ではこういう病気はほとんどなくなってしまいました。

ただ、ほとんどなくなってしまった病気があるのに対して、新しく出てきた病気も確かにあります。

いまでは見られなくなった子どもの病気

病気にも、はやりすたりがあって、むかしはあったのに、いまは見られなくなった病気があります。たとえばむかしは、疫痢《えきり》という病気がありました。いまではまったく見ませんが、辞書にはちゃんと説明がのっています。

「子供、特に幼児の急性伝染病《きゅうせいでんせんびょう》。激烈《げきれつ》な中毒症状、粘液下痢《ねんえきげり》を主症状とし、高熱・痙攣《けいれん》・嘔吐《おうと》・昏睡《こんすい》などを起す。赤痢菌《せきりきん》によることが多く、死亡率が高い。小児赤痢《しょうにせきり》。颶風病《はやて》。早手《はやて》」(『広辞苑』)

説明の最後を見てください。早手ですよ。これが別名です。いかにもこわい病気の感じがするでしょう。

1944年に発行された『決戦下《けっせんか》の育児』という育児書を見ると、疫痢については赤痢の項に書かれていますが、ちょっと引用してみましょう。

「赤痢(疫痢)

原因――赤痢菌にはいろいろの種類がある。疫痢は普通多くの場合は激(「劇」に同じ――山田注)症の赤痢であると言われ、これに体質の異常が関係するのであろうとも言われている。

症状――本病は一年から三年位の子供に多い。突然腹が痛み熱が上る。下痢をする。糞便《ふんべん》は黄色粘液性《おうしょくねんえきせい》のが多い。多くはやがて膿《うみ》を交え血液も混って回数が非常に多くなる。腹はしぶる。殊《こと》に左の下腹部《かふくぶ》あたりがしぶる。時としては吐く。また病が進むと不安になり無欲状になる。痙攣《けいれん》などが来、所謂《いわゆる》中毒症状を起すこともある。

疫痢の場合には突然に始まることが多く、高熱、嘔吐などと同時に、意識を犯され、昏睡に陥る。痙攣、チアノーゼなどの激しい中毒症状を示す。糞便は却《かえ》ってあまり出ない。若《も》しくは少量の粘液便の程度のことが多い。幸いにしてこうした経過が良くなってからあと、便の回数が増すこともある。普通一日位の間に死生がきまってしまうことが多い」

たんたんと書かれていますが、最後の1行はこわいですね。この文章に続いて、「疫痢の場合においては一日、半日で死んでしまうのが多いのであるけれども、軽いもので大腸《だいちょう》カタルといった程度のものは割合に早く治る」などとも書かれていて、疫痢が早手というにふさわしい、急激に生命にかかわる病気であったことがわかります。

ぼくは子どものころ、幸い疫痢にはかかりませんでしたが、赤痢にはかかったことがあって、ふつうの赤痢でも、けっこうたいへんだったことをおぼえています。とめどなく下痢便が出て、その便は血液と水をまぜたようなものでした。

いまは赤痢も軽くなって、こんな激しい症状のものは見られませんし、疫痢のほうは、戦後に急激に減り、いまはまったく消えてしまいました。疫痢の原因はよくわからないままで、いまでは赤痢とは関係のない病気だったのだろうと言われています。ともかく疫痢という、かつておそれられた病気は、いまでは、まぼろしの病気になっているのです。

たとえば手足口病《てあしくちびょう》(↓81ページ)は40年ほど前から登場した比較的新しい病気ですし、リンゴ病(伝染《でんせん》性紅斑《せいこうはん》↓82ページ)も、むかしからあった病気ではあるものの、最近になって増えてきています。しかしこれらの病気は、子どもに苦痛も与えず自然に治ってしまう病気で、少しもおそれる必要はありません。

比較的新しい病気で広く知られるようになった病気の代表は川崎病《かわさきびょう》ですが、この病気も最近は、軽いものが多くなっています(↓180ページ)。治療法も進歩しましたから、かつての「川崎病は心臓に変化を起こして、突然死することのある病気」という、おそろしいイメージは一変しています。

むかしからある病気でも、かつてはたいへんだったけれど、いまでは軽くなったという病気が、たくさんあります。

たとえば肺炎《はいえん》ですが、むかしは細菌性の肺炎が多く、突然の悪寒《おかん》と発熱、ぐったりしてしまうといった激しい症状でした。でもいまはマイコプラズマ肺炎やウイルス性の肺炎が多くなり、入院を必要とするようなケースは少なくなりました(↓109ページ)。

また溶連菌感染症《ようれんきんかんせんしょう》(↓88ページ)は、かつてしょう紅熱《こうねつ》と言われ(いまでも、しょう紅熱という診断名をつけるお医者さんはいますが)、からだじゅうまっかになって、高熱が1週間続くという病気でした。しかし、この病気は抗生物質が効《き》くので、いまでは1〜2日で熱が下がり、元気になってしまいます。むかしは腎炎《じんえん》やリウマチ熱を併発《へいはつ》することがよくあったのですが、いまはほとんど見なくなりました。

こんなふうに子どもの病気が一般に軽くなったことについては、いろいろな理由があるのでしょうが、栄養状態がむかしに比べて格段《かくだん》によくなっているということも、確実に影響しているでしょう。

『決戦下の育児』という本には、「身体強壮法《しんたいきょうそうほう》」という項目も出てきますが、そこでは第一に、「栄養を充分にすること」と書かれています。

「同じような病気にかかっても、栄養のいいものはしのぎ切り、栄養の悪いものがそれに倒れることは、しばしば言われていることである。事実わが国で年々約7万の生活力薄弱児《はくじゃくじ》が死亡し、その多くは肺炎などを死因にしているのであるが、しかもこれらのものは恐らくは適正な栄養の指導によって、生活力を強壮《きょうそう》にすることが出来ると思われるのである」

こう著者は言っていますが、1944年という、きびしい時代をしのばせる言葉です。そしていまはと言うと、栄養が足らないどころか、子どもでさえ食べすぎ、栄養のとりすぎで、からだをこわす時代になっていると言われます。

力の入れどころを知って、のん気に子育てを

病気にならないようにと気をつかって、逆に病気を招いてしまうような、そんな倒錯《とうさく》した時代にぼく

たちは生きています。

　子どもたちがのびのびと生き、個性をはぐくんでいくには、まわりの大人は必要最小限の手助けをするのが好ましく、過保護《かほご》、過干渉《かかんしょう》は、子どもの自由な成長を妨げます。からだや病気の問題についても同じで、子どもが自分で自分を守る力、たとえば免《めん》疫《えき》の力をつけていくには、泥《どろ》にまみれ、細菌やウイルスと接し、多少のけがなどもしていくことが必要です。

　大人は、子どもが大きな事故にあわないように、まわりに目をくばったり、子どもの健康を妨げるような環境要因《かんきょうよういん》をとり除くために活動するといった方面に力を入れるのがよいと思います。

　いま、医療はある部分では過剰《かじょう》で、ある部分では不足しているという、バランスのとれない状態になっています。過剰な部分ということで言えば、過剰に薬が使われ、過剰に検査がおこなわれ、過剰な予防措置がとられています。一方、たとえば無医村《むいそん》と言われるような地域では、医療を受ける機会すらないという状態ですし、過疎地《かそち》でなくても近所に産科がない地域がたくさん生まれています。こういうところでは明らかに、医療が不足しています。

　子どもの病気の大半は、自然に治るものです。一《いっ》刻《こく》を争うような病気は、めったにありません。めったに出会わないけれど、たいへんな病気である急性《きゅうせい》喉頭蓋炎《こうとうがいえん》(→106ページ)や腸重積症《ちょうじゅうせきしょう》(→117ページ)については、ある程度の予備知識をもっておき、「これは、たいへんな病気ではないか」と気づいてほしいのですが、でもほとんどのみなさんは、そういう病気に一生出会うことはないでしょう。

　子どもを育てるということは、たいへんなことであるかもしれませんが、大きな不安をもつ必要もありません。のん気に子育てしていたからといって、子どもの重大な病気を見逃したりすることはない、と言ってよいでしょう。

　安心して、のん気に子育てをしてもらえるといいな、と思ってこの本を書きました。この本が、みなさんの安心のもとになってくれることを願っています。

病気編　もくじ

●はコラム
○は症状、病名

消化器の病気

暮らし編　もくじ

装丁―アートディレクション=森本千絵(goen°)
デザイン=甲斐千恵(goen°)
イラスト=大塚いちお
本文デザイン　森デザイン室
本文イラスト　藤原ヒロコ
章扉イラスト　大塚いちお

症状別ガイド

こんなとき、どうする？

発熱

子どもは突然、熱を出します。この「突然出る」というのは、子どもの発熱の特徴です。また、子どもの熱は、簡単に高くなります。大人の場合、39度以上の熱が出ることはめったにありませんが、子どもの場合は40度くらいになることも、珍しくないのです。

だから、子どもの熱の高さで驚いてはいけません。熱の高さと病気の重さは、関係がないからです。

高熱が出る病気としては、赤ちゃんの時期ですと突発性発疹《とっぱつせいほっしん》、急性中耳炎《きゅうせいちゅうじえん》、尿路感染症《にょうろかんせんしょう》などが代表的で、それ以外にさまざまなウイルス性のかぜがあります。

3カ月以前　生後3カ月以前の赤ちゃんが高熱を出して、ほかに症状がないときは、尿路感染症（↓59ページ）の可能性があります。なるべく早く病院へ連れて行きましょう。

4カ月以降　生後4カ月以降の赤ちゃんで、高熱が出ているのにほかに症状がほとんどなく、機嫌《きげん》もいいし、食欲もふだんとあまり変わらないという場合は、突発性発疹（↓72ページ）の可能性が高くなります。

また、高熱でとても機嫌が悪く、耳に手をやったり首をふったりする場合は、急性中耳炎（↓290ページ）かもしれないので、耳鼻科を受診しましょう。

幼児期　幼児期になりますと、高熱の原因としては、夏ならヘルパンギーナ（↓84ページ）、咽頭結膜熱《いんとうけつまくねつ》（プール熱↓310ページ）、冬ならインフルエンザ（↓95ページ）が多く見られます。

また、1年を通して見られる感染症として、ウイルスによるのどかぜ（↓102ページ）、細菌性扁桃炎《へんとうえん》（↓102ページ）、急性中耳炎などがあります。

はしか（麻《ま》しん↓75ページ）、風疹《ふうしん》（三日ばしか↓74ページ）、おたふくかぜ（↓85ページ）、水ぼうそう（水痘《すいとう》↓77ページ）などでも高熱が見られることがありますし、原因不明の病気として川崎病《かわさきびょう》（↓180ページ）などもあります。

こんなふうにいろいろな病気で高熱が起こりますが、突然高熱になる場合はウイルスによるのどかぜや、細菌性扁桃炎などが多く、これらはたいした病気ではありません。

心配な高熱　心配な高熱(すぐに病院へ連れて行ったほうがよい高熱)は、次のような症状をともなっているときです。

○ 顔色が青いとき(高熱なら顔が赤いのがふつう。高熱で赤い顔をしてフーフー言っているときは、あまり心配がない)
○ 吐《は》き続けているとき
○ けいれん(ひきつけ)が起きたとき(→205ページ)
○ うとうとしていて、声をかけてもあまり反応しないとき
○ 激しい頭痛があり、首を前に曲げにくいとき
○ ひどくせきこんだり、息苦しそうに肩で呼吸をしているとき

また、生後3カ月以前の赤ちゃんの場合、38度以上の発熱があったら、すぐ病院へ連れて行きましょう。生後3カ月以前ですと、発熱の原因になっている病気が軽いか重いかを、見ためで判断しにくいからです。ただ、実際にはかぜか尿路感染症が原因なので、過度に心配しないでほしいのですが。

ひきつけ(けいれん)

子どもが突然、白目をむいて、からだをつっぱらせ、その後からだをガクンガクンさせるようなことがあったら、けいれんです。これは「ひきつけ」とも言われ、子どもでは珍しいことではありませんが、初めて見た人は、

腰をぬかさんばかりに驚きます。しかし、けいれんは生命にかかわるものではありません。何もしないで見ていれば、10分以内に自然に止まることがほとんどです。

熱性けいれん　子どものけいれんの大半は、熱が急に上がるときに起こるもので、熱性けいれん(→205ページ)と呼ばれます。けいれんが起こったとき、すでに熱が出ていることもあれば、けいれんのあとで熱が出てくることもあります。

初めてけいれんを起こしたら　初めて子どもがけいれんを起こした場合、寝かせて顔を横にむけ、それ以外は何もせずに5分間見守ってください。

たいていは5分以内でおさまり、そのあと眠ったりしますが、もし5分経《た》ってもおさまらなかったら救急車を呼びましょう(→206ページ)。おさまっている場合は救急車を呼ぶ必要はありませんが、病院へは行くことにしましょう。

たいていの場合、ウイルス性のかぜ(突発性発疹《とっぱつせいほっしん》(→72ページ)や、インフルエンザ(→95ページ)も含む)による発熱にともなったけいれんで、心配なものではないのですが、ときには髄膜炎《ずいまくえん》(→220ページ)だったりすることもあるので、診察が必要です。

熱をともなわないけいれん　熱がなくてけいれんが起こった場合、何時間か前に頭をぶつけていないかどうか確かめましょう(→418ページ)。もしぶつけていたら、脳内に出血が起こっている可能性があるので、脳外科に急いで行かねばなりません。

そのほかに、ウイルス性の胃腸炎(→135ページ)にかかると、熱がないのにけいれんが起こることがよくあります。

熱をともなわないけいれんで、とくに原因が見つからない場合、もっとも多いのはてんかん(→209ページ)です。てんかんは、脳波などの検査で診断されます。

てんかん以外に心配のないけいれん(→215ページ)もありますし、大泣きしたりした後にけいれんが起きる、泣き入りひきつけ(→218ページ)と呼ばれるものもあります。

発疹《ほっしん》

発疹の出る病気はたくさんあります。そのなかには、ぼくのように長年医者をしている者でも診断に首をひねるような「特徴のない」発疹もありますが、発疹の特徴を知っていれば、たやすく診断ができるような病気もあります。そこで、発疹の出る病気の見わけかたを、まとめてお話しします。

熱があるとき　熱が出ている場合は、ウイルスや細菌による感染症がほとんどです。代表的なものをあげておきますから、記憶にとどめておいてください。

まず、はしか(麻《ま》しん→75ページ)は高熱が2〜3日続いたあと発疹が出てきますが、発疹が出てからも高熱が続き、激しいせきや目やになども、ともないます。発疹は耳の後ろあたりから出始めて、顔、からだにひろがっていきます。うす赤い点状の発疹で、数をかぞえることはできません。

風疹《ふうしん》(三日ばしか→74ページ)は、熱と発疹が同時に出てきます。はしかに似た細かい発疹で、特徴がありません。後頭部のリンパ節《せつ》が腫《は》れたり、目が赤くなったりします。

溶連菌感染症《ようれんきんかんせんしょう》(しょう紅熱《こうねつ》→88ページ)は、熱とともに発疹が出ます。発疹は細かく、わきの下、そ径部《けいぶ》、ひじの内側、ひざの内側といったあたりに強く出て、まっかに見えることもあります。手の甲《こう》や足の甲にも発疹が出ることがあります。舌《した》が苺状《いちごじょう》になり、首のリンパ節が腫《は》れ、扁桃《へんとう》には白い苔《こけ》のようなものがついたりします。

熱がわずかあるか、ないとき　水ぼうそう(水痘《すいとう》→77ページ)はあまり熱が出ませんが、発疹が出る前に熱が出ることもあります。発疹はまず、からだにうす赤い虫刺《さ》されのような斑点《はんてん》ができ、翌日それが少し盛りあがってきて、さらに3日目には水疱《すいほう》のようになっていきます。発疹はからだのあらゆるところにでき、頭髪のなかや、口のなかまで出てきますし、股《また》の部分に密集したりします。水ぼうそうの発疹は、はしかなどのような細かい発疹ではなく、ひとつひとつがはっきりしていて、数をかぞえることもできます。

手足口病《てあしくちびょう》(→81ページ)の発疹も、水ぼうそうと同じようにつぶ状の発疹で、かぞえることができるようなものです。発疹の出る場所に特徴があり、手のひら、足の裏、口のなかなどのほか、お尻のあたり、腕、ももなどにも出ることがあります。熱が出ることもありますが、高い熱にはならないのがふつうです。

そのほかに、顔や腕、ももなどに発疹が見られるジアノッチ症候群(→84ページ)などもありますが、この病気は医者でも診断がつけにくいことがある、むずかしい病気です。川崎病《かわさきびょう》(→180ページ)でもいろいろなかたちの発疹が出ることもありますし、マイコプラズマによる感染(→109ページ)でも発疹は見られることがあります。

熱がないとき

熱が出ない発疹としては、アトピー性皮膚炎(→165ページ)のような湿疹がありますが、湿疹は急に出てくるものではなく、いつの間にかジワジワとひろがり、それにしたがって湿疹もひどくなるといった長い経過をとります。

皮膚病に属する発疹で、急に出てくるものの代表は、じんましん(→270ページ)です。突然、地図のようなボコボコした発疹がからだじゅうに出てきて、ひどいかゆみをともなったりします。

じんましんはたいてい、からだじゅうに出ますが、目のまわりとか唇《くちびる》のような特定の場所にだけできることがあります。24時間以上続かないで消えてしまうのがふつうですが、しばらくするとまた出てきて、それをくり返したりします。毎日同じ時刻にじんましんが出ることを、何週間、何カ月とくり返すこともあります。このような慢性じんましんの原因は、わからないのがふつうです。

片手だけとか、首のまわりだけとか、からだの一部分にだけ湿疹が急にできたら、何かにかぶれた可能性があります。虫刺《むしさ》され(→271ページ)も、からだの一部分だけが腫れます。

ウイルスによる病気のなかで、リンゴ病(伝染性紅斑《でんせんせいこうはん》→82ページ)は発疹だけで、熱が出ないのがふつうです。両側のほっぺたが平手打ちされたように赤く盛りあがり、両腕、両ももにレース状の斑点《はんてん》ができます。

頭痛

子どもはお腹《なか》を痛がることはよくありますが、頭が痛いとはあまり言いません。それで、「子どもが頭痛を訴えるようなときは、重大な病気がひそんでいるにちがいない」と思いこんでいる大人はたくさんいるようです。しかし、頭痛は子どもにとっても、ありふれた症状なのです。

急に頭が痛いと言いだしたら　子どもが急に頭が痛いと言いだしたらまず、頭をぶつけていないかどうかを確かめます(↓418ページ)。

頭をぶつけた直後に頭が痛いというのは問題がないのですが、ぶつけた直後は痛がらず、3時間以上経《た》って頭痛が起こるようなら、脳外科を受診しましょう。

次に熱を測ってみて、発熱していることが確かめられたら、かぜによる頭痛と考えてよいでしょう。

頭痛が強いと「髄膜炎《ずいまくえん》(↓220ページ)ではないか」と心配する人がいますが、髄膜炎はめったに起こりません。でも、もし首を前に曲げるのが困難だったら、すぐに小児科を受診してください。

慢性副鼻腔炎《まんせいふくびくうえん》(蓄膿症《ちくのうしょう》↓304ページ)で頭痛が起こることもあります。

頭痛が続くとき　頭痛が何日も何週間も続くというような場合もありますね。この場合、頭痛がいっときも休まず続くわけではなくて、ときどき痛くなるということが長い期間続くのがふつうです。

代表的なのは片頭痛《へんずつう》(↓371ページ)で、この場合、1度、頭痛が起こると2～3日続くこともあります。頭痛が起こる前に、火の玉のようなものが目の前でグルグルまわるのが見えたりする場合もあり、前兆《ぜんちょう》と呼ばれます。ただ、子どもでは前兆をともなう片頭痛は多くありません。

毎朝、目がさめる直前から頭痛が起こり、目ざめてしばらくすると頭痛がおさまるというときには、脳腫瘍《のうしゅよう》を考えておかねばなりません。ただ、子どもで脳腫瘍が頭痛症状から起こることは少ない、と言われています。

大人の場合、慢性の頭痛の原因としてもっとも多いのは肩こりですが、最近は子どもでも、肩こりで頭痛が起こっていると思われることが、しばしばあります。この場合、戸外でからだを十分動かすことで、頭痛がよくなったりします。

心理的な原因で頭痛が起こることも、よくあります。毎朝頭が痛いと言っている子どもが、やがて学校へ行かなくなったりすることがあります。不登校の前ぶれとして、「頭痛や腹痛のくり返し」(↓366ページ)があることを、知っておいてください。幼稚園や保育園へ行くのがつらくて、頭痛が起こってしまうこともありますよ。

腹痛

子どもが突然、お腹《なか》が痛いと言って騒ぎ始めることはよくあります。しかし、たいていの場合、たいしたことではありません。お腹をさすってやったり、トイレに行かせて排便させたりしていると、自然に治ってしまうことが多いのです。

「お腹が痛いと言って、転げまわっています」ということで診察室にやってきた子どもの場合、まずお腹をさわってみます。そして便がたまっているようだったら浣腸《かんちょう》をしますが、それで排便すると、すっきりしてしまうというようなことは、よくあります。

激しい腹痛 痛い、痛いと大騒ぎしているときよりも、顔をしかめ、お腹の痛みにじっと耐えているように見えるときのほうが、重大な場合が多いと思ってください。

じわじわとした腹痛が3時間以上も続き、だんだん痛みが強くなるようなら、虫垂炎《ちゅうすいえん》(↓118ページ)などの可能性もあるので、すぐ病院に行ってください。

感染性胃腸炎《かんせんせいいちょうえん》(↓135ページ)でも腹痛はよく見られますが、この場合、嘔吐《おうと》や下痢《げり》に腹痛がともなうというかたちをとるのがふつうです。感染性胃腸炎のときの腹痛は、たいして強くないことが多いのですが、O-157のような強力な細菌で起こった感染性胃腸炎の場合(↓142ページ)は激しい痛みになります。この場合、発熱や血便《けつべん》なども見られます。

子どもで激しい腹痛が見られるとき忘れてはいけない病気に、アナフィラクトイド紫斑病《しはんびょう》(↓201ページ)があります。ひざが痛いと言ったり、ももなどに針で突《つ》いたような発疹《ほっしん》(紫斑)があったりしたら、この病気の可能性があります。

赤ちゃんの腹痛　赤ちゃんの場合は、お腹が痛いとは言いません。しかし、ひざを曲げて、お腹のほうへよせながら泣いているときは、お腹が痛いのだと考えましょう。

しばらく泣いては泣きやみ、また、しばらくして泣いてはまた泣きやみ、ということをくり返し、だんだん元気がなくなっていく場合は、腸重積症《ちょうじゅうせきしょう》(↓117ページ)の可能性がありますから、すぐ病院へ連れて行きましょう。

腹痛をくり返す　腹痛をくり返す子ども(↓121、367ページ)は、たくさんいます。

なかには毎晩のように痛がる子どももいます。ひとしきり痛がったあとケロッとして、ふだん食欲もあるようなら、心配ありません。

起立性調節障害《きりつせいちょうせつしょうがい》(↓186ページ)や過敏性腸症候群《かびんせいちょうしょうこうぐん》(↓121ページ)で、腹痛をくり返すこともあります。

嘔吐《おうと》

子どもは、よく吐《は》きます。大人は吐くことがめったにないので、子どもが吐くのを見ると、何か重大な病気になったのではないかと不安になります。でも、たいていは何でもありません。

赤ちゃんの嘔吐　子どものなかでも、赤ちゃんは、とくによく吐きます。

生後2カ月の赤ちゃんの半数が、1日に2回以上吐くというデータがあるくらいです。しかし1歳になると、1日2回以上吐くのは1%、つまり100人に1人になります。

赤ちゃんが毎日のように吐いている場合、体重だけは測定しておいてください。日をおって体重がだんだん減っていくようでしたら、病院を受診しましょう。赤ちゃんが元気で体重も順調に増え、吐いたあとケロッとしている場合は心配ありません。

お腹《なか》のかぜによる嘔吐　赤ちゃんや幼児がそれまで元気だったのに突然吐き、そのあと何度も続けて吐いて青い顔をしているときは、たいてい「お腹のかぜ」、つまりウイルスによる感染性胃腸炎《かんせんせいいちょうえん》（→135ページ）です。

あわてる必要はなく、数時間絶食《ぜっしょく》にしておけば、自然に吐くのがとまるのがふつうです。しかしときに吐き続けてぐったりし、おしっこも出なくなる場合もあり、これは脱水状態ですから、病院で点滴《てんてき》などの処置が必要になることもあります。

脱水にならないようにするには水分の補給が大切ですが、水分を一気に飲むと吐くので、スプーンにひとさじ飲んではしばらくあけて、またひとさじ飲むというふうに、ぽたぽた垂《た》らしこむように飲ませなくてはいけません。

突然の嘔吐　突然吐き始めたとき注意しなければならないのは、数時間前に頭をぶつけていないかどうか確認することです（→418ページ）。

頭を打った直後に1〜2回吐くのは心配がないのですが、3〜4時間何も症状がなく、そのあとに吐いたという場合は、脳内に出血している可能性があるので、すぐ脳外科へ行きましょう。

何度も吐く　幼児や学童が、肉体的な疲れや精神的な疲れがあったときに吐き始めて何度も吐き、ぐったりするということを、何週おきとか何カ月おきとかにくり返したりすることがあり、これはアセトン血性嘔吐症《けっせいおうとしょう》とか自家中毒《じかちゅうどく》とか呼ばれます（→133ページ）。

腹痛をともなう嘔吐　嘔吐と腹痛の関係にも、注意が必要です。まず吐いて、そのあと腹痛が起こるのは、たいてい感染性胃腸炎で心配ないのですが、腹痛が3時間以上も続いて、そのあとで吐いたという場合は、虫垂炎《ちゅうすいえん》（→118ページ）などの可能性もあるので、急いで病院に行きましょう。

嘔吐以外に高熱やけいれんがある場合は、髄膜炎《ずいまくえん》（→220ページ）などの重大な病気の可能性がありますから、すぐ病院に連れて行かなければなりません。

下痢《げり》

子どもの下痢のほとんどは治療の必要がなく、そのままようすを見ていてよいものです。おむつをしている赤ちゃんの場合、親はおむつを取り替えるさいに便を目撃しますから、そのようすがふだんとちがっていると、気になるのも当然かもしれません。しかし、便が水のようであっても、色が白っぽかったり緑色をしたりしていても、とくに病気と思わなくていいのです。

お腹《なか》のかぜによる下痢　子どもの下痢の大半は「お腹のかぜ」、つまり感染性胃腸炎（→135ページ）によって起こっているもので、感染性胃腸炎のほとんどは、自然に治ってしまうのです。下痢が激しいときは、水分不足で脱水状態にならぬよう水分補給にだけ気をつけておきましょう。

ウイルス性の感染性胃腸炎にかかったあと一時的に、ミルクに含まれる乳糖《にゅうとう》をうまく消化できなくなることがあり、この場合は2〜3週間以上も下痢が続くこともあります（→148ページ）。こんな場合は、豆乳でできたミルクを使ったりすると、よくなります。

長く続く下痢

気をつけなくてはいけない下痢というものもあります。下痢が1週間以上長びいて体重がだんだん減ってくるような場合は、くわしい診察を受ける必要があります。

血便《けつべん》

また、血便の場合も診察を受けましょう。ただ、かたい便の一部分に血がついているような場合は、血便ではなく、肛門が切れたためと考えられますが、これを血便だと思ってあわてるお母さんやお父さんもいます。しかし、これは血便ではありません。

血便は、下痢便で、全体に血液がまじっているようなものです。このような場合は細菌性の下痢の可能性もあるので、診察を受けたほうがいいのです。

ようすを見て

赤ちゃんや子どもで下痢が1週間ほど続いていても、機嫌《きげん》がよく食欲もあり、体重が減らないというような場合は健康と考えて、そのままようすを見ていてかまいませんよ。

せき

子どもがせきをしているとき、その原因になる病気はたくさんあります。それでこの本でも、せきについては、いろいろな部分に書かれています（「アレルギーの病気」の章、「呼吸器の病気」の章など）。そこで、せきの原因になる病気について、ここでまとめておきます。

危険なせき　まず、せきのなかに、緊急に病院に行かなければいけない「危険なせき」があります。
赤ちゃんで、かぜ症状が何日か続いたあと発熱し、息苦しそうにハーハーしながら激しいせきをしているときは、細気《さいき》管支《かんし》炎《えん》(↓99ページ)の可能性があります。この場合、胸はゼーゼー音がしているのがふつうです。すぐ病院へ連れて行きましょう。

せきが激しく出て高熱があり、息苦しそうにして、元気も食欲もないといった場合は、細菌《さいきん》性《せい》肺炎《はいえん》(↓108ページ)の可能性がありますから、早めに病院を受診しましょう。

せきは激しくないけれど息苦しそうで、呼吸にともなってゼーゼー、ヒューヒューいっているときは、気《き》管支《かんし》喘息《ぜんそく》(↓161ページ)の発作《ほっさ》と考えられます。初めてのことでしたら、すぐ病院に行きましょう。すでに喘息と診断を受けている子どもの場合は、まず家庭で吸入をしたりします。しかし口もきけないほど苦しいようだったら、すぐ病院に行くことです。

夜間にイヌが吠《ほ》えるようなせきを始め、しわがれ声で呼吸のさいにゼーゼーいっているというのは、クループ(↓105ページ)です。突然呼吸困難になるので周囲の人はびっくりしますが、生命にかかわることはありません。しかし、急いで病院へ行きましょう。

長びくせき　マイコプラズマ肺炎(↓109ページ)やRSウイルス感染症(↓100ページ)にかかったあとなど、もとの病気は治っているのに、せきだけ長引くことがあります。

夜間のせき　夜間やからだを横にしたときにせきが多く出るとき、副鼻腔炎《ふくびくうえん》(↓303ページ)が原因になっていることもあります。

夜間、顔をまっかにしてせきこみ、せきが終わるときにヒューと音がする場合は、百日ぜき(↓111ページのコラム)の可能性もあります。

そのほか、せきについては本文中でくわしくお話ししていますので、そちらを見てください(↓156ページ)。

食欲がおちた

子どもの食欲がおちると、まわりの大人は不安になります。もちろん子どもにも個人差があって、うんと食べる子どももいれば、少食の子どももいます。

少食の子どもなら、食欲がおちたように見えてもあまり気にならないかもしれませんが、ふだんもりもり食べていた子どもが「ごはん、いらない」なんて言ったりすると、まわりの人は、「たいへんな病気ではないか」と思ったりします。しかし、子どもだってたまにはとくに理由もなく、食欲がおちることもあるでしょう。ですから食欲のおちている原因がわからないことも、しばしばあります。

大人の場合、食欲がおちる病気の代表は、うつ病や拒食症です。しかし子どもの場合は、小学生以上にもなれば、こうした心の病気もしばしば見られますが、乳幼児期にはめったに見られません。

ですから子どもの場合、食欲の低下が長い期間続くことは珍しいのです。

感染性胃腸炎による食欲の低下　食欲がおちる原因としてもっとも多いのは、感染性胃腸炎です（→135ページ）。

感染性胃腸炎は最初に何回か吐《は》いて、そのあと下痢《げり》が始まり、下痢、軽い腹痛、食欲の低下などが、5日から1週間続くといった経過をとることがあります。この場合、「いまは胃腸の働きが不十分だから、食物《しょくもつ》の摂取量《せっしゅりょう》を減らして、胃腸に楽をさせてやろう」ということで、脳が食欲の低下を命令しているのだというふうに考えましょう。そうだとすれば、無理に食べさせないで、食欲が回復するのを待つのがいいということになります（→145ページ）。

高熱の出るようなかぜや、中耳炎《ちゅうじえん》（→289ページ）などでも、食欲がおちることがあります。

口やのどの痛み　次に、口のなかやのどが痛くて、食べようとしない場合があります。口内炎《こうないえん》ができているとき、食物が口のなかに入るとしみるので、食べたがらなくなりますし、のどが腫《は》れると食物をのみこむとき痛いので、やはり食欲がおちます。

おたふくかぜ（→85ページ）の場合は、かむとほっぺたが痛むので食欲がおちます。

赤ちゃんの食欲の低下　ここであげたのは理由のわかる食欲低下ですが、赤ちゃんの場合、突然食欲が低下して、それがしばらくのあいだ続くことがあります。

これは自然な現象で、それまでバンバン食べていた赤ちゃんが急に食べなくなったりしますから、何か自然の摂理《せつり》が働いて、体重が増えすぎないようコントロールしているのではないかと思われます。体重だけは測っておき、体重が減るようなことがなく、赤ちゃんの機嫌《きげん》がよければ、そのままようすを見ていると、そのうちまた食べるようになります。

赤ちゃんが泣きやまない

赤ちゃんが突然火がついたように泣き始め、泣きやませようといろいろ手をつくしても、いっこうに泣きやまないということは、子育て中にしばしば経験することです。

こんなとき親は途方《とほう》にくれ、病院へみてもらいに行くことになるかもしれません。赤ちゃんは空腹時や、おむつがぬれたとき泣きますが、こういうことが理由なら親はたいてい対処できますから、わざわざ病院へ行くことにはなりません。ですから医者としては、赤ちゃんが泣きやまないということで連れてこられたら、まず赤ちゃんのからだに異常が隠れていないかを見きわめることから始めます。

からだの異常を探す　まず赤ちゃんを、丸はだかにします。からだのどこかにピンなどが刺さっていないか、どこかにおできができていはしないかなど、からだの表面の変化を探します。それで何もなければ、耳をのぞいて、中耳炎《ちゅうじえん》（↓289ページ）の有無《うむ》を調べます。のども調べて、のどが腫《は》れあがっていないかを確かめます。次に、ももの付け根の部分が腫れていないかどうかを調べます。腫れあがっていたら、そ径《けい》ヘルニアの「かんとん」（↓394ページ）が起こっている可能性があります。すぐ小児外科へ行ってもらいます。

便秘

お腹《なか》がふくらんでいて、考えてみるともう4～5日も便が出ていないという場合、便秘が原因で泣いている可能性もあります。お腹をマッサージしてみたりすると、それだけで泣きやむこともありますし、泣きやまなかったら、市販の浣腸《かんちょう》用具を使って浣腸してみると、大量の排便とともに泣きやむことがありますよ。

このように全身を調べてみても、赤ちゃんに異常が見られず、泣いている原因が見つからないのがふつうです。結局しばらくのあいだ泣き続け、そのあと泣き疲れたようにスヤスヤと眠ってしまうことが多いのです。

よく泣く赤ちゃんの場合

もうひとつ言い添えておきたいのは、「よく泣く赤ちゃん」がいるということです。よく泣く赤ちゃんは一般に発育がよく、健康であることが多いとも言われます。よく泣く赤ちゃんをもったお母さんは、「育てかたが悪いのかしら」と悩むこともありますが、決して育てかたのせいではなく、「泣きやすいタチ」というだけですから、悩まないでくださいね。

病気になったとき
知っておきたい基礎知識

薬の種類と与えかた

薬についての基礎知識をもとう

子どものかかる病気といっても、たくさんの種類がありますが、そのなかにはとくに治療《ちりょう》をしなくても自然に治るものもあれば、何らかの治療を必要とするものもあります。治療をする場合には薬を使うのがふつうですから、薬の種類も実にたくさんあります。

日本では、実際に効果のはっきりしないような薬でも薬として認可《にんか》され、医療現場で使われたりしているので、その種類の多さといったら、天文学的数字と言ってもよいほどです。

それだけ多くの薬が医療の場で使われているわけですが、「薬について、医者が十分説明してくれない」、「長いこと薬を子どもにのませ続けていて、不安だ」という声を、よく耳にします。そして、薬についての質問のお手紙や電話を、よくいただきます。

ところで最近は以前に比べると、薬が処方されるとき、その薬の情報が患者さんに提供されるようにはなりました。

でもそれはたいていの場合、印刷されたもので、個人差などは無視して、一般的な副作用や注意点が書かれているだけです。この形式が普及すると、医者が直接口頭で薬の説明をすることが、減ってしまうかもしれません。そうなると、薬の説明書が渡されるようになったことが、進歩とは言えなくなってしまいます。

ですのでやはり、患者さんの側が、薬についての疑問をお医者さんにどんどん質問し、答えてもらうということが必要だと思います。

ここでは薬についての基礎知識といったことを、お話しすることにします。

医薬品の種類

薬には医療用医薬品《いりょうよういやくひん》と、ＯＴＣ薬（一般用医薬品）とがあります。さらにもうひとつ、薬ではないけれど薬に準《じゅん》ずると言ってよいような、医薬部外品《いやくぶがいひん》と言われるものもあります。これらのちがいを説明しましょう。

医療用医薬品《いりょうよういやくひん》

医療用医薬品というのは、病院で出される薬のことで、医者が診察をした結果、どんな薬が必要かを判断して投与《とうよ》する薬のことです。

なお、医者が患者さんに薬を出すことを「投与」あるいは「投薬《とうやく》」と言います。何だか、「ほうり投げて与える」ような感じがするし、実際にそんな感じのお医者さんもいるようですが、投与や投薬の「投」の意味は「投書」の「投」と同じで、深い意味合いはありません。

病院での投薬のしかたには、病院の投薬口で直接薬が出される場合と、医者が書いた処方箋《しょほうせん》を薬局へもっていって、そこで薬を受けとる場合とがあります。

薬局には、処方箋がないと購入できない薬のほかに、処方箋なしでも購入できる薬があります。このなかに、OTC薬と医薬部外品があります。

OTC薬（一般用医薬品）

OTC薬のOTCは、over the counter の略で、OTC薬とは、「薬局のカウンター越しに購入できる薬」を指《さ》しますが、くわしく言うと、おおむね次のように定義されます。

「一般の人が、薬剤師《やくざいし》等から提供された適切な情報に基《もと》づき、自《みずか》らの判断で購入し、自らの責任で使用する医薬品で、軽い病気に伴《ともな》う症状の改善、成人《せいじん》病《びょう》の予防、生活の質の改善・向上、健康状態の自己診断、健康の維持《いじ》・増進《ぞうしん》、その他保健衛生《ほけんえいせい》を目的とするもの」（「厚生労働省一般用医薬品承認審査合理化等検討会中間報告書」2002年）

抽象的でわかりにくいと思いますが、みなさんが薬屋さんへ行って、「かぜ薬ください」とか、「便秘《べんぴ》の治る薬ください」とか言うと渡されるような薬のことで、大衆薬《たいしゅうやく》とも呼ばれます。

病院で使われる医療用医薬品《いりょうよういやくひん》と、薬屋さんで販売されるOTC薬と、どこがちがうのかというと、なかなかむずかしいのですが、一般にOTC薬のほうが効《き》きめがおだやかで、副作用（↓11ページ）も弱いと言ってよいでしょう（ただし、OTC薬のなかにも、危険な成分が入っていて、注意してのまなければいけないものもあります）。

医薬部外品《いやくぶがいひん》

医薬部外品と言われるものは、次のように定義されます。

「一　吐きけその他の不快感又《また》は口臭《こうしゅう》若《も》しくは体臭の防止
二　あせも、ただれ等の防止
三　脱毛の防止、育毛又は除毛
四　人又は動物の保健のためにするねずみ、はえ、蚊、のみ等の駆除《くじょ》又は防止」

が目的とされ、「かつ、人体に対する作用が緩和《かんわ》な物」（薬事法）。

これではわかりにくいので具体的にあげてみますと、薬用歯磨《はみが》き剤、制汗《せいかん》スプレー、薬用クリーム、ベビーパウダー、育毛剤、染毛剤、入浴剤、薬用化粧品、薬用石けんなどがあります。

医薬部外品の定義のなかの一～四は、とても具体的ですが、結局、「これらに準《じゅん》ずる物」(薬事法)ということで、いろいろな種類の商品が、医薬部外品として認められているのでしょう。

医療用医《いりょうようい》薬品《やくひん》について

では次に、医療用医薬品、つまり病院で処方される薬についてお話しします。

まず、患者さんであるみなさんとしては、子どもの診察がすすめられる途中で、あるいは診察が終わったあとで疑問に思うことが出てくるのは、よくあることだと思います。そんなときは、はっきり質問しておくことです。質問しておくことが、身を守ることになるかもしれないのですから。

なかには質問をすると嫌《いや》な顔をするお医者さんもいると聞きますが、それはお医者さんのほうが悪いのですから、めげずに質問してください。薬についてもいろいろ疑問があるはずですから、どんどん聞いてくださいね。

いろいろな種類

薬といっても、いろいろな種類のものがあります。注射薬、のみ薬(内用薬《ないようやく》とか内服薬《ないふくやく》とか言われます)のほか、外用薬《がいようやく》と言われるものが、いろいろあります。

外用薬は、注射をするとか、口からのむとかという方法以外の形式で、からだのなかへ入れる薬を指《さ》しますが、そのなかには、ぬり薬、点眼薬《てんがんやく》、点耳薬《てんじやく》、点鼻薬《てんびやく》、うがい薬、貼《は》り薬、吸入薬《きゅうにゅうやく》、座薬《ざやく》、液体スプレーなど、さまざまなものがあります。

貼り薬と言うと湿布薬《しっぷやく》のようなものを想像されると思いますが、最近はいろいろなものが出てきました。湿布に似ていて、痛みどめの薬を含んでいる貼り薬もありますし、テープやシールになっている心臓病薬、気管支拡張剤《きかんしかくちょうざい》などもあります。

なぜ、いろいろな薬があるのか

こんなにいろいろな薬があるのは、なぜでしょうか。

薬は病気やけがのときに使われますが、病気はからだのいろいろなところに起こります。その部分を治すには、薬がその部分に届かなければいけません。

病気が薬の届きやすい部分に起こっているときは、話は楽です。皮膚《ひふ》に病気があればぬり薬、目に病気があれば点眼薬《てんがんやく》というふうに、からだの表面に近いところに病気がある場合、その病気の場所に直接薬を届かせることができます。

しかし、肺、心臓、胃といったところに病気がある場合、直接そこへ薬をぬったりすることはできません。そこで薬がいったん血液のなかへ入って、からだをグルッとまわり、病気の場所へ届くという方法が考えられました。

注射薬、のみ薬、皮膚に貼るテープ、シール、座《ざ》薬《やく》など、いずれも薬を血管を通して、血液に入れるための工夫です。

のみ薬

では、これらの薬のうちの代表と言ってよい、のみ薬の場合を例にとって、薬がのまれてからの経路をたどってみましょう。

口からのみこまれた薬は、食道を通って胃に達し、その先の腸を通っていくあいだに吸収されて肝臓に入ります。肝臓では一部が分解されますが、残りは血液に入りこんで心臓へいき、そこから血液とともに全身に送り出され、病気の起こっている場所へ到達して効果をあらわします。

これに対して、のみ薬以外の薬は血管のなかへ直接入り、血液にまじって全身へまわっていく、というかたちがほとんどです。

注射薬

まず注射の場合、動脈《どうみゃく》へ注射するということはめったにありませんが、静脈《じょうみゃく》への注射はみなさんご存じでしょう。上腕《じょうわん》にゴムを巻いて、ひじの内側にある静脈に注射をするというようなやりかたをします。

この場合、血管へ直接薬が入りますから、効《き》きめはいちばん早いのです。

皮内注射《ひないちゅうしゃ》、皮下注射《ひかちゅうしゃ》、筋肉注射《きんにくちゅうしゃ》などは、皮膚《ひふ》や筋肉にある細い血管に薬がしみこんでいって、血液に入ります。静脈注射よりも効きめはゆっくりですが、のみ薬よりも効きめが早いのです。

「のみ薬よりも注射のほうが効きめが早いのなら、みんな注射にすればいいのではないか」と思われるかもしれませんが、効きめが早いと副作用が出やすかったり、強く出たりすることもありますから、やたらにはできません。

強い喘息《ぜんそく》の発作のような、急いで治さなければいけないとき、あるいは吐《は》き続けていて口から薬をのめないとき、脱水症《だっすいしょう》で急いで水分をからだのなかに入れなければならないようなときにかぎって、注射をします。

座薬《ざやく》やシールなど

座薬の場合は、肛門《こうもん》のあたりにある血管から薬がしみこんで、血液のなかに入ります。

気管支拡張剤《きかんしかくちょうざい》のシールの場合は、皮膚《ひふ》の血管から血液のなかへ入るので、からだのどこに貼《は》ってもよいのです。「気管支に近いところに貼ると、よく効《き》くのではないか」ということで胸に貼る人が多いようですが、からだのどこに貼っても同じです。子どもの場合、自分ではがしてしまうことがあるので、手の届かない背中に貼るのがよいでしょうし、かぶれてしまう人は、足の裏に貼ってもよいと思います。

薬の使いわけ

こんなふうに、いろいろなかたちの薬がありますが、それらの使いわけについて、喘息《ぜんそく》の場合を例にとって、説明しておきます。

喘息発作が強いとき、まず、吸入薬《きゅうにゅうやく》をネブライザーという器械を使って吸入します。このとき使われる薬は気管支拡張剤《きかんしかくちょうざい》と言って、喘息発作でせまくなっている気管を、ひろげる働きがあります。この薬を吸入すると、気管支に直接到達しますから、効果がもっとも早く出ます。

これでもよくならなければ、点滴《てんてき》などのかたちで、気管支拡張剤などを注射します。

発作が強くなく、緊急性がない場合は、のみ薬やシールを使います。シールの場合は、からだのなかへ薬がジワジワと吸収されていくので、効《き》きめが長時間もちますから、夜間の発作をおさえたりするのに好都合です。

このほか、のみ薬をどうしてものんでくれない子どものために、気管支拡張剤の座薬《ざやく》もあります。

のみ薬について

次に、のみ薬についてくわしくお話ししましょう。

錠剤《じょうざい》、こな薬、シロップ

のみ薬にも錠剤、こな薬、シロップなど、いろいろなかたちがあります。

大人の場合は錠剤やカプセルが多いのですが、子どもの場合、錠剤やカプセルはのめないことが多いので、こな薬やシロップを使うことになります。

とくに4歳未満の子どもは、錠剤をのんで、のどにひっかけたりするおそれもありますから、錠剤は使わないでシロップか、こな薬を使うことになります。

シロップののみかたについては、とくに説明する必要もありませんね。シロップを渡されるとき、「1日△回、□目盛ずつのませてください」というふうに、指示されるはずですから。

赤ちゃんの場合は、スポイトを使ってのませるのが簡単です。

こな薬の場合は、水によく溶《と》けてシロップ状になってしまうドライシロップや、やはり水に溶けやすい顆粒《かりゅう》のほかに、水に溶けないものもあります。

ドライシロップや顆粒のように溶けやすいものは、水に溶かしてのませるのがふつうです。

ただ、ドライシロップのなかには、口のなかに入ったときは甘いけれど、しばらくして、にがみが生じ、そのにがみが残ってしまうものがあります。味に敏感《びんかん》な子どもですと、こういうものは、のみたがりません。

薬をのませる工夫

そこで、ジュースなど甘みのあるものにまぜてのませてみようかということになりますが、こうするとかえって、にがみが強くなったりします。

ぼくは抗生物質のドライシロップを各種なめてみましたが、とくにマクロライド系と呼ばれる抗生物質のなかに、にがみがあるものが多く、こういうも

のをジュースにまぜたりすると、ひどくにがくて、手に負《お》えませんでした。いろいろなものにまぜてみたところ、にがみのあるドライシロップは、ウーロン茶にまぜるとにがみが消えて、無味《むみ》になることがわかりました。

　ウーロン茶や牛乳にまぜるとのみやすくなるものもあることを、おぼえていてください。

　ただ、粉ミルクなど人工栄養の赤ちゃんの場合に、ミルクのなかに薬をまぜて与えるとミルク嫌《ぎら》いになってしまうこともありますし、ミルクを飲み残すと必要な量の薬がからだのなかに入らなくなってしまうので、ミルクにはまぜないことです。

　液体を嫌《いや》がる子どもの場合には、こな薬をお皿の上にあけ、少量の水をおとしてよく練《ね》り、与える人の指先にこれをぬって、子どもの上あごにこすりつけます。そしてそのあと、お湯かミルクを飲ませます。

　大きな子どもの場合、この方法だと指をかみつかれる危険もあるので、よく言い聞かせて、自発的にのんでもらうことにしましょう。

　こな薬のなかには、味のおいしくないものもあります。

　ぼくが子どもだったころは、おいしい薬というものはほとんどなく、まずい薬ばかりでした。それでも「良薬《りょうやく》口に苦《にが》し」で、にがいお薬でもちゃんとのまないと、病気が治らないのよ」と言われたりして、がまんしてのんだものでした。どうしてものめないときは、オブラートにつつんでのみました。

　しかしいまでは甘い味がつき、きれいな色がついている薬が多くなり、子どもたちのなかには薬好きな子どもが増えています。お姉ちゃんがおいしそうに薬をのんでいると、薬をのむ必要のない弟も薬をほしがるというようなこともありますし、おいしいのでシロップをひとびん全部のんでしまった、というような事故も起こっています。

　もちろん、味をつけたり色をつけたりするのには添加物《てんかぶつ》が使われているわけで、これも好ましいことではありません。

　薬をのみやすくするということは、薬の乱用にもつながりますから、「甘い薬を子どもに与える」といういまのありかたには疑問もあります。

　ともあれ、いまでも子どもにとっておいしくないこな薬もあります。この場合も、水で練ってのませるとか、少量の砂糖やシロップを加えてのませるなど、工夫をしてみましょう。

薬をのまない子

しかし、どんなかたちの薬でも、どんなにおいしい薬であろうとも、薬と名のつくものは、いっさいのまない剛《ごう》の者もいます。大人が2人がかりくらいでのませようとしても、かみつかれたりひっかかれたりで、大人のほうが命がけというくらいです。

こういう子どものお母さんは、「わたしのしつけが悪くて、この子は薬をのまないんです」と申しわけなさそうに言いますが、しつけが悪かったわけではなく、自己主張をキッパリとする、たのもしい子なのだと、ぼくは思います。

そして、こういう子どもは、たいてい丈夫《じょうぶ》です。薬なしで治ってしまうのです。もともと子どもの病気はほとんどが自然に治るもので、細菌による病気だって、抵抗力があれば、抗生物質なんかのまなくても治ります。

薬を絶対のまない子どもが、どうしても薬をのまなければいけない病気になったら、座薬《ざやく》やシールのほか、点滴《てんてき》なども必要になりますが、実際にはそこまでひどくなることはないと言ってよいと思います。

絶対に薬をのまない子どもを見ていると、人間の自然治癒力《しぜんちゆりょく》とはすごいものだと思いますし、逆に、薬を喜んでのんでいる子どもたちは、薬をのみすぎているのだろうなとも思わされ、薬を出しているぼくのほうが反省してしまいます。

薬ぎらいの子どものお母さん、お父さん、自分を責めなくてもいいのですよ。

薬をのむ時間

次に薬をのむ時間について、お話ししましょう。薬を1日のうち、いつ、のむかについては、食前《しょくぜん》、食間《しょっかん》、食後《しょくご》などというのみかたが、一般的ですね。でもこういうのみかたは、これからだんだん変わっていくだろうと思われます。それは、どういうことでしょうか。

これまで薬ののみかたについては、おおむね食事との関係で言われてきました。たとえば、次のようなのみかたがありました。

食前――食事の30分から1時間前にのむ
食直前――薬をのんだら、すぐ食事をする
食後――食事が終わって、30分ほどあとにのむ
食間――食事と食事の中間の時刻、食後2～3時間でのむ

このみかたでは1日3回食事をすることにしていますから、1日3回のむことになります。

「わたしは2食主義ですが、どうしたらよいでしょうか」という質問を受けたこともありますが、2回の食事の時間のほかにもう1回、ふつうの人が食事をするころの時間に、のめばよいと思います。

「子どもが食欲がなくて、ぜんぜん食べないのですが、薬はいつのませたらよいでしょうか」という

質問をされることもあります。

こうした質問はみな、食後とか食前とかいう言いかたがされているために、食事と薬をのむ時間の関係を厳密にしなければならないと考える人が多くなっていて、それで起こるものだと思います。

食前とか食後とか言っているのは、「薬を1日3回、等間隔《とうかんかく》でのんでください」といった指示をすると、患者さんのほうでものみにくくて困ってしまうので、食事の前後にのめば、のみ忘れもなく、便利だろうと考えてのことです。

また、薬のなかには胃を荒らすものもあるため、食後すぐにのめば胃を荒らすことが少なくなるだろうということで、食後と指定することもあったと思います。

しかし、胃を荒らす薬は、食後にのんだところで、やはり胃を荒らすようですから、食後にのむ意味はあまりないと思われます。

実際、薬は空腹のときにのんだほうがよく効《き》くとも言われ、そうすると、食後より食前のほうがよいかもしれないということになります。

なかなか、むずかしいですね。

「時間治療」という考えかた

このところ、薬をどの時間帯にのむかということについて、見直しが始まっています。

それは「時間治療」という考えかたが出てきたということです。

人間のからだには、1日のリズムがあります。これは生体リズムと呼ばれています。

たとえば、体温が午前よりも午後に高くなるというようなことは、知っている人が多いでしょう。体温は朝、目がさめる数時間前から少しずつ上がり始め、起床とともに急上昇します。日中は上昇し続けて、夕方ごろに最高になります。そして、夜になると体温は下降します。

こういう1日のうちでの変化は、ホルモンや呼吸、血圧のほか、体内のすべての機能について見られます。大人で早朝に高血圧になる人がいたり、喘息《ぜんそく》の発作が夜から明け方に多いことなども、こうしたリズムと関係しています。

それなら薬についても、「この時間帯にのめば、いちばんよく効《き》く」という時間帯があるのではないかと考えられ、実際そういう時間帯があることがわかってきました。そこで、いちばんよく効く時刻に薬をのむようにするという「時間治療」が提唱《ていしょう》されているのです。

まず、からだのリズムについて紹介します。

たとえば白血球《はっけっきゅう》は1日のうちで、深夜12時に最大の数になります。1秒間の心拍数《しんぱくすう》は午後2時ごろ最大、血圧は午後4時ごろ最大で、成長ホルモンがいちばん分泌《ぶんぴ》される時間は、深夜2時から4時ごろです(ただこれは一般論で、たとえば血圧が早朝にだけ高くなる早朝高血圧というタイプの人がたくさんいることがわかってきています)。

それぞれは、最大になる時刻から前後に12時間ずれた時刻に、最小になります。つまり、白血球は正午ごろに最小になるというわけです。

そして、病気になりやすい時間帯というものもあるのです。

たとえば緊張性頭痛《きんちょうせいずつう》は、夕方から夜にかけて起こりやすいのです。緊張性頭痛というのは簡単に言うと「肩こりによって起こる頭痛」ですから、経験のある人も多いと思うので「そうそう夕方に痛くなるのよね」と納得されると思います。また、歯痛は夜間から早朝に起こりやすいという特徴があります。

こういうことがわかると、病気の起こりやすい時間帯に、薬の効きめが最大になるように薬をのむ時刻を決めてみてはどうか、という考えかたが浮上します。それを実際にやってみようとするのが、時間治療学です。

たとえば、喘息発作《ぜんそくほっさ》は夜中から明け方に起きやすいということがわかっています。なぜこうなるかというと、気管支《きかんし》の筋肉の収縮《しゅうしゅく》は夜間に増加するというリズムがあることや、異物を排除する気道粘膜《きどうねんまく》の働きが、夜間に低下することなどが原因だと言われています。

そうすると、この時間帯に薬が効くように、喘息の薬をのむ時刻を決めるという方法が考えられます。気管支拡張剤《きかんしかくちょうざい》のシールは、1枚貼《は》れば24時間効きめがもつと言われていますが、貼ってから長時間経《た》つと、効きめがうすれることも考えられます。そこで、夜中から夜明けの喘息をおさえるためには、夕食後ごろに貼るのがよさそうだ、ということになります。

このように、病気の起こる時間帯が決まっている場合は、その時間帯めがけて薬をのんだり貼ったりしますが、一般的には、のんだ薬の吸収は、夜より昼間のほうが早いことがわかっていますから、昼にのむことが多くなると思います。

これからの薬ののみかた

以前は、薬は1日3度のむかたちのものが多かったのですが、最近は長時間効《き》いて、しかも副作用の少ない薬が、どんどん登場しています。

1日2回のむもの、あるいは1日1回のめばいいというような薬も増えています。

抗生物質もいずれ、1日1回だけのむというかたちになるでしょう。そうなると、1日のうちのどの時刻にのむのがよいか調べられ、たとえば朝1回だけのむというようなことになると思います。

保育園などでは、「園で、子どもに薬をのませてよいか」といった議論がされています。医師からの投薬指示書《とうやくしじしょ》があれば、保育園の保健師さん、看護師さんがのませても法的に問題はないようですが、園ではできるだけ、薬をのませないようにするのが本当だと思います。忙しい保育園では、Aちゃんの薬をBちゃんにのませるという事故や、おいてある薬を子どもが飲みものとまちがえてのんでしまうような事故が、起こりかねないからです。

最近は1日2回のめばよいかたちの薬がたくさんありますから、かかりつけのお医者さんで1日2回型の薬を出してもらうようにすれば、保育園でのまなくてすみますね。

このように薬ののみかたは、これからだんだん変わって、やがては朝1回だけとか、夜1回だけ、というふうになると思われます。しかしまだ、そういう方法が確立しているわけではないので、当面は1日3回食後といったのみかたが続けられるでしょう。

薬の副作用について

薬には副作用という、厄介《やっかい》なものがあります。副作用がまったくない理想的な薬があるとよいのですが、実際には、すべての薬に大なり小なり、副作用があると言ってよいと思います。

副作用のない薬があるとすれば、それは効《き》きめもない薬で、いわゆる「毒にも薬にもならない」ものでしょう。

ここでちょっと視点を変えて、食べもののことを考えてみましょう。

いま、ぼくたちのまわりにまったく安全な食べものがあるかと言えば、ほとんどないのではないでしょうか。自然の食べものでも、たとえばじんましんを起こすものは無数にあります。食物《しょくもつ》アレルギーの原因になる食べものは、山ほどあるのです。食べものを食べてじんましんが出ても、副作用とは言いませんが、薬をのんでじんましんが出たら、それは副作用と呼ばれます。

そういうわけで、どんな薬でもまったく安全と言えるものはなく、ただ、その副作用に重大なものからきわめて軽いものまで、さまざまあるということです。

副作用のなかには目に見えたり、からだに感じたりすることで、はっきりわかるものと、わからないものがあります。この、副作用があるのにわからないものが厄介なのですが、一般にもはっきりわかる副作用だけが話題になって、外からわからない副作用のほうに関心がもたれていないのが気がかりです。

副作用はなぜ起こるのか

ではまず、いくつかの薬を例にとって、副作用についての具体的なことをお話ししていきましょう。

薬がからだのなかへ入ったとき、血液のなかへ入れば、からだ全体を薬はまわっていくわけです。

そのとき、目的の場所、つまり病気になっている場所にだけ作用するわけではなく、ほかの臓器《ぞうき》にも作用してしまいますが、これはやむをえないことです。

たとえば気《き》管支拡張剤《かんしかくちょうざい》(→163ページ)の多くは、気管支だけでなく、心臓にも作用してドキドキさせます。そのほかに手がふるえたりもしますが、こうした症状が出ない気管支拡張剤を作ることは、むずかしいのです。ですから喘息《ぜんそく》を治そうとすると、ドキドキすることや手がふるえることに耐えなくてはいけません。ただ幸いなことに、薬をのみ続けていると、からだが薬に慣れて、手のふるえが起こらなくなったりするのです。

抗《こう》ヒスタミン剤という薬はアレルギー性の病気に使われますが、眠くなるという副作用があります。睡眠薬がわりに使われることもあるほどですが、「子どもがお薬のむたびに、ボーッとしてます」と言われることもあり、これはちょっと困った副作用です。

また副作用のあらわれかたには、個人差があります。ぼくは抗ヒスタミン剤をのむと、だるくなって仕事もできないほどになりますが、まったく眠気《ねむけ》を感じない人もいます。

お酒に強い人と弱い人がいるように、薬の効《き》きかたにも個人差があり、副作用のあらわれかたにも個人差があるということは、はっきりと心にとめておいてください。

また副作用とはちょっとちがうのですが、ある病気に使っている薬が、その病気以外の症状にも効いたりすることがあります。

たとえば抗ヒスタミン剤のひとつであるペリアクチンという薬は、食欲を増進《ぞうしん》させる効果があることがわかりました。それで食欲がおちている子どもに食欲増進剤として、ペリアクチンを使うこともあります。この場合、食欲増進作用をペリアクチンの副作用とは言いませんが、お母さんが「鼻炎《びえん》の薬をのんでいると、この子、やたらに食べるんですけど」と訴えることもあって、こうなると、食欲増進作用は副作用ということになってしまいます。

抗生物質で下痢《げり》が起こる(→68ページ)のも副作用と言えますが、これもやむをえないことのひとつです。

ぼくたちの腸のなかには、腸内細菌と呼ばれる細菌がいつもいてくれて、病原菌が入りこもうとするのを防いでいてくれます。ところが抗生物質をのむと、腸内細菌もやっつけられてしまうので、腸のなかは無防備になり、病原菌が跋扈《ばっこ》することになって、下痢が起こることになるのです。

のどの細菌だけやっつけて、腸内細菌はやっつけない、というような抗生物質があるとよいのですが、そううまくはいかないので、抗生物質をのんだら、下痢になることも覚悟しなければいけません。

逆に、副作用として便秘《べんぴ》が起こる薬もあり、たとえばリン酸コデインがそうです。リン酸コデインは「リンコデ」と呼ばれ、むかしから使われている薬ですが、せきどめとしては、かなり強力で、鎮痛作《ちんつうさ》用《よう》もあります。しかし、「せきもとめるが、便もとめる」と言われるように、ひどい便秘を起こすことがあって、それがこの薬を使いにくくしています。

いろいろな副作用の症状

では次に、副作用をその症状ごとにあげて、それがどんな薬で起こるかを示しましょう。

薬疹《やくしん》（皮膚《ひふ》に出る発疹《ほっしん》）

薬の副作用の代表と言えば、薬疹です。

薬疹は、薬をのんだことが原因で皮膚に出る発疹のことですが、その発疹には、さまざまなかたちがあります。薬疹を起こす薬も、たくさんあります。たくさんあるというより、あらゆる薬が薬疹を起こす可能性がある、と言ってよいでしょう。ただ子どもの場合、薬疹の原因になるのは圧倒的に抗生物質が多く、とくにペニシリン系やセフェム系という種類のもので多く見られます。

発疹は、細かく赤いブツブツが全身にできるというかたちのものが多く見られます。

ステロイドの副作用

「はっきりわかる副作用」にもいろいろなものがありますが、副作用の問題でもっとも有名なのは、副腎皮質《ふくじんひしつ》ホルモンの副作用、とりわけアトピー性皮《せいひ》膚炎《ふえん》に対する、副腎皮質ホルモンのぬり薬の問題だと思います（→167ページ）。

副腎皮質ホルモンはステロイドとも呼ばれ、こちらの名前が一般に使われていますが、ステロイドは「絶対使ってはならない、おそろしい薬」というふうに、多くの人に思われているようです。

しかし実際には、ステロイドは「奇蹟《きせき》を起こす、神のような薬」なのです。

この100年ほどの歴史のなかで、真に画期的《かっきてき》な薬の発見といえば、抗生物質とステロイドの発見と言っても、決して大げさではないと思います。

たとえば膠原病《こうげんびょう》と呼ばれる一群の病気では、ステロイドにまさる治療薬はなく、ステロイドに頼らざるをえません。重症の気管支喘息《きかんしぜんそく》でも、ステロイドが生命を救ってくれる（→164ページ）わけですし、そのほかさまざまな難病《なんびょう》に使われます。こういう場合、ステロイド以外の薬を使っても、ステロイドのかわりにはならないことが多いのです。

しかし、こういう強力な薬は、副作用もいろいろあります。ただ、薬のかたちによって副作用もいろいろで、たとえばのみ薬とぬり薬、吸入薬《きゅうにゅうやく》とでは、副作用の起こりかたが、まったくちがいます。また同じのみ薬の場合でも、多量にのむ場合と少量のむ場合とでは、副作用がまったくちがうのです。

のみ薬を多量にのむ場合、それが長期間にわたると、実にさまざまな副作用が起きます。

まず、顔が丸くなり（満月様顔貌《まんげつようがんぼう》と言います）、体重が増え、にきびができたり、毛深くなったりします。高血圧、糖尿病《とうにょうびょう》、骨粗鬆症《こつそしょうしょう》などが起きてくることもあります。免疫《めんえき》の力が低下し、細菌やかびに感染しやすくなったりします。

こういうふうにいろいろな副作用があるけれども、そんなことにはかまっていられない、あるいはステロイドを使わなければ助からない、ステロイドを使わなければ生活できない、という病状があります。こんなときは、ためらわずにステロイドを使わねばなりません。

ステロイドの効果と副作用を比べて、効果のほうが上まわると考えられるときは、副作用があっても使うべきなのです。

薬疹は、薬をのんですぐに出てくるものがありますが、1~2週間続けてのんでいるうちに出てくることもあります。

1度薬疹が出た薬は名前を記憶しておき、病院に行ったときに、「この子は○○という薬で薬疹が出たことがあります」と伝えてください。そして同じ薬は2度と使わないことにするのが、無《ぶ》難《なん》です。

薬疹は薬に対するアレルギーと言ってよいのですが、薬疹のほかに、強いアレルギー反応を起こしてアナフィラキシーショック(→174ページ)になることもあります。ただ、子どもに使われるのみ薬で、アナフィラキシーショックになることは、めったにありません。

しかし、むかし、子どもでも抗生物質の注射がよくおこなわれていたときには、ショックが起こることがありました。抗生物質の注射は、注意が必要です。

またセフェム系の抗生物質のなかでケフラールという薬は、のみ薬でもショックを起こすことがあるという報告もありますから、気をつけましょう。

喘息《ぜんそく》の誘発《ゆうはつ》

アスピリンは喘息になりやすい子どもに使うと喘息発作を起こすことがあり、アスピリン喘息と呼ばれます。

アスピリンは、非ステロイド性消炎鎮痛剤《しょうえんちんつうざい》と呼ばれる一群《いちぐん》の薬のひとつですが、アスピリン以外の非ステロイド性消炎鎮痛剤も、喘息を起こすことがあります。

ここで非ステロイド性消炎鎮痛剤という長ったらしい名前の薬について、説明しておきましょう。

ステロイドというのは、すでにお話ししたように副腎皮《ふくじんひ》質《しつ》ホルモン(→前ページのコラム)のことですが、からだのどこかに起こった炎症をおさえる薬としては、もっとも強力なものです。炎症をおさえる薬は痛みもおさえるので、ステロイドは消炎鎮痛剤ということになります。

ステロイド以外の薬で、ステロイドと同様に炎症をおさえ、痛みをやわらげる薬があり、それらはまとめて非ステロイド性消炎鎮痛剤と呼ばれています。これらの薬は、ステロイドより効果は弱いのですが、ステロイドほど副作用が強くないので、ひろく使われています。

商品名としては、アスピリン、ブルフェン、ボルタレン、インダシン、ロキソニンなど、いろいろあります。これらの薬は鎮痛作用のほかに強力な解《げ》熱《ねつ》作用もあるので、かつて子どもの発熱時に使うお医者さんもいました(いまでも、いるかもしれません)。

しかし、とくにインフルエンザや水ぼうそう(水《すい》痘《とう》)の場合、これらの薬を使うと、脳症《のうしょう》を起こすことがあるのがわかってきました。これらの消炎鎮痛剤を子どもに解熱剤として使ってはいけません。解熱剤として安全なのはアセトアミノフェンだけです。

それ以外にこれらの消炎鎮痛剤には、喘息発作を起こす危険があること、胃腸障害を起こすことがあることなどを、知っておいてください。

便秘《べんぴ》、下痢《げり》

せきどめや鎮痛剤《ちんつうざい》として使われるリン酸コデインは、ひどい便秘を起こすこと、抗生物質は下痢を起こしやすい、ということはすでにふれました（↓12ページ）。

けいれん（痙攣）

喘息《ぜんそく》の薬としてよく使われてきたテオフィリンは、乳幼児に使うとけいれんを起こす危険性があるので、使わないようにすべきです。

またキノロン系と呼ばれる抗生物質と非ステロイド性消炎鎮痛剤《しょうえんちんつうざい》が細菌感染症などで併用されることがありますが、けいれんを起こすことがあります。

副作用を考える

ここにあげた副作用は、症状があるためわかりやすいのですが、そのほかに症状が目に見えない副作用があります。

たとえば腎障害《じんしょうがい》、肝障害《かんしょうがい》、血液障害などは、目に見えません。しかしこうした副作用は、重大な病気で強い薬を点滴として投与《とうよ》したときなどにしか起こらないのがふつうで、そういう場合は、検査をしながら管理されていますから、副作用が見逃されることは少ないのです。副作用も、早く気づいて薬を中止すれば、重大なことにいたらないのがふつうです。

とはいえ、薬はなるべくのまないにこしたことはないし、のむにしても短期間ですますにこしたことはありません。

日本の医療では不必要な薬が使われたり、必要な薬であっても長期にダラダラと使われすぎたりしています。これは乱用と言うしかありません。

薬の宣伝は大量に流されていますから、みなさんのなかにもいつのまにか薬信仰ができて、「薬がないと治らない」と思ってしまったり、「強い薬を使ってほしい」と願ってしまったりする気持ちが生まれるのかもしれません。

お医者さんに、「この程度なら薬はいらない」と言われたら喜びましょう。また、もう薬はいらないのではないかと思ったら、「まだ薬をやめてはいけないでしょうか」と勇気をもって聞いてみましょう。

「本当に必要な薬は使うけれど、一般的に言えば、薬は嫌《きら》いだ」と考え、そのことをはっきり医者にも告げる人が増えれば、そして、そういう言葉をきちんと受けとめる医者が増えれば、「薬漬《づ》け」と言われる日本の医療も、よい方向に変わっていくでしょう。

代替医療《だいたいいりょう》について

薬のお話をここでおしまいにしますと、「もの足りない」という感じをもつ方もいるでしょう。

「漢方薬《かんぽうやく》について、ふれられていない」とか、「ハリ治療は無視するの」といった不満や疑問が出てくるだろうと思うのです。

ぼく自身はハリ(鍼《はり》)を打つこともできますし、漢方についても多少は勉強していて、漢方薬を使うこともあります。しかし、ハリを打ったり漢方薬を処方したりするのは、もっぱら大人に対してであって、子どもにはおこなっていません。なぜそうしているのかといったことをお話ししようと思うのですが、ここでは範囲をひろげて、「代替医療」と総称されているものについて、ふれておくことにします。

さまざまな代替医療《だいたいいりょう》

代替医療という言葉はよく使われていますが、誤解されて使われることもあるようです。たとえばガンの末期で、近代医学的な治療が無効と言われた場合に、それにかわっておこなわれる治療を指《さ》して、代替医療と呼ばれたりします。確かにこれも代替医療ではあるのですが、せまい意味での代替医療と言うべきでしょう。

代替医療にくわしい小松奈美子《こまつなみこ》さんの書かれた著書『統合医療の扉』からまとめると、代替医療は次のようになります。

「1970年代初頭は世界的に波乱万丈の時代でさまざまな市民運動が起こった。そして患者の権利が強調されると同時に、「近代西洋医学(現代医学)は万能なのか」という問いが発せられ始めた。

そして近代西洋医学以外の療法が探し求められるようになり、そうした療法が代替医療と呼ばれるようになった」

小松さんはこんなふうに説明し、したがって代替医療とは「近代西洋医学以外のすべての療法」だと言い、具体的に次のようなものをあげています。

① 伝統医療とシャーマニズム(中国医学、インド医学、世界各地に残る呪術《じゅじゅつ》など)

② 西洋医学に対抗的な医療体系(19世紀から20世紀初頭にかけて近代医学に対抗して現れた治療体系であるホメオパシー、オステオパシー、カイロプラクティック、ナチュロパシーなど)

③ 民間療法(食事療法、断食《だんじき》療法、健康食品、機能性食品、温泉療法、ハーブ療法、フラワーレメディ、リンパ球療法、丸山ワクチン、尿療法など)

④ 心身相関《しんしんそうかん》療法(イメージ療法、セラピューティックタッチ、アロマテラピー、アニマルセラピー、音楽療法、絵画療法、瞑想《めいそう》療法など)

何を根拠に治療法を選ぶのか

ずいぶん、いろいろな治療法がありますね。ぼくは、近代医学を専門としている医者のなかでは、こうした医療にくわしいほうだと思いますが、それでも知らない治療法が、かなりあげられています。これらの治療法すべてに通じている人は、まずいないでしょう。

ここにあげた治療法のどれかを実践している人も、その治療法以外の治療法については関心もなく、また効果を認めていないことが多いようです。

たとえば断食《だんじき》療法をおこなっている治療所へ行っ

たら、「あなたには断食療法よりもホメオパシーのほうが合っているから、そちらへ行ってみるとい い」とすすめられたというような話は、聞いたことがないのです。

また、どんな治療法にせよ、その得意とする分野があるはずですし、限界もあるはずです。たとえば、「この治療法は下痢《げり》を治すのに効果はあるが、肺炎の治療はできない」といった特徴があると思うのです。

しかし、さまざまな代替医療《だいたいいりょう》を実践している人たちは、それぞれの治療が万能であり、最良の治療法であるように言うのがふつうです。これでは、どの治療法を選んだらよいのかわかりません。

子どもの喘息《ぜんそく》を代替医療で治したいと思った人が、先ほどあげた代替医療の一覧を見て、そのなかからひとつを選ぼうとしたとき、何を根拠に選べばよいのでしょうか。それぞれの治療法について、「この治療法で治る率は△%」というようなデータがあれば、選ぶ根拠になるかもしれませんが、代替医療はそのようなデータを示してくれません。

近代医学のほうですと、手術をした場合、治る率は△%、のみ薬を使った場合の治る率は△%というふうに、具体的なデータがありますから、それらのデータをもとに治療法を選べるのですが。

というわけで、代替療法について、その効力がどのくらいのものか、ぼくにははっきりわからないものが多いので、ここでとくにおすすめすることはしません。

ハリと漢方

先ほどお話ししたように、ハリと漢方は、ぼくも治療に取り入れたことがあるので、これらについては少し解説ができます。

まずハリですが、これは痛みにはよく効《き》きます。肩こり、腰の痛みなど、筋肉に痛みがあるときなどは、ハリを打つとすぐに痛みがとれることもあります。

子どもの場合は小児バリといって、痛くないやりかたでハリを打ちます。子どもでは肩こりや腰痛は見られないので、アレルギーの病気の子どもの体質改善を目的としてハリが打たれたりします。しかし、その効きめははっきりしません。「喘息《ぜんそく》の子どもにハリを打った結果、△%が治った」といった報告がほとんどされていないので、効果が判定できないのです。

また、漢方薬は、アレルギー性鼻炎《せいびえん》(↓301ページ)

や過敏性腸症候群《かびんせいちょうしょうこうぐん》（↓123ページ）などに使って、効きめがあるように見えることもあります。しかし、その効果をはっきり証明した論文は少ないのです。さらに漢方薬のなかには、肝臓を傷《いた》めるといった副作用に注意して使わなければならないものもあります。

何よりも気になるのは、漢方薬の原料になっている薬草の農薬汚染です。原産地でそれがどのように生産されているのか、農薬の汚染がないのか気になります。漢方薬を子どもに毎日のませることは、農薬を微量《びりょう》ずつ、子どものからだのなかに入れていることになるのかもしれません。それが心配なので、ぼくは子どもに漢方薬を長期にのませることを、おすすめしないのです。

代替医療《だいたいいりょう》はこれから研究され、いろいろなデータも出てくるかもしれません。はっきり効果の証明されたデータが出てくるまでは、ぼくはみなさんに代替医療をすすめようと思いません。わかっていただけたでしょうか。

お医者さんの選びかた？

何を基準にするのか

「お医者さん選びは、どんなふうにしたらいいですか」と、よく聞かれます。そのたびに「ウーン」と答えにつまってしまいますが、それは、とても答えにくい質問だからです。

最近は週刊誌などに、「おすすめの病院100」といった記事がよくのりますし、「病院ガイド」のような本も、たくさん出版されています。でも、そういうガイドで病院を選んでも、納得のいかない結果に終わることが多いと思うのです。

その理由を、ほかの例をあげて説明しましょう。

ぼくはカレーライスが大好きです。3食カレーが続いてもいいくらいで、自分でもよく「手作りカレー」を作ります。決してグルメではないのですが、カレーの名店めぐりだけはしていて、東京都内の有名店は6割くらい制覇《せいは》していると思います。「カレーの名店50」といった類《たぐい》のガイドブックを買って、そこにのっている店に出かけていくのですが、ぼくの期待にこたえてくれるのは、1～2割の店にすぎません。そういう有名店よりも、何げなくフラッと立ち寄った店のほうが、ずっとおいしかったりして、「ガイドブックは、あてにならない」と、いつも思います。それでも、ガイドブックにのっている店くらいは知っておかねばカレー通を自負できないと思って、こりずに出かけているのです。

そこで、なぜガイドブックの評価とぼくの評価がちがうのかを考えてみるのですが、それはもちろん、味覚に個人差があるからですね。

世の中には味のうすいものが好きな人もいれば、濃い味が好きな人もいる。しょっぱい味が好きな人もいれば、甘い味が好きな人もいる。さまざまです。

ですから、グルメ評論家がすすめている店へ行って食べたら、ぼくもおいしいと感じる保証は、どこにもないわけです。そしてこの場合、グルメ評論家の判定と、ぼくの判定のどちらが正しいかというと、実はむずかしいと思います。

しろうとを10人集めて、いろいろな店の食べものを食べてもらい、8人以上がおいしいと認めた店を「おいしい店」とし、逆に、6人以上がまずいと評価した店を「まずい店」とします。次にグルメ評論家を集めて、それらの店で食べてもらい、「おいしい店」、「まずい店」の評価をしてもらいます。その評価が、しろうと10人の評価と合った人だけを「味を正しく評価できる人」とし、グルメ評論家として認めるということにすれば、グルメ評論家の評価を頼りに食べもの屋へ行っても、あまりはずれはないことになるかもしれません。

というわけで、おいしさの評価という簡単そうなことでも、なかなかむずかしいのですから、お医者さんの評価、病院の評価というようなことは、とてもむずかしいのです。

患者さんの側であるみなさんも、ひとりひとり価値観がちがい、それぞれの人生を生きているわけですから、お医者さんや病院の評価のしかたもちがいます。

よく検査をしてくれるお医者さんがいい、と言う人もいれば、不必要な検査はなるべくしないお医者さんがいい、と言う人もいます。この場合、「何が本当に必要な検査か」という情報が、みなさんに与えられていないことが多いので、判断は人それぞれにちがってしまいます。

「土曜日の午後や日曜でも、診療してくれるお医者さん」が、何よりもありがたいと考える人もいます。「説明がていねい」「子どもにやさしい」といったことを評価して、病院を選ぶ人もいます。

このように、何を評価の軸にしてお医者さんや病院を選ぶかは人によってちがうので、ここで「こんなお医者さんを選ぶとよい」というふうに、ぼくは言うことができないのです。

ただ「検査をよくしてくれる」「薬がたくさん出る」「強い薬を出してくれる」といった理由でお医者さんを選ぶのは、賢明《けんめい》とは思えません。検査よりも、ていねいな診療をしてくれるお医者さんがいいと思うし、薬はなるべく少なく、しかもできるだけおだやかな薬を使ってくれるお医者さんがいい、と思うのです。

もし、どのお医者さんを選んでよいか迷ってしまったとしたら、本やインターネットに頼って選ぶよりも、気の合う友人から情報を得るのが最良だと思います。こういうときには、あなたと同じような価値観をもつ友人を、たくさんもっていると有利です。日ごろから情報を交換しあえるような友人を、なるべくたくさん作っておくことが大事だと思います。

こんなとき、何科に行ったらいいか

ということで、「お医者さん選びは、こんなふうに」と、具体的にお話しすることはできませんでしたが、「何科に行ったらいいか」という質問にはお答えできそうです。

「子どもが具合が悪くなったとき、小児科、耳鼻科、皮膚《ひふ》科、脳外科など、どの科に行ったらよいかわからない」という声もよく聞くのです。

たとえば「はな水だけが出ているときは、小児科へ行くのがよいか、耳鼻科へ行くのがよいか」といった質問は、簡単に答えられそうで、けっこう答えにくいものです。なぜ答えにくいのでしょうか。

それは、はな水が出る原因になる病気が、ひとつではないからです。たとえば、はなかぜの場合、はな水が出ますし、アレルギー性鼻炎《せいびえん》(→301ページ)の場合にも、はな水が出ます。はなかぜなら小児科へ行くのがいいし、アレルギー性鼻炎だったら耳鼻科へ行くのがいいのですが、でも、はなかぜなのかアレルギー性鼻炎なのかがわからないから、どっちへ行ったらいいか迷うわけですね。

こんなとき、はな水が出始めて2〜3日しか経《た》っていなければ小児科でいいでしょうが(かぜのことが多いからです)、はな水が2週間も続いていたらアレルギー性鼻炎の可能性が高いので、耳鼻科へ行くほうがよいのです。

目やにが出ているときは小児科か眼科か、おむつかぶれ(→274ページ)や水いぼ(→279ページ)は小児科か皮膚科かなど、はな水の場合と同様、迷うケースは多いと思います。かぜ症状があって、目やにが出ているときは小児科、目やにだけが続いているときは眼科が適当、というふうに言えますが、おむつかぶれや水いぼなどは、選択がむずかしくなります。

おむつかぶれの軽いものは小児科で十分ですが、なかなか治らないときは皮膚科へ行って、カンジダ(→43ページ)がいるかどうか、調べてもらうほうがいいでしょう。

水いぼの場合は、皮膚科へ行くと、たいていつまみ取られます。子どもは恐怖で泣き叫んだりしますが、皮膚科のお医者さんの大半は、「水いぼは確実に除去することが大事」と考えていて、つまみ取るのです。一方、小児科のお医者さんの多くは、「水いぼがあっても、からだに何の支障もないのだから、取る必要はない」と考えていて、取ろうとしません。そういうわけですから、水いぼは小児科でみてもらおうと、ぼくは提唱《ていしょう》します(→282ページ)。

アトピー性皮膚炎(→165ページ)となると、もっと選択はむずかしくなります。皮膚科のお医者さんの多くは、「ステロイドは、じょうずに使えばこわい薬ではない」と考えていて、食事療法《しょくじりょうほう》には批判的な人が多いようです。小児科の側では、「ステロイドはなるべく使わず、食事療法で」と考える人が少なくありません。

ぼく自身は「ステロイドも食事療法も、ほどほどに」と考えているので、「アトピーの治療は皮膚科でしても、小児科でしてもいい、ウマの合うお医者さんなら」と思っています。

病院にあるいろいろな科

このほか、どの科へ行くか迷う例は限りなくあるので、いちいちふれられませんが、病院にはどんな科があって、どういう病気をあつかっているかを知っておくことは、最低限の知識として役に立つと思うので、ここでお話ししておきます。

まず年齢別に言うと、小児科、内科、老人科があり、思春期の人を専門にあつかう思春期内科というのもあります。

小児科は15歳まで、内科は15歳以上無制限、そして老人科は60歳以上を対象にしていると思ってください。

次に、内科と外科という大きな分類があります。この2つの差は、「手術」をするかしないか、ということにあります。手術で治すような病気は外科であつかい、薬を使って治すような病気は内科であつかう、ということです。

ただ、手術は耳鼻科でも整形外科でも、眼科でもしますね。ですから内科や外科というのは、主に内臓の病気をあつかい、内臓以外の部分はそれ以外の科があつかう、ということになります。

内臓以外の部分は、こまかくわけられます。

脳の病気で手術で治すものは脳外科、目の病気は眼科、耳、鼻、のどの病気は耳鼻咽喉科《じびいんこうか》(耳鼻科とも言います)、骨や筋肉の病気は整形外科、皮膚《ひふ》の病気は皮膚科が、それぞれあつかいます。

少し特別なものに、精神科、神経内科、形成外科などがあります。

精神科は心の病気をあつかうということになっていますが、脳の病気もあつかいます。統合失調症《とうごうしっちょうしょう》、うつ病などのほか、不登校、自閉症《じへいしょう》スペクトラム(→349ページ)、拒食症《きょしょくしょう》なども、小児精神科で相談や治療にあたります(てんかんは精神科、神経内科、脳外科など、いろいろな科であつかいます→209ページ)。

神経内科は、中枢神経系《ちゅうすうしんけいけい》および末梢神経系《まっしょうしんけいけい》の病気のなかで、内科的な病気をあつかう、ということになっていますが、これではわかりにくいですね。

たとえば手がふるえるとか、足が動かない、歩くと斜《なな》めに行ってしまう、というような症状があれば、神経内科でみてもらうのがよいのです。頭痛がひどいとき、めまい(→298ページ)がひどいときなども、神経内科がよいと思います(めまいは、ほとんどが内耳《ないじ》の異常で、まれに脳に原因がある場合もあります。ですから、まず最初に耳鼻科でみてもらうのがよいのですが)。

また、筋ジストロフィーのような、筋肉の病気も神経内科があつかいます。

次は形成外科ですが、「整形外科」との区別がよくわからない、という話を聞きます。確かに言葉が似ていて、よくわかりませんね。辞書的な説明をすると、次のようになります。「生まれつき、あるいは生後の身体表面、もしくは表面に近い組織、器官の形状や色調の変化、変形などを、外科的な方法で、できるだけ正常に近い形に近づけることを目的とする科」。

少しわかりにくいかもしれませんが、たとえば、血管腫《けっかんしゅ》(あざ)をレーザーで治療するとか、生まれつき、手指が少なすぎたり多すぎたりする子どもに手術をして5本にするとか、そういったことを形成外科がすると言えば、形成外科のイメージがわかると思います。

大人が利用する美容整形というものがあって、これが形成外科というふうに思っている人もいるようですが、本来の形成外科は、美容整形とは別のものです。「胸を大きくしたい」とか「まぶたを二重《ふたえ》にしたい」とかいった希望に沿うのは美容整形で、形成外科はあくまでも、病気を治すという仕事をする科です。

かかりつけのお医者さんをもとう

このように、いろいろな科があります。そして日本では、開業医の多くは、それぞれの専門を名のっています。つまり開業医でも、「わたしは内科医です」とか「わたしは眼科医です」とか名のっているということです。

しかし外国では、開業医の場合、どんな病気でもみる医師が多く、とくに専門を名のらず、「家庭医」的な存在であることが多いようです。

開業医は簡単な病気なら、大人でも子どもでも、目の病気でも、耳の病気でも、皮膚《ひふ》の病気でも、何でもみるのです。そして専門医にかからなければ治療できないようなむずかしい病気は、専門医に紹介するということです。

ぼくも、開業医は日常的な病気なら何でも診療し、むずかしい病気は病院で専門医が診療する、というかたちがよいと思うのです。

日本ではこうなっていませんが、みなさんにはまず、何でも相談できる、かかりつけ医を探してみることをおすすめします。よい開業医は自分の専門外のこと、あるいは自信がもてない場合は、すぐに専門医を紹介してくれるはずです。

信頼できる専門医をきちんと紹介してくれるお医者さんを主治医としてもてると、最高だと思います。

病気のときの子どもの生活

病気になったとき、子どもの生活はどのようにしたらよいかと、よく聞かれます。こういう質問をされるのは、ほとんどの場合、かぜや胃腸炎のような急性《きゅうせい》の病気にかかった子どもについてです。

心臓病や腎臓病といった慢性《まんせい》の病気のときは、軽症の場合と重症の場合とで生活のスタイルは大きく異なりますから、それぞれの子どもについて、主治医から「どういう生活をすべきか」という指示があります。ですから、その指示にしたがって生活すればよいのですが、かぜや胃腸炎のようなありふれた病気の場合、いちいち医者から指示されないのがふつうです。

医者に対して気軽に質問できるお母さんやお父さんの場合は、「安静にしてないといけませんか」、「お風呂はどうしたらいいでしょう」と、どんどん聞くことができるので問題ありませんが、「お医者さんも忙しそうなのに、つまらない質問なんかしちゃいけないんじゃないかしら」と遠慮《えんりょ》してしまうような人の場合は、家へ帰ってから、さてどうしたものかと悩んでしまうことでしょう。

そこで病気のときの子どもの暮らしについて、少しくわしくお話ししておくことにします。

安静にしなければいけないのか

病気のときは安静第一、というふうに思っている人は多いでしょう。

「うちの子は熱があっても、じっとしていないんです。39度もあるのに走りまわって、これじゃ治るものも治りませんよね」と、こぼすお母さんに、よく出会います。お母さんの気持ちはわかるのですが、「安静にしていないと、治るものも治らない」という意見には同調しかねます。

安静は必ずしも必要ではない

世の中に病気の種類はたくさんありますが、そのうち安静にしていれば早く治ると証明されているものは、きわめて数が少ないと思います。

むかしは、結核と言えば安静と言われ、「空気のよい高原のようなところで安静療養《あんせいりょうよう》するのがよい」というふうに考えられていましたが、そういう治療法が本当に有効だったのかどうか、いまでは疑問視されています。

また慢性肝炎《まんせいかんえん》の成人に対して、「なるべく安静に。

とくに、食後30分は横になって、安静にするように」といった指導がされた時期がありましたが、これもいまでは、「むしろ有害。重症の肝硬変《かんこうへん》になっている人以外は、からだを動かすほうがよい」と言われたりしています。

日本の病院は、入院している患者さんに安静を守らせる傾向が強いので、病気を早く治すには安静にするのがいいのだ、という観念をうえつけているのかもしれません。しかし病院での安静は、病院側の管理の都合上、強《し》いられていることが多く、安静にしている必要のない人が安静を守らされている、といったケースも目につきます。

そういうわけで、安静は大人の場合でさえ、病気を早く治すために必須《ひっす》のものではないのです。

まして子どものかぜの場合など、安静にしている必要はありません。

子どもというものは、具合が悪くてじっとしていたければ、じっとしているし、熱があっても気分が悪くないときは、ふつうに動きまわったりします。それは、イヌやネコなどの動物に似ていると言っていいかもしれません。

イヌやネコのような動物は、病気になったらどう対処するのがよいかを誰かに教えてもらったりするわけではありませんが、きっと病気への対処法を、本能的に身につけているのだろうと思います。

トカゲのような体温調節できない動物が感染症《かんせんしょう》にかかると、ふだん棲息《せいそく》している温度の低い場所から温度の高い場所へ移動しますが、それによって感染

症の治りは早まるのです。そんな驚異的なことを、トカゲは誰かから教えてもらったはずもなく、やはり本能的に身につけているのだろうと思います。

一方、ぼくたち人間は、科学的な治療法をいろいろ見つけてきたかわりに、自分の身を守る本能を失ってしまったのではないでしょうか。たとえば解熱《げねつ》剤《ざい》を使うと、頭痛やふしぶしの痛みがとれることを発見して使うようになりましたが、解熱剤で熱を下げると病気の回復が遅くなる、という事実を忘れてしまったように。

無理に熱を下げてはいけない理由

ここで、無理に熱を下げると回復が遅れる理由を、ちょっとお話ししておきましょう。

トカゲが感染症《かんせんしょう》になると暖かいところへ移動するのは、高温だとウイルスや細菌が死にやすくなるからです。

体温を上げさせることのできる人間のような動物は、有害なウイルスや細菌が体内に入ってくると、やっつけるために体温を上げるわけです。つまり高熱は、ウイルスや細菌をやっつけるための手段で、その熱を下げるとウイルスや細菌を攻撃する力が低下しますから、病気の回復が遅れるのです。

しかし子どもは、へたに科学的な知識をもっていないぶん、生きるための術《すべ》、病気を早くよくするための術を知っているのかもしれません。

ですからぼくは、「熱が高くても、子どもが遊びたがっているようだったら、病気が軽い証拠なのだから遊んでいていい。じっとしていることはない」と言い、「熱があんまりないのに、いつも活発に遊びまわる子がじっとしているようだったら、具合がよくないのだから注意して見守ったほうがいい」と言うことにしています。

ぼくは子どものころ本当に病弱で、しょっちゅう熱を出して学校を休んでいましたが、床《とこ》に入って本を読むのが大好きで、ずっと本を読んでいたものです。父も医者でしたが、「かぜをひいているときに本など読まないで、からだを休めていろ」などとは決して言いませんでしたので、ぼくは心おきなく本を読んでいました。

ですから自分の経験からも、「熱が出ているときだって、遊びたい気持ちがあるほど元気なら、遊んでいていい」と思います。遊びたい子は遊ばせ、寝ていたい子は寝かせ、テレビを見ていたい子は見せておくのです。そういうふうに好きにさせていても、かぜの治りが悪くなることはない、と断言できます。

喘息《ぜんそく》の子どもについて最近、「喘息だからといって、からだを動かすことを避《さ》けていると、かえって悪影響がある」という説も出てきているくらいで、慢性の病気の場合でさえ、安静にすればいいというものでもないのです。

外出していいのか

次に、外出について考えてみます。

赤ちゃんが熱を出しているのだけれど、お兄ちゃんを幼稚園に迎えに行かなくちゃいけない、さあ困った、どうしよう。赤ちゃんをひとりで家においておくわけにもいかないし、というジレンマに悩むお母さん、お父さんもたくさんいます。

「かぜをひいている子どもは、戸外《こがい》の風に当ててはいけない」と、おばあちゃんに教えられたりしている人もいます。

暖めた部屋にいるのがいいのか

確かにぼくが医者になったころ、はしか(麻《ま》しん)の子どもがいる家では、戸を閉めきってストーブをたき、室温を上げたなかで、一家全員汗だくになっているというようなことがありました。

「はしかは冷やすとこじれる。暖めていれば、早く治る」と言われていたのです。

先ほどお話ししたように、感染症にかかったトカゲは温度の高い場所に移動しますから、人間の場合でも、暖めるのは理にかなっているのでしょう。しかし、汗だくになるほど暖めたのでは脱水《だっすい》になりかねませんし、かえってからだによくないように思われます。だからいまは、はしかの子どもにも、「暖めた部屋のなかにいなさい」と指示するようなことはありません。

また、はしかの子でも、しばらく戸外にいて風に当たったくらいで、ひどくこじれるということもないでしょう。

熱を出している赤ちゃんを、幼稚園の送り迎えに連れて行ったくらいで、ひどくなるということもありません。買い物に連れて行く程度のことも、かまいません。それより、赤ちゃんや幼い子どもをひとりで家においておくほうが、よほど危険です。

旅行はしていいのか

旅行はどうでしょうか、という質問もよく受けます。

39度の熱を出している3歳の子どもを、明日、旅行に連れて行ってよいかなどと聞かれると、「ウーン」と考えこんでしまいます。

「やっぱりやめたほうがいいよね」などとあいまいな返事をすることが多いのですが、結局、予定どおりに決行する家庭がほとんどです。

しかし、強行したために入院になってしまったという例もあり、「旅行先では旅館でずっと寝ていて、どこへも行きませんでした」と、あとで話してくれたお母さん、お父さんもいました。

とくに外国旅行で入院したりすると、医療費もたいへんかかり、医療事情もちがってとまどうことも多いはずですから、具合の悪い子どもを無理に連れて行くのはひかえましょう。

また、中耳炎《ちゅうじえん》(→289ページ)にかかっている子どもを飛行機に乗せると耳に負担がかかりますので、耳鼻科のお医者さんと相談して、どうするかを決めましょう。

ともかく、どこへどのようなスケジュールで行くかということと病気の状況を総合判断して、旅行を中止するか決行するかを決める必要があり、主治医ともよく相談してから決めることをおすすめします。

入浴していいのか

子どもがかぜをひいたとき入浴させてよいかどうかということは、親にとって大問題のようです。

「お風呂に入っていいでしょうか」と真剣な顔で聞くお母さんに、「本人が入りたがったら入っていいし、嫌《いや》がってたら無理に入れることもない。適当でいいんじゃないの」などと返事をしようものなら、「何と非科学的なヘボ医者」と、口には出さなくても目が語っているような、そんな顔を返されたりします。

ぼくの答えはいいかげんに聞こえるかもしれませんが、実際のところ、「かぜに対する入浴の影響」が科学的に検証されたことはないのです。

1994年、厚生省心身障害研究「小児《しょうに》の心身障害予防、治療システムに関する研究」のひとつとして、小児期に多いありふれた病気についての研究班が作られました。

その研究班の班長だった小児科医の五十嵐《いがらし》正紘《まさひろ》さんは、「かぜと入浴」についての調査もおこないました。その五十嵐さんが、予備調査の結果、入浴した子どもたちと入浴しなかった子どもたちとのあいだに、かぜの期間や症状の強さの差は見られなかった、と言っています。ただ、予備調査はおこなえたけれども、本調査まではこぎつけられなかったので、これを結論としてはいけない、かぜにとって入浴が影響するかどうかの答えは、いまも得られていない、と、五十嵐さんは慎重に発言しています。

確かに、こういう研究はむずかしいのです。同じようなかぜをひいている子どもを何百人も集めて2つの群《ぐん》にわけ、一方の子どもたちは毎日入浴させ、一方の子どもたちは入浴を禁じて、何日かしたあと、それぞれのかぜがどういう結果をとったかを、比較してみなくてはいけないのです。

これは、とてもたいへんな作業になってしまいますね。五十嵐さんが予備調査で終わらざるをえなかった理由も、わかるような気がします。

小児科医の入浴に対する考えかた

ただ五十嵐さんたちの調査のおかげでいろいろな事実がわかり、これは役に立つ情報になっています。たとえば1994年当時、小児科医が入浴に対してどう考えていたかが調査されています。その結果では、88％の小児科医が、かぜの子どもを入浴させてよいとしていますが、無条件に入浴させてよいと言っているのはそのうち5％で、残りの医師は、条件をつけています。72％の医師は、熱がないことを条件にしていますし、27％の医師は重い身体症状がないことを条件にしています。

ぼく自身は「ぐったりしているときや、入るのを嫌《いや》がるときは、やめたほうがいい。それ以外は、熱があっても入ってよい」と話しています。そういう指導で、いままで問題が生じたことはありません。五十嵐さん自身も、次のように言っています。

「私自身は風呂が大好きで、かぜで三九度台の発熱があっても入浴してから床《とこ》に就《つ》く。私の四人のこどもたちが小さかったころ、かぜをひいても入浴を禁止はしなかった。こどもたちはかぜをひいても楽しんで入浴していた。学問的検証ではなく、まさに個人的経験であるが、私やこどもたちのかぜが長引いたり、こじれたりした経験はない」(『ちいさい・おおきい・よわい・つよい』33号)

この話は、ぼく自身の経験とも重なります。

そういうわけで、かぜをひいていてもお風呂はかまわないと思うのですが、そもそも、どうしてこんなに多くの人が、入浴について関心をもつのかを考えてみましょう。

入浴より湯冷《ゆざ》めに注意を

ひとつに、むかしの入浴は、いまよりたいへんだったということがあります。

ぼくが小さかったときは、銭湯《せんとう》に行っていました。冬の夜などは銭湯の帰りが寒く、湯冷めをしたりしました。

また、おじいさんの家へ行くと、庭においてある五右衛門風呂《ごえもんぶろ》という、おけのようなお風呂に入りました。部屋のなかで衣類をぬいで、裸で庭を走り、そのお風呂にとびこんだりしていました。こういうお風呂も、湯冷めをする可能性があったと思います。

お風呂がかぜをひどくする原因にはならなくても、湯冷めはかぜをひどくする可能性があります。それでお風呂が禁じられた、ということなのではないでしょうか。

食事は、どうすればいいのか

食事についても、慢性病の場合は、それぞれ主治医から指導がされます。しかし、ふつうのかぜなどのとき、どんな食事にしたらいいかという指導は、あまりされていないでしょう。

まあ、特別なことを考えないで、ふだん通りの食事をしていればいいのですが、「栄養をとって、早

「病気のときは入浴を避《さ》ける」という気持ち

なぜ病気のときに入浴が避けられたか、むかしの入浴が湯冷《ゆざ》めをまねきがちだったことのほかにもうひとつ、それよりもっとおもしろい事実があります。それは日本では入浴ということが、ひとつの儀式となっているということです。ぼくはその事実を、人類学者の大貫恵美子《おおぬきえみこ》さんの著作(『日本人の病気観』)で知りました。

大貫さんは、「日本人は風呂に入って身を清めて夜を迎える」と言います。そのとおりでしょうね。ぼくは、昼間の入浴がどうもしっくりせず、夜だと落ちつくのですが、それはやはり、入浴の儀式性のためだと思います。

病気のときの入浴について、大貫さんは次のように書いています。

「日ごとの入浴は病気になると中断される。軽い風邪《かぜ》であっても風呂に入ることは避けられる。家庭では普通、母親が家族のものの風邪の具合をみ、入浴して良いか決める。もし風邪がぶり返しでもしたら、それは、よくなりきっていないのに風呂に入ったからであるとして、非難の的となることもある。病院の診察室では、患者と医者との対話に、風呂のことがよく話題にのぼる。「お風呂に入ってもいいでしょうか」とか、「いつから風呂に入れるでしょうか」と、患者の方で尋《たず》ねることもあれば、医師の方から入浴に関する指示を与える場合も多い。その際、入浴の可否は病気の程度の間接的指標《かんせつてきしひょう》として用いられ、病気が軽いまま続けてよいということは、病気が軽いということと同じ意味を伝えることになる。また、入浴の再開許可は、病気が癒《い》えたことの象徴的表現となるのである。患者はそこで風呂につかり、病いの状態から清められ、再び健康状態に戻ることになる」

この説明は納得がいきます。入浴していいかどうかということは、病気の軽重《けいちょう》の判断材料になっているわけですから、とても気になるという人が多くても、当然なわけです。

それと入浴が浄《きよ》めの儀式ということを考えると、「病気のときは入浴をさける」という気持ちがわかります。

むかしは、病気のときのからだは、けがれていると考えられたのでしょう。そして、けがれているあいだは入浴をしてはいけない、ということになっていたのだと思われます。

何しろ日本では、前の人が入ったあとのお湯に、次の人が入るという具合ですから、感染症《かんせんしょう》の人が入ったお湯に次の人がつかると、病気がうつるなどと思われたのではないでしょうか。いまでも、とびひ(→282ページ)や水いぼ(→279ページ)は、お風呂できょうだいにうつるのではないかと心配する人がいるくらいですから(実際にお風呂でうつるということはないと思います)。

結局、入浴の問題は、こういう「浄めの儀式の問題」と「医学的な影響」がゴチャゴチャに考えられた結果、「かぜのとき入浴すると、ひどくなる」といった言説《げんせつ》が流布《るふ》したように思われます。

く治るようにしなければ」と考える人もいます。そういう特別な配慮は必要ないということを、お話ししておきましょう。

嫌《いや》がるなら無理に食べさせない

ぼくたちのような戦後の貧しかった時代に育った者は、昔話をするときに、「病気のときにしか食べさせてもらえないもの、あったよなあ」という話をします。病気のときにはメロンが食べられるというような時代より、もう一時《ひとじ》代《だい》前の話で、「病気のときだけ、リンゴやバナナが食べられる」という時代でした。「病気のときには、カルピスを好きな濃《こ》さで飲めた」などという思い出もあります。

そのころの子どもは一般に栄養不足でしたから、病気になったときに栄養補給をすることには、意味があったかもしれません。しかしいま、ほとんどの子どもはふだんから栄養過剰《かじょう》と言ってよい状態です。だから病気になったからといって、とくに栄養補給をする必要もないのです。

かぜをひいたとき、しばしば食欲がおちます。

そういうとき、「ちゃんと食べないと治らない」と考えて、どんどん食べさせようとする親もいますが、それは無茶《むちゃ》としか言いようがありません。

食欲がおちているというのは、脳が「いまは、かぜと闘わなくてはいけないときだから、消化器のほうは少し仕事を休ませてやりたい」と判断して、食欲をおとしているのだ、と考えたほうがよいのです。

ですから基本的には、子どもの「欲求の程度」にしたがって食事を与える、という方針にしてください。ほしがったらほしがるだけ、嫌がったら無理をしないという方針です。

薬と水分の与えかた

食事に関連した質問で、「食べたがらないときに「食後」のお薬はどうしたらいいでしょうか」と聞かれることがあります。

確かに食事をしていないと「食後」というのはないわけですが、こんなときはだいたい、ふだんなら食事をしている時間あたりに与えればよいのです（→8ページ）。

食事をしていないのに薬をのむと、胃を荒らすのでは、と心配かもしれませんが、そんなこともありません。少し多めの水でのむようにすれば、よいのです。

もうひとつ、熱が高いときなど、医者は口ぐせのように「水分を多めにあげてね」などと言いますが、これも子ども本人がほしがらなければ、無理に与える必要はありません。

高熱で発汗《はっかん》が多くなったりするので水分補給を、と考えるのですが、下痢《げり》、嘔吐《おうと》などがなければ、脱水にはならないのがふつうなので、無理な水分補給はしないことです。

子どもの発熱とのつきあいかた

熱が出ることは、からだにとって大事なこと

まず最初に、「熱がどんなに高くなっても、熱が原因で死ぬことはない」、「どんな高熱になっても、脳に影響はない」という2つのことを、しっかりと心にとめてください。

もちろん、生命にかかわるような重病で、高熱も出ているというときは死ぬこともありますが、それは高熱のせいではありません。脳に影響を残すような脳炎《のうえん》、脳症《のうしょう》などで高熱が出ている場合は、脳が侵《おか》されることもありますが、高熱のために脳が侵されたのではありません。ふつうのかぜや扁桃炎《へんとうえん》などで高熱が出ても、どこにも悪い影響を与えません。

次に、発熱は、「からだを守るための防衛反応《ぼうえいはんのう》」だということを確認しましょう。ですから、解熱剤《げねつざい》を使って体温を下げたりすると、病原微生物《びょうげんびせいぶつ》は生き延び、病気が長びくこともあると思ってください。

また発熱は、病気を発見するためのきっかけにもなります。そのことは逆に、「発熱が起こらないための不利」ということを考えてみるとわかります。

寝たきりのお年よりの場合、からだの衰《おとろ》えのために反応がおちて、肺炎《はいえん》になっているのに熱が出ないというようなことがあります。「熱がないから、肺炎になっていないだろう」と考えると、肺炎を見のがすことになってしまうわけで、警告反応《けいこくはんのう》としての発熱の意義がわかります。

強い解熱剤で熱を人工的におさえ、よくなったと考えていると、実は病気が陰《かげ》で進行しているというようなこともあります。

発熱という現象はからだにとって必要なことで、「熱はぜったい出さないように」と考えたりするのは、まちがいなのです。

子どもの熱の特徴《とくちょう》

次に、小さな子どもの熱の出かたの特徴について、考えてみましょう。

子どもは大人に比べると、簡単に高熱になってしまいます。大人は脳の視《し》床下部《しょうかぶ》というところにある体温調節中枢《たいおんちょうせつちゅうすう》という部分が働いて、39度以上の体温にならぬよう調整しているので、めったに39度以上の高熱にはなりません。しかし子どもは、この中枢が未熟なので、簡単に熱が上がってしまうと言われています。赤ちゃんですと、たくさん衣類を着せただけで、あるいは室温が高いだけで、体温がかなり上がってしまうこともあるほどです。

ですから、大人の場合、40度の高熱になったら「体温調節中枢もかなわないくらい、重い病気かな」と考えてよいのですが、子どもの場合は40度でも、それだけで重大なことと考えなくてよいということです。お姉ちゃんと弟が同時に発熱して、お姉ちゃんが38度、弟が40度であっても、弟のほうが病気が重いことにはならないのです。

それから何日か発熱が続く場合、ずーっと高熱が続く場合もあれば、朝は下がっていて夜は高くなるというふうに、上がり下がりする場合もありますが、そのどちらがタチが悪い、ということにもなりません。熱の出かたにはいろいろある、というにすぎないのです。

こんなふうにお話ししても、発熱に対する恐怖は、

なかなか抜けないと思います。アメリカの医師会は「発熱恐怖症」の人を1人でも減らそうと、「発熱はこわくない」キャンペーンをずっとくりひろげていますが、なかなか目標が達成できないようなのですから。でも子どもが発熱したとき、まず「熱はこわくない、熱はこわくない」と3回ほど唱《とな》えてみてください。「高熱だけでは、急いで病院に行く必要はない」とも自分に言いきかせてください。

夜間、突然熱が出た場合、翌日まで待たないで、すぐ病院に行かなければならないような重大なことは、めったにありません。

日曜日に熱が出たとして、月曜日まで家でみていても、ほとんどの場合だいじょうぶです。

ではどんな状態のときはよくて、どんな場合は病院へ急がなければいけないかを、お話ししておきましょう。まず幼児の場合、遊びたがっていればだいじょうぶです。こういうときは2〜3日ようすをみていてもかまいません。遊ばなくても、テレビをみる気分があれば、だいじょうぶ。次に赤ちゃんの場合、機嫌《きげん》がよく、母乳やミルクを飲みたがっていれば、いくら熱が高くてもだいじょうぶです(ただし、3カ月以前の赤ちゃんは別です)。

急いで病院へ行くべきとき

では、急いで病院へ行くほうがいいという場合を、列挙してみます(症状別ガイド「発熱」も見てください)。

○高熱なのに、青い顔をしてぐったりしている(赤い顔をしてフーフー言ってるのは、あまり心配がない)
○ひどくせきこんでいる
○息苦しそうに、肩で呼吸をしている
○何度も吐《は》いている
○うとうとして、呼びかけても反応が悪い状態が続いている
○3カ月以前の乳児である

子どもの発熱を1〜2度経験しただけでは、緊急事態かどうかを判断する力は身につかないかもしれませんが、しかし、発熱のたびに子どもをよく観察しておいてください。そのうちに、「これはいつもの発熱のときとちがうから、緊急事態かもしれない」という直観力が、身についてくるはずです。

ぼくの診療室では、お母さん、お父さんたちに、赤ちゃんが突発性発疹《とっぱつせいほっしん》(→72ページ)になったときを利用して、熱に対応する練習をしてもらうことにしています。

ぼくのように長いこと小児科医をしていますと、熱を出している赤ちゃんをみて、「8割がた、突発性発疹だな」というふうにわかります。わかったらお母さん、お父さんに次のように言います。「この熱の原因は、8割がた突発性発疹です。そうだとすると、熱は3日ぐらい続いたあと、ひとりでに下がります。それまでハラハラするでしょうが、解熱剤《げねつざい》を使うのをがまんして、熱が自然に下がるのを見とどけませんか。それを1度経験しておくと、その後、熱への恐怖感が、うんと少なくなると思いますよ」。そしてほとんどのお母さん、お父さんが同意してくれました。この経験をしたあと、お母さんやお父さんは、「子どもの発熱は、自然に下がるのを待とう」という気持ちになったようです。

新生児の病気
先天性の病気

生まれたばかりの赤ちゃんのからだ

赤ちゃんが生まれました。そして間もなく赤ちゃんは、とてつもなく大きな変化のなかに身をおくことになります。

それまでお母さんの子宮《しきゅう》のなかで、お母さんに依存《いぞん》して生きていたのですが、生まれおちた途端《とたん》から、自分で生きていかねばなりません。

たとえば肺のガス交換は、胎児《たいじ》の時期には、胎盤《たいばん》を通しておこなわれています。胎盤を通して母体《ぼたい》から酸素を受けとり、二酸化炭素《にさんかたんそ》を胎盤へ排泄《はいせつ》するのです。

しかし、生まれて一声《ひとこえ》オギャーと泣いてからは、自力で呼吸をすることになります。つまり、自分の肺を使って呼吸することになるわけです。

胎児循環《たいじじゅんかん》とは

血液の循環も、胎児《たいじ》のときには胎児循環というかたちでおこなわれますが、出生と同時に、新生児循環《しんせいじじゅんかん》というかたちに変わります。

このことをくわしく説明すると専門的になりすぎますから、ここではあっさりお話ししておくことにします。

図を見てください。これが胎児循環です。胎盤《たいばん》で酸素と栄養を与えられた血液が、臍帯静脈《さいたいじょうみゃく》という血管を通って、胎児に入っていきます。胎児のからだのすみずみに酸素と栄養が与えられたあと、老廃物《ろうはいぶつ》などを含む血液は、臍帯動脈《さいたいどうみゃく》を通って胎盤にもどされます。

肺は活動していないので、肺は経由しません。それで胎児の場合は心臓の右心房《うしんぼう》と左心房《さしんぼう》のあいだに、卵円孔《らんえんこう》という穴が開《あ》いていて、右と左がつながっていたり、動脈管《どうみゃくかん》というものがあったりします。

生後、胎児循環が終了して新生児循環が始まると、

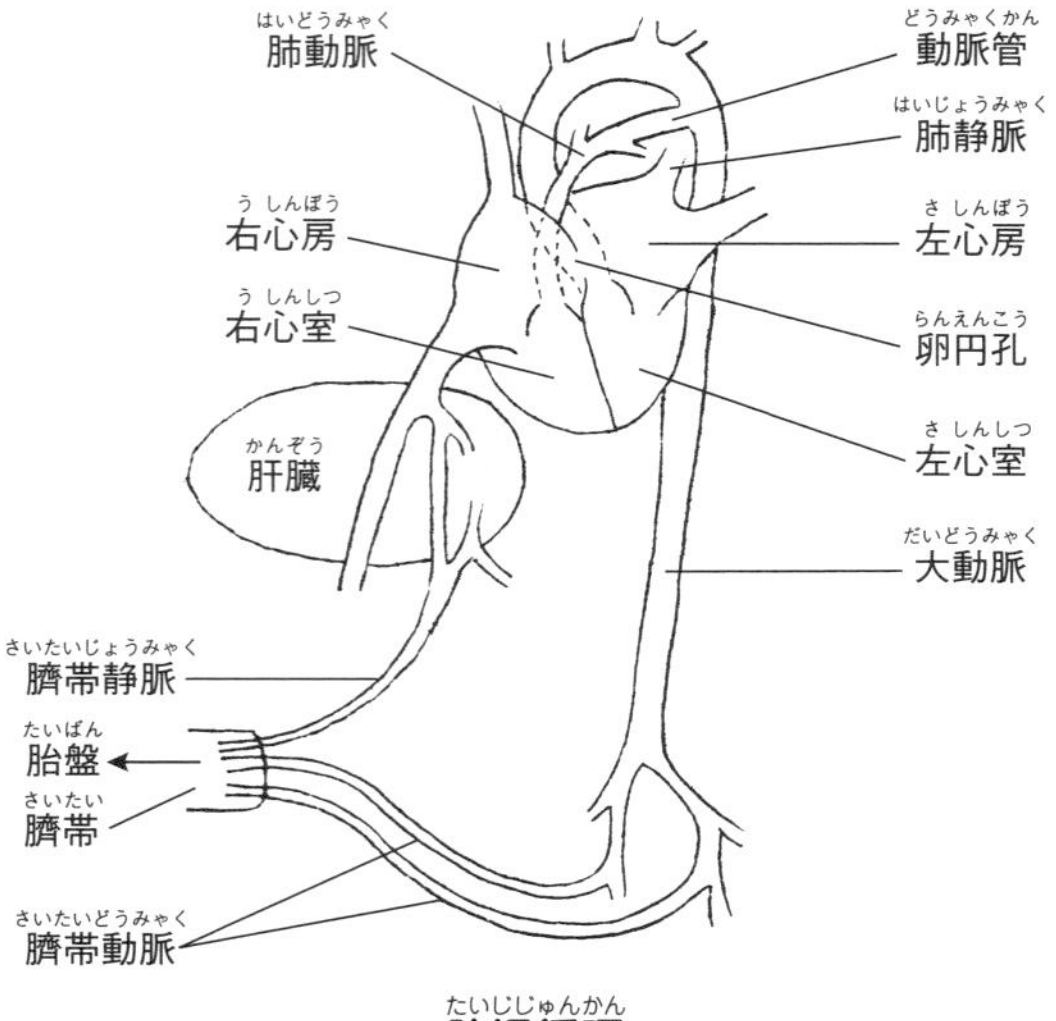

胎児循環《たいじじゅんかん》

卵円孔は閉鎖され、動脈管は閉じて働かなくなるのがふつうなのですが、なかには卵円孔が閉じなかったり、動脈管が閉じなかったりする赤ちゃんもいます。これらはそれぞれ卵円孔開存《らんえんこうかいぞん》、動脈管開存《どうみゃくかんかいぞん》(↓54ページ)と呼ばれ、先天性心臓病のひとつとされています。

栄養の摂取《せっしゅ》や消化

栄養の摂取や消化についても、生後大きく変化します。

子宮内では、胎児はお母さんから胎盤《たいばん》を通して栄養を摂取していました。しかし生後は、口から取り入れた栄養分を、腸管《ちょうかん》を通して摂取していくことになります。新生児が必要とするカロリーは、1日について体重1キログラムあたり120キロカロリーで、この量が摂取できれば、順調に大きくなっていきます。

体温の調節は、新生児では十分でありません。ですから、周囲の温度が高くなれば体温が高くなり、低くなれば体温も低くなる、という傾向があります。

こんなふうに、新生児期というのは、からだが大きくきりかわる時期ですが、多くの赤ちゃんは見たところ、やすやすとそうした変化をのりきっていきます。

しかしなかには、新生児特有の病気にかかる赤ちゃんもいますし、まわりの人を気にさせるような症状を起こす赤ちゃんもいます。また、先天性の病気をもつ赤ちゃんもいます。

ここではまず、新生児期に見られる病気のうち、頻度《ひんど》の多いものをとりあげます。

先天性の病気は、そのあとでまとめてとりあげることにしました。

新生児に多い症状と病気

＊ここであつかう主な症状と病気

- 新生児仮死《しんせいじかし》
- 新生児一過性多呼吸《しんせいじいっかせいたこきゅう》
- 胎便吸引症候群《たいべんきゅういんしょうこうぐん》
- 新生児メレナ
- 新生児細菌感染症《しんせいじさいきんかんせんしょう》
- 新生児けいれん
- 病的な黄疸《おうだん》、長びく黄疸
- よく吐《は》く
- ゼーゼーいう
- 鼻づまり
- 頭のこぶ（頭血腫《とうけっしゅ》）
- 口のなかの白い苔《こけ》（鵞口瘡《がこうそう》）
- 舌小帯《ぜっしょうたい》が短い
- おへそがジュクジュクしている
- おへそが赤くてくさい（臍炎《さいえん》）
- 便の回数が少ない

新生児仮死《しんせいじかし》

出生のときに肺呼吸をうまく開始できないために、新生児が仮死状態《かしじょうたい》で生まれてきた場合、新生児仮死と呼ばれます。

お母さんが糖尿病《とうにょうびょう》や妊娠中毒症《にんしんちゅうどくしょう》（妊娠期高血圧《にんしんきこうけつあつ》症候群《しょうこうぐん》）にかかっている場合、胎盤早期剝離《たいばんそうきはくり》、前置《ぜんち》胎盤《たいばん》が起こった場合、あるいは多胎《たたい》や、臍帯《さいたい》がねじれた場合など、さまざまな原因で新生児仮死が起こります。

治療としては、口と気道《きどう》に入ってしまった羊水《ようすい》を吸引し、酸素を与えたり、足底を軽くたたいて刺激したりするといったことで、蘇生《そせい》を図ります。心臓《しんぞう》マッサージが必要な場合もあります。

その後、赤ちゃんはＮＩＣＵ（新生児集中治療室《しんせいじしゅうちゅうちりょうしつ》）に入院して、さらに酸素投与、低体温の予防などの治療をします。

新生児《しんせいじ》一過《いっか》性《せい》多《た》呼吸《こきゅう》

胎児の肺胞《はいほう》は呼吸運動をしていないので、肺胞水《はいほうすい》で満たされていますが、出生時の最初の呼吸とともに、肺胞水はすみやかに肺のなかの間質《かんしつ》という部分に吸収されます。

そして肺胞はスムーズにガス交換をおこなうようになるのですが、肺胞水の吸収が遅れると、肺胞内に水分が残り、呼吸障害を起こします。

これを、新生児一過性多呼吸と言い、帝王切開《ていおうせっかい》のときなどに多く見られます。生まれた直後から多呼吸があらわれますが、酸素を与えるだけで、2～3日のうちに軽快《けいかい》するのがふつうです。

胎便《たいべん》吸引《きゅういん》症候群《しょうこうぐん》

何かの原因で、子宮内の胎児《たいじ》が低酸素状態になると(この状態は胎児切迫仮死《たいじせっぱくかし》と言います)、胎児は苦しいために、子宮内で胎便《たいべん》を出します。また、低酸素状態のため、出生時に「あえぎ呼吸」と呼ばれる呼吸をしますが、このとき胎便のまじった羊水《ようすい》を飲みこんでしまいます。

そのため気道が胎便によってふさがれ、空気が肺にいくのを妨げられますから、呼吸困難《こきゅうこんなん》やチアノーゼ(→50ページ)が起こります。

胎児は仮死状態で生まれることが多く、出生時からショック状態を示します。

気管や気管支《きかんし》を洗浄《せんじょう》して酸素を与えるという治療によってよくなる例もありますが、重症になることが多いので、予防が肝心《かんじん》です。胎児が仮死状態で羊水が濁《にご》っていたら、お産で頭が出てくるときに、口のなかを十分に吸引し、その後、からだのほうを出して呼吸をうながすというふうにすれば、かなり予防できます。

新生児メレナ

生まれてから1～5日のあいだは順調に育っていた赤ちゃんが、突然血を吐《は》いたり血便《けつべん》を出したりするのが、新生児メレナです。おへそから出血することもあります。

メレナはビタミンKの不足によって起こります。ビタミンKは止血《しけつ》の働きをもつビタミンで、欠乏《けつぼう》すると出血しやすくなるのです。

生まれたての赤ちゃんはビタミンKのたくわえが少なく、また作ってくれる腸内細菌《ちょうないさいきん》もまだ数が少ないので、ビタミンKが十分補給されません。また母乳にも、ビタミンKはあまり含まれていないのです(→暮らし60ページ)。

それで、新生児ではメレナが起こりやすいのですが、いまは出生後5日以内に赤ちゃんに、ビタミンKを投与《とうよ》することになっていますので、メレナは激減しています。

仮性《かせい》メレナ――ビタミンKの欠乏とは別に、出生時に母体の血液を飲みこんだり、出生後、お母さんの乳首が切れて出血しているのを、おっぱいとともに飲みこんだりしたために、吐物《とぶつ》や便に血液がまじることがあり、これは仮性メレナと呼ばれます。

本当のメレナと仮性メレナは、検査をして区別ができます。

本当のメレナは、ビタミンKを投与して治療します。仮性メレナに対しては、何もする必要がありません。

新生児細菌感染症《しんせいじさいきんかんせんしょう》

赤ちゃんが生まれてくるとき、お母さんの産道《さんどう》に存在した細菌に感染し、そのため新生児期に細菌感染症を起こすことがあります。

そのなかで多いのは、B群溶連菌《ぐんようれんきん》という細菌の感染です。B群溶連菌は、健康な成人の5人に1人くらいはもっている細菌で、ふつう何の病気も起こしません。妊娠した女性の膣《ちつ》にもこの細菌がいることがあるのですが、女性にとっては無害です。

しかし赤ちゃんが産道で感染すると、生後2～3時間から半日くらいのあいだに、肺炎《はいえん》(→107ページ)や髄膜炎《ずいまくえん》(→220ページ)にかかることがあります。

この場合は抗生物質で強力に治療します。

新生児けいれん

新生児では、けいれんがしばしば見られます。

けいれんというのは「筋肉が発作的に収縮《しゅうしゅく》を繰り返すこと。全身性《ぜんしんせい》のものと局所性《きょくしょせい》のものとがある」(『広辞苑』)と説明されていますが、これではわかりにくいですね。しかし、実際には多くのみなさんが、けいれんとはどんなものか、イメージできると思うのです。

ただ、けいれんと言ってもいろいろなかたちがあります。

目のふちの筋肉がピクピクと動くのを経験したことがあるという人は多いと思います。これは眼輪筋《がんりんきん》けいれんと言われ、からだの一部分(局所性《きょくしょせい》)のけいれんですが、筋肉が勝手に動いているわけです。子どものけいれんの代表は、ひきつけ(熱性けいれん→205ページ)ですが、この場合は全身をつっぱらせたり、ガクンガクンさせたりします。

新生児で見られるけいれんにもいろいろあって、からだをのけぞらせたり、手足をつっぱらせたりするもの、口をモグモグさせたり目をパチパチさせたりするもの、からだの一部をピクピクさせたりするものなどがあります。

新生児のけいれんの原因は、いろいろです。まず、血液中の糖分の量が異常に少なくなる「低血糖《ていけっとう》」があります。低血糖は低出生体重児《ていしゅっせいたいじゅうじ》(→60ページ)や、仮死状態で生まれた新生児(→36ページ)によく見られます。

次に、血液中のカルシウムやマグネシウム、ナトリウムなどが異常に少なくなる低カルシウム血症《けっしょう》、低マグネシウム血症、低ナトリウム血症などの場合にも、けいれんが見られます。

そのほか、髄膜炎《ずいまくえん》(→220ページ)、脳炎《のうえん》(→223ページ)、頭蓋内出血《ずがいないしゅっけつ》(→60ページのコラム)など、さまざまな原因で、けいれんは起こります。

治療は原因が何かによって変わってきますが、一般には、低血糖や低カルシウム血症などが原因になっていることが多いので、まず糖分やカルシウムを与えて、けいれんがおさまるかどうかを観察するといった方法がとられます。

病的な黄疸《おうだん》、長びく黄疸

すべての赤ちゃんは、新生児期に黄疸を経験します。ですから黄疸は赤ちゃんにとってあたりまえのことなのですが、ときに黄疸の時期が長びいて、まわりを心配させることがあります。また、ときに黄疸の程度が非常に強くなって(重症黄疸《じゅうしょうおうだん》と言います)、治療が必要になることもあります。

まず、黄疸ということについて説明しましょう。黄疸というのは、血液中に、ビリルビンという色素が高濃度で存在するようになったため、皮膚《ひふ》が黄色く見えることを言います。

ビリルビンとは何かと言いますと、これは赤血球《せっけっきゅう》が分解されてできたものです。ぼくたちのからだのなかでは、常に古い赤血球がこわれ、新しい赤血球が作られていますが、古くなった赤血球の分解産物が、ビリルビンというわけです。

赤血球は脾臓《ひぞう》でこわされ、できたビリルビンは胆《たん》嚢《のう》へいって胆汁《たんじゅう》にまじり、腸へ入りこんで、便とともに排泄《はいせつ》されます。便を黄褐色《おうかっしょく》にしているのはビリルビンで、もし何かの理由で胆汁の排泄が悪くなり、ビリルビンが便のなかへ出てこなくなると、便は白色になります。そして胆汁とともに排泄されることのなくなったビリルビンは、血液のなかへ入り、そうすると血液中のビリルビンの値が高くなります。これが黄疸です。

そのほかに、赤血球が異常にどんどんこわされ、ビリルビンがたくさん作られるような状態になった場合にも、排泄しきれなくなったビリルビンが血中に入っていって、黄疸になります。

ですから黄疸は、高ビリルビン血状態《けつじょうたい》と言ってもよいのです。

ただし、生まれて間もない状態の赤ちゃんはみな黄疸があって、高ビリルビン血状態ですから、これは病気とは考えず、生理的黄疸《せいりてきおうだん》と呼びます。

しかし、生理的な範疇《はんちゅう》を超えて、血中のビリルビンの濃度が高くなる場合は高《こう》ビリルビン血症《けっしょう》と呼ばれます。そして高ビリルビン血症によって起こっている強い黄疸は、病的黄疸《びょうてきおうだん》と呼ばれます。

そのほかに、ふつうよりも早い時期に起こる早発《そうはつ》黄疸《おうだん》、長い期間にわたり続く遷延性黄疸《せんえんせいおうだん》などがありますが、こうしたいろいろな黄疸について、説明していくことにしましょう。

まず最初に、「ふつうの黄疸」である生理的黄疸について説明します。

生理的黄疸《せいりてきおうだん》

生まれて間もない赤ちゃんは、生後2～3日目から黄疸になります。この黄疸は、生後4～5日ごろにもっとも強くなってピークを迎えますが、生後7日ごろからは、自然にひいていきます。

ピークの時期の黄疸の程度は、血液100ミリリットル中に、ビリルビンが10ミリグラムから12ミリグラムぐらい存在するという状態です(これを「血中ビリルビン濃度が、100ミリリットルあたり10ミリグラムから12ミリグラムぐらいである」というふうに言います)。

これが生理的黄疸で、どの赤ちゃんにも起こることですから、もちろん異常ではありませんし、からだに何の影響もありません。

次に、「ふつうの黄疸」からちょっとはずれた黄疸を紹介します。

早発黄疸《そうはつおうだん》

生理的黄疸《せいりてきおうだん》が生後2～3日目に起こるのに対し、生後24時間以内に起こる黄疸を、早発黄疸と呼びます。この場合、次に説明するABOまたはRh血液型不適合によって起こる溶血《ようけつ》(赤血球《せっけっきゅう》がこわされて、その成分が血漿《けっしょう》中に出てくること)のほか、重い感染症など、重大な病気が原因になっていることが多く、検査が必要になります。

さまざまな原因のうち、もっとも多いのは血液型不適合によるものですが、血液型不適合は、次のような場合に起こることがあります。

① お母さんの血液型がRhマイナスで、赤ちゃんの血液型がRhプラスである場合

② お母さんの血液型がO型で、赤ちゃんの血液型がA型、またはB型である場合

①と②のうち、①によって起こる黄疸のほうが程度が強いことが多く、交換輸血《こうかんゆけつ》による治療などが必要になることもあります。

長びく黄疸(遷延性黄疸《せんえんせいおうだん》)

生理的黄疸《せいりてきおうだん》は、生後1週をすぎるとだんだんひいていくとお話ししましたが、それ以上長く続く黄疸は、遷延性黄疸と呼ばれます。

長びく黄疸の大半は母乳による黄疸(母乳性黄疸《ぼにゅうせいおうだん》と言います)ですが、そのほかに頭血腫《とうけっしゅ》(↓43ページ)、肥厚性幽門狭窄《ひこうせいゆうもんきょうさく》(↓132ページ)などという病気が

あると、長びくことがあります。また、先天性胆道《せんてんせいたんどう》閉鎖症《へいさしょう》(→56ページ)や感染症《かんせんしょう》などが隠れていることもあり、注意が必要です。

ここで、「長びく黄疸」のなかで圧倒的に多い、母乳性黄疸について説明しましょう。

母乳性黄疸《ぼにゅうせいおうだん》——母乳で育てられている赤ちゃんの場合、黄疸が1カ月から3カ月ものあいだ続くことがあります。どうして長く続くのかについては、いろいろな説がありますが、いまのところ確定していません。

ただ、母乳による黄疸は長く続いても、からだに影響がなく、ほっておいてよいのです。

母乳を与えることを中断すれば黄疸はひきますが、いったん母乳を中止すると再開しようとしても母乳が出なくなってしまうこともあるので、ふつう中断はしません。

母乳性黄疸は、黄疸の程度が、かなり強くなることもしばしばあります。ビリルビン濃度が100ミリリットルあたり20ミリグラムを超えるときは、何か病気が隠れている可能性もないわけではないので、検査をすることもあります。

核黄疸《かくおうだん》(ビリルビン脳症《のうしょう》)

血液型不適合や先天性胆道閉鎖症《せんてんせいたんどうへいさしょう》がある場合などに、黄疸の程度が非常に強くなることがあります。そうすると、ビリルビンが脳の組織にまで入りこみ、大脳《だいのう》の基底核《きていかく》という部分に障害を起こすことがあります。これを核黄疸と言います(ただ最近、基底核だけでなく、ほかの脳組織にも障害をおよぼすことがあるということがわかりましたので、核黄疸でなく、ビリルビン脳症という病名を使うほうがよいかもしれません)。

核黄疸になると、赤ちゃんは元気がなくなり、吐《は》き、不機嫌《ふきげん》になって、さらにけいれんが起こったりします。

核黄疸は脳に障害を起こすことがあるので、予防する必要があります。そこで、強い高ビリルビン血症が起こったら、光線療法《こうせんりょうほう》、交換輸血《こうかんゆけつ》といった治療をおこないます。

よく吐《は》く

赤ちゃんはよく吐くものですが、生まれて間もない赤ちゃんは、とくによく吐きます。

そしてその大半は、「生理的嘔吐《せいりてきおうと》」と呼ばれる、まったく心配のないものです。

よく吐いていても赤ちゃんの機嫌《きげん》がよく、体重が減少せず、吐物《とぶつ》に胆汁《たんじゅう》がまじっていなければ(まじっていると黒緑色《こくりょくしょく》になります)、まず安心してよいのです。

赤ちゃんがよく吐くのは、胃食道逆流《いしょくどうぎゃくりゅう》という現象に関係があります。

胃と食道のあいだには噴門部《ふんもんぶ》という部分がありま

すが、この部分は、括約筋《かつやくきん》という筋肉でできています。

食物《しょくもつ》が食道を通ってこの部分にやってくると、括約筋がひろがって食物を通し、食物が胃へ移行すると、今度は括約筋が縮《ちぢ》んで噴門部を閉ざし、食物が食道のほうへもどらないようにします。

しかし、この括約筋が弱いと、食物が食道のほうへ逆流し、その状態は胃食道逆流と呼ばれます。

生まれたての赤ちゃんは、おっぱいを飲むときに空気もいっしょに吸いこんでしまいます。また、胃と食道が、大人に比べてまっすぐにつながっていますし、噴門部の括約筋が弱いということもあるために、簡単にげっぷが出ます。そしてこのげっぷにともなって、ミルクも吐いてしまうことがあるのです。

嘔吐は授乳直後、あるいは授乳後しばらくして起こり、溢乳《いつにゅう》と呼ばれる「ダラダラとミルクを出す」状態から、ときには大量に吐くこともあります。吐いたあとは、また授乳します。こうした心配のない嘔吐が生理的嘔吐と呼ばれるのですが、生理的嘔吐は6～9カ月ごろには、徐々《じょじょ》におさまってくるのがふつうです。

体重が増加しなかったり、吐物に胆汁がまじっているときなどは、くわしい診察が必要になります。

生後2～3週間から、噴水《ふんすい》のような激しい嘔吐が始まる場合は、肥厚性幽門狭窄《ひこうせいゆうもんきょうさく》(→132ページ)という病気を考えねばなりません。

そのほか、頻繁《ひんぱん》な嘔吐にともなって体重が減るような場合、先天性代謝異常《せんてんせいたいしゃいじょう》、先天性副腎過《せんてんせいふくじんか》形成《けいせい》といった病気が原因になっている場合もありますが、まれなことです。

ゼーゼーいう

この時期の赤ちゃんは、授乳時や授乳後にゼーゼーいうことがありますが、心配はありません。また、息を吸うときにゼーゼーいう赤ちゃんも、ふだんの呼吸状態に異常がなければ心配はなく、これは先天《せんてん》性喘鳴《せいぜんめい》と呼ばれます。

しかし、ふだんの呼吸状態が正常かどうかを見きわめるのは専門家でないと無理なので、ゼーゼーいう音が強い赤ちゃんは、1度小児科でみてもらうとよいでしょう。

鼻づまり

鼻がつまっているということだけで、診察に連れてこられる赤ちゃんは、たくさんいます。新生児は鼻での呼吸が主であること、また鼻腔《びくう》がせまいことなどが原因になって、鼻がつまりやすいのです。

鼻がつまるということは、かぜをひいているにちがいない、とお母さんが考えて、連れてくるケースが多いのですが、そうではなく、生まれて間もない赤ちゃんの、生理的な現象なのです。

ティッシュペーパーをこより状にして分泌物《ぶんぴぶつ》を除去するとか、お母さんやお父さんが口で吸ってやるとか(片方の鼻孔《びこう》(鼻のあな)を押さえて、反対側の鼻孔から吸いとります)、市販のはな水取り器を使うなどするのがよいでしょう。

しかし、いろいろやってみても改善しないことが多いので、鼻づまりは気にしない、ということにするのがよいと思います。授乳が困難というほどひどいときは、耳鼻科で吸いとってもらいましょう。

頭のこぶ(頭血腫《とうけっしゅ》)

頭のてっぺんの左右どちらかに少し寄ったところで、円形の腫《は》れたものにふれることがあります。さわってみると弾力《だんりょく》があって、ふわふわしています。そしてその部分の頭の骨は、へこんでいるような感じです。

こぶのように見えるこの腫れものは、頭血腫(図参照)と呼ばれ、頭の骨膜《こつまく》と骨のあいだにできた、血のかたまりです。大きいものは、直径5センチくらいにもなります。

これは、ほうっておけば自然になくなっていくものですが、大きい場合は、なくなるまでに何カ月もかかることを知っておいてください。

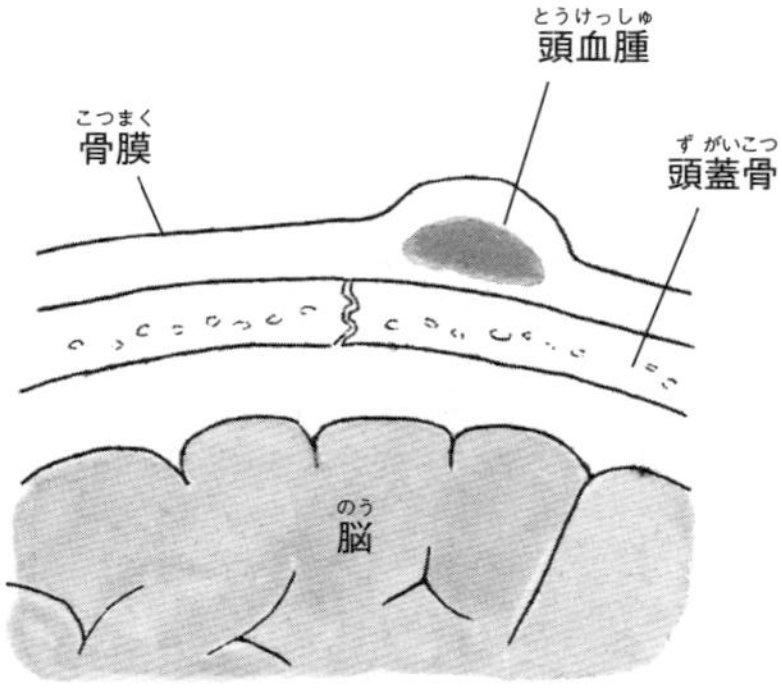

頭血腫《とうけっしゅ》の断面図

口のなかの白い苔《こけ》(鵞口瘡《がこうそう》)

舌《した》やほっぺたの内側の粘膜《ねんまく》に、白い苔のようなものがつくのは、鵞口瘡です。一見ミルクかすのようですが、ミルクかすならガーゼでふきとれるけれど、鵞口瘡はふいてもとれません。

これはカンジダという、かびが感染したものですが、別に不潔《ふけつ》にしたからかかるというわけではなく、赤ちゃんの場合、とくに理由もなくかかってしまうことがあるのです。

ほうっておくと自然に治ることもありますが、ひどくベッタリくっついて、おっぱいの飲みも悪くなったようなときには、病院へ行きましょう。抗かび剤のシロップを出してもらえるでしょう。

舌小帯《ぜっしょうたい》が短い

母乳だけで赤ちゃんを育てることをすすめている人たちのなかに、赤ちゃんの舌小帯は切ったほうがよい、と提唱《ていしょう》する人がいます。

舌小帯というのは、**図**のように舌の下方にあって、下あごと舌をつないでいる部分のことです。

舌小帯《ぜつしょうたい》の位置

最初は、母乳の飲みが悪い赤ちゃんで、舌小帯が短いケースに対して、「舌小帯がつれているために飲みが悪いのだから、切ったほうがよい」と言われていたのですが、やがて、飲みが悪くない赤ちゃんでも、切ったほうがよいと言われるようになりました。

しかし、舌が十分出てこないほど強いつれがある(舌小帯短縮《ぜっしょうたいたんしゅく》と言います)のは、まれなことです。ですから、ほとんどのケースで舌小帯を切る手術は不要と思われます。

ことばをしゃべる時期になって、舌小帯が短くつれているために発音に問題が起こる場合は、切ったほうがよいとも言われますが、そういうケースもまた、まれなことです。

おへそがジュクジュクしている

おへそがジュクジュクしている赤ちゃんは臍帯《さいたい》(へその緒《お》)が落ちたあと、おへその中心部に肉芽《にくが》という組織ができているのがふつうです。

この肉芽はもろくて出血しやすく、そこがジュクジュクするのです。この場合、小児科へ行くと、綿棒の先に硝酸銀《しょうさんぎん》という液体をつけて、肉芽にぬりつけてくれます。

たいてい1回で肉芽は取れてしまいますが、まれには2〜3回処置《しょち》しなければならないこともあります。とても大きい場合は、つまみあげて根元を糸で結ぶと、数日で取れてしまいます。

おへそが赤くてくさい(臍炎《さいえん》)

おへその分泌《ぶんぴ》物《ぶつ》が多く、くさい臭いがして赤くなっている場合は、細菌による臍炎が起こっている可能性があります。小児科を受診しましょう。

便の回数が少ない

生後1~2週のあいだは、授乳のたびに排便するのがふつうですが、生後1カ月近くなると、便の回数は少なくなってきます。2~3日出なくても機嫌《きげん》がよければ、それがふつうと思ってください。

体重の増加が少なく、便の回数と量が少ない場合は、哺乳量《ほにゅうりょう》不足ということもありえます。

便の回数が少なくなると、緑色の便が見られることもありますが、これも心配ありません。

むかしは「緑色便《りょくしょくべん》は消化不良のしるし」などと言われたこともあり、お年よりのなかには、「緑色の便になったら病院へ行きなさい」とすすめる人もあるかもしれませんが、「いまは心配しなくてよいことになっていますよ」と言ってあげてください。

さて、それでも5日ほど排便がなく、赤ちゃんの機嫌が悪くなったり、食欲がおちたりしたら、便を出すことを考えてよいでしょうね。

まず、紙でこよりを作ります。この先を肛門《こうもん》に入れ、コチョコチョと刺激《しげき》すると、便が出ることがあります。

しかし残念ながら、この方法で出ることは少ないのです。「いちおうやってみる」くらいのことでしょうから、省略してもかまいません。

かわりに、赤ちゃんのお腹《なか》を横にマッサージするようにさすってみると、そんな刺激で出ることもあります。

こうしたことでも便が出なかったら、市販の赤ちゃん用浣腸《かんちょう》を使って、浣腸してみましょう。それでも出なければ、小児科のお医者さんに任せましょう。病院でする浣腸は肛門に注入するグリセリン等の量も多く、家庭での浣腸で排便しなかった赤ちゃんでもちゃんと排便します。

先天性の病気

＊ここであつかう主な症状と病気

チアノーゼ
心雑音《しんざつおん》
心室中隔欠損《しんしつちゅうかくけっそん》
心房中隔欠損《しんぼうちゅうかくけっそん》
動脈管開存《どうみゃくかんかいぞん》
ファロー四徴症《しちょうしょう》
肺動脈閉鎖症《はいどうみゃくへいさしょう》
先天性胆道閉鎖症《せんてんせいたんどうへいさしょう》
ヒルシュスプルング病（巨大結腸症《きょだいけっちょうしょう》）
先天性水腎症《せんてんせいすいじんしょう》
膀胱尿管逆流症《ぼうこうにょうかんぎゃくりゅうしょう》

先天性《せんてんせい》の病気というのは、生まれたときにすでに存在する病気ということです（これに対して、生まれたあとでかかる病気を、後天性《こうてんせい》の病気と言います）。

赤ちゃんが生まれるとき、たいていの人は、健康な赤ちゃんが生まれるものと思っているでしょうから、生まれたときお医者さんから、「赤ちゃんには病気がある」と告げられたら、大なり小なりショックを受けると思います。

ショックを受けるのは人間としてあたりまえの心の動きで、誰にでもあることです。しかし、最初のころのショックの時期を経《へ》たあと、すてきな人生が待っていることもあるのです。それはぼく自身、重い病気の子どもをもって経験していることです。

先天性の病気をもって生まれた子

ぼくの娘は生後6カ月ほどで病気が見つかったので、先天性と言えるかどうかはわかりませんが、ともかく、当初は「長くは生きられない」と誰もが思うような重症でした。

けれども、奇蹟《きせき》が起こったと言ってもいいような経過をたどって、いまは成人しています。障害はありますが、ぼくも娘も十分楽しい生活を送っていて、

それは娘が赤ちゃんだったときには、想像もできなかったことでした。

人生というものは、思いがけないことがたくさん起こります。

ぼく自身も乳幼児期は病気がちで、肺炎《はいえん》で死にかけたこともありましたが、いまは、かぜもほとんどひきません。

重い先天性の病気の子どもをもった場合、将来のことを予測してしまうと、暗いことばかり考えてしまうかもしれませんが、医学は確実に進歩していますから、よくなる可能性もあります。また、治療法がない病気の場合も実際に育てあげてからふり返ってみると、「けっこう楽しかった」と思えることもしばしばありますから、あまり悲観的に考えないでください。

まず、事実を正確に把握《はあく》することにしましょう。

先天性の病気といっても、実にいろいろです。ほんの一時的なものもあれば、長く続くものもあります。治療をすれば完全に治ってしまうものもあるし、治療法がない場合もあります。

ただし、いま治療法がないからといって、将来も治療法がないわけでは決してなく、明日、治療法が見つかるかもしれないのは、先ほどお話ししたとおりです。

実際、ぼくが医者になったころ不治《ふじ》の病と言われていた病気で、その後、治療法が見つかり、「こわくない病気」になったものは、たくさんあるのです。

先天性の病気のなかには、何も治療をしなくても、成長するにしたがって自然に治ってしまうものだってたくさんあります。

そして、これもぼくが自分の娘を見ていて目を見張る思いをしたことですが、子どもというものは強い生命力と、おおいなる可能性を秘めた存在です。親としては、その強い生命力を信じ、前むきの姿勢で子どもとともに歩むべきです。

何だか力《りき》んだ言いかたになってしまいましたね。ちょっとリラックスして、先天性の病気のそれぞれについてのお話をすることにしましょう。

先天性の心臓病

先天性の心臓病を理解するには、心臓がどのようにしてできあがっていくのかということを、ある程度知っている必要があります。

心臓には4つの部屋があるということは、ご存じですね。右心房《うしんぼう》、右心室《うしんしつ》、左心房《さしんぼう》、左心室《さしんしつ》という、4つの部屋です。

心臓と肺とはつながっていて、全身から心臓に帰ってきた血液は、心臓から肺へ送られますね。肺で炭酸ガスを放出し、酸素をもらうと、血液はまた心臓に流れこみ、そこから心臓の力で、全身へと送り出されるわけです。

心臓ができるまで

胎児《たいじ》の場合、心臓には最初から4つの部屋があるわけではなくて、初めは1つだけの部屋をもった、袋のようなかたちをした心臓になっています。

心臓ができ始めるのは妊娠3週目ごろのこと、つまり受胎《じゅたい》してから3週目ごろの胎児に、心臓のもとと言ってよいものがあらわれるのです。

最初は1本の管《くだ》みたいなものですが、そこにくびれができ、ねじれたようなかたちになっていきます。

こういうことが4週目くらいの胎児で起こるのですが、そのようすは、**図**の①~④で見てください。④では心臓らしいかたちになっていますが、この内側はどうなっているでしょうか。

内側は空洞《くうどう》になっていて、1つの部屋しかありません。しかしこのあと、ここにだんだん仕切りができていって、最終的には右心房《うしんぼう》、右心室《うしんしつ》、左心房《さしんぼう》、左心《さしん》室《しつ》の4つの部屋ができるわけですが、そのようすを**図**の⑤~⑩で見てください。

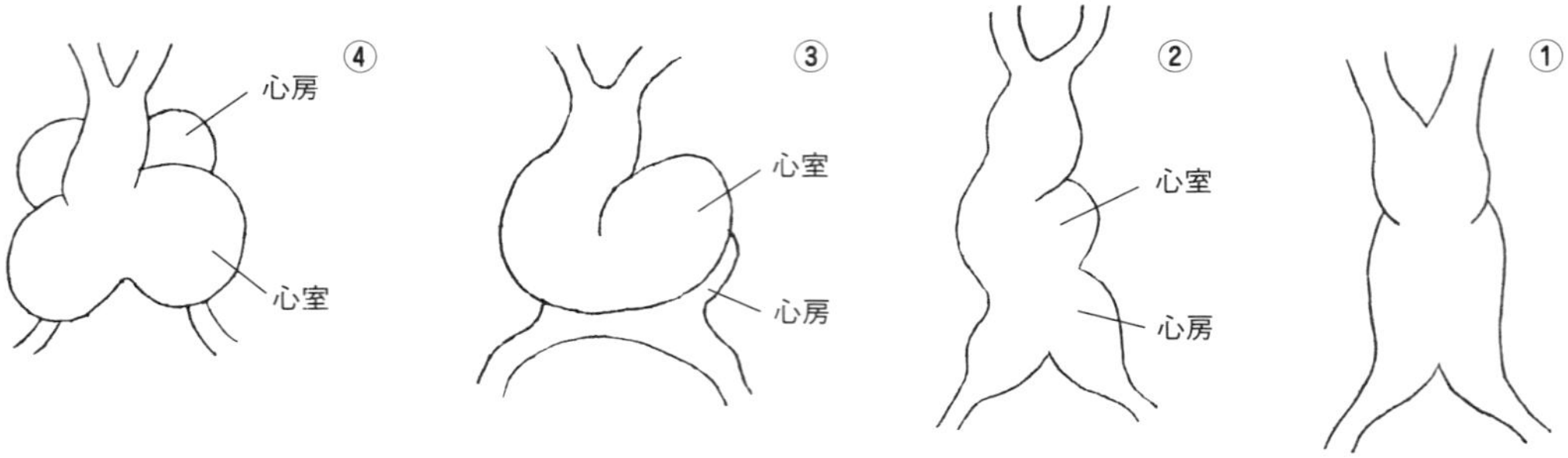

⑤では1つの部屋ですね。

ここにまず、心内膜《しんないまく》床《しょう》という出っぱりができてきます。そして上方から、一次中隔《いちじちゅうかく》という仕切りができてきます。心臓の筋肉の一部が、つららのように垂《た》れ下がってくると考えてもらうといいでしょう。これが⑥です。

次に⑦では、心内膜床から上方に中間中《ちゅうかんちゅう》隔《かく》と呼ばれる仕切りが伸びていき、さらに一次中隔の右のほうに、二次中隔《にじちゅうかく》という仕切りがおりてきます。こうなると、一次中隔の先端のほうは崩《ほう》壊《かい》して、小さくなります。

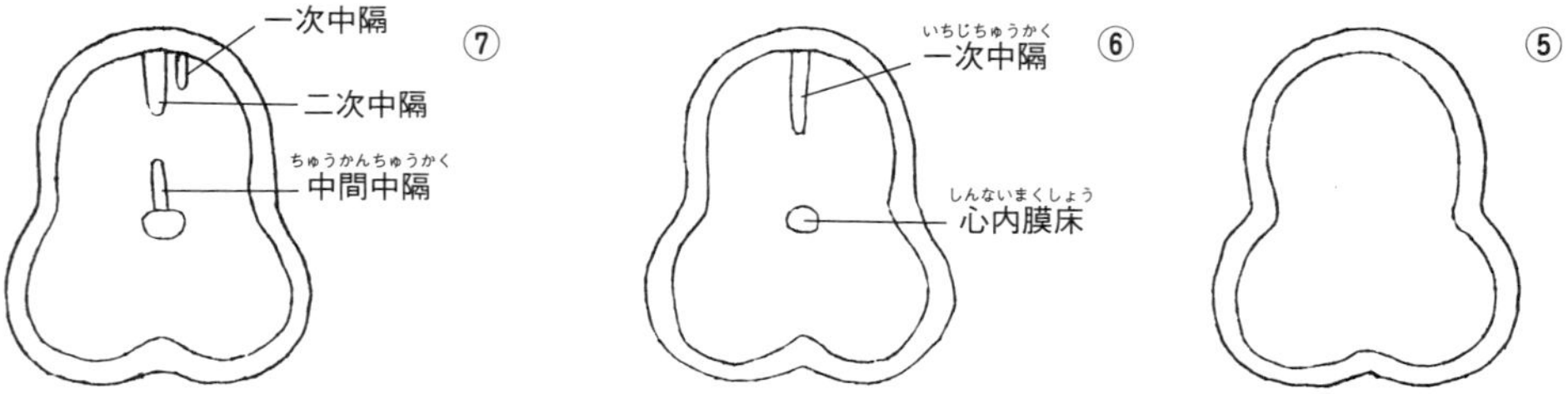

次は⑧を見てください。一次中隔と二次中隔、中間中隔がくっついて心房中隔《しんぼうちゅうかく》が形成され、心房の上半分は、左右にきっちりとわけられています。

⑧

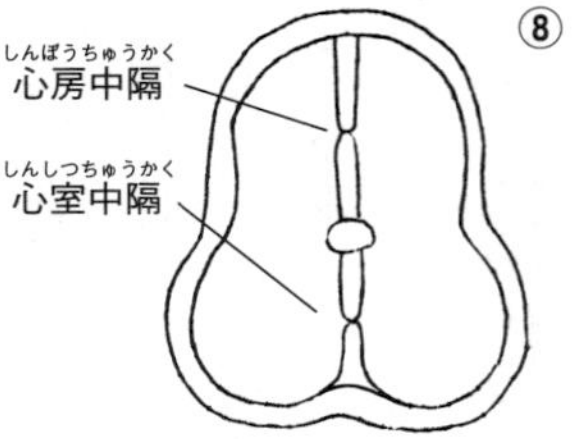

ところで、同じようなことは下半分にも起こっていて、下半分では心室中隔《しんしつちゅうかく》が形成されます。心臓の筋肉の一部が下から盛りあがってきて、心内膜床からおりてきた仕切りとくっつき、心室中隔ができるのです。

次は、心房と心室のあいだの仕切りです。⑨と⑩を見てください。これは、上下の仕切りということになりますね。

⑨

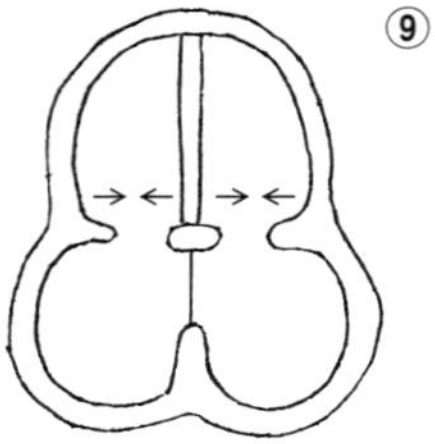

上下の仕切りは、心内膜床の部分が左右に出っぱってきたものと、外側から内側にむかって出っぱってきたものとで作られますが、この場合、2つの出っぱりが完全にくっついてしまうわけではなく、その真ん中はあいていて、そこに弁《べん》が作られます。この弁は、開《あ》いたり閉じたりするのですが、心房から心室へ血液が流れこむときに弁が開き、心室内が血液でいっぱいになると、弁は閉じるようになっています。

こうして、心臓の4つの部屋ができました。

⑩

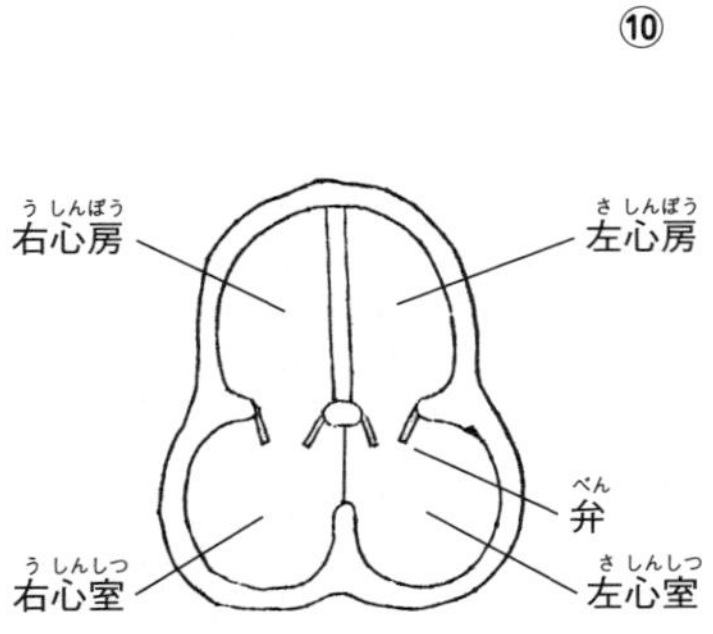

先天性の心臓病はなぜ起こるのか

多くの赤ちゃんは生まれてくるとき仕切りが完成しているのですが、なかには仕切りが完成しないまま生まれてくる赤ちゃんもいます。こういう赤ちゃんは、先天性の心臓病があるということになります。

そのような「生まれてくるまでに仕切りができなかった」という状態以外にも、さまざまな生まれつきの心臓の異常があり、それらはまとめて、先天性の心臓病と呼ばれます。先天性の心臓病をもった子どもが生まれてくる割合は、新生児1000人に対して8～10人と言われています。

先天性の心臓病がどうして起こるのか、その原因を確定するのはむずかしいのですが、次のようなことが、先天性の心臓病を誘発《ゆうはつ》する可能性があると言われています。

○妊娠初期の風疹《ふうしん》感染
○母体が糖尿病《とうにょうびょう》にかかっている場合
○母体がフェニールケトン尿症《にょうしょう》の患者である場合

さらに、次のような薬剤《やくざい》も、先天性の心臓病を起こす可能性があります。

バルビツール酸、バルプロン酸、ビタミンA

また、かつてサリドマイドという睡眠薬の薬害《やくがい》で、四肢《しし》に障害のある赤ちゃんが生まれたことがありますが、こうした赤ちゃんにはしばしば、先天性の心臓病が見られました(なおサリドマイドは、いまは使われていません)。

アルコールをお母さんが過度《かど》に飲むと、赤ちゃんに先天性の心臓病が起こる可能性があるので、注意が必要です。

染色体異常《せんしょくたいいじょう》がある赤ちゃんにも、先天性の心臓病がしばしば見られます。ダウン症(→341ページ)の赤ちゃんで先天性の心臓病がよく見られることは、ご存じの方も多いでしょう。

遺伝性は、弱いながらも認められます。最初の赤ちゃんが先天性の心臓病をもっていた場合、次の赤ちゃん(第二子)が先天性の心臓病をもっている可能性は、2〜4%ぐらいと言われています。

先天性の心臓病が発見されるきっかけ

先天性の心臓病が発見されるきっかけとしては、どのようなことがあるでしょうか。

最近は、胎児《たいじ》の時期に心臓病をもっていることがわかる例も増えてきましたが、やはり多くは、出生後に発見されます。出生後1週間くらいのうちに発見されるものが多いのですが、軽い場合は、それよりもずっとあとに見つかることもあります。

生後1週間くらいのあいだに、次のような症状が見られると、先天性の心臓病の可能性を考えます。

○チアノーゼ
○心臓の雑音《ざつおん》(心雑音《しんざつおん》と言います)
○呼吸数がとても多い
○母乳、ミルクの飲みが、極端《きょくたん》に悪い
○体重が増えない

これらの症状は、健康な赤ちゃんにも見られますが、その程度が強い場合、小児科医は病気の可能性も考えます。その判断のしかたについては、とても専門的になるので、ここではふれません。でもチアノーゼと心雑音については、知っておくと役に立つと思うので、解説しておきます。

チアノーゼ

先天性の心臓病は、チアノーゼの見られるチアノーゼ型心臓病と、チアノーゼの見られない非チアノーゼ型心臓病とにわけられます。

チアノーゼ型心臓病の子どもの場合、唇《くちびる》や手足の先が青紫色に見えます。これがチアノーゼという現象ですが、なぜチアノーゼだと唇が青紫になるか、ということの説明が必要ですね。

それにはまず、動脈血《どうみゃくけつ》と静脈血《じょうみゃくけつ》について、知っておく必要があります。

ぼくたちのからだのなかを走っている血管に、動脈と静脈とがあるのは、ご存じでしょう。そして動脈のなかを流れている血液は赤く、静脈のなかを流れている血液は青紫です。このことは誰でも知っているはずですが、ときどき忘れられるようです。

検査のために腕から採血《さいけつ》するとき、「あー、わたしの血って赤くないですね。こんなに黒っぽい血液なのは、何か毒がまじっているんでしょうか」と心配そうに聞く人は、決して少なくはありません。からだのなかをめぐっている血液は、すべて赤いものだと思ってしまう錯覚《さっかく》が働くのですね。皮膚《ひふ》の表面から青く透《す》けて見えるのは静脈で、このなかを流れている血液は酸素が少なく、二酸化炭素が多いため、青紫なのです。

先天性の心臓病のうち、ある種のものは、動脈血と静脈血がまじってしまいます。

たとえば、肺動脈閉鎖症《はいどうみゃくへいさしょう》(→55ページ)や重症《じゅうしょう》肺《はい》動脈狭窄《どうみゃくきょうさく》、ファロー四徴症《しちょうしょう》(→55ページ)といった場合に、動脈血と静脈血がまじった血液が、全身に送り出されることになります。

唇のように皮膚がうすいところでは、皮膚の下を走っている末梢血管《まっしょうけっかん》のなかの血液の色に影響されて、赤味がかった色になったり、青味がかった色になったりします。チアノーゼ型心臓病の場合は、末梢血管のなかを流れる血液も紫っぽくなるため、唇が青く見え、これをチアノーゼと言います。

ただ赤ちゃんの場合は心臓病がなくても、からだが冷えたときなどに、一時的にチアノーゼが出ることはあります。これは心配ありません。終始《しゅうし》チアノーゼが見られるようなときに、心臓病ではないかと考えます。

心《しん》雑《ざつ》音《おん》

心雑音というのは、聴診器《ちょうしんき》を使って心臓の拍動音《はくどうおん》を聞いたとき、雑音が聞こえるということです。

心臓の音を聞いてみよう

ぼくが日常、子どもの診察をしていますと、子どもはいろいろな質問をしますが、聴診器《ちょうしんき》を胸にあてているときに、「何が聞こえるの」と質問することがよくあります。そんなとき、ぼくは子どもに聴診器を渡し、聴診器の端《はし》のイアーピースという耳にあてる部分を子どもの耳に入れ、もう一方の端を子どもの胸にあてて、自分の心臓の音を聞いてもらいます。「あ、聞こえた」という子どももいるし、「聞こえない」という子どももいます。イアーピースが耳にぴったりあたっていなかったりすると、よく聞こえないのです。

いずれにしても、横で見ているお母さんがうらやましそうな顔になるのは同じです。お母さんも、心臓の音なんて聞いたことがないのが、ふつうですからね。それでお母さんにも、「○○君の心臓の音、聞いてみますか」ともちかけてみると、お母さんもうれしそうに、聴診器に耳を集中させます。

こういう体験は、けっこううれしいようで、「からだ教育」ということにもなるのではないかと思えます。

最近は、おもちゃの聴診器で、かなりよく心臓の音が聞きとれるものもありますから、興味がある方は、おもちゃ屋さんで求められてはどうでしょう。

心臓の雑音はなぜ起こるのか

さて、心臓の音は、「トン、トン、トン」というふうに聞こえます。それが「トン・ザー、トン・ザー」というふうに聞こえるとき、このザーという音を、心雑音《しんざつおん》と言います。このザーという音にもいろいろ種類があって、その特徴《とくちょう》から、医者は病気の種類を診断したりします。

では心臓のトン、トンいう音や、ザーという音は、どうして発生するのでしょうか。

次ページの**図**を見てください。心臓には弁《べん》というものがあります。たとえば、右心房《うしんぼう》と右心室《うしんしつ》のあい

無《む》害性《がいせい》雑音《ざつおん》

ここで注意しておきたいのは、健康な子どもでも、雑音が聞こえる場合があるということです。これを、無害性雑音と言います。

保育園や学校の健康診断で、「心雑音《しんざつおん》がある」と言われてやってくる子どもの大半は、この無害性雑音の持ち主です。子どもの場合、注意深く聴診器《ちょうしんき》で聞いてみると、2人に1人の子どもで、この無害性雑音が聞こえると言われています。

この雑音は、心臓病で聞こえる雑音とはちがう音で、ベテランの小児科医なら聞いただけで区別をつけることができます。しかし、子どもの診察になれていない園医さんや校医さんですと、その区別ができないこともあり、「精密検査をするように」と指示されるので、親のほうはびっくりしてしまったりするのです。

無害性雑音はまったく心配のないものですから、生活の制限をする必要など、もちろんありません（→438ページ）。

だに弁があります。この弁は、開《あ》いたり閉じたりするのです。

全身から大静脈《だいじょうみゃく》を通って血液が右心房へ入ってきますが、この血液が入ってくるあいだは、弁は閉じています。そして右心房に血液がいっぱいになると弁が開いて、血液は右心室へ流れこみます。そして右心室に血液がいっぱいになると、弁は閉じます。

こういうふうに、弁は開いたり閉じたりして、血液を送り出しているのです。このような弁は右心房と右心室のあいだ、左心房《さしんぼう》と左心室《さしんしつ》のあいだのほか、肺動脈《はいどうみゃく》、大動脈《だいどうみゃく》などの出口などにもあります。

そして心臓のトン、トンいう音は、これらの弁が閉じる音の重なったものです。

ではザーッという雑音は何でしょうか。

これは、血液の流れに異常が起こっている場合に、生じるものが多いのです。

たとえば、弁に異常が起こる場合があります。弁が傷《いた》んで、開閉《かいへい》が完全にいかなくなるのです。

右心房と右心室のあいだの弁が閉鎖不全《へいさふぜん》と言われる状態になると、弁がちゃんと閉じていなくてはいけないときにも少し開いていて、そのため右心室内の血液が、右心房のほうへ逆流《ぎゃくりゅう》します。こうなると、ザーッという雑音が聞こえることになります。

また、心房中隔欠損《しんぼうちゅうかくけっそん》(→54ページ)のように、部屋の仕切りに穴が開いている状態ですと、大静脈から右心房に血液が流れこんできたとき、左心房のほうからも血液が流れこんできます。そうすると、右心房はふつうよりも大量の血液を右心室に送らなければいけません。このように血流が多くなると、やはり雑音が起こります。

この雑音が聞こえたとき、医者は、心臓病があるのではないか、というふうに考えるのです。

では次に、いくつかの代表的な先天性の心臓病について、具体的な解説をしておきましょう。

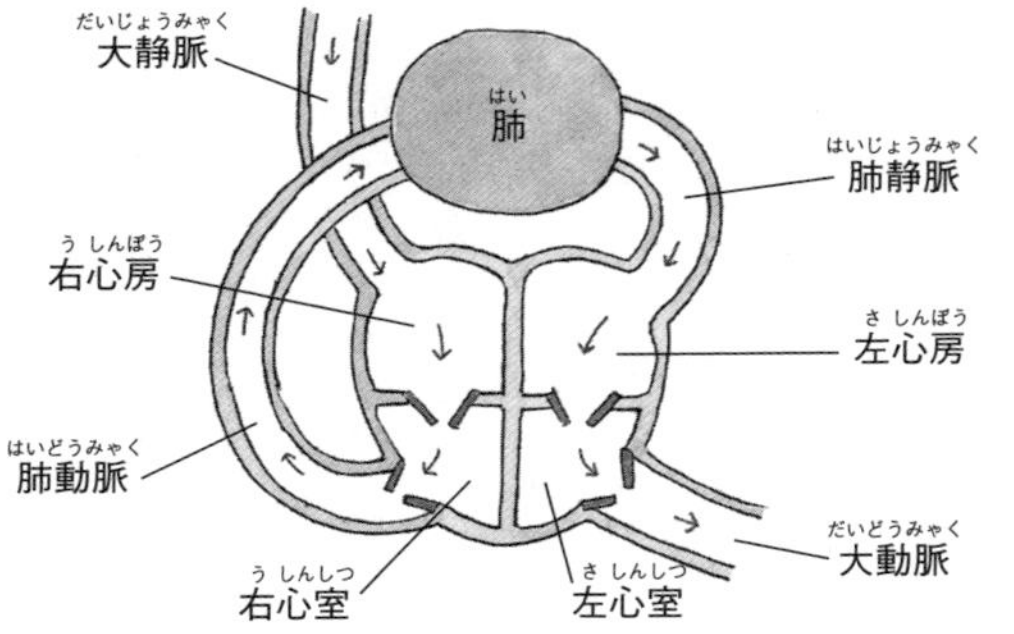

心臓の弁《べん》の位置
(で示したのが弁)

チアノーゼの見られない心臓病

最初に、チアノーゼの見られない心臓病についてお話しします。

心室中隔欠損《しんしつちゅうかくけっそん》

右《う》心室《しんしつ》と左《さ》心室《しんしつ》を仕切っている中仕切りのようなものが心室中隔ですが、この一部に穴が開《あ》いているものを、心室中隔欠損と言います（図の①を参照）。

先天性の心臓病のうち、ほぼ半分がこの病気で、頻度《ひんど》の高いものです。

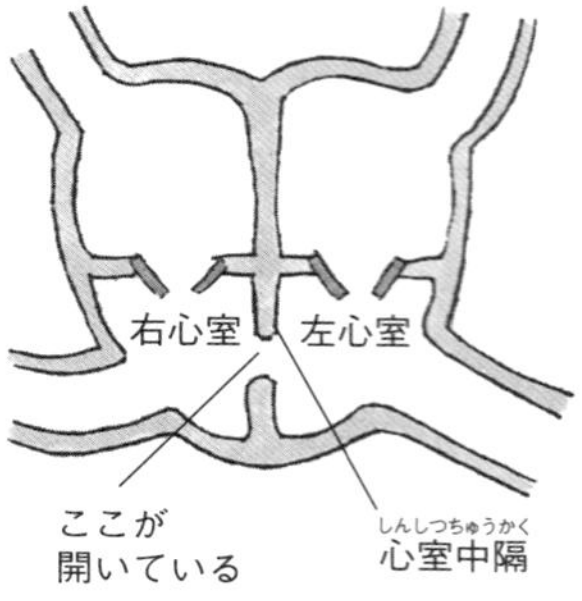

①心室中隔欠損《しんしつちゅうかくけっそん》

心室中隔は膜様部《まくようぶ》、流出路《りゅうしゅつろ》、流入路《りゅうにゅうろ》、筋性部《きんせいぶ》の4つの部分にわけられますが、そのうち膜様部の欠損がもっとも多く、ついで流出路の欠損です。

欠損部(穴)が小さい場合は、生後、時間が経《た》つにつれ、自然に閉じていきます。この場合は何もせず、経過を見ていてよいのですが、欠損部が大きい場合は、手術が必要になります。

心房中隔欠損《しんぼうちゅうかくけっそん》

右《う》心房《しんぼう》と左《さ》心房《しんぼう》のあいだの仕切りである心房中隔に穴が開《あ》いている場合、心房中隔欠損と言います（図の②を参照）。先天性の心臓病の1割を占め、女児《じょじ》に多いという特徴《とくちょう》があります。

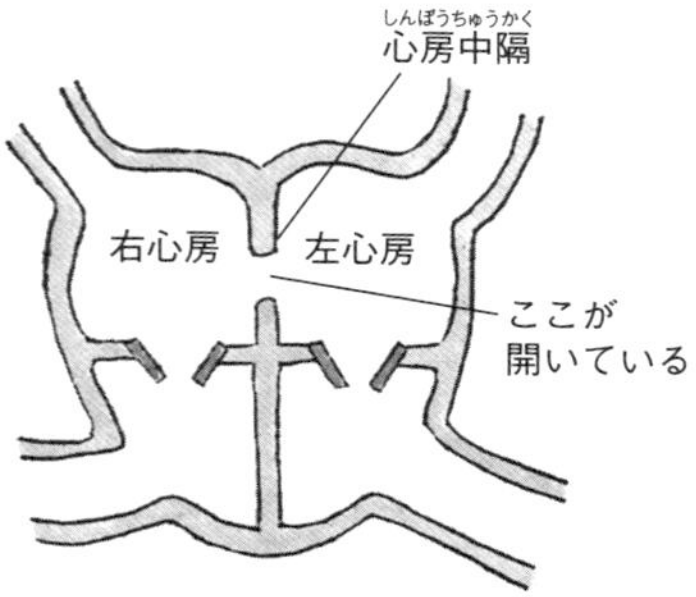

②心房中隔欠損《しんぼうちゅうかくけっそん》

穴が小さい場合は、自然に閉じることもありますが、大きい場合は、手術が必要になります。

動脈管開存《どうみゃくかんかいぞん》

動脈管《どうみゃくかん》は胎児のときには必要なもので、血液が肺《はい》動脈《どうみゃく》から全身に流れる経路になっていますが（→34ページ）、出生後は不要なものになって、閉じるのがふつうです。しかし、閉鎖《へいさ》が不完全な場合があり、それを動脈管開存と呼びます。

動脈管開存は、のみ薬によって治る場合があります。インドメタシンという薬は痛みどめの薬として有名ですが、この薬を動脈管開存の赤ちゃんにのませると、閉じることがあるのです。

また、生後しばらく経過を見ていると、自然に閉じる場合もあります。

しかし、6カ月をすぎると自然に閉じることはまれになるので、手術を考えます。手術が必要ということになったら、小学校入学前に手術をします。

チアノーゼの見られる心臓病

次に、チアノーゼの見られる心臓病についてお話しします。

ファロー四徴症《しちょうしょう》

チアノーゼを起こす先天性の心臓病のなかで、もっとも多いものです。

①心室中隔欠損《しんしつちゅうかくけっそん》、②肺動脈狭窄《はいどうみゃくきょうさく》、③右室肥大《うしつひだい》、④大動脈騎乗《だいどうみゃくきじょう》、という4つの異常が見られるので四徴症と言い、それに、最初にこの病気について報告したお医者さんの名前をつけ加え、ファロー四徴症と呼ばれています。

肺動脈狭窄というのは、右心室《うしんしつ》から肺動脈につながる部分が生まれつきせまくなっていることで、右室肥大というのは、右心室が大きくなっていることです。そして大動脈騎乗というのは、心室中隔欠損があるために、大動脈が右心室側にまでまたがっている状態を指《さ》します。

チアノーゼは、生後数カ月までのあいだに起こるようになります。朝方に起こることが多く、また、眠りから目ざめたとき、泣いたとき、便をするとき、おっぱいを飲んだあとなどに見られることもあります。

手術をしない場合、10歳まで生きられるのは30％の子どもと言われており、いまは全例、手術をすることになっています。

肺動脈閉鎖症《はいどうみゃくへいさしょう》

右心室から肺動脈へつながるあたりで肺動脈が閉じている病気で、多くは、この部分に存在する弁《べん》が、閉じた状態になっているために起こります。

生後すぐからチアノーゼが起こります。

プロスタグランジンE_1という薬を投与《とうよ》して、閉鎖した部分をひろげることを試みたり、手術をしたりします。

このほか、先天性の心臓病には、いろいろな種類のものがあります。

こうした心臓病に対する治療は、どんどん進歩していて、手術も安全にできるようになりましたから、安心して受けてよいと思います。

手術には、適切な時期というものがあります。ぐずぐずと時期をのばしていると、子どものからだの状態が悪くなり、そうなってからの手術は、リスクが大きくなるということを忘れないでください。

先天性の消化器病

これにもいろいろな種類の病気がありますが、いずれもまれなものです。新生児の時期に発見されると病院で対応がされますから、ここではくわしくはお話ししません。

簡単に紹介しておくと、まず、食道閉鎖《しょくどうへいさ》、十二指腸閉鎖《じゅうにしちょうへいさ》、鎖肛《さこう》といった、「管《くだ》の入口や一部が閉じたままで生まれてくる」という種類の病気があります。

これらはいずれも珍しいもので、比較的頻度《ひんど》の高い鎖肛(肛門《こうもん》が閉じたままになっている状態)でも、5000人の新生児のうち1人という程度です。

どの病気も、手術をすることになります。

ここでは比較的よく見られる2つの病気についてお話ししましょう。

先天性胆道閉鎖症《せんてんせいたんどうへいさしょう》

胆道というのは、肝臓から分泌《ぶんぴ》される胆汁《たんじゅう》を、腸へ輸送する経路のことを言います。胆道は肝臓のなかから始まります。最初は細い胆管《たんかん》と言われる管ですが、それが集まって1本の管になり、肝臓の外へ出ていきます。

肝臓のなかを走っている胆管を肝内胆管《かんないたんかん》、肝臓の外を走る胆管を肝外胆管《かんがいたんかん》と言いますが、この肝外胆

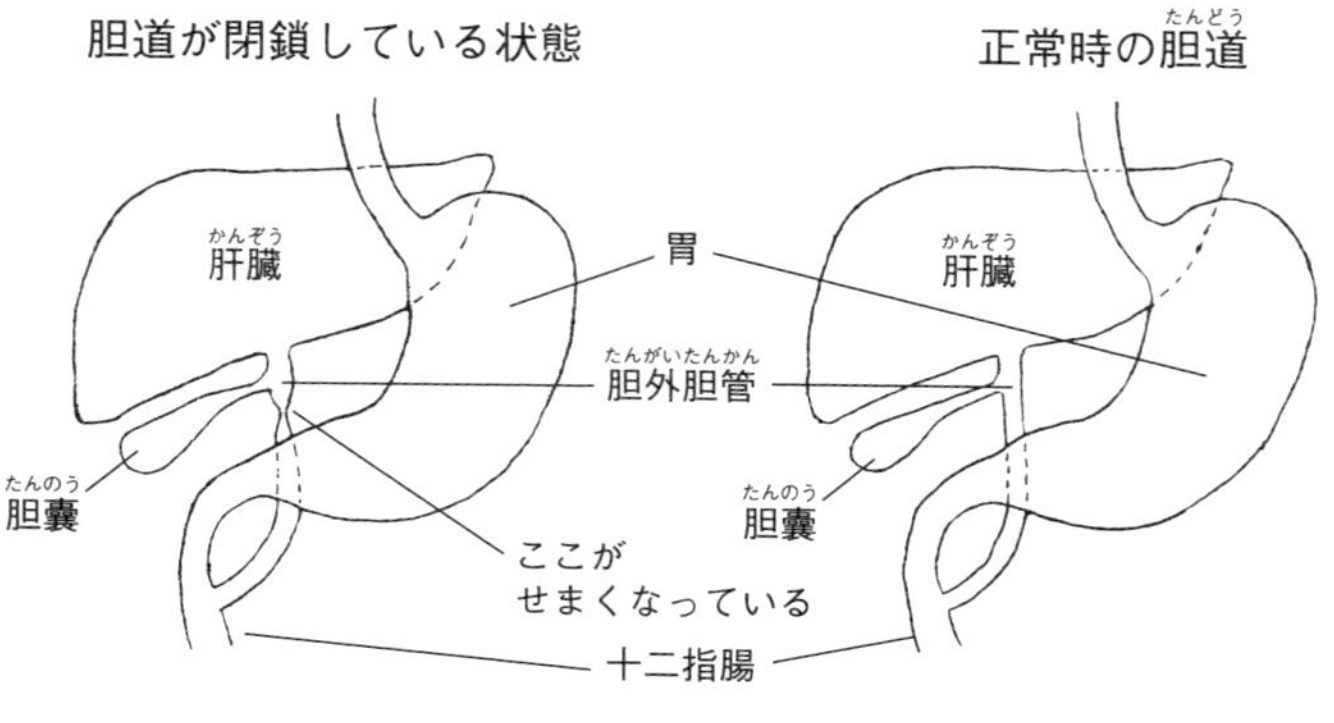

先天性胆道閉鎖症《せんてんせいたんどうへいさしょう》

管がふさがっている状態を胆道閉鎖症と言い、新生児で見られるものは、先天性胆道閉鎖症と言います。わりあいに有名ですが、新生児1万人に1人ぐらいしか見られない、珍しい病気です。

先天性胆道閉鎖症《せんてんせいたんどうへいさしょう》の症状

まず先天性胆道閉鎖症の症状を紹介しておくと、黄疸《おうだん》、白色便《はくしょくべん》、黄色尿《おうしょくにょう》です。どうしてこのような症状が見られるかを、お話しします。

前にもお話ししたように、黄疸というのは、血液中のビリルビンの量が増えることによって起こります(→39ページ)。ビリルビンというのは、血液中の色素である赤血球《せっけっきゅう》がこわれてできるのでしたね。赤血球は脾臓《ひぞう》でこわされ、そこでできたビリルビンは、肝臓に運ばれたあと、胆汁内《たんじゅうない》に入ります。そしてビリルビンを含む胆汁は、胆道《たんどう》を通って、十二指腸《じゅうにしちょう》へ流れていきます。

しかし胆道がふさがっていて、胆汁が十二指腸のほうへ流れていけないと、ビリルビンは逆流して、血液のなかにもどってしまいます。そうすると血液中のビリルビンが増えますが、それが皮膚から透《す》けて見える状態、つまり皮膚《ひふ》が黄色く見える状態が、黄疸なのです。

一方、胆汁が十二指腸へ流れていかないため、便にはビリルビンがまじりませんから、便の色は白っぽくなります(実際には白色便になることは少なく、淡黄色《たんおうしょく》になることが多いのですが)。

そして血液中のビリルビンが多くなると、腎臓《じんぞう》へまわる血液のなかのビリルビンも当然多くなり、その結果として、尿のなかのビリルビンも多くなりますから、尿は鮮《あざ》やかな黄色になります(実際に見ると、目がチカチカするような、本当に鮮やかな黄色です)。これが黄色尿です。

必ずしも先天性とは言えない

このように、先天性胆道閉鎖症《せんてんせいたんどうへいさしょう》には3つの特徴的な症状がありますが、これらの症状はいつも、生まれたときからあるというわけではないのです。この病気の子どものうち約半分は、生まれてしばらくのあいだ、ふつうの黄色便が見られるのです。

それが生後日数が経《た》つにつれ、だんだん色がうすくなっていき、生後1カ月ごろには灰白色《かいはくしょく》になっているという例が多いのです。

このことから考えると、この病気は生まれつきのものでなく、生後に何かの原因があって起こるのだろうということになりますが、まだはっきりしないので先天性という名前がついています(ウイルス感染の可能性が考えられています)。

生後60日以内に手術をおこなえば、大多数は黄疸《おうだん》が消失し、軽快《けいかい》します。

ヒルシュスプルング病(巨大結腸症《きょだいけっちょうしょう》)

ヒルシュスプルング病は、大腸《だいちょう》の神経細胞に、生まれつきの欠損《けっそん》があって起こる病気です。

大腸は蠕動運動《ぜんどううんどう》という波うつような動きをしていますが、この蠕動運動によって、食物の残りかすを肛門《こうもん》の方向へ送っているのです。

蠕動運動を起こしているのは、大腸の内側に存在する神経細胞の働きで、この神経細胞に欠損があると、蠕動が起こりにくくなって、便秘になります。

蠕動運動を起こす神経細胞は、食道から大腸まで、消化管全体に存在します。胎児《たいじ》期の６週目ごろに、まず食道に神経細胞があらわれ、その後だんだん下のほうに神経細胞ができていって、胎児期12週ごろまでに、大腸のはしっこである直腸の下端にまで、神経細胞ができます。しかし、この経過がうまくいかないと、大腸の下部のほうに、神経節《しんけいせつ》が欠損したままになってしまいます。この状態をヒルシュスプルング病、あるいは巨大結腸症と言います。

ヒルシュスプルング病の赤ちゃんは、新生児期に、胎便《たいべん》の排泄《はいせつ》が遅れる、お腹《なか》がふくれあがる、嘔吐《おうと》などの症状が見られます。生後24時間経《た》っても胎便が出ないときは、ヒルシュスプルング病の可能性があります。

新生児期に見つからないような軽症の場合は、乳幼児期になって、便秘、お腹がふくれている、嘔吐などの症状が起こり、レントゲン検査などで、この病気だとわかることがあります。

治療としては、新生児期に見つかった場合、手術をするのがふつうです。手術の時期は生後３～４カ月が多く、それまでは浣腸《かんちょう》などで排便のコントロールをします。

乳幼児期に見つかる場合は、手術をしないで、浣腸や下剤《げざい》で排便をコントロールしていれば、成長していくにしたがって、よくなってしまうのがふつうです。

先天性の腎臓《じんぞう》、泌《ひ》尿器《にょうき》の病気

では次に、先天性の腎臓、泌尿器の病気についてお話しします。

先天性水腎症《せんてんせいすいじんしょう》

腎臓《じんぞう》で作られた尿が流れにくいために、腎臓のなかの腎盂《じんう》という部分がふくらんでしまった状態を、水腎症と言います。

子どもの時期に見つかる水腎症は、ほとんどが先天性のものです。

腎盂の位置については、次ページの上の図を見てください。

腎臓で作られた尿は、腎盂の部分を通って尿管《にょうかん》へ流れていき、さらに膀胱《ぼうこう》へ流れこみます。腎盂から尿管へ移行する部分が生まれつきせまくなっていると、腎盂の部分がふくらむのです。

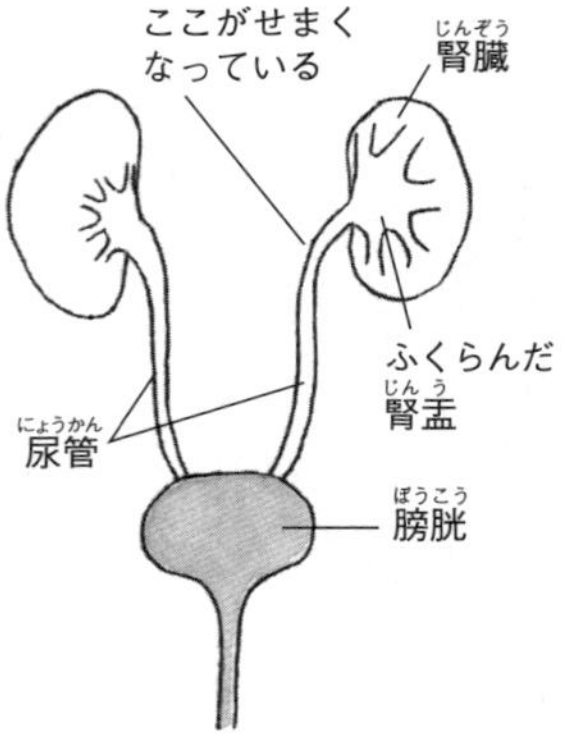

先天性水腎症《せんてんせいすいじんしょう》

水腎症は、赤ちゃんがお母さんのお腹《なか》のなかにいるあいだに、超音波検査《ちょうおんぱけんさ》で見つかることが多くなっています。

水腎症の赤ちゃんは、腎臓、膀胱、尿道《にょうどう》などに細菌が感染した状態である尿路感染症《にょうろかんせんしょう》にかかりやすい傾向があります。

しかし、水腎症は自然に治る傾向が強く、たいていの子どもは2歳のころまでに、水腎症の所見《しょけん》がなくなってしまいます。ですからとくに何もしないで、経過を見ることが多いのですが、高度水腎症《こうどすいじんしょう》と言われる重症の場合は、手術をすることもあります。

膀胱尿管逆流症《ぼうこうにょうかんぎゃくりゅうしょう》

尿管《にょうかん》と膀胱《ぼうこう》のつなぎ目にあたる部分に異常があるため、膀胱にたまった尿が、尿管へ、さらには腎臓《じんぞう》へ逆もどりして流れこむ状態を、膀胱尿管逆流症と言います。

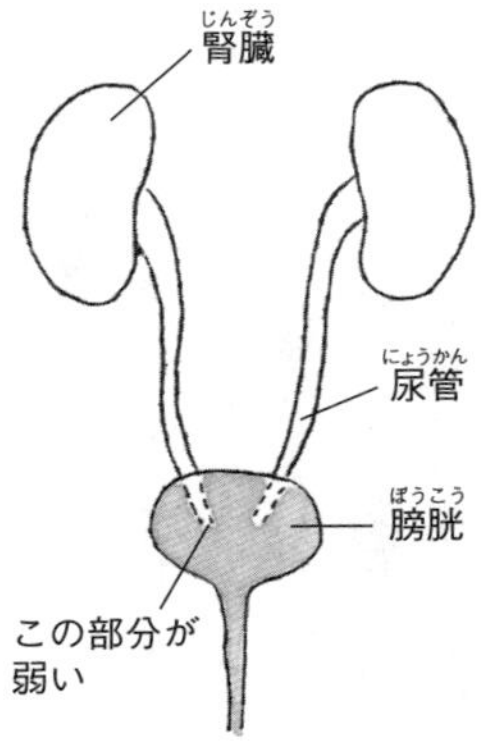

膀胱尿管逆流症《ぼうこうにょうかんぎゃくりゅうしょう》

右の図にある尿管と膀胱のつなぎ目の部分は、弁《べん》のようになっていて、膀胱へ入った尿が尿管のほうへもどらないようにしているのですが、その部分が生まれつき弱いと、逆流が起こるのです。

膀胱にはときに細菌が入りこむのですが、発病しないで終わることが多く、発病しても膀胱炎《ぼうこうえん》ですみます。そして膀胱炎は、軽い病気なのです。

しかし膀胱尿管逆流症があると、細菌が尿とともに腎臓のほうまでいってしまって、腎盂《じんう》腎炎《じんえん》を起こすこともあります。腎盂腎炎は膀胱炎とちがって重い病気ですから、できるだけ防ぎたいものです。

膀胱尿管逆流症が原因で腎盂腎炎をくり返し起こすような場合、逆流しないようにできれば、くり返さなくなるわけですから、逆流を治療することが望まれます。

しかし逆流症の多くは、自然に治っていくのです。それで、抗生物質を腎盂腎炎の予防のためにのんでおくといった方法で、自然によくなるのを待つのが一般的です。重い逆流症の場合は自然に治る見込みがないので、手術をすることになります。

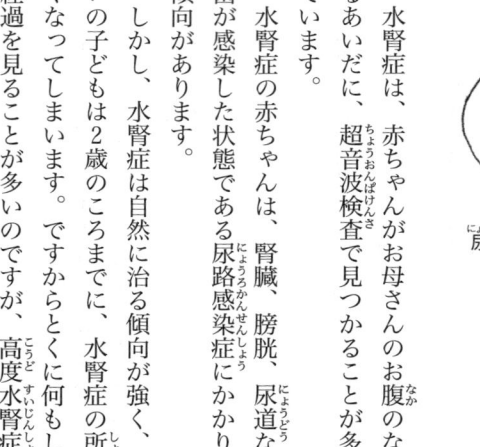

小さな赤ちゃんの医学的な問題

ここでは、体重が少なく生まれた赤ちゃんには医学的にみてどんな問題があるかを、簡単にふれておきましょう。

未熟児《みじゅくじ》という言葉があります。むかしは、出産予定日より3週間以上早く生まれたり、出生時の体重が2500グラムより軽く、からだの機能が未熟な赤ちゃんを、未熟児とまとめて呼んでいました。未熟児という言葉はいまでもよく使われていますが、医学的には最近、低出生体重児《ていしゅっせいたいじゅうじ》と呼ばれるようになっています。

そして新生児の医療が進歩したおかげで、体重が300グラムを切る赤ちゃんさえ生きられる例も出てきましたから、低出生体重児を、さらに次のようにわけています。

	出生体重
低出生体重児	2500グラム未満1500グラム以上
極低出生体重児《ごくていしゅっせいたいじゅうじ》	1500グラム未満1000グラム以上
超低出生体重児《ちょうていしゅっせいたいじゅうじ》	1000グラム未満

このほか、在胎週数《ざいたいしゅうすう》(赤ちゃんがお母さんのお腹《なか》のなかにいる期間)で分類して早産児《そうざんじ》、正期産児《せいきさんじ》、過期産児《かきさんじ》と呼んだり、在胎週数に見合わない低体重で生まれた子どもを、SFD児(SFDはsmall for dateの略)と呼んだりします。

さて、このような小さい赤ちゃんは、何か医学的な問題があるでしょうか。

小さい赤ちゃんといっても、2000グラム以上ある赤ちゃんと、500グラムくらいの赤ちゃんとでは、まったくちがいます。2000グラム以上あれば、ふつうの赤ちゃんと考えてもよいくらいですし、一方500グラム未満となれば、慎重《しんちょう》に育てなければなりません。

ですから、体重が少なく生まれた赤ちゃんをひとくくりにして医学的な問題をお話ししてしまうのは、少々乱暴なのですが、まとめてふれておきます。ただ、子どもによっておおいに個人差があり、成長するにつれて自然によくなっていくことも多いので、ここに書かれていることは、あくまでも一般論だと思ってください。

① 呼吸機能が未熟である

早産、とくに在胎《ざいたい》32週未満で生まれてきた赤ちゃんは、肺の働きが未熟で、呼吸窮迫症候群《こきゅうきゅうはくしょうこうぐん》という状態(呼吸をしても酸素が十分入らない状態)になることがあります。また、無呼吸発作《むこきゅうほっさ》を起こしやすい傾向もあります。呼吸を補助するため、酸素や肺《はい》サーファクタントという物質の投与《とうよ》や、人工呼吸器の装着《そうちゃく》などをおこなうことがあります。

② 黄疸《おうだん》が重症になりやすい

肝臓《かんぞう》の働きが未熟なため、黄疸(→39ページ)が強くなったり長びいたりすることがあります。血液中のビリルビンが脳に移行すると、核黄疸《かくおうだん》(→41ページ)になることがあり、これは脳性《のうせい》まひ(→330ページ)という障害を残すことがあるので、黄疸が強いときは光線療法《こうせんりょうほう》や交換輸血《こうかんゆけつ》をおこなうことがあります。

③ 未熟児網膜症《みじゅくじもうまくしょう》になりやすい

在胎32週未満で生まれた赤ちゃんは、目の網膜の血管が十分できあがっていないため、酸素不足などの条件のもとで、網膜血管の異常増殖《いじょうぞうしょく》を起こすことがあります。これを未熟児網膜症と言います。光凝固《ひかりぎょうこ》などといった治療で治すことができます。

④ 頭蓋内出血《ずがいないしゅっけつ》を起こしやすい

早産の赤ちゃんは脳の血管も十分にできあがっておらず、そのため酸素不足などの条件があると、頭蓋内出血を起こしやすいという傾向があります。頭蓋内出血を起こしたあと、水頭症《すいとうしょう》(→335ページ)になることもありますが、水頭症は、治療の必要がなく、その後の発達もとくに問題がないというような場合が少なくありません。

⑤ 貧血になりやすい

小さい赤ちゃんは、貧血になりやすいことが知られています(→203ページ)。

エリスロポエチンという赤血球《せっけっきゅう》を作ることを促進《そくしん》する物質がありますが、この物質はふつうの大きさに生まれた赤ちゃんでは、腎臓《じんぞう》で作られます。

しかし小さく生まれた赤ちゃんの場合、肝臓で作られていることがあり、これでは十分量のエリスロポエチンが得られません。それで貧血になりやすいのですが、生後しばらくすると腎臓でエリスロポエチンが作られるようになり、貧血は改善します。

⑥ そのほかの特徴

このほか、小さい赤ちゃんに共通するいくつかの特徴があります。

まず、体温を保持する力が低いということがあります。

生まれたばかりの赤ちゃんは体温調節能力が不十分なので、高体温になったり低体温になったりしやすいのですが、小さい赤ちゃんではとくに体温を保持する能力が低いので、体温管理が重要です。

また、生理的体重減少《せいりてきたいじゅうげんしょう》から、もとにもどりにくいということもあります。

赤ちゃんはみな、生後数日は体重が減ります。これは母乳やミルクを十分飲めないのに、汗や尿など外へ出ていく水分が多いためです。ふつうの大きさで生まれた赤ちゃんの場合、生後1週間くらいで生まれたときの体重にもどるのですが、小さく生まれた赤ちゃんは、体重がもどるのにずっと時間がかかります。

さらに早産児の場合、免疫力《めんえきりょく》が弱く、感染症《かんせんしょう》にかかりやすいということもあります。

生まれてきた赤ちゃんは、お母さんのお腹《なか》のなかにいたとき、胎盤《たいばん》を通じて免疫グロブリンIgG(アイジージー)というもの(抗体《こうたい》です→152ページ)をもらっていて、このIgGによって、細菌やウイルスから守られています。

しかし早産児は、お母さんからもらうIgGの量が十分でないこともあって、免疫力が弱く、抵抗力が低いことが多いのです。そのため感染症にかかりやすく、また、感染症にかかると治るのに時間がかかるという傾向があります。

男の子の場合は停留睾丸《ていりゅうこうがん》(→388ページ)を起こしやすいということもあります。睾丸は胎児《たいじ》期の初期はお腹のなかにあって、妊娠後期に陰嚢《いんのう》のなかにおりてくるのですが、早産ですと、まだおりてこない状態で生まれるわけです。しかし、生後しばらくすると自然におりてくることが多いので、心配はいりません。

　小さく生まれた赤ちゃんについて、ずいぶんいろいろ問題点をあげてしまいました。これでは小さく生まれた赤ちゃんを育てているお母さんやお父さんに、よけいな不安感をもたせることになるかもしれませんね。

　でも、いま、小さく生まれた赤ちゃんを含めて、新生児に対しては医学的な管理がとても進歩しています。ですからうんと小さく生まれた赤ちゃんでも、いろいろな困難をのりこえて生き抜いていけるようになっています。

　新生児期という慎重に管理しなければならない時期をすぎても、うんと小さく生まれた子どもは、少しゆっくりとしたペースで発育、発達していくでしょうが、いずれ、ふつうの大きさの子どもに追いついていくものです。

　ですから小さく生まれた子どものスローライフに、まわりの大人もゆったりした気持ちでつきあってやってほしいと思います。

からだのしくみから見る
いろいろな病気 I

うつる病気（とくに「発疹《ほっしん》の出る」感染症《かんせんしょう》を中心に）

＊ここであつかう主な症状と病気

突発性発疹《とっぱつせいほっしん》
風疹《ふうしん》（三日ばしか）
はしか（麻《ま》しん）
水ぼうそう（水痘《すいとう》）
単純ヘルペスウイルス感染症
手足口病《てあしくちびょう》
リンゴ病（伝染性紅斑《でんせんせいこうはん》）
ジアノッチ症候群《しょうこうぐん》
ヘルパンギーナ
おたふくかぜ（流行性耳下腺炎《りゅうこうせいじかせんえん》）
EBウイルス感染症（伝染性単核症《でんせんせいたんかくしょう》）
溶連菌感染症《ようれんきんかんせんしょう》（しょう紅熱《こうねつ》）

子どもの病気の大半は感染症《かんせんしょう》

では、最初に感染症をとりあげます。その理由は、子どもの病気の大半は感染症だからです。

感染症という言葉は、なじみがないでしょうか。でも、伝染病《でんせんびょう》という言葉ならご存じでしょう。

感染症と伝染病は似ていますが、少しちがっています。そのあたりの説明から始めましょうね。

感染症というのは、ウイルス、細菌、原虫《げんちゅう》、かびなどが、ぼくたちのからだに感染して起こる病気全部を指《さ》します。感染症のなかで、インフルエンザ、赤痢《せきり》、マラリアのように、人から人へ伝染するものを伝染性感染症《でんせんせいかんせんしょう》と言い、膀胱炎《ぼうこうえん》、破傷風《はしょうふう》などのように、人から人へ伝染することのないものを非伝染性《ひでんせんせい》感染症《かんせんしょう》と呼びます。そして伝染性感染症のことを簡単にして、伝染病と言うのです。

ここでとりあげる感染症《かんせんしょう》

感染症ひとつひとつについてお話ししようと考えたところで、これは膨大《ぼうだい》なことになってしまうな、と思いました。感染症すべてについてここでお話ししてしまうと、もうそれでこの本はほとんど終わってしまうのです。それではあまりに、とりとめのない話になってしまいます。

ですので、感染症のなかで、たとえばウイルス性胃腸炎は「消化器の病気」(↓113ページ)のところで、また、かぜ症候群《しょうこうぐん》や気管支炎《きかんしえん》、肺炎《はいえん》などは、「呼吸器の病気」(↓92ページ)のところでとりあげるというかたちのほうが、わかりやすいと思うのです。

そこで、ここでは感染症のなかで発疹《ほっしん》が出るものをまとめてとりあげることにしました。

発疹というのは、皮膚《ひふ》にできるブツブツのことです。大人の場合、発疹の出る感染症にかかることはめったにないのですが、子どもでは発疹の出る感染症が頻繁《ひんぱん》に見られます。ですから発疹の出る感染症について知識をもっておくと、とても便利なのです。

発疹のかたちにはいろいろなものがあり、また発疹が出る場所もいろいろで、そうした特徴を知っておくと病気の種類を推定することもできます。

その前に、「正しい知識」とは?

さて、先ほどお話ししたように、子どもの病気と言えば、ほとんどが感染症《かんせんしょう》です。ですから感染症について正しい知識をもっていると、子育てはそうとう楽になると思います。

ただ、ここで「正しい知識」と言いましたが、「いま、正しいと思われていること」が何年かしたら、「実はまちがっていた」とわかったりすることもありますから、あくまでも「いま、正しいと思われている知識」だと考えておいてください。

たとえば、こんな例があります。

インフルエンザ(↓95ページ)という病気は、いまではウイルスによる病気だとわかっていますね。でも、ウイルスというものの存在がまだ知られていなかったむかし、インフルエンザにかかった人ののどに、変わった細菌がくっついていることが発見されたので、「この細菌がインフルエンザの原因だろう」ということになり、「インフルエンザ菌」と命名されました。しかしその後、ウイルスが発見され、インフルエンザの原因が細菌ではなく、ウイルスであることもわかりました。

では「インフルエンザ菌」って何だったのかというと、インフルエンザにかかっている人ののどに、インフルエンザウイルスといっしょに、たまたまくっついていた細菌だったのです。

だから、「インフルエンザ菌」はインフルエンザと関係ないのですが、一度命名された名前は変えられることもなく、いまでも「インフルエンザ菌」と言われています。ややこしいですね(インフルエンザ菌はＨｉｂ《ヒブ》という略称で呼ばれています)。

こんなふうに、ある病気の原因がAであると長いこと思われていたのに、実はBだったということが発見されるといった話は、歴史のうえではたくさんあるのです。

もっと身近な話をしましょう。赤ちゃんが生後6カ月から1歳くらいのあいだに、高い熱を出すとき、突発性発疹《とっぱつせいほっしん》(↓72ページ)という病気であることが多いのですが、この突発性発疹は長いこと、原因がわかりませんでした。ウイルスが原因らしいと言われていたのですが、そのウイルスがなかなか見つからなかったのです。ところが1986年になって、ヘルペスウイルス6型というウイルスが発見されました。次いで1990年には、ヘルペスウイルス7型というウイルスも発見され、さらにこれら2つのウイルス(6型と7型)がともに、突発性発疹の原因であることがわかりました。

　ぼくはそれまで、突発性発疹は一生に1度しかかからない病気と思っていました(多くのお医者さんもそうだったと思います)。

　ときどき「うちの子は2度、突発性発疹にかかりました」というお母さんにも出会っていたのですが、「突発性発疹は一生に1度しかかからない病気。だから、2度かかったというううちの1回がほんもので、あとの1回は誤診《ごしん》ですよ」などと言っていました。いまから思うと冷《ひ》や汗《あせ》が出ます。「2度かかった」と言ったお母さんが正しかったのですから。

　突発性発疹と言われるような経過をとる病気の原因になるウイルスは、少なくとも2種類あることが確定していますし、ヘルペスウイルス6型、ヘルペスウイルス7型以外のウイルスでも、同じような経過を起こすこともあると言われています。

　それでは感染症のひとつひとつをとりあげますが、その前に「感染症を理解するために必要な基礎知識」といったことを、お話ししておきます。

感染症《かんせんしょう》の基礎知識

　感染症を理解するには、まず感染ということを理解する必要があります。

　病原微生物《びょうげんびせいぶつ》と呼ばれる目に見えない生物が、外部からぼくたちのからだのなかに入り、からだのある場所で増殖《ぞうしょく》することを、感染と言います。

　ただ、健康時に体内にすみついていた微生物が、ぼくたちのからだの抵抗力《ていこうりょく》がおちたことに乗《じょう》じて異常に増殖したり、本来すみついている場所からほかの場所に移動して病気をひき起こすこともあり、これも感染のひとつとされています。

　そして感染によって起こる病気を、感染症と呼びます。

　一般にウイルスによって起こる感染症は、人から人へ容易にうつるものが多く、細菌によって起こる病気は、うつりにくいものが多いのです。

　たとえば、はしか(麻《ま》しん)や水ぼうそう(水痘《すいとう》)のようなウイルス感染症は、とてもうつりやすく(「伝染力が強い」と言います)、細菌性の中耳炎《ちゅうじえん》などは、うつることがないと言ってもよいでしょう。

　伝染力の強い病気に対しては予防接種(→暮らし335ページ)がおこなわれることが多いのですが、予防接種がおこなわれる病気のなかにも、破傷風《はしょうふう》のように、人から人へうつらない病気もあります。

人から人へなぜうつるのか

では次に、感染症《かんせんしょう》の場合、どうして人から人へうつっていくのかを考えてみましょう。

人から人へうつるのは、病原微生物《びょうげんびせいぶつ》が、ある人のからだから、別の人のからだへ移動していくからです。

たとえばAさんののどに微生物がすみついて、増《ぞう》殖《しょく》していたとします。Aさんがくしゃみをしたりせきをしたりすると、微生物は空中へとび出します。微生物はしばらく空中に浮遊《ふゆう》していますが、それがBさんの口のなかへ入っていけば、Bさんののどにすみつくことになります。そこで微生物が増殖を始め、それによってBさんが病気になったとすれば、これでAさんからBさんへ病気がうつったということになります。でも、そのうつっていくようすは目に見えませんね。それは病原微生物が、肉眼《にくがん》では見えない小さな小さな生物だからです。

病原微生物にはどんなものがあるかというと、次のようなものがあります。

①原虫《げんちゅう》、②真菌《しんきん》（一般にかびと呼ばれています）、③細菌《さいきん》、④ウイルス

ここでは大きいほうから順に並べてみました。

いちばん大きいのが原虫、そしていちばん小さいのがウイルスで、原虫、真菌、細菌はふつうの顕微《けんび》鏡《きょう》で見えますが、ウイルスは見ることができず、電子顕微鏡という特別な顕微鏡によってようやく見ることができます。

病原微生物《びょうげんびせいぶつ》が起こす主な病気

これらの病原微生物のいずれもが病気を起こしますが、それぞれの微生物が起こす病気の主なものを列挙《れっきょ》してみましょう。

①原虫《げんちゅう》——マラリア、トキソプラズマ症

②真菌《しんきん》——みずむし（白癬症《はくせんしょう》）、寄生菌性紅斑《きせいきんせいこうはん》、鵞《が》口瘡《こうそう》

③細菌——中耳炎《ちゅうじえん》、溶連菌感染症《ようれんきんかんせんしょう》、副鼻腔炎《ふくびくうえん》、細菌性肺炎《さいきんせいはいえん》、細菌性腸炎《さいきんせいちょうえん》、とびひ（伝染性膿痂疹《でんせんせいのうかしん》）、尿路感染症《にょうろかんせんしょう》、結核《けっかく》

④ウイルス——はなかぜ、咽頭炎《いんとうえん》、突発性発疹《とっぱつせいほっしん》、水ぼうそう（水痘《すいとう》）、おたふくかぜ（流行性耳下腺炎《りゅうこうせいじかせんえん》）、風疹《ふうしん》（三日ばしか）、手足口病《てあしくちびょう》、リンゴ病（伝染性紅斑《でんせんせいこうはん》）、帯状疱疹《たいじょうほうしん》、水いぼ

これらの病気のうち、原虫による病気はとても珍しいものですし、子どもには関係ありませんから、原虫についての説明は省《はぶ》きます。また、真菌による病気もほとんど皮膚病《ひふびょう》ばかりなので、真菌についての説明も省きます。

残るのは細菌とウイルスです。

細菌について

この世には、きわめて多種の細菌がいます。いまのところ名前がつけられている細菌は4000種にすぎませんが、それ以外に200万種から300万種の、未発見の細菌がいると考えられています。

細菌というと一般に悪者あつかいされていて、「細菌がいない世の中になったら安心できるのになあ」などと、「無菌社会《むきんしゃかい》」を夢見る人もいるようです。

　実際、抗菌《こうきん》グッズがはんらんし、清潔がとてもよいこととしてめざされたりもしていますが、もしこの世に細菌がいなくなったら、人間は生きてゆけないでしょう。というのは、ぼくたちは細菌によって守られているといってよいからです。その事実は、決して忘れないでください。

　人体には常に無数の細菌が存在していて、こういう細菌のことを常在菌《じょうざいきん》と言います。常在菌は、とくに皮膚、口のなか、消化管《しょうかかん》、女性性器《じょせいせいき》などに、驚くべき数で存在しています。これらの細菌にとって、人体は大事なすみか、ちょうど人間にとっての地球のようなものです。

　細菌学者である牛嶋彊《うしじまつよし》さんは、次のように言っています。

「人の体には、色々な能力を持った多種、多様な菌が、相互に牽制《けんせい》し合いながら、限られた栄養を分かちあって利用し合い、少し我慢させられた状態で共生している。人が健康を維持するには、これら常在菌がバランス良く生存していることが必《ひっ》須《す》である」(『人体常在菌』)

　常在菌は人体から栄養をもらって生きていますが、そのお返しに、人体を防衛《ぼうえい》してくれています。その一例をお話ししましょう。

からだを守ってくれる細菌の働き

　抗生物質は、細菌をおとなしくさせたり殺したりする薬です。からだのなかのどこか、たとえばのどに病原菌が入りこんだとき、抗生物質をのんで治療することになりますが、のんだ抗生物質は胃腸に入っていきます。そこには常在菌《じょうざいきん》がいるのですが、抗生物質はその常在菌も殺してしまいます。本来はのどにいる病原菌だけを殺したいのですが、抗生物質は、病原菌と常在菌を見わけ、病原菌だけやっつけて常在菌は残す、という器用なことはできませんから、常在菌である腸内細菌《ちょうないさいきん》も殺してしまいます。

　腸内細菌がいなくなってしまうと、どういうことが起こるでしょうか。

　ぼくたちのからだは、常に病原菌にねらわれています。病原菌はぼくたちのからだに入りこんで、すみつく機会をねらっているのです。

　たとえば、食物のなかに入りこんだ病原菌は、その食物を人間が食べてくれたおかげで、胃腸まで到達します。ところがそこには腸内細菌がいて、人間のからだから栄養を取りこんでいます。この状態では病原菌はわりこむことができず、栄養が得られないので死んでしまいます。

　ところが腸内細菌がいなくなってしまえば、病原菌は堂々と胃腸内にすみつくことができます。そうすると、下痢《げり》が起こるのです。抗生物質をのむと下痢になりやすいのは、こういう理由です。

　こういうことは、からだのほかの場所でも起こっています。皮膚《ひふ》には無数の常在菌がくっついていますが、これが病原菌の皮膚への侵入から、からだを守ってくれているのです。

常在菌は病原菌の侵入を防いでくれる強い味方であるということを、忘れないでください。

抗菌《こうきん》グッズはほとんど除菌効果《じょきんこうか》がないと言われていますからいいのですが、もし本当に効果があるとしたら、皮膚の病原菌だけでなく常在菌も除菌してしまうので、皮膚はすっかり無防備になって、これはたいへんなことです。

主な病原菌と、それによって起こる病気

というわけで、多くの細菌はぼくたちにとって強い味方なのですが、なかにはわるさをする病原菌もいますから、病原菌について少し知っておかねばなりませんね。

病原菌と言ったら、どんな細菌を思いうかべますか。

病原性大腸菌O《びょうげんせいだいちょうきんオー》-157のような、強力な病原菌をまず思いうかべる人が多いかもしれません。本当は、もっと身近な細菌を思いうかべてもらったほうがいいのですが。

ただここで言っておきますが、O-157のような細菌だって、そう簡単に人を発病させることはできないのです。健康な人のからだにO-157が入りこんでも、たいていの場合、発病はしません。たまたまその人の抵抗力がおちているというような特別の条件のときに、初めて発病するといったことが多いのです。

さらにもうひとつ、つけ加えておきましょう。

常在菌が、病原菌に変化することもあるのです。常在菌は、ぼくたちのからだのなかのどこか1カ所にすみかを決めていることが多いのですが、そのすみか以外の場所に移動すると病気を起こしてしまう、つまり、病原菌になってしまうことがあるのです。

たとえば大腸菌《だいちょうきん》は、肛門《こうもん》のまわりにすみついているかぎりは、何もトラブルを起こしません。しかし、女性が排便のさいにお尻を前から後ろへふかないで、後ろから前へふいたりすると、膣《ちつ》のほうへ移動することになってしまい、そこで膣炎《ちつえん》や膀胱炎《ぼうこうえん》を起こしてしまうのです。だから細菌は、いつもいるところからほかの場所へ移動させないようにすることが、病気の予防の1つの手段になるということです。

ではここで、病原菌のなかで有名なものをならべて、それによって起こる病気の名前もあげておきましょう。

黄色《おうしょく》ブドウ球菌《きゅうきん》——とびひ、食中毒、SSSS
化膿連鎖球菌《かのうれんさきゅうきん》(A群連鎖球菌)——咽頭炎《いんとうえん》、溶連菌《ようれんきん》
感染症《かんせんしょう》
大腸菌——腸炎《ちょうえん》、膀胱炎
サルモネラ——食中毒
百日咳菌《ひゃくにちぜききん》——百日ぜき
結核菌《けっかくきん》——結核

このほか、カンピロバクター、ヘリコバクター・ピロリ、ジフテリア菌、ボツリヌス菌、らい菌など

も細菌の仲間です。

細菌によって起こる病気に対しては、抗生物質が使われます。一方、ウイルスによる病気には抗ウイルス薬、真菌による病気には抗真菌薬《こうしんきんやく》が使われます。

ウイルスについて

ウイルスは、たいへん小さな生物です。ほかの微生物の、10分の1から100分の1くらいの大きさなのです。

ウイルスは、自分だけで生きていくことはできません。細菌の場合は、まな板の上にくっついたままでもずっと生きてゆけるし、増殖《ぞうしょく》もできますが、ウイルスの場合は、生物の細胞にくっついていないと生きてゆけません。まな板にくっついたとしても短時間しか生きられませんから、必ず何かの生物に入りこんでいかねばなりません。

ウイルスは自分がくっついて生きていく相手かたの生物を決めていて、そういう生物を宿主《しゅくしゅ》と言います。

麻疹《ましん》ウイルスや水痘《すいとう》ウイルスは、もっぱら人間を宿主としてねらいさだめています。人間を宿主と決めたウイルスは、人間の体内に入ったらおとなしくしてくれるといいのですが、ウイルスの場合、厄介《やっかい》なことに、病気を起こしてしまうことが多いのです。しかしなかには、人間のからだのなかに長いことすみついて、ときどき病気を起こすというようなものもあります。こういうふうに、長期に（おそらく一生）人間のからだのなかに居続けるウイルスは、かなり多いのだろうと言われています。

水痘《すいとう》ウイルスや肝炎《かんえん》ウイルスは長いことすみついてしまう代表例ですが、突発性発疹《とっぱつせいほっしん》を起こすヘルペスウイルス6型、7型なども、そのひとつということがわかってきました。

ウイルスは伝染力《でんせんりょく》が強い

またウイルスは、ある人にくっついて病気を起こしてはまたとび出して、ほかの人にうつってゆくことが多いのです。伝染力の強いものが多いと言って、よいでしょう。

ウイルスの場合、常在菌《じょうざいきん》のようにからだの役に立ってくれるということがないようで、もっぱら悪役です。

そのうえ抗生物質が効《き》かず、最近までほとんど効く薬もないという厄介《やっかい》者でした。そこで、予防接種による予防が考えられてきたのです。

ただ最近になって、ヘルペスウイルスやインフルエンザウイルスに効果があるという抗ウイルス薬が登場しています。しかし、これらの薬も単に病気の経過を短くするという程度の効果であり、しかもインフルエンザに使われる抗ウイルス薬は、副作用が強いという問題があります。

そして大半のウイルスに対しては、薬がないのが実情です。「治療法がなくては、たいへんじゃない」と思う人もいるでしょうね。でも、だいじょうぶなのです。それは大半のウイルス感染症《かんせんしょう》が、何の治療もしなくても、自然に治ってくれるからです。

ぼくたちのからだにそなわっている自然治癒力《しぜんちゆりょく》というのは、たいしたものです。この自然治癒力を最大限発揮《はっき》させるには、やたらに薬を使ったりしないことが第一、また、よけいな心配をしてストレスがかかると自然治癒力を低下させることにもなるので、あまり心配しないで「いずれ治るさ」とゆったりかまえることです。

主なウイルスと、それによって起こる病気

ではウイルスのうち、有名なものの名前とそれによって起こる病気とをあげてみましょう。

伝染性軟属腫《でんせんせいなんぞくしゅ》ウイルス——水いぼ(伝染性軟属腫)
単純ヘルペスウイルス——口唇《こうしん》ヘルペス
水痘《すいとう》・帯状疱疹《たいじょうほうしん》ウイルス——水ぼうそう(水痘)、帯状疱疹
EBウイルス——EBウイルス感染症(伝染性単《でんせんせいたん》核症《かくしょう》)
アデノウイルス——咽頭結膜熱《いんとうけつまくねつ》(プール熱)
パルボウイルス——リンゴ病(伝染性紅斑《でんせんせいこうはん》)
インフルエンザウイルス——流行性感冒《りゅうこうせいかんぼう》
ムンプスウイルス——おたふくかぜ(流行性耳下《りゅうこうせいじか》腺炎《せんえん》)
麻《ま》疹《しん》ウイルス——麻しん
RSウイルス——急性上気道炎《きゅうせいじょうきどうえん》
日本脳炎《にほんのうえん》ウイルス——日本脳炎
コクサッキーウイルス——手足口病《てあしくちびょう》
ライノウイルス——はなかぜ
ロタウイルス——感染性胃腸炎《かんせんせいいちょうえん》
カリシウイルス——感染性胃腸炎

ウイルスの病気は1度かかると一生かかることはない、つまり2度がかりしないと言われていますね。確かに一生に1度しかかからないものが多いのですが、なかには何度もかかるものもあります。

多くのウイルスは型を変えないで、ずっと同じ型でいるのですが、なかには突然変異や、ほかのウイルスと遺伝子を組み換えたりすることで、どんどん型を変えていくものもあります。インフルエンザウイルスなどは、頻繁《ひんぱん》に型を変えるウイルスとして知られています。

細菌やウイルスについてお話ししておきたいことはまだありますが、このへんで総論は終わりにして、感染症ひとつひとつについてお話しすることにします。

その前にほんの少し、追加を。

ここまで、マイコプラズマという病原微生物《びょうげんびせいぶつ》についてふれてきませんでした。それはこの微生物が、細菌とウイルスの中間といった、あいまいな性質をもった微生物だからです。このマイコプラズマについては、「呼吸器の病気」のマイコプラズマ肺炎のところ(→109ページ)でくわしくお話しします。

では、ひとつひとつの病気についてお話しすることにしましょう。

突発性発疹《とっぱつせいほっしん》

突発性発疹とは、生後6カ月ごろから2歳ごろまでに見られる「高熱の出る病気」の代表です。子どもが生まれて初めて高熱を出したとき、あるいは2度目に高熱を出したとき、この病気が原因であることが多いのです。

突発性発疹《とっぱつせいほっしん》の症状

3〜5日間、38.5度以上の発熱が続き、発熱以外の症状としては、下痢《げり》以外ほとんどありません。機嫌《きげん》もよく、食欲もふだんとあまり変わらないのがふつうですが、不機嫌が続く場合もあります。

何しろ赤ちゃんの高熱ですから、まわりの大人はオロオロすることが多いのですが、赤ちゃんは平然《へいぜん》と熱を出し続け、4日目くらいになると突然熱が下がります。そして半日くらい経《た》って、胸、お腹《なか》、背中に赤くて細かい発疹ができ、やがて顔や手足にもひろがります。

この発疹は3〜4日でひいていきますが、発疹ができているあいだ、赤ちゃんはぐずるのがふつうです。医学の専門書には「かゆみはない」などと断定的に書かれているものもありますが、赤ちゃんだから何も言わないだけで、かゆいのだろうと思います。そうでなければ、不機嫌の説明がつかないからです。

自然に治る病気

突発性発疹《とっぱつせいほっしん》は治療の必要はなく、自然に治るのがふつうです。

赤ちゃんの高熱をハラハラしながら見守る3日間は、子育てをするうえで、よい経験になります。突発性発疹の場合、40度ぐらいの高熱になることもありますが、赤ちゃんの生命にかかわることはもちろんなく、また脳に障害が起こることもありません(→31ページのコラム)。

世の中には子どもが高熱になると死んでしまうとか、脳がやられるとか思っている人がかなりいるのですが、突発性発疹を経験すると、「高熱だけで脳がやられることなどない」と納得できるはずです。また、子どもの病気のなかには、何の治療もしなくても自然に治るものがあるのだ、ということもわかるのです。

2種類のウイルス

突発性発疹は、ウイルスによる病気です。いまのところ突発性発疹を起こすウイルスには、ヘルペスウイルス6型とヘルペスウイルス7型の2種類があることがわかっています(→77ページ)。

それぞれのウイルスによる突発性発疹には、一生のうち1度しかかからないようですが、ウイルスが2種類あるので、2度かかることはあります。突発性発疹に2度かかる場合、1度目はヘルペスウイルス6型によるもので、2度目はヘルペスウイルス7型によるものが多いと言われています。

ヘルペスウイルス7型によって起こる突発性発疹は、ヘルペスウイルス6型によるものよりも、症状が軽いことが多いと言われます。

突発性発疹は、ほとんどの子どもが2歳までにかかるはずですが、「わたしは3人子どもがいますが、1人も突発性発疹になっていません」というお母さんにも出会います。それは、ヘルペスウイルス6型や7型に感染しても発病しない、いわゆる不顕性感《ふけんせいかん》染《せん》のかたちをとる子どもがかなりいるからです。

また、発熱だけで発疹が出ない場合や、発疹だけで発熱がない場合もあり、こういう場合は突発性発疹と診断できないのです。典型的な突発性発疹を経験する子どもは、全体の半数くらいかもしれません。

誰から感染するのか

ところで突発性発疹《とっぱつせいほっしん》は、誰から感染するのでしょうか。ほとんど外出もせず、ほかの子どもと接触《せっしょく》することもない6カ月くらいの赤ちゃんでもかかってしまうのは、なぜでしょう。実は赤ちゃんが突発性発疹になるのは、まわりの大人からうつされているからなのです。

あとでもお話しするように、ヘルペスウイルスという仲間は、いったん感染すると長いあいだ、からだのどこかにとどまっています(→77ページ)。これを潜伏感染《せんぷくかんせん》と言いますが、ぼくたち大人のほとんどはヘルペスウイルス6型、7型を潜伏感染のかたちで、ずっともっています。そしてまだヘルペスウイルス6型、7型に感染していない赤ちゃんと接して、赤ちゃんにうつしているわけです。

こんなふうに言うと、「赤ちゃんに接すると、うつすかもしれないから、近づくのをやめるわ」と言い出すおばあちゃんなどもいそうです。

しかし赤ちゃんがヘルペスウイルス6型、7型にかからないようにするには、すべての子ども、すべての大人と接触しないで、1人で生きていくしかありません。そんなことが不可能なのは、すぐわかりますね。

また、ほとんどすべての子どもは、2歳までにヘルペスウイルス6型に感染することがわかっていますから(ヘルペスウイルス7型のほうは、子どものうち何%が2歳までにかかるのか、わかっていません)、まわりの大人からうつされて、免疫《めんえき》を作っていけばよいのです。

突発性発疹にかからないですませるにはどうしたらよいか、などとつまらない考えをもたないことです。

けいれんにもあわてずに

突発性発疹《とっぱつせいほっしん》は高熱が続くことでまわりの大人をハラハラさせますが、もうひとつ、まわりの大人をハラハラさせることがあります。

突発性発疹は、熱性けいれん(ひきつけ)を起こしやすいのです。生まれて初めての高熱で、生まれて初めての熱性けいれんということになれば、ハラハラ、オロオロということになるでしょうが、発熱も熱性けいれんも、おそろしいものではありません。

発熱についての考えかたは31ページのコラムに、熱性けいれんの対処法などは205ページに書いてありますので、そちらを熟読してください。

風疹《ふうしん》(三日ばしか)

風疹は、風疹ウイルスによって起こります。3歳から学童期くらいの子どもが、よくかかります。風疹ウイルスに感染しても、25〜30%の子どもは発病しません(感染しても症状が出ない不顕性感染《ふけんせいかんせん》が25〜30%ということです)。

症状としては発熱、淡《あわ》い発疹《ほっしん》、リンパ節《せつ》の腫《は》れ、目が赤くなるなどの症状が見られます。しかし、発熱も40%に見られるだけで(10人のうち6人は熱が出ないわけです)、しかも38度前後という軽熱《けいねつ》です。熱は2〜3日で下がります。

発疹は淡い桃紅色《ももべにいろ》で、細かいブツブツです。はしかや突発性発疹に似た発疹ですが、特徴《とくちょう》のない発疹で、この発疹をみて風疹を診断するのは困難です。

リンパ節の腫れが、風疹のいちばんの特徴と言ってよいでしょう。

後頭部などのリンパ節《せつ》が腫《は》れている

風疹《ふうしん》では、下の図のように、後頭部や耳の後ろ(耳介後部《じかいこうぶ》と言います)、頸部《けいぶ》などのリンパ節が腫れます。

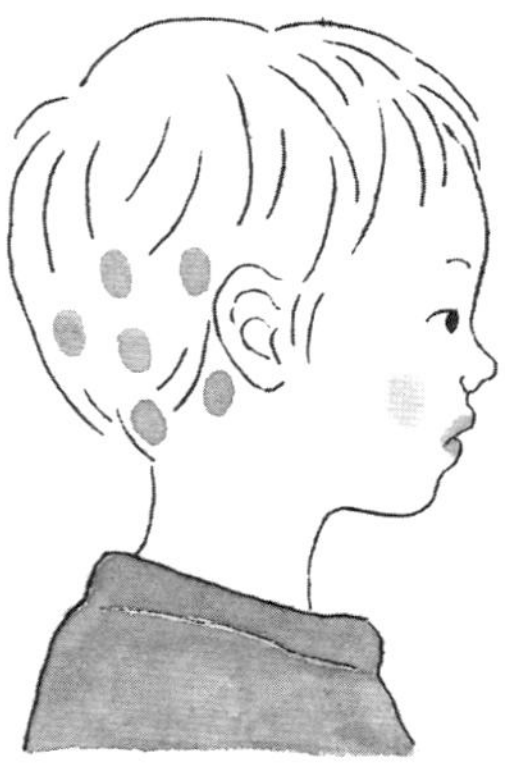

風疹《ふうしん》のとき
リンパ節《せつ》の腫《は》れる場所

耳介後部や頸部のリンパ節は、子どもの場合、ふだんでも腫れていることが少なくありません。のどのかぜをひいたり、顔に湿疹《しっしん》やとびひ(→282ページ)ができたりすると、耳介後部や頸部のリンパ節が腫れ、かぜやとびひが治ったあとも、何週間か腫れたままになっていることが多いのです。

しかし、後頭部のリンパ節はめったに腫れません。ですから、後頭部のリンパ節が腫れていたら、風疹という診断をつけやすいのです。

風疹はとくに治療をしなくても、4〜5日でよくなります。ただ5000から1万人に1人の割合で、脳炎《のうえん》(→223ページ)が起こります。また、3000人に1人の頻《ひん》度《ど》で、血小板減少性紫斑病《けっしょうばんげんしょうせいしはんびょう》(→200ページ)が起こります。

しかし、脳炎も血小板減少性紫斑病も、ほとんどが自然に治りますから、とくに心配する必要はありません。

大人がかかった場合

ここでおまけとして、大人が風疹にかかった場合、子どもとちがう症状が出ることがあるというお話をしておきます。大人がかかると手の指などの関節が腫《は》れて、痛むことがあるのです。ときにリウマチなどと誤診《ごしん》される例もあるので、注意が必要です。

はしか（麻《ま》しん）

はしか（麻しん）は、むかし、子どもにとっておそろしい病気でした。ぼくが幼児だったころには、はしかは生命にかかわることもある病気でしたし、はしかの後遺症《こういしょう》で失明《しつめい》するということもありました。

しかし最近は軽くすむことが多くなり、死亡するということも、ほとんどなくなりました。それはむかしといまの、栄養状態のちがいによるなどと言われています。つまり、むかしに比べていまは栄養状態がよくなり、子どもたちの抵抗力も増したために、はしかにかかっても軽くすむようになったということです。

しかし、軽症化《けいしょうか》したとはいえ、はしかは発病してから回復まで、長い時間がかかる病気です。はしかと診断されたら、回復までに2週間くらいはかかると覚悟《かくご》してください。

はしかの症状

はしかは麻疹《ましん》ウイルスによって起こります。飛沫《ひまつ》感染《かんせん》してから10〜14日間の潜伏期《せんぷくき》を経《へ》て、まず発熱から症状が始まります。症状を訴えることのできる年齢の子どもですと、のどが痛いと言います。また、だるそうにゴロゴロしています。

発病から2日目、3日目と経過していくと、39度前後の高熱にともなって、せき、はな水がひどくなり、また結膜炎《けつまくえん》（↓309ページ）も起こります。

はな水でグシュグシュしてゴホゴホせきこみ、目やにも出て、顔はグチャグチャした状態になります。はしかを見なれた小児科医ですと、「あ、はしかの顔！」と、顔を見ただけで診断がつくほどです。

熱が出始めて4日目ごろに、一時的に体温が下がりますが、すぐにまた高熱になって、今度は40度近い体温になります。この、体温がいったん下降してふたたび上昇する時期にほぼ一致《いっち》して、口のなかにコプリック斑《はん》という小さな斑点《はんてん》が出て、これを確認した小児科医は、はしかと診断します（コプリック斑だとわかるようになるには小児科医としての経験が必要で、医者ではない読者のみなさんには無理なことだと思ってください）。

この高熱期に、せき、はな水は、いよいよひどくなり、そして発疹《ほっしん》が出ます。発疹は耳の後ろ、首のあたりから始まって、顔、からだ、四肢《しし》に急速にひろがります。発疹は細かい紅色のブツブツで、しだいに発疹どうしがつながります。

1〜2日経《た》つと、皮膚《ひふ》は網《あみ》の目状になり、4〜5

日すると暗紫色《あんししょく》、褐色《かっしょく》になります。このころになって、ようやく熱が下がります。そのあと皮膚はうす黒い感じになって、その状態がしばらく続きます。こうして治癒《ちゆ》の段階にいたります。

はしかにともなう病気――はしかは中耳炎《ちゅうじえん》(↓289ページ)、肺炎《はいえん》(↓107ページ)、下痢《げり》などを起こすことがあります。肺炎には麻疹《ましん》ウイルスによって起こるもののほか、体力がおちているところへ、ほかの細菌がかさなって感染して、起こるものがあります。

また、はしかにかかった子ども1000人のうちの1人が、脳炎《のうえん》(↓223ページ)になります。脳炎は発疹が出てから、2～6日後に起こることが多いのです。

肺炎や脳炎に対してビタミンAを与えることが有効だという説もありますが、効果が十分証明されているわけではありません。

亜急性硬化性全脳炎《あきゅうせいこうかせいぜんのうえん》――脳炎の特別なかたちとして、亜急性硬化性全脳炎というものがあります。これははしかに自然感染した子ども10万人に1人に起こることで、きわめて珍しいものです。亜急性硬化性全脳炎は、はしかにかかってから、5～10年後に起こります。

そのあいだ麻疹ウイルスが中枢神経系《ちゅうすうしんけいけい》にずっとすみついていて、5～10年後にどういうわけか活動を始めることによって起こるのです。

性格変化や知能低下が徐々《じょじょ》に進行し、やがて昏睡《こんすい》状態《じょうたい》となり、数年～十数年で死亡するというきびしい経過をとるものがほとんどです。近年はインターフェロンを用いての治療などがおこなわれていますが、きびしさはあまり変わっていません。しかし、きわめてまれなことですから、はしかにかかったあとずっと「いつ亜急性硬化性全脳炎になるだろうか」と心配しているのは、「いつ空が落ちてくるだろう」と心配する杞憂《きゆう》のようなものです。

修飾麻《しゅうしょくま》しん――はしかのちょっと変わったかたちで、修飾麻しんと言われるものがあります。

はしかの予防接種(↓暮らし355ページ)を受けた子どもや、潜伏期間中にγ《ガンマ》-グロブリンの注射を受けた子ども、またお母さんからもらった抗体《こうたい》がまだ残っている生後6カ月以前の乳児などがはしかにかかったとき、軽くすむことがあり、これを修飾麻しんと言います。熱も高くなく発疹も淡く、血液検査などしないと、はしかと判断することが困難です。

γ《ガンマ》－グロブリンによる予防

はしかの場合、予防接種のほかに、γ－グロブリンによる予防がおこなわれることがあります。γ－グロブリンはしかにかかったこともなく、はしかの予防接種もしていない子どもが、はしかにかかっている子ども、あるいははしか発病直前の子どもと接触したとすると、うつっている可能性は大です。このとき、接触後6日以内ならγ－グロブリンの注射をすると、発病を予防したり、発病したとしても軽くすませたりすることが可能です。はしかにかかると重くなることが予想されるような慢性の病気をもった子どもなどには、γ－グロブリンによる予防がすすめられます。

水ぼうそう（水痘《すいとう》）

水ぼうそうはヘルペスウイルスの一種である水痘・帯状疱疹《たいじょうほうしん》ウイルスによって起こります（下の③）。全身に小さな粒状の発疹《ほっしん》ができる病気ですが、病気についてのくわしい説明はあとにして、まずヘルペスウイルスと呼ばれる一群のウイルスについてお話ししておきます。

ヘルペスウイルスについて

ヘルペスウイルスは無脊椎動物《むせきついどうぶつ》、脊椎動物《せきついどうぶつ》に広く分布するウイルスで、自然界に150種類もいますが、そのうち人間に感染するのは、次の8種類です。

① 単純ヘルペスウイルス1型
② 単純ヘルペスウイルス2型
③ 水痘《すいとう》・帯状疱疹《たいじょうほうしん》ウイルス
④ EBウイルス
⑤ サイトメガロウイルス
⑥ ヘルペスウイルス6型
⑦ ヘルペスウイルス7型
⑧ カポジ肉腫関連《にくしゅかんれん》ウイルス

これらのウイルスのうち、単純ヘルペスウイルス1型と2型は単純ヘルペスウイルス感染症《かんせんしょう》（↓79ページ）と呼ばれる病気を起こし、水痘・帯状疱疹ウイルスは、水ぼうそうや帯状疱疹を起こします。EBウイルスはEBウイルス感染症（↓87ページ）を起こし、サイトメガロウイルスはサイトメガロウイルス感染症を起こします。ヘルペスウイルス6型とヘルペスウイルス7型は、突発性発疹《とっぱつせいほっしん》（↓72ページ）を起こします。カポジ肉腫関連ウイルスは、エイズの患者さんなどに見られるカポジ肉腫という腫瘍《しゅよう》と関係があると言われています。

これらのウイルス感染症のうち、カポジ肉腫関連ウイルスによるもの以外は、この本でとりあげています。

ここでぜひおぼえておいてほしいのは、すべてのヘルペスウイルスに共通することとして、「初感染《しょかんせん》のあと、からだのどこかに長いあいだ潜伏《せんぷく》している」という特徴があることです。

たとえば単純ヘルペスウイルス1型は、子ども時代に初めて感染したあと、口のまわりにずっとひそんでいて、ときに皮膚《ひふ》の表面のほうに出てきて水疱《すいほう》を作ることがあります。また水痘・帯状疱疹ウイルスは、初めての感染のとき水ぼうそう（水痘）を起こしますが、そのあとからだのどこかの神経にくっついていて、ずっと時間が経《た》ってから皮膚の表面に出てきますが、その場合は帯状疱疹と呼ばれます。

こういうふうに、初感染のあと、ウイルスがぼくたちのからだのどこかにくっついてじっとしている状態を、潜伏感染《せんぷくかんせん》と言うのです。

ヘルペスウイルスについての説明はこのくらいにして、水ぼうそうについて説明することにしましょう。

水ぼうそうの症状

水ぼうそうの発病のしかたには、2種類あります。ひとつは38〜39度くらいの発熱があって、そののち、からだ、顔に発疹《ほっしん》が出てくるというかたちです。もうひとつは熱は出ず、からだに発疹が出てきて、初めて発病に気づかれるというかたちです。

発疹は出た最初の日に見ると、皮膚《ひふ》がところどころうす赤くなっていて、虫刺《むしさ》されのように見えます。2日目になると少し盛りあがってきて、さらに3日目には、なかに水を含んだ水疱《すいほう》になります。4日目くらいになると水疱の中心が黒くなってきて、1週間後には黒いかさぶたになります。かさぶたはさら

に1週間後に落ちますが、その後数カ月、うっすらとあとが残ります。

水ぼうそうはかゆいだけで、ほかには何の症状もないことが多い、軽い病気です。発疹の数は子どもによってちがい、数個しかできない場合もあれば、数百という場合もあります。口のなかにも、頭髪の生《は》えている部分にもできます。おちんちんのまわりにできて、びっくりすることもあります。

口のなかに発疹がたくさんできると、食べられなくなることもありますが、水分はとれるので、脱水になることはありません。

発疹がたくさん出る場合は、熱もかなり高くなることがありますが、これも数日で自然に下がります。

元気なことが多く、発疹が出てからかさぶたになるまで、1週間ほど登園、登校を禁じられて、家にいるのはけっこうつらいものです。元気なのに外にも出られないから、親子でイライラしてしまうのです。ほかの子どもと接触しないようにすれば、外遊びくらいしてもかまわないと思います。

特別な治療のケース

このところ、ウイルスの病気に使われる抗ウイルス薬が登場してきました。水ぼうそうに対してはゾビラックスやバルトレックスという薬が使われます。しかしこれは、水疱《すいほう》がかさぶたになるまでの期間を1日短くし、症状を軽くする程度の効果です。

水ぼうそうは、健康な子どもがかかってもたいしたことはありませんが、免疫不全《めんえきふぜん》といった病気だったり、抗ガン剤で治療をしていたりする場合は重症になり、生命にかかわる場合があります。また、大人で水ぼうそうにかかると、かなり重症化することが多いのです。ですから、水ぼうそうが重くなりやすい大人や免疫力の低下するような病気をもつ子どもに対しては、ゾビラックスなどを使うべきです。

しかし、健康な子どもに対しては、ゾビラックスなどのような高価な薬を使う必要はありませんし、抗ウイルス薬の乱用は、薬に抵抗する強力なウイルスを生みだす可能性もあります。ゾビラックスなどは特別なケースにだけ使われるべきだと思います。

単純ヘルペスウイルス感染症

単純ヘルペスウイルス1型および2型が原因の感染症を、単純ヘルペスウイルス感染症と言います。

人間に感染するヘルペスウイルスに8種類あることはお話ししましたが(→77ページ)、そのうちのひとつが単純ヘルペスウイルスで、そのなかに1型と2型の2種類があるのです。少々ややこしいですが、きちんと理解しておいてください。

1型と2型

単純ヘルペスウイルス1型のほうは、主に顔、唇《くちびる》、目、皮膚《ひふ》などに感染して発病し、2型のほうは主に性器に感染して発病します。それで1型は口《こう》唇型《しんがた》、2型は性器型《せいきがた》とも呼ばれますが、口唇、性器のいずれからも1型、2型両方が検出されていて、「1型は口唇、2型は性器」というふうに、はっきり決まったものではありません。

1型ウイルスについては、ほとんどの人が小児期に初めて感染し、2型ウイルスのほうは、思春期以後に感染することが多いのです。

1型の感染は、周囲の大人などからの唾液《だえき》を介《かい》しての感染でしょうし、2型の感染は、性交などの性行為が多いと考えられています。

ここでは1型の感染症についてお話ししましょう。

単純ヘルペスウイルス1型については、以前は「大部分の日本人が、20歳くらいまでには感染している」と考えられ、実際成人の70～90%がこのウイルスに対する抗体《こうたい》をもっていました。しかし最近は、成人でも抗体をもっていない人が増えてきました。

栄養状態や衛生状態がよくなったために、子どものときに感染しないで終わってしまうのでしょうが、単純ヘルペスウイルスのようなウイルスは、大人になって感染すると重症になることが多いので、本来は子どものうちに初感染《しょかんせん》するほうがよいのです。

といって、わざと感染するようにしむけることもできませんし、ちょっと困ったことです。

多く見られる症状、歯肉口内炎《しにくこうないえん》

さて、このウイルスの初感染で症状が起こる場合、もっとも多いのは歯肉口内炎です。

歯肉口内炎は疱疹性歯肉口内炎《ほうしんせいしにくこうないえん》とか、アフタ性口《せいこう》内炎《ないえん》とかいった呼び名でも呼ばれます。

突然高熱が出て、口のなかいっぱいに水疱《すいほう》が多発します。ほっぺたの内側、歯肉、舌、唇《くちびる》などに水疱ができて破れ、グチャグチャした感じになります。歯肉は赤く腫《は》れあがって出血しやすく、食べものがあたったり手でさわったりしても、出血したりします。唇全体に水疱ができて、口を開《あ》けるのもたいへんになることもあります。痛みが強く食欲もおち、元気がなくなることもあります。しかし水分はとれるので、点滴や入院が必要になることはめったにありません。10日から2週間くらいで治ります。抗ウイルス薬のゾビラックスなど(→前ページ)は効果がありますが、発病して2日目くらいまでに使わないと効《き》きません。

歯肉口内炎以外に、初感染のときに、カポジ水痘《すいとう》様発疹症《ようほっしんしょう》になったり、ヘルペス性角膜炎《せいかくまくえん》になったりすることもあります。これらはまれなことですが、簡単に説明しておきます。

カポジ水痘様発疹症《すいとうようほっしんしょう》——アトピー性皮膚炎(→165ページ)などの湿疹《しっしん》がある子どもが、単純ヘルペスウイルスに初感染した場合に起こります。2歳までの子どもに多く、高熱とともに顔やからだに、水ぼうそうのように水疱が多発します。2週間ほどの経過で自然に治っていくこともありますが、重症になることも多く、そんな場合はゾビラックスなどを使っての、強力な治療が必要になります。

ヘルペス性角膜炎《せいかくまくえん》――ウイルスの角膜、結膜《けつまく》への感染で、一方の目に起こることが多く、目の痛みや流涙《りゅうるい》(涙がたくさん出ること)が見られます。

ウイルスの潜伏

単純ヘルペスウイルスも、ほかのヘルペスウイルスと同様、初感染のあとはからだのなかに潜伏していますが、潜伏している場所は、口のまわりの神経節《しんけいせつ》という部分です。ここでひっそりしているのですが、発熱、ストレス、日光にあたったなどということがひきがねになってふたたび活動を始めると、唇《くちびる》やその周辺、鼻の穴のあたりに水疱ができます。これは「かぜの華《はな》」などと呼ばれます。

そんなものはできたことがないという人がいる一方で、しょっちゅうくり返している人もいます。くり返す人は、「栄養不足ではないか」とか「ビタミンが足らないのでは」などと考えたりしますが、栄養やビタミンとは関係ありません。子どもの場合、「食べすぎたから」といいかげんな理由をつけられたりしますが、それも関係ありません。くり返す原因は不明で、したがって予防法もないのです。

手足口病《てあしくちびょう》

手足口病は、その名のとおり、手と足と口とに発疹《ほっしん》ができる病気です。一般に発疹の出る感染症《かんせんしょう》では、発疹はからだや顔に多く出て、腕《うで》や脚《あし》には少なく、とくに手、足にはほとんど出ないものです。しかし手足口病では、からだや顔には発疹が出ず、手や足、しかも手のひらや足の裏という、ふつうは発疹の出ない場所に発疹が出るのが特徴《とくちょう》です。

では、くわしくお話ししましょう。

手足口病という病気があらわれたのは1958年のことで、その年カナダで流行しました。1960年にイギリスで流行したときに手足口病と名づけられ、それから世界的に有名になりました。ぼくは医者になって間もない1968年ごろに、初めてこの病気の子どもを診察しています。

当初この病気は、コクサッキーウイルスA16というウイルス1種類によって起こる病気と思われていましたが、その後コクサッキーウイルスA4、5、6、8、10、およびエンテロウイルス71というウイルスも原因になることがわかりました。ですから、手足口病に何度もかかる子どももいます。

手足口病《てあしくちびょう》の症状

潜伏期間は2～7日。手足や口にできた発疹《ほっしん》でこの病気に気づかれるのがふつうで、発疹以外にはほとんど症状がありません。ときに腹痛、下痢《げり》、発熱が見られるくらいです。

発疹は手のひら、足の裏、足の甲《こう》などに多く見られますが、ときに下腿《かたい》(ひざから足首まで)、大腿《だいたい》(太もも)、お尻、腕、ひじなどにも見られることがあります。

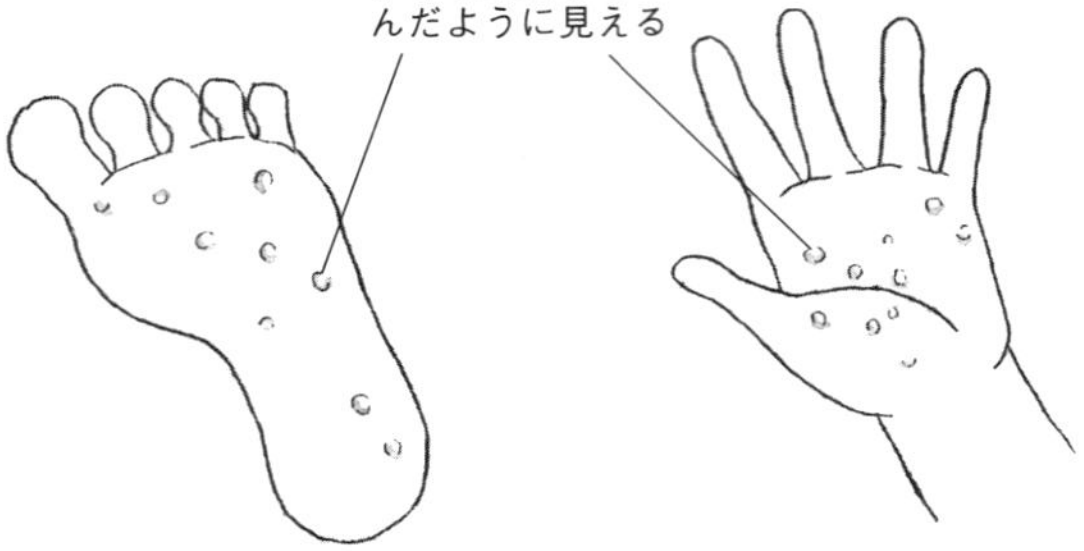

手足口病《てあしくちびょう》の発疹《ほっしん》

発疹は直径3～7ミリメートルくらいの大きさの水疱《すいほう》で、**図**のようにひとつひとつはっきりしています。かゆみはないのがふつうですが、足の裏にもできるので、素足《すあし》で歩くときに、チクチクすることがあります。1週間くらいで発疹は自然に消え、治ります。

口のなかの発疹《ほっしん》

一般に子どもは元気なまま治っていきますが、口内にできた発疹がたくさんの場合は、ちょっとたいへんです。発疹が口のなかいっぱいにできて、歯肉《しにく》、舌、唇《くちびる》なども水疱《すいほう》がびっしりになると、痛くて食欲がおち、よだれなども見られます。この場合、よい治療法はありませんが、水分を十分とっていれば数日で回復しますので、辛抱《しんぼう》が肝心《かんじん》です。

1997年ごろマレーシア、台湾、大阪などで重症型の手足口病が発生し、問題になりました。発病後2～4日で、筋肉痛や手足のまひなどが起こり、その後ショック状態になって、死亡することもありました。エンテロウイルス71による手足口病らしいということになり、流行がおそれられましたが、その後ほとんど発生していません。

ぼくもそういう重症例を見たことがなく、きわめてまれなことですから、「手足口病はおそろしい」などと思わないでくださいね。

リンゴ病（伝染性紅斑《でんせんせいこうはん》）

医学用語としては伝染性紅斑と言いますが、この名前だと、何だかおそろしい病気のイメージがあります。でも一般にはリンゴ病というすてきな名前で呼ばれていて、そのためこわい病気のイメージは、もたれていません。

ほっぺたと腕《うで》やももに発疹《ほっしん》ができるという、きわだった特徴のほかに、病気が治ってからしばらくして発疹《ほっしん》が出るという、ほかの病気では見ない特徴をもっています。ほかの「発疹が出る感染症《かんせんしょう》」の場合、発疹は熱が出る時期（つまりウイルスが体内にいる時期）にかさなっていて、突発性発疹《とっぱつせいほっしん》（→72ページ）の場合でさえ、熱が出た直後に発疹が出ます。しかしリンゴ病の場合は、ウイルスがからだのなかにいた時期は、発疹の出るずっと前なのです。

　では、具体的にお話ししましょう。

　リンゴ病は、パルボウイルスというウイルスによる感染症です。1年中発生しますが、初冬から初夏のあいだに流行することが多いと言われます。どの年齢にも見られますが、6〜12歳ごろにもっとも多く見られます。ふつう1度かかれば一生分の免疫《めんえき》がついて、2度とかかることはありません。

リンゴ病の症状

　ではリンゴ病の症状をお話しします。

　まず、パルボウイルスに感染して約1週間後に、発熱、筋肉痛、頭痛、せき、はな水、下痢《げり》などの症状が起こります。この症状は軽いのがふつうで、まったく症状がないことも多いのです。そして1週間ほどして両方のほっぺたが赤くなり、それに続いて腕《うで》や脚《あし》にレース状、あるいは網《あみ》の目状と言われる斑《はん》点《てん》ができます。

　ほっぺたは赤くて少し盛りあがり、さわってみると、多少熱をもっています。ちょうど両方のほっぺたに2発びんたを食らったような、そんな感じです。

　ほっぺたの紅斑《こうはん》は、1週間ほど続きます。ストーブにあたったり直射日光を浴びたりすることで、ほっぺたに温刺激《おんしげき》があると、赤みが増すことがあります。また、紅斑がうすくなってきたころに直射日光にあたったりすると、紅斑がひどくなることもあります。

　リンゴ病の紅斑は、パルボウイルスに感染したあと、ウイルスに対する抗体がからだのなかにできるときに生じる、一種のじんましんのようなものだと言われています。

　リンゴ病の場合、ほっぺたに発疹ができている時期には、もう他人には感染しなくなっています（→89ページのコラム）。ですから、リンゴ病の子どもに保育園、幼稚園、学校を休ませることには、何の意味もありません。ただ、小学校高学年くらいの年齢の高い子どもがかかるとかなりの高熱になることもあり、そんな場合は休むべきです。

大人のリンゴ病

　リンゴ病には、大人もときどきかかります。大人の場合、ほっぺたは赤くならず、手の指などが腫《は》れて動かしにくく、痛みをともなうことがあります。このような症状があると、「リウマチではないか」と思われたりすることもありますが、ふつうしばらくすると、自然に痛みも腫れも、とまっていきます。家族のなかに最近リンゴ病になった人がいるというような場合、手の指が腫れたら「リンゴ病かな？」と考えてみることも必要です。

　妊娠中の女性がリンゴ病にかかると、胎児が胎児《たいじ》水腫《すいしゅ》という状態になり、流産や死産の原因になったりすることもありますので、妊娠中の女性は、リンゴ病の子どもに近づかないようにするのが賢明《けんめい》です。もしかかったら、産科のお医者さんと相談してみてください。

ジアノッチ症候群《しょうこうぐん》

「ジアノッチ症候群」と「ジアノッチ病」という2つの病気があってまぎらわしいのですが、いずれも「ウイルスによって起こる、発疹《ほっしん》の出る病気」です。

1955年にジアノッチというお医者さんが、「皮膚《ひふ》から少し盛りあがった赤い発疹が、四肢《しし》、顔、首にびっしりできて、胴体には出ず、かゆみはない」という特徴的《とくちょうてき》な病気を報告しました。この病気は発見者の名をとって「ジアノッチ病」と呼ばれ、B型肝炎ウイルスが原因であることがわかりました。

そして1979年になってジアノッチは、「ジアノッチ病に似ているけれど、かゆみがあり、発疹のかたちも少しちがっている病気」を報告し、「これはB型肝炎ウイルスとは関係がない」と言いました。

こちらの病気は「ジアノッチ症候群」と呼ばれるようになり、EBウイルス、サイトメガロウイルスなど、いろいろなウイルスによって起こることがわかってきました。

最近は、B型肝炎ウイルスによるジアノッチ病は非常に少なくなり、もっぱらジアノッチ症候群のほうが見られます。

ジアノッチ症候群は自然に治る病気で、とくに薬はいりません。

ジアノッチ症候群の特徴は、次のようなものです。

○正常な皮膚の色、あるいは赤色の、直径2～4ミリメートルの少し盛りあがったブツブツが、顔、四肢《しし》、首、お尻などにできる
○子どもに多い
○症状はないことが多いが、かゆみがあることもある
○発疹ができている期間は3週間から2カ月
○ふつう、再発しない

そのほかの感染症《かんせんしょう》

ここでは、発疹《ほっしん》が出る感染症のなかにも入らないし、呼吸器感染症、消化器感染症という範疇《はんちゅう》にもおさまらない、いくつかの感染症を紹介しましょう。

ヘルパンギーナ

ヘルパンギーナは夏かぜの代表と言ってもいい病気ですが、最近は地球温暖化の影響か、夏だけでなく1年中見られるようになりました。幼児、小学生くらいによく見られます。

症状は高熱とのどの痛みで、突然高熱が出るという場合が多いのです。のどをのぞいてみると、つき

あたりの部分、つまり、のどちんこの上の部分に、ブツブツが並んでいます。これは口内炎《こうないえん》で、数は数個から十数個です。食べものをのみこんだりするとき、この口内炎の部分がしみて痛むものですから、子どもは食べたがらなくなったりします。よだれが出ることもあります。

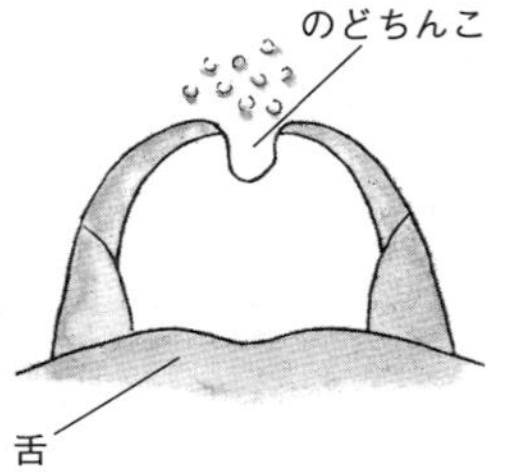

ヘルパンギーナの口内炎《こうないえん》

エンテロウイルスが原因で、数日経過すると自然に治ります。

のどの痛みが強いときは、アセトアミノフェン(↓14ページ)をのんでもかまいません。

熱性けいれん(↓205ページ)が起こることもありますが、とくに心配はいりません。

おたふくかぜ(流行性耳下《りゅうこうせいじか》腺炎《せんえん》)

おたふくかぜは、医学用語ですと流行性耳下腺炎と言います。でも、おたふくかぜっていい名前ですね。ほのぼのとしたひびきがありますから、この本ではおたふくかぜのほうを、病名として採用しましょう(医者はドイツ語の「ムンプス」という言葉で呼ぶこともあります)。

おたふくかぜは、子どもによく見られる「ほっぺたが腫《は》れる感染症《かんせんしょう》」ですが、正確に言うと、耳の下が腫れるのです。ただ耳の下が腫れないで、別の場所が腫れるおたふくかぜもありますから「おたふくかぜ＝耳の下が腫れる」というふうに、直線的には考えないでください。

唾液腺《だえきせん》にとりつくウイルス

ではおたふくかぜについて、くわしくお話ししましょう。

おたふくかぜは、ムンプスウイルスによって起こります。このウイルスは飛沫感染《ひまつかんせん》したのち、のどや鼻で増殖《ぞうしょく》し、さらにリンパ節《せつ》に行って、そこでも増殖します。そのあと血液に入って全身に流れていくのですが、ムンプスウイルスは唾液腺《だえきせん》、睾丸《こうがん》、卵巣《らんそう》、膵臓《すいぞう》などを好み、それらの臓器にとりついて増殖します。

臓器のうちでも、とくに唾液腺が好きで、唾液腺にとりつくと唾液腺炎《だえきせんえん》が起こり、腫《は》れるというわけです。具体的な経過を、お話ししましょう。

おたふくかぜの症状

潜伏期間は2～3週間で、突然、唾液腺《だえきせん》が腫《は》れます。唾液腺は唾液を作って分泌《ぶんぴ》しているところですが、全部で5カ所あります。まず左右の耳の真下に1カ所ずつ計2カ所、さらにあごの下に左右1カ所ずつ計2カ所、そして舌の下に1カ所あり、それぞれ耳下腺《じかせん》、顎下腺《がくかせん》、舌下腺《ぜっかせん》と呼ばれます。

この5カ所のうち1カ所だけが腫れる場合もあれば、5カ所全部が腫れる場合もあります。

耳下腺と顎下腺が両方腫れると、両方がつながったように見えて、そうとうふくらんだほっぺたになります。

耳下腺も片側だけ腫れる場合と、両側が腫れる場合がありますが、両側が腫れる場合、まずどちらかの側が腫れ、2~3日して反対側も腫れるというふうに、時間差で腫れることが多いようです。

70%の人は両側が腫れ、残り30%の人は片側だけが腫れます。片側だけの腫れで終わると「またいつか反対側が、おたふくかぜになるんでしょうか」と聞かれることがありますが、一方だけでもちゃんと免疫《めんえき》ができ、2度かかることはありません(反復性《はんぷくせい》耳下腺炎《じかせんえん》の場合は、何度もかかります↓次ページ)。

腫れた耳下腺は痛みをともなうこともありますが、とても痛がる子もいれば、ぜんぜん平気な子もいます。痛みの強さは、さまざまのようです(大人がかかった場合、痛みが非常に強くなることが多く、痛くて涙を流した成人女性を見たことがあります)。

すっぱいものを食べると、唾液の分泌が促進《そくしん》されるので痛くなることがありますし、食べものをかむときに、痛みが起きることもあります。

耳下腺が腫れている期間は1週間ほどですが、顎下腺が腫れた場合は、2週間以上も腫れていることが少なくありません。

大人になってかかるとどうなるか

おたふくかぜは、年齢が高くなってかかるほど症状が強くなる病気の典型です。

10歳以上になっておたふくかぜにかかると、男性では睾丸炎《こうがんえん》、女性では卵巣炎《らんそうえん》になることがあります。

とくに睾丸炎については、「睾丸炎にかかった人は、もう精子《せいし》が作れなくなる」と思っている人がたくさんいます。しかし、成人男性でおたふくかぜにかかった人のうち少数が睾丸炎になるだけですし、睾丸炎になったとしても、2個ある睾丸のうち1個だけが睾丸炎になるだけで、もう1個は無傷のまま残るのがほとんどです。

そして睾丸炎にかかったほうの睾丸が精子を作れなくなったとしても、もう1個の無傷の睾丸が精子を作ります。ですから、成人男性がおたふくかぜにかかっても、男性不妊症《だんせいふにんしょう》になることはめったにありません。このことは、しっかりとおぼえておいてくださいね。

それはともかく、成人でおたふくかぜになると、睾丸炎、卵巣炎のほか、膵炎《すいえん》になったりします。

しかし0歳の赤ちゃんは、ほとんどおたふくかぜにかかりませんし、1~3歳でかかった場合も、3分の1は何も症状が出ない不顕性感染《ふけんせいかんせん》になります。

ですから大人になって「まだおたふくにかかっていない」という人の血液を調べてみると、半数ぐらいの人に、おたふくかぜの抗体が見つかるのです。つまり半分ぐらいの人は、知らないうちにおたふくかぜにかかり、発病しないですんでいるわけです。

おたふくかぜは何も治療をしないでも、1週間くらいで治る病気です。髄膜炎《ずいまくえん》(↓220ページ)になりやすいということがあって、おたふくかぜをこわがる人もいますが、髄膜炎もほとんどが自然に治りますから、心配はいりません。実際、高熱が出て強い頭痛がある子どもは、たいてい軽い髄膜炎にかかっていると考えてよいほどです。

髄膜炎のなかでも、細菌による髄膜炎は手ごわい病気であなどれませんが、ムンプスウイルスのようなウイルスによる髄膜炎は、自然に治るのがふつうですから、心配しなくてよいということです。

そのほかの耳《じ》下《か》腺《せん》が腫《は》れる病気

おたふくかぜは耳下腺が腫れる病気ですが、では耳下腺が腫れるのはおたふくかぜだけかというと、そうではありません。

おたふくかぜ以外で耳下腺が腫れる病気をあげておきましょう。

細菌性耳《さいきんせいじ》下《か》腺炎《せんえん》——おたふくかぜはムンプスウイルスが耳下腺などの唾液腺《だえきせん》にとりつくわけですが、ムンプスウイルス以外に細菌が耳下腺にとりつくことがあり、これは細菌性耳下腺炎と呼ばれます。

この場合、片側の耳下腺だけが腫れて顎下《がくか》腺《せん》などは腫れません。腫れている部分は赤くなっていることがあります。かなりの高熱が2～3日続くこともあります。抗生物質をのんで治療します。

反復性耳《はんぷくせいじ》下《か》腺炎《せんえん》——軽い細菌性耳下腺炎を何度もくり返して起こす場合があり、これは反復性耳下腺炎と呼ばれます。数カ月おきに6～7回もくり返す子どももいます。やはり片側にしか起こらず、抗生物質をのまなくても、1～2日で自然に治ってしまうこともあります。

何度もくり返す子どもも、小学校高学年ごろになると、腫れることがなくなるのがふつうです。

腫瘍《しゅよう》が原因の腫れ——まれには腫瘍のために耳下腺が腫れることもあります。

生後5カ月以前の赤ちゃんがおたふくかぜにかかることはほとんどないので、もし耳下腺が固く腫れたら、検査が必要です。血管腫《けっかんしゅ》、リンパ管腫《かんしゅ》といった腫瘍であるかもしれないからです。

EBウイルス感染症(伝染性単核症《でんせんせいたんかくしょう》)

EBウイルスはヘルペスウイルスの仲間ですから、水ぼうそう(水痘《すいとう》↓77ページ)や単純ヘルペスウイルス感染症(↓79ページ)にならべてお話ししようかと思いました。しかしEBウイルス感染症は、ときに発疹《ほっしん》が出ることはあるものの、病気のきわだった特徴ではなく、発疹が出ないことも少なくありません。それで、ここでとりあげておくことにしました。

のどの腫《は》れと白い苔《こけ》のようなもの

「のどが腫れていて、白い苔のようなものもくっついている。細菌性の扁桃炎《へんとうえん》だろうと考えて抗生物質を出してみたが、なかなかよくならない。熱がいっこうに下がらず、首のまわりをさわってみたら、大きく腫れたリンパ節《せつ》がいくつも見つかった」

こんな場合、EBウイルス感染症であることが多いのですが、長く続く熱と、多数のリンパ節が大きく腫れているところから、白血病ではないかなどと心配されることも多いのです。

EBウイルス感染症は、決してよく見る病気ではありませんが、この病気についての質問のおたよりをいただくことも多いので、ここでお話ししておきます。

EBウイルスという名前の由来は、1964年にエプスタイン(Epstein)とバール(Barr)という2人のお医者さんが発見したからです。2人の頭文字をとったわけですね。このウイルスは、ヘルペスウイルス5型でもあります。

日本ではほとんどの人が乳幼児期に初めて感染し、成人はほぼ100%が過去に感染したことがあると言われてきました。一方、欧米では思春期に初めて感染する人が多いと言われ、若者がキスによって唾液《だえき》を介《かい》した感染をするため、キス病と呼ばれてきました。

しかし日本でも最近、初感染《しょかんせん》の年齢が高くなってきて、乳幼児期に感染を受けずに、思春期以降に初感染する人が増えてきたようです。

EBウイルス感染症の症状

さて、EBウイルスに初めて感染したとき、大半の子どもは何の症状もありませんが(不顕性感染《ふけんせいかんせん》)、ときに発病することがあり、発病すると、伝染性単《でんせんせいたん》核症《かくしょう》あるいは腺熱《せんねつ》などと呼ばれます。

伝染性単核症の症状と経過は、次のようなものです。

発熱、扁桃炎《へんとうえん》、頸部《けいぶ》のリンパ節《せつ》の腫《は》れが見られます。発熱は数日で終わることもありますが、長い場合は、2週間以上続くこともあります。

扁桃には白い苔《こけ》のようなものがべったりついて、痛みがあります。頸部のリンパ節はたくさん、そしてひとつひとつが、かなり大きく腫れます。

まぶたが腫れることがあり、また発疹や関節痛が起こることもあります。

血液検査をしてみて、白血球《はっけっきゅう》のうちの異形《いけい》リンパ球の数が増えていることや、EBウイルスに対する抗体《こうたい》の推移などを確認することなどで、診断がつきます。

特別な治療法はありませんが、ほとんどは自然に治っていきます。

溶連菌感染症《ようれんきんかんせんしょう》(しょう紅熱《こうねつ》)

発疹が出る感染症はほとんどがウイルスによるものですが、細菌が原因のものもあって、その代表が

感染症《かんせんしょう》の「感染する強さ」と感染期間

ウイルスや細菌による感染症はいろいろありますが、感染力の強さが、それぞれちがっています。たとえば水ぼうそう(水痘《すいとう》)は、感染力が強い、つまり、うつりやすい病気の代表と言ってよいでしょう。きょうだいのうちの1人がかかったら、ほかの子も次々とかかる確率が高いのです。おたふくかぜ(流行性耳下腺炎《りゅうこうせいじかせんえん》)は、それに比べるとうつりにくく、保育園で1人の子がかかっても、その後1人もかからなかった、というようなこともあります。

あるウイルスがからだのなかに入ってきて、のどにくっついたとします。そこでウイルスはだんだん数を増やし、一定の数になると症状が起きて発病しますが、この「ウイルスがからだに入ってから、発病するまでの期間」が、潜伏期間《せんぷくきかん》と呼ばれます。潜伏期間の長さは、ウイルスや細菌の種類によってちがっています。

次に、ウイルスや細菌の散布期間《さんぷきかん》というものがあります。ウイルスや細菌に感染している子どもは、まわりにウイルスや細菌をまきちらしている期間がありますが、それが散布期間で、この期間は他人にうつる可能性があります。

たとえば風疹《ふうしん》(三日ばしか)は、発疹《ほっしん》が出る1週間前からウイルスをまきちらし始め、発疹が出てのち2日間も、まきちらしています。

水ぼうそうやおたふくかぜなども、症状が出る前からすでにまわりの人にうつしているので、症状が出てから休ませても、保育園のような集団では、病気がひろがるのをおさえられないのです。

感染力の強さ、潜伏期間、散布期間を一覧にしますので、参考にしてください。散布期間のところで「マイナス7日〜プラス2日」というふうに書いてあるのは、発病する7日前から発病後2日目まで、という意味です。

病　名	感染力の強さ	潜伏期間	散布期間
風疹《ふうしん》(三日ばしか)　(→74 ページ)	中くらい	15〜20 日	−7〜+2 日
はしか(麻《ま》しん)　(→75 ページ)	非常に強い	6〜19 日	−2〜+3 日
水ぼうそう(水痘《すいとう》)　(→77 ページ)	非常に強い	11〜20 日	−4〜+5 日
手足口病《てあしくちびょう》　(→81 ページ)	中くらい	3〜 5 日	便中に 4〜6 週間
リンゴ病(伝染性紅斑《でんせんせいこうはん》)　(→82 ページ)	中くらい	13〜18 日	−6 〜−3 日
おたふくかぜ(流行性耳下腺炎《りゅうこうせいじかせんえん》)　(→85 ページ)	中くらい	15〜24 日	−7 〜+4 日
インフルエンザ　(→95 ページ)	非常に強い	1〜 3 日	+9 日
RS ウイルス感染症　(→100 ページ)	不明	2〜 8 日	通常 3〜8 日 長いと 3〜4 週間
ロタウイルス感染症　(→135 ページ)	中くらい	2〜 4 日	+1〜8 日
アデノウイルス感染症(→140 ページ)	不明	3〜10 日	発病後数カ月

溶連菌感染症です。
溶連菌感染症は、しょう紅熱とも呼ばれます。「むかしはしょう紅熱と呼ばれていたが、病気が一般に軽くなったので、溶連菌感染症と呼ばれるようになった」と理解してくださるといいと思います。しかし、1つの病気を、溶連菌感染症と呼ぶお医者さんもいれば、しょう紅熱と呼ぶお医者さんもいて、混乱しています。そうしたことも含めて、溶連菌感染症についてお話ししましょう。

まず溶連菌という細菌について解説します。溶連菌は略称で、正確には溶血性連鎖球菌《ようけつせいれんさきゅうきん》と言います。

溶連菌にはいろいろな種類がありますが、そのうちβ《ベータ》型溶連菌という種類のものが人間に感染して、いろいろな病気を起こします。

β型溶連菌にも20ほどの種類があり、A群、C群、G群と呼ばれるものが感染症を起こしますが、なかでもA群が圧倒的に感染症を起こします。

ちょっと複雑になったので、まとめてみましょう。何十種類もある溶連菌のうち、β型A群溶連菌という種類のものが、しばしば人間に感染症を起こすのです。このβ型A群溶連菌のことを単に、溶連菌と呼ぶことにします。

溶連菌はとても身近な菌で、健康な子どものどを調べてみると、溶連菌がしばしば見つかります。いま、健康な子ども100人をあつめて全員ののどを調べると、少なくとも5人くらいの子どもに溶連菌が見つかるのです。こういう場合、この溶連菌はたいてい、からだに何の影響も与えません。しかし、ときに強力な溶連菌がとりついたり、溶連菌が増殖《ぞうしょく》したりすると、発病することがあります。

発病した場合、扁桃炎《へんとうえん》になることが多いのですが、ときに発疹《ほっしん》が出ることがあって、この場合は溶連菌感染症とか、しょう紅熱とか呼ばれます。

ではまず、溶連菌による扁桃炎の症状をお話ししておきましょう。

溶連菌《ようれんきん》による扁桃炎《へんとうえん》

溶連菌による扁桃炎は、38度から39度くらいの発熱があり、のどの痛みや腹痛が起こります。はな水やせきなどは出ないのがふつうです。

のどをのぞいてみると、扁桃が赤く腫《は》れあがって、白い苔《こけ》のようなものがべったりついていたりします。そして首のリンパ節《せつ》が腫れます。また、舌は赤くてブツブツした感じになり、そのうえに白い苔のようなものがべったりついたりして、これは苺舌《いちごじた》と呼ばれます（→102ページ）。

ペニシリン系やセフェム系の抗生物質で治療すれば、数日でよくなります。

溶連菌感染症《ようれんきんかんせんしょう》（しょう紅熱《こうねつ》）の症状

溶連菌による扁桃炎《へんとうえん》があって、さらに顔やからだに発疹《ほっしん》が出る場合、溶連菌感染症と呼びます。

溶連菌感染症の場合、扁桃炎、首のリンパ節《せつ》の腫《は》れ、苺舌《いちごじた》のほかに、からだや顔にうす赤い発疹が出ます。からだ全体に発疹が出ますが、とくに強く出る部分があって、わきの下や、そ径部《けいぶ》（パンツに包まれる部分)、手の甲《こう》、足の甲、ひじの内側などに、はっきりした発疹が出ます。かゆみがある場合もありますが、強くはありません。

ペニシリン系やセフェム系の抗生物質で治療をすれば2〜3日で熱が下がり、発疹などの症状も消えていくのがふつうです。抗生物質は10日間から2週間ぐらいのむ必要があると言われていますが、こんなに長期にのむのはリウマチ熱《ねつ》(↓179ページ)の予防のためです。

リウマチ熱は最近ほとんど見られなくなりましたが、1980年代ごろまでは、溶連菌感染症に続発する病気として警戒されていました。溶連菌感染症の症状がなくなってからしばらくして、関節が腫れて痛んだり、高熱が出たりという症状が起こるのが、リウマチ熱です。リウマチ熱は心臓の弁《べん》という部分を侵《おか》すことが多く、それによって起こる心臓弁膜症《しんぞうべんまくしょう》は、一生、後遺症として残るのです。

このリウマチ熱を予防するために抗生物質を長期にのむことになったのですが、いまリウマチ熱が激減したのは抗生物質のおかげなのか、溶連菌感染症そのものが軽くなってきたからなのか、はっきりわかりません。

溶連菌感染症のあとに起こるもう1つの病気として、急性糸球体腎炎《きゅうせいしきゅうたいじんえん》(↓194ページ)があります。腎炎は溶連菌感染症が治ってのち、1〜2週で起こることが多いので、このころに尿検査をして腎炎が起こっているかどうかチェックします。抗生物質は腎炎の予防には役立たないと言われていますが、溶連菌感染症後の腎炎の発生も近年はとても少なくなっています。また、腎炎になったとしてもほとんどの場合自然に治りますから、尿検査の必要はなくなっているという専門家もいます。いずれ尿検査をしない時代がくるでしょう。

メタプノイモウイルスによるかぜ

2004年ころから、乳幼児のかぜの原因として、メタプノイモウイルスというウイルスが注目されています。

このウイルスによるかぜをひいた子どもは、半数ぐらいが細気管支炎《さいきかんしえん》(↓99ページ)を起こします。8%くらいの子どもが肺炎《はいえん》(↓107ページ)になり、18%くらいの子どもがクループ(↓105ページ)になったという報告もあります。しかし、入院するくらいひどくなるのは2%くらいということで、それほど心配なものではありません。冬から春にかけてはやり、男の子のほうがよくかかると言われます。

1歳以下の赤ちゃんがかかる呼吸器の感染症《かんせんしょう》の原因として、RSウイルス(↓100ページ)とならぶものではないか、と考えられています。これから注目をあつめていくかもしれません。

呼吸器の病気

＊ここであつかう主な症状と病気

かぜ（急性上気道炎《きゅうせいじょうきどうえん》、かぜ症候群《しょうこうぐん》）
インフルエンザ
細気管支炎《さいきかんしえん》
RSウイルス感染症
のどかぜ（急性扁桃炎《きゅうせいへんとうえん》、急性咽頭炎《きゅうせいいんとうえん》）
クループ
急性喉頭蓋炎《きゅうせいこうとうがいえん》
急性気管支炎《きゅうせいきかんしえん》
細菌性肺炎《さいきんせいはいえん》
ウイルス性肺炎
マイコプラズマ肺炎

ここでとりあげるのは呼吸器の病気ですが、まず呼吸器とはどの部分を指《さ》すかをお話ししておきましょう。呼吸器というのは、呼吸という現象にかかわる器官のことですから、空気の取り入れ口である鼻、口からはじまって、のど（咽頭《いんとう》、喉頭《こうとう》）、気管《きかん》、気管《きかん》支《し》、肺までを言います（それぞれの位置については157ページの「呼吸の木」を見てください）。

そこで呼吸器の病気というと、それらの器官に起こる病気すべてをあつかうべきかもしれませんが、鼻の病気は299ページ以降でとりあげていますので、ここではとりあげません。また、気管支の病気の代表である気管支喘息《きかんしぜんそく》については「アレルギーの病気」のところ（161ページ）でとりあげていますので、ここではあつかいません。

ここでは「いわゆるかぜ」、咽頭炎《いんとうえん》や扁桃炎《へんとうえん》などののどの病気、それに気管支炎や肺炎などをとりあげてお話しすることにします。

かぜ（急性上気道炎《きゅうせいじょうきどうえん》、かぜ症候群《しょうこうぐん》）

「かぜ」という言葉はありふれた言葉で、「うたた寝して、かぜひいちゃったよ」などと、日常会話のなかでもふつうに使われています。しかし「かぜって何」とあらためて問われると、その定義はなかなかむずかしいのです。実際に辞書をひいてみると、辞書によって、かぜの意味がかなりちがっていたりして驚かされます。

はな水、せき、くしゃみは、何でも「かぜ」？

かぜをテーマにしたコントでは、次のような場面が出てきます。

患者さんが診察室へ入ってきました。医者が「どうしましたか」と聞くと、患者さんは「かぜをひきました」と答えます。すると医者は怒って、「かぜかどうかは医者が診察して決めることです。患者さんは、自分で勝手に診断してはいけません」。

あるいは、「もう診断がついているんだったら病院にくる必要はありません。お帰りください」と医者が申し渡すオチになっている場合もあります。

患者さんが自己診断することは決して悪いことではありませんから、このコントはちょっとピントはずれのような気もしますが、医者が「自分でかぜと決めてはいけないよ」と言いたくなる気持ちはわかります。

たとえば患者さんは、「どうも、はな水がやたらに出て、すっかりかぜをひいちゃいました」と言ったりしますが、はな水が出るからといって、かぜとはかぎらず、アレルギー性鼻炎《せいびえん》(↓301ページ)の場合もあります。また「せきが2週間も出ていて、夜もよく眠れません。いまのかぜは、せきが長びくんですか」と言う患者さんに対しては、「せきが2週間！ かぜとはかぎらないぞ。喘息《ぜんそく》、肺炎《はいえん》、結核、肺ガン、いろいろ可能性はある。鼻が悪いのかもしれないし」と医者の側は考えをめぐらせるもので、決して「せきが出ているから、かぜだろう」と簡単に考えるわけではありません。

ですから患者さんが自分で「かぜをひいてるんです」と宣言すると、「ちょっと待った。かぜの症状があるからといって、かぜとはかぎらないんだよ」と、医者の側は言いたくなるのです。

医者が考えるかぜ

では医者が考えるかぜというのは、どのようなものなのでしょうか。ぼく自身は、かぜを「さまざまなウイルスや細菌が原因になって起こる、上気道《じょうきどう》(鼻、口からのどにかけて)の炎症《えんしょう》の総称。ただし、おたふくかぜや水ぼうそう、アレルギー性鼻炎などのような、はっきり名前のついている病気は除く」というふうに考えています。

何だか面倒《めんどう》な話になりましたが、なぜこんなに「かぜの定義」にこだわっているかと言いますと、「うちの子、しょっちゅうかぜをひくんです」と言うお母さんがいて、よく話を聞いてみると、子どもは単に季節的なアレルギー性鼻炎をもっているだけ、というようなことがよくあるからです。

つまり、秋から冬への移行期に温度が変わりやすいため鼻が反応して、しょっちゅうくしゃみが出たり、はな水が出たりするというのは、鼻の粘膜《ねんまく》の温度差に対する反応で、一種のアレルギー現象(↓152ページ)と言ってよいものです。別に、かぜをひきやすい、抵抗力の弱い子どもなんかではないのです。薬をのめば多少は、はな水やくしゃみが減るかもしれないけれど、それはたいした差ではないから、ほうっておいたほうがよいのです。

　こんなふうに、かぜでもないものがかぜと呼ばれて、「大事にしなければ」と考えられたりするのは子どもにとってもよいことではありませんから、ここでかぜの定義をはっきりしたいと思うのです。

　それで、かぜを先ほどのように定義するわけですが、この定義は急性上気道炎《きゅうせいじょうきどうえん》と呼ばれるものの定義と同じで、したがって、かぜとは「ウイルスや細菌によって起こる上気道炎で、おたふくかぜ、水ぼうそうなど、固有の名前のついた病気を除く」というふうに考えておこうと思います。

　なお、医者はかぜのことを「かぜ症候群《しょうこうぐん》」と重々しく言います。「かぜ」とだけ言ったのでは権威がないからでしょう。でも「かぜ症候群」と「かぜ」は同じことなので、この本では「かぜ」のほうを採用します。

かぜの症状

　かぜは、200種類以上のウイルスによって起こると言われます。そのうち、ふつうに見られるものでも60種類のウイルスがありますが、なかでももっとも多いのはライノウイルス、コロナウイルスで、これらのウイルスによるかぜが、「ふつうのかぜ」と呼ばれるものです。また最近は、メタプノイモウイルスというウイルスが、軽いかぜの原因としてかなり多いと言われています(→91ページのコラム)。

　冬にはやるかぜの場合は、数種類のウイルスに同時に感染しているケースが、10〜30%に見られると言われています。

　症状は、乳幼児の場合と年長児の場合とで、少しちがいます。

乳幼児の場合——発熱で始まるのがふつうです。熱は38度前後で機嫌《きげん》が悪く、鼻づまり、水っぱなが見られます。1〜2日するうちにせきや痰《たん》も始まり、便が軟らかくなることもあります。発熱は3〜4日続いたあと下がってきますが、せきはしばらくのあいだ続くことがあります。

年長児の場合——最初に水のようなはな水が出て、同時に頭痛、ふしぶしの痛み、のどの痛み、寒気《さむけ》などの症状が起こります。1〜2日後に、はな水はドロッとしてきて、せきも出始め、痰も出ます。熱も出ることがあり、発熱は38度くらいが3〜4日間続いて、そのあと快方《かいほう》にむかいます。

ウイルス性か細菌性か

ふつうのかぜでは、だいたいこのような症状が見られます。こうした症状が見られる場合、大半はウイルスが原因ですが、細菌が原因である場合もあります。

ウイルスが原因ですと自然に治るのがふつうですが、細菌が原因の場合は抗生物質を使わないとなかなか治らず、こじれたりすることもあります。

そこで、かぜ症状があるとき、その原因がウイルスなのか細菌なのか見わける方法があるといいのですが、残念ながらそういう方法はありません。

そこで、「すべてのかぜは細菌で起こっている可能性がある」と考えて、かぜで来院した子どもに、ほとんどすべて抗生物質を出す医療機関もあるようです。そうすると親のほうも、「いつも強い薬を出してもらえる」と喜ぶ場合もあって、過剰《かじょう》な医療が成立してしまいます。

しかし、こんなふうに抗生物質が乱用されると、抗生物質が効《き》かない細菌（耐性菌《たいせいきん》と言います）が世の中にたくさん発生してくるでしょう。また抗生物質の副作用は目に見えませんが、多用すれば肝臓や腎臓などに何らかの影響を起こすことも考えられます。

子どもが熱を出しても、3日目ぐらいまでは家庭で見ていて、3日目に熱が下がるようすがなければ、病院へ連れて行くようにすることをおすすめします（「症状別ガイド」の「発熱」、31ページのコラム）。発熱3日目くらいになると、ウイルス性か細菌性かをお医者さんが判断できる材料（症状）が、だいぶそろってきますから。

せき

子どものせきについては、「アレルギーの病気」の156ページで説明しています。

インフルエンザ

インフルエンザはウイルスによって起こる病気ですが、このウイルスと人間は、はるかむかしからつきあってきた歴史があります。ぼくは医者になって以来、毎年インフルエンザの患者さんをたくさんみてきましたが、とくにこわい病気とも思わず、ありふれた季節の病気として、淡々《たんたん》と診療を続けてきました。

ところが近年になって、インフルエンザはとてもこわいものと思われるようになっています。それというのも、国やマスコミがこぞって「インフルエンザはこわい病気だから、警戒しろ」というキャンペーンをしているからです。

インフルエンザはこわい!?

「インフルエンザは、ただのかぜとはちがう。こわい病気なんだから、かぜあつかいしないで、万全の対策をとれ」などと宣伝されるのを見ると、「インフルエンザだって、かぜなのになあ」と思ってしまいます。

そこで、かぜについてお話ししたあとに、かぜの仲間としてインフルエンザをとりあげることにしました。インフルエンザを「やや症状の強いかぜ」と考えてもらおうと思ってのことです。

インフルエンザは毎冬のように流行するかぜで、原因はA型、B型、C型という3種類のウイルスです。A型とB型は流行するかたちをとりますが、C型は流行しません。それでC型インフルエンザは単なるかぜとしてあつかわれ、話題になることもないのです。A型とB型はちょうど流行期が受験シーズンに重なることもあって、いったん流行し始めると、大騒ぎになるのが年中行事のようです。

インフルエンザの症状

では、A型とB型によるインフルエンザの症状を説明しておきましょう。A型インフルエンザもB型インフルエンザも、軽症の場合から重症の場合までいろいろあり、A型とB型を症状で見わけるのは困難です。ですから両方をまとめて、お話しします。

症状としては、突然の高熱(39～40度)が特徴的で、ほかにせき、はな水、のどの痛み、頭痛、筋肉痛などが見られます。熱性けいれんを起こすことも少なくありません(熱性けいれんは、5歳くらいまでの子どもにかぎられますが↓205ページ)。

突然高熱になることや熱性けいれんを起こしやすいこと、頭痛や筋肉痛などの症状が強いことが、インフルエンザを「おそろしい病気」と思わせてしまうのでしょうが、たいていは5日くらいで自然に治ってしまいます。

高熱も、長いと1週間ほど続くことがあり、また高熱が2～3日続いたあと、いったん下がり、そのあと再び発熱するというかたちをとることもありますが、いずれにしろ自然に下がってきます。

欧米ではインフルエンザはかぜのひとつで、「寝て治すもの」ということになっていると言います。

インフルエンザ脳症《のうしょう》——ただ、インフルエンザはまれに脳症を起こします。この脳症の存在がまた、インフルエンザにおそろしい病気のイメージを与えていますが、ぼくは医者になって1度も、脳症の子どもに出会ったことがありません。

それは幸運であったというだけでなく、インフルエンザに対して強力な解《げ》熱剤《ねつざい》を使ったりしてこなかったことにも理由があると思うのです。そのことについては、あとでまたふれます。

ここではまず、インフルエンザ脳症がどのような経過をとるのかについてお話ししておきます。

最初に、インフルエンザ脳症は1歳をピークに、0～5歳までに起こるのがほとんどだ、ということを知っておいてください。次に、発病後、急速に進行するのがきわだった特徴です。

ほとんどのケースで発熱が起こった日か翌日、つまり42時間くらいのあいだに、脳症が起こってしまいます。そして、脳症にかかってしまうと決定的な治療法はなく、半数近くが亡くなったり、神経系の後遺症を残したりします。

　そこで致命的なことにならぬため、脳症に早く気がつき、早く処置することが必要になります。

「脳症かもしれない」と疑って、すぐ病院へ連れて行かなければならないのはどんなときかを、知っておきましょう。

　まず、次のような異常行動が起こったときです。

○両親がわからなかったり、実際にはいない人がいると言ったりする(人を正しく認識できない)。
○自分の手をかむなど、食べものと食べものでないものの区別ができない。
○アニメのキャラクターやゾウ、ライオンが見えるなど、幻視《げんし》、幻覚的《げんかくてき》な訴《うった》えをする。
○意味不明な言葉を発する。ろれつがまわらない。
○恐怖感を訴えたり、こわがっている表情をする。
○急に怒りだしたり、泣きだしたり、大声で歌ったりする。

　これらの症状は、子どもがふつうのかぜで高熱を出したときにも起こることで、それは熱せんもうと呼ばれています。熱せんもうとインフルエンザ脳症の初期症状である異常行動は、区別しにくいところがあるので、インフルエンザの流行期に、発熱とともにこれらの異常行動があったら、すぐ病院を受診しておいたほうがよいということです。

さまがわりした診療

　ところで最近になって、インフルエンザの診断と治療がさまがわりしました。ぼく自身はむかしからほとんど変わらぬ診療をしていましたが、世間は大幅に変わっていたのです(「予防接種」も参照してください→暮らし360ページ)。

　診断の面では、インフルエンザを20分ぐらいのあいだに診断できる、診断キットが登場しました。

　むかしは、インフルエンザかどうか正確に診断するには、のどをぬぐって検査に出し、数日後にインフルエンザウイルスがいたかどうかわかるという、手間と時間のかかる方法しかありませんでした。それで、とくに検査をせず、患者さんの「見ため」で診断をしていました。しかし流行期には症状を聞いたり、のどを見たりして、かなり正確にインフルエンザと診断できたように思います。

　近年になって、簡単な検査で短時間に、インフルエンザのA型かB型かまで判断できるようになりました。外国ではこの診断キットはあまり使われていないようですが、日本ではインフルエンザの流行期に高熱が出ている子どもには、ほとんどすべて検査がされるという状況になっています。

　治療の面では、インフルエンザに効《き》く薬と言われる薬が、いくつか登場してきました。

　最初はアマンタジンという薬が、A型のインフルエンザにだけ効くということで、アメリカなどで使われましたが、日本ではあまり使われませんでした。

次にノイラミニダーゼ阻害剤《そがいざい》という薬が登場し、商品名としてはタミフル、リレンザという2種類の薬が発売されました。リレンザは吸入薬《きゅうにゅうやく》ということもあってあまり使われず、のみ薬であるタミフルがもっぱら使われてきました(タミフルが後述のように10代原則使用禁止となってから、リレンザが使われることが多くなりましたが)。

急に熱を下げる薬の危うさ

欧米など海外では、タミフルは「インフルエンザにかかると生命を落とすかもしれない」ハイリスクの人、つまり呼吸器の慢性病をもっている人や高齢者などにだけ使われましたが、日本ではインフルエンザと診断がついた人にはすべてタミフルが投薬《とうやく》されるようになりました。

その結果、高価な薬であるタミフルが、日本では湯水のように使われ、世界中で使われている量の8割くらいが日本で使われるという、驚くべきことが起こりました。タミフルの効果は、タミフルをのまない場合に比べて1〜2日熱を早く下げるだけのことであり、専門家のあいだでは脳症《のうしょう》の予防にはならないと言われているのに、「インフルエンザにかかってタミフルをのまないと、死ぬかもしれない」といったキャンペーンがおこなわれ、大量に使われてきました。

細菌に対して抗生物質が乱用され、そのため最近は抗生物質の効《き》かない耐性菌《たいせいきん》という強力な菌が出てきていて、「もっと早い時代から抗生物質の乱用に歯止めをかけておくべきだった」と言われているのに、抗ウイルス薬の乱用は、それに輪をかけたものになっています。こんなに乱用していると、そのうちに強力な耐性ウイルスが出てくるのではないかと心配です。

また、タミフルは神経系の副作用を起こすという報告もあり、これも心配です。

タミフルがひろく使われるようになってから、主に10代の少年少女が、急に走り出してマンションの上階から転落するとか、道路にとび出して車にひかれるという悲惨なことが何件も起こりました。これはタミフルによって起こった異常行動による死としか考えられず、タミフルによる薬害《やくがい》と言うべきです。

すでにお話ししたように、インフルエンザは自然に治る病気なのですから、タミフルはいっさい使うべきでないと思います。1日早く熱を下げるというだけの理由で、タミフルを使って生命を落とすというようなことが、あってはなりません。

かつて、インフルエンザや水ぼうそうに解熱剤《げねつざい》であるアスピリンを使うと、ライ症候群というおそろしい脳症が起こることがあると警告され、世界中の小児科医が子どもにアスピリンを与えることをやめたら、ライ症候群は急激に減りました。このときの教訓は、強力な解熱剤で熱を下げることはこわい、ということでした。その後、アスピリンは使われなくなっても、ポンタールやボルタレンといった、アスピリンより強い解熱鎮痛剤《げねつちんつうざい》が子どもに使われていることが問題になり、これらの薬も使うべきでないこととされました。

アスピリン、ポンタール、ボルタレンのような強力な解熱鎮痛剤が問題にされているのに、同じように熱を急に下げる薬であるタミフルが平気でどんどん使われてよいとは思えません。

タミフルについては、「特に10代で異常行動の副作用が多いことが否定できない」という理由で、10代のみ原則使用禁止ということになっています。

しかしタミフル以外の抗ウイルス薬が次々と登場し、「タミフル以外なら使ってよい」とばかりに乱用されています。どの薬も早く熱を下げるだけの効果で、「早く熱を下げることがからだに無理をさせる」と思っているぼくにとっては、タミフルと同様使いたくない薬です。

それで、抗ウイルス薬を一切使わずぼくはインフルエンザの診療を続けています。しかし重大なことになる子どもはいません。なにも治療をしなくても、一日で熱が下がってしまうこともよくあります。インフルエンザもその程度の経過で終わることが多いのです。

ぼくはインフルエンザの治療も、従来の「暖かくして寝ている」という方式でよいと思います(23ページの「病気のときの子どもの生活」も参照してください)。高熱で子どもが苦しがっているときアセトアミノフェン(→14ページ)なら使ってよいでしょうが、それ以外の解熱剤は使うべきではないでしょう。

細気管支炎《さいきかんしえん》

細気管支炎は子どもにだけ見られる病気と言ってよいでしょう。子どものうちでも2歳以下の乳幼児に多く、この年齢の子どもで「入院することになりやすい」病気の代表と言ってもよいかもしれません。

細気管支《さいきかんし》とは

細気管支というのは、気管支が枝わかれしていった末端の部分です。気管支は肺に入ってから葉気管支《ようきかんし》、区域気管支《くいきかんし》、区域気管支枝《くいきかんしし》とわかれていって、細気管支となります。

細気管支は、ほとんど肺の組織と隣りあわせと言ってよい位置にありますから、細気管支に炎症が起こった細気管支炎と、肺組織に炎症が起こった肺炎《はいえん》(→107ページ)とは、隣りどうしのような関係です。レントゲン写真をとってみると細気管支炎と肺炎では所見《しょけん》が異なり区別ができますが、実際には細気管支炎は肺炎と同じようなものとしてあつかわれます。ただ、外見上重い病気のように見えるわりには回復が早く、治療によって24時間から36時間以内に軽快《けいかい》してしまうことが多いのです。

細気管支炎《さいきかんしえん》の症状

では、細気管支炎の症状をお話ししましょう。

まず、かぜ症状(はな水、軽いせきなど)が何日か続いたのち、発熱が起こり、息苦しそうにハーハーいう感じになります。胸はゼーゼーと音がしているのがふつうです。せきがひどくなって、せきこんだりします。母乳やミルクを飲もうとすると、せきこんだりしてうまく飲めません。ときには唇《くちびる》や足の先が青紫になる(チアノーゼと言います↓50ページ)こともあります。

細気管支炎の場合、脱水状態になることもあります。唇が乾いてパリパリした感じになっている、泣いても涙が出ない、おしっこの量が少ないなどという症状があったら、脱水になっていると考えます。

これらの症状が起こったらすぐ、病院に連れて行きましょう。呼吸困難が強い場合などは、入院をすすめられるかもしれません。

先ほどお話ししたように、細気管支炎と肺炎の区別はしばしばむずかしいし、また喘息《ぜんそく》(↓161ページ)との区別もむずかしいので、とりあえず入院してようすを見るということもあるのです。

細気管支炎なら、すぐよくなって翌日退院になったりしますが、肺炎ならもう少し、入院が長びくことになるでしょう。細気管支炎の場合、治療としては、加湿《かしつ》や酸素吸入などがおこなわれます。

細気管支炎の原因としてもっとも多いのはRSウイルスで、そのほかパラインフルエンザウイルス、インフルエンザウイルス、麻疹《ましん》ウイルス、アデノウイルスなどのウイルスによって起こることもあります。細菌によって起こることもありますが、それは珍しいことです。

細気管支炎にかかった子どもは、そうでない子どもに比べて、その後、喘息を起こす率が高いと言われています。逆に喘息になりやすい体質の子どもは、細気管支炎にかかりやすいのだということなのかもしれませんが。

RSウイルス感染症

細気管支炎《さいきかんしえん》の原因としてもっとも多いのが、RSウイルスであることはお話ししました。これだけの話で終わりにすると、「RSウイルスって、こわいウイルスね」と思われそうなので、RSウイルスについて少しくわしくお話ししておきます。

RSウイルスとは

まずRSウイルスというのは略称で、正しくはrespiratory syncytial ウイルスと言います。

RSウイルスによる感染症《かんせんしょう》は、毎年冬に流行します。11月中旬ごろから流行が始まって、12月がピークになるという年が多いのです。

最近、RSウイルス感染症であるかどうかを20分ぐらいで簡単に診断できるキットが使えるようになりました。ただ、このキットを使えるのは入院した子どもだけで、外来へやってくる子どもには使えません。この場合、「使えない」というのは、健康保険が適用されないということです。

こういうふうに医療に制限が設けられているのは、薬や検査の乱用に歯止めをかけるためのもので、やむをえないところがあります。RSウイルスの検査も、肺炎や細気管支炎のうち、入院しなければならないような重い場合に治療方針を決めるため必要ということで、入院時しかできないことになっているのです。

そんなわけで、ふだんRSウイルスの検査がされないため、RSウイルスというウイルスの名前が、みなさんにあまりなじみがないのですね。それで、「お子さんは、RSウイルスが原因の細気管支炎です」というふうに診断名を告げられると、びっくりするお母さん、お父さんもいます。そして「RSウイルスは、こわいウイルス」というイメージが生まれ、「家族にうつったらどうしよう」と心配したりもするのです。

2歳未満の乳幼児は注意

このウイルスによる感染症《かんせんしょう》は、2歳未満の乳幼児に起こった場合と、2歳以上の子どもで起こった場合とをわけて考えなければいけません。

2歳未満の子ども、とくに1歳未満の乳児に起こると、しばしば細気管支炎《さいきかんしえん》(↓99ページ)や肺炎(↓107ページ)といった重い状態になります。しかし、2歳以上の子どもや大人がRSウイルスに感染しても、ほとんどが軽いかぜで終わってしまうのです。

しかし2歳未満の赤ちゃんがかかった場合でも、ただのかぜで終わることがほとんどで、たまに細気管支炎を起こすという程度ですし、2歳以上の子どもなら、はなかぜ程度で終わってしまうのですから、RSウイルスをおそれる必要はありません。

肺の病気をもっている赤ちゃんの場合

ただ、肺の病気をもっている赤ちゃんは別で、こういう赤ちゃんがRSウイルスにかかると、かなり重くなることがあります。そこで、このような赤ちゃんの世話をしている大人は、次のような、よりいっそうの注意をすることが必要になります。

○赤ちゃんを抱く前に、手をぬるま湯と石けんで洗う
○かぜをひいている大人は、なるべく赤ちゃんに接触しないようにする
○赤ちゃんを人ごみに、なるべく連れて行かないようにする
○赤ちゃんのまわりにいる人は、喫煙《きつえん》しないようにする

RSウイルスには、1歳までに70%が感染すると言われています。つまり、1歳以前の赤ちゃんは10人のうち7人までが、RSウイルスに感染するということです。ただ、RSウイルスは1度かかっても一生もつような免疫《めんえき》はつかないので、何回も感染することがあります。

のどかぜ（急性扁桃炎《きゅうせいへんとうえん》、急性咽頭炎《きゅうせいいんとうえん》）

いわゆる「のどかぜ」は、のどの痛みがあって熱が出るという状態につけられた名前で、ふつうのかぜとのちがいは、症状がほぼ、のどだけにかぎられるというところです。

のどかぜの主な症状

のどをのぞいてみると赤くなっていて、扁桃《へんとう》に白い苔《こけ》のようなものがべったりとくっついている場合は急性扁桃炎《きゅうせいへんとうえん》と呼ばれ、のど全体が赤いときは急性《きゅうせい》咽頭炎《いんとうえん》と呼ばれます（次ページの図参照）。急性扁桃炎と急性咽頭炎とのあいだに、そんなはっきりした境界線はなく、両方をのどかぜと呼んでおいてよいでしょう。

のどかぜの大半はウイルスによるもので、一部分が溶連菌《ようれんきん》（→90ページ）などの細菌によるものです。

のどの所見《しょけん》や発熱などの症状から、ウイルスによるものか細菌によるものかを判別するのは困難ですが、最近は溶連菌やアデノウイルスなどによる感染の有無《うむ》を、20分くらいのあいだに判定するキットが使えるようになりましたから、それを使って判断することはできます。

しかし、のどかぜを起こす細菌やウイルスは、溶連菌やアデノウイルスのほかにもたくさんの種類があって、それらの感染であるかどうかを確かめる方法はありません。

小児科医は自分の経験を生かしてウイルス性か細菌性かの見当をつけ、細菌性である可能性がそうとう強いときだけ、抗生物質を出していると思います。

しかし、ウイルス性の咽頭炎、扁桃炎の場合、治るのに4日くらいかかってしまうこともあります。

アメリカ小児科学会が発行している育児書を見ますと、「ウイルス性の場合、1週間か10日くらいの経過で治っていく」とさりげなく書いてありますが、日本では、医者の側も患者側も1週間も熱が下がらなかったりすると辛抱《しんぼう》しきれず、抗生物質を出すことになってしまうようです。それで抗生物質が使われすぎる状況が生まれています。

子どもがそれほど具合が悪そうでなければ、1週

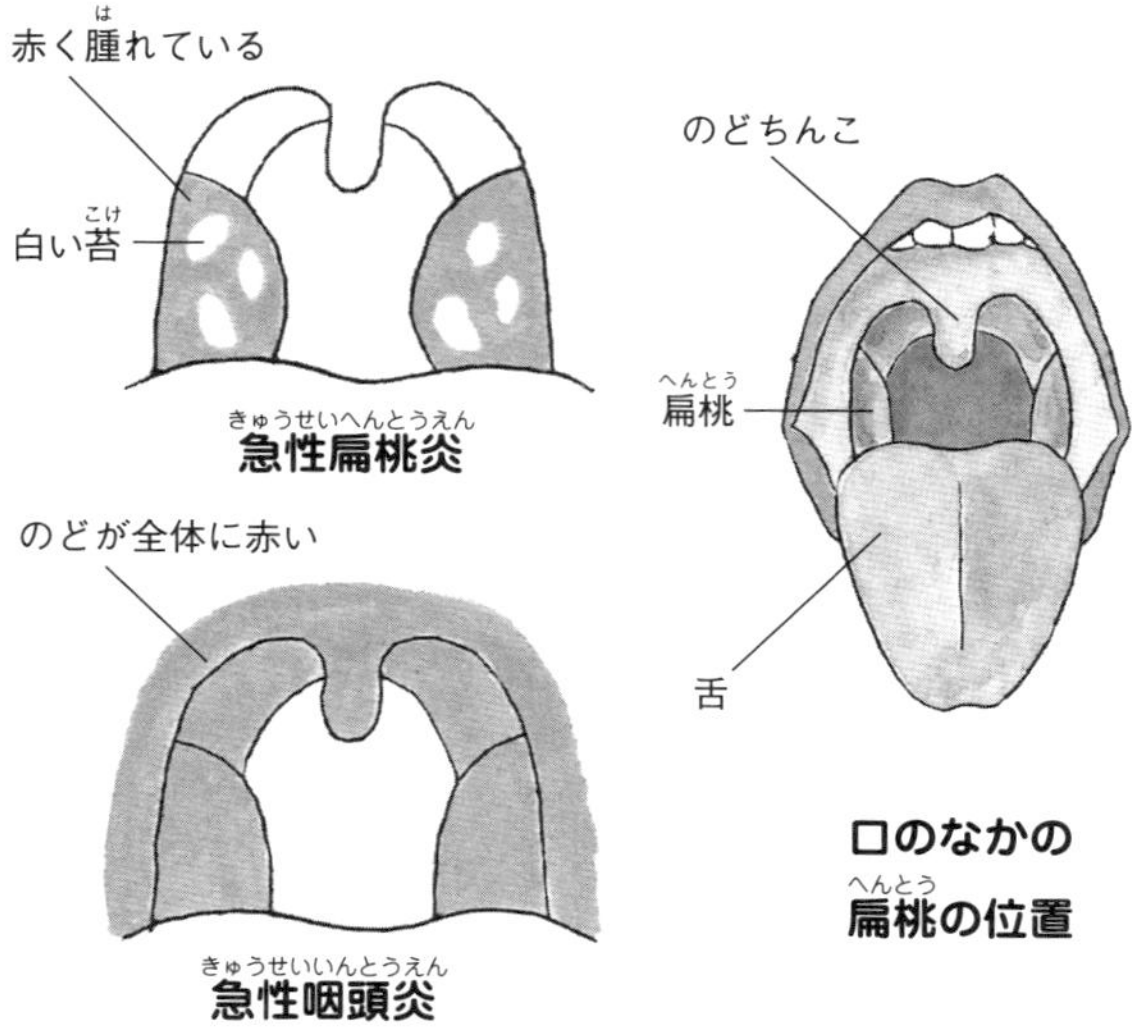

急性扁桃炎《きゅうせいへんとうえん》

急性咽頭炎《きゅうせいいんとうえん》

口のなかの扁桃《へんとう》の位置

間ほど熱が続いても、薬を使わないでようすが見られるよう、医者の側も患者側も、「耐《た》える練習」をしなければいけないのかもしれません。

細菌性の扁桃炎の場合、扁桃に白い苔のようなものがくっついていたり、扁桃がまっかに腫《は》れあがったりするほかに、首のリンパ節《せつ》が腫れる(↓74ページの**図**)とか、舌が苺《いちご》のようにまっかになる(苺舌)とかいった症状が見られます。

わきの下やそ径部《けいぶ》(**図**を参照)、ひじやひざの内側などに細かな赤い発疹《ほっしん》が見られる場合は、しょう紅《こう》熱《ねつ》とか溶連菌感染症《ようれんきんかんせんしょう》とか呼ばれます(↓88ページ)。

この場合はペニシリン系やセフェム系の抗生物質を10日間から2週間くらいのむことになっていますが、最近は軽症のケースが多いので、軽症なら1週間くらいのめばよいようにも思います。

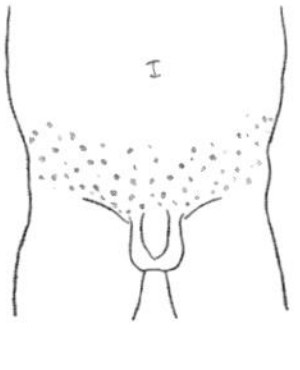

そ径部《けいぶ》の赤い発疹《ほっしん》

くり返す扁桃炎《へんとうえん》と、扁桃を取ること

細菌性扁桃炎を、くり返し起こす子どもがいます。こういう子どもの扁桃は、ふだんでもかなり大きく、でこぼこしていることが多く、取ってしまえばいいのではないかと考えたくなります。

一般に耳鼻科のお医者さんは取ることをすすめ、小児科のお医者さんは「取らなくても、6歳ごろ、あるいは遅くとも10歳ごろまで待っていれば、熱も出さなくなることが多い。だから取らずに待っていればよいのではないか」と言うことが多いようです。

次のアメリカの小児科学教科書での「どんなときに扁桃を取るべきか」の基準を参考にしてください。

○細菌性扁桃炎(検査をして細菌性であることが確認されていなくてはならない)を1年に7回以上起こしている場合。1年に5回以上起こして、それが2年間続いている場合。1年に3回以上起こして、それが3年間続いている場合。

○扁桃周囲膿瘍《へんとうしゅういのうよう》を、くり返し起こす場合。

○扁桃が大きいために、食べものをのみこみにくい、発声に障害がある、気道がふさがって呼吸が十全《じゅうぜん》にできない、などの症状がある。

このほかに、細菌性扁桃炎を起こす回数はそれほど多くないけれど、扁桃炎のために学校を欠席する日数がかなり多いという場合も、扁桃を取ることを考慮してよいということです。

扁桃周囲膿瘍《へんとうしゅういのうよう》——先の基準のなかに扁桃周囲膿瘍という病名が出てきましたので、ちょっと説明しておきましょう。

これは細菌性扁桃炎が、周囲に拡大したものです。ほとんどの場合、扁桃炎は扁桃だけの炎症で終わるのですが、それが拡大して周囲ののどの組織にまで炎症が起こると、たいへんな痛みや高熱が起こります。この場合、こういう変化は左右両側にある扁桃のうちの、いずれか一方にだけ起こります。

扁桃はふくれあがり、のどちんこや上あごまで腫《は》れてしまいます。ひどくなると口が開《あ》けにくくなったり、耳痛《じつう》が起こったり、ものがのみこめなくなったりします。

こうなったら入院して、抗生物質での治療を強力にすることが必要です。抗生物質にも十分反応しない場合、切開《せっかい》しなければならないこともあります。

扁桃周囲膿瘍に1度かかると、子どもも大人も「こんな思いは2度とごめん」という気分になりますが、幸いなことに、この病気をくり返し起こすことはまれです。ですから、1度かかっただけで扁桃を取ってしまおう、というのは早計《そうけい》です。しかし2度以上起こすようなら、思いきって取ってしまうほうがよいと思います。

アデノイドを取ること

扁桃《へんとう》についてお話ししたところで、アデノイドについてもお話ししましょう。子どもが耳鼻科でアデノイドを取るようにすすめられることは、扁桃を取るようにすすめられることよりも、ずっと多いはずです。また、アデノイドと扁桃をいっしょに取るようにすすめられるかもしれません。

ここで「アデノイドと扁桃」という言いかたをしましたが、アデノイドも実は、扁桃の1つなのです。わかりにくいですね。

扁桃というのはアーモンドのことで、ぼくたちはこのアーモンド形の扁桃という組織を4つもっています。まず、のどをのぞいたときに左右に2つ見える扁桃を咽頭扁桃《いんとうへんとう》と言い、これは単に扁桃とも呼ばれます。あとの2つはのぞいてみても見えませんが、鼻と耳とのどを結ぶ結節点《けっせつてん》のような位置にあり、これは口蓋扁桃《こうがいへんとう》、あるいはアデノイドと呼ばれます。

扁桃はもともとリンパ節《せつ》のかたまりで、免疫《めんえき》の役に立っています。つまり、ウイルスや細菌の攻撃から、ぼくたちのからだを守る役目をしているのです。しかし、細菌性扁桃炎をたびたび起こすような扁桃は免疫の力が弱く、あまりからだの役に立っていないのです。

またアデノイドの場合、肥大《ひだい》していると、鼻、耳、のどなど周囲の器官に影響をおよぼします。

たとえば、アデノイドが肥大して慢性の炎症を起こしていることと副鼻腔炎《ふくびくうえん》(→303ページ)との関係ははっきりわかっているわけではありませんが、慢性副鼻腔炎にかかっている子どものアデノイドを取ると、副鼻腔炎がよくなる子どもは確かにいます。

というわけで、慢性副鼻腔炎の子どもや滲出性《しんしゅつせい》中耳炎《ちゅうじえん》をくり返す子ども(→297ページのコラム)には、アデノイドの摘出《てきしゅつ》がすすめられることがよくあります。アデノイドを取ることがすすめられるのは、次のようなときです。

○アデノイド肥大のために気道がふさがり、慢性の酸素不足になっていたり、睡眠時無呼吸《すいみんじむこきゅう》が起こる場合

○アデノイド肥大のために下あごの発達が悪くなったり、ものをのみこむのに障害が起こったり、

言語障害が起こったりしているとき

○中耳に滲出液がずっとたまっていて、取れない場合

このほか中耳炎をくり返す場合や慢性副鼻腔炎の場合は、ケースバイケースで考えるということにしましょう。中耳炎や慢性副鼻腔炎による病院通いで、子どもの日常生活に支障がおよぶ程度になってしまったら、アデノイドを取ることを考えてみてもよいでしょう。

ところで扁桃やアデノイドを取るのは手術に属しますが、この手術には危険はないのでしょうか。

以前は出術中の大出血が、ときに生命にかかわるとも言われましたが、いまはそういう心配はなくなっています。出血が多くて輸血をしなければならないようなことは、アメリカの統計では1万人手術して4人ぐらいに見られるだけですから、出血による死亡はゼロと考えてよいでしょう。安心して手術を受けてよいと思います。

クループ

クループは子どもにだけ見られる、夜間に突然起きる呼吸困難の発作《ほっさ》です。一定の時間が経過すればちゃんとよくなりますが、まわりで見ている人にとっては、往々《おうおう》、恐怖の体験として記憶に残ってしまうような、そんな発作です。

クループは主としてウイルス、少数は細菌によって起こります。喉頭部《こうとうぶ》に炎症が起こって腫《は》れあがり、呼吸困難にいたるわけですが、具体的には次のような経過をとります。

まず夜間に、イヌが吠《ほ》えるようなせきを始めます。声はしわがれ声になっています。呼吸のさい、とくに息を吸うときにゼーゼーいいますが、最初は軽くゼーゼーいっていたのがだんだん強くなり、まわりの人にはっきり聞こえるくらいまでになります。そして突然、呼吸困難になり、苦しがり始めます。熱はないのがふつうで、あったとしても微熱《びねつ》程度です。

クループ自体は生命にかかわることもない一時的な発作ですが、すぐに病院に連れて行くべきです。加湿《かしつ》するだけでよくなることもありますが、酸素吸入などを必要とする場合もあるからです。

クループの原因は主にウイルスと言いましたが、乳幼児ではパラインフルエンザウイルスによるものが多く、ほかにはRSウイルス、インフルエンザウイルス、アデノウイルスなどによるものが見られます。3〜6歳くらいの年長児になりますと、インフルエンザ菌（インフルエンザとは関係がありません↓65ページ）によるものが多くなります。

なお、クループは「仮性《かせい》クループ」と呼ばれることもあります（↓159ページ）。かつてジフテリアという病気によるクループがよく見られ、それが「真性《しんせい》クループ」と呼ばれたので、ジフテリア以外の原因によるクループは仮性クループと呼ばれました。し

かし最近はジフテリアが見られなくなったため、仮性クループの名前だけが残ったわけです。

急性喉頭蓋炎《きゅうせいこうとうがいえん》

子どもでは一刻《いっこく》を争う病気というものはほとんどありません。大人ですと、心筋梗塞《しんきんこうそく》とか大動脈瘤《だいどうみゃくりゅう》の破裂とか、病院へ着くまでの時間の長短が、生命のゆくえを左右するような病気があるのですが、子どもの場合、そうした病気はきわめて少ないのです。

ですから急性喉頭蓋炎は、めったにない子どもでの「一刻を争う病気」として記憶しておいてください。といっても、ぼくもこれまで1度も出会ったことがないくらい珍しい病気ですから、あまりこわがらないでくださいね。

この病気は喉頭蓋という部分に炎症が起こって腫《は》れあがり、呼吸困難を起こすわけですが、喉頭や喉頭蓋といった部分は、のどをのぞいても見えません。麻酔医のような専門家が器具を使って、ようやく診断できるのです。

次に、この病気の特徴や症状をお話しします。

39.5度くらいの高熱で始まることが多く、ゼーゼーいいます。ものがのみこみにくくなり、よだれがしきりに出ます。そして呼吸困難が起こるようになりますが、発熱してから呼吸困難が起こるまでには、4～12時間くらいかかると言われています。

この病気は早期に気がつくことが必要で「高熱があって息苦しそうで、よだれをダラダラ流している」という症状があったら、すぐ病院に行くことです。早期に適切な処置をすれば、助かる病気なのです。

急性喉頭蓋炎ではクループとちがって、イヌの吠《ほ》えるようなせきやしわがれ声が起こらない、というのも特徴です。

この病気は、ほとんどがインフルエンザ菌(→65ページ)によって起こります。

急性気管支炎《きゅうせいきかんしえん》

最初は痰《たん》のからまないコンコンいうせきで始まり、何日か経《た》つと、痰のからまるゴホンゴホンというせきをともなうようになってきます。痰は最初白っぽかったものが、だんだん黄色や黄緑色になっていきます。発熱は37度前後で終始するのがふつうですが、ときには39度以上になることもあります。

急性気管支炎の原因も、ウイルスと細菌の両方がありますが、実際はほとんどがウイルスによるものです。しかし、経過が長くなることが多いので、抗生物質が使われてしまうことが多くなっていると言われます。しかしウイルスが原因だとすれば、抗生物質を使うことは無意味です。ほとんどの気管支炎は、せきがひどくて日常生活が妨げられたり、睡眠が妨げられたりするようなときに、せきをやわらげる薬を使う程度の治療をすればいいのです。

肺炎《はいえん》とは

「むかしはこわい病気だったけれど、いまはもうおそれる必要はなくなっている」という病気はたくさんありますが、肺炎はその代表と言ってよいでしょう。

いま、肺炎は治る病気になりました。しかしむかしは、そうではありませんでした。いまから70年ほど前に出版された育児書には、次のような文章が出てきます。「ホルト氏の統計を見ると一歳以下のものでは本病(肺炎のこと——山田)の死亡率は六割六分に昇り、二歳では五割五分、三歳では二割三分、四歳では一割六分となって居《い》る」(長尾美知『乳幼児の哺育と看護』)。「ホルト氏」という人がどこの国の人かわかりませんが、とにかく外国の資料であることは確かです。でも、日本での死亡率も同じくらいだったのだろうと思われます。2歳の子どもがかかると半数以上が亡くなっていたわけですから、これはたいへんな病気だったわけです。

肺炎《はいえん》は、いまは治る病気

肺炎は、かぜが進行して、原因になるウイルスや細菌などが、のどから気管、そして肺にまで入りこみ、そこに炎症を起こした状態です。ですから肺炎には、ウイルスによるもの、細菌によるもの、ウイルスと細菌の中間のような性質をもっているマイコプラズマによるものなどがあります(原因がわからない間質性肺炎《かんしつせいはいえん》というものもありますが、子どもではほとんど見られませんから省略します)。

これらの肺炎のうち、現在はウイルスやマイコプラズマによる肺炎が多く、細菌性の肺炎は少なくなっています。そしてウイルスやマイコプラズマによる肺炎は、一般に軽いものが多いのです。

ところがむかしは、細菌性の肺炎が圧倒的で、しかも発病当初から重症であるものが多数でした。いきなり高熱と悪寒《おかん》が始まり、ぐったりしてしまうような肺炎がふつうだったのです。こういう肺炎を、古典型肺炎《こてんがたはいえん》と呼んでおきます。

そしてこのような細菌性の病気に対して、有効な薬もありませんでした。細菌感染を治すことのできる抗生物質がひろく使われるようになったのは戦後のことで、戦前は結核にしろ、肺炎にしろ、しょう紅熱《こうねつ》にしろ、細菌に対して抵抗する手段がなかったので、病気に対しても無抵抗だったのです。

それで細菌性の重い病気にかかったら、「運がよければ自分の力で治るが、運が悪ければ後遺症《こういしょう》が残ったり、生命にかかわったりする」という、運を天に祈るしかない状態でした。そういう時代に肺炎や結核がこわがられたのは、当然のことです。

しかし最近はウイルス性の肺炎やマイコプラズマによる肺炎が多くなり、そうした肺炎は自然に治っていきますし、たとえ細菌性の肺炎になったところで抗生物質がありますから、ほとんど生命にかかわることはなくなりました。

もし肺炎《はいえん》になっても

ですから、もしあなたの子どもさんが肺炎と診断されたとしても、おびえたりしないでください。

また、ときどき「この子は1度肺炎になったことがあるんです」と言って、とても過保護な子育てをしているお母さんに出会うことがありますが、そういうお母さんには、「肺炎に2度かかることはめったにないんだから、気楽に育てましょうよ」と提案します。

そういうお母さんは、「かぜをひかせたために肺炎になったのだから、かぜをひかせないようにすればいいのだ」とも思っているようですが、かぜをひかせない方法などありません。もし世の中に「子どもにかぜをひかせない秘法《ひほう》」があったら、ほとんどの収入を、かぜの子どもの診察から得ているぼくのような開業小児科医は、すぐ店じまいをしなければならないでしょう。どんなに注意をはらって清潔を保っても、子どもはかぜをひくでしょうし、なかには多少不潔な環境で育っても、まったくかぜをひかない子どももいます。かぜをひかせないための努力はむなしいものですし、過保護にして、子どもを弱くしてしまうだけだったりするのです。

肺炎になったのも、お母さんの不注意のせいではなく偶然なったのであり、また「はな水やせきが出始めたときに、すぐ病院に行っておけば肺炎にならなくてすんだのに」と考えるのもまちがいです。現在の医学では、肺炎を予防することはむつかしいのですから(肺炎球菌やインフルエンザ菌に対してはワクチンが作られ使われるようになっています)。

細菌性肺炎《さいきんせいはいえん》

細菌性肺炎は、先ほど古典型肺炎と言いました。

急激な高熱、呼吸数の増加、呼吸困難、せき、悪寒《おかん》、食欲不振《しょくよくふしん》、つらそうな表情など、いかにも重い病気を思わせる発病のしかたが見られます。

乳幼児と年長児では少々経過がちがっていて、乳幼児の場合は、何日か軽いかぜの症状があったあとに急激な高熱が起こり、年長児の場合は、前ぶれがなく、いきなり高熱が出るのがふつうです。

この肺炎の場合、高熱があって、いかにもつらそうな顔つきをしており、ハアハアいって息苦しそうにしているところなどから、肺炎だろうと見当がつきます。聴診器《ちょうしんき》で呼吸音を聞いて、ラッセル音という音がすれば、肺炎の可能性は強くなります。

しかし肺炎とはっきり診断するには、レントゲンをとらねばなりません。レントゲン写真で肺炎の陰《いん》影《えい》が見られれば肺炎を確定しますが、何も陰影が認められなければ、重いかぜということになります。

細菌性肺炎は、このあとでお話しするウイルス性肺炎やマイコプラズマ肺炎に比べると重症になることが多いのですが、それでもいまは、入院しないで通院治療で治ることが多くなりました。

細菌性肺炎を起こす細菌としては、肺炎球菌、ブドウ球菌、連鎖球菌《れんさきゅうきん》、インフルエンザ菌などがあり、まず、どの細菌が原因になっているかを確かめ、その細菌を攻撃するのに適切な抗生物質を選んで治療することになります。そして、ほとんどが治ります。

ウイルス性肺炎

乳幼児の場合、細菌性の肺炎より、ウイルス性の肺炎のほうが多く見られます。原因になるウイルスとしてはRSウイルスが多く、そのほかにパラインフルエンザウイルス、アデノウイルス、インフルエンザウイルス、エンテロウイルス、サイトメガロウイルスなどによっても起こります。

症状は発熱、せき、はな水で、熱は高いことも低いこともあります。軽い例が多く、短期間で回復するのがふつうです。

乳児でのRSウイルスによる肺炎が重症になったり、アデノウイルスによる肺炎が重いかたちをとったりすることもありますが、そういった例は「例外的」と言ってよく、多くのウイルス性肺炎は軽症で、何の後遺症《こういしょう》も残さずに治ることが多いのです。

マイコプラズマ肺炎

マイコプラズマ肺炎は、現在の肺炎の代表格と言ってよいほど数の多いものです。マイコプラズマ肺炎のよく起こる年齢は5～30歳くらいですが、なかでも5～9歳あたりに多発しています。

以前は、夏のオリンピックが開催される前年から流行し始めて、開催年に大流行するという4年周期の流行病で、オリンピック病などとも呼ばれていました。4年ごとの流行は1964年ごろから続いていたと言われます。1992年以降はその周期性が崩れ、毎年同じくらいの流行が続いていましたが、2011年久しぶりにオリンピックの前年からの流行になりました。季節としては、秋冬に多く見られます。

　原因になるのはマイコプラズマという微生物《びせいぶつ》で、細菌とウイルスの中間のような性質の微生物です。

マイコプラズマ肺炎の症状

　症状としては発熱とせきが主で、発熱は95％くらいの例で起こりますし、せきは100％起こります。のどの痛み、頭痛、嘔吐《おうと》などは、わずかな例でしか見られません。

　発熱は38度以下が多く、高熱になることは少ないのが特徴です。せきは長い期間続くことが多く、最初は軽いのですが、日を追うごとに強くなっていって、とくに夜間、明けがたに見られます。あまりせきがしつこいのでレントゲンをとってみると、はっきりした陰影《いんえい》が見られます。症状が軽いわりにレントゲン写真の陰影がはっきり出て、それだけ見たら重そうに見える、というのが特徴でもあります。

　しかし、マイコプラズマという微生物はマクロライド系という種類の抗生物質に弱く、この抗生物質を使うことで熱などはすぐひくという特徴がありました。ところがこのごろマクロライドが効かない耐性のマイコプラズマが出てきています。この場合ニューキノロン系の抗生物質を使います。

　熱が下がって元気になっても、せきだけは長いこと続くことがあります。

　また、マイコプラズマ肺炎にかかった子どもが、その後、喘息《ぜんそく》(→161ページ)になる場合がときどきありますし、また喘息にはならなくても、その後しばらくのあいだ、かぜをひくと、せきが長びくということが起こったりします。

　発熱とせき以外の症状としては、まれに発疹《ほっしん》が出ることがあります。発疹は実にいろいろなかたちがあって、たとえば「紅斑性発疹《こうはんせいほっしん》」と言われる発疹などが見られます。リンゴ病(伝染性紅斑《でんせんせいこうはん》→82ページ)の紅斑に比べて、盛りあがったりへこんだり、ブツブツした感じに見えたりします。

　マイコプラズマ肺炎は100％治ると言ってよく、死亡例はほとんどないと言われています。

せきだけが続くケース

　なお、マイコプラズマ肺炎の特徴は発熱とせき、と言いましたが、最近、熱がまったく出ないで、ただせきだけがしつこく続いているという子どものなかに、マイコプラズマ肺炎になっているケースが、かなり多くなっていると言われます。

　しつっこくせきが出ているケースの何％ぐらいがマイコプラズマ肺炎によるものかははっきりしませんが、実際にはそうとうの割合を占めるのでしょう。レントゲン検査をしたり血液検査をしたりすればマイコプラズマ肺炎だとわかり、マクロライド系の抗生物質を使って、すぐよくなることもあります。

　しかし検査をしなければマイコプラズマ肺炎だともわからず、ただの「長びいたせき」で終わって、そのうち治ってしまうのですから、あえていろいろ検査をして肺炎を見つけなくてもいいように思います。

百日ぜき

百日ぜきは、長くせきが続くのを特徴とする感染症で、百日咳菌《ひゃくにちぜききん》という細菌が原因になります。

1950年ごろには、全国で10万人を超える人がかかり、その多くは乳幼児でしたが、最近はめっきり数も減り、しかもむしろ大人に多く見られるというふうにさまがわりしています。

百日ぜきの症状

では、まず症状からお話ししましょう。百日ぜきはもともと乳幼児から小学生くらいに多い病気でしたので、その年齢の子どもがかかった場合の経過をお話しします。

百日ぜきは経過の長い病気で、100日もはかからないまでも、6週間から8週間ぐらい続くこともあります。その間、症状が変わっていくことが特徴的で、3期にわけられています。

①　カタル期

まずカタル期と呼ばれる時期が1～2週間続きます。この時期は、はな水、痰《たん》をともなわない乾いたせき、微熱《びねつ》などが見られ、目の結膜《けつまく》が充血《じゅうけつ》したり、涙目になったりすることもあります。せきは、日ましに強くなっていきます。

②　痙咳期《けいがいき》

カタル期に続く2～4週間は激しいせきがしょっちゅう出る時期で、痙咳期とか発作期とか呼ばれます。ちょっとした刺激、たとえば食物が少し口に入ったというようなことでもせきが始まり、そのせきはコンコンコンと十数回息つぎもなく連続します。コンコンコンと続くようすは、音楽用語を使って「スタッカートのせき」と呼ばれますが、ちょっと想像してみてください。

このせきこみで顔はまっかになり、最後のせきに続いて息を吸いこむヒューッという音がしたりします。また、吐《は》くこともあります。

せきは夜間に多く、睡眠も妨げられます。せきでりきむため、目の下などにポチポチと出血斑《しゅっけつはん》が見られたり、目の結膜部分に出血が見られたりします。食欲も低下し、体重が減ることもあります。

③　回復期

次の2週間は回復期で、せきはだんだん減って軽くなりますが、軽いせきは数カ月も続くこともあります。

こんなふうに百日ぜきは経過が長く、また体重が減って体力がおちたりもする病気です。

1歳以前の乳児がかかった場合は、母乳やミルクを飲もうとすると、せきこんで吐いたりするため、栄養状態も悪くなり、生命にかかわることもあります。

一方、大人がかかった場合は激しいせきにならず、軽いせきが長期に続くだけといったことも多いので、百日ぜきとわからないことが少なくありません。

子どもが百日ぜきになったため、お父さんに「最近、せきが続いていませんか」と聞くと、「実はずっと出てるんです」という答えが返ってきて、お父さんを検査してみたら百日ぜきだったというようなことが最近ときどき見られます。子どもの百日ぜきの感染源が、周囲の大人であったということがあるのです。

大人の百日ぜきは若い人に見られることが多く、この人たちはたいてい子どものときに三種混合（百日ぜき、ジフテリア、破傷風《はしょうふう》）の予防接種（↓暮らし352ページ）をしていることが多いので、百日ぜきに対する免疫《めんえき》はできているはずです。そういう人がかかるのはなぜかということですが、予防接種で得られた免疫が10年くらいすると消えてしまうという可能性が考えられます。

話は別になりますが、このところはしか（麻《ま》しん↓75ページ）が大学生などで流行し、はしかにかかる大学生のなかには子どものときに予防接種をすませている人もたくさん含まれています。その理由は、子どものときに打った予防接種の効果が10年以上経《た》つとうすれたためだろうと考えられ、追加接種がおこなわれるようになってきました。

それと同じことが百日ぜきにも起こっているのではないかと思われますが、本当にそうかどうかまだ確かめられてはいません。

百日ぜきの治療

百日ぜきであるかどうかを診断するには、痰《たん》を検査して、百日咳菌がいるかどうかを検査するのが確実な方法です。血液をとって抗体価を調べるという方法でも、確実に診断ができます。

百日ぜきの場合、血液中の白血球が異常に多くなり、とくに白血球のなかのリンパ球という種類のものの割合が多くなるという特徴があります。それで白血球の数やリンパ球の割合を調べて百日ぜきかどうか見当をつけることができますが、それだけで百日ぜきという確実な診断をつけるのは無理で、やはり痰の検査や抗体検査で確かめる必要があります。

また乳児の場合、百日ぜきにかかっていても白血球が増えないこともあります。

治療としては抗生物質が使われますが、カタル期に使えば、症状を軽くできるものの、痙咳期《けいがいき》に入ってからでは効果が認められません。また、抗生物質のうちペニシリン系やセフェム系の薬は効果がなく、マクロライド系とよばれるものが有効です。

せきどめの薬は効果がありません。

百日ぜきは感染してから発病までの期間（潜伏期）が7日から10日くらいあり、まれには14日以上になることもあります。他人にうつす力は、感染して7日目ころからカタル期の初期に最大で、痙咳期になるとしだいに低下し、20日後にはほぼ感染力がなくなります。

抗生物質をのんだ場合は、のみ始めて3日目くらいに他人への感染力がなくなります。

消化器の病気

＊ここであつかう主な症状と病気

腹痛《ふくつう》
腸重積症《ちょうじゅうせきしょう》
虫垂炎《ちゅうすいえん》
くり返し起こる腹痛と過敏性腸症候群《かびんせいちょうしょうこうぐん》
アナフィラクトイド紫斑病《しはんびょう》
下痢《げり》と便秘《べんぴ》
吐《は》く（嘔吐《おうと》）
感染性胃腸炎《かんせんせいいちょうえん》（お腹《なか》のかぜ）
便の色のいろいろ

　ここでは消化器系の病気をとりあげます。

　消化器なんて重々しい言いまわしをすると、消火器とまちがわれそうですね。ちょっと専門的な言いかたをしますと、「食物《しょくもつ》を吸収可能な液体にして、細胞が利用できるような単純な形態に変化させること」を消化と言います。そしてこの消化にあたる器官と、消化された栄養分の吸収にあたる器官とをまとめて、消化器と呼ぶのです。

　こういうまとめかたは便利なので、消化器という言葉になじんでください。

　消化器にはどういうものが含まれるかというと、口腔《こうくう》、食道、胃腸などですが、医学の分野ではこれに肝臓《かんぞう》、胆嚢《たんのう》、膵臓《すいぞう》なども含めるのがふつうです。

「口が消化器なの？」と思われる方もあるかもしれませんが、口ではまず歯によって食物をかみくだき、唾液《だえき》でこねあわせ、さらに唾液中のアミラーゼなどの酵素《こうそ》が炭水化物を分解するなど、立派に消化器の働きをしているのです。

消化器の病気をひとつひとつとりあげる前に、消化器の病気によって起こる症状について、解説しておくことにします。

たとえば子どもが「お腹《なか》が痛い」と言ったとき、どんな病気の可能性を考えたらいいかということを知っておき、そのあとでそれぞれの病気についてくわしく知るという順序をとるほうがよい、と思うからです。とくに消化器の病気の場合、この順序にするのが便利なので、まず症状からお話しします。

腹《ふく》痛《つう》

まず最初に知っておいてほしいのは、子どもの場合、大人のような「一刻《いっこく》を争う腹痛」というものは、ほとんどないということです。腹痛が始まってから24時間以上も放置されていたら重大なことになるという腸重積症《ちょうじゅうせきしょう》(→117ページ)のようなケースは子どもにもありますが、「腹痛が始まったら、すぐに救急車を呼ばなくてはいけない」といった緊急なケースは、ほとんどないのです。

大人の場合、急に腹痛が起こったとき、胃《い》潰瘍《かいよう》の穿孔《せんこう》(つぶれること)、急性膵炎《きゅうせいすいえん》などの一刻を争う重症な消化管の病気のほか、心筋梗塞《しんきんこうそく》、大動脈破裂《だいどうみゃくはれつ》といった重症の循環器病《じゅんかんきびょう》、さらには子宮外妊娠《しきゅうがいにんしん》の破裂といった重大な婦人科疾患まで、いろいろな可能性があります。これらはいずれも、緊急に対応しなければいけない病気です。

しかし、これらの病気はいずれも子どもではほとんど見られないもので、こういう病気の可能性を心配しなくていいのです。

子どもの消化器病のなかで緊急を要するものといえば、腸重積症や虫垂炎《ちゅうすいえん》(→118ページ)などですが、こうした病気も一刻を争うというわけではなく、発見が半日も遅れるとたいへんといった、そういう病気です。

子どもの「急に起こる腹痛」

子どもが「お腹《なか》が痛い」と言って大騒ぎし始めると、びっくりしてすぐに病院へ連れて行く親は多いのですが、実際には、急いでかけつけてみたものの、病院へ着いたときには痛みがおさまって、ケロッとしているのがほとんどです。あるいは病院で簡単な処置をしてもらって、すぐ治ります。

なぜ、こういうことになるのでしょうか。おそらく子どもの「急に起こる腹痛」の多くは、お腹にガスがたまって起こるか、便秘《べんぴ》になっているか、のどちらかだからでしょう。ガスがたまっている場合は、車に乗せられたり、自転車に乗せられたりして病院へくるあいだに、からだがゆすられてガスも移動し、痛みがなくなってしまうのではないかと思われます。便秘の場合は病院で浣腸《かんちょう》をしてもらうと、うそのように痛みがとれてしまいます。

ここでちょっと、大人の場合も考えてみましょう。あなたが急にお腹が痛くなったとして、すぐに病院へ行きますか。もし仕事をしている途中だったら、しばらくはがまんして仕事を続けると思います。何もしていないときなら、まずさすってみたりして、よくならなければトイレへ行くでしょう。排便してもよくならなければ、しばらく静かにしているだろうと思います。お腹のあたりをあたためてみるという人もいるかもしれません。

そしてしばらくすると、だんだん痛みがひいてくるのがふつうです。結局、原因はわからないまま治ってしまうのです。

もし3時間も4時間も痛みが続き、しかも痛みがだんだん強くなっていく場合、ようやく病院へ行ってみる気になるのでしょう。

ところが子どもの場合、10分間ぐらい「痛い、痛い」と言っていれば、もうその段階で病院へ連れて行かれたりするわけです。そうすると病院へ着くまでに、あるいは待合室で長時間待たされているあいだに、腹痛は治ってしまうということになります。早く連れて行きすぎなのですね。

病院へ行く前にやってみること

もし腹痛以外に嘔吐《おうと》や下痢《げり》の症状がなければ、子どもを横にして、お腹《なか》をさすってやりましょう。このとき、お腹をさわられるのを嫌《いや》がるようなら、病院へ連れて行くことを考えます。もし、平気でお腹をさわらせるようなら、しばらくさすってやります。しばらくさすっているうちに、よくなることもあります。

トイレへ行かせて、排便をこころみるのもよい方法です。排便をして痛みがとれることもあります。まるで水のような、水様《すいよう》の下痢であったりすれば、感染性胃腸炎《かんせんせいいちょうえん》（→135ページ）であることが多いので病院へ行っておいてよいでしょうが、とくに緊急性はありません。

排便させようとしても便が出ないとき、しばしば便秘《べんぴ》が原因で、腹痛が起こっていることがあります。先ほどもお話ししたように、猛烈な腹痛で病院へ連れてこられた子どものうちのかなりの部分は、便秘が原因なのです。

ですからお腹を痛がっている子どもに浣腸《かんちょう》をしてみるというのは、家庭でもためしてみてよい方法で

す。ただし、虫垂炎《ちゅうすいえん》（→118ページ）の可能性があるときは浣腸はしないほうがよいので、子どもを横に寝かせて、お腹のあちこちをさわってみて、子どもがさわられるのを嫌がらない場合にだけ、浣腸してみることにしましょう。

さすってみたり浣腸したりしてもよくならない場合、しばらく休ませて観察をします。

じっと痛みに耐えているときは要注意

もし痛みが3時間以上も続いて、しかも痛みがだんだん強くなっていくようすが見られたら、病院へ連れて行くことにしましょう。この場合、虫垂炎《ちゅうすいえん》などの可能性もあるからです。しかし、「大騒ぎして痛がっているのを、3時間もそのまま見ていられないでしょう」という声が聞こえてきそうですね。確かにそうです。しかし大騒ぎするような痛みというものは、そんなに長い時間は続かず、そのうちにケロッとしてしまうのがふつうなのです。

重大な痛みがあるとき、これは大人でも子どもでもそうですが、からだを動かさずにじっとしていることが多いのです。からだを動かすとお腹《なか》にひびいて痛いから、じっとしているのです。

苦しそうな顔でじっと痛みに耐えているようすだったら、重大な病気かもしれないと考えて、注意深く経過を見てほしいのです。

赤ちゃんの腹痛の判断のしかた

さて、ここまで書いてきたのは「お腹《なか》が痛い」と口で言うことのできる年齢の子どもの話です。

口で言うことのできない赤ちゃんの場合、お腹を痛がっているかどうか、どうやって判断したらいいでしょうか。

泣きながら足を曲げ、からだのほうにひきつけるようなかっこうをするとき、これは腹痛だろうと判断します。こんな場合は、お腹をさすってみます。さすっているうちに泣きやんでしまうこともよくありますが、そんなときは、お腹にガスがたまって泣いたのだろうと考えます。しかし、次のような「痛がりかた」をした場合は要注意です。

しばらく痛そうに泣いていたと思うと泣きやみ、その後はケロッとして遊んでいたあと、また激しく泣き、またしばらくするとケロッとして平気な顔をしており、しばらくしてまた泣くというふうに、泣く—平気—泣く—平気とくり返すときは、腸重積《ちょうじゅうせき》症《しょう》の可能性があります。次ページの項目を読んでください。

ではここで、ちょっとまとめてみましょう。

まず、子どもの急な腹痛というものは、たいてい自然に治ってしまって、原因がわからないことが多いということを知っておいてください。

ただ、腹痛に激しい下痢《げり》や嘔吐《おうと》をともなう場合、あるいは高熱が出ているような場合は、病院へ連れて行きましょう。

また、痛みが4〜5時間にわたって続き、しかも痛みがだんだん強くなっているようすなら、やはり病院へ連れて行きましょうね。

それでは腹痛を起こす主な病気について、説明しておきましょう。

腸重積症《ちょうじゅうせきしょう》

腸重積症は、松田《まつだ》道雄《みちお》さんが『育児の百科』のなかでくわしく書いてくださったおかげで、ひろく世に知られるようになりました。

松田さんは『育児の百科』のなかで、「この本で腸重積のことをよんでおぼえていたので、早く手当ができ、腹を切らずにすんだという読者からの手紙をもらわぬ年はない」と書かれています。

お母さんやお父さんがこの病気の特徴《とくちょう》をおぼえておいて、「ひょっとすると腸重積かもしれない」と思ったら、すぐに子どもを病院へ連れて行くようにすれば、子どもは救われるということです。

腸重積症はまれにしか見られない病気で、ぼくの40年近い医者経験のなかで、腸重積症の子どもに出会ったのは10回に達しません。そんなに珍しい病気ですけれど、見のがすとたいへんなので、いつもこの病気の可能性を念頭におきながら、診察をしています。

前おきが長くなってしまいましたが、具体的なことをお話しすることにしましょう。

生後3カ月から3歳までに多い

腸重積症《ちょうじゅうせきしょう》という言葉から、どんな状態が連想されるでしょうか。腸が重なってしまうイメージをもちませんか。そのとおりなのです。腸が腸のなかに入れ子になった状態で、どんなふうになるかは左の図を見てください。もっともよく見られるのは、回《かい》腸《ちょう》が、それに続く結腸《けっちょう》のなかに入りこんでしまう状態です。

この状態が長時間続くと、入れ子になった部分（図のⒶ）の腸はくさった状態になって、生命にも危険がおよぶことがあるのです。そういう意味で、早く気がつかなければいけない病気です。

この病気は生後3カ月から3歳までの子に多く、4歳をすぎると、ほとんど起こりません。「腸重積症は赤ちゃんの病気」と考えてもよいでしょう。

赤ちゃんが突然火のついたように泣き始め、からだを折り曲げて、お腹《なか》を痛そうにします。顔色は青くなり、吐《は》いてぐったりします。

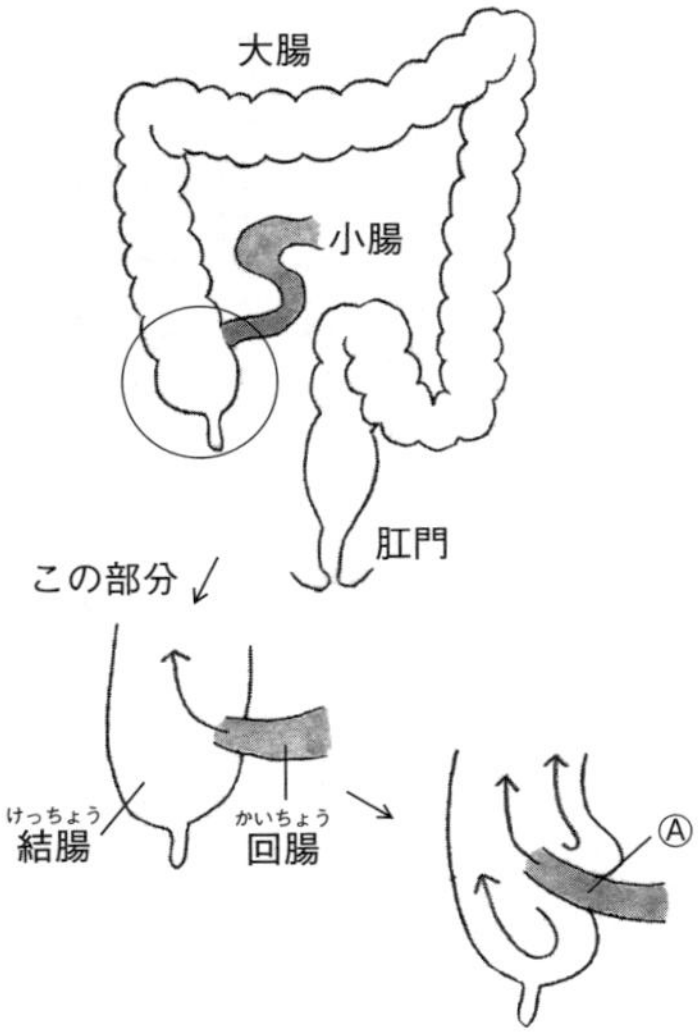

腸重積症《ちょうじゅうせきしょう》の腸の状態

ところが、2～3分苦しがっていたと思うとケロッとして、遊びだしたりします。これで落ちついてしまうかと思うと、10～30分ぐらい経《た》ってふたたび大泣きし、顔色が青くなって吐くという「発作《ほっさ》」が起こります。

　この、大泣きしてぐったりしては回復し、しばらくしてまた大泣きしてぐったりするという経過を見たら、腸重積症かもしれないと考えて、すぐに小児科と外科とがそろっている病院へ連れて行くことにしましょう。

　発作をくり返しているうちに、苺ジャムのような粘血便《ねんけつべん》が出ることもありますが、こうなる前に病院へ連れて行きたいものです。血便が出るのは、発病後2～3時間経《た》ってからですから。

早期診断が重要

　腸重積症《ちょうじゅうせきしょう》は、発病後から発見までの時間が短いほど、治療が容易な病気です。短時間で診断がついた場合は、お尻からバリウムやガストログラフィンといった造影剤《ぞうえいざい》(胃腸などのレントゲン写真をとるときに使うもの)を注入する「高圧浣腸《こうあつかんちょう》」という方法で、腸をもとにもどす(整復《せいふく》と言います)ことができます。

　発病後48時間以内なら、高圧浣腸で80％以上が治ると言われています。しかしそれ以上の時間が経過していたり、赤ちゃんの全身状態が悪い場合は、手術しなければなりません。

　手術の方法はどんどん進歩し、成功率も高くなっていますが、それでもやはり手術は避《さ》けたいので、早期に診断されることが必要です。

　高圧浣腸で整復した場合、半日程度の絶食のあと、食事が開始できます。

　ただ、この病気はときに、再発することがあります。高圧浣腸で治療した場合、5～15％が再発すると言われ、多くは半年以内に再発します。手術で治った場合の再発率は、5％以下と言われています。

　腸重積症の原因は、いまのところわかっていません。

虫《ちゅう》垂《すい》炎《えん》

　一般に「盲腸《もうちょう》」と呼ばれていますが、正しくは急性虫垂炎と言います。しかし一般には急性をつけないで、ただ虫垂炎とよばれています。

　子どもの虫垂炎は、ときに見逃されることがあるので、注意が必要です。

　まず、虫垂炎の起こりやすい年齢を知っておきましょう。6歳以上の学童期によく見られます。5歳以下は少なく、とくに2歳以下の乳幼児では、きわめてまれです。

右下腹部の痛みが特徴

　虫垂炎《ちゅうすいえん》の症状としては腹痛《ふくつう》、嘔吐《おうと》、発熱の3つが特徴ですが、感染性胃腸炎《かんせんせいいちょうえん》でも、これらの症状は見られるので、症状での区別はできません。

しかし腹痛については、虫垂炎のきわだった特徴というものがあります。

左の図のように、腹痛は最初みぞおち、あるいはへそのまわりから始まり、だんだん右下《みぎか》腹部《ふくぶ》のほうへ痛みが移っていくのです。

年長の子どもなら、どういうふうに痛いかを表現できることが多いので、「痛みが移動している」ということを確かめたら、外科のある病院へ連れて行くことです。

しかし小さな子どもの場合は、痛みについて的確に表現することができませんね。

ぼくがお腹《なか》を痛がっている子どもを診察する場合の秘訣《ひけつ》を、お話ししておきましょう。

まず、お腹を痛がっている子どもをベッドに寝かせます。このとき、スタスタとベッドにあがっていくようなら、「重い病気ではなさそうだな」と思います。そろそろとベッドにあがる場合は、慎重になる必要があります。

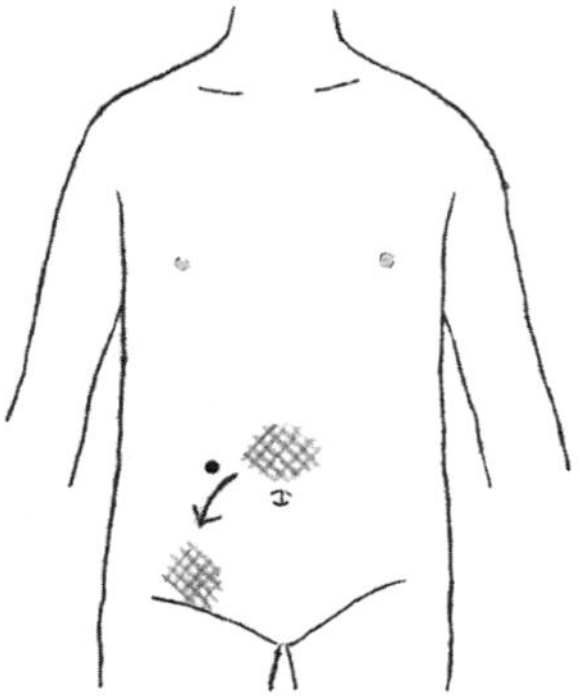

虫垂炎《ちゅうすいえん》での痛む場所の移動

次に、子どものお腹にさわってみます。

さわったときにくすぐったがって笑ったりすれば、これもたいした病気ではない証拠になります。あちこちさわってみても平気な顔をしている場合も、たいていだいじょうぶです。

このとき、「痛いところを、ちゃんと言うんだよ」と横から口をはさむお母さんもいますが、これはよけいなことです。お腹のどの部分が痛いかを正確に言うことは、大人にだってむずかしいのですから、子どもには至難《しなん》のわざだと思ってよいでしょう。子どもが「このあたりが痛い」と言っても、それをそのまま信用するのは危険です。

ではどうすればいいかというと、お腹のいろいろな部分を、ていねいに軽く指の先で押してみることです。ぼくは右利《みぎき》きなので、右手の人さし指と中指とで軽く押してみます。このとき痛そうに顔をしかめたり、からだが逃げたりしたら要注意です。虫垂炎の場合、右下腹部を押したときに、はっきりと痛そうな顔をすることが多いのです。

虫垂炎《ちゅうすいえん》の症状と治療

さて、子どもの虫垂炎の経過についてまとめておきましょう。

まず強い痛み、あるいはぼんやりした痛みがみぞおち、あるいはおへそのまわりに起こり、その痛みは12〜24時間のあいだにだんだん強さを増して、右下腹部へ移動していきます。

しかし、こういう典型的な経過をとるのは全体の

3分の1から2分の1の子どもで、多くの場合、痛みは右下腹部に始まって、そのまま移動しません。

ほとんどの子どもで、食欲がおちます。嘔吐《おうと》もよく起こりますが、腹痛より前に嘔吐が起こることはなく、腹痛に続いて嘔吐が起こります。

便については、一般的には便秘《べんぴ》になっていることが多いのですが、1割くらいの子どもは下痢《げり》になります。

発熱は、年長の子どもでは37.5度前後の微熱《びねつ》程度なのがふつうですが、年少の子どもでは、38度以上の熱を見ることも少なくありません。

虫垂炎かもしれないと思ったら、すぐ外科へ連れて行くようにと先ほどお話ししましたが、外科でも手術しないことが多いのが最近の特徴です。

ぼくが医者になったころ、虫垂炎と診断された子どもは、ほとんどすべて手術されていました。当時は抗生物質をのませて「散《ち》らす」方法はよくないと言われていたのです。しかし最近は、軽症のものなら抗生物質の点滴《てんてき》などで、散らすほうがよいという意見が多くなっています。

ぼくの診療所で虫垂炎と診断した子どもは外科の病院を紹介しますが、最近はほぼすべての子どもが、手術をしないですんでいます(ただ、散らした場合、再発する例もかなりあるとは言われていますが)。

細菌感染が原因か

ほかに虫垂炎《ちゅうすいえん》について、いくつか追加をしておきます。

虫垂炎の原因は、わかっていません。むかし、スイカの種を食べると虫垂炎になると言われましたが、これはうそのようです。抗生物質で散《ち》らすことができる事実から考えれば、細菌感染が原因だろうと考えるのが自然でしょう。いまのところ細菌感染説が原因としては、もっとも有力です。

虫垂炎は最近減っていると言われます。日本の子どもたちはふだん、ちょっとしたかぜにも抗生物質をのんでいることが多いので減ったのだ、と言う人もいます。そうだとすると薬ののみすぎということですから、あまり喜んではいられないかもしれません。

さらにもうひとつ追加しておきます。

むかし、ときどき右下腹部が痛くなる人に、大人でも子どもでも「慢性盲腸《まんせいもうちょう》」という診断をつけました。慢性盲腸というのは正しくは、慢性虫垂炎と言うべきでしょう。慢性虫垂炎という病気は確かにあるのですが、とても珍しい病気です。なので、ここではふれません。かつて慢性盲腸と名づけられたのは、「いいかげんな診断」だったということになるでしょう。

子どもの腹痛の場合も大半は原因がわからず、わからないうちに治ってしまいます。重大な腹痛でないことさえ診断がつけば、それ以上病名をつける必要はないのですが、無理につけようとすると、慢性盲腸といった診断名が出てきてしまうわけです。

成長痛《せいちょうつう》(→369ページ)などといった病名も、そのたぐいと言っていいでしょうね。

くり返し起こる腹痛と過敏性腸症候群《かびんせいちょうしょうこうぐん》

虫垂炎《ちゅうすいえん》(→118ページ)や腸重積症《ちょうじゅうせきしょう》(→117ページ)は急に腹痛《ふくつう》が起こり、治ってしまえばその後、腹痛をくり返すことはない病気です。そうした病気のほかに、子どもでは「くり返し起こる腹痛」というものが見られます。大人の場合も、たとえば胃潰瘍《いかいよう》などのように、くり返し腹痛の起こる病気もありますが、子どもの場合、そういったものと一線を画《かく》します。

どんなところに特徴があるかと言うと、いろいろな検査をしてみても、何も見つからないということです。しかも、痛みは激しいことが多いのです。

大人の場合は、たとえば胃潰瘍なら胃カメラをすればはっきりと潰瘍が見つかりますし、胆石《たんせき》なら超《ちょう》音波《おんぱ》検査《けんさ》で石を見ることができ、それぞれ原因がはっきりすることが多いのですが、子どもの「くり返し起こる腹痛」では、何も見つかりません。

ただ大人の場合、くり返し腹痛を訴える病気のひとつに、過敏性腸症候群というものがあり、この場合は検査で、はっきりした所見《しょけん》は見つかりません。この過敏性腸症候群は最近、子どもにもよく見られるようになっているので、ここでは「くり返し起こる腹痛」と過敏性腸症候群をからませながら、お話しすることにします。

痛い場所が言える

子どもが、からだのどこかが痛くなったとき、痛い場所がはっきり言えるようになるのは、3～4歳ごろでしょうか。

たとえば4歳ぐらいの子どもが「頭が痛い」と言ったりすると、親はびっくりして病院へ連れて行くことがあります。「頭が痛いなどと、いままで言ったことがないのに、痛いと言うのだから、よほどのことなのだろう。脳炎《のうえん》かもしれない」などと思ってしまうのですね。また、「子どもには、頭痛もちなんてものはないはずだ。その子どもが頭が痛いと言っているからには、脳によほどのことが起こっているのではないか」などと思ってしまうのですね。

こんなふうに心配しているお母さんやお父さんには、「子どもにだって頭痛もちはいるのですよ。でもいままでは、頭が痛いというふうにはっきりと言えなかったんですね。はっきり言えるように成長したってことです」と言いますが、これは本当のことです。

腹痛の頻度《ひんど》と、それにともなう症状

さて、お腹《なか》が痛いと言えるようになる3～4歳ごろから小学校の低学年くらいまでの子どもが、毎日のように、あるいは何日かおきに腹痛を訴えるようなことはよくあります。

ぼくは5年間、毎日夜になるとお腹が痛いと言い続けた男の子も知っています。

この、くり返しお腹を痛がり、検査をしても何も

異常が見つからないものは、反復性腹痛《はんぷくせいふくつう》と呼ばれますが、英語では recurrent abdominal pain で、その頭文字をとってRAPとも呼ばれます。

RAPについては、イギリスのアプリーという小児科医が非常にくわしく調べて報告しましたが、アプリーはRAPを、次のように定義しています。

「その子どもの活動を障害するような腹痛発作が3カ月の間に3回以上ある。年齢は3歳以上で、診察のまえ1年間腹痛発作が持続していて、両親が腹痛に気づいていること」

腹痛の頻度について、この定義では3カ月間に3回以上としていますが、実際にはもっと多く、「毎日のように起こる」とか、「1〜2日おきに起こる」といった程度であることが多いようです。しかし1カ月に数回というくらいに、少ない場合もあります。

RAPを起こす年齢は4〜14歳くらいで、学童の1割くらいに見られ、女の子のほうが男の子より多い傾向があります。

痛む場所はおへそのまわりが多いのですが、場所が漠然《ばくぜん》としていて、はっきり「ここ」と指摘できない場合もあります(おへそのまわりに多いことから、「臍疝痛《さいせんつう》」と呼ばれることもあります)。

時間帯としては、朝が多く、なかでも朝食前後から登園・登校前に痛むことが多いと言われています。

腹痛にともなって、頭痛、胸痛《きょうつう》、吐《は》きけ、嘔吐《おうと》、頻尿《ひんにょう》、夜尿《やにょう》などが見られることもあります。

家族のなかに頭痛もちの人や胃腸の弱い人がいることも多く、子どもの反復性腹痛は、大人の頭痛もちの「親類」のようなものと言えるかもしれません(→367ページ)。

心因性《しんいんせい》の腹痛か

これらの腹痛は心因性のものと考えられていて、実際に具体的な原因が見つかることは、多くありません。保育園、幼稚園や学校での友だち関係など具体的なストレス要因が見つかれば、それを取り除くための手だてを考えることになりますが、とくにはっきりした原因が見つからない場合は、どうしたらよいでしょうか。

まず腹痛を、まわりの人が仮病《けびょう》あつかいしないことです。本人は本当に痛いのですから、気づかってやることです。小さな子どもなら、お腹《なか》をさすってやると、それなりの効果があります。

とはいえ、毎日のように痛みを訴えたりすると、さすってやるのも面倒《めんどう》だったり、嫌気がさしたりするかもしれません。でもやはり、さすってやってください。子どもは腹痛を訴えることで、親とのスキンシップを求めているのかもしれませんから。

保育園、幼稚園などを休まなければならないほど痛みが続くことは少ないのですが、痛みがおさまってもだるそうにしているときには、休ませてやったほうがよいでしょう。子どもにだって、ストレスはあるはずです。

薬は使っても無意味なことが多いのですが、整腸《せいちょう》剤《ざい》のような無害なものをのませると、心理的に効《き》くこともあります。

過敏性腸症候群《かびんせいちょうしょうこうぐん》

では次に、過敏性腸症候群についてお話ししましょう。

過敏性腸症候群という病気は、子どもの病気としてはまだ、あまりとりあげられていません。

しかし小児科医のなかにも、「この病気は現代の生活環境の複雑化とストレス社会で、成人、思春期の子どもたちに増加する傾向があり、学童などにも増えているので、いずれは21世紀の代表的な病気になるのではないか」と言っている人もいます。実際、小学校低学年くらいの子どもにも見られるようになっており、「反復性腹痛と過敏性腸症候群は、重なりあうのではないか」という意見もあるので、ここで少しふれておきます。

過敏性腸症候群はかつて過敏性大腸《かびんせいだいちょう》と呼ばれたこともありましたし、一般に神経性腸炎《しんけいせいちょうえん》などと呼ばれているものも、同じものかもしれません。

下痢《げり》型と便秘《べんぴ》型

この病気の特徴は、「腹痛や腹部膨満感《ぼうまんかん》といった腹部の不快感と便秘、下痢などの便通異常《べんつういじょう》(↓125ページ)をくり返す」ということです。こうした症状が1カ月以上続いたら、この病気と診断します。

下痢をしているので下痢どめの薬をのむとひどい便秘になるし、便秘だからといって下剤をのむとひどい下痢になるしというふうに厄介《やっかい》なのです。

下痢になったり便秘になったりと症状が交代するのが特徴ですが、下痢がひどくて便秘が軽いといった「下痢型」、その反対に、便秘がひどくて下痢が軽いという「便秘型」があります。

治療としては、「規則正しい生活」、「ストレスを避《さ》けるための気分転換」、「下痢型は牛乳、香辛料、高脂肪食《こうしぼうしょく》、冷たいものの摂取《せっしゅ》をひかえ、便秘型は食物繊維を多くとること」などと言われていますが、こうしたことでは、なかなかよくならないことが多いようです。

カウンセリングなどが有効な場合もあります。人参湯《にんじんとう》、桂枝《けいし》加芍薬大黄湯《かしゃくやくだいおうとう》といった漢方薬が効《き》くこともありますが、漢方は個人の体質、症状に合わせて使いわけることが必要なので、専門家に相談してください(↓17ページ)。

感染性胃腸炎《かんせんせいいちょうえん》(お腹《なか》のかぜ)

ウイルスや細菌によって起こる胃腸炎で、腹痛が見られますが、強い腹痛ではないのがふつうです。症状としては嘔吐《おうと》、下痢《げり》が主なので、「吐《は》く」に続くところで説明しています。135ページを見てください。

アナフィラクトイド紫斑病《しはんびょう》

長ったらしい病名ですね。この病気はほかにいろいろな呼び名があり、「アレルギー性紫斑病《せいしはんびょう》」、「シェーンライン－ヘノッホ紫斑病」などとも呼ばれます。この病気についてくわしくは「血液の病気」の201ページのところでお話しすることにして、ここでは簡単にお話ししておきます。

3～11歳ぐらい、なかでも2～8歳ぐらいの子どもによく見られ、男児が女児の2倍かかります。

主な症状は腹痛《ふくつう》、紫斑、関節痛で、紫斑があればこの病気と診断できますが、ときに腹痛が最初に起こって、紫斑や関節痛があとから起こるという場合もあり、こういう場合は診断が困難です。

紫斑は、皮膚《ひふ》にできる小さな出血で、針で突《つ》ついたような点状のものであることが多く、それ以外に刷毛《はけ》でこすったようなかたちや、じんましんのようなかたちになることもあります。紫斑は主に脚《あし》やお腹《なか》、目のまわりなどに見られます。

腹痛は激しいことが多いので、子どもが激しい腹痛を訴えた場合、常にこの病気の可能性を考慮《こうりょ》に入れるということが、医者にとっては大事なことになります。みなさんもこの病気のことを、記憶のすみにとどめておいてください。

そのほかの腹痛《ふくつう》

大人の場合、慢性の腹痛があれば、胃潰瘍《いかいよう》、十二《じゅうに》指腸潰瘍《しちょうかいよう》、胆石《たんせき》、膵炎《すいえん》などのほか、消化器のガンなども疑いながら診断を進めますが、子どもの場合、こうした病気はめったに起こりません。

しかし、胃潰瘍、十二指腸潰瘍は、子どもでもまれに起こります。

新生児や乳幼児で、手術や外傷《がいしょう》などの激しいストレスにさらされた場合や、ステロイドなどの薬をのんだときに、胃潰瘍が起こることがあります。

この場合、吐血《とけつ》や下血《げけつ》(下血は便に血がまじることで、便はコールタールのような黒い便になるのがふつうです)などの症状から診断がつきます。緊急入院や緊急手術を必要とする場合が多いのです。

次に年長児で、十二指腸潰瘍が見られることがあります。慢性的にみぞおちのあたりに痛みがあり、それが空腹の時間にかぎって起きる、とくに夜中に痛みで目をさますことが多いといった場合には、十二指腸潰瘍の可能性を考えて、便の潜血反応《せんけつはんのう》検査をしてみる必要があるでしょう。潜血反応が陽性なら、胃カメラなどで精密検査をすることも考えねばなりません。

子どもの胃潰瘍、十二指腸潰瘍は、入院して治療するのが原則です。

さてそのほか、子どもでは、いろいろな場合に腹痛が起こります。

扁桃炎《へんとうえん》などの「のどかぜ」(↓102ページ)にかかった場合、腹痛が起こることがよくあります。また、気管支喘息《きかんしぜんそく》(↓161ページ)の発作のときにも腹痛が起こることがあります。

起立性調節障害《きりつせいちょうせつしょうがい》の場合に、腹痛が見られることも少なくありません(↓186ページ)。

そして、大半の腹痛は、原因がわからないまま自然に治ってしまうのです。

下痢《げり》と便秘《べんぴ》

下痢と便秘はどちらも排便に関する問題で、両方合わせて「便通異常《べんつういじょう》」と呼ばれます。

なかには、すでにお話しした過敏性腸症候群《かびんせいちょうしょうこうぐん》(↓121ページ)の人の一部のように、便秘と下痢をくり返す場合もあります。

正常な便通とは

「便通異常」とは言われるものの、そもそも便通はどういう状態が正常かということになると、これがむずかしいのです。

便通は毎日なければ異常なのか、毎日だとしたら1日何回あるのが正常なのか、かたさはどの程度が正常なのかなど、いろいろな問題があって、こうした問いに答えるのは、専門家でも苦労します。

世の中には「人間は毎朝1回、色、つやがよく適度なかたさの便が出るのが正常だ」と言いきったりする大胆な専門家などもいて、また、それを信じた教師が「排便教育」などと銘《めい》うった教育にいそしんだりすることもありますが、これは人間という複雑多様な生きものをひとつの枠に押しこめようとする、無茶な企《くわだ》てと言うしかありません。

個性化、多様化といった言葉がさかんに使われる昨今、排便こそは個性的で多様なものの代表と言えますから、その個性、多様性を認めてやらなければいけないと思います。

とはいえ、ぼくたち医者は診察室にやってくる子どもや大人について、まず病気であるかないかを判定せねばならず、その判定にしたがってしか治療を始められないという宿命を背負っていますから、便通についても、「どこからが病気か」ということを決めねばなりません。

下痢《げり》とは何か

専門家はどう決めているのか、調べてみました。

アメリカの有名な内科学の教科書である『ハリソンの内科学』という本を見ると、下痢の定義は次のようになっています。

「下痢の定義は緩《ゆる》やかなものであり、異常に水分の多い便や、かたちのない便が頻度《ひんど》を増して排出することであるとされている。典型的な西洋的食事をとる成人においては、1日に200グラムを超える便がある場合には一般的に下痢と考えられる」

実にあいまいな定義ですね。「1日に200グラムを超える便」とありますが、1日の排便量を測っている人はめったにいないと思われますから、この定義だと、しろうとには下痢の判定はできないということになってしまいます。それでは困るので、「異常に水分の多い便」といったことを定義とするしかありませんが、これはそうとう主観的なものになりそうです。

ふだんかたい便が出ている人は、少し軟らかくなっても下痢と思うでしょうし、ふだん軟らかめの便が出ている人は、多少軟らかくても下痢とは思わないでしょう。

水様便《すいようべん》なら誰が見ても下痢ということになるでしょうが、軟らかい便ということになると判定がむずかしくなります。「下痢」、「軟便《なんべん》」などと言葉を使いわけますが、これらの境界もあいまいなものです。

また1日の排便回数ということになると、もっと話がむずかしくなります。「便がそれほど軟らかくなくても、回数が多くなれば下痢だ」と考える人もいるくらいで、1日何回以上からを下痢とするかについては、意見の一致をみません。

小児科の領域では、「子どもの場合、1日5回以下の下痢は病気と考えなくていい」などと言われますが、では6回以上なら病気なのかと問いつめられると返事に困ります。

先ほど、『ハリソンの内科学』という本を調べましたが、これは成人の病気についてあつかった本なので、今度は『ネルソンの小児科学』という、やはりアメリカの有名な教科書にあたってみましょう。

「下痢は、「便中に過剰な水分と電解質《でんかいしつ》が失われること」と定義できる。ふつう健康な子どもは1日に体重1キログラムあたり5グラムの便を排泄《はいせつ》する。そして成人では1日200グラムに達する」

定義としてはこんなもので、あいまいきわまりありません。

便秘《べんぴ》とは何か

では次に、便秘の定義を調べてみましょう。『ハリソンの内科学』は、次のように定義しています。

「便秘は臨床上《りんしょうじょう》非常によく見られる疾患《しっかん》で、通常は持続性であり、排便が困難で、その頻度《ひんど》が少なく、排便しきっていないと思われる状態を言う。正常の排便とされるものの範囲がひろいため、便秘は正確に定義することがむずかしい。多くの人々は、少なくとも週に3回は排便する。しかし排便の頻度だけでは便秘の診断基準として不十分である。なぜなら、多くの便秘患者は排便回数が正常であるのに、排便時に過度に「りきむ」ことが必要であるとか、便がかたい、下腹部《かふくぶ》がはる、排便後に便が残っている感じがあるとか訴えるからである」

次に、『ネルソンの小児科学』のほうを見てみましょう。

「便秘はどんなふうに定義しても絶対的な定義にはならないが、ふつう、便のかたさ、排便の回数、排便時に困難を感じるかどうかなどの程度によって定義される。

健康な子どもが2〜3日に1度の排便で、排便時につらそうでない場合、便秘とは呼ばない。しかし、3日ごとの排便で、便がかたく排便困難がある場合は便秘と考えて、適切な治療をおこなう」

便秘の定義がむずかしいものであることは、おわかりになっていただけるでしょう。

神経質にならないで

結局、便秘《べんぴ》を病気とあつかうかどうかは、「つらい症状があるかどうか」にかかっているということです。

たとえば赤ちゃんが5日も便が出ていないからといって、食欲もあり元気で機嫌《きげん》もよければ、ほっといてよいのです。くわしいことはあとでお話ししますが、子どもの排便には神経質にならないでよいということを、ここで力説しておきます。

ぼくは小児科医の修業《しゅぎょう》をしていたころ、先輩に「赤ちゃんの場合、ウンチを見るより顔を見るように」と言われたものです。

その意味は、「ときどき、おむつ持参できたお母さんが、「こんな便が出ました」と言って、おむつをひろげようとすることがあるが、そんなときすぐおむつを見ないで、赤ちゃんの顔を見なさい。赤ちゃんがふつうの顔をしていたら、便がどうであろうと、そんなことは問題にならないから」ということでした。

とくに乳児期など、便がかたくなったり軟らかくなったりいろいろに変化することがよくあり、それは病気でも何でもないことがほとんどなのですよ。

下痢《げり》を起こす病気や薬、飲食物

下痢を起こす病気の数はそんなに多くありませんし、また、あまりこわい病気もありません。おむつを替えたりするのがたいへんということはありますが、子どもの場合、ほとんどの下痢はひとりでに治ってしまうものなので、気にしないでじっくり治る日を待つというのが、正しい態度です。

まず下痢を、「急性の下痢《きゅうせいのげり》」と「慢性の下痢《まんせいのげり》」とにわけておきます。

子どもが下痢をし始めたとき、それがいつまで続くか予想ができないのがふつうですから、「すべての下痢は、急性下痢として始まる」と言えると思います。そして下痢がずっと続いて2週間以上になった場合、慢性下痢と呼ぶのがふつうです。

急性の下痢の原因――急性下痢の場合から考えましょう。

子どもで見られる急性下痢の大半は、感染性胃腸炎《かんせんせいいちょうえん》によって起こるものです。これは乳児であれ幼児であれ、さらに学童であっても同じことです。感染性胃腸炎にもウイルスによるもの、細菌によるものといろいろありますが、いずれも自然によくなっていきます。感染性胃腸炎については「吐《は》く」の説明のあとにくわしくお話ししますので、そちらを見てください(↓135ページ)。

そのほかに、胃腸以外の部分の感染症で、下痢が起こることがあります。扁桃炎《へんとうえん》(↓101ページ)、肺炎《はいえん》(↓107ページ)、中耳炎《ちゅうじえん》(↓289ページ)、尿路感染症《にょうろかんせんしょう》(↓59ページ)などにかかっているとき、下痢を起こすことはよくあるのです。

乳児で見られる突発性発疹《とっぱつせいほっしん》(↓72ページ)でも、発熱以外の唯一《ゆいいつ》の症状が下痢であるといったケースは多いのです。この場合、ブツブツした顆粒状《かりゅうじょう》の軟便《なんべん》が多く見られます。

もうひとつ、抗生物質によって起こる下痢があります。とくに乳幼児の場合、抗生物質をのんだために下痢が起こり、ずっと続いているといったケースもよく見られます。

急性の下痢の原因としては、この程度のものを知っていればよいと思います。

急性の下痢はほとんどが、発症後3日以内によくなるとも言われますが、小児科医としてのぼくの印象では、5日間ぐらい続くことが多いように思います。

急性の下痢の治療をどのようにするかについては、感染性胃腸炎のところでくわしくふれています(↓135ページ)。

慢性の下痢の原因――次に、慢性の下痢の原因になる病気を見ていくことにしましょう。

まず、「母乳栄養の赤ちゃんの軟便」があります。母乳で育てられている赤ちゃんの場合、かたちをなさない軟便がずっと続くことがあります。ときには水様《すいよう》になったり、白いツブツブがまじったりします。回数も1日何回も、というふうに多いのがふつうです(人工栄養の赤ちゃんは、1日1回ということが多いようです)。

なかには哺乳《ほにゅう》後に毎回排便するというふうに、頻《ひん》回《かい》の排便をする赤ちゃんもいますが、これも正常です。また便のにおいが甘酸《あまず》っぱくなることがありますが、まったく問題はありません。

さて、いちおう「病的」と考えられる慢性下痢でいちばん多いのは、二次性乳糖不耐症《にじせいにゅうとうふたいしょう》と呼ばれるもので、ウイルス性の感染性胃腸炎(↓135ページ)にかかったあと何週も下痢が続いているといった場合、まずこの状態である可能性を第一に考えます。

ウイルス性の胃腸炎にかかると、腸の粘膜《ねんまく》が傷つきます。小腸の粘膜には乳糖分解酵素《にゅうとうぶんかいこうそ》という酵素が存在していて、ミルクのなかの乳糖を分解しているのですが、小腸の粘膜が傷つくと、この分解酵素が少なくなります。そうすると乳糖が小腸で吸収されないまま大腸に達し、そこで発酵《はっこう》します。こうなると便は下痢になり、発酵したために甘酸っぱいにおいになります。この状態を二次性乳糖不耐症と言います(→148ページ)。

この場合は、母乳栄養の赤ちゃんはそのまま母乳を続け、人工栄養の赤ちゃんなら乳糖を含まないミルクを与えるようにします。

ただ乳糖を含まないミルクは高価なので、ぼくは大豆を原料にしたミルク(商品名としてはボンラクトなどがあります)などをすすめています。

赤ちゃんが長いこと下痢しているのを悩んでいるお母さんに、大豆原料のミルクに替えてみるようすすめたら、すぐに下痢が止まったという例を、ぼくは何度も経験しています。

もうひとつ、「果汁の飲みすぎ」による下痢も、ときどき見られます。とくにリンゴジュースは、ほかの果汁に比べ果糖濃度《かとうのうど》が高く、下痢を起こしやすいので、飲みすぎないよう気をつけてください。

乳児用イオン飲料も長いことダラダラ飲んでいると、下痢の原因になることがあります。下痢のひどいときに1回だけ飲むようにしましょう。

また、食物《しょくもつ》アレルギー(→170ページ)で下痢が続くこともあります。

便秘《べんぴ》のときどうするか

子どもがお腹《なか》が痛いといって七転八倒《しちてんばっとう》しているということで、お母さんが青ざめた顔で診察室にかけこんでくることはよくあります。そしてそういう例の大半が単なる便秘で、浣腸《かんちょう》したらすぐ子どもはスッキリ、ケロッとしてしまいます。

こんなとき、子どもをベッドに横にねかせ、下腹《かふく》部《ぶ》をさわってみると、皮膚を通してコロコロした便が手にふれることがよくあります。

こういう例では、浣腸で処置するのが唯一無二《ゆいいつむに》の正しい方法ですが、子どもがあまりつらそうでないとき、何日便秘したら治療をすべきかというのは、むずかしい問題です。

前にもお話ししたように、「病的な便秘」を定義するのは、たいへんむずかしいことなのです。

たとえば乳児の場合、5日間くらい便が出ていなくても機嫌《きげん》がよければとくに便秘と考えず、そのままにしておいてよいでしょう。1週間便が出なかったら、浣腸をしてよいのではないかと思います。綿棒で肛門《こうもん》を刺激するとか、お腹の表面をマッサージするとかいう方法もありますが、これを実行しても排便が見られる可能性は少ないと思います。

では、各年齢層での便秘について、お話ししましょう。

乳幼児期——新生児の時期に、お腹が異常にふくらんでいて、嘔吐《おうと》もあり便秘しているという例では、ヒルシュスプルング病(→57ページ)を考えておきます。

体重増加が少なく、緑色のあまりかたくない便がちょっとしか出ないというときは、ミルク不足かもしれません。

また、肛門が切れているときも便秘になります。肛門が切れていると排便時に痛いので、便を出そうとしません。そうすると便がかたまって、よけいに出にくくなります。これはまさに悪循環《あくじゅんかん》です。まず肛門に薬をぬって、切れた部分を修復することが必要になります。

さて治療ですが、排便のたびに、りきんでいるという場合は、ほっといてかまわないのですが、排便時に泣くというような場合は、下剤《げざい》を使ってもよいでしょう。そのほか、麦芽糖《ばくがとう》(商品名としてはマルツエキス)を与える、水分をたくさんとるなどといったことを試してみます。

便を出やすくする食物として、柑橘類《かんきつるい》やスモモ、モモ、イチゴ、プルーンなどがあります。ヨーグルトがよい場合もあります。

幼児期、学童期――この時期に便秘が起こっても、重大な病気が隠れている可能性はないと言ってよいでしょう。

保育園で排便をがまんしたために便秘が起こったというようなこともあり、こんなときは下剤を与えて、便を出しやすくするのがよいでしょう。運動不足で便秘になることもあるようですから、からだを動かすことも考えてみましょう。

吐《は》く(嘔吐《おうと》)

吐くという症状は、何となくまわりの人を不安にさせます。腹痛《ふくつう》や下痢《げり》といった症状よりも、嫌《いや》な感じを与えます。それは、なぜでしょうか。

嘔吐《おうと》の場合のいろいろな病気の可能性

医者という立場から言えば、腹痛《ふくつう》や下痢《げり》といった症状からは原因として、胃腸の病気の可能性だけを考えておいていいのですが、嘔吐の場合はいろいろな病気を考えておかねばならないということがあって、ちょっと緊張します。

つまり、下痢や腹痛を起こすのは、ほぼお腹《なか》の病気だけだけれど、嘔吐については、いろんな病気の可能性を考えなければいけない、ということです。

みなさんもたとえば、子どもが頭をぶつけたとき、しばらくしてから吐き始めたら要注意、というような知識をどこからか得たりしているので、吐《は》いている子どもを見ると、不吉な感じを抱くのだろうと思います。

確かに、嘔吐の原因になる病気はたくさんあります。ここで、そういう病気を列挙《れっきょ》しておきますが、大半はとても珍しい病気で、吐いたからといってすぐそうした病気の可能性を考えるのは「とんでもない考えすぎ」ですから、あくまで冷静に目を通してくださいね。

まず新生児が嘔吐した場合、可能性のある病気は次のようなものです。

比較的頻度《ひんど》の高いものとしては、溢乳《いつにゅう》、空気《くうき》嚥下《えんげ》、胃軸捻転《いじくねんてん》、腸管感染症《ちょうかんかんせんしょう》、そのほかに敗血症《はいけつしょう》、髄膜炎《ずいまくえん》、水頭症《すいとうしょう》、尿路感染症《にょうろかんせんしょう》、食道閉鎖《しょくどうへいさ》、腸回転異常症《ちょうかいてんいじょうしょう》、ヒルシュスプルング病、などなど……。

何だかおそろしげな病名が、ならんでしまいました。しかし、あとでくわしく説明するように、新生児で見られる嘔吐は溢乳、空気嚥下、初期《しょき》嘔吐《おうと》といったまったく心配のないもので、それ以外のむずかしい名前をもった病気は、まれにしか見られないものですから心配しないでください。

これらのうち、わりによく見られる病気についてひとつひとつ説明するのはあとまわしにして、次に新生児期をすぎた乳児が吐いたときは、どんな病気の可能性があるかをお話ししておきます。

比較的頻度の高いものとしては、食事誤《しょくじご》嚥《えん》、空気嚥下、便秘、腸管感染症、幽門狭窄症《ゆうもんきょうさくしょう》、腸重積《ちょうじゅうせき》症《しょう》。そのほかに髄膜炎、脳炎《のうえん》、尿路感染症、呼吸器《こきゅうき》感染症《かんせんしょう》、虫垂炎《ちゅうすいえん》などがあります。

こんなふうに嘔吐は、実にさまざまな病気で起こるのですが、何度も言うように大半はたいしたことのない病気、とくに感染性胃腸炎《かんせんせいいちょうえん》と言われるものがほとんどなので、子どもが吐いても、落ちついて対処してくださいね。

では、それぞれの時期の嘔吐について、もう少しくわしくお話ししましょう。

新生児期の嘔吐《おうと》

新生児にとっては、嘔吐はあたりまえの現象とも言えます。とくに、生まれて数時間という時期に嘔吐することは珍しいことではなく、これは初期《しょき》嘔吐《おうと》と呼ばれます。

しかし、生まれつき、十二指腸《じゅうにしちょう》や空腸《くうちょう》、回腸《かいちょう》などが閉鎖していたり、せばまったりしていて、そのために起こっている場合もありますから、医師は嘔吐に対して慎重に判断をします。

最近は胎児《たいじ》診断《しんだん》が進み、こうした生まれつきの消《しょう》化《か》管閉鎖《かんへいさ》などは出生前に診断がついていることも多く、そんな場合は出生後ただちに対応できます。

新生児の時期に何か異常が見られれば、医師による管理下におかれることになりますから、ここでは簡単にふれておくことにします。

新生児の場合、嘔吐がいつ始まったか、嘔吐の内容物はどんなものか、嘔吐の特徴はどのようなものかといったことから、原因の見当がつくことがあります。

たとえば嘔吐が始まる時間によって、次のような見当がつきます。

まず生後数時間で始まる嘔吐は、初期嘔吐と言って、問題がないものが多い。消化管が閉鎖《へいさ》している場合、十二指腸の閉鎖では生後12時間以内、空腸の閉鎖では24時間以内、回腸の閉鎖では過半数が24時間以内に嘔吐が始まる。

こんな見当で医師は診療にあたるのです。また、吐物《とぶつ》の内容から見当をつけたりもしますが、とても専門的なことなので、くわしくはふれません。

どんなふうな吐《は》きかたをしているかということは、医師にとって参考になりますが、みなさんも知っておいて役に立つかもしれませんから、少しくわしくお話ししておきます。

まず、口からダラダラとあふれるように吐く場合は溢乳《いつにゅう》と呼ばれ、健康な赤ちゃんでふつうに見られることですから、心配はいりません。

噴水のように勢いよく吐く場合は、心配のないものと、病気によるものとがあります。

心配のないものとしては、哺乳《ほにゅう》のさいに空気をのみこむために、げっぷの極端なかたちとして吐く場合があります。

母乳の場合、分泌《ぶんぴ》がよいと、赤ちゃんが勢いよくのみすぎ、むせて吐いてしまうことがあります。逆に、お乳の出が少ない場合も、空気をのみこみやすくなりますので、吐きやすくなります。

人工栄養の場合は、ほ乳びんの乳首が大きすぎたり小さすぎたりして吐くことがよくありますから、乳首をとりかえてみるのもよいかもしれません。

では病気としては、どんなものがあるでしょうか。

代表的な病気として、肥厚性幽門狭窄《ひこうせいゆうもんきょうさく》という病気があります。それ以外の病気は、新生児専門の小児科医以外は小児科医でも見ることがないようなものなので、とくに解説しません。ここでは肥厚性幽門狭窄についてだけお話ししておきましょう。


肥厚性幽門狭窄《ひこうせいゆうもんきょうさく》――先天性肥厚性幽門狭窄《せんてんせいひこうせいゆうもんきょうさく》とも言われますが、原因ははっきりしていないので、先天性とは言わないほうがよいでしょう。

この病気は簡単に言うと、「生後2～3週目に吐き始め、日ましに吐く回数が増えていって、体重がだんだん減っていく病気」ということになります。

嘔吐は生後2～3週で始まることが多いのですが、まれにそれ以前に始まることもあります。嘔吐の回数は日ましに増えて、哺乳ごとに、噴水のようにピューッと吐くようになります。吐物の内容は、ミルクのかたまりのようなものです。

嘔吐をくり返すために、だんだん皮膚《ひふ》が乾燥し、頭のおどりこ(大泉門《だいせんもん》)や目がくぼんできます。食欲はあるのに、体重は減少していきます。治療としてはアトロピンという薬を使うこともありますが、手術がおこなわれるのがふつうです。

この病気は有名なわりにはまれな病気で、ぼく自身もこれまで、数例しか見たことがありません。統計的には赤ちゃんの2000人に1人見られると言われ、第一子に多く、男の子は女の子の4～5倍と、多く見られます。

乳児期の嘔吐《おうと》

ぼくたち開業小児科医が診察室で出会う、乳児の嘔吐の原因の大半は、感染性胃腸炎《かんせんせいいちょうえん》か、かぜなどでせきこんで吐《は》いてしまうかのどちらかです。

せきこんで吐く場合は、お母さんやお父さんもわかっていますから、嘔吐のほうには関心がなく、「何とか、せきを減らしてほしい」というのが、医者に対する要求になります。

しかしこの「せきこみ型のせき」というものは薬が効《き》きにくく、医者にとっても難物《なんぶつ》で、なかなかよくなりません。しかも乳児はちょっとした刺激でも吐く傾向があるので、「せきこんで吐く」という状態は、とても治しにくいのです。

感染性胃腸炎の嘔吐については、このあとでお話ししますが、いきなり吐き始めるのが特徴です。

乳児が突然何度も続けて吐くということがあったら、まず半日以内に頭をぶつけていないかどうか(→418ページ)を確かめます。ぶつけているということがあれば、すぐ脳外科へ連れて行かなければいけませんが、そういうことがなければ、まず感染性胃腸炎を考えてよいので、心配する必要がなくなります。

一方、腹痛らしい症状が続いたあとで吐いたという場合は、すぐ病院へ行くべきです。こんなときは、腸重積症《ちょうじゅうせきしょう》(→117ページ)や虫垂炎《ちゅうすいえん》(→118ページ)などの、重大な病気の可能性もあるからです。

赤ちゃんが1回だけ吐いたという場合は、原因がよくわからないことがしばしばです。

吐いたあとケロッとして機嫌《きげん》がよければ、ただのげっぷのようなものと考えてください。

熱があって機嫌が悪く、1回吐いたという場合は中耳炎《ちゅうじえん》(→289ページ)、尿路感染症《にょうろかんせんしょう》、肺炎《はいえん》、のどのかぜ(インフルエンザも含む)など、胃腸以外の部分の感染症などの可能性もあります。とくに中耳炎の場合、吐くことが多いので、注意しておいてください。

また、高熱があり、嘔吐が数回起こり、いちじるしく機嫌が悪いというような場合は、髄膜炎《ずいまくえん》、脳炎《のうえん》などの心配がありますから、すぐ病院へ連れて行くことです。

幼児期、学童期の嘔吐《おうと》

乳児期の場合と同様、突然何度も吐《は》くというときは、頭部打撲《とうぶだぼく》の可能性(→418ページ)がなければ、感《かん》染性胃腸炎《せんせいいちょうえん》の可能性が大です。

高熱、頭痛、不機嫌、さらに意識がぼーっとしている、つじつまの合わないことを言うなどの症状があれば、髄膜炎《ずいまくえん》、脳炎《のうえん》などの可能性があります。病院へ直行しましょう。

腹痛を何時間か訴えたあと吐いた場合は、腸重《ちょうじゅう》積症《せきしょう》や虫垂炎《ちゅうすいえん》などの可能性があり、やはり病院へ直行する必要があります。

こうしたことについては乳児期と同様の対応でよいのですが、幼児期、学童期になると慢性の嘔吐といったものがあり、これらについて知っておく必要があるでしょう。

アセトン血性嘔吐症《けっせいおうとしょう》(いわゆる「自家中毒《じかちゅうどく》」)——自家中毒という言葉は、ぼくが医者になったころにはよく使われていて、1歳半〜10歳くらいまでの子ども時代の、代表的な病気のひとつと言ってもよいくらいでした。しかし、どういうわけか最近少なくなってきています。

症状としては「突然吐《は》き始め、その吐きかたが激しいので、すぐにぐったりしてしまう」というものです。この症状だけで見れば、感染性胃腸炎と区別がつきません。点滴《てんてき》をすれば、みるみる元気になって、点滴が終わり帰宅するときには、ふだんと変わらなくなっているというようなところも、感染性胃腸炎と似ています。

ただ、アセトン血性嘔吐症の場合は、こういうことを何週間おき、あるいは何カ月おきかにくり返すというところに特徴があります。

この病気になりやすい子どもは体型に特徴があり、やせ型でひょろひょろしている、肩はなで肩で、何となく力のない感じの低血圧型体型であることが多いのです。ただし例外もあって、まるまると太った子どもや筋骨たくましい子どもでも、この病気になることがあります。

嘔吐発作が起こるきっかけとしては、精神的あるいは肉体的に疲れているという場合が多いようで、そういうときに突然吐き始めます。同時に、腹痛や頭痛を訴えることも少なくありません。

嘔吐発作は点滴による治療でおさまることが多いのですが、ときには1週間も症状が続くこともあります。

発作中の子どもの尿を調べてみると、アセトンという物質が認められるので、アセトン血性嘔吐症と呼ばれますが、ほかに周期性嘔吐症《しゅうきせいおうとしょう》と呼ばれることもあり、また「俗な名前」として、自家中毒があります(→373ページ)。

心因性嘔吐《しんいんせいおうと》——たとえば毎朝登園、あるいは登校する時間になると吐くといった子どもがいます。毎晩1回吐くという子どももいます。

吐く以外には症状がなく、やせてくるということもありません。

何かの理由で登園、登校に気が進まず、その気持ちが嘔吐となってあらわれている場合もありますが、何も原因が見つからないことも少なくありません。

子どもに何か困っていること、悩んでいることはないかを聞いてみることは必要で、何かあれば、その悩みを取り除く方法を考えてやってください。何もなさそうだったら、そのまま見ていれば、しばらくするうちに吐かなくなります。

胃潰瘍《いかいよう》、十二指腸潰瘍《じゅうにしちょうかいよう》——こんな病気が子どもにあるのかと驚かれるかもしれませんが、最近は子どももストレスに囲まれた生活をしているためか、学童期には、これらの病気が見られるようになりました。

最近子どもがよく吐くようになった、食後1時間くらいすると、必ずみぞおちのあたりが痛いと言う、あるいは夜中に腹痛で目をさますなどといったことがあったら、胃や十二指腸の潰瘍の可能性も考えておくべきです。

そのほかに、片頭痛《へんずつう》(→371ページ)や起立性調節《きりつせいちょうせつ》障害《しょうがい》(→186ページ)などで嘔吐が起こることがあります。それぞれについて説明しているところを見てください。

感染性胃腸炎《かんせんせいいちょうえん》（お腹《なか》のかぜ）

感染性胃腸炎という言葉は、耳なれないかもしれませんね。一般に「お腹のかぜ」とか、「はらこわし」とか呼ばれているものが、これにあたるのでしょう。病原性のあるウイルスや細菌が胃腸に入りこんで増殖《ぞうしょく》し、嘔吐《おうと》、下痢《げり》、腹痛《ふくつう》、発熱などの症状を起こすものをまとめて、感染性胃腸炎と呼びます。

嘔吐、下痢、腹痛などの症状がありますが、嘔吐、下痢が主で、腹痛は弱いのがふつうです。

しかし感染性胃腸炎は、とくに嘔吐が続けざまに起こって、まわりの大人をびっくりさせることがあるので、「吐く」に続けてとりあげることにしました。

感染性胃腸炎のうち、ウイルス性の胃腸炎の特徴として、熱が高くないのにけいれんが起こることがしばしば見られるということがあります(とくにロタウイルスによる胃腸炎で多いようです)。

さて、感染性胃腸炎を起こすウイルスや細菌は、いろいろあります。ここでは主なものを総ざらいしますが、まだここにとりあげていないものもあります。しかし、ウイルスではロタウイルス、ノロウイルス、細菌ではカンピロバクター、サルモネラ、病《びょう》原性大腸菌《げんせいだいちょうきん》といったもので起こる胃腸炎が大半なので、それらについて、ある程度の知識をもっていればよいと思います。

人から人へうつる

感染性胃腸炎《かんせんせいいちょうえん》を大きくわければ、「感染している人の便が、周囲の器物や衣服、手の指などにくっつき、それにほかの人がふれてうつるかたち」のものと、「ウイルスや細菌に汚染された食べものや飲みものを、口に入れることでうつるかたち」の2つになります。

後者の「汚染された食べもの、飲みものの摂取《せっしゅ》」によって発病するかたちは食中毒と呼ばれ、集団発生することが多いのが特徴です。

また、食中毒は一般に症状も激しいことが多く、これを「お腹《なか》のかぜ」とは呼びにくい気がします。

ですからお腹のかぜと呼ばれるものは主に、ロタウイルス、ノロウイルス、アデノウイルスといったウイルスによって起こる「人から人へうつる」のを特徴とした胃腸炎、と言ってよいかと思います。

子どもの感染性胃腸炎では食中毒は少なく、大半は「お腹のかぜ」タイプのものです。

そしてこのお腹のかぜは、脱水にさえならなければ、ほとんどが自然に治ってしまい、薬もいらないのがふつうなのです。治療については144ページ以下でお話ししますが、とりあえず「お腹のかぜは自然に治る」ということを、しっかりと記憶しておいてください。

では感染性胃腸炎を、原因になるウイルスや細菌別に解説することにしましょう。

ロタウイルスによる胃腸炎

毎年11月から翌年の3月ごろにかけて流行する、いわゆる「冬の下痢《げり》」と言われるものは、ロタウイルスが原因になって起こると考えられています。ただ最近は、カリシウイルスと呼ばれる一群のウイルスによる胃腸炎、なかでもノロウイルスによるもの（→138ページ）がかなり増えていて、冬の下痢は、ロタウイルスかカリシウイルスのどちらかが原因になると考えておくほうがよいでしょう。

まずロタウイルスによる胃腸炎を説明します。

ぼくが医者になった1970年前後には、「乳児白色便《にゅうじはくしょくべん》性下痢症《せいげりしょう》」、あるいは「白痢《はくり》」、「仮性小児《かせいしょうに》コレラ」などと呼ばれる病気がありました。この病気は、米のとぎ汁のような色のない下痢便が何十回もジャージャーと出て、数時間で赤ちゃんが脱水状態になるといったこわい病気でした。

色のない、白色と言ってよいような便が出るので乳児白色便性下痢症と呼ばれ、水のような便がどんどん出るところがコレラに似ているので仮性小児コレラと呼ばれ、また、血便を特徴とする赤痢《せきり》という病気があるのに対し、白色便の出るこの病気は、白痢とも呼ばれたりしました。

この病気は流行するのに、便から細菌が見つかりませんでしたから、おそらくウイルスによるものだろうと考えられていました。

そして1973年、オーストラリアのビショップというお医者さんが、この病気になった子どもの便から、車輪のようなかたちをしたウイルスを見つけました。このウイルスはラテン語で車輪を意味する「ロタ」という言葉で呼ばれるようになり、ロタウイルスと言われます。ロタウイルスという名前は聞いたことがあるという人が多いでしょう。

ロタウイルスはA群からF群までに分類されていますが、このうちA群からC群までが、人間に感染することがわかっています。

A群による感染性胃腸炎は2歳以下に多く、B群によるものは主に成人、C群によるものは3歳以上の子どもや成人に多く見られます。

さて、このロタウイルスによる胃腸炎も、最近は軽症のケースが多くなってきました。むかし「乳児白色便性下痢症」と呼ばれていたような重症の胃腸炎は、めったに見られなくなったのです。

口から水分を補給することを心がけていれば、脱水を防ぐこともできるような軽症のケースが多くなっています。

なぜ便が白くなるのか

しかし、「乳児白色便性下痢症《にゅうじはくしょくべんせいげりしょう》というのは、おそろしい病気だ」ということを、どこかで聞いたことがあるお母さんのなかには、白っぽい便を見ただけで「たいへん！」と思ってしまう人もいます。

けれども便が白っぽいということは単に、その下痢がロタウイルスで起こっているという可能性を示しているにすぎず、ロタウイルスによる胃腸炎はたいてい自然に治ってしまうのですから、こわがる必要はないのです。

では、ロタウイルスによる胃腸炎で便が白くなるのはなぜかを、簡単にお話ししておきましょう。ロタウイルスは口からからだのなかに入って食道、胃を通り、小腸にいたってそこで増えるのですが、小腸で炎症が起こってそれが十二指腸《じゅうにしちょう》にまで拡大すると、胆汁《たんじゅう》の分泌《ぶんぴ》が妨げられ、便が白くなるのです。

そういうわけで、ロタウイルスによる胃腸炎では便が白くなる(と言っても、まっ白になることは少なく、黄白色の便であることが多いのですが)のは、あたりまえのことで、そのことと病気の重さは関係がありません。また、「ロタウイルスによって起こる胃腸炎では、脱水が起こりやすい」と、おどすお医者さんもいますが、そんなこともありません。

ではA群、B群、C群、それぞれによって起こる胃腸炎について、お話ししていくことにしましょう。

A群ロタウイルスによる胃腸炎(お腹《なか》のかぜ、冬の下痢)——ロタウイルスによる胃腸炎のなかの代表格といってもよいもので、2歳以下の子どもによく見られます。12月から3月の冬季に多いという定評がありますが、最近は2月から4月にかけて多発する傾向が多いようです。

生後6カ月以前の乳児はかかりにくいのですが、この時期は、お母さんから胎盤《たいばん》を通して受けとった抗体《こうたい》の力で、乳児は守られているのでしょう。

生後6カ月以降は、子どもによってはくり返しこの胃腸炎にかかることもあります。1度かかっても十分な抗体ができないからでしょうが、2歳半以降になると十分な抗体をもつ子どもが多くなって、症状も軽くなってきます。

主要な症状は嘔吐《おうと》、下痢、発熱、腹痛《ふくつう》ですが、これらの症状のすべてがそろう場合よりも、これらの症状のなかのいくつかが起こるというケースのほうが多いようです。

典型的なケースは、次のような経過をとります。まず突然吐《は》きます。吐くのは1回でおさまらず、3度も4度も続けて吐きます。熱を測ってみると、38度くらいあります。軽い腹痛も訴えます。

翌日になると吐くことはなくなり、今度は下痢が始まります。便は白っぽくなり、回数は1日に10回ぐらいにもなります。下痢は5日から1週間ほど続きます。

これがもっともよく見られる経過ですが、このほかに「何回か続けて吐いたあとはケロッとして、下痢もせず発熱もなく治ってしまうもの」や、「嘔吐がなく下痢だけがダラダラ続くもの」、「下痢が1日15～20回というふうに頻発《ひんぱつ》し、点滴《てんてき》による治療が必要となるもの」など、いろいろなかたちがあります。

嘔吐は全例の60～90％に見られ、発熱は40～60％に見られます。発熱は年齢が低いほど起こりやすく、熱の程度は、たまに40度近くになったりすることはあるものの、たいていは38度前後のおだやかな熱です。治療をどうするかについては144ページでお話しします。

B群ロタウイルスによる胃腸炎――B群ロタウイルスによる胃腸炎はほとんど成人にしか見られず、しかも日本ではきわめて少ないと言われているので、とくに説明しません。

C群ロタウイルスによる胃腸炎――主に3歳以上の年長児や成人に多く見られますが、頻度《ひんど》も少なく症状も軽いので、医学的に問題になることもありません。

腹痛と嘔吐だけの症状であることが多く、下痢はあまり見られません。3月から初夏にかけて起こることが多いようです。

ロタウイルスによって起こる胃腸炎はこのようなものですが、いくつか知識として加えておきます。

ロタウイルスの感染経路《かんせんけいろ》は糞口感染《ふんこうかんせん》です。ロタウイルスは便中に排泄されるのですが、下痢便が起こってから少なくとも1週間くらいはウイルスの排泄が続くと言われます(↓89ページのコラムのなかの表)。この便中のウイルスがおもちゃや衣類、おむつを替える人の手の指などについて、それがほかの子どもの口などに入り、感染がひろがると考えられています。感染力は、きわめて強いと言われています。

カリシウイルス(ノロウイルス、サポウイルス)による胃腸炎(お腹《なか》のかぜ)

ロタウイルスは1973年に発見されて以来すっかり有名になりましたが、カリシウイルスに属する一群のウイルスは、1972年に見つかっているにもかかわらず、有名になるのが遅れました。

というのも、このウイルスはいろいろな名称で呼ばれ、混乱したからです(次ページのコラム)。

ノロウイルス、サポウイルスと2つのウイルスの名前を出しましたが、現在よく見られるのはノロウイルス胃腸炎なので、カリシウイルスによる胃腸炎と言ったら、ほぼノロウイルスによる胃腸炎と考えてください。

ノロウイルス胃腸炎は、ロタウイルスと同様に糞《ふん》口感染《こうかんせん》で、手や衣類、おもちゃなどを介《かい》して感染することがありますが、そのほかに汚染された食物や飲料水からの感染が見られるのが特徴です。後者の場合は、ウイルス性食中毒の集団発生の原因になります。

食中毒についてはあとでお話ししますが、食中毒と言うと、細菌によって起こると思われがちです。

しかし、ノロウイルスなどのウイルスによる食中毒は、意外に多いのです。

では、ノロウイルス感染症の特徴を列挙《れっきょ》してみましょう。

○ウイルス性食中毒の主要原因ウイルスである。汚染された食品や水、とくに生ガキが主な感染源である。

○食品を介さない、人から人への経口感染《けいこうかんせん》も多い。糞口感染で感染性胃腸炎を引き起こす。ウイルスは糞便中に1週間は排出され、この期間は感染源になりうる。子どもの吐物《とぶつ》やおむつの便に大人がさわって感染し、ほかの人へひろげることもあるので、吐物やおむつを処理したあとは、十分な手洗いをしましょう。

○生涯に何度もかかる。あらゆる年齢の人が、感染しうる。

○乳幼児のウイルス性胃腸炎のなかでは、ロタウイルスに次いで、2番目に多い。

○そして、年長児〜成人のウイルス性胃腸炎のなかでは、もっとも多い。

カリシウイルスの名前をめぐって

1972年、アメリカのノーウォークという町の小学校で感染性胃腸炎《かんせんせいいちょうえん》が流行しましたが、このとき原因になった、新しいウイルスが発見されました。このウイルスはノーウォークウイルスと呼ばれるようになりました。

その後、カナダ、ハワイ、北海道などで、同じようなウイルスが見つかりました。

一方、1974年にイギリスで流行した感染性胃腸炎の患者から、従来知られていたカリシウイルスと似た、新しいウイルスが見つかりました。

そしてこのウイルスは、日本の札幌で見つかったサッポロウイルスと同じものらしいこともわかってきました。

さらに、これらのウイルスがみな似たウイルスで、いずれもカリシウイルスの仲間であることが、最近になってわかってきたのです。

それで、「カリシウイルスに属するノーウォークウイルス、サッポロウイルスによる感染性胃腸炎」と呼ばれるようになりました。

しかし、ノーウォークウイルスを小球形《しょうきゅうけい》ウイルスと呼ぶような呼びかたもあって、ウイルス名は混乱しました。

また、ノーウォークウイルスがノロウイルスという名前に変えられ、サッポロウイルスがサポウイルスという名前に変えられるというようなこともあって、混乱に拍車をかけました。

それで最終的には「カリシウイルスに属するノロウイルス、サポウイルスによる胃腸炎」というふうに理解してください。ちょっと面倒《めんどう》な話でしたね。

こんな特徴がありますが、ロタウイルスによる胃腸炎が乳幼児に多いのに対して、ノロウイルスの場合は、あらゆる年齢に起こることに注目してください。子どもがかかって、お父さん、お母さんが次つぎに吐いたり下痢したりしているようなときは、まずノロウイルスが原因と考えてよいでしょう。

では、ノロウイルス性胃腸炎の症状は、どんなものでしょうか。

ロタウイルスの場合と同様、嘔吐、下痢、発熱、腹痛が主な症状ですが、食中毒の場合は腹痛、嘔吐、下痢を症状とすることが多く、それ以外の場合は、嘔吐と下痢が主な症状になります。

一般にロタウイルス胃腸炎に比べて軽症のものが多いと言われていますが、嘔吐はかなり強いことがあります。それでも24～48時間以内には落ちつくのがふつうです。下痢は軽いことが多く、高熱になることもめったにありません。潜伏期は1～2日です。

アデノウイルスによる胃腸炎

アデノウイルスは、のどにくっついて、「のどかぜ」(→102ページ)を起こすものが多いのですが、なかには腸にすみつくものもあります。アデノウイルスはいま、49種類あることが知られていますが、そのうち40、41の2つの型が、腸にすみつくウイルスと考えられています。

3歳未満の乳幼児に多く、とくに1歳未満の乳児に多いと報告されています。季節性は見られず、1年中起こります。感染経路は糞口《ふんこう》感染《かんせん》で、ウイルスは数カ月にわたって排泄《はいせつ》されることもあります。

症状は軽いことが多く、発熱するのは3割程度、また嘔吐《おうと》は半数に見られますが、2日程度で自然によくなります。下痢《げり》はほとんどの例で見られ、1週間から、長い場合は2週間ほども続くことがあります。

カンピロバクター胃腸炎

1970年代以降、細菌性胃腸炎のなかでは、カンピロバクターという細菌による胃腸炎がもっとも多いということがわかってきました。

主な症状は下痢《げり》、発熱、腹痛《ふくつう》で、これらの症状だけから、ほかのウイルスや細菌による胃腸炎と区別することは困難です。

下痢は軟便《なんべん》、水様便《すいようべん》、あるいは目で見てはっきりわかる血便で、1日8～10回ほども出ることもあります。

逆に下痢は軽いのに、腹痛が激しいこともあります。

発熱は9割以上の患者に認められ、微熱《びねつ》あるいは40度にまで高くなる例もありますが、とくに抗生物質など使わなくても、1週間ほどで自然によくなります。

さて、カンピロバクター胃腸炎がよく見られる年齢は、1歳未満と15～44歳の青壮年層《せいそうねんそう》で、男性に多発するという特徴があります。

カンピロバクターは、ウシ、ブタ、イヌ、ネコ、ニワトリ、アヒルなどの消化管《しょうかかん》に存在します。そして人への感染源としてはニワトリがもっとも多く、十分熱を通していないトリ肉を食べて感染するという例が、カンピロバクター胃腸炎全体の50〜70％くらいにあたると言われています。人から人へうつるということはまれで、保育園で大流行などということはほとんど起こりません。

サルモネラによる胃腸炎

サルモネラ属と呼ばれる一群の細菌がいますが、その種類は20種にもおよびます。このなかには人間に対して病原性のないものから、感染性胃腸炎《かんせんせいいちょうえん》やチフス症を起こすものまで、いろいろなものがいます。

チフスという病気は、ぼくのような昭和20年代に子ども時代をおくった者にはなじみの病気でしたが、最近はめったに見なくなりました。チフスは、サルモネラ属のなかのチフス菌とかパラチフス菌とかいう種類のものによって起こりますが、高熱を主体として、消化器症状の少ない全身病です。

一方、腸炎菌、ネズミチフス菌などによって起こる非チフス性サルモネラ症というものがあり、これがサルモネラによる胃腸炎です。

サルモネラによる胃腸炎は次に述べる腸炎《ちょうえん》ビブリオによる胃腸炎とともに、日本ではもっとも多い細菌性食中毒です。

この食中毒は、主に夏に起こります。鶏卵《けいらん》、ニワトリ、ウシ、ブタ、イカなどがサルモネラに汚染されている場合、それらを食べることによって発病するケースが多数を占めます。

ミドリガメからうつることもあるのは、わりに有名です。ミドリガメを飼っている水槽《すいそう》に子どもが手をつっこみ、その手をなめたりすることで、胃腸炎が起こりうるのです。

胃腸炎の症状はどのようなものかと言うと、高熱、腹痛《ふくつう》、下痢《げり》、嘔吐《おうと》で、一般の感染性胃腸炎と同様の症状ですが、高熱になることが多いのが特徴です。また、血便《けつべん》が見られることもあります。

進展して肺炎《はいえん》、化膿性関節炎《かのうせいかんせつえん》、骨髄炎《こつずいえん》、髄膜炎《ずいまくえん》、脳炎《のうえん》などを起こすこともあるので、注意が必要です。

治療としては、下痢どめの薬や抗生物質を使わず、脱水などを防ぐことが中心になります。

腸炎《ちょうえん》ビブリオによる胃腸炎

腸炎ビブリオはサルモネラとともに、日本の食中毒の中心、つまりもっとも多く見られる食中毒です。そして食中毒の原因となる細菌のなかで、唯一《ゆいいつ》日本で発見された菌です。それは1950年に大阪南部で発生したシラス食中毒事件のときでした。

腸炎ビブリオは海水中に生息《せいそく》しているため、魚介類を生で食べる習慣のある日本では、この菌による食中毒が高い頻度《ひんど》で見られるのです。

腸炎ビブリオは、10度以下では増殖《ぞうしょく》が抑制される一方、20度以上では急激な増殖を示すため、日本での食中毒発生は、海水温度が上昇する6〜9月に集中します。

症状としては激しい腹痛《ふくつう》が特徴で、37〜38度といった中程度の発熱、嘔吐、頻回《ひんかい》の下痢《げり》などが見られます。腹痛の場所はみぞおちあたりが多く、頭痛が起こることもあります。

便は水様性《すいようせい》であることが多いのですが、粘血便《ねんけつべん》になることもあります。

ほとんどは2〜3日で自然に治ります。とくに腹痛は1日だけで治ってしまうことが多く、下痢だけが2〜3日続くといったケースが多いのです。

激しい腹痛があって下痢をともない、24時間以内に魚介類を食べていたという場合は腸炎ビブリオを疑いますが、季節は考慮《こうりょ》に入れておく必要があります。発生は8月がピークで、6月から10月に集中。それ以外の月はきわめて少なくなる、という季節性があるのです。

エルシニアによる胃腸炎

日本では1970年代にエルシニア菌による集団感染がいくつか起こり、それ以来注目されるようになりました。

細菌性胃腸炎全体のなかでエルシニアによる胃腸炎は3％程度と少ないのですが、それでもカンピロバクター、サルモネラに次いで、高い頻度《ひんど》と言われています（カンピロバクターとサルモネラによる胃腸炎が、いかに多いかということがわかりますね）。

エルシニアによる胃腸炎は、ほとんどが3歳以下の乳幼児に見られ、発生時期は夏です。

エルシニアという細菌は、ブタ、イヌ、ネコ、ネズミなどの動物、あるいは食品、水、土壌《どじょう》などにひろく分布していて、さまざまな感染経路があります。

症状は、発熱、下痢《げり》、腹痛《ふくつう》で、血便《けつべん》をともなうこともあります。抗生物質は重症のときにだけ使われます。大半は自然に治るのです。

ブドウ球菌による胃腸炎

これもふつう、食中毒のかたちで起こります。黄《おう》色《しょく》ブドウ球菌が食物《しょくもつ》中で増殖《ぞうしょく》し、その食物を食べた人が胃腸炎を起こすのです。

ブドウ球菌による食中毒は、1985年ごろまでは非常に多い食中毒でしたが、最近は少なくなっています。この食中毒の原因となる食品は、にぎりめし、卵焼き、弁当、洋菓子などで、たとえばにぎりめしを作る人の手に傷があり、そこに存在したブドウ球菌が、にぎりめしに付着して増殖するというようなことから起こるのです。

最近は衛生管理が進んで、このような食中毒は減りました。症状は吐きけ、嘔吐《おうと》、下痢《げり》です。

病原性大腸菌《びょうげんせいだいちょうきん》による胃腸炎

大腸菌という細菌は、ぼくたちの腸にすみついていて、正常腸内細菌叢《せいじょうちょうないさいきんそう》というものを形成していますが、この大腸菌は、ぼくたちの役に立ってくれています。

これ以外に病原性大腸菌と言われる大腸菌がおり、これらが体内に入りこむと、しばしば病気を起こします。

病原性大腸菌のうち、O《オー》-157と呼ばれる細菌による胃腸炎が1996年に大流行し、たいへんな騒動になったのは、記憶に新しいところです。この大流行によって、病原性大腸菌と聞けばふるえあがってしまうような傾向もありますが、病原性大腸菌といってもいろいろあるということを、まず知っておいてください。そのあたりから話を始めましょう。

病原性大腸菌は胃腸炎だけではなく、尿路感染症《にょうろかんせんしょう》、髄膜炎《ずいまくえん》なども起こしますが、それらの病気は、それぞれ異なる大腸菌によって起こります。

胃腸炎を起こす大腸菌はまた2つにわけられ、それぞれを下痢原性大腸菌《げりげんせいだいちょうきん》、腸管出血性大腸菌《ちょうかんしゅっけつせいだいちょうきん》と呼びますが、O-157は腸管出血性大腸菌のひとつです。

下痢原性大腸菌によって起こる胃腸炎は、「1歳前後の乳幼児がかかって、2週間以上も下痢がダラダラと続く」という程度の症状しか起こさず、自然に治ってしまいますから、とくに問題はありません。

一方、腸管出血性大腸菌のほうは、ときに重大な事態をひき起こすことがあるので、注意が必要です。

腸管出血性大腸菌は、ほかの病原性大腸菌とちがって、ベロ毒素という毒素を作りだし、この毒素によって、溶血性尿毒症症候群《ようけつせいにょうどくしょうしょうこうぐん》と呼ばれる状態をひき起こすのですが、この溶血性尿毒症症候群のために死にいたる例もまれに見られ、そのためにおそれられています。しかし、そういう極端なケースはあくまでもまれなのですから、O-157イコール「こわい菌」というふうに、思いこまないでください。

さて、腸管出血性大腸菌は、ウシを中心とした反芻動物《はんすうどうぶつ》の大腸に生息していて、この菌に汚染された食肉や野菜などを食べることで感染します。腸管出血性大腸菌には、O-157と呼ばれるもののほかに、O-26、O-11などという種類のものもありますが、日本では出血性大腸炎というかたちをとる病気のほとんどは、O-157によるものです。

O-157による胃腸炎の症状は、次のようなものです。3〜5日間の潜伏期のあと、まず下痢が始まりますが、この下痢はすぐに水のようになり、頻繁《ひんぱん》になります。そして強い腹痛《ふくつう》をともない、さらに便は血便《けつべん》になります。

腹痛は右腹部に起こることが多く、そのため虫垂炎《ちゅうすいえん》とまちがわれることもあります。血便はときに、血液だけが出ているように見える極端なものになります。

胃腸炎だけでほかの合併症《がっぺいしょう》がなければ、下痢が始まって5〜7日で、病気は快方《かいほう》にむかいます。

さらにO-157に感染しても、もっと軽くすむことがあり、腹痛だけで下痢も起こらない場合、下痢が起こっても血便にはならず軽い下痢だけですむ場合、そしてほとんど無症状という場合もあるのです。症状は多様だということを知っておいてください。

では次に、「おそろしい場合」にふれておきます。

それは溶血性尿毒症症候群が起こった場合で、これはO-157で出血性の胃腸炎を起こした人の5〜10%に起こります。乳幼児と高齢者に多く、下痢が始まってから早くて4〜5日、遅くて10日目くらいに発病します。外からわかる症状としては、尿が出なくなる、むくむといったことがあり、検査をしてみると、貧血、血小板減少《けっしょうばんげんしょう》、腎臓の働きに異常があるなどの所見《しょけん》が得られます。この状態になってどう治療するかはとても専門的になりますし、いろいろなことが試行されている段階なので、ここでは省略します。

感染性胃腸炎《かんせんせいいちょうえん》の治療

では最後に、感染性胃腸炎の治療についてお話ししておきます。

ここまでお話ししてきたように、感染性胃腸炎と一口に言っても、いろいろな種類があります。細菌によるものもあれば、ウイルスによるものもあり、そして細菌と言ってもいろいろな種類があり、ウイルスと言っても何種類かがあります。それなのに治療法がみんな同じじっておかしいじゃないか、と思われる方も多いでしょう。

一般論で言いますと、ウイルスの病気に対しては、「そのウイルスに効《き》く抗ウイルス薬があれば使用することもあるが、たいていの場合は対症療法《たいしょうりょうほう》」ということになっており、一方、細菌の病気に対しては、抗生物質を使って治療するのがふつうです。

しかし感染性胃腸炎の場合は、細菌性のものであっても、抗生物質を使わないで治ってしまうことが多いものですから、抗生物質の必要性がない場合が多いのです。

そんなわけで、ウイルス性も細菌性も含めて、感染性胃腸炎全体の治療法をまとめてお話ししてもいいということになるのです。

まず最初に結論のようなことを言ってしまえば、「感染性胃腸炎の治療には原則的に、薬はいらない。脱水にならないように、気をつけていればよい」ということになります。

感染性胃腸炎の症状は何度も言いましたように、腹痛《ふくつう》、嘔吐《おうと》、下痢《げり》、発熱などですね。では吐《は》きけどめや下痢どめの薬も、のまなくてよいのでしょうか。

吐きけどめ――感染性胃腸炎では激しい嘔吐は1日ほどでおさまることが多いので、使わないことが望ましいと言われています。しかし、吐き続ける子どもを黙って見ているのはつらいものですし、嘔吐によって脱水状態になることもあるので、吐きけどめの座薬《ざやく》を、使うのはやむをえないと思います(吐きけどめの薬は、効果がはっきりせず使う意味がないということで、欧米では使われていません)。

下痢どめ――感染性胃腸炎で起こる下痢は、ほうっておくと1週間も10日も続くことがあるので、何とかとめてやりたい気分になります。けれど、下痢という症状は「胃腸のなかに入りこんだよくないもの」を、できるだけ早くからだの外へ出そうとする活動でもありますから、むやみにとめようとするのはよくないのです。

たとえばO-157大腸菌のように毒素を出す細菌に感染している場合、下痢どめを使うと毒素が体外に排出されにくくなってしまいますから、病気の悪化につながります。ですから細菌性の感染性胃腸炎の場合には、下痢どめの薬は使ってはいけないのです。

ウイルス性の感染性胃腸炎の場合も、強い下痢どめは使わないで、自然に治るのを待つのがよいと言われています。

細菌性の場合もウイルス性の場合も、下痢どめをのむことで、病気の回復が遅れるとも言われているのです。

また、腹痛をおさえる薬も腸にとって悪影響を与えるので、痛みが強くて耐えがたいといったときに頓服《とんぷく》で使うくらいで、安易に使わないほうがよいのです。

なお、頓服とは、1日3回食後にのむとか12時間おきにのむとか決めてのむのではなく、頭が痛いときとか高熱のときなど急いで症状をおさえたい場合、症状が起こったときに臨時にのむことで、1度だけとは限らず、1回のんで効果がない場合、しばらくしてもう1回追加でのむというようなこともあります。

抗生物質——細菌性の感染性胃腸炎でも、大部分はカンピロバクター、サルモネラ、病原性大腸菌、腸炎ビブリオといったものが原因であり、これらは自《し》然治癒《ぜんちゆ》する傾向が強いのです。ですから、たいていの場合、抗生物質はいりません。

細菌性の胃腸炎で重症なときはどうするかと言いますと、これはケースバイケースになり、抗生物質を使わねばならない場合もあります。

しかし、たとえばO-157が大流行した1996年ごろでも、O-157に対して抗生物質が有効かどうかの議論があり、その後も結論は出ていません。

ですから抗生物質は、細菌性の胃腸炎の特別な場合にだけ使う、というふうに考えておいてください。

というわけで、感染性胃腸炎に使うお薬はないと言っていいのですが、お母さん、お父さんのなかには、何か薬をのませていないと不安だ、という人もいます。そういう人に対して、小児科医は生菌製剤《せいきんせいざい》と呼ばれる薬を出すことがあります。ラックビーとかビオフェルミンとかいった商品名のものです。これらのものは、気休め的な効果しかないとも言われています。

感染性胃腸炎《かんせんせいいちょうえん》にかかったときの子どもの生活

薬は使う意味がないとすると、感染性胃腸炎にかかっている子どもには何をしたらいいのか、と聞かれそうですね。その質問への答えは前にもお話ししたように、「脱水にならないように気をつけている」ことです。

「ちゃんと食べていないと、早くよくならない」と信じているお母さんが、食欲のない子どもに食べさせようとしてがんばっているのをときどき見かけますが、これは無茶《むちゃ》です。

感染性胃腸炎にかかった子どもの食欲がなくなるのは、「いまは消化器を休めてほしい。だから食物はひかえてほしい」という脳からの命令があって、食欲をおさえられているのだと考えてください。そうすると、無理に食べさせようとするのがよくないこととすぐわかるでしょう。
子どもにきちんと補給すべきなのは米やパンではなくて、水分です。

水分の与えかた——では、具体的な水分の与えかたをお話ししましょう。

まず吐き続けているときですが、食事はストップします。しかし水分を与えないと脱水が進行するので、ほんの少しずつ水分を与えることにします。氷がなめられる年齢の子どもなら、口に氷を含ませます。氷が無理な場合は、おちょこに1杯ずつ、5分おきに水分を与えるというふうにします。スポイトを使ってしょっちゅう、少しずつ水分を口のなかに入れてやるのもよいでしょう。

こうしているうちに、数時間〜半日くらいで吐きけはおさまってくるはずです。そして吐くのと入れかわるように、下痢が始まるということがよくあります。吐くことがなく下痢だけになったら、水分だけでなく食事も与えてかまいません。このときの食事は「ふつうの食事」でよく、おかゆや重湯《おもゆ》の類《たぐい》でなくてよいのです。

下痢のときの治療方針については、1979年にWHO(世界保健機関)が次のようなものを提案しています。1979年というと、ずいぶんむかしのことになりますが、このとき提案された治療方針はいまも変わっていないのです。

① 急性の下痢なら、細菌性でもウイルス性でも同じ治療方法でよい。また、乳幼児から成人まで同じ治療方法をおこなう。
② WHOが推奨《すいしょう》する「経口電解質液《けいこうでんかいしつえき》」(これをORSと言います。これを、飲めるだけ飲ませる。このさい、ふつうの水も手の届くところに置き、好きなだけ飲ませる。
③ ORSが飲めるようになれば、ただちに日ごろ食べ慣れたふつうの食事にもどし、これを好むだけ食べさせる。
④ 絶食やエネルギーの低い粥食《かゆしょく》は、腸の回復を損なうから、続けてはいけない。
⑤ 食事をとりながらも、WHOの推奨するORSと水は、ほしがれば続けて与える。ただし、牛乳だけは当分与えない。

ここでORSという言葉が出てきましたが、これは水に糖分と塩分を加えたものです。最近は経口保水液《けいこうほすいえき》という訳語が使われ製品が市販されています(幼児用のスポーツドリンクも使えますが、それより経口保水液のほうがおすすめです。塩分などの含有量が乳幼児に向いているからです)。家庭で作るには、1リットルの水にティースプーン半杯分の食塩と、ティースプーン8杯分の砂糖を加えます。

下痢のときの食事——食事のとりかたについては、もう少し具体的に話しておく必要があるでしょうね。

子どもが下痢をしているとき、お腹《なか》を休めるために、なるべく食べものを与えないほうがいいと、むかしは言われていました。

けれど最近は、お腹を休めないで適度に活動させておいたほうがよいと考えられるようになり、ひどい下痢のときでも、なるべく食べさせようということになってきました。

ひどい下痢のときの食事については、次のようにします。

① 母乳を飲んでいる赤ちゃんの場合、中止しないで、そのまま飲ませます。母乳には感染症に抵抗する成分も含まれているので、下痢を早く治す効果があると言われています。

② ミルク(人工乳)を飲んでいる赤ちゃんの場合も、ミルクをうすめないでそのまま与えます。以前は、ミルクを2倍にうすめて与えるというやりかたがよいとされていましたが、いまはうすめなくてもよいということになっています。

③ 母乳やミルクを飲んでいて、離乳食を始めている赤ちゃんの場合、離乳食も中止しないで続けてかまいません。

離乳食の献立としては、次のようなものがよいでしょう。

○4~5カ月の赤ちゃんの場合

●重湯《おもゆ》=米1に対して水8~10のおかゆののり状のもの、または上ずみ。

●裏ごし野菜=ニンジン、ジャガイモ、小松菜の葉先など合わせて10グラム、塩またはしょうゆ少々。

○6～8カ月の赤ちゃんの場合

●十倍粥《がゆ》＝米1に対して水8～10のおかゆ。30グラムくらい与える。

●うどんのやわらか煮＝ゆでうどん1/6玉、魚のすり身少々、裏ごし野菜。鶏ささみなどを使ってもよい。

●とうふとホウレンソウの煮つけ＝絹ごしどうふ30グラム、ホウレンソウの葉先、だし汁大さじ1。

○9～12カ月の赤ちゃんの場合

●七倍粥＝米1に対して水7のおかゆ。

●魚のおろし煮＝白身魚25グラム、ダイコン30グラム、だし汁大さじ1/2、砂糖、しょうゆ少々。

●リンゴ入りマッシュポテト＝ジャガイモ30グラム、リンゴ1/4個。

④幼児の場合は、まず、米、ジャガイモ、うどん、トースト、クラッカーなどの炭水化物食品を組み合わせて食事を作り、与えます。その後、野菜と火の通った肉を与えていきます。

⑤果物は下痢をひどくしそうな感じがしますが、リンゴやバナナは腸からの水分の吸収を助ける働きがあって、下痢のときにはかえっておすすめの食品であることがわかってきています。

⑥ヨーグルトも下痢をひどくすることはないということが実証されていて、使ってよい食品と言えます。

重い下痢のとき――では重い下痢のときに避けたい食品には、どんなものがあるでしょうか。次のようなものは、避けたほうがよいと思われます。

イオン飲料以外の清涼飲料水や、うすめないフルーツジュース、カフェイン飲料、甘味の強いゼリー、砂糖で包んだシリアルなど、糖分の多い食品。脂肪の多い食品。イモ、ゴボウ、海藻類《かいそうるい》など、繊維をたくさん含んだ食品。

ここでもう1度念を押しておきますが、こうした食事はあくまでもひどい下痢のとき、たとえば1日6回以上、水のような便が出るといったときのことで、1日5回以下で軟便といった軽い場合は、ふだんの食事と同じにしていてよいのです。

ただ、1度に飲む母乳、ミルク、食事の量は、ふだんより少なめにして、回数を多くしてとるようにしましょう。たとえば1食分を3分の1ずつ、3度にわけて食べるようにするのです。

こうすれば腸に与える刺激が、少なくなりますから。

乳糖不耐症《にゅうとうふたいしょう》――母乳、ミルク、そのほかの乳製品など、乳糖を含んでいる食べものをとると下痢を起こす状態を、乳糖不耐症と呼びます。

乳糖を小腸で分解する酵素が生まれつき欠けていたり、何かのきっかけで不足したりすると、乳糖を分解するのがむずかしくなり、下痢になるのです。これはちょうど、アルコールを分解する酵素をもっていない人がお酒を飲めないのと同じことです。

症状は、すっぱいにおいの水のような便が出ること、お腹《なか》がゴロゴロ鳴ることです。

先天的な場合は、生まれつき腸のなかのラクターゼという乳糖分解酵素が欠けているのですが、この場合、おっぱいを飲み始めてすぐに、すっぱいにおいの水のような便を頻繁《ひんぱん》にします。この状態が続くと脱水状態になったり、発育が遅れたりすることもあるので、ここに書いたような症状が見られたら、小児科で相談してください。

生まれつきでない場合は、感染性胃腸炎のあとなどに起こります。ウイルスによる感染性胃腸炎にかかったあと、いつまで経《た》っても下痢が治らず、もう3週間にもなるといった赤ちゃんが来院すると、ぼくは乳糖不耐症かなと考えます。胃腸炎になって腸の粘膜《ねんまく》に炎症《えんしょう》が起こると、一時的に乳糖分解酵素が足らなくなることがあるからです。

こんなときは、乳製品をしばらく与えないようにすればよくなるのですが、乳製品が主な栄養源になっている赤ちゃんの場合は、乳製品のかわりになるものが必要です。そこで、乳糖を含まないミルクであるラクトレスや、大豆を原料として作ったミルクをかわりに与えます。いろいろな製品が市販されています。薬局などで聞いてみてください。

2週間ほどこうしたミルクを与えていると下痢はよくなってきて、もとの乳糖を含むミルクにもどしても、下痢にならなくなります。

便の色のいろいろ

最後に、「ウンチの色」についてふれておきましょう。

前に「ウンチを見るより顔を見ろ」と言いましたが、おむつの取り替えを日常の仕事にしていれば、どうしてもウンチが気になるでしょう。ウンチを見て一喜《いっき》一憂《いちゆう》しているお母さん(少数ながらお父さんも)は相当数《そうとうすう》いると思います。でも、ウンチの色など、あまり気にしなくてよいことは確かです。

たとえば緑便《りょくべん》というものがあります。草色の便ですね。ぼくが医者になったころ、「緑便は消化不良と考えよ」と言われました。それで「治療」ということで整腸剤《せいちょうざい》を与えたりしていましたが、その後、緑便は病気でも何でもない、正常と考えてよいということになったのです。

考えてみると、「消化不良」という言葉も死語かもしれませんね。実にあいまいな言葉です。症状なのか病気なのかもわかりません。

でも、便利な言葉かもしれませんね。大人だと「胃がもたれる」とか、「ちょっと下痢《げり》気味」とか、「少し食欲がおちた」とかいった状態のときに、消化不良と称して「消化剤」をのんでいる人もいます。消化剤というのも得体《えたい》の知れない薬で、効《き》きめがあるのかどうかもよくわかりませんが、かなり使われていると思われます。

子どもの場合も、医者から「消化不良です」と言われると、親も何となく納得するのかもしれませんが、なぜ消化不良になったのかということになると、よくわからないと思います。

　結局、むかし消化不良と言っていたのは、いまだとウイルス性胃腸炎（→135ページ）や食物《しょくもつ》アレルギー（→170ページ）による下痢などに相当するのかもしれません。ともかく消化不良という言葉は使わないようにして、同時に「緑便は異常」という考えも、一《いっ》掃《そう》しておきたいものです。

　白っぽい便については、すでにお話ししました（→136ページ）。胆道《たんどう》が閉鎖《へいさ》していて白い便が出るということは、まれなできごとです。たいていはロタウイルスによる「白っぽい」便でしょう。

　便が赤くなるといったら、血便《けつべん》のことと思われるかもしれませんが、そうではなくてピンクっぽい赤《せき》色便《しょくべん》が出ることがあります。これは薬のせいです。セフェム系という抗生物質をのむと、赤ちゃんの便が赤くなることがあるのです（尿も赤くなることがあります）。

　血便と言われるものにも、いろいろあります。

　お母さんが「血便が出ました！」と言って病院にとんでくる場合、たいていは便の一部に、ちょっと血がついているようなものです。これは下痢でお尻がただれたり、便秘《べんぴ》ぎみでかたい便が出たため、肛《こう》門《もん》が切れたりして、出た血が便にまじったのです。このような血便は心配ありません。

　下痢便で全体に血がまじり、トマトピューレやトマトジュースのような便だったら、たいていは感染《かんせん》性胃腸炎《せいいちょうえん》です。細菌による胃腸炎のほうがウイルス性の胃腸炎より、血便が出やすい傾向があります。血便が出ても、とくに心配ということはありません。血便の原因になっている胃腸炎の治療をすればよいのです。

アレルギーの病気

＊ここであつかう主な症状と病気

子どものせき
気管支喘息《きかんしぜんそく》
アトピー性皮膚炎《せいひふえん》
食物《しょくもつ》アレルギー
アナフィラキシー（即時型《そくじがた》アレルギー）
花粉症《かふんしょう》

アレルギーという言葉はいま、かなり多くの人にとって「聞いただけで背筋《せすじ》が寒くなる」言葉になっているようです。アトピー性皮膚炎《せいひふえん》や気管支喘息《きかんしぜんそく》という病名も同じように、人を不安にさせる病名になってしまっています。

「この子はアレルギーでしょうか」と、何と答えればよいのか困ってしまうような、漠然《ばくぜん》とした質問をするお母さんに、よく出会います。「この子の「しっしん」はアトピーでしょうか」と、すがるような目で問いかけるお母さん、お父さんにも、しょっちゅう出会います。

こうした質問に「ちがいます！」と明快《めいかい》に答えれば、お母さん、お父さんは1億円の宝くじに当たったようなはれやかな顔つきになりますし、「あなたの予想どおり、アレルギーです」と答えれば、はっきりと暗い顔になるのはわかりきったことです。

しかし、ぼくとしてはまず、「アレルギーをそんなに悪者あつかいしないでやってね。アレルギーにも、いいところがあるんだから」と言いたいし、「アトピーや喘息だって、たいていは成長するにつれてよくなっていくんだから、楽観的に考えてね」とも言いたいのです。

ぼく自身、「重症」のアレルギー性鼻炎《せいびえん》（↓301ページ）をもっており、ビールを飲むと息苦しくなることがあるし、子どものころにはハチに刺《さ》されてたいへんなことになった経験もありますが、自分ではた

いして気にしていません。それどころか、アレルギーであることをプラスだと思ってさえいます。

どんな病気でも、ストレスや不安感が病状にマイナスの影響を与えることはわかっていますが、アレルギーの病気の場合とりわけ、その傾向が強いようです。

だから、まず「アレルギーを見くびろう」、「アレルギーのよい点を信じて生きよう」と、みなさんに呼びかけます。しかし、根拠なしにアレルギーを見くびることもできませんし、「アレルギーには、よい側面もある」なんて言うこともできませんね。

ではまず、そのあたりの話から。

アレルギーとは

そもそもアレルギーって、どういう状態でしょうか。医学的に正しく定義するということになるとたいへんですが、ここでは簡単に、「からだの外から入ってくる異物《いぶつ》に対して、過剰《かじょう》な反応をすること」と、しておきましょう。

そして「アレルギー素質の人」というのも、「外からからだに入ってくる特定の異物に対して、ふつうの人よりも過剰に反応する人」と定義しておきましょう。

ぼくたちのからだは、外から入ってこようとする異物に対して、それを排除しようとする働きをもっています。たとえば、ごみが鼻から入ってきそうになると、くしゃみをして外へはき出そうとしたり、はな水で外へ流し出そうとしたりします。のどのほうへ入りこめば、せきをして、外へ出そうとします。

この場合、くしゃみ、はな水、せきなどが出るのは、からだにとって必要な反応と言えます。

ところが、くしゃみは1回か2回出さえすればよいものを、10回も15回も続けざまに出てしまうことがあって、これは過剰な反応と言えます。

このような過剰反応は、どのようにして起こるのでしょうか。

免疫《めんえき》の働き

ぼくたちのからだには、いろいろなものが外から入ってくると言いました。

それらのうちに、ぼくたちのからだを刺激して、からだのなかに抗体《こうたい》という物質を作りやすいものがあります。こういう物質を抗原《こうげん》と言いますが、タンパク質は抗原になりやすい性質があります。

たとえばウイルスもタンパク質ですが、ウイルスがからだのなかに入ってくると(この場合ウイルスは抗原です)、からだに抗体ができます。

この抗体は次にまた、同じウイルスがからだのなかに入ってきたとき、それを排除する働きをしてくれます。これは免疫と言って、ぼくたちにとって、とてもありがたい働きです。

一方、花粉がからだのなかに入ってくると(この場合、花粉が抗原)、花粉に対する抗体が、からだのなかにできます。この抗体ができたあとで花粉がまた入ってくると、抗原抗体反応《こうげんこうたいはんのう》という反応を起こし、花粉症《かふんしょう》(→176ページ)の症状が起きます。この抗原抗体反応が、アレルギー反応です。これはちょっと困った反応ですね。

しかし、花粉は誰のからだにも入ってくるのに、花粉症になる人とならない人とがいます。

簡単に言うと、花粉に対してたくさん抗体を作ってしまう人と、少ししか作らない人とがいると言ってよいでしょうか。その差が生まれつき決まっているものかどうかなのは、はっきりしません。

ぼくなどはもともとアレルギー性鼻炎《せいびえん》があると言いましたが、主に温度、湿度、気候などの変化で、鼻づまりがひどくなります。また、ハウスダスト(家のほこり)にも反応しますので、以前は「いつか花粉症にもなるだろうな」と思っていました。けれど、いっこうになりません。そこで少しまわりの人を調べてみたのですが、もともとアレルギー性鼻炎や喘息《ぜんそく》だった人は花粉症になっていないことが多く、逆に、いままで自分はアレルギーだと思ってなかったような人が、ひどい花粉症になってしまっているのです。

ぼくのからだなどは、気候の変化やハウスダストに反応するのに忙しくて、花粉のほうまで手がまわらないのではないかと思っています。

もともとのアレルギー性鼻炎が、花粉症から守ってくれているようなものですね。ちょうど、常在菌《じょうざいきん》が病原菌の侵入を防いでいてくれるのに似ています。

ですから、アレルギーの素質があったらどんなものにもアレルギー反応を起こす、というわけでもないのです。

アレルギーの人が多いのは、なぜ?

ところで、花粉症という病気がぼくたちに知らせてくれたのは、世の中にはアレルギー素質の人がたくさんいる、ということでした。「自分にはアレルギーの素質はないから、だいじょうぶ」と思っていた人が花粉症になって、「えーっ、わたしも、やっぱりアレルギー素質をもっていたの」とびっくりするようなことが、山ほどあったのです。

世の中にこんなにアレルギーの人が多いのは、な

ぜでしょう。それは歴史的に、アレルギー素質の人のほうが生存に有利ということがあって、そのために生き残ったからだ、という説があります。

この説をぼくが初めて知ったのは、長屋宏《ながやひろし》さんが1988年に書いた『アレルギー』という本を読んだときでした。長屋さんはアレルギーを専門とするお医者さんですが、長屋さんが言っていることにまずびっくりし、次に深く同感したのです。長屋さんが書いていた内容を少し説明を加えながらまとめると、およそ次のようになります。

〈ぼくたちのからだには、いろいろな抗体《こうたい》があり、そのなかにはウイルスなどからからだを守ってくれる抗体もあれば、アレルギー反応を起こす原因になる抗体もある。抗体はタンパク質のうちのグロブリンという物質でできていて、免疫《めんえき》グロブリンと呼ばれる。免疫グロブリンにはIgA（アイジーエー）、IgD（アイジーディー）、IgE（アイジーイー）、IgG（アイジージー）、IgM（アイジーエム）の5種類があり、このうちIgEがアレルギー反応に関連している。たとえばある人の血液中のIgEの量を調べてその量が多ければ、その人はアレルギー素質の人だと判断される。

そんなわけでIgEは「アレルギー反応を起こす悪いやつ」と思われているが、IgEはそれ以外によい働きもしている。たとえば寄生虫やウイルスをやっつけたりする働きももっているのだ。

衛生状態がよい現在の日本では、寄生虫はおそれられていないが、アフリカやインドの僻地《へきち》など衛生状態の悪い地域ではいまも、マラリアなど寄生虫による病気で死ぬ人の数が、ガンや心臓病で死ぬ人の数より多い。

日本などでも、かつては寄生虫が人間を脅《おびや》かす存在だった時代があった。そういう時代には、IgEを作りやすい遺伝子をもつ人は寄生虫に対する抵抗力が強いため、生存競争に有利だった。そのため、IgEを作りやすい遺伝子をもつ人がだんだん増えた。

IgEはさらに、気道の粘膜《ねんまく》の表面を外敵の侵入から守る働きももっていて、ウイルスに対する抵抗力もあると考えられている。実際に、アレルギー素質の人は、ウイルス性のかぜにかかりにくいとも言われている。そういうわけで、IgEをたくさんもっている人は、かつては抵抗力の強い、生きていくのに有利な人だったと言える。しかし、寄生虫がほとんどいなくなったりしたいま、IgEは暇《ひま》になって、アレルギー反応といういたずらを起こすようになったと考えてよいのではないか〉

ぼく自身の体験を一般化してしまうのは危険でしょうが、強いアレルギー素質のぼくはかぜをひきにくく、そのことからも長屋さんの説を納得してしまいました。

そして最近、アレルギー素質の人は有利な点をいろいろもっているということが言われるようになりました。アレルギー素質の人はガンにかかりにくいという説もありますし、かつて結核《けっかく》が流行していたころ、アレルギー素質の人は結核にかかりにくかったとも言われます。

アレルギー素質が「生き残り素質」だったとすれ

ば、ぼくたちは自分がアレルギー素質であることを、うらめしく思うべきではないでしょう。ただ現代の環境が、アレルギー素質の人にアレルギー疾患《しっかん》を起こしやすい環境になっていることは否《いな》めませんが。

ともかく、まずアレルギー素質を不利な素質だと思ったり、アレルギーを悲惨《ひさん》なことと思ったりするのをやめましょうね。

アレルギーと気長につきあう

さらにもうひとつ、アレルギーの病気は治りにくい病気だ、という先入観を捨ててください。

確かに、アレルギーの病気は治すのに時間がかかることが多いとは言えます。

子どもの病気は大半がウイルスや細菌による感染《かんせん》症《しょう》ですから、長くても2週間以内には治ってしまうのがふつうです。

そんななかで、アレルギーの病気はよくなるまで何年か待たなければならないことが多いので、「アレルギーの病気は難病《なんびょう》」と思われてしまうようです。

しかしぼくの経験では、「6歳くらいまでにはたいてい治ってしまう。それより遅れたとしても、10歳くらいまでには治るのだから、気楽にかまえよう」と決めたお母さんやお父さんの場合、その楽天性がアレルギーの病気にかかっている子どもにもプラスに働いて、よくなっていきました。

喘息《ぜんそく》やアトピーと診断されても、悲観せず、大げさに考えず、「まあ、じっくりとつきあってやろうか」という気分になってほしいのです。

また、この分野では医学の進歩も、なかなか頼もしいものです。

喘息はぼくが医者になったころ、確かに難病でした。強い発作が起こると、治療に苦労しました。いまは気管支拡張剤《きかんしかくちょうざい》の吸入で大半の発作がおさえられますが、むかしは副作用の強い薬を注射するしか方法がありませんでした。

また、体質を改善して喘息を治すということも、なかなかできませんでした。しかしいまはさまざまな体質改善薬ができて、喘息は「コントロールする病気」から「治る病気」に変わってきました。

アトピーのほうは、ステロイドの外用薬(ぬり薬)以上の薬はなかなか出てきませんが、ステロイドをじょうずに使えばあまりつらい思いをせずに、「成長することによって治癒《ちゆ》」という日を迎えることができます(→165ページ)。

アレルギーや喘息、アトピーという言葉に対して、いたずらにおびえないでください。このことをあらためて強調したうえで、それぞれの病気についてお話ししましょう。

喘息《ぜんそく》について

気管支喘息《きかんしぜんそく》は一般に、喘息と呼ばれています。喘息というのは「息がつまる」という意味で、もっと正確に言えば、呼吸困難の発作《ほっさ》を起こすことです。

呼吸困難の発作は、気管支が原因になる場合と心臓が原因になる場合とがあり、それぞれ気管支喘息、心臓喘息と呼ばれます。しかし心臓喘息はまれな病気ですし、とくに子どもでは少ないので、喘息と言えば、気管支喘息のことを指《さ》しているのがふつうです。そこで、この本では気管支喘息のことを、簡単に喘息と呼ぶことにしています。

　喘息についてお話しする前に、子どもがせきをするのはどんな場合か考えてみましょう。せきといっても数日で終わってしまうせき、つまり急性《きゅうせい》のせきと、何週間も続くような慢性《まんせい》のせきとがありますね。

　とくに慢性のせきは、親を悩ませます。長いこと病院通いをしているのによくならない、といったことが多いからです。また、せきというものは夜ひどく出ることが多いので、本人も周囲の人も眠りを妨《さまた》げられます。さらに、長いことせきをしている子どもを見ていると、「こんなにせきをしていたら、肺を傷《いた》めてしまうのではないか」、「もう、喘息になっているのではないか」などと、嫌《いや》な予感が頭をよぎります。

　そんなわけで、たいしたせきでもないのに病院通いを続けている子どもも、たくさんいるのです。

　実際のところ、最近、慢性のせきをしている子ども、大人が増えてきている印象があります。とくに、せきこむかたちの慢性のせきが多いように思われます。開業している小児科の外来では、慢性のせきの子どもが、かなりの率を占めているのではないでしょうか。

　そこで、子どものせきについて、少しくわしくお話ししておこうと思います。

子どものせき

　まず子どもは大人に比べて、鼻やのどなどが敏感《びんかん》にできていますから、はな水やくしゃみ、せきなどが出やすい、ということを知っておいてください。夜、気温が下がってきたころ、赤ちゃんがせきを始めることがありますが、一時的なもので終わるなら心配はなく、病院に行ったりする必要もありません。

ほかの症状に注意

　子どもがせきをしている場合、ほかにどんな症状があるかに注目しておきます。熱がなく機嫌《きげん》がよく、食欲にも変わりがない、からだの活動性にも変化がないといった状態なら、まず心配はありません。元気で軽いせきだけが出ているというようなときに、病院へ連れて行って、せきどめの薬をもらってのんでも、ほとんど効果がないのがふつうです。

　せきにほかの症状がともなう場合、熱があったり機嫌が悪かったり、食欲がおちたりしているときや、遊ぼうとしない、夜、せきで眠れないといったときなどは受診が必要でしょう。

せきはどこから起こるか

ここで「呼吸の木《こきゅうのき》」というものを紹介します。これはアメリカのジョン・ガーウッドさんというお医者さんが、その著書『小児科へ行く前に』のなかで紹介しているものです(左の**図**)。この木は、「せきはどこから起こるか」を理解するために考えられました。

子どもの呼吸器を、3つの部分からなる木だと考えます。この木のてっぺんは副鼻腔《ふくびくう》、その下に、幹《みき》のようにからだの中央を通っている喉頭《こうとう》と気管《きかん》があります。さらに根元には、扇のようなかたちにひろがっている気管支《きかんし》と肺があります。せきは、このそれぞれの部分が原因になって出ます。

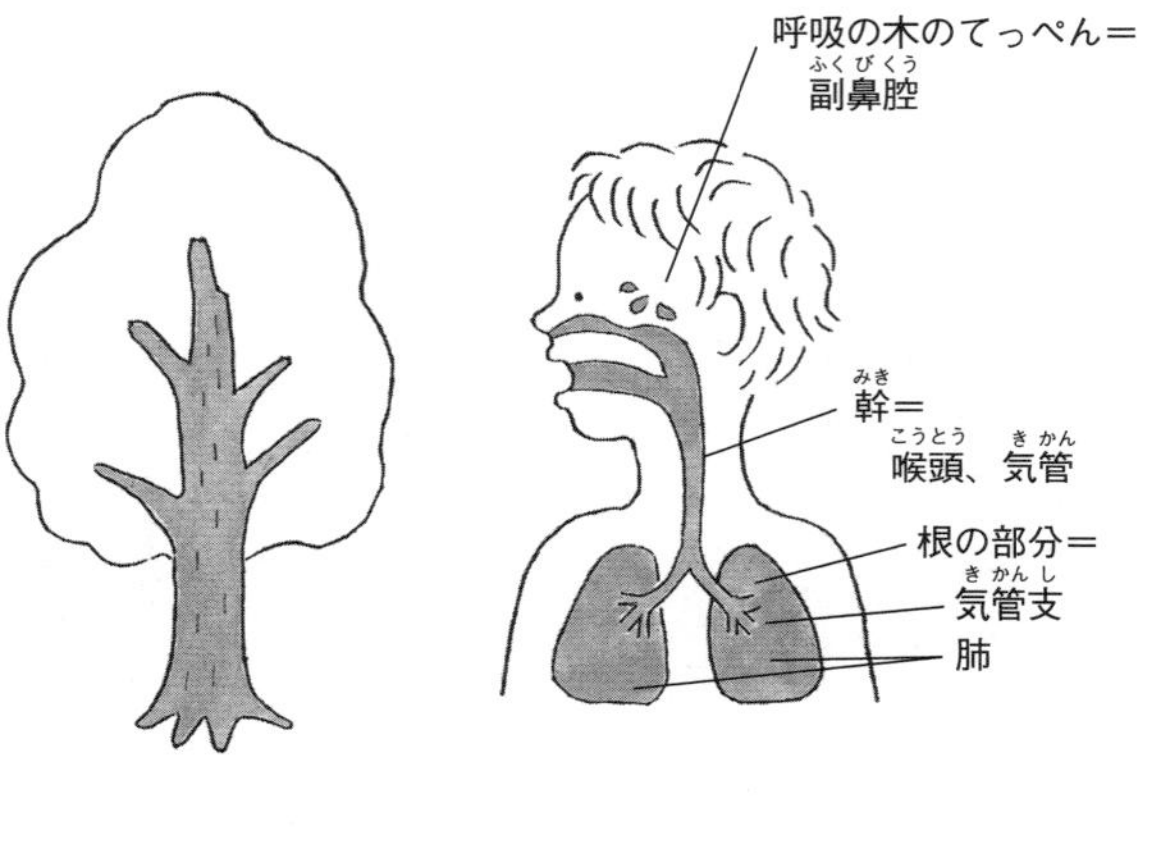

「呼吸の木」

副鼻腔《ふくびくう》が原因のせき

上のほうから見ていきましょう。まず副鼻腔です。副鼻腔は顔の内側にある小さな洞穴《ほらあな》で、目の真後ろ、ほっぺた、鼻の真後ろなどにあります。この部分の役割は、外から吸いこまれた空気を濾過《ろか》すること、鼻腔《びくう》をうるおす粘液であるはな汁を作るところです。

この副鼻腔が、子どものせきの原因としてもっとも多いということは、あまり知られていません。副鼻腔が原因になっているせきは心配のないもので、ほうっておいてよいものだということも、またあまり知られていないと思います。

副鼻腔が感染やアレルギー反応を起こすと、はな水がたくさん作られるようになります。このはな水は副鼻腔にたまりますが、やがてのどの奥のほうへ流れていきます。そして、のどのなかの、せき中枢《ちゅうすう》という部分を刺激します。そうするとせきが出て、気道《きどう》に流れてきたはな水を押し返し、吐き出したり飲みこんだりできるようにします。

ですから、この場合のせきは、はな水が気道へ入ってこないようにするための好ましい反応だと言えます。

せきの原因が副鼻腔である場合、どんな特徴があるかというと、まずたいていの場合、はな水が出たり鼻がつまっていたりというふうに、鼻の症状をともなっています。もうひとつ、このせきは夜間、あるいは横になっているときにひどくなります。横になった姿勢ですと、副鼻腔から流れ出たはな水が気道にたまって、せきをひき起こすからです。

このせきの場合、痰《たん》をともなうことも多く、また、のどがゼロゼロいうこともあります。

こういうせきは長く続くことがしばしばあり、1週間とか10日とかにおよぶこともありますが、とくに心配する必要のないもので、薬もあまり効《き》きませんから、ほうっておくほうがいいのです。

のどが原因のせき

次は「呼吸の木」の幹《みき》の部分である、のどに原因があるせきについてお話しします。

このせきは、喉頭《こうとう》と気管《きかん》がウイルス感染によって刺激に敏感《びんかん》な状態になったことによって起こります。ちょっとした刺激でせきが出て、しかもいったんせきが出始めると、せきこんで終わらなくなってしまうことがしばしばあります。

ちょっとした刺激とは、戸外へ出て冷気を吸いこむこと、走ったりすること、いきおいこんで話し始めることなどです。敏感の度が増すと、ちょっと話したり、笑ったり、また息のつきかたでも、せきこみが始まることがあります。

電話をかけて話し始めようとしたら、せきこんで止まらず困ってしまったというような経験をしたことのある方は、多いのではないでしょうか。

こういうせきは昼間ひどくて、横になったり寝ているときは軽くなる傾向がありますが、夜中にせきこむこともあります。

のどが原因のせきは本人にとってけっこうつらいものではありますが、危険なものではありません。薬も効《き》きにくいのですが、心配しないでつきあってやってください。

肺が原因のせき

「呼吸の木」のいちばん下の部分は肺ですね。肺が原因でせきが起こるのは、「肺炎になったとき」です。

肺炎については107ページでくわしく話していますので、そちらを参照してほしいのですが、くれぐれも「肺炎＝こわい病気」といった固定観念を捨ててください。ほとんどの肺炎は軽くて、簡単な治療でよくなってしまうのです。

ウイルス性肺炎（→109ページ）やマイコプラズマ肺炎（→109ページ）の場合は、何も治療をしないで自然に治ってしまうこともしばしばあります。

肺炎は細菌によって起こるもの、ウイルスによって起こるもの、細菌とウイルスの中間の性質をもった微生物《びせいぶつ》であるマイコプラズマによって起こるものとがありますが、「肺炎はみな同じような症状」というわけではありません。

細菌性の肺炎は悪寒《おかん》とともに高熱になり、せきもはげしく出て、自分のことを言葉で表現のできる年齢の子なら、胸痛《きょうつう》を訴えたりもします。

一方、ウイルス性肺炎やマイコプラズマ肺炎の場合は、それほど高くない熱がいつまでもぐずぐず続き、せきも軽いものがしつこく続き、どこか元気がないというような、ぐずぐずしたかたちになることが多いのです。

どんなせきなら病院を受診するのか

さて、ここまで書いたところで、せきには副鼻腔《ふくびくう》が原因のもの、のどが原因のもの、肺が原因のものといろいろあることが、わかっていただけたでしょうか。

次に、「すぐに病院へ行ってみてもらうほうがよいせき」はどんなものかを、お話ししておきます。

○生後3カ月以前の赤ちゃんのせき

生後3カ月以前というのは、まだからだが十分に抵抗力をもっていない、危なっかしい期間です。この時期に肺炎にかかったりすると、急速に重症化することもあります。ですからせき以外どこも悪そうに見えない場合でも、この時期の赤ちゃんにかぎっては、医者にみてもらっておくべきです。たいていの場合、「何でもありません。ちょっとしたかぜですよ」と言われるでしょうが。

○高熱をともなうはげしいせき

気管支炎《きかんしえん》(↓106ページ)、細気管支炎《さいきかんしえん》(↓99ページ)、肺炎などの可能性があります。とくに、子どもがぼんやりした感じになって応答がはっきりしないときは、細菌性肺炎《さいきんせいはいえん》(↓108ページ)の可能性があります。

○ケンケンいうせきで息苦しそうに見え、唇《くちびる》が紫色になっている場合

クループ(↓105ページ)と呼ばれる状態が考えられます。急いで病院へ行きましょう。

○せきがひどく顔色が悪くて、ぐったりしている場合

肺炎や気管支喘息《きかんしぜんそく》の可能性があります。

○胸がゼーゼー、ヒューヒューいい、せきが出て苦しそうな場合

初めてこうなったのでしたら、すぐ病院へ行きましょう。喘息の可能性があります。すでに喘息と診断のついている子なら、対応のしかたは医者から聞いているはずですから、それにしたがって対処してください。

クループ

このなかで「クループ」という言葉が出てきましたね。クループについては105ページでくわしくお話ししていますが、ここでも、ふれておきましょう。

むかし、ジフテリアという病気がありました。いまはまったく見られないといってよい病気ですが、ジフテリアのとき、上気道《じょうきどう》がふさがってしまうような状態が起こることがあり、これがクループと呼ばれました。

ジフテリア以外の病気でも同じような状態が見られることがあり、これは「仮性《かせい》クループ」と呼ばれます。仮性クループはいまでも、しばしば見られます。仮性クループはウイルスによって起こるもの、細菌によって起こるものがありますが、ウイルスによるものが圧倒的多数です。

ウイルスが喉頭《こうとう》に感染した場合、大人ですと声が出なくなりますが、5歳以下の子どもですと、仮性クループになることがあるのです。

この場合、子どもはまずイヌが吠《ほ》えるようなケンケンしたせきをし、息を吸うときにゼーゼーという音をさせ、そして声がかれます。熱も出ています。

こうした状態になったら、すぐ病院へ行きましょう。

細菌性の仮性クループの場合は、もっと重症です。発熱、のどの痛み、息を吸うときのゼーゼーいう音などはウイルス性の仮性クループと同じですが、子どもの呼吸困難の程度は強く、呼吸を楽にしようと首をのばし、あごを前へ出します。

のどの痛みが強いためにつばをのみこむこともできないので、口を開け、舌を出し、よだれがだらだら出ます。こうなったら救急車を呼ぶべきです。

何だか、みなさんをこわがらせるようなことを書いてしまいましたが、細菌性の仮性クループはまれで、たいていはウイルス性の仮性クループですから、不安にならないようにしてください。

ウイルス性の仮性クループの場合は、お風呂にお湯をはって蒸気をたて、子どもにこの蒸気を吸わせてみます。これでのどの腫《は》れがひき、数分でせきが止まることがあります。これでおさまらなかったら、戸外で冷気にあててみます。これでせきが軽くなることがしばしばありますが、10〜15分経《た》ってもよくならなければ、すぐ病院へ行くべきです。

せきの種類と考えられる病気

次に、せきの種類によって、どんな病気が考えられるかということをお話ししておきます。

○コンコンいうせき

ふつうのかぜのときに出ます。タバコ、線香、花火などの煙に刺激されて出るせきも、このせきです。

○ゴホンゴホンいうせき

この場合、痰《たん》がからんでいるわけで、気管支《きかんし》や肺に炎症が起こっていることが考えられます。

○ケンケンいうせき

仮性クループが考えられます。

○コンコンコンコンと連続してせきをし、最後にヒーッという息を吸う音が聞こえる場合

百日ぜき(→111ページのコラム)が考えられます。

○ゼーゼー、ヒューヒューいう音をともなうせき

ゼーゼー、ヒューヒューいう音は喘鳴《ぜんめい》と言います。せきに喘鳴をともなう場合は気管支が細くなっている可能性があり、それは喘息になっている可能性があるということでもあります。

喘鳴《ぜんめい》について

せきにはこんなふうにいろいろな種類があるわけですが、喘鳴については、ひとつ注意しておかなければならないことがあります。

乳児の場合、喘鳴イコール喘息《ぜんそく》と考えてはいけないということです。

大部分の乳児が、喘鳴をともなうかぜに何回かかかりますが、その子たちのほとんどは、その後の生活に何の問題もありません。

乳児がゼーゼーいうと喘息ではないかと心配するお母さん、お父さんは多く、その気持ちはよくわかりますが、1歳以前に喘鳴を起こした乳児のうち、その後、喘息になるのは10人に1人と言われます。3歳以上では、1度喘鳴が起こった子どものうち4割、つまり10人に4人が、その後もしばしば喘息発作を起こすと言われています。

喘鳴を起こす乳児10人のうち1人だけが喘息になると言っても、親の不安は解消されないかもしれませんが、あとでお話しするように、たとえ喘息であっても、適切に対処すれば心配はいらないのです。

タバコの煙や異物《いぶつ》のみこみ——せきについて、もういくつかつけ加えておくことがあります。

子どものせきが長びく場合、家族のなかに喫煙者《きつえんしゃ》がいるかどうか、点検が必要です。室内でタバコをすっている人がいたら、室外ですってもらうようにしなければいけません。

それから子どものせきが喘鳴をともなっている場合、異物を誤ってのみこんだためということがあります。ピーナッツなどのナッツ類や小さな笛などを口に入れて走っていた子どもが、突然激しいせきを始めたり、ゼーゼーいい始めたりしたら、気管につまった可能性がありますから、急いで病院へ連れて行くことが必要です(→416ページ)。

長いこと喘鳴が続いている場合も、本人は苦しそうでないのに喘鳴はかなり音が大きく、喘鳴が始まる直前にピーナッツなどを食べていたことに思いあたったら、異物が気管につまりっぱなしになっている可能性を考えておきましょう。

気《き》管支《かんし》喘息《ぜんそく》

せきについて、ひととおりのお話がすみましたので、次に喘息について、くわしくお話しすることにしましょう。

喘息というのは発作的に呼吸困難が起こる病気で、とくにきっかけがなく起こる場合もあれば、走ったり運動したりすることがひきがねになる場合もあり(運動誘発性喘息《うんどうゆうはっせいぜんそく》→415ページ)、またアスピリンのような薬をのんで起こったりもします。

そんなふうにいろいろなケースがありますが、最初に、子どもが診療室で喘息と診断されるのはどんなケースが多いかということから、お話しします。

「子どもがかぜをひいて、せきをしたり、はな水を出したりしていたと思ったら、ゼーゼーしてきた。息をするのも苦しそうにしているので病院に行ったら、「これは喘息の発作《ほっさ》ですね」と言われた」。これが典型的な、「最初の喘息告知《ぜんそくこくち》」でしょう。

もっとひどい場合は、ある晩突然ゼーゼーいい始めて、しゃべるのもつらそうになってしまった、病

喘息《ぜんそく》の発作の種類と症状

	呼吸の状態	睡　眠	会　話	食　事
大発作	呼吸困難がきわめて強い	苦しくて眠れない	話しかけられても返事ができない	食べられない
中発作	ゼーゼー、ヒューヒューがはっきり聞こえ、呼吸困難がある	ときどき目がさめる	話しかけられれば返事をする	少ししか食べられない
小発作	ゼーゼー、ヒューヒューというが呼吸困難はない	ふつうに眠れる	ふつうに話ができる	ふつうに食べられる

院へ連れて行こうとしたが動けず、抱きかかえて連れて行った、というような起こりかたをする場合もあります。

しかし、こういう発作を1回起こしただけで喘息と病名をつけるのは早計《そうけい》で、何度も発作をくり返す場合に、喘息と診断されるのがふつうです。

喘息はアレルギー素質の子どもに、ウイルスやダニや天候の変化など、さまざまな原因がひきがねになって気管支が細くなるという現象が、くり返し起こるものと考えてよいでしょう。

喘息《ぜんそく》の発作《ほっさ》の3段階

喘息の発作は小発作《しょうほっさ》、中発作《ちゅうほっさ》、大発作《だいほっさ》の3段階にわけられます(上の表)。

小発作の場合は、あらかじめ医者からもらっておいた気管支拡張剤《きかんしかくちょうざい》の吸入薬《きゅうにゅうやく》やのみ薬を使って、家庭で治療することができます。しかし、この小発作が数日続く場合は、病院へ行っておくほうがよいでしょう。

中発作は病院へ行って、吸入の処置などをしてもらうとよいと思います。

そして大発作の場合は、すぐに病院へむかうべきで、救急車を呼ぶのが妥当《だとう》です。

発作《ほっさ》がときどき起こる、間《かん》けつ型の場合

さてこういう発作のかたちを知ったうえで、喘息《ぜんそく》の子どものさまざまな病型を見ておきましょう。

まず、子どもの喘息で、もっともふつうに見られるのは、かなり長い期間、すなわち数年にわたって、年に2〜3回発作が起こるという軽症型《けいしょうがた》です。発作は2〜3時間から半日くらい続きますが、発作がないときは完全に健康です。発作は季節の変わり目や梅雨どき、あるいはかぜをひいたときなどに起こりがちです。

軽い発作が夜間に起こった場合、薬を使わなくても翌朝の10時ごろになると軽快《けいかい》することもあります。

手もとに薬をそなえておき、発作が起こったらすぐ使うようにすれば、病院へ行かなくてもよくなります。

こういう軽症型の子どもは、何年もこういうかたちの発作をくり返したのち、6歳ごろ、あるいは遅くても10歳ごろには、自然に発作を起こさなくなることが多いのです。

同じように発作の起こる回数は少ないけれど、発作はたいてい中発作以上の重いものであるという子どももいます。しばしば、はな水の出るかぜが長びいたあとにゼーゼーいい始め、すぐに呼吸困難になります。この場合は、早めに病院へ行っておきましょう。

ここまでお話ししたのは、発作がときどき起こる「間けつ型」と呼ばれるものですが、これとは別に、「持続型」と言われるかたちがあります。

持続型の場合

持続型は間《かん》けつ型より重く、次のような経過をとります。

乳児期に呼吸困難の発作《ほっさ》がときどき見られ、あとになって呼吸困難と喘鳴《ぜんめい》(胸のゼーゼー、ヒューヒュー)のある、はっきりした喘息発作をもつようになります。また発作と発作のあいだも完全に何ともないという状態にはならなくなり、毎日、多少の喘鳴が聞こえ、夜間にしばしばゼーゼーがひどくなって目ざめます。

なお、持続型のなかでとくに重症なものを、難治《なんち》性《せい》喘息《ぜんそく》と呼びます。

喘息《ぜんそく》と診断されたら

喘息はこういう病気ですが、あなたのお子さんが喘息と診断されたら、どうしたらよいでしょうか。

まず、喘息の治療はどんどん進歩しつつあって、いまでは「治せる病気」になっていることを理解してください。

医者の側としては、「この子は喘息ですね」というふうに病名を告げると、たいていのお母さん、お父さんはショックを受け、絶望的な気分になってしまうことを知っているので、喘息という診断をためらいがちです。そして「まあ、症状としては喘息に似ているけど、それほどたいしたものじゃないから」、「喘息もどきっていうところかな、病名で言えば、喘息性気管支炎」などと、あいまいに言ってしまったりします。

でも喘息はいま、コントロールできる病気になっているし、きちんと治療をすれば重症化したり成人になるまで続いたりということもほとんど防げるので、喘息は正しく喘息と理解したほうがよいと思います。

間《かん》けつ型の場合は、気管支拡張剤《きかんしかくちょうざい》の携帯用吸入器や、シール(テープ)のかたちになった気管支拡張剤などを家庭にそろえておくことで、病院へ行かずに発作《ほっさ》に対処できるのがふつうです。

持続型の場合は、副腎皮質《ふくじんひしつ》ホルモン(ステロイド)の吸入薬《きゅうにゅうやく》を毎日吸入するといった方法で「体質改善」をし、軽症の間けつ型にもっていくことが可能になっています。

ここでは治療法も治療薬も一部のものしか紹介していませんが、薬はいろいろな種類があり、いろいろな方法が選択できます。新しい薬や新しい治療法がどんどん開発されつつあるので、ここに書ききれないのです。

薬をじょうずに使う

治療をするうえで大事なことはまず、必要以上に薬をおそれないことです。

気管支拡張剤《きかんしかくちょうざい》とか副腎皮質《ふくじんひしつ》ホルモンとかいうと、その名前だけでこわがってしまう人もいますが、それはちょっとどうかな、と思います。

薬はもちろん乱用すべきではありませんし、副作用についても十分注意をはらうべきです。しかし、多少の副作用があっても、使わねばならぬ場合もあるのです。

喘息《ぜんそく》のような病気は、かかったことがある人でないと苦しさがわからないので、子どもの場合には、がまんさせられてしまうこともあります。中発作《ちゅうほっさ》ぐらいでも、ひと晩がまんさせれば朝になって軽快《けいかい》するのがふつうです。しかし、このひと晩は本人にとってたいへんつらいし、こういう「がまん作戦」が喘息をひどくすることもあります。

気管支拡張剤は副作用のため手がふるえたり脱力感が起こったりするものが多いのですが、その副作用よりも喘息発作が軽快することのメリットが、ずっと上まわります。ぼく自身も、ほんのときどき喘息発作があって気管支拡張剤をのみますが、確かに手はふるえて嫌《いや》だけど、そんなことは気にならないほど胸苦しさがとれるのはありがたいことなのです。

気管支拡張剤は長期に使っても、内臓への副作用は心配しなくていいので、発作が起こったら早めに使ってください。

副腎皮質ホルモンのほうも、一般にこわがられすぎている傾向があります(→13ページのコラム)。

副腎皮質ホルモンは確かに副作用の多い薬ですが、副腎皮質ホルモンを使わなければ生きていけない病気もあって、そういう病気の人たちにとっては「神のような」薬です。喘息の場合も、難治《なんち》性喘息《せいぜんそく》という重症の子どもは、副腎皮質ホルモンがなかったら生活できないと言ってよいでしょう。

副腎皮質ホルモンには注射薬、のみ薬、ぬり薬、吸入薬《きゅうにゅうやく》などいろいろあって、のみ薬や注射薬は副作用に注意して使わなくてはいけませんが、吸入薬は、ほとんど副作用がありません。ぬり薬には強力な作用をもつものから、おだやかな作用のものまであって、その作用の強さに副作用も比例します。ですからアトピー性皮膚炎《せいひふえん》の場合などは、その重症度によって、使う期間や薬の種類を考えて使えばよいのです。

また、副腎皮質ホルモンののみ薬を短期間使うことで、劇的な効果が見られることがあります。喘息でも、吸入などでなかなか発作がおさまらないとき、副腎皮質ホルモンを短期間のむことで、入院を回避《かいひ》できることもしばしばあります。

そういうわけで、薬に対して偏見をもたず、じょうずに使うことを心がけたいものです。それには、薬をじょうずに使ってくれる主治医を見つけることも必要です。

喘息のような長い期間つきあわねばならない病気については、不安感をもたず、喘息と気楽につきあえるよう手助けしてくれる主治医をもつことは、とてもたいせつなことだと思います。

1980年という時点で、イギリスのゴッドフレイという喘息の専門家は、「喘息児の約60%は10歳までに喘鳴《ぜんめい》がなくなり、80~90%は13~14歳までによくなる」と言っています。それから30年近く経《た》ったいま、それよりも多くの子どもがよくなっているのは確かです。喘息を、おそれないでくださいね。

そのほかのアレルギーの病気

では、そのほかのアレルギーの病気についてお話ししましょう。

アトピー性皮膚炎《せいひふえん》

アトピー性皮膚炎は、たかだか皮膚の病気です。もちろん、生命にかかわることはありません。それに、時間はかかるかもしれないけれど、成長につれてよくなっていくことが期待できる病気です。

それなのに、アトピーと診断された子どもの親は一様《いちよう》に、暗い顔をします。「アトピーなんていう病気になってしまったこの子は、何とかわいそう。そしてこんな子に産んでしまったわたしは、何て悪い親」というふうに、嘆いたり自分を責めたりするお母さんも少なくありません。

こんなふうにお母さんたちが不安になる理由としては、次のようなことが考えられます。

○アトピーは目につきやすいので、まわりの人からいろいろ言われることが多い

○マスコミが難病《なんびょう》あつかいして騒ぎすぎる
○症状が目に見えるので、ひどくなると子どもが気の毒になったり、将来が不安になったりする
○原因がよくわからない

確かにアトピーは目につきます。親の目につくだけでなく、まわりの人の目にもついて、電車に乗っていると「そんな肌にしちゃったのは親の責任よ」だの、「きれいにしてやらなきゃ子どもがかわいそうじゃない」だの言われたり、ときには「こんないい治療法があるのよ」と民間療法《みんかんりょうほう》をすすめられたりします。とにかく情報も多いのです。そしていろんな人がアトピー評論家になったりします。

そんなこんなで、アトピーは難病に仕立てあげられてしまったようです。

でも、ぼくがいままで見てきたアトピーの子どもは、小学生くらいまでに、ほぼ全員よくなりました。ぼくのところにはかなり重症のアトピーの子どももきました。あちこちのお医者さんに行ってみたけれどよくならない、という子どもがたくさんきましたし、「ステロイド(副腎皮質《ふくじんひしつ》ホルモン)は絶対に使いたくない」と言うお母さん、お父さんもたくさんきました。ぼくとしてはお母さん、お父さんが希望される治療法にできるだけ合わせるかたちで治療をしてきましたから、ステロイドをいっさい使わないケースもありましたが、それでも成長するにつれてよくなっていきました。

ですからぼくはアトピーを、大げさに考えたり、やたらに不安をもったりしないで、じっくりと長期戦でかまえれば、自然によくなっていく病気だと思っています。それは喘息《ぜんそく》と同じことです。

アトピーとは

ではアトピーについて、少し解説しておきましょう。アトピーは定義のむずかしい病気です。皮膚《ひふ》科医がみても、あるお医者さんはアトピーだと言い、あるお医者さんはアトピーではないと診断するというようなことはあります。

いちおう定義すると、次の4項目のうち3項目が認められた場合、アトピーであろうと考えるのがよいようです。

○強いかゆみがある
○年齢によって症状が移り変わる
○慢性《まんせい》に経過して治りにくい
○家族にアレルギー疾患《しっかん》がある

何か漠然《ばくぜん》とした定義ですね。しかしこんなふうにしか言いようがない、幅のひろい病気がアトピーなのです。

この項目のうち、「年齢によって症状が移り変わる」というところを説明しておきましょう。

一般にアトピーの乳児型の場合、生後2〜3カ月ごろから頭や顔に紅斑《こうはん》(赤い斑点《はんてん》)、かさぶた、ジクジクした部分(ただれ)などができ、さらにからだ、手足にも赤い斑点が見られたりします。

ただこの時期の赤ちゃんは脂漏性湿疹《しろうせいしっしん》(↓272ページ)という湿疹になりやすく、それとの区別はとてもむずかしいのです。脂漏性湿疹ですと、赤ちゃんが1歳になるころまでには自然によくなっていきます。ですからこの時期にはアトピーを考えず、ひろく「乳児湿疹《にゅうじしっしん》」とでも呼んでおいたほうがよいでしょう。

1歳以降になりますとジクジクした部分が減って、カサカサした皮膚になってきます。

ひじの内側、ひざの裏側、わきの下、首などは、「かきこわし」をくり返して、皮膚が盛りあがったようになってきます。

耳切《みみぎ》れと言って、耳の付け根のところがジクジクしてかきこわしたために血が出たりする状態になることがありますが、「耳切れがあったらアトピーと診断してよい」と言われています。

そして思春期になり皮脂《ひし》の分泌《ぶんぴ》がさかんになると、湿疹は軽快《けいかい》してくることが多いのです。

アトピーの治療①――ぬり薬

アトピーの治療は、どうすればよいでしょうか。ぼくは、ステロイド(副腎皮質《ふくじんひしつ》ホルモン)のぬり薬をじょうずに使うことと、スキンケアをおこなうことの2本立てでよいと思っています。

すでにお話ししたように、ぼくは「ステロイドを使いたくない」というお母さん、お父さんの場合は、ステロイド以外のぬり薬(非ステロイド系ぬり薬、亜鉛華軟膏《あえんかなんこう》、保湿剤《ほしつざい》、白色《はくしょく》ワセリンなど)をいろいろ試してがんばりますが、重症のアトピーの子どもの場合は、とても苦労します。やはりステロイドを使うと楽です。

ステロイドのぬり薬は作用の強さによって多種のものがあり、弱いものから強いものまで、いろいろあります。このうちで弱いものを主体に使い、ひどい部分だけ期間をかぎって、やや強いものを使います。こうすれば、ほとんどのアトピーはコントロールでき、本人も親も、そして医者の側も楽になります。

アトピーのような長くつきあわなければならないことの多い病気では、楽な気分で治療が続けられることが第一です。かゆみというのもかなりつらいものですから、ステロイドを使わないで子どもにかゆみを耐えさせるよりも、ステロイドをじょうずに使って、あまりかゆくない生活をさせてやったほうがよいと思います。

参考のためにいま(2007年)、病院で出されるステロイドのぬり薬を、強さの順に並べた**表**(↓次ページ)をのせておきます(商品名でのせてあります)。

アトピーの治療②――スキンケア

次に、スキンケアについてお話ししましょう。

スキンケアをきちんとすればアトピーでもよい結果が得られるということは、皮膚科医が口をそろえて言うことです。皮膚科医の山本一哉《やまもとかずや》さんが言っていることで、たいへん興味深いことがあります。

山本さんは、「からだ中にアトピーができている

アトピー治療に使われるステロイドのぬり薬

強　度	商　品　名
ストロンゲスト（最強）	ダイアコート、ジフラール、デルモベート
ベリーストロング（とても強い）	マイザー、トプシム、ネリゾナ、テクスメテン、パンデル、リンデロン–DP
マイルド（おだやか）	アルメタ、ロコルテン、キンダベート、レダコート、ケナコルト–A、ロコイド、デクタン
ウィーク（弱い）	メドロール、コルテス、強力レスタミンコーチゾン、テラ・コートリル、オイラックスH

赤ちゃんでも、きれいなところが2カ所ある。それはおむつの当たっている部分と、口のまわりだ」と言うのです。このことはみなさんも、自分の目で確かめてみてくださいね。

ぼくは実際に、たくさんの赤ちゃんで確かめてきました。顔いっぱいに湿疹ができている赤ちゃんでも、鼻の下、口のまわりだけはきれいになっていることが多いのです。そしておむつの当たる部分も、きれいになっています。

これは、とても不思議なことです。鼻の下は、はな水がたれてよごれていることが多いし、口のまわりは食べものがくっついてよごれます。また、おむつの当たる部分はむれていますし、湿っていることが多いでしょう。ですからこうした部分は、ほかの部分に比べて湿疹がひどくてもいいはずなのに、逆になっているのは変だと思いませんか。

でも、山本さんは変ではないと言うのです。

皮膚が不潔になり乾燥すると、アトピーが生じると山本さんは言っていて、逆に皮膚を「まずきれいに、そしてしっとり」させれば、アトピーは起こってこないはずだと言うのです。

鼻の下、口のまわり、おむつの当たる部分は、おおむねしっとりしています。そしてよごれやすいということで、親がしょっちゅうふいています。

ですから、からだのほかの部分に比べてずっとゴミがつきにくい、つまり清潔になっているのです。いちばん不潔そうに見えるところがいちばんきれいになっているという、ちょっとした逆説めいた話ですね。

このことからスキンケアとしては、「まずきれいに、そしてしっとり」という観点でおこなうとよかろうということになります。

具体的には、次のようなことを心がけるのがよいでしょう。

皮膚の清潔――毎日の入浴、シャワー

○汗やよごれは、すみやかにおとす
○石けん、シャンプーを使用するときは、洗浄《せんじょう》力《りょく》の強いものは避《さ》ける
○石けんは残らないように十分にすすぐ
○強くこすらない

○かゆみを生じるほどの高い温度の湯は避ける
○入浴後にほてりを感じさせる沐浴剤《もくよくざい》、入浴剤《にゅうよくざい》は避ける
○入浴後には必要に応じて適切な外用薬をぬる

皮膚の保湿――保湿剤

○保湿剤は皮膚の乾燥防止に有用である
○入浴、シャワー後は必要に応じて、保湿剤をぬる

そのほか

○室内を清潔にし、適温、適湿をたもつ
○新しい肌着《はだぎ》は、使用前に水洗いする
○洗剤は界面活性剤《かいめんかっせいざい》の含有量《がんゆうりょう》の少ないものを使用する
○爪《つめ》を短く切り、皮膚をかいたとき傷つけないようにする

食べものとの関係

さてここまで読んで、「あれ、食べものの話はどうなるの」と思っている方も少なくないでしょう。

確かにアトピーの治療にあたっては、食べものを重視するお医者さんと、あまり重視しないお医者さんとがいます。

ぼく自身は自分の診療経験から言って、「とくに食べものを制限しなくても、アトピーはコントロールできる」と思っています。

先ほど紹介した皮膚《ひふ》科医の山本一哉さんは、「もしアトピーの原因が食事だとするなら、口のまわりだっておむつ部だって、アトピー性の湿疹《しっしん》はできるはずだ。その部分がきれいになっていることが多い事実から考えれば、アトピーの原因は食事ではなく、よごれや乾燥だ」と言っていますが、これはそうとう説得力があるのではないでしょうか。

もちろん、ある食べものを食べた直後に皮膚が赤くなるといった、はっきりした反応がある場合は、その食べものを避《さ》けなければなりません。しかし、血液の検査で陽性に出た食べものをすべて避けるというようなやりかたは、感心しません。

血液検査自体、それほど信用できるものでもないと思うのです(→450ページ)。

大人の場合、たとえば痛風《つうふう》の病気をもっている人が、痛風によくないと思われる食べものはすべて避けるなどということは、しないのがふつうでしょう。

ところが子どもの場合、大人の意思で強制的に、「あやしい食べもの」はすべて除去《じょきょ》されてしまったりします。それは、子どもの自己決定権《じこけっていけん》をないがしろにしたものではないでしょうか。

食べることは誰にとってもおおいなる楽しみで、子どもの場合はとりわけ、その度合いが強いと思います。食べたいものを食べないでがまんすることがストレスになって、アトピーを悪化させることもあるはずです。食事制限については、ゆるやかに考えていいのではないでしょうか。

とはいえ、食物《しょくもつ》アレルギーによるアナフィラキシー(→174ページ)などはもちろん、無視できないたいへんなことなので、次に食物アレルギーについてふれておきます。

食物《しょくもつ》アレルギー

アレルギーの病気は(アレルギーを起こす原因になる)抗原《こうげん》という物質によって起こるのですが、検査をしても、何が抗原かはっきりわからない場合もよくあります。また、気候の変化がひきがねになって気《き》管支《かんし》喘息《ぜんそく》の発作が起こるような場合、原因は「気候の変化」であって、特定の物質ではありません。そういうわけで、アレルギーの病気の原因は多《た》岐《き》にわたり、抗原がはっきりわかるのは、その一部にすぎないということになります。

しかし、たとえばアトピー性皮膚炎はすべて特定の食物に関係があるという極端な考えかたをする専門家もあり、そういう専門家の意見を信奉《しんぽう》して、科学的な根拠なしに、子どもの食事からさまざまな食物を抜いて食べさせている人もいます。

アレルギー性の病気にかからせたくないという思いから、子どもにさまざまな食事制限を強《し》いて、子どもの楽しみを奪っているように見える家庭を見ると、それはちょっと過剰防衛《かじょうぼうえい》じゃないかなと思ってしまいます。

ゆきすぎた食事制限がされないことを願って、少しくわしく、食物アレルギーについてお話ししておくことにします。

食物《しょくもつ》アレルギーとは

まず、食物アレルギーの定義をしておきましょう。

食物アレルギーは、「摂取《せっしゅ》した食物が原因になって、免疫《めんえき》的なメカニズムにより、じんましん、湿疹《しっしん》、下痢《げり》、せき、ゼーゼー(喘鳴《ぜんめい》)などの症状が起こること」と定義されます。

もともとぼくたちのからだは、からだの外から入ってくるものに対して、それを排除しようとする本能的な働きをもっています。食物も異物《いぶつ》ですから、からだに入ってきたら排除されてもおかしくありませんが、それでは、ぼくたちは生きていけません。

しかし幸いなことに、ぼくたちのからだは、「安全なもの」と「危険なもの」を見わける力もそなえていて、安全と判断したものに対しては、排除のメカニズムが働かないようにできているのです。

だからぼくたち大人は安心して食事をし、目新しいものでも警戒せずに食べていますが、子どものときには、まだそうした「安全なものと、そうでないものを見わける力」が十分にできていないこともあります。

しかも見わける力がどの程度あるかは、子どもによってちがいます。ちょうど大人が何人かでスギ花粉が舞い飛んでいる場所へ行ったとしても、くしゃみの連続になる人もいれば、まったく何の症状も起こらない人がいるのと同じです。ですから赤ちゃんの時代にも、何を食べても何の反応も起こらない子もいれば、いろいろの食べものに反応する子もいるわけです。

しかし、いろいろな食べものに反応してアレルギー症状を起こしていた子どもも、成長するにつれて、だんだん反応しなくなっていくのがふつうです。

食物《しょくもつ》アレルギーの症状

まず、食物アレルギーはどんな症状としてあらわれるかを知っておきましょう。食物アレルギーは次のように、多彩な症状を起こします。

皮膚症状——かゆみ、じんましん、発赤《ほっせき》、湿疹《しっしん》

眼症状《がんしょうじょう》——結膜《けつまく》の充血《じゅうけつ》、目のかゆみ、涙が出る、まぶたの腫《は》れ

消化器症状——吐《は》きけ、腹痛《ふくつう》、嘔吐《おうと》、下痢《げり》、慢性の下痢による体重増加不良

鼻症状《はなしょうじょう》——くしゃみ、はな水、鼻づまり

気道症状——口のなかのかゆみ、のどのかゆみ、口のなかの腫れ、のどの腫れ、のどのつまり、せき、ゼーゼー(喘鳴《ぜんめい》)、呼吸困難

アナフィラキシー(ショック症状↓174ページ)——頻脈《ひんみゃく》(↓183ページ)、血圧低下《けつあつていか》、顔面蒼白《がんめんそうはく》、意《い》識障害《しきしょうがい》

こんなにいろいろありますが、子どもの年齢によって、これらの症状のどれが出やすいかという点でちがいがありますから、それを知っておくと便利です。

まず授乳期の赤ちゃんでは、湿疹や食べた直後に皮膚《ひふ》の一部が赤くなるという症状になることが多く、離乳期《りにゅうき》から幼児期になると、じんましん、湿疹などの皮膚症状のほか、眼症状、鼻症状、消化器症状、気道症状などのかたちをとることが多くなります。

幼児期になると、もっとも激しい症状であるアナフィラキシーを見ることもあります。アナフィラキシーについては、あとでお話しします。

子どもの成長と食物《しょくもつ》アレルギー

次に、食物アレルギーの子どもが成長していくにつれて、どのような経過をとるかということにふれておきます。

まず、赤ちゃん全体、あるいは子ども全体の何%くらいが食物アレルギーをもっているかについてはデータがありませんから、はっきりとはわかりません。

また、最近食物アレルギーの子どもが増えていると言う人もいますが、それも本当かどうかわかりません。食物アレルギーについての関心が高まったので増えたように見えるのだ、と言う人もいます。

しかし、子どもの年齢が小さいと食物アレルギーが多いことは確かで、年齢別では1歳前後に、もっとも多く認められます。

そして成長するにしたがい食物アレルギーはなくなっていき、1歳のときに食物アレルギーと診断された子どものうち7割が3歳までによくなり、9割が小学校入学時までによくなるとも言われます。

原因となる食物別に「よくなりかた」を見てみますと、大豆アレルギーがもっとも治る率が高く、卵

や牛乳にアレルギーがある子どもについても、ほとんどが6歳くらいまでによくなっていきます。しかし、ソバ、エビ、ピーナッツなどは、成人になってもアレルギーが続くことが少なくありません。

とくにピーナッツアレルギーは、かつて一生治ることがないと言われていました。しかし実際には、ピーナッツアレルギーの子どものうち1割くらいは大きくなるとピーナッツを食べられるようになるのだ、という報告もあります。

除去食《じょきょしょく》の用意は

さて、子どもの食物《しょくもつ》アレルギーがひろく知られるようになって、保育園や学校などの給食で、食物アレルギーの子どもに、特別な対応が必要ではないかと言われるようになりました。そしてそういう子どもには、「除去食」を用意する必要があるとも言われるようになったのです。

除去食の用意というのは、たとえば卵アレルギーの園児に対しては、保育園が卵を抜いた給食を用意するというようなことです。

最近、除去食を用意してくださる保育園や学校が増えているのはたいへんうれしいことなのですが、ぼくが「ちょっと問題があるな」と思うのは、「特定の食物がアレルゲンであるという検査結果をもってこないと、除去食が用意できない」と言われる保育園などがあるということです。

卵を食べるとすぐにかゆくなってしまうような、はっきりした反応をあらわす子どもにまで、検査デ

ータが要求されることがあるのです。この場合、検査データというのは血液検査のデータのことで、たとえばIgE－RAST（アイジーイー・ラスト）といった検査です。

しかし、実際に卵に対してアレルギー反応を起こすのに、血液検査では陰性という場合もあれば、逆に血液検査では陽性に出た食べものを食べてみたところ、全然反応が出なかったという場合もあります。血液検査はアレルギーの診断をするうえで参考にはなるものの、100％信頼できるものではありません。

小児科医の岩田力《いわたつとむ》さんたちが、アレルギー性の病気のまったくない子どもを対象にして、食物に対するIgE－RASTの陽性率を調べたところ、牛乳の陽性率は16％（25人中4人）、マグロ13％、鶏肉13％、卵白12％、大豆12％、ピーナッツ12％でした。かなりの数の健康児がIgE－RAST陽性を示すわけで、IgE－RAST検査に重きをおくべきでないということがわかります。

血液検査を使って判断するよりも、特定の食物を摂取《せっしゅ》して30分くらいまでのあいだにアレルギー症状が出るようだったら、その食物に対するアレルギーがあると考えて除去をする、ということにしたほうがよいのです。「検査しか信用できない」という考えかたは、まちがいだと思います。

具体的に、除去食はどのようなものを用意すればよいでしょうか。

食べてショックを起こしたというような強い反応があった食物については、完全に除去することにします。加工したものも食べないようにします。

弱いアレルギー反応が出る食物については、加熱《かねつ》処理《しょり》をすれば食べられることもあります。

例として鶏卵《けいらん》、牛乳、大豆に対してアレルギーがある場合、どうするかを紹介しましょう。

鶏卵《けいらん》アレルギーの場合——乳幼児期のアトピー性皮膚炎（→165ページ）の原因として、鶏卵は多いと言われています。アレルギーがはっきりしたら、鶏卵、鶏肉、加工品も除去したほうがよいでしょう。アレルギーが強い場合は、つなぎに卵を使用した食品も避《さ》ける必要があるでしょう。

ついでに言っておきますと、薬のなかに卵由来の塩化《えんか》リゾチームというものがあり、鶏卵アレルギーの人は使ってはいけません。インフルエンザの予防接種は、ぼくはどの子どもにもおすすめしませんが、とくに鶏卵アレルギーの子どもはしてはいけません。

牛乳アレルギーの場合——新生児期から人工栄養にした場合、早い時期から嘔吐《おうと》、下痢《げり》、お腹《なか》がふくれあがる、体重が増えないなどの症状が見られることがあります。このような場合は、消化酵素《しょうかこうそ》を使って吸収しやすくした加水分解乳《かすいぶんかいにゅう》を使います。なお、日本人には牛乳は合わないのだと説く人もいます。

牛乳を完全栄養食品としてもちあげる傾向を、ぼくは疑いの目で見ています。ぼくは子どものころ牛乳好きでしたが、最近は飲まなくなってしまいました。これは自分のからだに合わないことが自然にわかって、やはり自然に避けているのだろうと思っています。保育園や学校の給食で牛乳は、なくてはならないものになっていますが、これだけ食べるものが豊富にある日本では、牛乳は必ずしも飲まなくてもよいもののように思われます。

大豆アレルギーの場合――大豆アレルギーがある場合は、みそ、しょうゆ、納豆、豆腐などを除去します。しょうゆやみそについては、大豆を使わない製品が販売されています。

除去食《じょきょしょく》を、どれくらい続けるべきか

除去食を始めたら、どのくらい続けるべきかということについては、定説はありません。

定期的に血液検査をして、除去食を解《と》くか続けるか決めているお医者さんもいますが、血液検査はあまり信用できませんし、子どもに何回も痛い思いをさせるのもかわいそうです。

ぼくは次のようにしています。除去食開始後半年経《た》ったら、ほんの少量食べさせてみて、反応がなければ少しずつ量を増やして食べさせていくし、反応が出れば除去食をもう半年続けるというやりかたです。こんなふうに経過を見ていれば、たいていの子どもは食物《しょくもつ》アレルギーにさよならできるのです。

食物アレルギーを治すということで、抗アレルギー薬を長期にのまされている子どももいますが、効果はさだかではありません。インタールという薬だけは、一定の効果があるようですが。

アナフィラキシー（即時型《そくじがた》アレルギー）

アナフィラキシーというのは簡単に言うと、「重《じゅう》篤《とく》なアレルギー反応」のことで、原因は食物《しょくもつ》にかぎりません。

しかし最近、食物アレルギーに関連して話題になることが多いので、ここでふれておきます。

アナフィラキシーをていねいに説明すると、次のようになります。

「特定の物質によって起こる即時型のアレルギー反応で、全身性に起こるので、全身アナフィラキシーとも呼ばれる。

原因になるのは抗生物質、レントゲン検査に使われる造影剤《ぞうえいざい》、ハチ毒、ヘビ毒、エビ、カニ、ソバ、ピーナッツなどの食品など。

症状は口内《こうない》の異常感、のどのつまる感じ、吐《は》きけ、耳鳴り、尿意、便意などに続いて、全身のじんましん、血圧低下、のどがせまくなり呼吸困難になるといった症状が起こる。行動の変化や不整脈《ふせいみゃく》が起こることもある」

アレルギー反応には、アレルゲンである物質を食べたり接触したりした直後に起こる即時《そくじ》性《せい》の反応と、何日も経《た》ったりしてから起こるゆっくりした反応とがあります。

そのうち直後に起こる反応で、しかも全身に起こる反応をアナフィラキシーと呼ぶのです。

アナフィラキシーの症状

重さの程度	皮膚の症状	消化器の症状	呼吸器の症状	循環器の症状	神経の症状
グレード1	からだの一部のかゆみ からだの一部が赤くなる じんましん	口のなかのかゆみ 口のなかの違和感 唇が腫《は》れる	なし	なし	なし
グレード2	全身のかゆみ 全身が赤くなる じんましん	1の症状に加えて 吐きけ、嘔吐《おうと》	鼻づまり、くしゃみ	なし	行動が変化
グレード3	2と同じ	2の症状に加え、 くり返す嘔吐	はな水、鼻づまり、のどのかゆみ、のどがつまる感じ	頻脈《ひんみゃく》	行動変化に不安感が加わる
グレード4	2と同じ	3の症状に加え、 下痢	声がれ、イヌが吠《ほ》えるようなせき、ものをのみこめない、呼吸困難、胸がゼーゼーいう、チアノーゼ	頻脈に加え不整脈《ふせいみゃく》、 軽度の血圧低下	軽い頭痛、 死の恐怖感
グレード5	2と同じ	4の症状に加え、 腸の働きの低下	呼吸停止	徐脈《じょみゃく》(脈がゆっくり) 血圧低下 心臓が止まる	意識を失う

ハチに刺《さ》され、その毒によって起こるアナフィラキシーは有名です。しかし「エピネフリンの自己注射」という救急治療法が可能になった結果、亡くなる人も大幅に減っています(→次ページ)。

アナフィラキシーの症状にも軽いものから重いものまでいろいろありますが、重さの目安は上の**表**のようになります。

この表のグレード1の症状だけなら、静かにしていればたいてい症状がおさまってきますが、かゆみが続くようなら病院へ行って、抗ヒスタミン剤という薬をもらっておくのがよいでしょう。

グレード2の症状になったら、少し静かにしたあと、病院へ行っておきましょう。

グレード3になったら急いで病院へ行く必要がありますが、このとき走ったり急ぎ足になったりすると、運動誘発性食物依存《うんどうゆうはっせいしょくもついぞん》アナフィラキシーと呼ばれる状態になるおそれがあるので、救急車を呼んだほうがいいのです(原因になる食物を食べたあとに走ったりすると、強いアナフィラキシーが起こることがあり、それを運動誘発性食物依存アナフィラキシーと呼びます)。

グレード4になったら緊急の処置をしないと、生命の危険があります。「のどがつまる、声がかれる、ゼーゼーいう」などの症状がいちばんの目安で、こうした症状があったら、エピネフリンの注射をすべきです。

エピネフリンの注射

最近、エピネフリンの注射の緊急用セットが使えるようになり、商品名をエピペンと言います。このエピペンには大人用と子ども用があり、子ども用は体重が15キログラム以上あれば使えます。

エピペンは自分で注射できるようになっていて、子どもでも自己注射してよいのです。

食物《しょくもつ》アナフィラキシーの可能性のある子どもは、エピペンを携帯《けいたい》すべきです。エピペンを携帯したい場合は、かかりつけのお医者さんに相談してください。

口腔内《こうくうない》アレルギー症候群——もうひとつ、最近注目されている食物アレルギーに、口腔内アレルギー症候群があります。

原因としてはキウイ、メロン、モモ、パイナップル、リンゴなどの果物が多く、こういうものを食べたとき唇《くちびる》や口のなかの粘膜《ねんまく》がかゆくなったり、腫《は》れあがったりするのです。

唇、口内にだけ症状が起こるというのが特徴で、幼児、学童、成人いずれにも見られますが、成人の女性に多いと言われています。

花《か》粉《ふん》症《しょう》

花粉症はいま、あらゆる世代で見られるようになっています。かつては「花粉症は赤ちゃんやお年よりには見られない」と言われたものですが。

ぼくが医者になったころ、アメリカなどには「枯《こ》草熱《そうねつ》」と言って、ほし草に近づくとくしゃみが出たり、熱が出たりする病気があると言われていました。これは花粉やかびによって起こるアレルギーだということが、いまではわかっています。

日本では1960年代の終わりごろに、栃木県日光の周辺で、スギ並木のスギの花粉が原因と思われるアレルギー性鼻炎《せいびえん》(→301ページ)や、アレルギー性結膜炎《せいけつまくえん》(→312ページ)が多発していることが報告されました。それ以後、全国でスギ花粉症が報告され、毎年花粉症の患者さんは増えています。最近は1歳の赤ちゃんでも、花粉症が見られています。

花粉はスギのほか、ヒノキや秋に咲くアキノキリンソウなども原因になります。

3月ごろにくしゃみやはな水が始まると、花粉症かかぜなのかわかりにくいのですが、発熱やのどの腫《は》れがあればかぜ、鼻の症状以外に目のかゆみや涙などの眼症状《がんしょうじょう》があれば花粉症、ということになります。

また鼻の症状だけの場合、5日ぐらいのうちに治ればかぜ、何週も続くなら花粉症と考えられます。

花粉症の治療としては実にたくさんの治療法がおこなわれていますが、点眼薬《てんがんやく》、点鼻薬《てんびやく》、抗ヒスタミン剤などのの薬の三者を併用して症状をおさえるという方法が、もっとも多くおこなわれています。

シラカバ花粉症――花粉症といえば、もっぱらスギによる花粉症が話題になりますが、北海道では4月下旬以降に本格化する「シラカバ花粉症」が注目されています。

シラカバ花粉症になる人は、リンゴ、モモ、サクランボ、ナシなどのバラ科の果物による口腔内《こうくうない》アレルギー症候群にもなりやすいことが、2003年に、札幌の山本哲夫医師による調査でわかっています。

ペット飼育と子どものアレルギー

2004年10月、兵庫県の姫路市医師会は、「室内でペットを飼っている家庭のほうが、飼っていない家庭よりも、アレルギー症状をもつ子どもが少ない」という調査結果を発表しました。

具体的には1995年から2003年にかけて小学校に入学した新1年生4万人以上を対象に、イヌまたはネコを飼っている家庭の子どもと、飼っていない家庭の子どもとを比べました。結果は次のとおりです。

アトピー性皮膚炎《せいひふえん》――飼っている子どもでは13.7%、飼っていない子どもでは16.0%で、飼っていない子どもに多く見られます。

アレルギー性鼻炎《せいびえん》――飼っている子どもで7.9%、飼っていない子どもで10%で、飼っていない子どもに多く見られます。

スギ花粉症――飼っている子どもで6.0%、飼っていない子どもで8.2%に見られ、これも、飼っていない子どもに多くなっています。

この結果は、「清潔な生活がアレルギー患者を増やす」という、1989年にイギリスで発表された学説(「衛生仮説《えいせいかせつ》」と呼ばれます)を裏づけるものと考えられています。

循環器（心臓や血管）の病気

＊ここであつかう主な症状と病気

リウマチ熱《ねつ》
川崎病《かわさきびょう》
不整脈《ふせいみゃく》
起立性調節障害《きりつせいちょうせつしょうがい》

循環器《じゅんかんき》の病気は、子どもではあまり見られません。これは大人とは対照的です。

大人の場合、一般の内科開業医にかかっている患者さんの圧倒的多数は高血圧《こうけつあつ》ですし、そのほかに狭《きょう》心症《しんしょう》などの心臓病を含めれば、外来患者さんのそうとうの部分を循環器の病気が占めています。

しかし子どもですと、高血圧はもちろん、心臓病も数としては非常に少ないのです。

こうしたちがいが生じる理由は、「循環器の病気の多くは、加齢《かれい》によって起こる成人病だから」ということです。

年をとると血管が硬くなって動脈硬化《どうみゃくこうか》という状態を起こしますが、こうなると動脈は柔軟性を失い、そのために高血圧や狭心症が起こってきます。

しかし子どもの場合は血管も若々しく、高血圧や狭心症を起こすことは、めったにありません。

そういうわけで、循環器の病気は子どもでは少ないということを、まず知っておいてください。

では最初に、心臓病についてお話ししておきましょう。

心臓病には、先天性《せんてんせい》の心臓病と、後天性《こうてんせい》の心臓病とがあります。

先天性の心臓病については47ページにくわしく書きましたから、そちらを見てください。

後天性の心臓病というのは、生まれたときには存在せず、そののちに何かの原因で心臓に異常が生じたものです。

子どもの場合、後天性の心臓病として、以前は「リウマチ熱《ねつ》に続発する心臓弁膜症《しんぞうべんまくしょう》」というものが

ありました。しかし、リウマチ熱という病気そのものがこのところ激減《げきげん》し、しかも軽いものがほとんどになってしまったので、その後遺症《こういしょう》として残る心臓弁膜症などというものは、ほとんどなくなってしまいました。

しかしリウマチ熱は、いまでもまれに見られることがあるので、ここで解説しておきます。

リウマチ熱《ねつ》

リウマチ熱は溶連菌感染症《ようれんきんかんせんしょう》（↓88ページ）の続発《ぞくはつ》症《しょう》としてまれに起こる病気で、5〜15歳くらいの子どもに多く見られます。溶連菌感染症にかかったとき、抗生物質を10〜14日間と長期にのむことが多いのは、リウマチ熱を予防するためです。

リウマチ熱の診断基準は、次のようなものです。

この病気になる前に溶連菌に感染していたことが証明されたうえで、次にあげるいろいろな症状のうち、大症状2項目、あるいは大症状1項目と小症状2項目そろった場合、リウマチ熱と診断するのです。

大症状　心炎《しんえん》
多《た》関節炎《かんせつえん》
舞踏病《ぶとうびょう》
輪状紅斑《りんじょうこうはん》
皮下《ひか》結節《けっせつ》

小症状　臨床症状——関節痛、発熱
検査所見《しょけん》
①　血液検査で赤沈値《せきちんち》やＣＲＰに異常が見られる
②　心電図でＰＲ延長が見られる

大症状としてあげた5つの症状について、ちょっと解説しておきます。

まず、心炎は心臓の炎症ですが、聴診器で心雑音《しんざつおん》を聞き取ることで、診断されます。

多関節炎はひざ、足、ひじ、手などの関節が腫《は》れて赤くなり、熱をもち、押すと痛みがあるといった症状です。

舞踏病は女の子に多く見られます。まず、「落ちつきがない」、「行儀が悪い」、「書字《しょじ》（字を書く動作）がへたになった」、「食事のときこぼしたり、箸《はし》を落としたりする」、「着衣、脱衣に時間がかかる」など行動の変化が起こり、そのうちに突然、無目的な、手足や顔を激しく動かす運動が始まります。

輪状紅斑というのは、胸部、腹部、背部、手足などにできる、1〜3センチの淡赤色《たんせきしょく》の斑点《はんてん》です。

皮下結節は、関節付近にできる痛みのない小さなしこりです。

また、小症状のうちＣＲＰというのは、炎症の強さを調べるための血液検査です。

これらの症状からリウマチ熱と診断がついたら、心炎がある場合は副腎皮質《ふくじんひしつ》ホルモン、ない場合はアスピリンの投与《とうよ》などをして治療します。また原因が

溶連菌であるため、抗生物質の内服もします。
リウマチ熱は再発しやすい病気なので、再発予防のために、5年以上ペニシリンを継続服用するのがふつうです。

川《かわ》崎《さき》病《びょう》

川崎病は、まだ原因がわかっていません。症状が溶連菌感染症《ようれんきんかんせんしょう》(↓88ページ)に似ているということもあって、細菌が原因ではないかと考えられ、いろいろ研究がおこなわれてきましたが、いまのところ見つかっていないのです。しかし抗生物質が効《き》かない病気だということは、細菌原因説が空振《からぶ》りであることを示しているかもしれません。

細菌でなければウイルスか、あるいはかびかなどと、こういう方面でも研究がされてきましたが、答えは得られていません。

川崎病発見以来、40年以上が経《た》とうというのに原因がわからないのです。しかし心臓に変化が起こる病気なので、この「循環器《じゅんかんき》の病気」でとりあげておきます。

川崎病《かわさきびょう》の由来

川崎病というのは、最初にこの病気について報告したのが小児科医の川崎富作《かわさきとみさく》さんだったからつけられた病名です(一般に川崎病と言われていますが、皮膚粘膜《ひふねんまく》リンパ節症候群《せつしょうこうぐん》(mucocutaneous lymph node syndrome)という病名もあり、これは略称MCLSと呼ばれます)。

川崎さんが報告したのは1967年のことで、そのころ初めてこの世にあらわれた新しい病気でした。最初は「高熱がなかなか下がらず、それ以外にもいろいろな症状をもつ病気」ということで知られましたが、しばらくして「突然死を起こすこわい病気」と言われるようになって、「川崎病はこわい」というイメージが定着してしまいました。

確かに当時は川崎病にかかった子どものうち200人に1人くらいは突然死で亡くなっていましたから、こわい病気と言ってよかったでしょう。しかしいまでは、突然死するのは1万人のうち2～3人ということになっていますから、もうかつてほどこわい病気ではありません。

いまでも川崎病と診断されるとショックを受けるお母さん、お父さんがいますが、それは時代遅れだと思ってください。

川崎病《かわさきびょう》の症状と経過

川崎病は簡単にまとめれば「乳幼児期に起こり、高熱が続き、不機嫌《ふきげん》で、唇《くちびる》がまっかになって乾燥し、発疹《ほっしん》や目の充血《じゅうけつ》などが見られる病気」(まれに年長児、成人でも起こることがあります)と言えますが、次のような症状があったら川崎病かな、と考えたほうがよいのです。次の特徴を記憶しておいてください。

①　ピンクの目
②　口紅をぬったような唇
③　いろいろなかたちの発疹
④　首のリンパ節《せつ》のいちじるしい腫《は》れ
⑤　手背《しゅはい》（手の甲《こう》）、足背《そくはい》（足の甲）が腫れて、テカテカパンパン

では、ひとつひとつの症状について説明しましょう。

まず川崎病の最大の特徴は、発熱です。熱は38.5度以上の高い熱が多く、7～10日続くのが大半です。しかし、2週間以上続くことは多くありません。熱が2週間以上続いたり、少し下がってきたかと思うと、また上がるということを、2度、3度くり返す場合は、心臓に変化を残すことが多いので、注意が必要です。

熱以外の症状があらわれる時期についてはいろいろあって、熱が出て翌日ぐらいにはいくつかの症状が出てくることもあれば、3～4日は熱だけで、「これは何だろう」と思っているといろいろな症状が出てきて、ようやく川崎病だとわかることもあります。早い時期に診断がつくと治療も早くから始められますから、経過がよいようです。

熱以外の症状としては、まず唇の変化があります。唇は口紅をぬったようにまっかになり、パリパリに乾燥して、ときには出血したり、かさぶたになったりします。まっかな唇は長く続くことが多く、3～4週にわたることもあります。

発疹も出ることが多いのですが、発疹のかたちはいろいろで、はしかや風疹《ふうしん》のようなかたち、じんましんのようなかたちなどがあります。

手足は赤くなって腫れあがり、しもやけになったような感じになります。光沢《こうたく》があるように見え、テカテカパンパンという表現がされています。

首のリンパ節が腫れますが、右か左かどちらか一方のことが多く、ときに両側が腫れます。

腫れは手の親指の先ぐらいの大きさから鶏卵《けいらん》ぐらいの大きさまでいろいろですが、いずれにしろかなり大きくなるということです。

川崎病《かわさきびょう》心血管障害《しんけっかんしょうがい》——ところで「川崎病はかつてこわい病気だった」と先ほど書きましたが、いままでもわずかとはいえ、死亡例もあります。また治ってからも定期的に通院して、診察や検査を受けなければならないこともあります。それはなぜかというと、川崎病では心臓に変化が起こることがあるからです。

心臓には「心臓に栄養を与える」働きをする冠動脈《かんどうみゃく》という血管がありますが、この血管に炎症が起こり、こぶができることがあるのです。このこぶが血行をさえぎって心筋梗塞《しんきんこうそく》を起こすと、死につながることもあります。

こぶは川崎病が治ったあとにできることもあり、川崎病が重症な経過をとった場合、あとでこぶのできる可能性が高くなるので、定期的に通院して超音波検査などによって、こぶの有無《うむ》を調べることになります。最近は治療法が進歩したので、こぶの発生

率も顕著《けんちょ》に減っています。

治療としてはγ《ガンマ》−グロブリンが主に用いられ、それ以外に副腎皮質《ふくじんひしつ》ホルモンなどが使われることもあります。γ−グロブリンは血液製剤《けつえきせいざい》であるため、「使ってだいじょうぶか」と思われる方もあるかもしれませんが、安全性は非常に高く、安心して使ってよいのです。

増えている川崎病《かわさきびょう》

川崎病はいま、増加する傾向にあります。川崎病の発生は、2004年には9992人と、1万人に近くなり、これは過去最高の数でした。

小児科医が軽い川崎病でも診断できるようになったので数が増えたのだという考えかたもありますが、それだけでなく川崎病の発生は増えているようで、なぜなのか気になるところです。

不整脈《ふせいみゃく》

保育園、幼稚園での健康診断、あるいは小学校の心臓健診などで不整脈が見つかることは、よくあります。子どもで見られる不整脈のほとんどは心配ないものですが、お母さん、お父さんのなかには、「不整脈とは脈がバラバラになることだから、ほうっておくと突然死することもあるんじゃないか」と心配してしまう人もいますから、ここでくわしくお話ししておきましょう。

脈拍《みゃくはく》についての基礎知識

まず、不整脈《ふせいみゃく》とはどういうものか説明しておこうと思いますが、それには脈拍というものについての基礎知識が必要です。

脈拍はたとえば手首でふれて、みることができます。下の図のように指を3本ならべて手首にあてると、どれかの指に、「トクットクッ」という感じで脈をふれるでしょう。

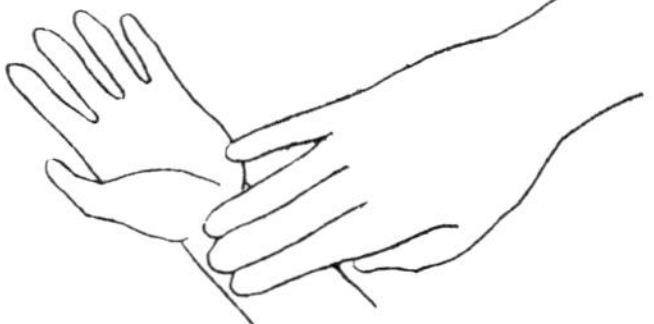

脈拍《みゃくはく》のみかた

脈の数は、心臓がギューッと縮む回数をあらわしていますが、ふつう1分のあいだに心臓が縮む回数を脈拍数《みゃくはくすう》と言っています。心臓は、のびたり縮んだりして血液を全身に送っていますが、縮んで血液を送り出したとき、それを血管の拍動《はくどう》として感じられるわけで、それが脈拍ということになります。

では、どうして心臓は縮んだりのびたりの動きをすることができるのでしょうか。それは心臓で電気が発生して、その電気の力が心臓を動かすからです。心臓には洞結節《どうけっせつ》という細胞があって、ここが発電所の働きをしています。洞結節という細胞はふつう、規則正しく電気信号を発生し、その信号がまず心房《しんぼう》に伝わります。さらに房室結節《ぼうしつけっせつ》という中継点を通って心室《しんしつ》に入ります。心室《しんしつ》に電気信号が伝わると心臓全体がぐっと縮んで、血液を全身に送り出します。

　この心臓の動きが脈拍として感じられるわけですが、脈拍はふつう、安静にしているときは規則正しく、一定の間隔《かんかく》と回数で打っています。

　脈拍数は年齢によってちがい、また、運動したり驚いたりすることで増えたりします。年齢との関係で言うと、幼いほど脈拍数は多く、成長するにしたがって減ります。

　各年齢の脈拍数の標準値は、次のようになります（いずれも1分間の数です）。

新生児	90～170
乳児	80～160
2歳	80～130
4歳	80～120
6歳	75～115
8～10歳	70～110
18歳　男	50～90／女55～95

　ここにあげた脈拍数は標準値、つまり正常と考えてよいものですが、ずいぶん幅があることに驚かれるかもしれません。

　まず、脈拍がもともと多い人、少ない人というふうに個人差がありますし、また状況のちがいによって、多くなったり少なくなったりもするのです。大人の場合は、走ったとかびっくりしたとか特別なことがないかぎり、そんなに脈拍数は増えませんが、赤ちゃんなどでは泣いているとき、手足を動かしているとき、あるいは入浴時などに多くなるのです。

頻脈《ひんみゃく》と徐脈《じょみゃく》

　こんなに幅があると、いくつぐらいを多すぎる（頻脈と言います）と考え、いくつぐらいを少なすぎる（徐脈と言います）と考えたらいいのか困ってしまいますが、たとえば大人の場合ですと、いちおう、安静にしているときで60以下を徐脈、100以上を頻脈と考えることになっています。

　しかし、60以下でも病気というふうには考えなくてよいことになっていて、40以下になった場合に、初めて精密検査をすればよいということになっています。

　子どもの場合はどうかと言いますと、新生児の場合は80以下を徐脈、180以上を頻脈とすることになっていて、徐脈や頻脈を発見したら、まず原因になる病気の有無《うむ》を調べ、原因となる病気があればその病気の治療を、原因となる病気が見つからなければ徐脈や頻脈の改善のための治療をします。

　では、それ以外の年齢では、どのような基準で徐脈や頻脈と判断したらよいでしょうか。

　学校での心臓健診では、小・中・高ともに、60以下を徐脈、100以上を頻脈としていて、これは大人と同じ基準です。そしてこの基準を下まわる徐脈、上まわる頻脈があったら、さらにくわしい検査をすることになっています。

　徐脈や頻脈の陰《かげ》には病気が隠れていることがある

ので、注意が必要です。徐脈の場合、甲状腺機能低《こうじょうせんきのうてい》下症《かしょう》(→228ページ)が原因になっていることがあり、頻脈の場合は、貧血(→202ページ)や甲状腺機能亢進《こうじょうせんきのうこうしん》症《しょう》(→228ページ)が原因になっていることがあります。また、気管支喘息《きかんしぜんそく》(→161ページ)で気管支拡張剤《きかんしかくちょうざい》をのんでいる子どもは、頻脈になっていることがあります。

とくに原因となる病気がない「ただの徐脈」、「ただの頻脈」は無害で、そのままにしておいてもよいのですが、これとは別に、ときどき激しい頻脈の発作が起こる病気があります。

発作性頻脈《ほっさせいひんみゃく》や発作性上室性頻拍《ほっさせいじょうしつせいひんぱく》と言われ、突然、はげしい頻脈発作に襲われます。これは新生児から成人まであらゆる年齢で見られますが、そのままにしておくと心不全《しんふぜん》という状態になってしまうこともありますので、早く元に戻す必要があります。胎児期や新生児期にも起こりますが、ぼくは、小学生でときどき頻脈を起こす子どもを何人か見てきました。

この発作が起こると、本人は動悸《どうき》やだるさを訴えますが、なかには「気持ちが悪い。1回吐《は》いた」と言って診察室にきた子どもが、発作性頻脈だったということもありました。

頻脈になったら、息をこらえる、アイスバッグで顔を冷却する、洗面器に水をはって顔をつける、眼球をぐっと押さえるなどの動作をすると、おさまることもあります。小学生でもこうしたやりかたをおぼえて、自分で頻脈発作をとめることができる子どももいます。

これらの方法でとまらなければ、病院へ行き、注射などによってとめることになります。

ここまで徐脈や頻脈についてお話ししてきましたが、不整脈《ふせいみゃく》と言えば頻脈や徐脈はそのなかに含まれず、「脈がばらつくこと」や「ときどきとまること」だと思っている人が多いと思います。

そこで次に、脈がばらつく場合についてお話しすることにしましょう。

脈のばらつき

脈がばらつくということは、本来一定の間隔で規則正しく打っている脈が、不規則になるということです。具体的にはどのようなものかということを、図をもちいて説明しておきます。

次ページの**図**の①を見てください。山のようなかたちは、心臓が1回拍動《はくどう》したということをあらわしています。1拍目と2拍目のあいだ(A)、2拍目と3拍目のあいだ(B)、3拍目と4拍目のあいだ(C)は、すべて等間隔《とうかんかく》になっていますね。ふつう脈拍《みゃくはく》は、こういうふうに等間隔になっています。

頻脈《ひんみゃく》になっても徐脈《じょみゃく》になっても、間隔は等間隔になっているのがふつうです。

ところがこの等間隔が、乱れる場合があります。

②を見てください。a、b、c、dと等間隔で打っている心拍のあいだに、a′という別の拍動がわりこんでいます。

これは期外収縮《きがいしゅうしゅく》と呼ばれます。期外収縮は「洞結節《どうけつせつ》の作る規則的な拍動とは別に、ほかの場所から刺激が始まり、心臓が、洞結節からの刺激より早く収縮すること」を言います。

先ほど、心臓の収縮は、洞結節という場所で発生する電気信号によって起こることをお話ししましたね。ところが、洞結節以外のところから電気信号が発生する場合もあるのです。

期外収縮の発生する場所は心房《しんぼう》、房室結節《ぼうしつけっせつ》、心室《しんしつ》などで、心房や房室結節から発生するものを上室性《じょうしつせい》期外収縮《きがいしゅうしゅく》、心室から発生するものを、心室性《しんしつせい》期外収縮《きがいしゅうしゅく》と呼びます。

期外収縮が起こると、正常な収縮が1回お休みになることが多いのです(③)。

自分で手首にさわって脈をとってみた場合、期外収縮が起こると、正常な収縮と次に起こる期外収縮は間隔が短いので区別ができず、そのあと次の正常収縮まで1回お休みになったところだけを、はっきり感じてしまいます。これは「脈が抜けた」というふうに感じられ、むずかしく言うと、「結滞《けったい》した」と表現されます。人によっては、「あっ、脈がとまった」と感じます。

とまっても次の脈はすぐくるのですが、心配性の人だと、「このままずーっととまりっぱなしになったら、死んじゃうんじゃないか」と不安になったりします。

期外収縮は脈がゆっくりになったときに出やすいので、夜、横になっているときに頻繁《ひんぱん》に出たりしま

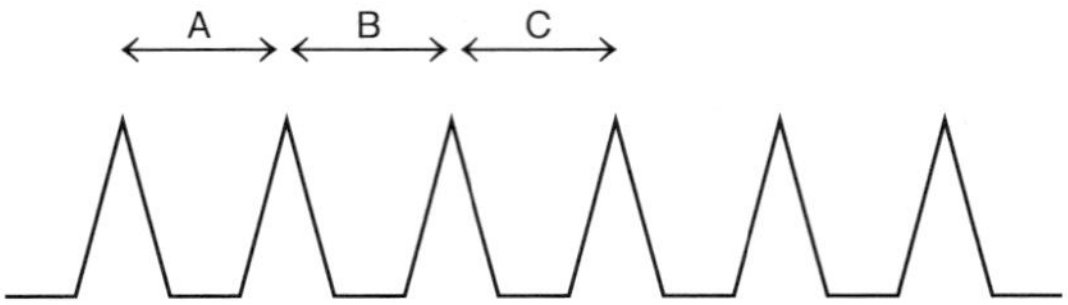

①等間隔《とうかんかく》の脈拍《みゃくはく》

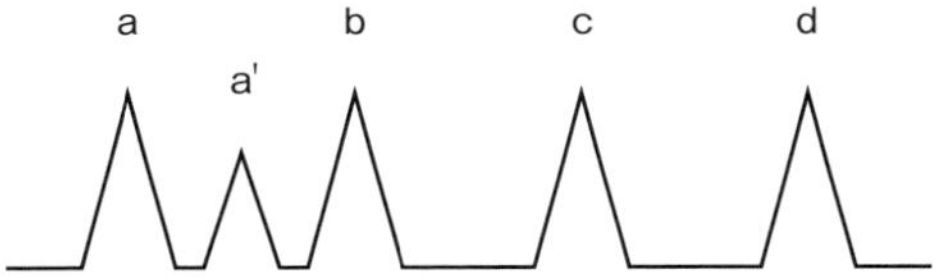

②期外収縮《きがいしゅうしゅく》

③期外収縮《きがいしゅうしゅく》で脈が抜ける

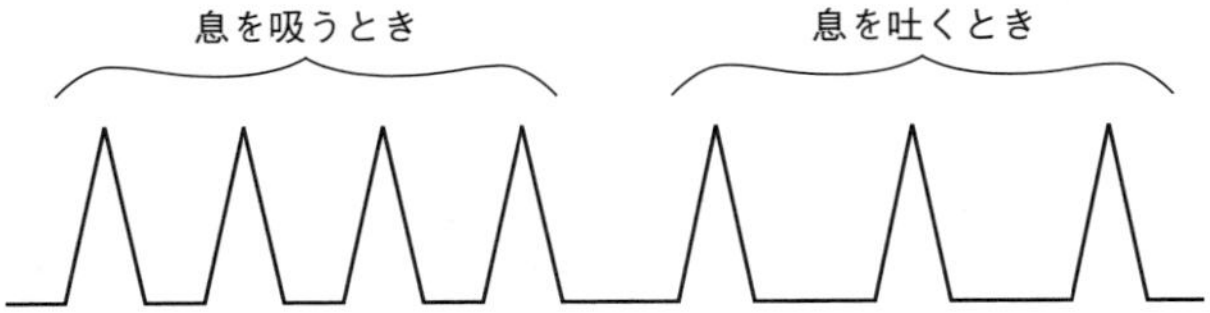

④呼吸性不整脈《こきゅうせいふせいみゃく》

脈拍《みゃくはく》の間隔

す。そうすると気になって、眠れなくなる人もあります。

期外収縮の感じかたは人によってさまざまで、頻繁に起こっているのにまったく気づかない人もいれば、ほんのたまにしか起こらないのにはっきり感じて、不安になる人もいるのです。たとえばぼく自身は、かなり頻繁に期外収縮が起こっているのにまったく気づかず、心電図をとって初めてわかったという程度です。

一般に子どもの場合は、あまり感じることがないようです。不整脈が気になるといったことで診察にくる子どもに出会ったことがないのです。

診察にくるのはたいてい、学校で心電図検査があって期外収縮を指摘された子どもです。この子どもたちには、期外収縮は何でもないものだと安心させてやるのがふつうです。

期外収縮は一般に心配のないものですが、心臓病があって期外収縮が出る場合と、何も病気がなくて期外収縮だけが出る場合とを区別する必要があります。

心臓病がある場合は、期外収縮が多くなることが病状の反映であることもあるので注意しなくてはいけませんが、心臓病がない場合は、期外収縮は異常とは考えず、そのままにしていてよいのです。

呼吸性不整脈《こきゅうせいふせいみゃく》

不整脈のなかで、保育園、幼稚園、学校の内科健診でよく見つけられるものに、呼吸性不整脈《こきゅうせいふせいみゃく》があります。ぼくは子どもの脈を見て呼吸性不整脈があっても、とくに子どもや親にそのことを告げたりしませんが、健診にあたるお医者さんのなかには、「異常」ということで、「専門医の受診」をすすめる人もいます。

呼吸性不整脈は、息を吸いこむときと吐《は》くときとで脈拍数《みゃくはくすう》が変わるものを言います。たとえば深呼吸をしてみると、息を吸いこむときに脈が早くなり、吐くときに脈がゆっくりになるのです（前ページの**図の④**）。

呼吸性不整脈は大人でも見られますが（ぼく自身がそうです）、子どもではかなり頻繁《ひんぱん》に見られるもので、まったく心配はいりません。

起立性調節障害《きりつせいちょうせつしょうがい》

この病気を循環器《じゅんかんき》の病気のなかに入れてよいものかどうか迷いますが、小児科の教科書では循環器病のところでとりあげられていますので、この本でもそれにならいます。

なぜここでとりあげるのにぼくが迷ったかというと、ひとつはこの病気は「自律神経《じりつしんけい》の病気」だと言われているということがあります。それともうひとつ、この病気は10歳以降、とくに12～14歳ころに多い病気で、学齢以前の子どもについて書くことにしているこの本には、年齢的にそぐわない感じがしたということがあります。

しかし、子どもの病気についてお話しするときには、どうしてもはずせないものなので、とりあげておきました。

この病気は、「10代前半の子どもが、朝なかなか起きられず、だるそうにゴロゴロしていて、頭が痛いだのお腹《なか》が痛いだの、グズグズ言う状態」を指《さ》していると考えてもらってよいでしょう。

成長期の子どもには、頭痛（↓症状別ガイド「頭痛」）、反復性の腹痛《ふくつう》（↓121、367ページ）、成長痛（↓369ページ）と呼ばれる下肢《かし》の痛みがよく見られますが、そのほかに、めまい、立ちくらみ、動悸《どうき》、だるい感じ、食欲低下といった、さまざまな症状を訴える子どもがいます。こうした症状は自律神経の不安定にもとづくものと言われていますが、血液の循環の調節が悪いとも言えます。

こうしたさまざまな症状をあらわすものを起立性調節障害と呼びますが、とくに次のような症状のうち、3つ以上が2カ月に1度以上のペースで起こる場合に、この病気と考えます。

○立ちくらみ、あるいはめまいを起こしやすい。
○立っていると気持ちが悪くなる。ひどいと倒れる。
○入浴時、あるいは嫌《いや》なことを見聞きすると、気持ちが悪くなる。
○少し動くと動悸、あるいは息切れがする。
○朝起きが悪く、午前中調子が悪い。

どうも、あまり病気という気がしませんね。

10代前半の子どもに見られる、からだの変化のちょっと極端なかたちと言ってよいかもしれませんね。しかし本人がつらそうにしていることもありますし、まわりの人を困惑させることもあります。

どう対処すればよいかというと、「規則正しい生活」、「適度の運動」などがすすめられています。乾《かん》布《ぷ》まさつ、入浴後の冷水シャワー、水かぶりなどがよいという人もいます。

どうしてもよくならず、朝起きが悪くて登校もできないというようなときは、朝、低血圧になっていることもあるので、血圧を上げる薬などを使ったりします。

腎臓の病気

＊ここであつかう主な症状と病気

血《けつ》　尿《にょう》
タンパク尿
急性糸球体腎炎《きゅうせいしきゅうたいじんえん》
紫斑病性腎炎《しはんびょうせいじんえん》
IgA(アイジーエー)腎症《じんしょう》
ネフローゼ症候群《しょうこうぐん》

子どもの腎臓病はいま、まれな病気と言ってよいでしょうが、それは腎炎《じんえん》という病気(腎炎とは、腎臓の糸球体《しきゅうたい》という部分がこわれて、尿《にょう》のなかにタンパクや血液がまじって出てくる病気です)が少なくなったからだと思います。

かつて日常的にしょう紅熱《こうねつ》が見られ、そのしょう紅熱に対して抗生物質もなく、自然経過にまかせるしかなかった時代には、腎炎を併発《へいはつ》することがよくありました。

最近、しょう紅熱は軽いものが多くなって、溶連《ようれん》菌感染症《きんかんせんしょう》(→88ページ)と呼ばれるようになっていますが、それでも治って2週間ほどしてから尿の検査をするのは、腎炎になっていないかどうか、チェックするためです。しかし、実際に腎炎になっていることはとても少なく、それが子どもの腎臓病全体の減少をもたらしていることは確かです。

子どもの腎臓病に関連したことで、ぼくたち開業小児科医がいちばんよく相談されるのは、「目に見えない血尿《けつにょう》」の問題でしょう。これは保育園、幼稚園、学校などで集団健診がおこなわれ、尿の検査(→447ページ)が実施されると、かなりの頻度《ひんど》で見つかります。「目に見えない血尿」の大半は心配のないものなのですが、それについては、あとでくわしくお話しします。

まず最初に腎臓の働き、そして尿について説明しておきましょう。

腎臓の働きと尿

腎臓の働きをひとことで言えば「尿を作ること」、もう少しくわしく言えば、「濾過《ろか》と再吸収」ということになります。

ぼくたちのからだのなかは、すみずみまで血管がはりめぐらされ、血液が流れています。血液の働きは、栄養分や酸素をからだの組織に運んでいくことと、からだの各部分でできた老廃物《ろうはいぶつ》を受けとって運ぶことです。

老廃物を受けとった血液は、その老廃物をどこかで捨てなくてはいけません。腎臓には糸球体《しきゅうたい》という、濾過器のようなものがたくさんあって、ここを血液が通過するときに、血液が濾《こ》されるわけです。

まず血液中の水分は、糸球体の網目をくぐって、尿細管《にょうさいかん》という管《くだ》のほうへ濾し出されます。このとき、血液中の老廃物も水分のなかにまじって、尿細管のほうへ出ていきますが、同時に、からだにとって必要な栄養分なども、少量出ていってしまいます。

この、水分、老廃物、若干《じゃっかん》の栄養分がまじったものが、「おしっこの元《もと》」です。この「おしっこの元」が全部おしっことしてからだの外へ出てしまうと脱水状態になりますので、尿細管を通るとき大半の水分はもう1度吸収されて、血液のなかへもどされます。また、からだにとって必要な物質も、血液のなかへもどされます。

そして、吸収されないで残った水分に老廃物のまじったものが、からだの外へ、尿として排出されていくのです。

タンパクとか赤血球《せっけっきゅう》とかは老廃物ではありませんから、からだの外へ濾し出されることはないのがふつうなのですが、たまに尿のなかに含まれて、からだの外に出てくることがあります。

それは、糸球体や尿細管といった部分が病気になって起こることもありますし、とくに病気はなく、体質と考えられる場合もあります。

赤血球が尿のなかにまじって出てくることを血尿《けつにょう》と言い、タンパクが尿のなかにまじって出てくることをタンパク尿と言います。

血尿やタンパク尿が見つかった場合、どうすればいいかを考えてみましょう。

血《けつ》尿《にょう》

血尿というと、尿がまっかになることを思いうかべられるでしょうが、目で見てわかる血尿は「肉眼《にくがん》的血尿《てきけつにょう》」と言い、それ以外に目で見てはわからないけれど、顕微鏡《けんびきょう》で尿を見てみると血液が出ていることがわかる「顕微鏡的血尿《けんびきょうてきけつにょう》」というものもあります。

肉眼的血尿の場合は、原因が見つかるのがふつうですが、顕微鏡的血尿の場合は、ほとんど原因がわからずに終わることが多いのです。

目で見てわかる血尿《けつにょう》

ではまず、肉眼的血尿《にくがんてきけつにょう》についてお話ししましょう。

尿の色というのは、気になるものですね。とくにおむつをしている赤ちゃんでは、おむつの取り替え時に、尿の色が嫌《いや》でも目に入ります。お母さんやお父さんがときどき、「血尿ではないでしょうか」と言ってとんでくることがありますが、たいていは血尿ではありません。

いちばん多いのは「ピンクおむつ症候群《しょうこうぐん》」と言われるもので、尿がおむつにしみこんだ状態で時間が経《た》つと、おむつがピンク色、あるいはレンガ色になってきます。これは尿のなかに含まれる尿酸《にょうさん》という物質のせいで、病気ではありません。

また、セフェム系の抗生物質をのんだときや、アスベリンというせきどめのお薬をのんだときに、尿が赤っぽくなってくることもあります。そのほか尿が赤くなる薬はいくつかありますので、赤い尿を見たら、まず薬をのんでいないかどうかを考えてみることが必要です。

次に、腎臓や尿管《にょうかん》、膀胱《ぼうこう》に原因があって起こる肉眼的血尿についてお話しします。

肉眼的血尿と言っても、赤いばかりではありません。黒っぽいコーラのような色の尿になることもあります。肉眼的血尿は、腎臓から尿道《にょうどう》まで(尿の通り道です)の、どこかに異常があれば出てきますが、腎臓のような上部のほうに原因があって出てくる血尿はコーラ色です。

そして膀胱や尿道のような下部のほうから出てくる血尿は、鮮やかな赤色になります。

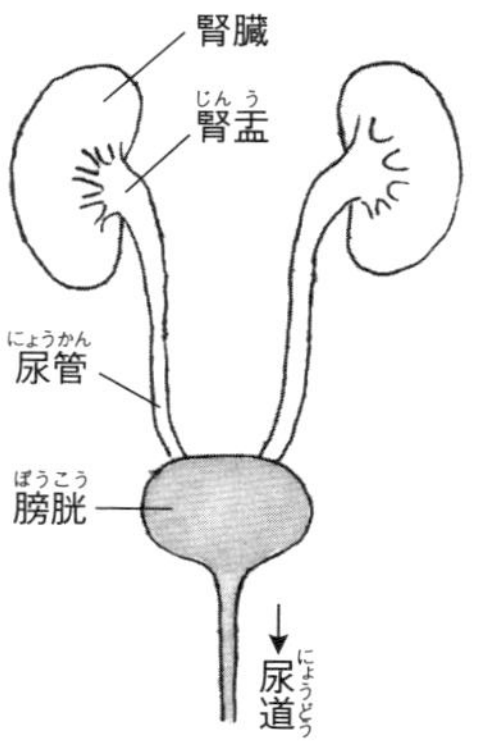

腎臓から尿道まで

肉眼的血尿が起こる病気はたくさんあって、ここに書ききれませんから、主なものだけをとりあげ、それらの病気での血尿の特徴をあげておきます。

まず、肉眼的血尿が出る以前に、何かの症状をともなうことがあります。

肉眼的血尿が出る1~2週間前に、のどのかぜをひいていたという場合は、溶連菌感染後《ようれんきんかんせんご》に起こる急《きゅう》性糸球体腎炎《せいしきゅうたいじんえん》(→194ページ)ではないかと考えます。

また、のどのかぜにかかって1~2日後に肉眼的血尿が見られた場合は、基底膜菲薄化症候群《きていまくひはくかしょうこうぐん》や、IgA(アイジーエー)腎症《じんしょう》(→195ページ)ではないかと考えます。

下肢《かし》を主として、からだなどに針で突《つ》いたような紫斑《しはん》があり、腹痛や関節痛があって肉眼的血尿も見られる場合は、紫斑病性腎炎《しはんびょうせいじんえん》(→194ページ)ではないかと考えます。

また、顔、とくに上まぶたの部分がむくみ、肉眼的血尿があるときは、溶連菌感染後急性糸球体腎炎、IgA腎症、紫斑病性腎炎などの可能性があります。

頻尿《ひんにょう》（↓197ページのコラム）や尿をするときに下腹《かふく》部《ぶ》に痛みが起こる場合は、出血性膀胱炎《しゅっけつせいぼうこうえん》を考えます。

そのほか、わき腹に痛みがある場合などには結石《けっせき》の可能性もありますが、子どもではたいへん珍しいことです。ここにあげた病気それぞれについては、あとでくわしくお話しします。

目で見てわからない血尿《けつにょう》

次は、目で見てわからない血尿（顕微鏡的血尿《けんびきょうてきけつにょう》）のほうに話を進めます。

目で見てわからない血尿は、試験紙を使ってわかります。尿に試験紙を浸《ひた》して色が変わったら「血尿あり」、変わらなかったら「血尿なし」と判定するのです。

しかし、試験紙法はかならずしも正確でなく、血尿ではないのに色が変わったりすることもあります。そこで、試験紙で陽性になった子どもについては、早朝とった尿の一部を顕微鏡でのぞいて、赤血球《せっけっきゅう》が何個ぐらいあるかを調べます。この方法を尿沈渣《にょうちんさ》と言います。

ここで「早朝とった尿で調べる」と言ったのはなぜか、お話ししておきます。

子どものなかには、激しく動いたあとなど、一時的に尿に血液やタンパクがまじるといった場合があります。腎臓病があれば、動いたあととった尿でも安静にしてとった尿でも血液やタンパクがまじりますし、腎臓病がなければ安静のときの尿には何も出ませんから、安静のときにとった尿で区別をするといいのです。

早朝、起床したら、すぐトイレへ行って尿をとり、その尿にタンパクも血液もまじっていないということなら、それで安心していいということです。このことについては、あとでタンパク尿についてお話しするときに、もう1度くわしくお話しします。

さて、尿沈渣で赤血球がたくさん見られる場合と、少数しか見られない場合とがあります。少ししか見られない場合を微少血尿《びしょうけつにょう》と呼び、たくさん見られる場合を無症候性血尿《むしょうこうせいけつにょう》と呼ぶ呼びかたもあります。

顕微鏡的血尿《けんびきょうてきけつにょう》をきっかけに見つかる病気

集団健診で顕微鏡的血尿が見つかった子どものうち、病気が原因になっている例は、どのくらいあるでしょうか。

学校健診で顕微鏡的血尿が見つかった子ども275例について精密検査をした結果が報告されていますので、紹介します。これは1996年度に、小児科医の村上《むらかみ》睦美《むつみ》さんたちがおこなったものです。次ページの**表**を見てください。

最上段の左に「微少血尿142例」、右に「無症候性血尿133例」と書かれていますが、微少血尿というのは沈渣で顕微鏡一視野に赤血球の数が20個までという少量の血尿を言い、無症候性血尿というのは赤血球が21個以上のものをあらわしています。

表のいちばん下に「異常なし」というのがあって合計40人いますが、これは、検査をしなおしたら血尿が出ていなかったという子どもです。

顕微鏡的血尿《けんびきょうてきけつにょう》が見つかった子どもを再び検査した結果

	微少血尿 142例	無症候性血尿 133例
微少血尿《びしょうけつにょう》	112	45
無症候性血尿《むしょうこうせいけつにょう》	3	60
無症候性血尿とタンパク尿	1	1
糸球体腎炎《しきゅうたいじんえん》	1	5
水腎症《すいじんしょう》	1	2
嚢胞腎《のうほうじん》	2	
高《こう》カルシウム尿症《にょうしょう》		1
尿路結石《にょうろけっせき》		1
異常なし	22	18

（村上睦美ほか「学校検尿の現状：有所見率」『腎と透析』45巻5号、1998年、東京医学社より作成）

この子どもを除く235人の子どものうち、微少血尿というだけで病名のない子どもが157人、無症候性血尿というだけで病名のない子どもが63人、血尿もタンパク尿も出ているけれど病気が見つからない子どもが2人、合わせて222人に病名がありません。この子どもたちは、血尿は出ているけど、病気にはかかっていないと考えてよいでしょう。そして病気が見つかった子どもは、わずかに13人です。

ここでそれぞれの病気について、簡単に説明しておきましょう。

まず糸球体腎炎《しきゅうたいじんえん》ですが、これはIgA腎症(↓195ページ)のことと思われます。

水腎症《すいじんしょう》というのは、何らかの原因で尿《にょう》管《かん》にせまい部分ができていて、そのため膀胱《ぼうこう》にいくべき尿が腎臓の腎盂《じんう》という部分にたまり、それで腎盂が大きくなった状態を言います。子どもの場合に見つかる水腎症は、先天性のものが多いのです(↓58ページ)。尿路感染症《にょうろかんせんしょう》を起こしやすいので、注意が必要です。

次に、嚢胞腎《のうほうじん》というのは、腎臓の内部に小さな袋のようなものがたくさんできている病気で、これも先天性のものです。遺伝性も認められます。進行して腎不全《じんふぜん》になることが多い難病です。

高《こう》カルシウム尿症《にょうしょう》というのは、生まれつき腸からのカルシウム吸収が過剰《かじょう》で、尿のなかへ排泄《はいせつ》されるカルシウムの量が多くなる病気です。腎臓に小さなカルシウムの結晶ができ、これが腎組織に傷をつけ、血尿が出ると考えられています。

尿路結石《にょうろけっせき》ができることがあるので、水分を多くとって、結石の予防をすることが必要です。尿路結石は、尿の通り道である腎臓、尿管、尿道《にょうどう》などのどこかに、カルシウムなどのかたまりである石ができる病気です。

こんなふうに、顕微鏡的血尿をきっかけに見つかる病気は少なく、またそれらの病気も経過を見ていればよい程度のものが多いので、健康診断で血尿が見つかったからといって、心配しなくてよいのです。

先の村上さんたちによる顕微鏡的血尿の子どもを追跡した調査もありますが、何回かの反復検査で血尿が毎回認められる子どもを6年後に調べると、4分の1くらいで血尿が消失していたという結果も出ています。

良性家族性血尿《りょうせいかぞくせいけつにょう》——顕微鏡的血尿《けんびきょうてきけつにょう》の見られる子どものなかで多いものに、良性家族性血尿と言われるものがあります。

顕微鏡的血尿が認められる子どもの家族を調べてみると、家族の何人かは、やはり顕微鏡的血尿が見られるということが、しばしばあります。この場合、血尿以外に何も問題のない良性家族性血尿であることが多く、治療は必要ありません。

タンパク尿

早朝尿《そうちょうにょう》と随時尿《ずいじにょう》

血尿《けつにょう》と同様、タンパク尿も集団健診でよく見られます。とくに随時尿では多いのです。随時尿って、何でしょうか。

尿の検査をおこなうときに、早朝尿とか随時尿とかいう言葉が使われます。

朝起きてまだ何もしないうちにトイレに行き、とった尿を早朝尿と言います。一方、昼間、学校や病院などで「尿をとってきてください」と紙コップを渡されとってくるような尿は、随時尿と呼ばれます。

随時尿で調べるとタンパクが出ているけれど、早朝尿で調べるとタンパクが出ていない、ということがよくあるのです。

体位性《たいいせい》タンパク尿

そしてこういう例のうち大半は、体位性タンパク尿(起立性《きりつせい》タンパク尿とも言われます)と呼ばれるのです。

つまり、集団健診で見つかるタンパク尿のほとんどが、この体位性タンパク尿だということです。

体位性タンパク尿は病気ではなく、体質あるいは個性と言ってもよいものです。

随時尿でタンパク尿が出ている子どもに対しては、まず早朝尿《そうちょうにょう》での検査をおこない、それでタンパクが陰性なら、体位性タンパク尿の可能性が非常に高くなります。

別の日にもう1度、早朝尿と随時尿《ずいじにょう》をとり、早朝尿で陰性、随時尿で陽性なら、体位性タンパク尿と診断します。

体位性タンパク尿でない場合は、腎臓病である可能性が高くなります。腎臓病の種類としては、慢性《まんせい》腎炎《じんえん》(→195ページ)やネフローゼ症候群《しょうこうぐん》(→196ページ)などが見られます。

急性腎炎《きゅうせいじんえん》

では次に、いろいろな腎臓病について、ひとつひとつ解説しておきます。まず急性腎炎からです。

急性糸球体腎炎《きゅうせいしきゅうたいじんえん》

急性糸球体腎炎のなかには、病原体の不明なものもありますが、ほとんどは溶連菌《ようれんきん》によるものなので、ここでは溶連菌感染後(↓91ページ)に起こる急性糸球体腎炎についてお話しします。

溶連菌に感染して2〜3週間後に尿の量が少なくなり、顔がむくんできます。高血圧が起こり、そのために頭痛が起こることもあります。

この病気は4〜10歳までの子どもに多く、3歳以下ではほとんど起こりません。

血尿は、肉眼的血尿《にくがんてきけつにょう》の場合もあれば、顕微鏡的血尿《けんびきょうてきけつにょう》の場合もありますが、程度の差こそあれ、ほぼ全例に見られます。

タンパク尿も見られるのがふつうですが、尿に出てくるタンパクの量は少ないことが多く、タンパクがまったく見られない場合もあります。

入院して治療をするのがふつうです。

水分、塩分、タンパク質を制限した食事療法をしたり、溶連菌感染に対して抗生物質を使ったりした治療をします。1〜2週間で症状がおさまり、タンパク尿は数日から数週間で消失します。

しかし顕微鏡的血尿だけは、2〜3カ月から1年くらい続くことがあります。顕微鏡的血尿がなくなったところで、治ったということになりますが、ほとんどが1年以内に完全に治って、慢性腎炎《まんせいじんえん》に移行することはありません。

紫斑病性腎炎《しはんびょうせいじんえん》

アナフィラクトイド紫斑病《しはんびょう》(シェーンライン-ヘノッホ紫斑病↓124、201ページ)にともなって起こる腎炎です。

アナフィラクトイド紫斑病は、かぜなどの上気道《じょうきどう》感染《かんせん》のあとに起こる場合もありますが、多くは原因がよくわかりません。症状は、皮膚《ひふ》に紫斑が出る、腹痛《ふくつう》、血便《けつべん》、関節痛などですが、それに腎炎が合併することがあります。アナフィラクトイド紫斑病の20〜70%で、腎炎が起こると言われています。

血尿《けつにょう》だけの場合や、軽いタンパク尿が見られる程度なら、何の治療もしなくてもいずれ自然によくなります。しかし、一部に急速進行性腎炎《きゅうそくしんこうせいじんえん》という激しいかたちをとるものもあり、この場合は副腎皮質《ふくじんひしつ》ホルモンなどを使って、強力に治療をしなければなりません。

慢性腎炎《まんせいじんえん》

先にお話しした急性糸球体腎炎《きゅうせいしきゅうたいじんえん》、紫斑病性腎炎《しはんびょうせいじんえん》は、ともに急性腎炎《きゅうせいじんえん》と呼ばれています。急性糸球体腎炎は慢性化しないで治ってしまいますが、紫斑病性腎炎はときに慢性になることがあります。

慢性の腎炎を慢性腎炎と言いますが、慢性とは「6カ月以上にわたってタンパク尿、血尿《けつにょう》が続き、高血圧をともない、徐々に腎臓の働きが低下していく」状態のことです。つまり、急性腎炎が6カ月経《た》っても治らないで症状が続く場合は、慢性腎炎と呼ばれるということです。

慢性腎炎は、急性腎炎の時期、すなわち発病の時期がわかっている場合もありますが、いつ始まったかわからない場合も多いのです。

健康診断でタンパク尿や血尿があることで見つかった慢性腎炎は、始まった時期がわかりません。

さて、慢性腎炎というのは総称で、そのなかにはIgA（アイジーエー）腎症《じんしょう》、膜性増殖性糸球体腎炎《まくせいぞうしょくせいしきゅうたいじんえん》、巣《そう》状糸球体硬化症《じょうしきゅうたいこうかしょう》などいろいろな種類の腎炎が含まれています。

そのなかでいちばん多いのは、IgA腎症と言われるものです。

IgA（アイジーエー）腎症《じんしょう》

IgA腎症は慢性の糸球体腎炎《しきゅうたいじんえん》のひとつで、日本では糸球体腎炎のなかでもっとも多いものです。

5〜30歳のあいだに見つかるのがふつうですが、発見のきっかけはさまざまです。まず、血尿《けつにょう》が出て発見されることがあります。この場合、目で見てわかる血尿で、尿はコーラのような色になります。血尿で見つかるのは全体の25％くらいです。

次に顔のむくみやだるさなどがあって診察を受け、尿にタンパクや血液が出ている（この場合、目で見てわからない血尿）ことから発見されるケースがあり、これは全体の10％くらいです。

そして残り65％くらいは、学校での健康診断で血尿やタンパク尿が見つかり、くわしい検査の結果、この病気と診断されます。

IgA腎症という病名の由来は、腎臓のメサンギウムという組織にIgAという物質が沈着《ちんちゃく》することによります。

この病気は、成長するにしたがってだんだんよくなっていく心配のない病気と言われたこともありました。しかし長い経過で見ると、だんだん進行して腎不全《じんふぜん》になる場合もあることがわかってきています。

発見されてから12年目までに70％は尿所見《にょうしょけん》も正常になり、治ったと判定されますが、30％はその後も病気が続き、そのうちの多くが将来、腎不全に進行すると考えられています。

それで検査の結果、将来、腎不全になる可能性があると診断された場合は、薬による治療がおこなわれます。治療としては、副腎皮質《ふくじんひしつ》ホルモンにさまざまな薬を組み合わせたカクテル療法と呼ばれるものが、よくおこなわれています。この治療によって、IgA腎症もかなり治る病気になってきました。

初期に見つかるほど治療の効果があがりますが、2〜3年にわたって副腎皮質ホルモンや免疫抑制剤《めんえきよくせいざい》を使ったあと中止すると、再発することがかなりあるのが問題です。

ネフローゼ症候群《しょうこうぐん》

子どもでは腎臓病は珍しいのですが、そのなかでネフローゼ症候群は溶連菌《ようれんきん》感染後に起こる急性糸球《きゅうせいしきゅう》体腎炎《たいじんえん》とならんで、よく見られるものです。

突然むくみが起こって発見されるという急激な発病のかたちをとりますが、慢性化することも多く、また、いったんよくなっても再発することが多いという厄介《やっかい》な病気です。

ネフローゼ症候群を腎炎のひとつと考えたほうがよいという考えかたもありますが、ネフローゼ症候群として独立の病気としたほうがよいという考えかたのほうが優勢です。

この病気のよく起こる年齢は2〜6歳で、その8割は6歳未満で発病します。男女比は約2対1と、男の子により多く見られます。

顔や下肢《かし》が急にむくんで、病院に行くと尿と血液の検査がされます。尿には大量のタンパクが出ていますが、血尿《けつにょう》はないのがふつうです。血液を調べてみると、血液のなかのタンパクの量がうんと減っていて、コレステロールの値が増えています。

ネフローゼ症候群には、いろいろな種類のものがあります。微小変化型《びしょうへんかがた》ネフローゼ症候群と呼ばれるもののほか、巣状糸球体硬化症《そうじょうしきゅうたいこうかしょう》、膜性腎症《まくせいじんしょう》などがありますが、微小変化型ネフローゼ症候群が9割を占め、圧倒的に多いのです。

ネフローゼ症候群の大半は原因がわかりませんが、ほかの病気にともなって起こる場合も、たまにはあります。たとえばネフローゼ症候群にアナフィラクトイド紫斑病《しはんびょう》（→201ページ）が併発《へいはつ》する場合とか、膠《こう》原病《げんびょう》のひとつである全身性《ぜんしんせい》エリテマトーデスに併発する場合などです。

次に、ネフローゼ症候群とわかったらどのように治療をすすめるかということですが、入院して治療を始めるのが原則です。

ネフローゼ症候群は生命にかかわる病気ではありませんが、むくみがひどくなると全身がむくんでしまうこともあり、からだの抵抗力も低下します。また、高血圧を起こすこともあります。

それで入院をし、むくみがひどいときは安静にして、副腎皮質《ふくじんひしつ》ホルモンによる治療をおこないます。

ただ、副腎皮質ホルモンが効《き》かないケースもあり、その場合は免疫抑制剤《めんえきよくせいざい》が使われます。これも副作用の強い薬ですから、注意して使わねばなりません。こうした治療によって、75％くらいが完全によくなります。しかし20％くらいは完全には治らなかったり、いったん治ったものの、再発をくり返したりします。

また、副腎皮質ホルモンの効かないケース、とくに巣状糸球体硬化症と言われるものは治りにくく、腎不全《じんふぜん》という状態にまで進行することも少なくありません。

腎臓病の子どもの生活

腎臓病の子どもの食事をどうするか、日常生活にはどの程度の規制が必要か、といったことについては、子どもの病状によってひとりひとりちがうので、ここで一般論としてお話ししても意味がありません。主治医の指示にしたがって生活してください。

集団生活についてですが、学童に対しては腎臓病の管理指導表というものが作られていて、それをおよその目安にして学校生活を送ることになっています。

乳幼児についてはそのような管理基準が作られていませんので、幼稚園、保育園側と保護者、主治医が十分連絡をとりあって、なるべく子どもがのびのびと生活できるよう考えてやってほしいと思います。

子どもの尿の回数

子どもで頻尿《ひんにょう》が見られることはよくありますが、大部分は心因性頻尿《しんいんせいひんにょう》と呼ばれるもので、それ以外に尿路感染症《にょうろかんせんしょう》（→59ページ）がときどき見られ、まれに糖尿病《とうにょうびょう》（→231ページ）、尿崩症《にょうほうしょう》（→237ページ）といった病気のことがあります。

頻尿というからには、ふだんの尿の回数より多くなっていなければなりませんが、その判断には、子どもの1日の尿の回数や尿の量を知っている必要があります。標準的な尿の回数、尿の量は年齢によってちがいますが、ほぼ**表**のような範囲です。

1日の尿の量と回数

	尿量（ml）	排尿回数
新生児	50〜 300	6〜13
乳　児	350〜 550	14〜16
幼　児	500〜1000	8〜12
学　童	700〜1400	7〜 9
成　人	男性 800〜1800 女性 600〜1600	4〜 6

子どもの頻尿のなかでもっとも多い心因性の頻尿は、幼児期から小学校低学年くらいで、よく見られます。5分から10分ごとに尿意をもよおしますが、尿の量はほんの少しで、排尿痛《はいにょうつう》はなく、夜間にトイレに起きることもありません。尿検査では異常がなく、1〜4週間くらい続いたあと治るのがふつうです。

血液の病気

＊ここであつかう主な症状と病気

白血病《はっけつびょう》
血小板減少性紫斑病《けっしょうばんげんしょうせいしはんびょう》
アナフィラクトイド紫斑病《しはんびょう》
貧血《ひんけつ》

血液の病気は、子どもではまれにしか見られません。大人でも、女性では貧血がよく見られますが、それ以外の血液の病気は、めったに見られないものです。

さて、血液の病気についてお話しする前に、血液というものについて説明しておきましょう。

血液は血管のなかにあって、からだじゅうをめぐっている液体ですが、液体のなかに固形の成分が含まれています。固形の成分としては赤血球《せっけっきゅう》、白血球《はっけっきゅう》、血小板《けっしょうばん》などがありますが、これらの成分が増えたり減ったりした状態が血液の病気と言ってよいでしょう。たとえば白血球が異常に増える病気が白血病《はっけつびょう》、血小板が異常に減る病気が血小板減少性紫斑病《けっしょうばんげんしょうせいしはんびょう》といったぐあいです。

こういうふうに、ひとつの成分が増えたり減ったりする場合のほかに、全部の成分、つまり赤血球、白血球、血小板すべてが減ってしまうといった病気もあり、その代表は再生不良性貧血《さいせいふりょうせいひんけつ》です。

では、ひとつひとつの病気について、お話ししていきます。

白血病《はっけつびょう》

子どもの血液の病気で代表的なものと言えば白血病ということになるでしょうが、この病気は血液の病気として取りあつかったらよいのか、ガンのひとつとして取りあつかうべきなのか、ちょっと迷ってしまいます。ほかの血液の病気とちがって、白血病は血液のガンと言うべきものだからです。しかし一般に血液の病気ととらえられていると思うので、ここでお話しします。

白血病《はっけつびょう》とは

ところで白血病について少しくわしく知っている人は、「白血球が異常に増える病気」と理解しているでしょうが、そうとばかりは言えません。

白血病は、骨髄《こつずい》のなかにある血液幹細胞《けつえきかんさいぼう》という細胞が、ガンになってしまったものと考えられます。血液幹細胞というのは、赤血球《せっけっきゅう》、白血球《はっけっきゅう》、血小板《けっしょうばん》の「赤ちゃん時代」と言ってよいでしょう。

血液中の固形成分が骨髄で作られるということは、多くの方がご存じでしょうが、骨髄のなかでは、まず幹細胞という細胞が作られます。この幹細胞が成長して赤血球や白血球、血小板になり、増えていくのがふつうですが、ときに幹細胞がガンになってしまうと、それが白血病と呼ばれるのです。

白血球が異常に増えるというかたちが多いのですが、赤血球、血小板が増えるというかたちのものもあり、また白血球が減るという場合もあります。

白血病は子どものガンの40%を占め、かかりやすい年齢としては3〜5歳がピークです。子どもの人口10万人に3〜4人がかかり、日本全国で年間1000人ほどの子どもがかかります。

原因は不明ですが、ほかの病気で放射線治療《ほうしゃせんちりょう》を受けたり、抗ガン剤を使ったりしたことが原因になる場合もあります。

急性白血病と慢性白血病、リンパ性白血病と骨髄性白血病にわけられていますが、この分類はとても専門的なものなので、ここでは説明を省略します。

子どもの場合、95%以上が急性白血病で、慢性白血病は5%以下ときわめて少ないこと、急性白血病のうち70%は急性リンパ性白血病で、急性骨髄性白血病は20%くらい、そして残りがまれな病型であるということくらいを知っておけば十分です。

子どもでは急性リンパ性白血病というかたちがきわめて多いこと、そして幸いなことに、急性リンパ性白血病は治療によく反応して、治る率がきわめて高いということも知っておいてください。

白血病《はっけつびょう》の症状

白血病の症状としては、顔色不良《がんしょくふりょう》、発熱、出血斑《しゅっけつはん》、リンパ節《せつ》の腫《は》れ、下肢痛《かしつう》などがあります。

顔色が悪いといっても、もともと顔色のよくない子どもは問題がありません。「このごろ急に顔色が悪くなってきたなあ」という場合が要注意です。

発熱についても、「原因不明の熱が10日も2週間も続く」といった特別な場合が、問題になります。

出血斑は、ぶつけたあとのような斑点が、からだのあちこちにできます。

リンパ節の腫れは、首のリンパ節だけが腫れているとか、そ径部《けいぶ》(ももの付け根)のリンパ節だけが腫れているといったことではなく、全身あちこちのリンパ節が腫れているのが特徴です。

下肢痛は、いわゆる成長痛《せいちょうつう》(↓369ページ)が子どもではよく見られますが、足を動かすのを嫌《いや》がるとか、足にさわられるのを嫌がるといった症状が見られたら、白血病の可能性も考えておかねばなりません。

鼻血が出るとすぐ、「白血病？」と心配してしまうお母さんもいますが、鼻血がきっかけで白血病が見つかるということは、とてもまれです。鼻血以外に歯肉《しにく》からの出血もあるとか、鼻血だけの場合も30分以上もとまらないといった極端なときには、血液の病気ではないかと考えて検査をすべきです。

白血病の診断は、血液検査や骨髄《こつずい》検査によっておこなわれます。

治療についてはこの30年くらいのあいだに、長足《ちょうそく》の進歩が見られました。ぼくが医者になったころ、白血病と診断された子どもの将来は暗かったのですが、いまでは子どもの白血病は、「治る病気」になりつつあります。

とくに急性リンパ性白血病は、大半が治るようになりました。これは主に新しい抗白血病薬《こうはっけつびょうやく》の登場によるものですが、これからも進歩は続いて白血病はどんどんこわくない病気になっていくと思われます。

紫《し》斑《はん》病《びょう》

紫斑病とは「皮膚《ひふ》や粘膜《ねんまく》に、とくにはっきりした原因もなく、また、ふつうではとうてい出血にいたらない程度の軽い打撲《だぼく》でも出血斑《しゅっけつはん》が見られる病気」を言います。

紫斑病は大きく2つにわけられ、血小板減少性《けっしょうばんげんしょうせい》紫斑病《しはんびょう》とアナフィラクトイド紫斑病《しはんびょう》です。

どちらの紫斑病も、原因ははっきりしません。

血小板減少性紫斑病《けっしょうばんげんしょうせいしはんびょう》

血小板減少性紫斑病の場合、発病の前にかぜなどのウイルス性の病気が先行していることが多く、ウイルス感染後に免疫《めんえき》反応が起こって、その結果、血小板が減少するのだろうと考えられています。

症状はからだのあちこちからの出血で、鼻血と、皮膚や粘膜の点状出血《てんじょうしゅっけつ》(針で突《つ》いたような斑点《はんてん》ができる。次ページの図の右)や紫斑《しはん》(青アザ)のほか、血小板の減少の程度がいちじるしいと血尿《けつにょう》、下血《げけつ》(便に血液がまじる)、さらには頭のなかの出血なども見られることがあります。

治療は副腎皮質《ふくじんひしつ》ホルモンやγ《ガンマ》-グロブリンを使っておこないますが、90％は6カ月以内に治ります。残り10％は6カ月以上続く慢性型をとりますが、脾臓《ひぞう》を摘出《てきしゅつ》する手術によって、かなりの例が治ります(脾臓は摘出しても、とくにからだへの影響が残りません)。

アナフィラクトイド紫斑病《しはんびょう》

アナフィラクトイド紫斑病のほうは、血液の病気とは言えませんが、血小板減少性紫斑病《けっしょうばんげんしょうせいしはんびょう》とのちがいを知っておくと便利なので、次にとりあげることにします。

この病気は実にいろいろな呼びかたがあり、それが統一されていないので混乱のもとになっています。そのいろいろな呼びかたをあげてみますと、血管性《けっかんせい》紫斑病、アレルギー性紫斑病、シェーンライン－ヘノッホ紫斑病などです(→124ページ)。

こんなふうにいろいろな呼びかたがあるのは、この病気がどうして起こるのか、よくわかっていないことにも原因があるでしょう。

「免疫《めんえき》に関係した血管炎《けっかんえん》」であろうという程度にしかわかっていませんが、半数の例では、この病気になる1～3週間前にウイルス性のかぜや溶連菌感染《ようれんきんかんせん》などの感染症にかかっているという事実があり、感染症と関係はあるように思われます。

典型的なケースは、次のようなものです。

子どもが突然、強い腹痛《ふくつう》を訴え始めます。嘔吐《おうと》も下痢《げり》もなく、便秘《べんぴ》をしているようすもなく、腹痛の原因がわかりません。ひざも痛いと言うので足を見ると、ポツポツと針で突いたような赤い斑点《はんてん》が見つかりました。これで、アナフィラクトイド紫斑病だろうと診断がつくことになります。

この病気の主要症状は、強い腹痛、関節痛、点状《てんじょう》出血《しゅっけつ》(紫斑、図の右)です。

まず腹痛ですが、これが最初の症状で、紫斑や関節痛はあとで出てくるということもあり、こういう場合は腹痛の原因がわからず医者としても困ってしまうこともしばしばです。

ときには便に血がまじることもあります。

関節痛はひざ関節、足関節、股関節《こかんせつ》、ひじ関節、指関節などに見られます。2～3日で痛みがとれますが、何日かしてまた痛くなることもあります。

紫斑は点状出血のかたちをとることもあれば、斑状出血《はんじょうしゅっけつ》のかたち(図の左)になることもあります。

頭をさわってみるとぶよぶよしていて、むくんでいることがわかる場合もあります。

これがアナフィラクトイド紫斑病ですが、腹痛や関節痛をくり返しながらダラダラと1～2カ月続き、自然に治ってしまいます。

ただ、そのあいだに腎炎《じんえん》が併発《へいはつ》することがありますから注意が必要です(→194ページ)。腎炎は発病後

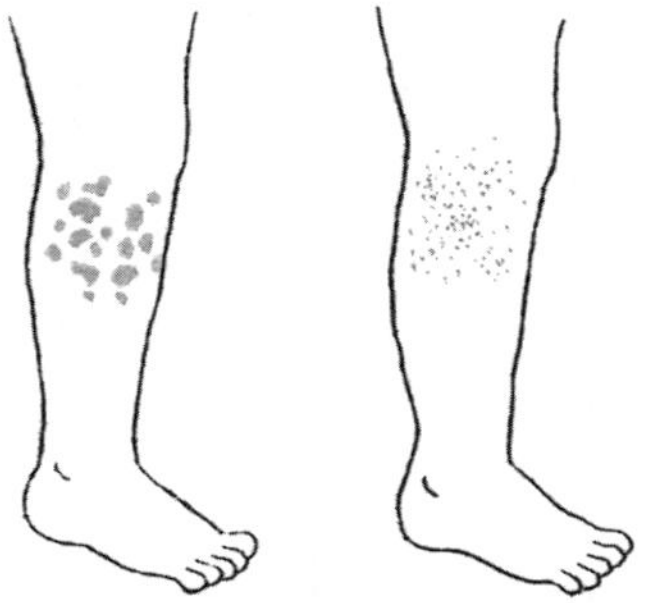

紫斑《しはん》のかたち

1カ月以内に起こるのが80%、1〜2カ月以内に起こるのが20%です。この腎炎は尿を調べて、タンパクや血液が出ていないかどうかをみることで発見されます。

　しかしこの腎炎もほとんどは自然に治ってしまい、治療が必要になる例はまれです。ただ、腎炎が治るのに1年以上かかる場合も、わずかながらあります。

貧《ひん》血《けつ》

子どもの顔色が悪かったり、朝礼のときに倒れたりすると、「貧血かもしれないから、病院で血液の検査をしてもらわなくてはいけない」と助言や忠告をする人がいます。もちろんそういう助言をするのは大人で、学校の先生であったり保育士さんであったり、保護者であったりします。

　しかし、ぼくの経験では、顔色の悪い子の多くは貧血ではありませんでした。もともと顔色が悪いだけなのです。

　「前は顔色がよかったのに、このごろ顔色が悪くなった」という場合は貧血の可能性が濃厚《のうこう》ですが、「生まれつき顔色が悪い」というような場合は、貧血でもなければ病気でもないのです。

　また朝礼のように、ずっと立っているときにバタンと倒れるのは脳貧血《のうひんけつ》で、これは貧血という名前がついているからまぎらわしいのですが、「脳が一時的に貧血状態になった」ということであって、「貧《ひん》血症《けつしょう》」ではないのです。

貧血《ひんけつ》の原因

　貧血というのは、血液中の赤血球《せっけっきゅう》や赤血球のなかに含まれているヘモグロビンという色素(血色素《けつしきそ》と言います)が少なくなった状態のことを言いますが、そういうことが起こる理由はいろいろあります。

　まず、鉄分が不足すると貧血になりますが、この場合はヘモグロビンが少なくなっているわけです。これは鉄欠乏性貧血《てつけつぼうせいひんけつ》と呼ばれます。

　次に、赤血球が十分に作られなくなった場合も貧血になりますが、これは赤血球を作っている骨髄《こつずい》の力がおちたために起こります。これは再生不良性貧《さいせいふりょうせいひん》血《けつ》と呼ばれます。

　さらに、赤血球が異常な速さでどんどんこわれていく場合も貧血になります。これは溶血性貧血《ようけつせいひんけつ》と呼ばれます。

　ほかに何種類かの貧血がありますが、なかでも圧倒的に多いのが鉄欠乏性貧血です。

鉄欠乏性貧血《てつけつぼうせいひんけつ》

　鉄欠乏性貧血は起こりやすい時期があり、未熟児《みじゅくじ》の場合、生後4〜12週ごろと出生から4カ月後ぐらいに起こります(→暮らし238ページ)。

　また未熟児でないふつうの子どもの場合、乳児期や思春期に起こりやすくなります。

未熟児の早期《そうき》貧血《ひんけつ》と後期《こうき》貧血《ひんけつ》

未熟児の貧血の場合、早期貧血と呼ばれるものと、後期貧血と呼ばれるものがあります。

早期貧血のほうは生後4～12週ぐらいのあいだに起こります。この原因を説明しようとするとちょっとむずかしいのですが、およそ次のようになります。

エリスロポエチンという赤血球《せっけっきゅう》の産生《さんせい》をコントロールしている物質が、成人の場合は腎臓で作られています。エリスロポエチンは、からだが赤血球を必要としているときには、赤血球をたくさん作り出すように働きかけをする物質です。腎不全《じんふぜん》のような腎臓病になると、エリスロポエチンが十分に作られなくなるために貧血が起こります。

さてこのエリスロポエチンは、胎児期には腎臓でなくて肝臓で作られています。そして満期産《まんきさん》で生まれる場合、生まれるときには肝臓でなく腎臓でエリスロポエチンが作られる状態に移行しています。

ところが早産児の場合は、肝臓でエリスロポエチンが作られる状態のまま生まれてきます。肝臓で作られるエリスロポエチンは、腎臓で作られるエリスロポエチンに比べて、赤血球を作り出すための刺激力が弱いので、早産児では貧血になりやすいということです。

未熟児早期貧血の症状は、不《ふ》活発《かっぱつ》、お乳を飲んでいるときにすぐ疲れる、体重増加不良、呼吸数の増加などで、貧血があることがわかったら治療をします。治療としては輸血をするしか方法がないのが現状ですが、最近はリコンビナントエリスロポエチン製剤を投与《とうよ》して予防することが可能になってきました。

後期貧血は生後4カ月以降に起こりますが、これは未熟児の場合、生まれてきたときにたくわえられていた鉄分の量が少ないために起こるのです。

赤ちゃんの体内の血液量は体重に比例するので、低出生体重児《ていしゅっせいたいじゅうじ》(未熟児→60ページのコラム)は体重が少ないぶん、出生時の体内総鉄量が少ないのです。その少ない鉄が生後どんどん使われていくために、生後4カ月になるころから貧血になることがあります(→61ページ)。

この場合は、鉄剤《てつざい》のシロップをのませることで治療ができます。

ふつうの赤ちゃんの貧血《ひんけつ》

未熟児でないふつうの赤ちゃんの場合、生後半年から2歳くらいまでのあいだに貧血が見られることがあります。母乳で育てられている赤ちゃんで離乳食の開始が遅れると、貧血になることがあるのです。それは母乳に含まれる鉄分が少ないからで、離乳食によって不足分の鉄をおぎなってやらないと貧血になる可能性があるというわけです。

しかしぼくの日常診療では、治療を必要とするほどの赤ちゃんには、ほとんど出会いません。

これ以外に思春期に鉄欠乏性貧血《てつけつぼうせいひんけつ》が見られることがありますが、思春期という時期についてはこの本の範囲外ですので、ここでは省略することにします。

脳や神経の病気

＊ここであつかう主な症状と病気

- 熱性けいれん（ひきつけ）
- てんかん
- 泣き入りひきつけ（憤怒《ふんぬ》けいれん）
- 脳血管障害《のうけっかんしょうがい》
- 髄膜炎《ずいまくえん》
- 脳炎《のうえん》
- 脳症《のうしょう》

子どもでは、脳や神経の病気はあまり見られません。大人の場合、中高年以降になると脳梗塞《のうこうそく》をはじめとする脳血管障害《のうけっかんしょうがい》などが、かなりの頻度《ひんど》で見られるので、「脳はだいじょうぶかしら」と心配する人が少なくありませんが、子どもに対してそういう心配をする親はいないと思います。大人では「脳血管障害の予防」というキャッチフレーズで脳ドックがさかんに宣伝されたりしていますが、子どもにとっては無縁《むえん》な話ですね。

しかし脳や神経に関連する症状で、大人よりも子どもに多く見られるものがあります。

それは、けいれんです。けいれんは大人ではめったに見られないもので、もし大人に起こった場合は重大な病気が隠れていることが多いのです。しかし子どもの場合、たとえば「熱性けいれん」といったものは日常的に見られ、決して重大なものではありません。また「泣き入りひきつけ」と言われるけいれんも、病気とは言えないものです（あとでくわしくお話しします）。

そんなわけでここでは、けいれんに重点をおいてお話ししますが、まず最初にけいれんとはどんな状態を言うのか、説明をしておきましょう。

けいれん

みなさんは自分自身、けいれんを経験したり、また、ほかの人がけいれんを起こすのを見たりしたことがありますか。まったく経験のない人も多いと思いますが、そういう人にはけいれんのイメージがつかみにくいかもしれません。

辞書的な説明は、「筋肉が発作《ほっさ》的に収縮《しゅうしゅく》を繰り返すこと」(『広辞苑』)というふうになりますが、具体的に言うと、「筋肉が発作的にピクピクすること」と言ってよいでしょう。

目のまわりの筋肉がピクピクするのを経験したことがある、という人ならかなりいるかもしれません。寝ていてからだがピクッとしたという経験をもつ人もいるでしょうし、赤ちゃんが、寝ていてからだをピクピクさせているのを見たことがある人もいるでしょう。

これらはすべて、けいれんの一種と言っていいのですが、ふつうの生理現象で心配はいりません。子どもが熱性けいれんを起こしたときに見られるけいれんはそれらと少しちがっていて、からだの一部分のけいれんではなく、全身のけいれんです。からだ全体をビューンとつっぱらせたあと、からだ全体がガクッガクッといった感じで震動《しんどう》するのです。

このような全身のけいれんは、「ひきつけ」とも呼ばれています。

ひきつけを起こす代表的な病気は、熱性けいれんとてんかんです。まず、これらの病気からお話ししましょう。

熱性けいれん(ひきつけ)

最初に、ひきつけについてお話ししておきましょう。ひきつけは病気というよりは症状と言うべきでしょうが、ここではひとつの病気としてとりあげることにします。

ひきつけというのは「けいれんの俗語」ですが(「泣き入りひきつけ」といったものも、あとでお話しします)、一般にはひきつけというと、熱性けいれんのことを指《さ》します。ですから、ここでお話しするのは熱性けいれんのことだと思ってください。

熱性けいれんを簡潔に言いますと、「乳幼児が熱を出したとき、突然白目をむいてからだをつっぱらせたり、からだをガクンガクンゆらせたりすること」ですが、これを読んだだけでもたいへんな感じがするでしょう。

読んで想像しただけでこわい感じがするのですから、実際に目撃した場合、動転《どうてん》するのはあたりまえです。初めてひきつけを見たお母さんやお父さんの多くは、びっくりして救急車を呼んだり、子どもを抱きかかえて病院へ走ったりしますが、それはふつうのことで、はずかしがる必要はありません。

しかし、見た目は人を驚かせるとはいえ、熱性けいれんは決してこわいものではないのです。そのことを、お話ししていきましょう。

熱性けいれんの症状

熱性けいれんは、生後3カ月から5歳までの乳幼児がかぜなどで38度以上の熱を出したときに起こるけいれんです。子どものうち何割くらいの子どもがひきつけを起こすかと言いますと、1割くらいの子どもが経験すると言われています。

けいれんは白目をむいてからだをつっぱらせたり、全身をガクンガクンさせたりするかたちをとりますが、ほとんどの場合、10分以内に自然におさまります。

けいれんがおさまったあとは、眠ることが多いのです。

初めてけいれんを起こしたときは病院へ

子どもが生まれて初めてけいれんを起こした場合、すぐ病院へ連れて行くことにしましょう。一刻を争うというほどではなく、また病院へ着く前にけいれんはおさまるのがふつうですが、それでもなるべく早く病院でみてもらうことをおすすめします。それは子どもがけいれんを起こした場合、単にひきつけであることが多いものの、まれには脳炎《のうえん》(→223ページ)、髄膜炎《ずいまくえん》(→220ページ)などが原因で起こっている場合もあり、ひきつけか、それ以外の病気で起こっているけいれんかの区別は、お医者さんにしてもらうしかないからです。

1度ひきつけを起こした子どもが、時期をおいて再び熱を出し、けいれんが起こったという場合は、急ぐ必要はありませんが、お医者さんにみてもらっておくべきです。おそらくは2度目の熱性けいれんでしょうが、そう決めてしまうのは危険で、やはり脳炎や髄膜炎あるいは脳症などの可能性も考えておかなくてはいけないからです。

ひきつけは、なぜ起こるのか

ひきつけがどうして起こるのかははっきりしていませんが、急に熱が上がるとき、子どもの「未完成な脳」がそれに反応して、けいれんを起こしてしまうのだろうと言われています。

ひきつけを起こすのはほとんどが生後6カ月から3歳までの子どもですが、生後3カ月から6カ月の乳児や、4歳から5歳の幼児でもまれに起こります。

初めてひきつけを起こす年齢としては1歳代がもっとも多く、3分の1を占めます。

突発性発疹《とっぱつせいほっしん》(→72ページ)はひきつけを起こしやすい病気で、突発性発疹になったとき初めてのひきつけを起こしたという子どもはたくさんいます。

男の子と女の子では、男の子のほうがやや起こしやすいと言われていますが、再発しやすいのは女の子のほうです。

ひきつけを起こしやすい体質というものがあるようで、遺伝性も認められます。ひきつけを起こした子どものお母さんやお父さんに、「子どものとき、ひきつけを起こしたって聞いてますか」と問うと、「そういえば母が、お前も小さいときは何度かひきつけたね、って言ってました」といった答えが返ってくることがしばしばあるのです。

両親ともにひきつけを起こしたことがある場合、子どもがひきつけを起こす確率は40～80％、どちらかだけがひきつけを起こしたことがある場合、子どもが起こす確率は20～30％です。両親ともにひきつけの経験がない場合、子どもがひきつけを起こす確率は20％ですから、片親のみの場合はあまり差がないけれど、両親の場合ははっきり差があるということです。

ひきつけの続く時間

次にひきつけの持続時間ですが、ほとんどは10分以内です。15分以上続く場合は脳波検査をして、てんかん（→209ページ）でないかどうか確かめておく必要があります。ただ、単なるひきつけでも30分以上けいれんが続くことがありますから、長時間続いたからといって、すぐにてんかんだと思ってはいけません。

ひきつけは、くり返すことが多いのが特徴ですが、1回ひきつけを起こした子どもが2回目のひきつけを起こす確率は30％くらいで、3回以上ひきつける確率は10％くらいと言われています。

1歳以前に初めてのひきつけを起こした子どもや、両親あるいは両親のどちらかがひきつけを起こした経験があるという子どもの場合は、再発する率がいくらか高くなるとも言われています。

どんなときに脳波検査をするのがよいか

さて、ひきつけ自体はからだにとって無害なもので、何回起こしても何の後遺症もありませんが、なかにはてんかんのためにひきつけが起こっていることもあり、この場合は何らかの治療を必要とします。

そこで、ひきつけのうちでも特別な場合には脳波検査をして、てんかんでないかどうか確かめておくのがよいということになっています。どんなときに脳波検査をするのがよいかについて、はっきり基準があるわけではありませんが、次のような場合には脳波検査をしておいたほうがよいでしょう。

○ひきつけが38度以下の発熱で起こった場合
○生後6カ月以前や、4歳以後に初めてのひきつけが起こった場合
○ひきつけが15分以上続いた場合
○ひきつけが1日のうちに何度も起こった場合
○ひきつけたあと、意識がなかなか戻らない場合や、手足にまひした部分が残った場合
○1年のうちに3回以上ひきつけが起こった場合

ひきつけの処置

次にひきつけの処置です。

初めてひきつけた場合、救急車に乗ったり病院へかけこんだりする前に、何か処置をしておいたほうがよいでしょうか。

「吐《は》いたものが口のなかにつまらないようにするため、寝かせて頭を横にむかせておくだけでよい」というのが、その答えです。そしてそのあとは静かにして、ひきつけが自然に終わるのを見守っていればよいのです。

以前、「舌をかむといけないので、口のなかに割り箸《ばし》などをはさませて、口を閉じないようにする」という処置がすすめられたこともあります。しかし、ひきつけのときは口を強くかみしめるので、割り箸は折れて口のなかにささったりすることもあって、かえって危険です。

また、実際に舌をかんで傷つけるというようなことはめったに起こらず、起こる場合はけいれんの開始期にかんでしまうので、何か処置しようとしても間に合わないのです。

ですから、ひきつけている子には何もせず、じっと見守っていれば、しばらくして自然におさまるということです。

もし5分経《た》ってもおさまらないようなら、救急車を呼びましょう。この場合もたいていは救急車に乗っているあいだにおさまりますが、まれには長びいて、検査やけいれんを止める薬を使った治療が必要になることもあります。こういう場合はたいてい、単なるひきつけではなく、脳炎《のうえん》や髄膜炎《ずいまくえん》あるいは脳《のう》症《しょう》であることが多いのです。

ひきつけの予防薬を使うかどうか

脳炎《のうえん》や髄膜炎《ずいまくえん》あるいは脳症《のうしょう》でなく、てんかんでもない単なるひきつけは、からだにとって何の害もありません。3年間に10回ひきつけたというような子どもでも、何もからだに影響が残らないのです。

しかし親としては、「ひきつけはこわいから、2度と起こさせたくない」という気持ちにもなるでしょう。そういう気持ちにこたえるように、いまはひきつけの予防薬というものがあります。

座薬《ざやく》やシロップなど何種類かありますが、もっぱらダイアップという商品名の座薬が使われています。ダイアップは精神安定剤としてひろく使われている薬を座薬のかたちにしたものですが、この薬にはけいれんを止めたり、予防したりする効果があるのです。

この薬を熱の出始めに使うと、ひきつけをかなりの高率で予防できることがわかっています。ひきつけの予防のための座薬の使いかたは、次のようになります。ひきつけは熱が上がりきってからよりも、熱が上がる直前や、熱が上がる最中に起こることが多いので、子どもの体温が37.5度を超えたらすぐ、座薬を肛門《こうもん》から入れます。それから8時間後に38度以上の熱が続いていたら、もう一度座薬を入れます。

このように2回座薬を使うことで、48時間くらいのあいだ、ひきつけを予防できると言われます。

ひきつけはふつう、熱が出始めてから48時間以内に起こり、それ以後に起こることは少ないので、座薬を2回使って48時間予防しておけばいいということです。

ただ、この座薬を使うと、副作用で子どもがフラフラしたり、興奮したりすることもあります。それで、あまり座薬は使いたくないという親もいます。

この座薬を使うか使わないかは、親が決めていいことです。使わなければひきつけを起こす可能性は高まりますが、起こったところで10分以内に自然におさまるものなのですから、それに耐えられるという親は、使わなくてもいいわけです。

ぼく自身の場合は、次のようにしています。

まず、1回だけひきつけを起こした子どもには、座薬は使いません。半数以上の子どもがその1回だけで、2度とひきつけを起こすことはないからです。

2回起こした子どもの場合、以後何度かくり返す可能性が高いので、親に座薬についての説明をし、「使いたかったら使ってもいいし、使いたくなかったら使わなくていい。使わなくても何も問題は起こらないから」と言います。それで、座薬を使わない親も多いのですが、お医者さんのなかには「ひきつける子はすべて、座薬を使うべきだ」と考えている人もいて、使おうとしない親を怒ったりすることもあるようです。しかしそれはお医者さんのほうがまちがいで、使うかどうかの判断は、あくまでも親がしていいのです。

ただ、15分以上続くひきつけを起こした子どもや、半日で2回以上、あるいは1年に4回以上ひきつけが起こった子どもの場合は、座薬を使って予防することが望ましいと、多くの専門医が考えています。

ひきつけとてんかんの関係

最後に、ひきつけとてんかんの関係についてふれておきます。

ひきつけを起こす子どものうち少数が、その後、てんかんと診断されるようになります。こういう子どもは、最初のうちは発熱したときにだけけいれんが起こるのですが、やがて熱が出ていないときにもけいれんを起こすようになり、そこで脳波などの検査をすると、てんかんと診断されるのです。

ひきつけを起こした子どものうち2〜3%が、7歳ごろまでにてんかんを起こすと言われています。さらに25歳まで追跡すると、7%くらいの子どもがてんかんを起こすようです。

ひきつけを起こした子どものうち、どの子どもが将来てんかんになるかを見わける方法はありませんし、てんかんを予防する方法もありません。実際にてんかんと診断されたら、その時点で抗てんかん薬などによる治療が始められます。

てんかん

てんかんという病気は、世間でかなり誤解されている病気と言ってよいと思います。誤解は偏見につながり、偏見は差別を生むということになりがちなので、ぜひ誤解はなくしておきたいものです。ここでてんかんについて、正しい知識をもっておいてください。

てんかんは発作《ほっさ》の起こる病気ですが、「あ、てんかんの発作なら知っているよ」という人は多いと思います。そういう人に「では、てんかんの発作ってどんなものですか」と聞くと、「いきなりバタンと倒れて手足をガクガクさせ、白目をむいて、口から泡を吹く」と答えることが多いのです。

確かにまちがいではなく、そういう発作もあります。しかしそれはあくまでも、「そういう発作もある」ということであって、それ以外にも実に多くの発作のかたちがあるのです。そのことをまず知っておいてください。

次に、「あなたのお子さんは、てんかんです」と診断されたとき、ショックを受けるお母さん、お父さんは多いと思いますが、「てんかんは、ほとんどが治るか、治らなくても薬をのむことでコントロールでき、社会生活を支障《ししょう》なく送ることができる」病気であることを知っておいてください。

てんかんとは

最初に「てんかんって、どういう病気」という問いに答えることから始めましょう。

てんかんは先ほども言いましたように、てんかん発作《ほっさ》を起こす病気なのですが、てんかん発作とは、「脳の電気活動の過剰興奮《かじょうこうふん》（脳の異常放電《いじょうほうでん》）により、脳の機能が一時的に障害される状態」で、発作はくり返すのがふつうです（一生に一度だけ発作を起こすという場合もあります）。発作は短時間持続し、突然始まって自然に終わるという経過をとります。

この発作のかたちにはいろいろあって、たとえば「バタンと倒れて意識を失い、からだをけいれんさせる」、「首をカクンと落としてうなずくような動作を、1日に何度もくり返す」、「ときどき動作を停止し、10秒くらいボーッとしている、ということをくり返す」といったかたちなどがあります。

このような症状が起こったら、てんかんの疑いがありますから、脳波検査をします。脳波で、てんかん特有の所見《しょけん》が出た場合、てんかんと診断されることになります。

ただ、てんかんなら100％脳波に異常所見が出るかと言いますと、そうとは言えず、脳波に異常はないけれど発作のかたちから見て、てんかんと診断せざるをえないという場合も、まれにはあります。また、何かの機会にたまたま脳波をとってみたところ、てんかんの波形《はけい》が出たといった場合でも、てんかん発作が見られなければ、てんかんとは診断しません。

脳腫瘍《のうしゅよう》や脳血管障害《のうけっかんしょうがい》（→219ページ）といった病気のためにけいれん発作が起こる場合も、てんかんとは呼びません。

てんかんの頻度《ひんど》としては、人口の0.5〜0.8％に見られると言われています。1000人のうち5〜8人くらいの人が、てんかんを持病としているということですね。

てんかんの80％は、最初の発作が3歳以前に見られます。最初は熱が出たときにけいれん発作を起こし、熱性けいれん（→205ページ）だと思われていたものが、そのうち熱のないときにもけいれんが起こるようになって、てんかんだとわかる場合があります。また、熱性けいれんのかたちが、てんかんを疑わせるものだったので脳波をとってみたら、てんかんだと診断されたというような場合もあります。

てんかん発作《ほっさ》の分類

てんかん発作についてはいろいろな分類法があり、そのなかで国際分類と呼ばれているものが、ふつう使われています。しかし、この分類はきわめて専門的なものなので、ここでは紹介せず、簡単な分類のしかたを紹介することにします。

　てんかんはまず、「部分発作《ぶぶんほっさ》」と「全般発作《ぜんぱんほっさ》」にわけられます。

　てんかんは脳のどこかに傷がついていて、そこで異常放電が起こり、発作波《ほっさは》が発生するのですが、その発作波が始まるときに、脳の一部分から発生する場合を部分発作、大脳半球《だいのうはんきゅう》の両側から同時に発作波が発生する場合を全般発作と呼びます。

　次に部分発作のなかに、意識を失わない単純性部《たんじゅんせいぶ》分発作《ぶんほっさ》と、意識を失う複雑部分発作《ふくざつぶぶんほっさ》があります。また、単純性部分発作から全般発作に移行していくかたちのものもあります。分類についてのくわしい説明は専門的になってむずかしいので省略し、具体的にてんかんのひとつひとつについて解説していくことにします。

全般性強直間代発作《ぜんぱんせいきょうちょくかんだいほっさ》（大発作）――多くの人が抱いているてんかんのイメージに一致する発作で、子どものてんかん発作の70％は、このてんかんです。発作のかたちを具体的に言いますと、まず意識がなくなります。子どもが立っている場合に起これば、バタッと倒れます。

　そしてからだを硬直《こうちょく》させますが、手足もからだもピーンとのばしたままで硬直させることもあれば、顔やからだを後方へよじるようなかたちに硬直させることもあります。唇《くちびる》、爪《つめ》が紫色になることもあります。

　この状態は強直性《きょうちょくせい》けいれんと呼ばれ、20〜30秒間続いたのち、次の間代性《かんだいせい》けいれんに移ります。間代性けいれんは、全身の筋肉がリズミカルにピクッピクッと動くけいれんですが、とくに手足が大きくピクッピクッと動きます。

　最初のうちはピクッピクッという小さな動きですが、やがてガクンガクンという大きな動きになり、動きの間隔はだんだん長くなって、最後に2〜3回大きくガクガクして、発作が終わります。

　間代性けいれんは30〜60秒くらい続き、終わると全身の力が抜けて、そのあと眠ります。

　眠りは深く、コンコンと眠るといった感じです。

欠神発作《けっしんほっさ》（アブサンス、純粋小発作《じゅんすいしょうほっさ》）――4〜5歳から7〜8歳の、小学校低学年のころによく起こる発作で、女の子に多いという特徴があります。発作は十数秒から30秒ぐらい、瞬間的に意識を消失するというかたちです。

学校や幼稚園の先生が、「呼んでも返事をしない」、「ときどきボーッとしている」などということに気がついて、この発作が見つかることがあります。

発作中、子どもは無表情で、一点を見つめているように見えます。目はやや上方に上がり、まぶたをパチパチさせることもあります。また、口をモグモグさせたり、舌なめずりをしたり、あるいは舌を軽く動かしたりすることもあります。

しかし、けいれんを起こすこともなく、倒れることもありませんから、てんかんという病気を「倒れてけいれんする病気」だと思っている人には、この発作は、一種のくせのように見えたりすることもあります。

この発作は、1日数回から数十回以上におよぶ場合もあります。

複雑《ふくざつ》部分《ぶぶん》発作《ほっさ》(精神《せいしん》運動《うんどう》発作《ほっさ》、側頭葉《そくとうよう》てんかん)——この発作は、「風変わりな発作」と言われます。意識がうすれて奇妙なぼんやりした感覚を体験するとか、恐怖を感じることがあるとか、自動症《じどうしょう》という「無目的な奇妙な行動」が見られるとかいったことがあって、確かに風変わりです。

ただ子どもの場合、意識がぼんやりしてもそれを言葉で表現することがむずかしいので、発作があってもわからないことがあるのかもしれません。そんなこともあって、この複雑部分発作はもっぱら大人に見られ、子どもではあまり見られません。

自動症について少しくわしくお話ししておきます。

自動症の症状としては、衣類をいじったりボタンをはめたりはずしたりするような動作、あるいは食べものを食べるときの動作、かむ、なめる、舌つづみを打つ、飲みこむといったものがあります。また無目的に突然走りだす疾走発作《しっそうほっさ》というものもあり、これも自動症のひとつと考えてよいでしょう。

　自動症の症状は30分くらい続きます。

点頭《てんとう》てんかん（ウエスト症候群《しょうこうぐん》）――子どもの時期に起こるてんかんとしては、もっとも治りにくいてんかんと言ってよいでしょう。この病気の発見者の名前をとってウエスト症候群とも呼ばれていますが、点頭てんかんと呼ばれるのが一般的です。

　このてんかんは、ほとんどが乳児期に発病し、なかでも生後5～6カ月ごろに発病するのが大部分です。ふつう、赤ちゃんが1日に何度も首をカックンと前に落とす動作をするのにまわりの人が気がついて、発見にいたります。

　首を前にカックンと落とす動作が「点頭」と呼ばれますが、この動作をくわしく説明しておきましょう。頭をカクッと前に落とすと同時に、からだを前に曲げ、驚いたように手をひろげて、抱きつくようなかたちで前方へ出します。このとき、両足も前方へ上げます。

　点頭てんかんでは、このようなかたちの発作が多いのですが、なかにはまるでからだのなかを電気が走ったかのように、からだをビクンと伸ばすというかたちもあります。

　発作は寝て起きたときや、眠くなったときに続けざまに起こるのがふつうです。

　5～15分くらいのあいだに、うなずくような動作やからだをそらせる動作が15～30回ぐらい続けて起こり、そのようなことが1日に2～3回起こります。

　この発作が起こっているあいだに、泣いたり、あるいは発作が終わったあとに、にっこり笑ったりすることもあります。

　発作が始まってから治療が始まるまでの期間が短ければ、治療によって発作が起こらなくなることもあります。しかし発作が起こらなくなっても、知的障害が残ることもあります。

　点頭てんかんの治療はいろいろ工夫されていますが、治りにくいケースが多く、また知的障害を起こすケースも多いということがあって、「難治《なんち》性《せい》のてんかん」と考えられています。

大田原《おおたわら》症候群《しょうこうぐん》――点頭てんかんに似ていて、新生児期から生後4カ月くらいまでに発病し、からだを強くつっぱらせる発作が何回も続けて起こるというかたちをとります。

　大田原症候群の子どもには、脳にいろいろな奇形が認められることが多く、そのためよく効《き》く薬がありません。それで早く亡くなったり、重い障害をもったりすることも多いのです。

　なお大田原症候群というのは、この病気を発見したお医者さんの名前をとったものです。

レンノックス症候群《しょうこうぐん》（レンノックス‐ガストー症候《しょうこう》群《ぐん》）——点頭《てんとう》てんかんが乳児期に起こる病気であったのに対して、レンノックス症候群は幼児期に起こる病気です。

発作の型は、短時間の強直型発作《きょうちょくがたほっさ》、筋肉の緊張がなくなってしまう失立発作《しつりつほっさ》、ミオクロニー発作《ほっさ》、非《ひ》定型欠神発作《ていけいけっしんほっさ》などいろいろです。

強直型発作というのは、からだをつっぱらせる発作のことでしたね。レンノックス症候群では、この発作がもっともふつうに見られます。平均10秒ぐらいの短時間の強直型発作が起こり、意識を失います。睡眠時に多く、強い発作の場合は横たわっている子どもの頭がもちあがったりします。発作のあいだによだれや涙が出たり、黒目が上方へ上がってしまうこともあります。

失立発作というのは、うなずくように頭部をガクンと落としたり、両ひざの力が抜けて折れ曲がり、床にくずれ落ちたりするかたちの発作を言います。

頭部をガクンと落とす発作のかたちは点頭てんかんの発作と似ていますが、よく見ると少しちがっています。失立発作は、からだの筋肉の緊張がゆるんで力が抜けるために起こる発作で、点頭てんかんのほうは、力がこもったように頭を前に曲げるのです。

しかし、実際にレンノックス症候群と点頭てんかんを見わけるのは、専門家でなければむずかしいことです。

次にミオクロニー発作について説明しましょう。ミオクロニー発作を理解するにはまず、「ミオクロニー」とはどういうものかを知っておく必要があります。ミオクロニーはミオクローヌスとも呼ばれますが、「からだのある部分の筋肉が、突然電撃を受けたように収縮し、からだの一部がピクッと動く不《ふ》随意運動《ずいいうんどう》」と定義されます。不随意運動というのは、「自分の意志と関係なくからだが動いてしまう」ことを指《さ》します。

顔の筋肉や手の筋肉が急に収縮すると、頬《ほお》が勝手にピクッと動いたり、指が勝手にピクッと動いたりします。腕《うで》全体、脚《あし》全体がピクンと大きく動くのは、腕や脚にある比較的大きな筋肉が収縮した場合です。こうした動きはミオクロニーと呼ばれるものですが、ミオクロニーはてんかん以外にも起こることがあります。寝入りばなの子どもの指や手がピクピク動くのを見たことがある人は多いと思いますが、これは睡眠《すいみん》時ミオクロニーと呼ばれるもので、病気ではありません。また、激しい運動をしたあとに見られるミオクロニーも、病気ではありません。

レンノックス症候群では、強直型発作や失立発作のほかにミオクロニーという症状も起こりますが、これはミオクロニー発作と呼ばれます。レンノックス症候群の子どもの2割くらいに見られます。

次は非定型欠神発作ですが、これは欠神発作に似ていて、「欠神発作に、強直型発作や失立発作を組み合わせたようなかたち」の発作です。

このように、レンノックス症候群ではさまざまな発作が見られ、発作を薬でコントロールすることがむずかしい例も少なくありません。

また、発達の遅れをともなう例もかなり多く、小学校に入学するころには、８割くらいの子どもで遅れが見られるようになります。

ローランドてんかん――正式には「中心・側頭部《そくとうぶ》に棘波《きょくは》をもつ良性小児《りょうせいしょうに》てんかん」という、たいへん長い病名のてんかんですが、簡単にローランドてんかんと呼ばれます。なぜローランドてんかんと呼ばれるかと言うと、脳の中心部にあるローランド溝《こう》というところから発作が起こるからなのです。

一方、正式な病名のほうの「中心・側頭部に棘波をもつ」という部分は、脳波検査をしたときの脳波の特徴を言っているのです。棘波というのは脳波のかたちのひとつで、脳の中心部、側頭部から棘波という波が出ているのが、ローランドてんかんというわけです。

説明が長くなってしまいましたが、このローランドてんかんは、ほとんどが12歳ごろまでに自然に治ってしまう良性のてんかんなのです。

このてんかんは5～10歳ごろに始まります。

発作は大多数のものが寝入りばな、あるいは早朝目ざめて、まどろんでいるときに起こります。

発作のかたちとしては、まずからだをつっぱらせ、その後からだをガクガクさせる強直間代型《きょうちょくかんだいがた》(強直性けいれんに続いて間代性けいれんが起こるものをこう呼びます)が多く見られます。

起きているときにも発作が起こることがありますが、その場合、よだれが出る、のどをグッグッと鳴らす、唇《くちびる》や舌がピクピクするなどのかたちをとります。

なお、ローランドてんかんによく似たてんかんで、たとえばラスムッセン症候群《しょうこうぐん》というてんかんのように自然に治らないものもあり、それらの区別には脳波検査が必要です。

てんかんの治療

てんかんには、いろいろな種類のものがあることがおわかりいただけたと思います。なかには自然に治ってしまうものもあれば、非常に治りにくいものもあります。

しかし、てんかんの治療は進歩しつつあり、薬によってコントロールできる場合が、とても多くなっています。お子さんが治りにくいてんかんと言われていてもがっかりせず、あきらめず治療をしてください。きっと未来は開けます。

治療の方法としては脳の手術などもありますが、多くは抗てんかん薬をのむという治療をします。

薬にはいろいろなものがあり、どの薬が合うかは子どもによってちがいます。その子にとって最良の薬(何種類かを組み合わせて、のむこともあります)を見つけ、のみ続けることになります。

どのくらいの期間のみ続ければよいかという問いには、いちがいに答えにくいのですが、薬をのんで3年間発作がまったくなく脳波でも発作波が見られなくなった場合に、薬をやめてみるのが一般的です。

しかし、やめてみたらすぐ発作が起こったという場合には、また再開しなくてはなりません。

薬の副作用についてですが、幸いなことに長期に連用しても重大な副作用はほとんど起こりません。

薬をのむと少しボーッとした感じになることがありますが、そういう感じが強くて生活に支障があるようなら主治医と相談しましょう。また薬によっては長期にわたってのんでいると、歯肉《しにく》が増殖《ぞうしょく》するものがあります。肝臓に影響をおよぼす場合もあるので、定期的な血液検査が必要です。血液検査では、薬の血中濃度というものを調べます。

薬をのんでいるのに発作が起こる場合、薬の量が不足していることがありますが、不足しているかどうかは血中濃度を調べることでわかるのです。血中濃度が有効域《ゆうこういき》に達していない場合は薬を増やしますし、血中濃度が高すぎる場合は副作用の心配があるので薬を減らすことになります。

てんかん発作《ほっさ》時の処置

突然子どもがてんかんによるけいれん発作を起こしたときは、どうしたらよいでしょうか。けいれん発作への対応のしかたを知っていれば、熱性けいれん(→205ページ)のときなどにも応用できます。

むかし、てんかんの発作を起こした人には、首だけ出して土に埋めるなどという荒っぽい対処法がされていた時代もあったと聞きますし、寝かせて額《ひたい》の上にわらじをのせるという方法は、ぼくが大学生だったころぐらいまでは、実際におこなわれていました。いまはわらじが身近にある生活をしている人もほとんどいなくなったので、こんな処置もされなくなったと思いますが、口のなかに割り箸《ばし》を入れるといったことは、まだおこなわれているようです。

以前は確かに、「けいれんを起こすと舌をかむことがあるから、それを防ぐために、割り箸などを急いで口に入れるのがよい」と言われたこともありました。しかしそんな必要がなく、かえって危険なことは、すでにお話ししました。

ではどうすればいいのか、次にお話しすることにします。

まず道などで倒れたら、車などのこない日陰の安全な場所へ移動させます。移動は横抱きにかかえるか、ひきずるかします。

そして顔を横むきにして寝かせます。横むきにするのは、吐《は》いた場合、吐物《とぶつ》が気管《きかん》のほうへ入ってしまうのを防ぐためです。次に、衣服やベルトもゆるめてやります。

こうして静かに見ていれば、たいていは自然に発作がおさまるものです。もし10分経《た》ってもおさまらないときは、救急車を呼ぶことにしましょう。

てんかん発作《ほっさ》の予防

次に、てんかん発作の予防についてお話しします。

子どもによっては、何らかの刺激によって発作を起こすことがあります。

一時、テレビを見ていて起こるてんかん発作が話題になったことがありましたね。アニメのテレビ番組を見ていた子どもが、発作を起こしたのです。

これはテレビてんかんと呼ばれますが、反射《はんしゃ》てんかんのひとつで、光過敏性《ひかりかびんせい》てんかんとも言います。

反射てんかんというのは、からだにある特定の刺激が加わったときにけいれん発作が起こる病気の総体につけられた名前です。発作を起こす刺激にはいろいろなものがありますが、目から入る刺激、耳から入る刺激がよく見られるものです。

目から入る刺激によるものは光過敏性てんかんと呼ばれ、テレビを見ているときや、テレビゲームをやっているときなどに起こります。画面がチカチカとまたたくことが、刺激になるのです。

波がキラキラ光っていることや、木もれびがチカチカすることなども、刺激になることがあります。

また、耳から入る刺激として、チャイムの音や音楽などで起こるてんかんもあります。

そのほかに計算をすると発作が起こるとか、びっくりすると発作が起こるといったこともあり、これらも反射てんかんのひとつです。

反射てんかんは、いろいろな種類のてんかんで見られるひとつの症状と言っていいのですが、反射てんかんがあるとわかったら、なるべく原因になるような刺激を避けるようにすることが予防になります。

入浴も、けいれん発作を起こす原因になることがあります。とくに40度以上のお湯に長時間入ると発作を起こすことがあるので、長風呂には注意したいものです。

また、寝不足や食べすぎなども発作の原因になることがありますから、気をつけたほうがよいでしょう。

てんかんの予防ということは、大事なことではありますが、あまり神経質になりすぎると消極的な人生を送ることになってしまいますから、親としては過保護にならないよう気をつけてください。

てんかんの子どもの生活

てんかんは、てんかんだけの病気である場合と、脳性《のうせい》まひ、発達の遅れ、自閉症《じへいしょう》などの病気にともなって起こる場合とがあります。

脳性まひや発達の遅れについては、それぞれ重症度がいろいろありますから、それによって生活のしかたにも一定の配慮が必要です。そのことについては、障害をもつ子どもたちについて書かれている部分(→323ページ)のほうを見てください。

ここでは主に、てんかんだけが独立して起こっている子どもの生活についてお話しします。

てんかんという病気については、さまざまな偏見や誤解があります。以前にある有名な作家の小説の一部が国語の教科書にのり、その文章がてんかん患者にとっては差別と思われるものだということで、告発がされました。そのとき、「これは言論の自由に対する弾圧《だんあつ》ではないか」、「パロディーにまで文句をつけられるのはおかしい」といった意見も出て、社会的な論議になりましたが、ぼくはこの文章を読んで、それを書いた作家に、てんかんという病気に対する偏見というより、悪意のようなものがあると感じました。そしてそれが、てんかん当事者の悲しみや怒りを誘ったように思いました。

つまり、「てんかん患者は、どこでいきなり倒れるかわからないから危険だ」というような偏見が、世の中の多くの人にもたれているように思われるのです。実際には薬で発作《ほっさ》がよくコントロールされていて、突然倒れたりすることもないのに、危険な存在と思われたり、過剰な配慮がされたりしているようです。

たとえば、保育園、幼稚園、学校などで、夏季にてんかんの子どもをプールに入れるかどうかが問題になることがあります。てんかんの専門医は、「薬で発作がコントロールされている子どもは、プールに入ってよい」と口をそろえて言っていますが、現実にはプールへ入らせてもらえなかったり、入るときにほかの子どもとちがう色のキャップをかぶらせるといったことがよく見られます。こうしたことは、てんかんという病気に対する世間の理解が十分でないという事実の反映ですね。

てんかんの子どもたちが、ほかの子どもたちと同じように、のびのびと生活できるようになることが望まれます。

生活のしかたについては、てんかん患者とその家族の組織である「波の会」などに参加して、ほかの人たちがどのように生活しているかを知ると、たいへん参考になると思います。

これでてんかんについての話を終わりにして、てんかん以外でけいれんが見られる病気を、いくつか紹介しましょう。

泣き入りひきつけ（憤怒《ふんぬ》けいれん）

泣き入りひきつけは、てんかんと同じようにまわりの人を驚かせる病気（病気ではなくて、発作《ほっさ》と言ったほうがよいのでしょうが）ですが、まったく心配のないものです。

乳幼児が驚いたり、痛みを感じたりしたときに大泣きし、そのあと息をとめてぐったりしたりピクピクしたりする発作のことを、泣き入りひきつけ、あるいは憤怒けいれんと言います。

これは、生後6カ月ごろから4～5歳までの子どもに見られますが、多くは1～2歳ごろに見られます。頻度《ひんど》としては熱性けいれん（↓205ページ）より少ないと言われていますが、100人のうち5人くらいが経験しているという調査結果もあります。

人にぶたれた、転んでどこかをぶつけた、持っているものを取られた、しかられた、驚かされたといったとき、あるいは思いどおりにいかなかったとき、子どもが大泣きしているうちに呼吸がとまり、顔が青くなり、手足をつっぱらせてそり返ります。

大多数のケースでは、ここで呼吸が再開し、ふっとなって、しばらくぐったりしたのち回復しますが、ときには意識を失い、からだをガクガクさせるけいれんが起こることもあります。

回数は多いときは1日に数回、泣くたびに起こるということもありますが、数カ月に1回ということもあります。

泣き入りひきつけがどうして起こるのかについては、よくわかっていません。しかし、ほとんどは4～5歳になると自然に起こらなくなりますから、治療をする必要はありません。

てんかんとのちがいは、「泣き入りひきつけの場合は、必ず泣くにふさわしい誘因《ゆういん》がある」ということです(てんかんの場合は、とき、ところを選ばず、また、とくに誘因《ゆういん》もなく発作が起こります)。

ただ、泣き入りひきつけのかたちでも、1日に何度も発作が起こる場合や、1回の発作の時間が2分を超える場合は、小児神経専門医に相談しておくほうがよいと思います。

脳血管障害《のうけっかんしょうがい》

脳血管障害というと、どんな病気を思いうかべるでしょうか。何も思いうかばないという人もいるでしょうし、脳梗塞《のうこうそく》とか脳出血《のうしゅっけつ》とかいう病気を思いうかべる人もいるでしょう。

脳血管障害といえば、脳の血管に血液のかたまりが詰《つ》まるとか、脳の血管が破れるとかいうできごとをイメージするだろうと思います。そのほかに脳の血管にこぶができる脳動脈瘤《のうどうみゃくりゅう》という病気もわりあいに有名ですが、これらの病気はいずれも大人に見られることが多いもので、子どもでは非常にまれです。

子どもで脳内出血が起こるとすれば、多くの場合は生まれつき脳血管に奇形などがあってそのために起こります。後天的な病気としては、血液の病気の場合があり、その場合は出血しやすい状態が起こって、そのひとつとして脳内出血が起こるということになります。

ともあれ子どもの脳血管障害はまれなものですが、そのなかで比較的よく見られる「モヤモヤ病」についてお話ししておきます。

モヤモヤ病——外国の医学書を読んだとき、日本語や日本人の名前がついた病気を見つけることは非常に珍しいのですが、モヤモヤ病はその珍しいひとつです。モヤモヤというのは、日本語の「モヤモヤする」という意味からとられたものですが、気分がモヤモヤするといった意味ではなく、脳血管の写真をとったときに、モヤモヤして見えることからつけられたものです。

この病気は日本で発見され、日本人に多く、男女比ではわずかに女性に多いようです。

10歳以下の子ども、とくに4歳を中心に多く見られますが、成人では30代によく見られます。

最初に起こる症状は、しばしばきわめて特徴的なかたちをとります。うどんを食べているとき、あるいはたて笛を吹いているときなどに、急にからだに力が入らない状態になるのです。

どうしてこういうことが起こるかと言いますと、ちょっとむずかしいのですが、次のように理解してください。

モヤモヤ病の子どもは、頭の血管のなかに細くなっているところがあるので、熱いうどんを食べるときにフーフー吹いたりすると、ちょっと酸素不足になります。ふつうの子どもならその影響を受けることはないのですが、脳の血管が細くなっている子どもの場合は、その細い部分に影響が出て、一時的に脳虚血《のうきょけつ》という状態が起こります。そのために、からだに力が入らなくなるというようなことが起こるのです。また、それ以外に手足のしびれ、運動障害などが起こります。

発作が起こるのは先ほど言いましたように、うどんのような熱いものを食べているときや笛を吹いているときのように、一気に息を吐き出すとき、水泳をしているとき、入浴時、発熱時などです。

治療としては、血管をひろげる薬をのむ程度のことで、何もせずようすを見ることもあります。外科手術をする場合もあります。

髄膜炎《ずいまくえん》、脳炎《のうえん》、脳症《のうしょう》

脳炎とか脳症とかいう病名を聞いたことがある人は多いでしょう。また、髄膜炎という病名を知っていて、「髄膜炎はこわい」と思っている人も多いと思います。しかし、脳炎、髄膜炎、脳症はどこがちがうのかと言われると、答えるのはむずかしいでしょうね。これはかなり専門的なことになりますが、説明しましょう。

まず脳炎や髄膜炎は、原因がはっきりわかることが多く、その原因になるのはウイルス、細菌、真菌《しんきん》、リケッチアといった小さな生物、すなわち病原微生物《びょうげんびせいぶつ》と呼ばれるものです。

一方、脳症のほうは原因がわかるものもありますが、わからないものもたくさんあり、また原因がわかる場合でも、病原微生物が関係していないケースが少なくありません。

また脳炎や髄膜炎の場合には、脳や髄膜に炎症所見《えんしょうしょけん》が見られますが、脳症の場合、脳や髄膜にはっきりした炎症所見が見られないというちがいがあります。

そんなことを予備知識としてもっておいてください。それでは、それぞれの病気について説明します。

髄《ずい》膜《まく》炎《えん》

髄膜炎と言うと、とてもこわい病気だと思っている人が少なくありません。

しかし髄膜炎と言っても、次のようにいろいろな髄膜炎があります。

○無菌性髄膜炎《むきんせいずいまくえん》――ウイルスやマイコプラズマ、リケッチアなどによって起こる

○化膿性髄膜炎《かのうせいずいまくえん》——細菌によって起こる
○結核性髄膜炎《けっかくせいずいまくえん》——結核菌によって起こる

このほかに、かびによって起こる真菌性髄膜炎《しんきんせいずいまくえん》などもありますが、頻度《ひんど》として少ないものなので、ここではふれません。

さて、3つの種類の髄膜炎をならべましたが、結核性髄膜炎も化膿性髄膜炎のひとつのはずなのに、独立して別あつかいになっているのはおかしい、という疑問をもたれるかもしれません。その疑問はもっともで、確かに結核性髄膜炎も結核菌という細菌によって起こる、化膿性髄膜炎のひとつです。

しかし、結核性髄膜炎は、ほかの化膿性髄膜炎とはちがうユニークな特徴をもっているので、別あつかいにすることになっています。その特徴については、結核性髄膜炎のところ(↓223ページ)を見てください。

これらの髄膜炎のうち、化膿性髄膜炎と結核性髄膜炎は油断のならない病気ですが、髄膜炎の大半を占める無菌性髄膜炎は、こわい病気でも何でもなく、自然に治ってしまうのがふつうなのです。

だから、髄膜炎と言われただけで、たいへんなことになったなどと思わないようにしてください。

次にそれぞれの髄膜炎についてお話ししましょう。

無菌性髄膜炎《むきんせいずいまくえん》

髄膜炎の症状があって、検査の結果、細菌が見つからない場合、無菌性髄膜炎と呼ばれます。無菌性髄膜炎の原因としては、ウイルス、マイコプラズマ、リケッチア、真菌《しんきん》などがありますが、ウイルスによるものがほとんどで、なかでも、エコーウイルスとコクサッキーウイルスの2種類が大部分の原因になります。それに続くのがムンプスウイルス、つまりおたふくかぜのウイルスです。おたふくかぜは髄膜炎になる率が高い病気ですが、無菌性髄膜炎自体が自然に治ってしまうのがふつうという、たいしたことのない病気なので、「おたふくかぜは、こわい」などと思わないでくださいね(↓85ページ)。

さて、無菌性髄膜炎の症状は、原因になっているウイルスが何であれ同じで、発熱、頭痛、吐《は》きけ、嘔吐《おうと》などです。

たとえば、おたふくかぜにかかっている子どもが高熱になり、頭痛がとてもつらそうで吐いているというようなときに、「おたふくかぜのウイルスが髄膜の部分に入りこんで、髄膜炎になったかな」と考えます。

こういう子どもを診察した医者は、子どものうなじの部分をさわってみて、こわばっているかどうかをみます(↓次ページの**図**)。そして子どもの首を、前に曲げてみます。このとき曲げられるのを嫌《いや》がるようなら髄膜炎の疑いが強いので、病院へ行きます。病院では髄液検査《ずいえきけんさ》をして、髄膜炎であることを確かめます。

確かに髄膜炎だと診断がついたら、安静を保つために入院をすすめられたりするでしょう。無菌性髄膜炎は、安静にしていれば自然に治りますが、無理

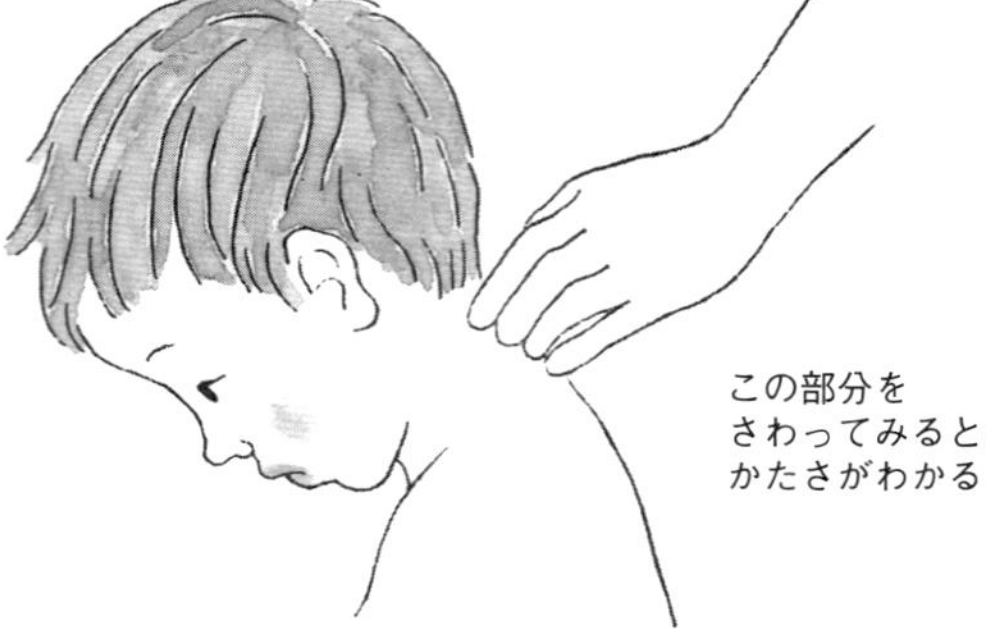

無菌性髄膜炎《むきんせいずいまくえん》の判断のしかた

をすれば長びいて、重大なことになる場合もあるからです。無菌性髄膜炎が治るまでには、2〜3週間かかるのがふつうです。

化膿性髄膜炎《かのうせいずいまくえん》

化膿性髄膜炎の症状は無菌性髄膜炎《むきんせいずいまくえん》と同様で、発熱、頭痛、吐《は》きけ、嘔吐《おうと》、けいれんなどですが、無菌性髄膜炎に比べると、重い感じになります。

子どもというものは高熱があるとき、ぐったりすることはあっても「おっくう」な感じがすることはあまりないのですが、化膿性髄膜炎になると、「おっくう」な感じになります。「ああ、かったるい。何をするのも嫌《いや》」という顔つきになるのです。

化膿性髄膜炎は無菌性髄膜炎とちがって、自然に治るのを待っているわけにはいきません。適切な抗生物質を使って早期に治療を始めないと、重大な結果を招くことがあります。

乳幼児の場合、死亡率は10％前後と言われていますから、感染症《かんせんしょう》で命を落とすことが少なくなった現在では化膿性髄膜炎は「そうとうこわい病気」と言ってよいと思います。また死亡にいたらない場合にも、半身まひのような後遺症《こういしょう》が残ることがあります。

原因になる菌は年齢によってちがいますが、2カ月以下の乳児の場合は、大腸菌《だいちょうきん》、B群溶血性連鎖球《ぐんようけつせいれんさきゅう》菌《きん》(溶連菌《ようれんきん》→38ページ)などが多く、それ以上の年齢の乳幼児では、インフルエンザ菌、髄膜炎菌《ずいまくえんきん》、肺炎《はいえん》球菌《きゅうきん》が多く、学童では髄膜炎菌と肺炎球菌が多いという傾向が見られます。

化膿性髄膜炎は子どもが特別な状態にあるときに起こるのがふつうで、ふだん健康な子どもが化膿性髄膜炎にかかるというようなことは、めったにありません。

どんなときに化膿性髄膜炎を起こしやすいかというと、次のような場合です。

重症のやけど、免疫不全《めんえきふぜん》、ガンなどで化学療法《かがくりょうほう》をしているとき、脳外科手術時、重い頭部外傷《とうぶがいしょう》また糖尿病、腎不全《じんふぜん》、無脾症《むはいしょう》、ガラクトース血症《けつしょう》の子どもなどでも、化膿性髄膜炎を起こしやすくなります。

化膿性髄膜炎の症状と、その症状が出る頻度《ひんど》を次に示します。

発熱　85％

嘔吐《おうと》 55%
けいれん 30%
食欲不振 20%
頭痛 15%

このほかに興奮しやすい、ボーッとしているなどの症状も起こりますし、光をやたらにまぶしがることもあります。

ここで注意してほしいのは、頭痛は15%にしか見られないということです。けいれんも30%にしか起こりませんから、そうすると化膿性髄膜炎は発見しにくいのではないか、ということになりますね。

しかし注意して見ていれば、幼児なら「ボーッとして反応がにぶい」、乳児なら「とても機嫌《きげん》が悪い」、「おむつを替えたり頭にさわったりすると、激しく泣く」などの症状があって、髄膜炎の発見の手がかりになることがあるのです。

後遺症として、何年か経《た》ってから異常行動が起こったりすることもあります。

結核性髄膜炎《けっかくせいずいまくえん》

無菌性髄膜炎《むきんせいずいまくえん》や化膿性髄膜炎《かのうせいずいまくえん》とちがって、ゆっくりと進行するのが結核性髄膜炎の特徴です。

その進行のようすは、次のように3つの時期にわけられます。

①前駆期《ぜんくき》——ゆったりと症状が進みます。数週間にわたって微熱、頭痛、疲れやすいといった症状が続くのです。

②髄膜刺激期《ずいまくしげきき》——頭痛が強くなり、嘔吐《おうと》も起こります。首筋《くびすじ》のこわばりなども見られるようになり、不安、錯乱《さくらん》などの症状も出てきます。

③まひ期——半身まひや、両手両足のまひなどの症状が起こってきます。

こんなふうに結核性髄膜炎は、ゆっくり起こります。

なお結核性髄膜炎はあくまで結核の一部分で、たとえば粟粒結核《ぞくりゅうけっかく》というような結核にひき続き、発病するのです。

脳《のう》炎《えん》

脳炎は脳のなかにまでウイルスが入りこんで、そこに炎症《えんしょう》を起こした状態を言います。実際には脳だけでなく、髄膜《ずいまく》や、くも膜下腔にも炎症が起こっていることが多く、ですから髄膜炎と脳炎と両方の症状が重なって出てくるのがふつうです。

発熱、頭痛、嘔吐《おうと》、不機嫌《ふきげん》などのほかに、異常行動、記憶消失、けいれん発作などが起こったりします。

脳炎を起こす原因として、ウイルス、予防接種などがありますが、具体的には次のようなものが脳炎を起こすことがあります。

ウイルス――ヘルペスウイルス1型、サイトメガロウイルス、麻疹《ましん》ウイルス、日本脳炎ウイルス、風疹《ふうしん》ウイルス、水痘《すいとう》・帯状疱疹《たいじょうほうしん》ウイルス

予防接種――百日ぜきワクチン、インフルエンザワクチン、日本脳炎ワクチン

脳炎は、非常に頻度《ひんど》の少ないものです。ウイルスによる脳炎の発生をおそれて予防接種をしたら、予防接種のために脳炎になってしまったというようなこともあり、あまりに脳炎を心配しすぎないようにしたいものです。

ヘルペス脳炎《のうえん》

ヘルペスウイルス1型(単純ヘルペスウイルス)によって起こる脳炎で、20歳以上の人に起こるのが70%、20歳未満の人は30%で、そのうち10%ほどが生後6カ月から10歳までに見られます。

発熱や首筋がかたくなるといった症状のほかに、異常行動、幻覚《げんかく》、性格変化などが見られることがあります。

早期に診断をして、ゾビラックスなどという薬で治療をすることが必要です。

麻《ま》しん脳炎《のうえん》

麻しん脳炎は、発疹《ほっしん》が出てから1～8日後に起こることがあります。

意識障害(ボーッとする)、けいれん、からだの一部分がまひして動かなくなるといった症状があらわれます。

はしか(麻しん→75ページ)にかかった子ども1000人のうち1人がかかるといった頻度《ひんど》ですから、はしかにかかる子どもが非常に少なくなったいまでは、ほとんど見られません。

風疹《ふうしん》脳炎《のうえん》

風疹脳炎は、風疹(三日ばしか→74ページ)にかかった子ども5000人から1万人に1人という頻度《ひんど》でしか起こりませんから、非常にまれな病気と言えます。

発疹が出て1～3日後に起こり、けいれん、昏睡《こんすい》などの症状で発病します。75%は、2週間以内に完全に回復します。

水痘《すいとう》脳炎《のうえん》

これは脳炎とは少しちがう感じのものですが、水痘脳炎と呼ばれています。

水ぼうそう(水痘→77ページ)にかかって発疹が出てから3～7日後に、酔っぱらいのようにフラフラ歩くようになります。歩いていると、斜めのほうに行ってしまうこともあります。これは急性小脳失《きゅうせいしょうのうしっ》調《ちょう》と言うものです。

小脳はからだの平衡《へいこう》をつかさどっているところで、その部分の調子が変になると、ふらつくようになるのです。これ以外にまったく症状はなく、このふらつきも数日で自然によくなります。まったく心配のないものです。

予防接種による脳炎《のうえん》

予防接種にさまざまな副作用があるということについては、あまり知られていません。しかし、重大な副作用で亡くなったり後遺症《こういしょう》に苦しんでいる子どもたちは、決して無視していいような数ではありません。そうした予防接種被害を受けて裁判に訴えている人もいますが、そうした裁判について報道されることが少ないので、知る人は少ないのです。

厚生労働省は、予防接種の被害をひろく知らせるということをしていません。もっぱら予防接種のメリットばかりを宣伝して、副作用については「たいしたことはないから心配ない」、「まれにしか起こらない」と過小に言っているのです。

しかし、たとえば日本脳炎《にほんのうえん》という病気は、年間の患者数が全国を合わせてもひと桁《けた》という少なさなのに、1994年から2003年までのあいだに日本脳炎の予防接種を受けた子どものうち27人が、脳炎、脳症《のうしょう》にかかっています。2003年には6人が急性散在性脳脊髄炎《きゅうせいさんざいせいのうせきずいえん》という脳炎になっていますが、これは予防接種の副作用と認定されています。現在新しいワクチンが用いられるようになっていますが、このワクチンなら脳炎が起こらないのかどうか注意して見ていく必要があります。

ある種の脳炎を防ごうとして別の種類の脳炎になるなんてことでは、本末転倒ですね。予防接種はいろいろありますが、それぞれについてメリット、デメリットを十分に考えたうえで、受けるようにしたいものです(→暮らし335ページ)。

脳《のう》症《しょう》

脳炎《のうえん》と脳症は似ていますが、脳に炎症所見《えんしょうしょけん》が認められるものは脳炎、認められないものは脳症と区別されています。

脳症も、いろいろな原因によって起こります。ウイルスや細菌が原因になるもののほか、原因不明のものもたくさんあります。原因はいろいろあるものの、それらすべてを通じて共通した特徴があります。その特徴とは次のようなものです。

年齢的に言うと5歳までの幼児に起こりますが、とりわけ1～2歳の乳幼児に多く見られます。半数のケースでは、脳症発病前にかぜの症状が見られます。脳症自体は急に発病し、嘔吐《おうと》、不機嫌《ふきげん》、全身のだるさなどの症状に続いて、高熱、けいれん、意識障害などが急激に起こります。

死にいたるケースは発病後2～3日で亡くなりますから、きわめて急激な経過と言えます。

脳症全体を通して3分の1のケースが死にいたり、助かった場合にも、90％に何らかの後遺症《こういしょう》が見られます。

いろいろある脳症のうち、もっとも有名で話題にもなるのはインフルエンザ脳症ですが、この脳症については「呼吸器の病気」のインフルエンザのところでとりあげていますので、そちらを見てください(→96ページ)。

子どもの脳波《のうは》

子どもでは、大人に比べると、脳波の検査がよくおこなわれます。それはすでにお話ししたように、子どもでは大人よりも、けいれんがよく見られるという事実があり、けいれんの診療では、脳波の検査が避けられないからです。

近年CTとかMRIとか、脳のなかの状態を目で見る検査が発達して、多くの脳血管《のうけっかん》の病気については、そうした検査が優先されるようになりました。そしてそれにともなって、脳波はあまり必要のない検査になったのです。

しかし、てんかん(→209ページ)の場合は特別で、CTやMRIでは何も変化が見られないことが多く、脳波の所見《しょけん》で診断をつけねばならないのがふつうなのです。

熱性けいれん(→205ページ)とてんかんを区別する場合も、脳波が決め手になります。それで子どもの脳波がとられることは多いのですが、子どもの脳波を正しく読むには、熟練が必要と言われます。

元来、脳波を読んで診断するのは、レントゲン写真や心電図を読むことよりずっとむずかしく、脳波に熟練したお医者さんが判読する必要があります。

とくに子どもの場合、大人の脳波とはちがう波形《はけい》をとるので、子どもの脳波を読みなれたお医者さんに読んでもらわないと、正常なのに、てんかんだと診断されてしまうようなことも起こります。

子どもの場合、大人に比べて「異常脳波《いじょうのうは》」になることが多いのですが、この異常脳波というのは単に変わった波形をしているだけで、病気とは言えないことが少なくありません。異常脳波ではあるけれど治療の必要はない、というケースが多いということです。

子どもの脳波は、子どもの脳波に精通した小児神経の専門医のいる病院で、とってもらうことをおすすめします。

ホルモンに関係のある病気

＊ここであつかう主な症状と病気

- 糖尿病《とうにょうびょう》
- 尿崩症《にょうほうしょう》
- 低身長《ていしんちょう》（成長障害《せいちょうしょうがい》）
- 特発性成長《とくはつせいせいちょう》ホルモン分泌《ぶんぴ》不全《ふぜん》
- 慢性甲状腺炎《まんせいこうじょうせんえん》（橋本病《はしもとびょう》）
- 甲状腺《こうじょうせん》ガン
- 軟骨無形成症《なんこつむけいせいしょう》
- ターナー症候群《しょうこうぐん》

ホルモンの働き

ホルモンに関係のある病気は、専門語では内分泌《ないぶんぴ》疾患《しっかん》と言われますが、内分泌疾患と言うと、いかにもいかめしい感じがしますね。そこで「ホルモンに関係のある病気」というふうに、少しわかりやすく表記してみました。

まず、ホルモンとは何か、ということから説明しなければいけません。

ホルモンは「ぼくたちのからだのなかにある内分《ないぶん》泌《ぴ》腺《せん》という器官から分泌され、血液とともに循環《じゅんかん》して、からだの機能を調節している物質」ということになります。ホルモンはほんの少量でからだの働きに大きな影響を与える物質ですが、ふだんぼくたちは、ホルモンがどんな働きをしているかに気がつきません。

ホルモンを分泌している器官に何か異常が起こり、ホルモンが過剰《かじょう》に作られたり、逆にあまり作られな

くなったりするようになると、いろいろな症状が出てきますが、そうなって初めてホルモンの働きに気がつきます。「ホルモンが過不足なく適量分泌されているということが、どんなにからだにとって楽なことか」ということは、病気になって初めてわかると言えるのです。具体的な例をあげておきましょう。

ホルモンの大事な働き

ぼくたちの首の部分には、蝶ネクタイのようなかたちをした甲状腺《こうじょうせん》という、ホルモンを出す器官(内分泌《ないぶんぴ》腺《せん》と総称します)がありますが、何かの理由で、ここからホルモンが過剰に分泌されることがあります。それは甲状腺機能《こうじょうせんきのう》亢進症《こうしんしょう》と呼ばれる病気ですが、この病気になると、異常に暑がりになったりします。夏の暑いときなど、ふつうの人でも暑いのに、甲状腺機能亢進症の人はそれ以上に暑く感じるので、とてもつらい思いをします。

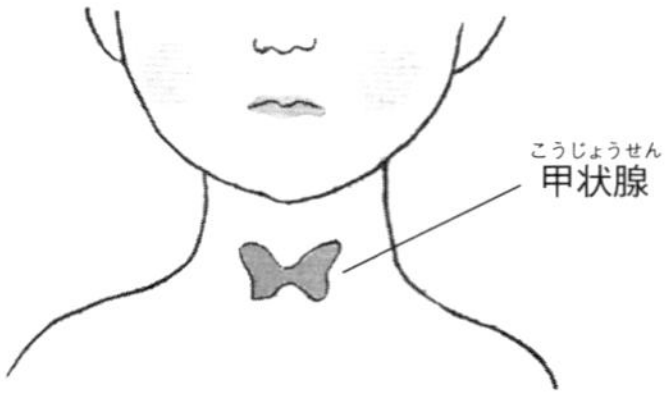

甲状腺《こうじょうせん》の位置

逆に、甲状腺からのホルモンの分泌が少なくなっている場合は(甲状腺機能低下症《こうじょうせんきのうていかしょう》と言います)、とても寒がりになります。夏でも冷房のきいたところには、つらくて入れない、といった状態になることがあります。

もちろんぼくたちは誰でも暑さ寒さを感じていて、「どうしてこんなに暑いんだろう」とか、「何て寒いんだろう」などと文句を言っているわけですが、それでもほどほどに暑さ寒さを感じているのです。

甲状腺機能亢進症や甲状腺機能低下症になると、暑さ、寒さを異常に強く感じるようになります。そして薬をのんで治療をすると、「ふつうだと、この程度にしか暑さを感じないんだ」、「ああ、寒さをふつうに感じる状態って楽なんだなあ」というふうに、あらためて「ふつうであること」のありがたさを感じるわけです。

こんなふうにホルモンは、ぼくたちのからだのなかでとても大事な働きをしているのですが、ふだん、ぼくたちはホルモンの恩恵《おんけい》を実感していません。

そして「ホルモンの薬をのみましょう」と言われたりすると、「えーっ、副作用の強い薬をのまなくちゃいけないの」といった反応をしがちです。とくに副腎皮質《ふくじんひしつ》ホルモンという名前を聞くと、「あ、それは強い薬。使いたくない」というふうに反応してしまう人が多いのです。しかし副腎皮質ホルモンを使わないと助からない病気も、たくさんあります(→13ページのコラム)。副腎皮質ホルモンは、効果も強力だけれど副作用も強いという薬の代表格で、慎重に使わなくてはなりませんが、しかし正しい使いかたをすれば、まさに起死回生の妙薬《みょうやく》ということになります。

ともかくホルモンは目に見えないかたちで、ぼくたちのからだにたいへんな貢献をしてくれているということを、ゆめゆめ忘れないでほしいと思います。

いろいろなホルモン

では、ホルモンに関する病気についてお話ししていこうと思います。

まず最初に、ぼくたちのからだのなかで、ホルモンを分泌している器官を図示しておきましょう（左の**図**）。こんなにいろいろな場所からホルモンは出ているのです。

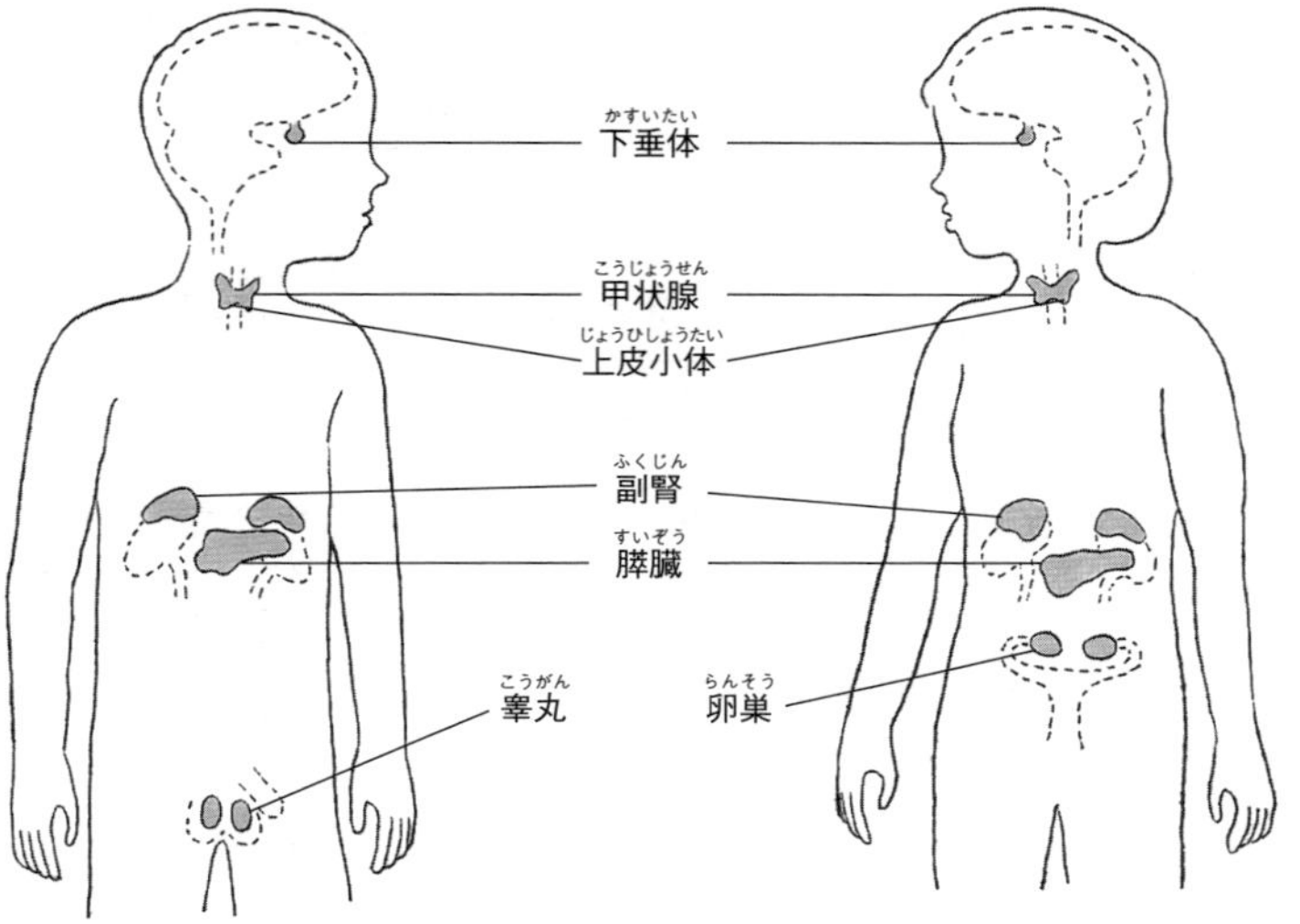

ホルモンを分泌《ぶんぴ》している器官（左から男、女）

次に、それぞれの場所からどんなホルモンが出ているか、そしてそのホルモンがどんな働きをしているかを一覧にしておきましょう（次ページの**表**）。

こんなにいろいろなホルモンが出ているのですが、みなさんにおなじみのものは少ないと思います。

日常の会話で出てくる可能性のあるものを選ぶとなると、アドレナリンくらいのものではないでしょうか。そのほかではインスリン、エストロゲン、アンドロゲンなどについて知っているという人はいるでしょうが、せいぜいその程度だと思うのです。

しかしホルモンは前にも言ったように、ぼくたちにとってきわめて大事な働きをしている物質ですから、もう少し光があてられてもよいはずです。

そこでホルモンの働きをわかりやすく説明してみようかと思うのですが、それにはやはり具体的に、ひとつのホルモンを例にとるのがいいでしょう。そして例にとるホルモンとして最適なのは甲状腺《こうじょうせん》ホルモンだと思いますので、それについてお話しします。

甲状腺《こうじょうせん》ホルモンの分泌《ぶんぴ》が多すぎる、少なすぎる

表を見ていただくと、甲状腺ホルモンにはT_3とT_4の2種類があり、それらのホルモンの働きは「代謝《たいしゃ》の亢進《こうしん》」だということがわかっていただけるでしょう。しかし、代謝の亢進というのがわかりにくいと思います。代謝と言えば一般に、新陳代謝《しんちんたいしゃ》と呼ばれているものと同じ意味ですが、新陳代謝を具体的に説明しろと言われると、答えにくいですね。

そこで甲状腺のホルモンが出すぎる状態になったときの症状や、逆にホルモンが十分に出なくなったときの症状を説明してみます。

まずホルモンが出すぎるときは、次のような症状

いろいろなホルモンと、その作用

分泌している場所	ホルモンの名前	作　　用
下垂体後葉《かすいたいこうよう》	ADH(抗利尿ホルモン)	腎臓での水分の再吸収
	オキシトシン	子宮収縮《しきゅうしゅうしゅく》
下垂体前葉《かすいたいぜんよう》	GH(成長ホルモン)	骨の成長
	TSH	甲状腺ホルモンを分泌させる
	ACTH	副腎皮質ホルモンを分泌させる
	FSH	卵胞《らんぽう》の発育
	LH	黄体《おうたい》の形成
	プロラクチン	乳汁《にゅうじゅう》の分泌
甲状腺《こうじょうせん》	T_3、T_4	代謝《たいしゃ》の亢進《こうしん》
上皮小体《じょうひしょうたい》	PTH	血中カルシウム上昇
副腎皮質《ふくじんひしつ》	コルチゾール	炎症《えんしょう》を抑える、血糖値を上げる
	アルドステロン	腎臓でのナトリウム再吸収
副腎髄質《ふくじんずいしつ》	アドレナリン	血圧上昇、心臓刺激
膵臓《すいぞう》	インスリン	血糖値を下げる
	グルカゴン	血糖値を上げる
卵巣《らんそう》	エストロゲン	妊娠を成立させる
	プロゲステロン	妊娠を維持する
睾丸《こうがん》(精巣《せいそう》)	アンドロゲン	男性らしくする

が起こります。

○ドキドキする(脈が早くなる)
○発汗《はっかん》が多い
○暑がりになる
○食欲が増し、どんどん食べるが、体重は減る
○下痢《げり》をする
○血圧が上がる

そのほか、活動的になったりおしゃべりになったり、「ハイな感じになる」症状が出てきます。

反対に、ホルモンが十分に出なくなったときは、次のような症状が起こります。

○脈がゆっくりになる
○汗が出ない
○寒がりになる
○体全体がむくんだような感じになる

○便秘《べんぴ》になる
○血圧が下がる

そして、からだをあまり動かさず、口数も少なく、テンションが低い状態になります。

高齢者が甲状腺機能低下症《こうじょうせんきのうていかしょう》にかかると、「ぼけた」というふうに思われたりすることもあります。

甲状腺ホルモンが出すぎているときと不十分な量しか出ないときに、どんなことが起こるかをお話ししましたが、このことから甲状腺ホルモンの働きがわかっていただけると思います。

甲状腺ホルモンは、からだのエネルギーを調整していると言ってよいでしょう。ぼくたちのからだは外から食べものをとり入れ、吸収し、消化し、さまざまな酵素《こうそ》の働きでエネルギーを作って活動しているわけですが、その一連の動きを早めたり遅くしたりしているということです。ホルモンが出すぎるとそのサイクルが早まり、エネルギーを多量に消費してしまいます。

ぼくたちのからだは、活動するときには脈拍《みゃくはく》が早まり、それによってからだのなかに熱がたまると、それを放散《ほうさん》するために汗を出します。しかし活動していないときには、脈を早くしたり汗を出したりする必要はありません。ところが甲状腺ホルモンが出すぎると、エネルギー産生《さんせい》の回転が早まるために、脈を早くしたり汗を必要以上に出したりしてしまうのです。

これは甲状腺ホルモンについての話ですが、それ以外のホルモンもそれぞれ、ぼくたちのからだのさまざまな活動を微妙に調節しています。

そして、ホルモンの分泌量《ぶんぴ》が多すぎたり少なすぎたりすると、病気をひき起こすのです。

ホルモンが不足した場合の代表と言ってよい病気は、糖尿病《とうにょうびょう》です。

糖《とう》尿《にょう》病《びょう》

子どもが糖尿病だと聞かされて、びっくりするお母さん、お父さんは、たくさんいます。

たいていの人が「糖尿病という病気は、大人のかかる病気だ」と思っているので、びっくりするわけですが、糖尿病は子どもにも少なからず見られる病気なのです。ただ、子どもの場合は、インスリンによる治療を必要とする「1型糖尿病《いちがたとうにょうびょう》」が多いというような特徴があります。そこでまず最初に「1型糖尿病って何だ」といったことを説明しておかねばなりません。

それにはもっと基礎的なことにもどって、「糖尿病ってどういう病気だ」ということにお答えしておかねばならないでしょう。

糖尿病《とうにょうびょう》は、なぜ起こるか

糖尿病は、ホルモンの異常が原因で起こる病気の代表と言ってよいものです。

まず膵臓《すいぞう》という器官について説明しましょう。膵臓はみなさんに、あまりなじみのない器官だと思います。からだのなかのどこにあるかと聞かれても、すぐに答えにくいのではないでしょうか。

膵臓はみぞおちの部分、胃の裏側にあって、十二《じゅうに》指腸《しちょう》とつながっています。

膵臓の第一の働きは、消化液を出して食物の消化をすることです。膵臓から分泌《ぶんぴ》される消化液は膵液《すいえき》と呼ばれ、膵液のなかにはアミラーゼという消化酵《しょうかこう》素《そ》が含まれています。膵液は十二指腸のほうへ分泌され、そこに流れてくる食物中の炭水化物《たんすいかぶつ》をブドウ糖に変える働きをしています(このことと、糖尿病とは関係がありません)。

次に、膵臓の第二の働きは、インスリンというホルモンを出して、血液中のブドウ糖を利用することです。もう少しわかりやすく説明してみましょうね。

口から入れた食物中の炭水化物は、消化酵素によってブドウ糖に変えられると、小腸《しょうちょう》から血液のなかへ入って、全身へ運ばれていきます。血液中の糖分は血糖《けっとう》と呼ばれ、その量は血糖値《けっとうち》と呼ばれています。食後には血糖値が上がるわけです。

血糖値が上がると、それが信号となって、膵臓からインスリンが分泌されます。そのインスリンの働きで、ブドウ糖は筋肉、肝臓の細胞に入ってエネルギー源となります。これが、「インスリンによるブドウ糖の有効利用」ということです。そして「インスリンの分泌が十分でないため、ブドウ糖が有効に利用されない状態」が糖尿病なのです。

ブドウ糖が細胞で利用されないと、血液中のブドウ糖の量が多くなってしまいます。この過剰なブドウ糖は、腎臓から外へ排泄《はいせつ》されます。本来、栄養として使われるべきブドウ糖が体外へ出てしまうものですから、そのぶんのブドウ糖を補給するために、からだのなかに蓄積された脂肪分が分解されて、利用されることになります。そうすると、からだがやせてしまいます。

糖尿病というのは、こうした変化がからだのなかで起きた状態です。

糖尿病《とうにょうびょう》の2つの型

糖尿病には大きくわけて2種類あり、それぞれ1型、2型と呼ばれています。

1型は「インスリンがまったく分泌《ぶんぴ》されず、したがって外からインスリンを注射して補給しなければならない」糖尿病で、2型は「インスリンは分泌されているけれど、その量が不十分であったり、うまく利用されなかったりしている状態。インスリン注射を必要としない場合も、必要な場合もある」糖尿病というふうに、まず大づかみに記憶してください。

それぞれの型の糖尿病について、もう少しくわしくお話ししましょう。

まず1型です。インスリンというホルモンは膵臓《すいぞう》のなかの、ランゲルハンス島《とう》と呼ばれる部分にあるベータ細胞という細胞から分泌されていますが、このベータ細胞そのものが破壊されたり萎縮《いしゅく》したりしていると、インスリンがまったく分泌されません。

これが1型糖尿病ですが、この場合、毎日インスリンを注射して、補給しなければなりません。それで1型糖尿病は、インスリン依《い》存型《ぞんがた》糖尿病《とうにょうびょう》とも呼ばれます。

子どもに多く見られるのはこの1型糖尿病で、遺伝性はありません。また肥満とも関係がありません。

次に2型です。この場合は、ベータ細胞からのインスリンの分泌が不十分である場合や、インスリンは十分出ているものの、その働きを妨げる物質が血液中に存在する場合など、いくつかの理由で起こる糖尿病です。

成人に多く、遺伝性が認められることが多く、肥満した人に多いという特徴があります。軽症の場合は食事療法や、運動療法、あるいはのみ薬などで治療することができますが、進行するとインスリンで治療しなければならなくなります。

子どもの糖尿病《とうにょうびょう》の特徴

次に子どもの糖尿病には、どんな特徴があるかということをお話しします。

子どもの糖尿病には1型糖尿病が多いということを、すでにお話ししました。20年ほど前には、子どもの糖尿病はすべて1型だというふうにも言われていましたが、最近、とくに1990年以降は、子どもにも2型の糖尿病が増えてきたとも言われています。むかしに比べて、いまの子どもたちは過剰《かじょう》に食べている傾向があり、そのため本来なら成人してのちに発病するはずだった2型糖尿病が、子どものうちに起こってしまうのでしょう。

そんなわけで、子どもの糖尿病にも1型、2型の両方が見られるのですが、それでも1型が圧倒的に多いことは確かです。多いと言っても、1年間に1型糖尿病を発病する子どもの数は日本中で500人前後、つまり子ども4万人に1人くらいの発病率ですから、珍しい病気であることは確かです。

子どもの糖尿病の発病年齢は10歳から14歳くらいの時期にピークがありますが、次に4歳から6歳ぐらいのところに、小さなピークがあります。

最初に起こる症状は、頻尿《ひんにょう》です(子どもの尿の回数については、197ページのコラムを見てください)。おしっこが近くなるのです。とくに、それまで夜トイレに起きることなどなかったのに起きるようになったという「夜《や》間多尿《かんたにょう》」の症状が目立ちます。

ときどきは、急におねしょをするようになる場合もあります。尿が多くなると、のどがかわきますから、水をたくさん飲むようになります。多《た》飲多尿《いんたにょう》という状態ですね。

次に体重の減少が見られます。だんだんやせてきて、疲れやすくなります。すぐに横になりたがったりします。

そのほかに、学校の健康診断での検尿《けんにょう》で糖《とう》が出ていて発見されることも、まれにはあります。

1型糖尿病がどうして起こるのかについては、よくわかっていませんが、ある種のウイルスの病気(一種のかぜ)にかかることがきっかけとなって起こってくることもあります(おたふくかぜがきっかけになって、糖尿病を発病することがあるのは有名です)。

かぜなどをひいているとき、だるそうにしていても、それはあたりまえのこととして見逃されることもあります。こんなとき多尿や多飲があったら病院に行って検査をしておくことが必要ですが、こうした症状は、しばしば見逃されてしまいます。

そうすると短期間に糖尿病が進行して、昏睡状態《こんすいじょうたい》におちいることもあります。これを糖尿病性昏睡《とうにょうびょうせいこんすい》と言いますが、こうなって初めて糖尿病と診断がつくこともあります。

糖尿病《とうにょうびょう》の治療

診断がついたら、すぐに治療を始めなければなりません。成人の2型糖尿病の場合は、まず1日のカロリーを制限した食事や、歩行などの運動による治療を始め、それでよくならない場合は内服薬《ないふくやく》、それでもよくならなかったらインスリンによる治療、というふうに段階を踏むのがふつうです。しかし子どもの場合は1型糖尿病と診断されたら、インスリンを使わねばならないのです。食事と運動による治療や内服薬の治療では、よくならないからです。

インスリンは、人間のインスリンを使います。いまは人間のインスリンの遺伝子を組みこんだ大腸菌《だいちょうきん》などを使って遺伝子工学の手法で多量のインスリンが得られるようになっていますから、このインスリンを注射するのです。

インスリンの注射によって血糖《けっとう》のコントロールを

良好にするには、1日1回の注射では不十分で、1日に数回の注射が必要になります。1日4回注射するのがよいと言われていて、小学校高学年以上は4回注射がされるのがふつうです。しかし小学校中学年ぐらいまでの子どもに対しては、1日4回は無理ということで、1日2回、朝食前と夕食前に注射されるのがふつうです。

大人の場合、インスリンは自分で自分に注射をする方法(自己《じこ》注射《ちゅうしゃ》と言います)をとりますが、幼い子どもにはちょっと無理なので、学齢以前の子どもについては親など保護者によって注射がされます。しかし、小学生くらいになれば自分で注射することもできるようになることが多く、そこで自己注射にきりかえられます。

「自分で注射をしてもらいます」と言われると、大人でも引きぎみになるのがふつうです。まして子どもが自分で注射するなんて、と思われるかもしれませんが、自己注射というものは、思いのほか簡単なのです。注射のための器具もどんどん進歩して、ほとんど痛みをともなわない簡便なやりかたになっています。

いずれ将来は、注射よりもっと楽にからだのなかへ入れる方法(たとえば皮膚にすりこむとか、のどへ液体を吹きつけるとかいった方法)が開発されるでしょうが、当面しばらくは注射がおこなわれるでしょう。

ただ、簡単になったと言っても、毎日欠かさず何回かしなければならないというところがたいへんです。子どもでもきちんと説明されれば、ちゃんとやるようになりますが、精神的な支えは必要です。

また糖尿病は治るということがないので、1度治療を始めたら、ずっと続けなければいけないということがあり、それもたいへんなことです。しかしきちんと治療を続ければ、まったくふつうの社会生活が営めますし、治療法も確実に進歩しているのですから、糖尿病の子どもたちが明るく前向きに生きていけるよう、大人たちは支えていってやりたいものです。

食事や運動で気をつけること

次に、1型糖尿病《とうにょうびょう》の子どもの食事についてふれておきましょう。まず量的なことから言えば、1型糖尿病の子どもも太りすぎていないかぎり、同年齢の健康な子どもと同じ量を食べてよいのです。

糖尿病といえばカロリー制限、というふうに一般に考えられていますが、カロリー制限が必要なのは2型の糖尿病であって、1型の糖尿病の場合は、お腹《なか》をすかせる必要はありません。

ただ食事のバランスには気をつける必要があり、肉類に偏《かたよ》らないで、魚、野菜をきちんと食べるとか、お米や豆類なども多くとるとかいったことを心がけたほうがよいでしょう。間食も、10時や3時にとってかまいません。

次に運動の面は、どうしたらいいでしょうか。これは「ふだん、からだをよく動かす」ように気をつけるという程度でよいでしょう。

食事や運動については、個々の子どもに対して主治医からそれぞれに合った内容が指示されますので、それにしたがってください。

さて、子どもの糖尿病についてよく見られるのは、まわりの大人が1型糖尿病について十分理解していないために起こるトラブルです。たとえば糖尿病の子どもがとくに制限なしに食べているのを見て、まわりの人が、「そんなに食べてはいけないんじゃないの」と注意したりすることがあります。また、「あの子が糖尿病になったのは、生活が不規則だったり、食べすぎたりしたせいだ。親のしつけが悪いのが原因ではないか」と、親が白い目で見られることもあります。

こういうふうに何でも親の育てかたのせいにされてしまうのは、糖尿病以外にも子どものいろいろな病気で見られることですが、これは親にとって、とてもつらいことです。まわりの人の十分な理解が必要で、ここまで書いてきたことが、そのために少しでも役立つといいなあと思います。

子どもにも増えている2型糖尿病《とうにょうびょう》

次に2型糖尿病についても、ふれておきましょう。子どもの2型糖尿病が増えていると言われていることについては、すでにお話ししました。確かに増えてもいるのでしょうが、以前は発見されなかったケースが発見されるようになったので、増えているように見えているということもあると思います。子どもの2型糖尿病は、学校の健康診断で見つかることが多いという事実があるからです。

2型糖尿病の場合、症状はないのがふつうです。このことは大事なことですから、よく記憶しておいてください。

糖尿病になると、多飲《たいん》や多尿《たにょう》、疲れやすい、からだがかゆいなどの症状が出てくると思っている人が多いのですが、実際はそうではありません。2型糖尿病の場合、そうした症状が出て病気が発見される例もたまにはありますが、ほとんどの場合、症状が何もないのです。成人の場合、多くは2型糖尿病ですから、ほとんど症状は出ません。それで健康診断をしたら、たまたま見つかった、というケースが多いのです。

2型糖尿病が子どもでも大人でも増えている原因として、次のようなことが言われています。

2型糖尿病は農耕民族《のうこうみんぞく》に多いようです。これらの人たちに、むかしは糖尿病はほとんど見られなかったのですが、最近2型糖尿病が増えていて、その原因はライフスタイルの「西洋化」ということにあると考えられるのです。

ライフスタイルの西洋化のなかには食生活の変化ということも含まれますが、食生活では最近になって、「動物性のタンパク質や、脂肪を主とした高カロリーの食事をとり、清涼飲料水を多くとる」といった変化が起こりました。

この変化が「節約遺伝子《せつやくいでんし》」と結びついてしまったのです。

節約遺伝子とは何でしょうか。

ぼくたちの祖先は、大むかし、飢餓《きが》の時代に、少ないエネルギーを脂肪としてたくわえ、それを少しずつ利用して生き延《の》びたと言われます。そして、とりわけエネルギーを節約する遺伝子、すなわち節約遺伝子をもった人が生き延びたようです。

農耕民族はこの節約遺伝子をもっている人の率が高く、そういう人は飽食《ほうしょく》の時代になると脂肪をためすぎ、そのため肥満をともなった糖尿病になるのです。

2型糖尿病は節約遺伝子をもった人に見られることが多く、したがって、遺伝子の病気と考えてよいわけです。

たくさん食べて肥満になれば誰でも糖尿病になると思っている人もいますが、節約遺伝子をもっていなければ、いくら食べても糖尿病にはなりません。お相撲《すもう》の力士だってみんな糖尿病にかかっているわけではなく、そのうちの何割かに糖尿病が見られるだけです。

健康診断などで2型糖尿病と診断された子どもは、バランスのとれた食事と運動によって、糖尿病が進まないようにすることが必要です。子どもの場合、カロリー制限をしすぎると、ひもじくて治療が長続きしませんから、極端な食事療法は避《さ》けられるのがふつうです。

なお2型糖尿病でも、治療を中断すると極端に悪化して、インスリンが必要になることもありますから、きちんと治療を続けることが必要です。

尿崩症《にょうほうしょう》

尿崩症というのは、簡単に言えば「おしっこが、どんどん出る病気」です。

ふつう、ぼくたちの1日の尿の量は、ほぼ一定です。幼児の場合、1日に体重1キログラムあたり50ml、つまり15キログラムの子どもですと1日に750mlくらいの尿が出ますし、大人ですと体重1キログラムあたり30ml、つまり60キログラムの人で1800mlくらい出ます（→197ページのコラム）。

この量は、脳のなかの下垂体後葉《かすいたいこうよう》という部分から出てくる抗利尿《こうりにょう》ホルモンと、腎臓にある尿細管《にょうさいかん》という組織とで調整されています。尿の量が少なくなりすぎないように、また多くなりすぎないように調整しているのです。

ところが、抗利尿ホルモンが十分に出なくなったり、抗利尿ホルモンは十分出ているのに尿細管が反応しなかったりするようなことが起こると、尿がどんどん出るようになります。

尿が1日に3000ml以上も出るようになるのはいちじるしい多尿《たにょう》ですが、このような場合は尿崩症と呼ばれ、抗利尿ホルモンが十分出ない中枢性尿崩症《ちゅうすうせいにょうほうしょう》と、腎臓が反応しない腎性尿崩症《じんせいにょうほうしょう》とにわけられます。

腎性尿崩症は生まれつきのものが多く、多尿と体重増加不良が特徴です。この場合、治療はたいへんで、いろいろな工夫がされていますが、とても専門的になるので、ここでは説明を省略します。

中枢性尿崩症は、ある年齢で突然症状が始まります。たとえば4歳の子どもが、急に尿の量が多くなって、おねしょもするようになり、ガブガブ水も飲むということが起こります。

検査をすると、抗利尿ホルモンが十分出ていないことがわかりますが、ではどうして十分出なくなったのかということになると、原因はわからないことが多いのです。ときに脳の下垂体後葉の部分に腫瘍《しゅよう》ができていて、そのために多尿が起こったのだということがわかる場合もあり、この場合は手術に成功すれば尿崩症も治ります。

原因がわからない場合は、鼻からデスモプレシンというホルモンを点鼻《てんび》して治療します。

この治療は一生続けなければならないのがふつうですが、この点鼻さえおこたらなければ、ふつうに生活をしていくことができます。

低身長《ていしんちょう》（成長障害《せいちょうしょうがい》）

低身長は病名ではなく状態をあらわす言葉のように思われるかもしれませんが、医学的には低身長は、ひとつの病名としてあつかわれています。低身長というのは文字どおり身長が低いことですが、もう少し専門的に言うと、「成長障害」と呼ばれます。

さて、成長と言いますと、辞書には「生まれ育って成熟すること。大人になること」などと書かれていますが、医学の世界では「身長や体重が増加していくこと」を成長と呼んでいます。

そして成長障害と言うときには、身長の増加が異常に少ないことを指《さ》し、体重の増加不良のことは成長障害と呼びません。ですから、成長障害は低身長と同義だと考えてよいわけです。

しかし、世の中に背の低い人はいっぱいいて、その人が全部、成長障害などと呼ばれるわけではありません。成長障害というには、「いちじるしく低い」と言われる程度に背が低くなくてはいけないでしょうが、そこで、「いちじるしく低いというのは、何センチ以下のことなのか」、「どの程度低いと「あたりまえに低い」範囲に入るのか」などと考えると、これはとてもむずかしいのです。

それについてはあとでふれることにして、まず子どもの標準的な身長の伸びについて、お話ししておくことにしましょう。

子どもの標準的な身長の伸び

約50センチで生まれた子どもは、その後だんだん身長が伸びて、15年から18年ののちに、男性は約170センチ、女性は約157センチになります。

そのあいだでいちばん成長率が大きいのは生後の1年間で、生まれたとき50センチぐらいだった赤ちゃんが、1歳のときには75センチぐらいになります。なんと、1年間で生まれたときの身長の1.5倍になるわけですが、この間の伸びかたは、一定しているわけではありません。最初の1カ月は平均4センチ増えますが、その後はだんだん伸び率がおちて、5カ月目には平均1.8センチぐらいしか増えません。

さて、1年で75センチくらいになった赤ちゃんは、次の1年間(1歳から2歳まで)に10センチほど背が伸び、2〜3歳の1年間では約8センチ、3〜4歳の1年間は約7センチ伸びます。そして4歳時の平均身長は男女とも約1メートルぐらいですが、この時点では身長に男女差がないのです。

4歳をすぎると、「思春期のスパート」と言われる急激な身長の伸びが始まるまでは、男女とも成長のスピードはほぼ一定で、年間約5〜6センチです。しかしくわしく見ると、年間の成長率は徐々に低下していくことがわかります。

4歳の男の子の1年間の身長の伸びの平均は6.6センチですが、10歳ごろには4.9センチに低下するのです。

女の子の場合、4歳のときの1年間の伸びは平均6.7センチですが、10歳ごろには5.3センチぐらいに低下しています。

思春期のスパートは、男の子では11歳前後に始まり、女の子では9歳前後に始まります。

女の子のほうが早くスパートが始まることは、みなさんよくご存じですね。

いちばん身長が伸びるのは女の子の場合、11歳ごろで、1年に約8センチ伸び、男の子の場合は13歳ごろで、1年に約10センチ伸びます。

思春期のスパートが始まるときの身長は、男の子は11歳ごろで136センチぐらい、女の子は9歳ごろで130センチぐらいです。そしてその後のスパートの時期に、男の子は約34センチ、女の子は約27センチ伸びて、最終身長は男の子が170センチぐらい、女の子は157センチぐらいになるのです。

低身長《ていしんちょう》の基準

身長の「一般的」な伸びかたは、いまお話ししたようなかたちですが、人間の身長というのはさまざまで、背の低い子、高い子、背の低い大人、高い大人がいます。そしてとくに背の低い人、とくに背の高い人のなかに、病気が原因で低い人、高い人があり、また何も病気はなく、背が高かったり低かったりすることが単に個性であるという人もいます。

医学的に「低身長」と呼ばれる子どもたちのなかにも、何かからだに異常がある子どももいれば、まったく何の異常も見られず、ただ背が低いだけという子どももいます。

それは、低身長という概念が単に身長が標準に比べてどの程度に低いか、という基準によってわり出されているからで、そのなかにはいろいろな子どもが含まれてしまうのです。

では低身長というのは、どのような基準でわり出されるかと言いますと、「ある子どもの身長が、母《ぼ》集団《しゅうだん》の平均身長より、マイナス2SD偏位《へんい》している場合」、あるいは「3パーセンタイル以下である場合」を低身長と呼んでいます。

ちょっとむずかしい話になりましたね。マイナス

２ＳＤとか３パーセンタイルとか、なじみのない言葉が出てきました。まず、３パーセンタイルのほうから説明しましょう。

いま、同じ年齢の女の子を100人集め、背のいちばん高い子からいちばん低い子まで順番にならべます。このとき98番目から100番目までの子どもは、「３パーセンタイル以下にある」と言います。つまり100人のうち、下位３％に入るものを、３パーセンタイル以下と呼ぶわけです。

からだに何らかの異常があって身長が低い子どもは、この３人のなかに含まれるのがふつうなので、この３人をチェックするということになります。

標準偏差《ひょうじゅんへんさ》とは

マイナス２ＳＤというほうは、もう少しくわしい説明が必要になります。

まずＳＤという言葉ですが、これは日本語になおすと、標準偏差と呼ばれます。標準偏差という言葉は、どこかで聞いたことがありませんか。この言葉は知らなくても、偏差値《へんさち》という言葉なら、にがい記憶とともに思い出すという方も多いでしょう。偏差値の場合、集団のなかで自分の成績はどのくらいの位置にあるかを知る目安でしたが、身長の場合、ＳＤ（＝標準偏差）は、ある子どもの身長が集団のなかの、どのあたりの位置にいるかを知る手だてになります。

ちょっと統計の勉強をしておきましょう。

たとえばある町に住む10歳の子どもすべての身長を測り、人数を縦軸にとり、身長を横軸にとってグラフにすると、平均身長を中心に左右対称の釣鐘《つりがね》のようなかたちになります。このかたちは正規分布《せいきぶんぷ》と呼ばれます。このかたちの中央に1本線を引き、左右に等間隔《とうかんかく》で３本ずつ線を引きます。この線と線のあいだの幅が、標準偏差と呼ばれます。

この幅は計算式から算出するのですが、中央から標準偏差ひと幅ぶん左に寄ったところをマイナス１ＳＤ、ふた幅ぶん寄ったところをマイナス２ＳＤと呼びます。同様に、右にひと幅ぶん寄ったところは、プラス1ＳＤとなるのです。

ある子どもの身長が同年齢の子どもの平均身長から２ＳＤぶん低い場合、つまりマイナス２ＳＤ以下である場合、低身長《ていしんちょう》として検査をしてみるということになります。

しかし実際には、マイナス2.5ＳＤ以下の場合だけ検査をすればよいとも言われます。マイナス２ＳＤからマイナス2.5ＳＤのあいだの場合、ほとんどが検査で異常が見られないからです。ということになると、「子どもの身長が、マイナス2.5ＳＤ以下かどうか知りたい」という人もいるでしょう。

男子と女子の身長について、それぞれの年齢の標準身長、標準偏差（ＳＤ）が簡単にわかる**表**が作られていますので、それを紹介しておきます。

たとえば３歳６カ月の男の子の場合、この表を見ると標準身長は96.8センチ、標準偏差は3.8センチですから、マイナス２ＳＤは96.8から7.6を引いて89.2センチとなります。そこで89.2センチ以下の身長なら、いちおう低身長として検査をすすめる対象と考えます。

身長が3パーセンタイル以下、あるいはマイナス2SD以下である場合、低身長ということになりますが、この場合、圧倒的に多いのは「病的でない低身長」で、これはいわゆる遺伝的な低身長、つまり両親が背が低いために起こる低身長です。この場合は身長を伸ばす方法はありませんから、「背が低くて何が悪い」という気持ちで前向きに生きていきましょう。

病的な低身長《ていしんちょう》

一方、少数ですが「病的な低身長」というものもあります。

病的な低身長には、2つの種類があります。

1つは骨や軟骨《なんこつ》自体に異常がある場合で、もう1つは、骨や軟骨の形成に悪い影響を与えるような異常がある場合です。

骨や軟骨自体に異常があるために起こる低身長というのは、軟骨無形成症《なんこつむけいせいしょう》(↓246ページ)や染色体異常《せんしょくたいいじょう》のさいに見られるものです。このような場合は、低身長は「いろいろある症状のうちのひとつ」ということで、低身長以外にも、目立つからだの特徴があります。ですから異常があることが、生まれて間もなくわかるのがふつうです。

たとえばダウン症(↓341ページ)は染色体異常による病気ですが、低身長になるのがふつうで、この病気は顔や手などの特徴から、生後間もなく診断がつきます。

骨や軟骨自体に異常があるために起こる低身長の代表的なものは、軟骨無形成症によるものですが、この病気については、あとでくわしくお話しします。

次に、骨や軟骨の形成に悪い影響を与えるような

標準身長と標準偏差

			女の子	男の子
0歳	0カ月	標準身長	48.4 cm	49.0 cm
		標準偏差	2.1 cm	2.1 cm
	6カ月		66.2 cm	67.9 cm
			2.7 cm	2.5 cm
1歳	0カ月		73.1 cm	74.9 cm
			2.7 cm	2.6 cm
	6カ月		79.4 cm	80.5 cm
			2.8 cm	3.4 cm
2歳	0カ月		84.5 cm	85.5 cm
			2.8 cm	3.0 cm
	6カ月		88.0 cm	89.2 cm
			3.4 cm	3.3 cm
3歳	0カ月		92.1 cm	93.2 cm
			3.9 cm	3.6 cm
	6カ月		95.7 cm	96.8 cm
			3.9 cm	3.8 cm
4歳	0カ月		99.4 cm	100.4 cm
			4.2 cm	4.1 cm
	6カ月		103.1 cm	103.6 cm
			4.3 cm	4.2 cm
5歳	0カ月		106.2 cm	106.6 cm
			4.2 cm	4.4 cm
	6カ月		109.1 cm	110.0 cm
			4.3 cm	4.7 cm
6歳	0カ月		112.3 cm	113.3 cm
			4.4 cm	4.8 cm
	6カ月		115.8 cm	116.7 cm
			4.9 cm	5.0 cm

(2000年厚生労働省調査より作成)

異常がある場合とは、どんな場合でしょうか。

もっとも多いのは成長ホルモンが十分に出ない場合で、そのほかに甲状腺《こうじょうせん》ホルモンが十分出ない場合や、腎不全《じんふぜん》、心不全《しんふぜん》などの慢性疾患《まんせいしっかん》、脳腫瘍《のうしゅよう》による場合もあります。

成長ホルモンや甲状腺ホルモンは、骨を縦方向に伸ばす働きをもっているので、これらのホルモンが十分に出ないと骨が伸びきらず、結果として低身長になります。

腎不全や心不全といった重い病気がある場合も、骨や軟骨の形成が妨げられ、低身長になります。

こんなふうに低身長といってもいろいろな原因がありますが、原因となる病気のちがいによって、低身長がはっきりしてくる時期が異なります。

つまり、いつごろから低身長が目立ってくるかによって、原因となる病気が推定できるというわけです。

まず生まれたときから低身長で、年齢が大きくなっていくにつれて、だんだん正常な身長からの差が大きくなっていく場合があります。これは軟骨無形成症や染色体異常、先天異常などによって起こるものです。

一方、生まれたときは低身長であることがはっきりしないけれど、成長していくにつれて低身長がはっきりしてくる場合があります。

成長ホルモンの出が悪い場合が、このケースに該《がい》当《とう》します。この場合、低身長であることがはっきりしてくるのは、たいてい2～3歳以降です(重症の場合は、生後半年くらいではっきりすることもあります)。

甲状腺ホルモン異常、脳腫瘍、腎不全、心不全などの場合は、これらの病気が発症したあとに初めて低身長が目立ってきます。

これらとは別に、低出生体重児《ていしゅっせいたいじゅうじ》は低身長であることが多いのですが、生後半年くらいで平均に追いつくのがふつうです。生後半年までに追いつかない場合は、小柄に終わることが多いようです(↓暮らし235ページ)。

では低身長の原因になる病気のうち、主なものについて、少しくわしくふれておきましょう。

特発性《とくはつせい》成長ホルモン分泌《ぶんぴ》不全《ふぜん》

低身長《ていしんちょう》の原因にはいろいろな病気がありますが、そのなかで圧倒的に多いのは特発性成長ホルモン分泌不全です。これは成長ホルモンの分泌が十分でないときに起こる病気です。

まず、低身長の子どもにどんな検査がおこなわれるかということからお話しします。

身長がマイナス2.5SD以下という子どもについてはまず、小児内分泌《しょうにないぶんぴ》の専門医がいる病院を探すことをおすすめします。自分で見つけられないときは、かかりつけのお医者さんに聞いてみるとよいでしょう。専門医を受診する場合は、母子健康手帳のほか、それまでの身長や体重が記録してあるものを持参してください。

専門医はまず、それらの資料から成長曲線を作ったり、子どものからだ全体のバランスを見たりして、見当をつけます。また、これまでの子どものようすについていろいろ質問をして、それも参考にします。

その後、骨の成熟度を見るために手のレントゲン写真をとったり、尿や血液の検査をしたりします。その結果、何でもありませんと言われる場合と、さらにくわしい検査をするために、入院をすすめられる場合とがあります。

入院した場合は、ホルモンの出かたについて、くわしい検査がされます。

検査の結果、成長ホルモンの分泌が不十分であることがわかったら、次は成長ホルモンを使って治療をするかどうかを決めることになります。

このさい、治療することによって得られるメリットとデメリットを、きちんと考えねばなりません。

治療によって得られるメリットと言えば、身長が伸びることですが、伸びるといっても最終身長は男性の場合162～163センチ、女性の場合151～152センチぐらいで、平均身長にまでは達しないことが多いのです。

ただ、成長ホルモン不足の人に成長ホルモン治療をしないでおくと、将来的に肥満、高血圧、動脈硬《どうみゃくこう》化《か》などを起こす可能性が高くなります。

そこで、成長ホルモン治療をすれば動脈硬化などになる可能性を低くすることができ、これはメリッ

トと言えます。

次にデメリットのほうですが、治療として使われるのがホルモンですから、副作用が心配ですね。

成長ホルモンによる治療が始められたころ、成長ホルモンによる副作用で、白血病《はっけつびょう》になる可能性があるのではないかと心配されたことがありました。しかしその後の状況を見ていると、その心配はなさそうです。

ただ、成長ホルモンによる治療をした子どもは将来ガンを発病する頻度《ひんど》がほんの少し高くなるのではないかという心配は、完全には消えていません。ただ、頻度が高くなるといってもほんのわずかに高くなるといった程度なので、心配しなくてもよいと思われます。

さて、治療は注射のかたちになります。注射は毎日しなければならないので、小さいときは親が、大きくなったら親または本人が注射をします。親や本人が注射をするやりかたは、自己注射《じこちゅうしゃ》と呼ばれます。注射をうつという行為は医師、看護師にだけ認められた行為ですが、インスリンの注射と成長ホルモンの注射は、自己注射が特別に認められています（↓235ページ）。

のみ薬があるといいのにと思われるでしょうが、のむと成長ホルモンは消化されてしまって、効《き》きめがなくなるのです。

治療を始める時期は、成長ホルモンの分泌が不十分ということがわかったときですが、男の子の場合12～13歳まで、女の子だと10歳前後までに始めないと効果がありません。

また、治療はいつまで続けられるかということですが、いちおう最終身長に達したと思われるところで終了とします。しかし、このあとも成人病の予防のために治療を続けるほうがよい、という意見もあります。

このように成長ホルモンが不足している場合の低身長は、病名としては「成長ホルモン分泌《ぶんぴ》不全性《ふぜんせい》低《てい》身長症《しんちょうしょう》」と呼ばれます。

成長ホルモンは脳のなかの下垂体《かすいたい》という部分から分泌されているのですが（↓230ページの表）、その分泌が十分でないと、低身長が起こるのです。

なぜ十分に分泌されないかということですが、原因がわかる場合とわからない場合とがあり、実際にはわからない場合が圧倒的に多いのです。

まず、原因のわかる場合ですが、これは何かの病気があってそのために成長ホルモンが十分に出ないという状態で、こういうものを器質性《きしつせい》と呼びます。器質性のものはさらに2つにわけられ、1つは先天的なもの、もう1つは後天的なものです。

先天的というのは、生まれたときにすでにその病気をもっているというもので、下垂体が形成されていない場合、下垂体が小さい場合などがあります。つまり成長ホルモンを作り出す場所に欠陥があるわけですが、こういうケースはまれです。

後天的なものとしては脳腫瘍《のうしゅよう》がありますが、低身長をきっかけにして脳腫瘍が見つかるというのは、珍しいことです。

　というわけで、成長ホルモンが十分出ない理由がわかる場合はきわめて少なく、ほとんどは理由のわからない、成長ホルモン分泌《ぶんぴ》不《ふ》全《ぜん》です。こういうものは先に述べた特発性《とくはっせい》成長ホルモン分泌不全と呼ばれます。

慢性甲状腺炎《まんせいこうじょうせんえん》(橋本病《はしもとびょう》)

　甲状腺は、のどにあってホルモンを出している器官です(↓230ページの表)。甲状腺ホルモンも身長に影響を与えるホルモンなので、成長期に甲状腺の病気になり分泌《ぶんぴ》が不十分になりますと、低身長《ていしんちょう》になることがあります。

　甲状腺の病気として多いのは慢性甲状腺炎(橋本病とも呼ばれます)で、この病気は思春期以降に多く見られます。

　この病気になると、それまで順調に伸びてきた身長が、急にストップしたりします。身長の伸びの低下以外に、疲れやすくなるとか寒がりになるとかいった、甲状腺ホルモン分泌低下のために起こる症状が見られることもあります。

　この病気の場合、甲状腺ホルモンをのみ薬として服用すれば身長も伸び、それ以外の症状もなくなって軽快《けいかい》します。

甲状腺《こうじょうせん》ガン

　甲状腺ガンは大人でも10万人に1人くらいしか見られないまれな病気で、とくに15歳以下では200万人〜100万人に1人と言われるきわめて珍しい病気です。

　しかし、2011年3月11日の東京電力福島第一原子力発電所の事故以来、心配しなくてはならない病気になってしまいました。アメリカの『ネルソン小児科学』という有名な教科書にも「甲状腺ガンを発生する重要な因子として遺伝的素質と放射線曝露《ばくろ》がある」と書かれていて、重大な放射線障害として甲状腺ガンを考えねばならないからです。

　チェルノブイリの原発事故(1986年)の場合、子どもでの甲状腺ガンが事故4年後から急増していますので、福島の事故についても注意が必要です(↓462ページのコラム)。

　子どもの甲状腺ガンは一般に治療によって治癒する率が高いのですが、チェルノブイリで調査研究をされた竹市宣雄《たけいちのりお》医師は、次のように言っておられます。

　「〝子供の甲状腺がんは稀だから、甲状腺がんの予後は一般にいいものだから大丈夫〟とは言っても、もし、自分の子に甲状腺がんが見つかったらどうするのか。放置すると肺転移を起こしたり、年をとってから、より悪性度の高い低分化がんに移行することもある。抗がん剤には今のところ甲状腺がんに効果的なものはない。放置して様子を見るというようなモルモット的、非人道的なことを自分の子には出来るはずもない。とすれば、難しいところではあるが、やはり甲状腺がんは放置するよりも早期発見、早期切除を行い、術後は甲状腺剤を投与することが基本であろう」。

被曝した子どもたちについては、早期発見のため定期的検査が必要です。

軟骨無形成症《なんこつむけいせいしょう》

軟骨無形成症とは、何かの原因で軟骨の増殖《ぞうしょく》が妨げられているために起こる病気です。

原因についてはいくつかの説があり、はっきりしていません。

外見上の特徴は、はっきりしています。四肢《しし》が短い、手の指が短い、前額部《ぜんがくぶ》(ひたい)が突出している、お腹《なか》がふくれていて、お尻が後方に出っぱっているなどです。こうした特徴のため、生まれてすぐに気づかれることがあり、レントゲンをとってみると骨《こつ》盤《ばん》のかたちの特徴などから、この病気と診断がつきます。

日本には6000人ほどの患者さんがいるだろうと言われています。遺伝性がありますが、この病気の女性は経膣分娩《けいちつぶんべん》がむずかしく、出産することが少ないので、多くのケースは突然変異によるものと思われます。

この病気はからだの形態的な特徴のほかに、いくつかの症状をともないます。

まず首のすわりが遅い、おすわりが遅いといった発達の遅れがあります。しかしこれらの遅れはいずれ追いつくことができますから、とくに問題にする必要はありません。

次に、水頭症《すいとうしょう》(→335ページ)が起こることがありますが、この病気での水頭症は治療する必要がありません。

また、滲出性中耳炎《しんしゅつせいちゅうじえん》(→295ページ)になりやすいとか、アデノイド(→104ページ)が大きいとかいうこともあります。

こんなふうにいろいろな症状をともないますが、やはりいちばん気にされるのは低身長《ていしんちょう》でしょう。軟骨無形成症の場合、最終身長は120〜130センチです。成長ホルモンによる治療がおこなわれることがありますが、どの程度の効果があるのかわかっていません。

脚延長術《きゃくえんちょうじゅつ》という手術によって、身長を10センチから20センチ伸ばすという方法もありますが、伸ばしてもなお低身長の範囲内にとどまりますから、手術をするかどうかの決定は慎重にしたいものです。

手術自体は腕のよい医師がおこなっても、100%後遺症が残らないとは言い切れないほどむずかしいもので、ときには手術の結果、歩けなくなったということもあります。また、手術には保険がききません。

軟骨無形成症の子どもの親の会ができていますか

ら、「低い身長でもコンプレックスをもたずに生きていくには、どうしたらよいか」を相談されるとよいと思います。

ターナー症候群《しょうこうぐん》

低身長《ていしんちょう》を起こす先天的な病気はいろいろあり、そのなかには染色体異常《せんしょくたいいじょう》と呼ばれる一群の病気もありますが、そのうちでターナー症候群は発生頻度《はっせいひんど》のかなり高い病気ですので、ここでとりあげておきます。

ターナー症候群は、性染色体の異常による病気です。人間の染色体にはふつう、22対の常染色体《じょうせんしょくたい》と2本の性染色体があることは、ご存じでしょうか。

2本の性染色体はそれぞれX染色体、Y染色体と呼ばれ、Xが2本ある場合は女性、XとYの両方の染色体をもっている場合は、男性ということになります（まれにXXのかたちで男性になる場合、XYのかたちで女性になる場合もあります）。

しかし、すべての人がXXかXYという染色体をもっているわけではなく、男性、女性というふうにはっきりとはわけられない人もいます。XXあるいはXYという組み合わせが正常とされているので、それ以外の性染色体の組み合わせをもつ人は異常とされてしまうわけですが、本当は正常、異常というわけかたはよくないのでしょう。性染色体の組み合わせにはいろいろなかたちがあり、そのなかで多数派の組み合わせと少数派の組み合わせがある、と言うべきだと思います。

そう考えると、ターナー症候群は、異常というより少数派と言うべきでしょう。ターナー症候群は女性に起こりますが、性染色体のかたちはXXではなく、Xが1本というかたちが多く、それ以外にXが2本あるけれど先端が欠けているとか、小さなY染色体の一部をもっているとかいうかたちもあります。

ターナー症候群は1000～2000人の赤ちゃんが生まれると、そのなかに1人いるという程度ですから、染色体異常と呼ばれる病気のなかでも、かなり頻度の高いものです。

ターナー症候群の典型的な特徴は、「背が低い、首のまわりの皮膚《ひふ》がたるんでいるためにひだができる、ひじから先の腕が外向きになる、二次性徴《にじせいちょう》が起こらない（乳房が大きくならない、月経がこない）」などですが、実際には症状にかなり幅があって、二次性徴がある場合や、外見上低身長には見えない場合もあります。ですから一生ターナー症候群であることを知らずにすごす場合もありますが、それはそれでいいわけです。

多くの場合は低身長の原因を調べるために検査をすることになって、その結果ターナー症候群であることがわかるのですが、ときには二次性徴がこないために検査をして、ターナー症候群とわかるというようなケースもあります。

ターナー症候群とわかったら、次のようなことを知っておく必要があります。

まずこの病気は、遺伝性ではありません。受精後の細胞分裂のさいに、ちょっとしたできごとがあって起こった突然変異なのです。

次に、身長は平均138センチぐらいにとどまるのがふつうです。成長ホルモンによる治療が公費でできるようになっていますが、治療しても146〜150センチくらいにとどまると考えてください。

また、二次性徴が起こらず月経もこないことが多く、将来子どもは望めない可能性が大です。これは染色体がひとつであるため、女性ホルモンの働きが弱いからです(月経がくる人は2〜3割です)。

こうした事実を知ることは本人にとっても親にとってもつらいことかもしれませんが、世の中にはたくさんのターナー症候群の人とその家族が、明るく生きています。患者会もできていますので、そちらとも連絡をとってみられると、さまざまな情報が手に入りますよ。

「背が低い」ということを考える

低身長《ていしんちょう》についてかなりくわしくお話ししてきましたが、低身長の治療ということに関連して、考えておきたいことがあります。

すでにお話ししたように、低身長がさまざまな病気によって起こっている場合は、その病気によって低身長以外の医学的な問題(たとえば成人病)が起こってくることがあります。ですからその病気に対して治療することは医学的にも正しいことになります。

しかし、低身長以外には何も問題がない場合もあります。そういう場合、「そもそも背が低いというのは病気なのだろうか」、「医学的に治療をおこなうことが、本当に正当なのだろうか」という疑問もうかんできます。

背が低いというだけでは、確かに病気とは呼びにくい感じがします。しかし、病気とは言えなくても、「肉体的な欠陥《けっかん》」だとは多くの人が見なしていると思われます。背が低い子どもは、肥満の子どもに比べれば学校でいじめの対象になることは少ないかもしれませんが、からかいの対象にはよくなります。

テレビを見ていると、背の高い人と背の低い人がコンビを組んで漫才をしているのをよく見ますが、背の低い人はたいていからかわれています。

カトリーヌ・モンディエ＝コルとミシェル・コルが書いた『身長の神話』という本によると、民話ではふつう、「大きすぎる」身体の者を「大きくて強くて、愚かだ」と言い、「小さい」人には「小さな悪賢《わるがしこ》い奴、小さくて抜け目ない奴」という言いかたをする、と言っています。確かに、なみはずれて大きい人には「愚か」というイメージが作られていて、そういう人はつらい思いをさせられていると思いますが、一般的に言えば背の高い人はうらやまれることが多くて、からかわれることは少ないでしょう。一方、小さい人は「悪賢い、抜け目がない」と思われるほかに、しばしば子どもあつかいされて、からかわれているのです。

また、若い女性が、結婚相手としての男性に望む3つの条件のひとつが「背が高いこと」であると言われた時代もあって、背の低いことは、「できるなら避けたい肉体的な欠陥」と見なされるようになってしまうのです。こういうことは、あらためられなければなりません。

背が低い人のうち、一部分の人は成長ホルモンによる治療で身長を伸ばし、からかいから逃れられるとしても、医学的な手段で身長を伸ばすことのできない人もいます。そういう人はますます少数派になり、ますます差別を受けることになるだろうということを、考えておかなくてはいけないのです。

しかし現実の問題として、低身長の子どもをもつ親の多くは、「背が低いことは、望ましくないこと」と考える世間のなかで生きているわけですから、子どもの身長を伸ばしたいと考えるでしょう。

といっても、背を伸ばしたいと希望するすべての人を治療するわけにはいきませんから、どこかで「この線以下の人を治療する」というふうに、線を引かねばなりません。しかし線を引けば、「新たな不公平」が生じることもあります。

たとえば「マイナス2.5ＳＤ(標準偏差《ひょうじゅんへんさ》)以下の子どもだけを治療の対象にして、マイナス2.5ＳＤを超える子どもは治療をしない」というふうに決めれば、マイナス2.49ＳＤの子どもは治療の対象になりませんね。そうするとこの子どもの最終身長は、マイナス2.5ＳＤで成長ホルモン治療を受けた子どもの最終身長よりも、低くなる可能性があります。こうなると、マイナス2.49ＳＤの子どもの親は、「どうしてうちの子どもは治療してもらえないのかしら」と考えるかもしれません。これは、「ホルモン治療がうみ出す、新たな不公平ではないか」と考える人もいます（『身長の神話』の著者もそう言っています）。

また「検査をして、成長ホルモンの分泌《ぶんぴ》が不足している人にだけ治療する」ということにしても、問題は出てきます。

実際のところ、子どもを「成長ホルモンの出ている子ども」と「分泌が不足している子ども」というふうに、はっきりとわけることはできないのです。成長ホルモンが標準的な量が出ている場合を100としたとき、80ぐらい出ている子ども、50ぐらい出ている子ども、20ぐらい出ている子どもといろいろなレベルがあり、どの子も「成長ホルモンの分泌が不足している子」ではあるわけですが、その不足の程度はいろいろちがいがあるのです。

そうだとすると、どの程度不足している場合を「分泌不足」とし、治療の対象にするのかということは、むずかしい問題になります。

さらに、次のような問題も出てきます。

低身長の基準に入る子どもで、検査をしても何も異常がない（成長ホルモンは十分出ている）というような子どもに成長ホルモンの注射をした場合、まったく効果がないわけではなく、いくらか身長が伸びると言われています。そうすると経済的に余裕のある親は高額な治療費を払って、子どもに成長ホルモンによる治療をおこなうことになるでしょうが、それを誰も、とめることはできません。

こんなふうに、いろいろな問題が低身長の治療にかかわって生じてきますが、ぼくたちはこうした問題について、どう考えたらいいのでしょうか。

低身長の子どもを治療するということは、やや極端に言えば、「肉体の改造」ということになります。

あたりまえのことですが、人間は生まれつきひとりひとりがちがっていて、いろいろな個性をもっています。そうした個性のうち、社会的に不利になる個性については、何とか治したいというのが人間の自然な欲望かもしれません。

身長について言えば、低身長であることが社会的な不利につながるのであれば、背を伸ばしたい、と考えるのはあたりまえの欲望かもしれませんが、人の欲望の程度はさまざまです。「平均的な身長になりたい」と望む人もいれば、「平均的な身長では意味がない。平均よりも10センチくらい高い身長がほしい」と望む人もいるでしょう。

しかし、遺伝子が操作できるようになった現代では、いずれ遺伝子をとりかえたりして、すべての人を同じような身長、同じような体型にすることもできるようになるでしょう。それが実現したら、とても気持ちの悪い社会ではないかと思われます。

いろいろな個性があって、その個性をおたがいに認め合い、個性のなかに「社会的に不利な個性」が作られないようにする、というのが理想ではないでしょうか。成長ホルモンの不足ではなく、遺伝的に背の低い人も遺伝子操作で大きくすることができそうないま、低身長の問題をきっかけに、「肉体改造の欲望に、医学はどこまで応《こた》えるべきか」という重い課題を考えてみる必要があると思います。

肥満について

肥満の子どもが増えている？

子どもの肥満に対して、このところ厳しい目がむけられるようになっています。

具体的には、「子ども時代に肥満だと、大きくなってから、メタボリックシンドロームになりやすい。だから子どものときの肥満は、何とかしなければいけない」と言われるようになったということです。

メタボリックシンドロームは近年、新しく導入された概念ですが、動脈硬化《どうみゃくこうか》にかかわるものと考えてください。しかしそう説明しただけでは何のことかわからないと思うので、もう少しわかりやすくお話ししましょう。

いま、成人の生命をおびやかす2大疾病《しっぺい》は、ガンと血管病です。

血管病は、血管が硬くなる、つまり動脈硬化という変化が起こって生じる病気ですが、動脈硬化の原因としては従来、血液中のコレステロール値が問題にされてきました。しかし、コレステロール値が高くないのに、動脈硬化が起こる場合もあります。1980年代の終わりごろから、動脈硬化の原因はコレステロールだけではなく、「コレステロール値が高いこと」、「血糖値《けっとうち》が高いこと」、「中性脂肪が多いこと」、「血圧が高いこと」といった条件が重なると動脈硬化になりやすいのだ、と言われるようになりました。最近になって「上半身の肥満」もまた動脈硬化の原因と言われるようになり、「上半身肥満、血液中の中性脂肪値が高い、血液中のHDLコレステロール(善玉コレステロール)が少ない、血圧が高い、血糖値が高い」などの条件がそろったものを、メタボリックシンドロームと呼ぶことになりました。

このうち上半身肥満という状態が新しい危険因子《いんし》になった結果、これまで以上に「肥満を解消して、成人病を予防しよう」と言われるようになったのです。具体的には成人女性はウエストを90センチ以下に、成人男性は85センチ以下にすべきだと提唱《ていしょう》され始めました。

現代は肥満ということに対して、厳しく冷たいまなざしがむけられる時代だと言われますが、メタボリックシンドロームが話題にされるようになって、肥満に対するまなざしは、一段と厳しくなったようです。

それにともなって、子どもの肥満もまた注目されるようになりました。

確かに、太った子どもは増えているようです。それは食生活の変化、子どもたちがあまりからだを動かさなくなったことなどに起因するのでしょう。

1970年から2000年ごろまでに、肥満児と呼ばれる子どもは3倍に増えた、という報告もあります。

そして、糖尿病《とうにょうびょう》のところ(→231ページ)でもふれているように、2型糖尿病の子どもが増えてきました。そのほかに、子どもでも成人に見られるような脂《し》肪肝《ぼうかん》が多く見られるようになったということなどが注目されて、「小児肥満症《しょうにひまんしょう》」という概念が生まれました。

子どもが、ただ太っているだけなら病気を考える必要はないけれど、医学的な検査で異常が見られるような場合は病気と考えて、生活の改善などに心がけたほうがよいと言うのです。

ここでは太っている子どもを「肥満児」と呼び、病的な子どもを「肥満症」と呼ぶように言葉を使いわけているわけですが、肥満児、肥満症の定義は、およそ次のようなものと考えられています。

まず肥満児は、「18歳未満の子どもで、肥満度が20％以上、また体脂肪率が基準値（男の子の場合はすべての年齢で25％、女の子の場合は11歳未満で30％、11歳以上で35％）を越えている場合」と定義されます。

次に肥満症ですが、これには診断スコアというものがあり、次のような基準で点数をつけ、合計点が6点以上なら肥満症とする、という方法が提案されています（次ページの**表**）。

とてもこまかく、また非常にひろい範囲の事柄についてふれられていて、興味深い診断スコアです。これについて少し説明しておきましょう。

まず「肥満の程度」を説明します。肥満度は次のような計算で算出されます。

$$\text{肥満度} = \frac{\text{現在体重} - \text{標準体重}}{\text{標準体重}} \times 100$$

この場合、標準体重は、厚生労働省乳幼児身体計測値と文部科学省学校保健調査報告書から算出された、同性・同身長の全国平均値を使用します。

いま、ある男の子がいて、その子の現在体重が30キログラムだとします。同じ年齢の男の子の標準体重が20キログラムだとすると、肥満度は、

$$\frac{30 - 20}{20} \times 100$$

ですから、50％となります。肥満度50％というと、そうとう太っていることだとわかりますね。

次に「医学的問題」のうち、CTはコンピューター断層撮影《だんそうさつえい》という方法で、これで写真をとると、内臓脂肪が蓄積しているかどうかがわかるのです。

「代謝異常《たいしゃいじょう》」ということでは血液検査での、インスリンの値、コレステロールの値、善玉コレステロールと言われるHDLコレステロールの値などがあげられています。「黒色表皮症《こくしょくひょうひしょう》」というのは、うんと太った人でほっぺたなどが黒ずんでいる人がいますが、そのことです。

「身体的因子」のうちの皮膚線条《ひふせんじょう》というのは、妊娠線のようなものと思ってください。

またここでは肥満によって体育授業に参加しにくいとか、いじめにあうとか、社会的な問題、心理的な問題も点数化されていることに注目してください。

肥満の診断基準の問題点

ともかくこのスコアを計算して、6点以上の5歳以降の子どもについては、食事や運動といった面での見直しによる生活療法としての治療、ときには薬を用いての治療をおこなうというわけですが、このような方法にも、いくつかの問題があります。

まず、子どもといっても、いろいろな年齢の子どもが含まれます。上限は18歳で下限は5歳となっています。5歳の子どもと12歳の子どもではまったく話がちがうと思われますが、年齢を問わず同じ基準にあてはめるのは、問題ではないでしょうか。

また、たとえば高血圧と言うとき、子どもの血圧の正常値はどのくらいかということが決められていません。血圧も年齢によってちがいますから、年齢別の正常値が決められていなければなりませんが、

現在日本ではそのような基準が作られていません。コレステロールの値などについても、同じことが言えます。

コレステロールについては、成人ではずいぶん研究が進んでいるものの、それでもどのくらいの値を異常とするべきかについては、いろいろ議論があります。かなり高い値でも心配はいらないという人もいれば、それに反論する人もいます。正常の上限値を低く設定したうえで、それを超える人にはすべて「コレステロールを下げる薬を出す」という方針のお医者さんもいますが、コレステロールはからだにとって必要な物質で、むやみに下げないほうがよいという説もあるのです。

大人でさえコレステロールの正常範囲がはっきり決まっていないのですから、子どもについては、とても正常範囲を決められません。

尿酸《にょうさん》も、大人の場合、男性の正常範囲と女性の正常範囲が異なっており、またどのくらいの数値から治療対象にするかもはっきりしていません。

また、子どものときに尿酸の値が高いことが、将来からだにとってどのような影響をおよぼすかは、はっきりわかっていません。

というわけで、肥満症という概念にもあいまいなところがあり、また子どもの時期の肥満症をどのように治療するのがよいかということも、まだはっきりしていないのです。

子どもの肥満症の診断スコア

肥満の程度	
肥満度が 50% 未満	(0 点)
肥満度が 50% 以上	(3 点)
肥満治療がとくに必要となる医学的問題	
高血圧	(6 点)
睡眠《すいみん》時《じ》無《む》呼吸《こきゅう》など肺換気障害	(6 点)
2 型糖尿病《とうにょうびょう》	(6 点)
腹囲増加または臍《へそ》の部分の CT をとって内臓脂肪の蓄積があった場合	(6 点)
肥満と関連の深い代謝異常など	
肝機能障害	(4 点)
高インスリン血症	(4 点)
高コレステロール血症	(3 点)
高中性脂肪血症《こうちゅうせいしぼうけっしょう》	(3 点)
低 HDL コレステロール血症	(3 点)
黒色表皮症《こくしょくひょうひしょう》	(3 点)
高尿酸血症《こうにょうさんけっしょう》	(2 点)
身体的因子および生活面の問題(この項目では最高 3 点まで)	
皮膚線条《ひふせんじょう》、股ずれなどの皮膚所見	(2 点)
肥満が原因になる骨折や関節障害	(2 点)
月経異常	(1 点)
体育の授業などに著しく障害となる走行、跳躍能力の低下	(1 点)
肥満のために起こる不登校、いじめなど	(1 点)

(朝山光太郎ほか「小児肥満症の判定基準」『肥満研究』Vol. 8 No. 2, 2002 年を参照して作成)

しかし子どもの肥満が、将来の成人病との関連で注目されているのは確かです。

ただ、肥満が注目され、「将来の成人病の温床《おんしょう》」と言われることで、ただでさえ肥満の人が生きにくいせの中が、もっと生きにくいものになるのではないかと心配です。

肥満に対するまなざし

肥満症の診断スコアのなかに、「肥満のために起こる不登校、いじめなど」といった項目がありましたが、太っている子どもが学校でいじめの標的にされることはしばしばあり、またよく知られている事実でもあります。

このことは、アメリカの心理学者であるメアリー・パイファーが書いた著書のなかにもふれられています。

パイファーは「学齢期の子どもの場合、男女共にいじめ、障害者、異民族などに対してよりも肥満に対して否定的な態度を示します」と言い、また彼女は、次のようにも言います。「ある研究では、肥満児に対して子どもたちは、「怠け者、だらしがない、けちんぼ、汚い、ウソつき、文句タレ」といった特徴をあげています。子どもでさえ、太っているとこんなふうに固定観念でああだこうだといって友だちから攻撃されるのです」(『痩《や》せと肥満の心理』)。

太った人、あるいは太った子どもにむけられるまなざしの内容がここに示されていますが、「怠け者」、「だらしがない」といったイメージが、肥満という現象にはりついているのです。

アメリカでは、太った人は自分をきちんとコントロールできない人と見なされて、職場での昇進が遅れたりするとも言われますが、一般に、やせや肥満は遺伝的なもので、自分の責任ではないことが多いのです。

かつてテレビで「大食い選手権」といった類《たぐい》の番組がはやったことがあり、チャンピオンになるのは多くの場合、とてもスリムな人で、太った人はチャンピオンになれていませんでした。チャンピオンになるのはいくら食べても太らない体質の人で、こういう人は日常なんの努力もせず、好きなだけ食べていても太らないのです。一方、涙ぐましい努力をしているにもかかわらず、太ってしまう人もいます。

ホルモンの病気のなかには、異常に太ってしまうクッシング症候群のようなものもあり、また、喘息《ぜんそく》やネフローゼ症候群といった病気で副腎皮質《ふくじんひしつ》ホルモンをのまなければいけない子どもは、その副作用で体重が増え、顔が満月のように丸くなったりします(→13ページのコラム)。このような子どもたちは、どんなにがんばっても太ってしまいます。

肥満の子どもを集めて減量のためがんばらせている学校もあり、「肥満教室」などと呼ばれていますが、そういうところで指導にあたっている先生のなかには、「太っているといじめられたり、不登校になったりすることがある。だからやせることが必要で、それは太った子どもを精神的に救うことになる」と言う人もいます。

しかし、がんばった結果やせられる子どもはいいとして、いくらがんばってもやせられない子どもは、いじめられたりする可能性を払拭《ふっしょく》できないことになります。それはとても大きな問題だと思います。

いちばん大事なことは、肥満だからといっていじめられたりすることがないようなせの中にすることで、そのためには肥満に対するまなざしを変えることが必要なのです。

そうでないと、肥満を気にして無理なダイエットをおこない、そのためにさまざまな障害を起こしてしまうといった事例が出てきてしまいます。

摂食障害《せっしょくしょうがい》

実際にいま、やせたいという思いが生みだす「摂食障害」という状態が社会的な問題になっています。摂食障害は、とくに肥満に対する目が厳しいアメリカで多く見られましたが、最近は日本でも、どんどん数が増えていると言われます。

摂食障害というのは食行動異常とも言われ、食物《しょくもつ》をとらなくなる神経性食欲不振症《しんけいせいしょくよくふしんしょう》と、食物を過剰にとる神経性過食症《しんけいせいかしょくしょう》とが含まれます。

神経性食欲不振症は「思春期やせ症」とも言われ、極端に食事をとらなくなった結果、いちじるしくやせ、月経もなくなってしまうような状態です。神経性過食症のほうは、短時間のうちにむちゃ食いをし、その後自分で吐《は》き、また下剤を乱用するといった症状が見られます。

摂食障害は思春期やせ症という別名があることからも、思春期の女性に特有な問題と思われがちですが、女の子が自分のからだのことを気にするようになるのは、幼いころからの刷《す》り込《こ》みによるものと考えられ、摂食障害の芽は、すでに幼児期にあると言えるのです。実際、幼児でもダイエットに夢中になることはあります。

先ほど紹介したメアリー・パイファーは、次のように書いています。

「『教育と学問』(Teaching and Leading)1990年3月号には、五歳の子どもがダイエットに夢中になっているという記事がありました。また、八歳から一三歳までの女の子の最大の心配ごとは体重とのことです。六年生までの子どもを調べると七〇%の女の子が今より細くなりたいと思っており、五九%はダイエットの経験があります。……アメリカでは毎日全女性の五六%がダイエットをしているそうです」

日本ではまだ、幼児に摂食障害が見られるといった報告をあまり目にしませんが、肥満を悪とする傾向が強まれば、幼児にも増えてくるのではないかと懸念《けねん》されます。

肥満と「ルッキズム」

摂食障害《せっしょくしょうがい》のひとつの特徴は自分の体型をよくないと考える傾向が強いことで、実際には極端にやせているのに「まだ太っている」というふうに考えて、さらに食物《しょくもつ》を控えてしまったりするのです。それは肥満に対するおそれ、あるいは自分がみにくいと思われるのではないかというおそれから起こっています。

最近は男性でも、自分のからだについて強く意識してしまう人が増えてきていると言われ、とくに太っている男性や身長の低い男性は、自分が肉体的に不適格だと感じることがあるようです。それでもそういう人(の割合)は女性よりはずっと少ないので、ここでは女性のことについて、主にふれることになります。

パイファーは「調査によると、男性は自分の体を現実的に評価しており、自己評価と他人による評価とがほぼ一致しているけれど、女性は一般に、他人が思う以上に自分は太っているとか魅力がないなどと思ってしまう」と言います。

女性の場合、世間で美しいとかスタイルがよいとか評価されている人でさえ、自分のからだには欠点が多いと思っていることがよくあり、「ひじょうに美しいかその正反対の女性がもっとも「ルッキズム」という、容姿(ルックス)を基準にして女性を判断する現代社会の傾向に悩まされるようです」とパイファーは言っています。

「ルッキズム」というのはあまり使われない言葉ですが、パイファーは好んで使っていて、「人を外見によって判断する固定観念」のことだと言っています。そして、ルッキストというのは、「外見だけに注目して、容姿でその人の性格、行動、値打ちを判断する人のこと」だと言います。このルッキズムについて、女性は子どものときから学んでしまい、そのために思春期ごろに、摂食障害というかたちに「結実」してしまうことがあるのですね。

ルッキズムは障害者差別や人種差別の原因のひとつにもなるもので、ぜひなくしたいものですが、なくすのは、かなりむずかしいと思います。

肥満について考えるときには、まず、肥満を医学的に問題にすると、ルッキズムを増幅《ぞうふく》してしまう可能性があることに十分留意したいものです。また医学的な観点から言っても、「肥満は本当にからだに悪いのか」、「からだに悪いとしたら、どの程度以上に太っているのが悪いのか」といったことについては、十分に結論が出ていないことにも注意しておきましょう。パイファーの次の言葉を心にとめておくことは、有益だと思います。

「人は誰でも医師の評価を信じるものですが、医師もやはり世間の人と同じく偏見を持っていて、肥満が嫌いです。そして肥満に関するきちんとしたデータとは異なる自分勝手な基準で対応しようとします」

パイファーは、医者も、肥満は悪という観念にとらわれているので、肥満に厳しく対応しすぎる、と言っているのです。

パイファーはおよそ次のような提言もしていますが、これはとても大事なことで、こうしたことをふまえたうえで、子どもたちの肥満に対処すべきだとぼくは思います。

○肥満に対する世間の固定観念についてみんなでよく話し合い、そうした観念にとらわれないようにすること
○子どもにも、肥満は性格的な欠点ではないこと、どんな体型の人も尊重しなくてはならないことをきちんと教えること
○容姿によるあらゆる差別をなくすこと

太った子どもも劣等感をもたず、楽しく生きていける世の中を、まず作りたいものですね。

からだのしくみから見る
いろいろな病気Ⅱ

整形外科に関する病気

＊ここであつかう主な症状と病気

- 斜《しゃ》頸《けい》
- 先天性股関節脱臼《せんてんせいこかんせつだっきゅう》
- O脚《オーきゃく》とX脚《エックスきゃく》
- 単純性股関節炎《たんじゅんせいこかんせつえん》
- 肘内障《ちゅうないしょう》（ひじ抜け）
- ばね指
- ペルテス病

ここでは、整形外科に該当《がいとう》する子どもの病気を解説します。ここにあげる病気の可能性がある場合、相談するのは整形外科が適当です。

斜《しゃ》頸《けい》

赤ちゃんの首がいつも同じ方向をむいているとき、斜頸の可能性があります。

斜頸はまず、生まれたばかりの赤ちゃんで見つかることがあります。この場合、胸鎖乳突筋《きょうさにゅうとつきん》という筋肉（次ページの**図**）に腫瘤《しゅりゅう》（こぶ）があるのをお医者さんが見つけて、斜頸と診断します。

この腫瘤は生後5～7日ごろに発見されることが多く、そのあと生後2～3週間で最大になり、そのあとは、だんだん小さくなっていくのがふつうです。

ここで注意しておきたいのは、赤ちゃんにはよく「むきぐせ」というものがあるということです。赤ちゃんが左右どちらか一方ばかりをむいて寝ていることが多いと、頭のかたちが変形し、その結果いよいよ同じ方向ばかりむいて寝ることになります。こ

うなると斜頸のように見えますが、首をさわってみるとしこりがないので、斜頸でないことがわかります。これは単なる「むきぐせ」で、ほうっておいてかまいません。頭の変形も、歩くようになるとよくなっていきます。

さて斜頸の場合ですが、以前は「マッサージをして腫瘤を小さくする」といったことも試みられました。しかし効果がないことがわかったので、いまはおこなわれません。というのは先ほどもお話ししましたように、こぶは生後だんだん大きくなって、生後2～3週で最大になったあと、だんだん小さくなって1歳半ごろまでには自然に消えることが多いからです。以前マッサージでよくなったように見えたのは錯覚《さっかく》で、自然によくなっていたわけです。

ただ生後3週目ごろ、こぶが非常に大きい場合は、徒《と》手筋切《しゅきんき》り術《じゅつ》という方法の簡単な手術がおこなわれます。また1歳6カ月になって、まだこぶが残って首が自由に左右に動かせない場合は、手術をすることもあります。

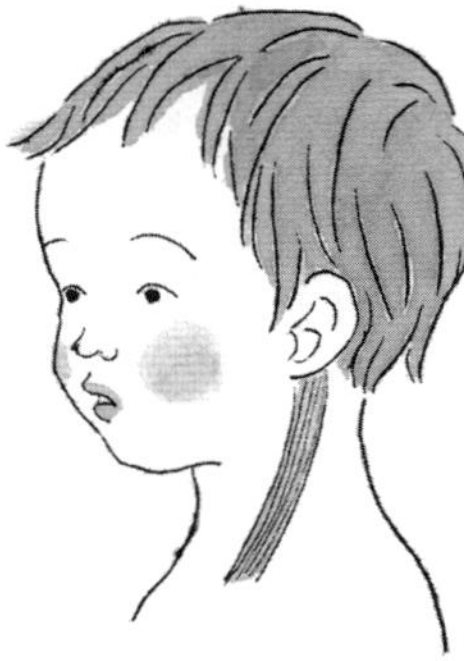

胸鎖乳突筋《きょうさにゅうとつきん》の位置

斜頸の赤ちゃんの場合、一方ばかりむいて寝ているために、頭の変形が強くなりすぎることもあるので、こぶのある側からミルクを飲ませるようにするとか、あやすときにも、こぶのある側から声をかけるようにするとか、そんなふうにするのがよいと言われています。

先天性股関節脱臼《せんてんせいこかんせつだっきゅう》

先天性股関節脱臼は主に生後3カ月、6カ月などの乳児健診のさいに、「股関節の開きが悪い」ということで発見されます。

1975年ごろまでは、かなり多くの赤ちゃんに見られましたが、最近はとても少なくなり、赤ちゃん1000人に1人ぐらいしか見られないと言われています。なぜ少なくなったかと言いますと、発育性脱臼《はついくせいだっきゅう》が減ってきたからだと言われています。

発育性脱臼というむずかしい言葉が出てきてしまいましたが、まず股関節脱臼とはどういうものかということから説明しましょう。

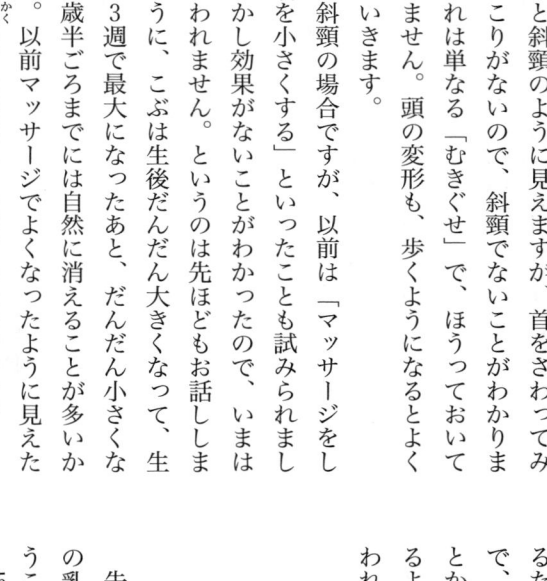

股関節脱臼というのは、次ページの右の図のように、大腿骨《だいたいこつ》のてっぺんの部分(大腿骨頭《だいたいこっとう》)が寛骨臼《かんこつきゅう》のなかにきちんとおさまっていないで、はずれた状態のことを言います。そして赤ちゃんの時期に見つかる股関節脱臼を、先天性股関節脱臼と言います。

けがなどで関節がはずれると、とても痛いものですが、先天性股関節脱臼の場合は痛みがなく、赤ち

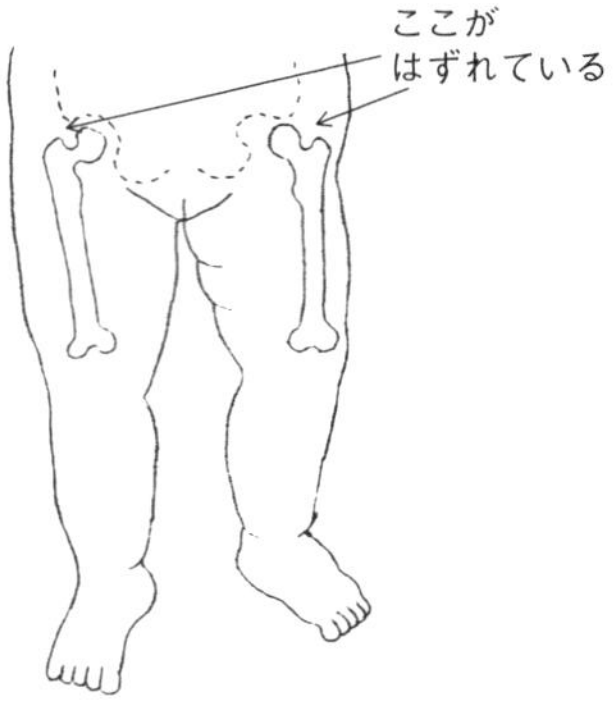

股関節脱臼《こかんせつだっきゅう》の状態

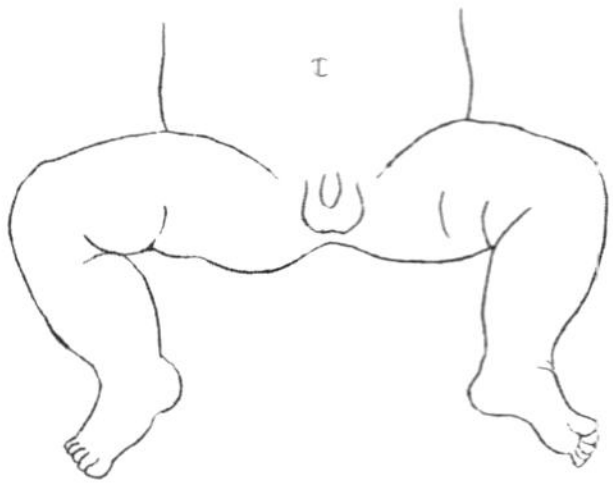

先天性股関節脱臼《せんてんせいこかんせつだっきゅう》の見わけかた

やんは何の苦痛も訴えません。

2種類の先天性股関節脱臼《せんてんせいこかんせつだっきゅう》

さて、先天性股関節脱臼には2種類のものがあって、①出生前からすでに脱臼が存在しているものを、「奇形性脱臼《きけいせいだっきゅう》」と言い、②生後、発育していく過程で脱臼するものを、「発育性脱臼《はついくせいだっきゅう》」と言います。

しかし、①は先天性股関節脱臼の名があてはまりますが、②は先天性とは言えないものです。実際に①は少なく、②が圧倒的に多いわけですから、先天性という名前は本当は不適当ということになります。

先天性股関節脱臼は乳児健診で見つかることが多いのですが、ときにはお母さんやお父さんが見つけることもあります。

上の左の図のように、両足を外側に開こうとするとき、開きかたに左右差がある場合、この病気が疑われます。よく観察すると、開きの悪いほうの足が少し短く見えたり、そちらの側のももの皮膚《ひふ》にできるしわが、反対側より多かったりします(股関節脱臼がなくても、もものしわの数が左右でちがうこともありますから、しわの数の差だけで不安にならないでくださいね)。

先天性股関節脱臼《せんてんせいこかんせつだっきゅう》の治療

新生児期に見つかった場合は、おむつのあてかたや抱きかたに注意することで、ようすを見る場合が多いのですが、乳児期に見つかった場合は、リーメンビューゲルと呼ばれる吊《つ》りバンド式の装具《そうぐ》をつけて、脱臼状態から正常状態にもどす(整復《せいふく》)のがふつうです。

1~2週間で整復されることが多いと言われています。しかし、整復したからといって、すぐに装具をはずすということはせず、4カ月間ほど装着を続けるのがふつうです。

装具の装着で整復できない場合、牽引療法《けんいんりょうほう》、あるいは手術などが必要になることもあります。

なお、脱臼をふせぐための、おむつのあてかたや抱きかたは、次ページの図を見てください。

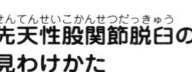

股《また》を開いて、前におむつを厚くあてます

おむつのあてかた

真ん中だけをつつむおむつカバーなら、足が自由に開くのでおすすめです

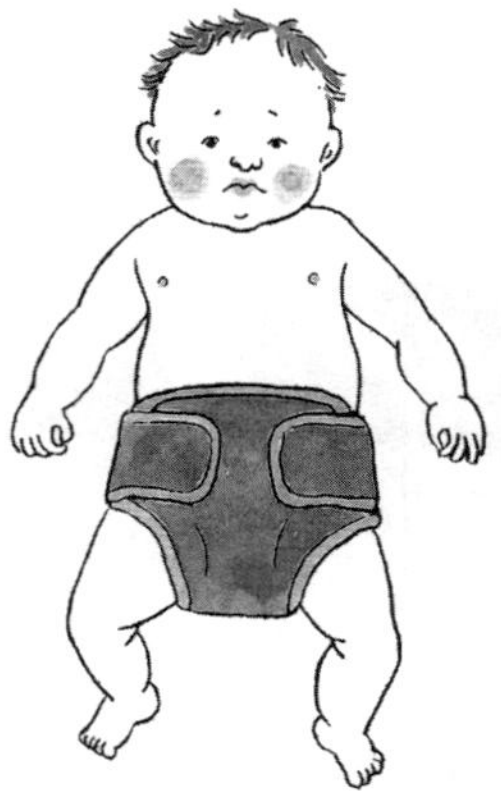

股関節《こかんせつ》の部分全体をつつみこむようなおむつカバーは、足を伸ばしっぱなしにしてしまうので、よくありません

よいおむつカバーと悪いおむつカバーの例

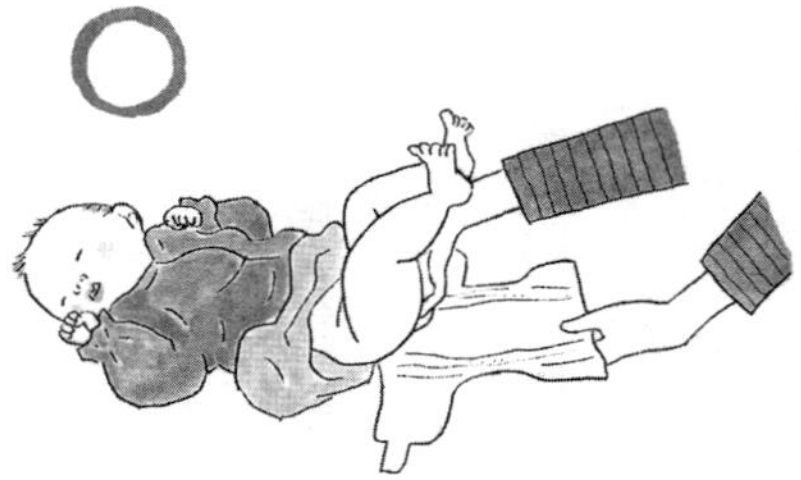

手のひらをお尻の下に入れてかえる

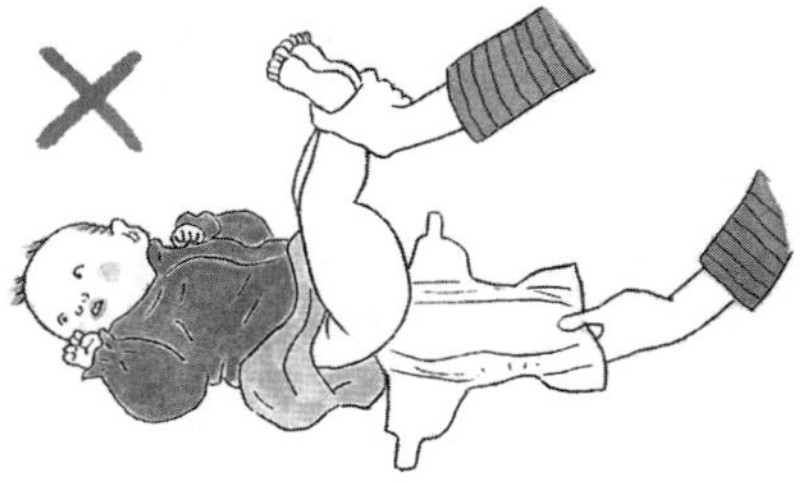

両足を片手で持って引き上げるようなことはしないように

おむつ交換のしかた

両足をまっすぐに伸ばす抱きかたはしないで、股をひろげたまま抱くようにしましょう

抱きかた

O脚《オーきゃく》とX脚《エックスきゃく》

立って両かかとをつけたときに、両ひざのあいだがひろく開《ひら》くのをO脚(**図**の右)、立って両ひざをつけたときに、両かかとのあいだがひろく開くのをX脚と呼びます(**図**の左)。

歩き始めの子どもは、一般にO脚です。これは子宮内にいたときの、下肢《かし》のかたちに影響を受けてのことだと言われます。

また、歩くときにつま先を内側にむける、「うちわ歩き」をすることも、よく見られます。

しかしO脚もうちわ歩きも、3歳ごろまでには自然に治ってしまうので、何もせず、ようすを見ていてよいのです。

3歳をすぎても極端なO脚が見られるときに、装具による治療がおこなわれることもあります。

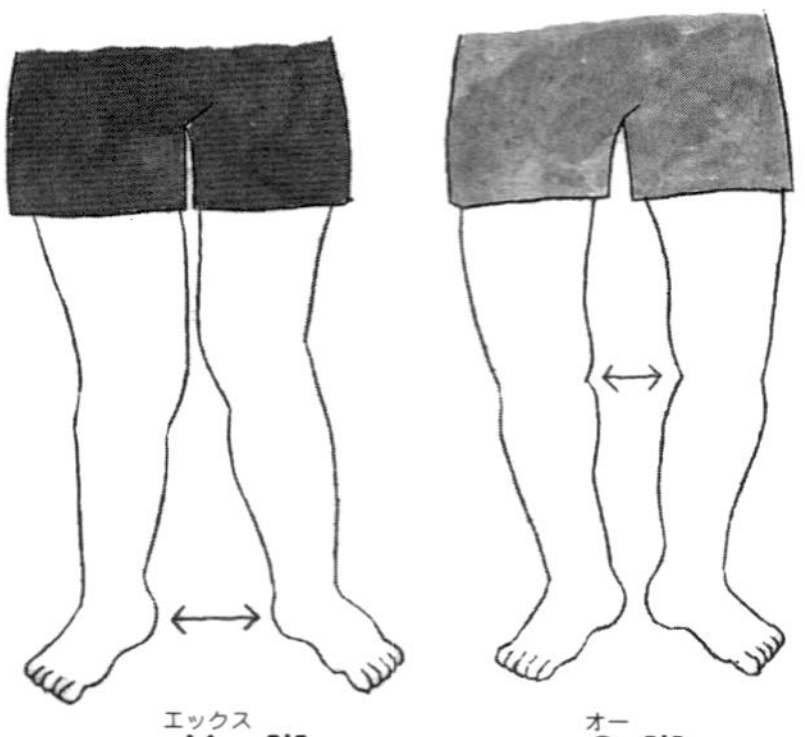

X脚《エックス》　O脚《オー》

3～5歳までのころには、X脚がよく見られます。しかし、このX脚は7歳ごろになると自然に改善してしまうのがほとんどですから、気にする必要はありません。

単純性股関節炎《たんじゅんせいこかんせつえん》

単純性股関節炎はあまり有名ではありませんが、実はよくある病気です。3～10歳くらいの子どもが急に、どちらかの側の大腿《だいたい》(太もも)の前内側《ぜんないそく》からひざにかけて痛いと言い、その側の足をひきずって歩くようになるのです。

子どもを寝かせて、次ページの**図**のように股を外へ開くように力を入れておさえると、痛がって開こうとしません。こういう場合は股関節に原因があるはずだと見当をつけて、股関節のあたりをながめてみても、赤くなったりしていませんし、腫《は》れているようすもありません。

そこで「単純性股関節炎かな」と考えますが、ぼくのような小児科医はその後、整形外科のお医者さんにみてもらうことにしています。整形外科では股関節のレントゲン写真をとったりして、変化がないことを確かめると、単純性股関節炎と診断します。

この病気の原因はよくわかっていませんが、痛みは数日から数カ月で自然に治ります。

こう書くと数カ月もかかるのではたいへんと思わ

れそうですが、ぼくがいままで見た例では2〜3日で痛みがとれるのがふつうでしたから心配しないでください。股関節に負担をかけないようにしていれば自然によくなるので、薬は一般にいりませんが、痛みの強いときには鎮痛剤《ちんつうざい》を使うこともあります。

この病気は男の子に多く、男女比は3対2くらいです。一般に片側だけに起こりますが、まれには両側の場合もあります。

この病気と似ている病気に、急性化膿性股《きゅうせいかのうせいこ》関節炎《かんせつえん》やペルテス病があります。

急性化膿性股《きゅうせいかのうせいこ》関節炎《かんせつえん》——急性化膿性股関節炎は、からだのほかの部分に化膿しているところがあり、そこにいる細菌が血液中に入って股関節にいたり、そこで炎症を起こすものです。この場合、発熱していることが多く、股関節付近の皮膚《ひふ》にさわってみると、熱をもっているのがふつうです。痛みも強いことが多く、こういう症状がそろっているときは、すぐに病院へ行き、治療を受ける必要があります。

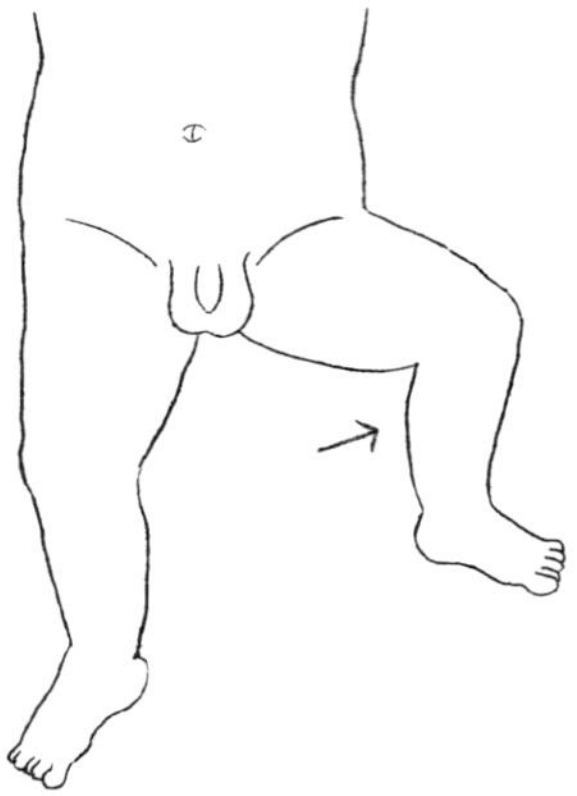

単純性股関節炎《たんじゅんせいこかんせつえん》では、このように股を開くと痛い

ペルテス病——ペルテス病については、あとでまたくわしくお話しします(→265ページ)。

肘内障《ちゅうないしょう》(ひじ抜け)

「ひじ抜け」と言われるものです。これが起こる典型的なケースを紹介しましょう。

買い物に連れて行った3歳の男の子が、「おもちゃ、買ってー」と言って、おもちゃ売場の前を動きません。お母さんは「今日は買わないの。さあ、帰るわよ」と言って子どもの右手を強くひっぱりました。そうしたら子どもは泣きだして、「痛い痛い」と言います。よく見ると右腕《みぎうで》はダランと下がっていて、動かそうとしません。

これは、肘内障(ひじ抜け)が起こったのです。この場合、具体的に骨がどうなったのかといったことは、とても専門的になるので、ここでは説明をはぶきます。簡単に言えば、前腕《ぜんわん》にある2本の骨のうちの1本である橈骨《とうこつ》の骨頭《こっとう》部分が、ひっぱられてずれたということです。

肘内障が起こったとき、子どもは痛がることが多いのですが、痛がらずにただ腕をダランと下げて、使わないようにしているだけのこともあります。

肘内障が起こる原因も先ほど言ったような「腕を強くひっぱったとき」だけでなく、ころんだり、大人2人が両手を持って空中にぶら下げたりすることでも起こります。

この状態を治すことは、慣れれば簡単です。整形外科のお医者さんなら治せるのがふつうですが、ぼくは1度だけ、整形外科へ行ったのに治らなくて、ぼくのところへまわってきた子どもを治したことがありました。経験が浅い整形外科のお医者さんだと治しかたのコツを知らないこともあるわけで、逆に小児科医でもベテランなら治せると思います。ベテランの保育士さんなどのなかには、治しかたを知っている人もいます。

図①のようにして腕を曲げていくと、左手の親指にカチッという、元へもどった感じを感じとれます。元へもどると子どもは腕を動かしはじめますが、②のように肩の上まで腕が上がるようになっていれば、確実に治っています。おもちゃなどを目の前にさし出して、手を上げてくれたら、治っていると判定します。

ただ、子どもはすぐ動かすのをためらって、しばらくは動かさないこともあります。そんなときは5分くらい経《た》ってから動かさせてみると、治っていることがわかります。

1度肘内障になった子どもは、くり返すことがあるので、お医者さんに治しかたを教わっておくとよいと思います。「抜けたな」と思ったら、子どもの手のひらを上にむけて、ひじを曲げてみるのです。これで治るのがふつうですが、1度でだめならもう1度してみます。

2度失敗だったら、病院へ連れて行くことにしましょう。肘内障でなく、骨折ということもあるからです。肘内障の場合は、ひじのあたりが腫《は》れたり赤くなったりすることはありません。もし赤くなったり腫れたりしていたら骨折の可能性があるので、病院へ連れて行きます。

肘内障は子どものときにしか起こりません。ふつう歩行開始から5歳までの子どもによく見られますが、小学校1年生くらいでも肘内障になる子どもはいます。1度肘内障になった子どもは、腕を強くひつぱったりしないようにするというのが肝心《かんじん》です。

肘内障《ちゅうないしょう》の治しかた

ばね指

生後4～5カ月ごろの赤ちゃん、あるいは2～3歳ごろの子どもで、親指を曲げたままにして伸ばせない子がいます。ふつう右手か左手かどちらかの親指を曲げているのですが、なかには両側の親指を図のようなかたちに曲げたままにしている子もいます。

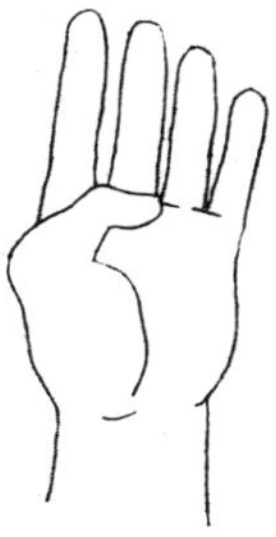

ばね指

この指を少しずつ、曲げ伸ばししながら伸ばすようにすると、ばね仕《じ》掛《か》けのように、あるいは飛び出しナイフが飛び出すように、急に伸びます。何かがひっかかっている感じで、そのひっかかりがとれて伸びたように思えますが、そのようすから、これは「ばね指」と呼ばれます。

ぼくたちの指がスムーズに屈伸《くっしん》してくれるのは腱《けん》の働きのおかげで、腱の1本1本はなめらかにすべってくれる必要があります。そのために、腱は手のひらから指にまたがる部分で、腱鞘《けんしょう》という鞘《さや》のなかに入っています。

そしてこの鞘のなかを腱がいったりきたりしているのですが、鞘がせまくなったり、中身の腱が腫《は》れて太くなったりすると、途中でひっかかってスムーズな動きができにくくなります。

これは腱鞘炎《けんしょうえん》の状態ですが、子どもの場合どういうわけか親指にだけ腱鞘炎が起こり、ばね指の状態になるのです（成人では、中指や薬指にもよく見られます。ちなみにぼくは、右の中指がばね指になっています）。

このばね指は、そのままにしておいても自然によくなってしまうので、何もせずようすを見るのがふつうです。切開手術をして、腱鞘をメスで縦にさくようにすれば即座《そくざ》に治るのですが、子どもの場合はほとんど手術の必要がありません。子どもは痛がりませんし、「仕事にさしつかえる」というようなこともないわけですから。

ペルテス病

3歳から10歳くらいまでの子どもが急に、ももの付け根を痛がったり、ひざを痛がったり、少し変な歩きかたになることがあります。

整形外科へ行くとレントゲンをとって、「ペルテス病かもしれないし、単純性股関節炎《たんじゅんせいこかんせつえん》かもしれない。少しようすを見ましょう」と言われたりします（↓262ページ）。そして1カ月後に、まだ痛みが残っているからということでレントゲンをとりなおしてみると、大腿骨《だいたいこつ》のてっぺんのほう、骨端《こったん》という部分に変化が生じていて、ペルテス病と診断されます。

この変化の原因は、わかっていません。

痛みなどの症状は1～2カ月で自然によくなっていくのですが、レントゲンをくり返しとってみると、骨の変化はどんどん目立つものになっていきます。

整形外科医である坂口亮《さかぐちりょう》さんは、次のように言っています。「病院に行けば当然レントゲンをとって経過をみることになりますが、この写真の上の変化とそのその進行は、みていてはなはだ気分の悪いものです。大腿骨の骨頭《こっとう》がどんどん壊され、つぶれていく図なのですから……。一方、それに対応して御当人は健康そのものの子ども、けろりとしているのですから何とも不思議な病気です」。

このレントゲン上の変化も1～2年すると、自然にだんだんよくなっていきます。子どもはもちろん、元気にすごします。

それなら何も治療しないでそのままようすをみていてよいはずですが、レントゲン上の変化が強いものですから、さまざまな治療法がおこなわれてきました。しかしどんな治療も、レントゲン上の変化がよくなるまでの期間を短くはしないと言われています。

痛みがあるときでも、数日間安静にしていればよくなるので、よくなったあと運動を制限したりする必要はないようです。

まれに見られる重度なケースでは手術が必要になりますが、ほとんどの例では何もせず(装具《そうぐ》をつけたりもせず)、ふつうの生活をしていてよいと言われています。

皮膚の病気

＊ここであつかう主な症状と病気

じんましん
虫刺《むしさ》され
脱毛
脂漏性湿疹《しろうせいしっしん》(乳児湿疹《にゅうじしっしん》)
おむつ皮膚炎《ひふえん》(おむつかぶれ)
接触皮膚炎《せっしょくひふえん》(かぶれ)
蒙古斑《もうこはん》
扁平母斑《へんぺいぼはん》
単純性血管腫《たんじゅんせいけっかんしゅ》
苺状血管腫《いちごじょうけっかんしゅ》
水いぼ(伝染性軟属腫《でんせんせいなんぞくしゅ》)
とびひ(伝染性膿痂疹《でんせんせいのうかしん》)
SSSS
あせものより(汗腺膿瘍《かんせんのうよう》)
頭部白癬《とうぶはくせん》
体部白癬《たいぶはくせん》
寄生菌性紅斑《きせいきんせいこうはん》

皮膚《ひふ》の病気の、むかしといま

病気にも時代が反映します。むかしあった病気でいまはなくなってしまったものもあれば、逆に、最近になって登場してきた新しい病気もあります。

そして子どもの皮膚病にも、時代の流れがあるのです。

ぼくが子どもだったのは戦争が終わって間もない、日本がまだ貧しかった時代でしたが、子どもの皮膚病の代表は、夏なら、あせもやあせものより、冬なら、あかぎれやしもやけ、といったようなものでした。

しかし最近では冷房や暖房が普及したため、あるいは冬に寒風のなかで子どもが遊ぶというようなことがなくなったこともあって、あせもやしもやけは、きわめて珍しくなりました。あせもなどは、冬に室内が暑すぎて汗をかいた子どもにできたりすることがあるくらいです。また冬に「子どもの手がくさってしまいました」とかけこんでくるお母さんがいて、びっくりして子どもの手を見ると、ただのしもやけで、なーんだと思ったりすることもあります。

一方、アトピー性皮膚炎《せいひふえん》(→165ページ)のように、確実に増えているものもあります。

環境の変化や食物《しょくもつ》の変化によって、皮膚病の変遷《へんせん》があるわけですが、もうひとつ、親が子どもの皮膚の変化に対して敏感に対応しすぎる、といった変化もあるように思われます。

赤ちゃんの肌の一部がちょっと赤くなっているだけで、「アトピーではないか。ここからどんどんひろがっていくのではないか」と心配してしまうお母さんが多いのです。

子どもが「子どもらしい生活」をしていれば、肌はよごれたり荒れたりもするものです。夏に汗をかいて遊べば、あせもはできるし、冬に外遊びをすれば、しもやけにもなります。それは自然の姿と言ってよいのですが、子どもの皮膚に1カ所でも異常な部分があってはならない、と見張っているかのようなお母さんやお父さんもいるようです。

湿疹をおそれての過剰《かじょう》な食物制限なども、子どもにとっては迷惑なことです。

子どもの皮膚病の大半は自然に治っていくもので、ただ治るまでの時間にちがいがあるだけ、と言ってよいのです。

大騒ぎしないで、自然によくなるまで、ゆったり、じっくりつきあってやろうという気持ちになるのが望ましいと、ぼくは思っています。

とはいえ、アトピー性皮膚炎の子どもが増えていることは、花粉症(→176ページ)の人が増えているということと同じように、確かな事実と思われます。

そしてアトピー性皮膚炎が増えているという現象は、先進国では共通して起こっているグローバルな現象とでも言ってよいもののようです。

なぜアトピーの人が増えているのか

なぜ増えたのかについては、いろいろな理由があげられていますが、子どもの場合、乳幼児期に感染《かんせん》症《しょう》にかかる機会が減ったことがアトピー性皮膚炎《せいひふえん》の増加につながったという説は、かなり有力です(この説は「衛生仮説《えいせいかせつ》」と呼ばれています→177ページのコラム)。

赤ちゃんは生まれてすぐは、お母さんからもらった免疫《めんえき》で守られていますが、6カ月ごろまでには、その免疫力もなくなっていきます。そのあと赤ちゃんは、いろいろな感染症にかかって、そのたびにからだに免疫ができ、そして免疫の力がたくわえられていくわけです(→暮らし176ページ)。

ところが20世紀の医学は、感染症の予防ということが最大の課題になり、ウイルスや細菌を撲滅《ぼくめつ》してしまえば人間は幸福になるという信念のもとに、さまざまな方法が考えられてきました。

それはたとえば予防接種であり、抗生物質や抗ウイルス剤の開発などでした。しかし予防接種については、最初は「人類の脅威」となるような重大な病気(天然痘《てんねんとう》、ポリオなど)を予防することが目的だったのに、最近は「まれにしか重大な事態をひき起こさない」軽い感染症まで、ワクチンで予防しようとする考えかたになってきました(↓暮らし335ページ)。そして、子ども時代にまったく感染症にかからなかったとしたら、子どもにとってそんな幸せなことはない、といった極端な考えかたも出てきて、しかも、それが世間で多数派の考えかたになってきました。

病気には利点もある、などということはいっさい認めず、病気はあくまでも医学によって制圧すべき対象と考える、そしてウイルスや細菌は共存していく対象とは考えず撲滅するべきものとする、という考えかたは、アメリカの医学のきわだった特徴と言われています。欧米の医学のなかでも、たとえばフランスの医学は自然治癒《しぜんちゆ》を大切にし、薬もあまり使わないようにしているようですが、アメリカの医学は、それとは対照的です。

そして日本の医学は、アメリカ流の医学観、医療観をそのままもちこみ(追随《ついずい》していると言ったほうが、あたっているかもしれません)、部分的にはそれに輪をかけたようなかたち(たとえば、薬はアメリカよりも大量に使われています)になっています。

子どものからだは医療に支えられて守られているという状態になり、それによって抵抗力とか自然治癒力とかいうものを失ってしまったのではないでしょうか。そしてそのことが、アトピー性皮膚炎の増加という現象を作りだしたのではないかと思われます。

日本の医者の多くは、これまで明らかに抗生物質を乱用してきました。小児科でも乱用されてきましたが、耳鼻科で中耳炎《ちゅうじえん》の予防や治療を名目として使われてきた抗生物質の量は、膨大《ぼうだい》なものだと思います。

このことには医者にもっぱら責任があるのですが、「医者の側は抗生物質を使おうと言っていないのに、患者の側がどうしても抗生物質を出してほしいと求めるので、やむを得ず出している」と言う医者もいます。しかしそんなはずはなく、患者さんの側が抗生物質が出ないと不安になるようになってしまったのは、医者の側が「抗生物質はかぜの特効薬《とっこうやく》」などという、まちがった神話を作ったからなのです。さらに、多種類のワクチンを接種することで感染症の予防をしようとする方策も、子どもたちの自然免疫を作る力を失わせてしまった可能性があります。

そうだとすれば、子どもたちの自然治癒力を見直し、信頼し、はぐくむ方向へ、医療の方法論を変えていくべきなのではないでしょうか。

このごろの子どもたちはひ弱だという人がいますが、それは大人たちが、専門家たちが、過剰に手をかけることで作りだしてしまった結果です。アトピーや滲出性中耳炎《しんしゅつせいちゅうじえん》(→295ページ)の増加などは、医療のありかたを見直させるための警鐘《けいしょう》と言っていいかもしれません。そうした病気を、さらに強い薬で制圧したりするのは、事態をさらに悪くすることにしかならないと、ぼくは思います。

いまの医療のありかたに対する苦言はこれくらいにして、いろいろな皮膚病のひとつひとつについて、お話しすることにしましょう。

子どもの皮膚病では、どんなものが多いでしょうか。1989年から1998年までに国立小児病院（現在の成育医療センター）皮膚科を受診した患者さんの統計がありますが、あらたに受診した患者さんの総数のうちアトピー性皮膚炎が3分の1をしめています。それ以外の上位9つは次のようなものですが、これが子どもの皮膚病の代表と考えてよいと思います。

○アトピー性皮膚炎以外の湿疹《しっしん》、皮膚炎
○母斑類《ぼはんるい》（あざ）
○血管腫《けっかんしゅ》（あざ）
○ウイルス性皮《せいひ》膚《ふ》疾患《しっかん》（水いぼなど）
○膿皮症《のうひしょう》（とびひなど）
○真菌性疾患《しんきんせいしっかん》（水虫など）
○じんましん
○虫刺症《ちゅうししょう》
○脱毛、毛髪異常

では次に、これらのひとつひとつについて、お話ししていきましょう。

アトピー性皮《せいひ》膚《ふ》炎《えん》

アトピー性皮膚炎については、アレルギーの病気のところでくわしくお話ししていますので（→165ページ）、そちらを見てください。

アトピー性以外の皮膚《ひふ》病

じんましん

じんましんは、非常に特徴的な病気です。第一の特徴は、24時間以内にひっこんでしまうのがふつうだということです。

じんましん以外の発疹《ほっしん》は、1度出たら何日かはそのまま出ているものですが、じんましんの場合は、すぐにひっこんでしまうのです。そして1度ひっこんだら翌日また出てきて、また数時間したらひっこんでしまう、というようなこともあります。

じんましんは、膨疹《ぼうしん》と呼ばれるかたちをしています。「膨」というのはふくらむということで、皮膚《ひふ》から少し盛りあがっているのです。大きさはさまざまで、小さいものは数ミリメートル、大きいものは、手のひらくらいの大きさにもなります。

たくさん出ると、からだじゅうが地図のように、ボコボコになることもあります。

非常にかゆいのが、ふつうです。

急性と慢性《まんせい》

じんましんには、急性じんましんと慢性じんましんとがあります。1度出てひっこみ、その後は出てこないとか、数日続けて出て、その後出なくなった、というのは急性じんましんで、何カ月も続いて出ているというのが慢性じんましんです。

じんましんの場合、抗ヒスタミン剤という薬をのんで治療しますが、薬をのんでいれば出ないけれど、やめると出てくるという慢性じんましんもあれば、薬をのんでいても出てきて、治療に苦労するような慢性じんましんもあります。

慢性じんましんは大人に多く、子どもではたいてい急性じんましんです。

じんましんの原因

じんましんの原因はわからないのがふつうで、原因がわかれば幸運と言えます。原因を避ければ、じんましんが再発することを防げるからです。

原因となるものをあげてみましょう。まず、卵や牛乳などの食物《しょくもつ》によるアレルギーがあります(↓170ページ)。そのほかにかなり多くの食物がじんましんを起こす可能性があると言われており、そのすべてをここであげることはできません。

薬をのんで出る場合もあり、セフェム系と呼ばれる抗生物質、とりわけセファクロルとセフォチアムという種類のものが、じんましんを起こしやすいと言われています。

食品の添加物、たとえば着色料などで起こるじんましんも、多いのではないかと考えられています。

ともあれ、じんましんは原因がわからないものが大半で、多くはウイルスや細菌の感染によって起こるのではないかという説もあります。しかしウイルスや細菌とじんましんとの関係については、よくわかっていません。

じんましんの治療には、ぬり薬は意味がなく、抗ヒスタミン剤をのむことで、たいていはよくなります。体質改善にということで、抗アレルギー剤をのむようにすすめるお医者さんもいますが、効果ははっきりしません。

虫刺《むしさ》され

夏になると、子どもの虫刺されをよく見ます。大人でも虫に刺されやすい人と刺されにくい人がいますが、子どもの場合、大人よりも昆虫に好かれるようです。

虫刺されは7月がピークで、蚊《か》に刺されるのがもっともポピュラーですが、ほかにブユ(ブヨ)、ダニ類、ハチ、アリ、ネコノミなどによる虫刺されもよく見られます。虫に刺されてすぐに腫《は》れるのはまれで、24～48時間後に腫れあがってくるのがふつうです。目のまわりを蚊に刺されると、大きく腫れあがって目がふさがったようになり、まわりの人をおどろかせることがあります。

ステロイドのぬり薬で、たいていすぐによくなります。

ただ、まれに蚊に刺されたあとで、その部分が異常に大きく腫れあがり、高熱が出たりする子どもがいます。こういう子どものなかに、EBウイルス(→87ページ)の慢性感染症にかかっている場合がまれにあり、この病気は重大な病気なので、蚊に刺されるたびに高熱が出たりするようなら、くわしい検査が必要です。

虫刺されの予防ということで、虫除《むしよ》けスプレーなど昆虫忌避薬《こんちゅうきひやく》と言われるものが市販されていますが、神経障害や皮膚炎といった副作用の心配もあり、使うべきではないでしょう。

脱毛

脱毛は、子どもでもときどき見られます。なかには自分で毛を抜くことで起こる抜毛症《ばつもうしょう》(トリコチロマニアとも言われます)もありますが、多くは円形脱毛症です。ある日偶然、頭髪の一部に脱毛した部分があるのに気づく、というのがふつうです。

一般に、100人のうち2人は、一生のうちに円形脱毛症を経験すると言われます。そしてそのうちの7%くらいの人は、頭髪と、そのほかの体毛が全部抜けてしまいます。

原因はわかっていません。ストレスによって脱毛する場合もありますが、それは休止期脱毛と呼ばれ、円形脱毛症とは別のものと考えられています。

とくに幼い子どもの場合、ストレスによる脱毛はほとんど起こらないのではないでしょうか。また、子どもの場合、高熱が出たあとにかなり脱毛することがありますが、すぐに生《は》えてくるので問題になりません。

というわけで、円形脱毛症の原因は不明ですが、たいていは自然に治ります。範囲がどんどんひろがりそうなときは、ステロイドの軟膏《なんこう》をぬることもあります。

脂漏性湿疹《しろうせいしっしん》(乳児湿疹《にゅうじしっしん》)

ふつう乳児湿疹と呼ばれているのは、この脂漏性湿疹のことです。生後2～8週ぐらいの赤ちゃんの顔や頭に湿疹ができたら、まず脂漏性湿疹の可能性が大きいのです。

いまの時代は、アトピー性皮膚炎《せいひふえん》(→165ページ)という病気が、たいへんおそれられている時代ですから、赤ちゃんの顔にちょっとでも赤いブツブツができたりすると、「アトピーではないか?」と心配するお母さん、お父さんが多いのです。それで赤ちゃんを病院へ連れて行き、「アトピーですか」と性急に聞き、「ちがいます。脂漏性湿疹です」とお医者さんに言われると、ほっと安堵《あんど》し、「アトピーみたいですね」と言われると絶望の淵に沈んだりするようです。

しかし、生後2~3カ月の赤ちゃんの湿疹について脂漏性湿疹かアトピーかを見わけるのは、専門家でもなかなかむずかしいことなのです。だから、あまりあせってどちらかに決着をつけようとしないでほしいし、また「アトピーかもしれませんね」と言われただけで、おちこんだりしないでくださいね。たとえアトピーだとしても、あせらずじっくりつきあっていく気分になれば、6歳くらいまでにはたいていよくなっていくのですから。アトピーは、決して難病などではないのです(→165ページ)。

とはいえ、脂漏性湿疹とアトピーの特徴のちがいを知りたいという人も多いでしょうから、紹介しておきます。

アトピー性皮膚炎《せいひふえん》とちがう点

まず脂漏性湿疹《しろうせいしっしん》のほうは、頭皮《とうひ》やひたいの髪の生《は》えぎわ、あるいはまゆ毛などに、黄色っぽいふけのようなものができることで始まります。

赤ちゃんは生後2~3カ月まで皮脂《ひし》が過剰《かじょう》に出るので、その脂分《あぶらぶん》がかたまって、ふけのようなかたちになるのです。これが頭や顔全体にひろがることもあり、頭全体が、ペカペカの黄色いうろこのようなものでおおわれてしまうこともあります。よごれがくっつくと黒っぽくなったりして、顔の場合だと赤黒くなり、きたない感じになることもあります。かゆみはないようで、赤ちゃんは平気な顔をしています。

一方アトピー性皮膚炎のほうは、ほっぺたから耳の前方にかけて、赤いブツブツや少し盛りあがった発疹《ほっしん》、かさぶたなど、いろいろなかたちの湿疹ができることから始まります。生後2カ月ぐらいから始まることもありますが、多くは生後3カ月以降に起こります。頭も、前頭部から頭のてっぺんまで、ジクジクした感じの赤い湿疹ができます。これが拡大すると、首、肩、からだ、手足にもひろがります。非常に強いかゆみがあります。

こんなところが脂漏性湿疹とアトピー性皮膚炎のちがいですが、実際には区別がつきにくいケースが多いというのは、すでにお話ししたとおりです。

脂漏性湿疹《しろうせいしっしん》の治療

では次に、脂漏性湿疹の治療法について、お話ししましょう。

頭のペカペカしたかさぶた状のものは、爪《つめ》を立てたりせず、ワセリンやオリーブオイルをつけて、ふやかすような感じにしておいたあと、洗ったりハンドタオルでふいたりします。表面のはがれやすい部分だけをはがし、はがれにくいところはそのままにしておきます。

なるべく毎日入浴し、湿疹のできているところを石けんで洗ってやるのがよく、これだけで3〜4週のうちに、きれいに治ってしまうのがふつうです。

おむつ皮膚炎《ひふえん》(おむつかぶれ)

おむつ皮膚炎はふつう、おむつかぶれと呼ばれます。おむつかぶれというのは、「おむつにかぶれた」ということですね。かぶれというのは、肌に何か異物がくっついて、そこに炎症《えんしょう》を起こしたことを言いますが、これは専門用語では接触皮膚炎《せっしょくひふえん》と言います。接触皮膚炎は、実にさまざまなものの刺激によって起こりますが(あとでお話しします)、そのなかでおむつが刺激になるものをとくに、おむつ皮膚炎と呼んでいるわけです。

おむつ皮膚炎は、尿や便で湿っている部分に、おむつがあたって小さな傷がつき、そこにアンモニアの刺激などが加わることによって起こると言われています。

症状としては、おむつがあたる部分だけが赤くなること以外に、ブツブツした発疹《ほっしん》ができたり、ジクジクと湿った感じになる場合もあります。

最初はうっすらと赤くなり、何日かするうちにだんだん赤くなる場合が多いのですが、下痢《げり》をして便の回数が多くなっているときなどは、1〜2日でまっかっかになってしまうこともあります。

おむつかぶれの予防

おむつかぶれを予防するには、おむつをこまめに替えて、お尻をなるべく乾かした状態にしておくことが大切です。うんちの場合は、きれいにふきとることが肝心《かんじん》で、とくに下痢《げり》のときなど、皮膚《ひふ》のしわの寄った部分にふき残しがあると、それがおむつかぶれの原因になることもあります。

ふきとるときはぬるま湯を使い、タオルやガーゼでふくのがよいとも言われますが、ぬるま湯を使わなくても水で十分です。強くふくと皮膚に傷をつけることになるので、軽くふきましょう。市販のお尻ふきは、あまり使わないほうがよいと言われています(→暮らし80ページ)。

また、おむつカバーは通気性のよいものを使いましょう。

おむつの選びかた

おむつかぶれを防ぐには、布おむつがよいか、紙おむつがよいか、ということですが、やはり紙おむつのほうが、重いおむつかぶれにはなりにくいようです。しかし紙おむつだからといって交換回数を減らすと、おむつかぶれになってしまいます。また、もれどめギャザーの部分やテープ部分が皮膚《ひふ》とこすれて、かぶれができることもあります。

布おむつのほうが自然だからといって好んで使う人もいますが、合成洗剤を使って洗濯したりしたのでは、何にもなりません。

布おむつでも紙おむつでも、スキンケアをきちんとしさえすれば、とくに差がないと思われますから、好みのものを使ってください。紙おむつを使うような「手抜き育児」をすると、子どもに問題が起こるとおどす「育児評論家」もいますが、ぼくは手抜き育児が好きだし、適度に手抜きをすることで、子どもも楽に育っていけるのだと思っています。布おむつは洗濯がたいへんと思う人は、堂々と紙おむつを使ってください。

おむつ皮膚炎《ひふえん》の治療

おむつ皮膚炎になったとしても、治療は簡単ですから気にすることはありません。亜鉛華軟膏《あえんかなんこう》や非ステロイド(副腎皮質《ふくじんひしつ》ホルモンを含まないということ)の抗炎症軟膏《こうえんしょうなんこう》で治ることが多く、ひどくなっても軽いステロイド軟膏を短期間使うくらいで、よくなります。

もしこうした治療でよくならないときは、カンジダというかびがくっついた可能性があります。カンジダがくっついた状態は、寄生菌性紅斑《きせいきんせいこうはん》と言われますが、それについては、287ページを見てください。

接触皮膚炎《せっしょくひふえん》(かぶれ)

おむつ皮膚炎は接触皮膚炎のひとつだとお話ししましたが、「かぶれ」と呼ばれるものの総体が、接触皮膚炎です。

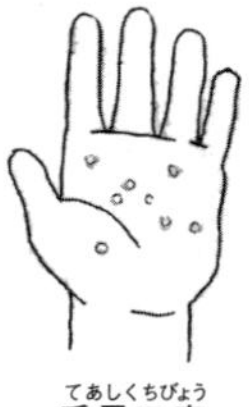
手足口病《てあしくちびょう》

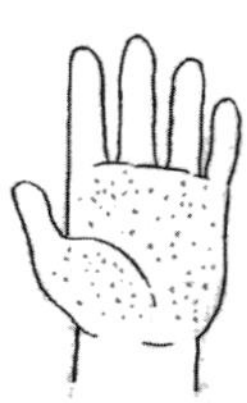
砂かぶれ

かぶれの原因になるものは、いろいろあります。子どもの場合によく見られる原因としては、うるし、ぎんなん、アロエなどの植物のほか、おもちゃ、泥、砂、石けん、洗剤、運動靴、接着剤、絆創膏《ばんそうこう》、食料品、灯油、ぬり薬、唾液《だえき》などです。

唾液をたくさん出す赤ちゃんの口のまわりが赤くなっているのはよく見かけますが、あれは唾液による接触皮膚炎なのです。

アロエなどは民間薬として用いられていますが、「万能薬」だということでぬってみたら、かぶれたといったケースは、よく見られます。

靴でおおわれている部分にだけ湿疹ができるものは、大人でも子どもでも見られ、履物皮膚炎《はきものひふえん》とも呼ばれますが、子どもではズック靴によるものが多く、ズック靴皮膚炎とか、運動靴皮膚炎とか呼ばれます。

また子どもの手のひら、手指にブツブツができることがあり、砂かぶれとも言われます。とくに夏場に赤い小さなブツブツのほか、小さな水疱《すいほう》(みずぶくれ)、また、カサカサしたふけのようなもの(鱗屑《りんせつ》と言います)などができ、指先の手のひら側は、入浴後のように、少しふやけて見えたりします。

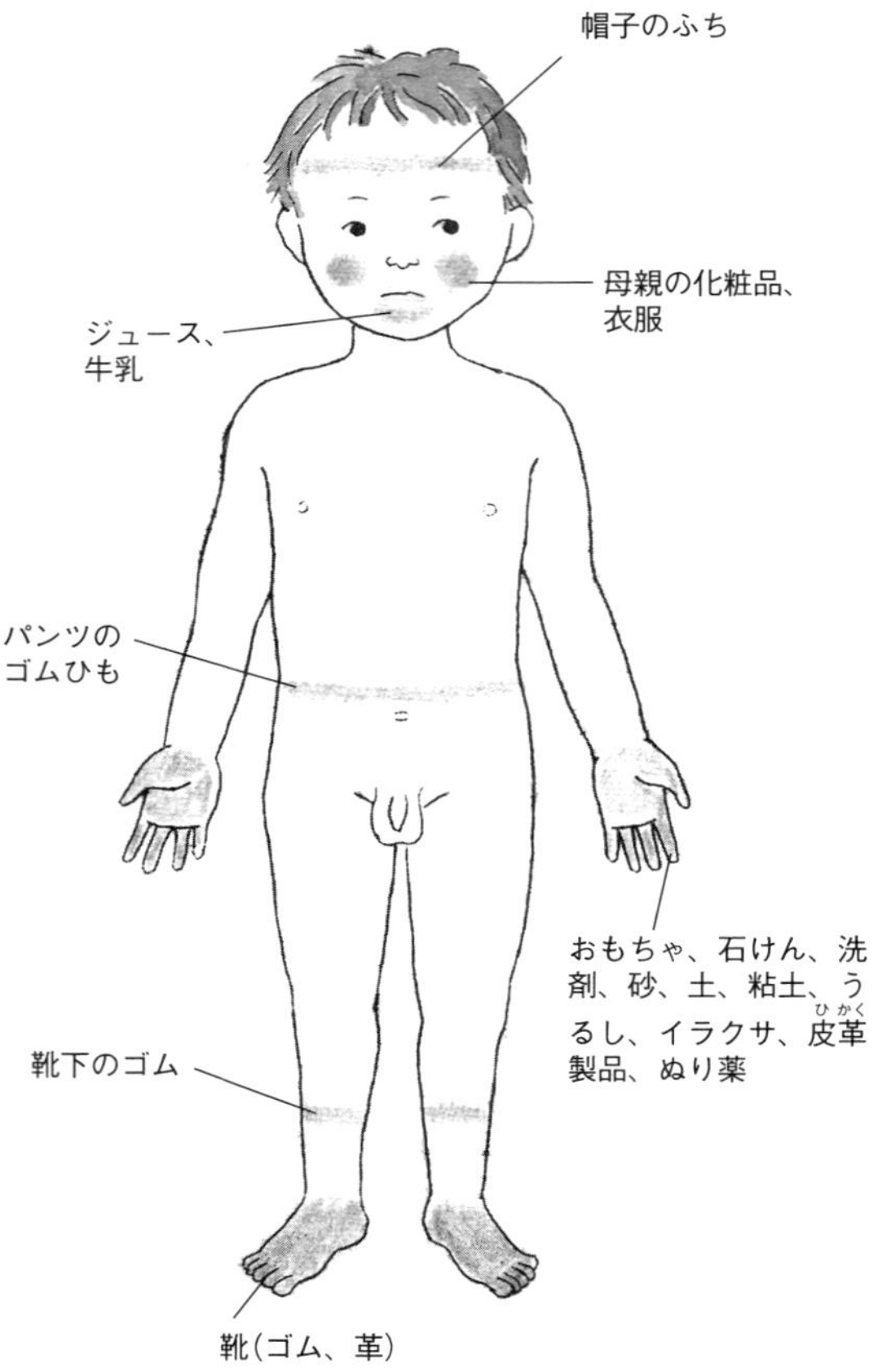

接触皮膚炎《せっしょくひふえん》ができやすい場所と原因になるもの
（大城戸宗男編『外来の小児皮膚科学』南山堂より作成）

手のひらや足の裏にできる湿疹は何でも手足口病《てあしくちびょう》(→81ページ)だと思う人がいて、「保育園で「手足口病ではないか。うつるといけないから、病院でみてもらうように」と言われた」ということで受診するケースがありますが、手足口病とはまったくちがいます。手足口病のほうは、ほんの小さな豆のようなくっきりした発疹《ほっしん》ができますが、砂かぶれはとても細かい発疹ですから(前ページの図参照)。

砂かぶれは砂遊びをしたあとや、おもちゃで長時間遊んだあとに起こります。はだしで遊べば足の裏にも、手のひらと同じような症状が出ます。とくに治療しなくても、自然に治るのがふつうです。

そのほか接触皮膚炎ができやすい場所を右のように**図**に示してみましたので、参考にしてください。

この図を見て、たとえば帽子が原因らしいと思ったら、帽子をしばらくかぶらないとか、ほかの帽子に変えるとか工夫してみると、症状がよくなるかもしれませんよ。

さまざまな母斑《ぼはん》、血管腫《けっかんしゅ》(あざ)

母斑という言葉は、あまりなじみがないかもしれません。しかし「あざ」と言えば、たいていの人はどんなものかわかるでしょう。

あざを辞書でひいてみると、「皮膚《ひふ》面に、色素《しきそ》の病的沈着《びょうてきちんちゃく》や血管の増殖《ぞうしょく》によって生ずる赤色、または紫色の斑紋《はんもん》」などと書かれています。一般にあざは、皮膚から盛りあがらない扁平《へんぺい》な色素斑というふうに考えられていると思いますが、皮膚から盛りあがってブツブツした赤色の血管腫なども、母斑と考えられています。

母斑には赤いもの、青いものや、黒いもの、斑点中に毛が生《は》えているものなど、いろいろあります。

母斑のなかには生まれたときにできているものもあれば、何年か経《た》ってから出現し、だんだん大きくなって、ある大きさに達すると、もうそれ以上変化しない、というものもあります。

では比較的よく見られるものについて、具体的にお話ししていきましょう。母斑と血管腫ははっきりとわけられないので、両方を「あざ」としてまとめ、いっしょにしてお話ししていきます。

蒙《もう》古《こ》斑《はん》

子どもの腰、お尻、背中に見られる青い斑《まだら》で、「まだおまえは子どもだ。お尻が青いんだろう」と大人をからかう言葉として使われるのが、この蒙古斑です。蒙古斑という言葉は何となく差別的で、嫌《いや》な感じがしますね。

百科辞典をひいてみると、「モンゴロイド（黄色《おうしょく》

母斑症《ぼはんしょう》

母斑というのは「あざ」のことですが、母斑の多くは母斑だけが唯一《ゆいいつ》の症状で、それ以外には何の症状もともないません。

しかしまれに母斑以外に、さまざまな皮膚《ひふ》症状や内臓の症状が併発《へいはつ》することがあり、そのようなものを、母斑症と言います。結節性硬化症《けっせつせいこうかしょう》（ブールヌヴィーユ・プリングル病とも言います）、フォン・レックリングハウゼン病（神経線維腫症《しんけいせんいしゅしょう》とも言います）、スタージーウェーバー症候群など多種類のものがありますが、これらのなかでレックリングハウゼン病がやや有名ですので、この病気についてお話ししておきます。

この病気は、まず乳幼児期に、皮膚にミルク入りコーヒー色のあざが多数見られます。これはカフェオレ斑と呼ばれます。あざには、そばかすのように小さいものと、指の爪《つめ》より大きいかたちのものとがありますが、大きいものが6個以上あるときは、この病気の可能性を考えて検査をしてもらうのがよいでしょう。ただ実際には、カフェオレ斑がたくさんあっても病気ではないことも多いので、不必要に心配しないでください。

レックリングハウゼン病の場合、思春期以降に、大小さまざまなブヨブヨした「いぼ」のようなものが全身にあらわれ、加齢にともなって多くなっていきます。

まれに脳腫瘍《のうしゅよう》が起きたりすることがありますが、長生きしている人もたくさんいます。

人種《じんしゅ》)に100%近くみられるところから蒙古斑 Mongolian Spot とよばれたが、白人でも10~20%、黒人では80~90%もみられるので、児斑《じはん》または小児斑とよばれるようになった」(『日本大百科全書』)と書かれています。しかし実際には児斑という言葉はほとんど使われていないようで、専門の医学書でも蒙古斑という言葉が使われているのが現実です。

一般に、生後2歳ごろまでは青い色が濃くなりますが、その後はだんだん色がうすくなっていき、10歳ごろまでには消えるのがふつうです。

蒙古斑ができているのは幼児期までだと思っている人もいて、小学生になってもまだある、などと心配されることもありますが、実際には、かなり長いあいだ残るのだということを知っておいてください。

さらに、四肢《しし》、顔、お腹《なか》などにできたものは、成人になるまで残ることさえあるのです。しかし、いずれ消えてゆきます。

扁平母斑《へんぺいぼはん》

老年になると、からだのあちこちに薄茶色のしみが出てきますが、そのしみのようなものが、生まれたときから、あるいは生後しばらくしてできてきたものが扁平母斑です。

色は淡褐色《たんかっしょく》から暗褐色《あんかっしょく》で、卵形あるいは不正形《ふせいけい》、皮膚《ひふ》からは盛りあがっておらず扁平です。からだのどこにでもできますが、手のひらや、かかとにはできません。いくつもできる場合もありますが、たいていは3~4個までです。

直径1.5センチ以上の扁平母斑が6個以上できている場合は、レックリングハウゼン病という病気(↓前ページのコラム)の可能性もあるので、皮膚科を受診しておきましょう。扁平母斑は自然に消えることはありませんが、目立たないものが多く、手術をして取る必要もないのがふつうです。

単純性血管腫《たんじゅんせいけっかんしゅ》

単純性血管腫は、毛細血管の部分的な発育異常と考えられています。

生まれたときからあることが多い、皮膚《ひふ》から盛りあがらない境界《きょうかい》のはっきりした赤いあざです。赤ワインをこぼしたように見えるので、ポートワイン母《ぼ》斑《はん》とも呼ばれています。

片側の腕全体とか、腹部にひろがったかたちとかいった、大きいものもあります。

小さいものが、ひたいの真ん中や、まぶたにできていることがあり、これはサーモンパッチと呼ばれます(産卵期のサケにあらわれる赤い模様に似ているので、命名されました)。

また、うなじの部分にできるものもあり、ウンナ母斑《ぼはん》と呼ばれます。これは炎のように見えることが多く、火炎状母斑《かえんじょうぼはん》と呼ばれることもあります。

サーモンパッチは生後1年以内に消えますが、ウンナ母斑は生後1年で、50%がまだ残っています。しかしウンナ母斑も、その後だんだん消えていき、5〜7%の人だけに生涯残ると言われています。

サーモンパッチ、ウンナ母斑以外の単純性血管腫は、ふつう自然に消えることはありません。そうとう大きなものの場合は、形成外科的な治療(切除、植皮《しょくひ》)や、レーザー光線による治療をおこないます。

苺状血管腫《いちごじょうけっかんしゅ》

これは、毛細血管が異常に増殖《ぞうしょく》した血管腫です。生後間もなく、うす赤い斑点《はんてん》が見られますが、それが生後1〜3カ月ぐらいのあいだに赤く盛りあがってきて、ブヨブヨ、でこぼこという外観になり、それは「苺《いちご》みたい」という形容がぴったりになります。大きさはいろいろで、男の子より女の子に多く見られます。

かなり大きいものもあり気になりますが、ほとんどのものは、しだいに縮んで消えていきます。

一部巨大なもので自然に消えないものもありますが、大多数は6歳までになくなってしまいます。

自然に治るのを待つのが原則ですが、非常に大きくて自然に消えることがない場合や、上まぶたにあって、視力に影響をあたえるおそれのある場合は治療します。放射線照射、ステロイドの服用、持続圧《じぞくあっ》迫療法《ぱくりょうほう》などの方法があります。

感染による皮膚《ひふ》病

水いぼ(伝染性軟属腫《でんせんせいなんぞくしゅ》)

水いぼという言葉はなじみ深いでしょうが、正式には伝染性軟属腫と言います。

水いぼという病気はからだにとって害のない「取るに足らない」ものなのに、なぜか大騒ぎされます。かわいそうな病気と言っていいですね。

そして世の中の無数の子どもが、取ってほしいなどとはまったく思っていないのに、むりやり、むしり取りの拷問《ごうもん》にあっているのです。こんな理不尽《りふじん》な話はありません。

日本で最初に「水いぼは取らなくていい」と発言したのは、松田道雄《まつだみちお》さんだったと思われます。実はぼくも医者になってしばらくは、泣き叫ぶ子をおさえつけて、ピンセットで水いぼをつまんでは、ちぎり取っていました。子どものおびえるようすを見ると、「水いぼは取らなきゃいけないものだろうか」とは思いましたが、「取らないでおいて、どんどん増えたら困るものな」と自分を納得させ、取り続けていたのです。

しかし松田道雄さんが「取る必要はない」と書いておられたのを目にしてから、取ることをやめて、いまにいたっているのです。取らない月日はもう20年くらいにもなると思いますが、そのあいだに小児科医のあいだでは「取らない派」が増えたものの、皮膚科医のあいだではいまなお「取るべし派」が圧倒的で、子どもにとっては迷惑な状態が続いています。

そんな水いぼについて、くわしくお話ししましょう。水いぼは、伝染性軟属腫ウイルスというウイルスに感染することによって起こる小さないぼです。手のひらと足の裏以外、からだのどこにでもできますが、頭や顔にできることはめったにありません。大豆《だいず》くらいの大きさになる場合もありますが、多くは粟粒《あわつぶ》のようなもので、色は皮膚の色に似ているので、よくよく見ないとわからないこともしばしばです。小さい水いぼがたくさんできると、皮膚をさわった感じが、おろしがねのようになります。

つぶすと乳白色《にゅうはくしょく》の芯《しん》のようなものが出てきますが、このなかにウイルスが含まれています。

水いぼは、どううつる

いま、Aちゃんのお腹《なか》に水いぼができていたとします。水いぼは少しかゆいので、Aちゃんは水いぼをひっかいてしまいました。水いぼはつぶれて、なかから芯《しん》が出てきました。その芯はAちゃんのお腹にくっついています。

Aちゃんは Bちゃんと遊んでいて肌をくっつけ合ったので、Bちゃんのお腹にAちゃんの水いぼの芯がくっつきました。つまり、ウイルスがくっついたわけです。でもBちゃんの皮膚《ひふ》に傷がついていなければ、水いぼのウイルスははね返されて、Bちゃんの皮膚にくっつき続けていることができません。でもBちゃんの皮膚にひっかき傷ができていれば、そこからウイルスはBちゃんの皮膚のなかに入りこんで、すみつくことができるのです。

ぼくたちの皮膚はバリアーになっていて、ウイルスや細菌が表面にくっついても、なかに入りこめない構造になっているのですが、いったん傷がつくとバリアーはこわれて、そこからウイルスや細菌が入りこんでしまいます。このことは大事なことですから、よくおぼえておいてくださいね。

水いぼは、水いぼができている人の皮膚が、できていない人の皮膚にくっつくことによって起こりますから、はだかでお相撲《すもう》をとったりする子どもどうしの集団なら、うつしっこをすることは十分考えられます。そして、アトピーの子どものように、かゆみがあるため皮膚に傷がつきやすい子どもは、水いぼになりやすいということにもなります。

水いぼはもっぱら子どもにできるもので、小学生くらいではまだ見られますが、中学生以上の子ども、あるいは大人では、ほとんど見られません。大人では、エイズのような病気にかかったときなどに見られるくらいです。

そういう事実から考えると、ぼくたちは誰でも子どものうちに、1度は水いぼのウイルスに感染するのでしょう。ただ感染してもほとんど水いぼができないこともあれば、たくさんできることもあるのでしょう。そしてたくさんできた子どもが、しばしば大人に嫌《いや》がられて、「取ってこないと、プールに入れてあげない」などといじめられるのです。

しかし水いぼは多少かゆい程度で、本人にとってとくに苦痛はなく、ほうっておいても数カ月から数年で、なくなってしまうものです。水いぼの部分にとびひ(→282ページ)ができたら、水いぼがなくなってしまったということもあります。

水いぼは取らなければならないのか?

そういうものなのですが、水いぼは保育園などで取ってこいと言われることが多いし、皮膚科医の多くは、取るのが当然と言います。

しかし大人でも、水いぼとはちがう種類のいぼがからだにできていて、そのままにしている人はかなりいます。

痛くもかゆくもなく、からだに害にもならぬものなら、わざわざ皮膚科へ行って取ろうと思わないのがふつうですね。そして大人の場合は、治療を受けなくても許されているのです。「いぼがあるから、市営プールへ入ってはいけない」などと大人は言われませんね。みずむしをもっている大人もたくさんいますが、「治るまでは、ほかの人と接触してはいけません。うつすから」などとは言われませんし、もし言われたとしたら、人権問題です。

どうして子どもだけが、目くじら立てられるのでしょう。大人には治療に対する自己決定権が認められているので水いぼを取ることを強制されないのですが、子どもには決定権が認められていないから、強制されるわけです。しかしそうした強制が働く背景には、やはりうつる病気に対する差別観があると思われます。

「他人にうつす病気をもっている人は、その病気がどんなものであれ、集団のなかに入ってはいけない」というような差別観です。これは大げさに聞こえるかもしれませんが、ＨＩＶや肝炎に感染している人たちに対する差別につながるものです。

水いぼについて言えば、プールの時期になると話題になるのに、「プールで、どうやってうつるのか」ということについても、よくわかっていません。それなのに、プールを禁じられたりする子どもがいるわけです。

水いぼについてずっと研究している皮膚科医の新《にい》関寛二《ぜきかんじ》さんは、プールでうつるとすれば、ビート板を介《かい》してうつるのだろう、と言っています。

水いぼのある子どもがビート板にからだをおしつけて、水いぼがつぶれたとします。その芯《しん》がビート板の凹《へこ》み型の部分にくっついて残っていた場合に、同じビート板をほかの子が使って自分の胸をくっつけたとき、もしその部分の皮膚が傷ついていたら、そこから水いぼの芯のなかのウイルスが入りこんで感染するというわけです。

新関さん以外に「水いぼがどのようにうつるか」

をまじめに研究している医者も少ないようなので、この説には賛同の声も反論もありません。

しかしうつるとすれば、うつりかたは、そのようなものなのでしょう。そうだとすれば、前に誰かが使ったビート板をほかの子どもが使うときには、よく洗って使うようにすればよいわけです。

しかし水いぼなんて、ちょっと見た目が悪い程度のもので、かきむしってジクジクしたら抗生物質の軟膏《なんこう》をぬっておけばすむものなのですから、うつることなんか気にしなくてよいのです。水いぼのできている子どもも、ふつうに集団に入れてやればいいではありませんか。

かつて福井県の鯖江《さばえ》市のお医者さんたちは、水いぼについてくわしく調査し、水いぼは取っても取らなくてもまわりへのひろがりかたは同じ、と結論しました。そして水いぼは取らなくてもいいということになり、鯖江市では新聞報道もされました。でも、こういうまじめな研究が参考にされることもなく、いまも全国いたるところで、子どもたちは泣きわめきながら、水いぼを取られているのです。何とかならないものでしょうか。

「むしり取るのが痛くていけないのなら、痛くなくすればよいだろう」ということで、麻酔薬《ますいやく》を含むテープを貼りつけて痛みを減らし、そのうえでむしり取っている皮膚科医もいます。

しかしまれなこととはいえ、麻酔薬に対するアレルギーで、ショックを起こすことだってあるのです。

それほどまでにして取らなければいけないほど、水いぼはたちの悪い病気なのかと、考え直してみたいものです。

結論として、ぼくは水いぼを取らなくていいと思っていますし、実際に取ることもありません。ただ保育園などで「取ってこないとプールに入《い》れない」と言われ、それに強く反論もできないということで、泣き顔でやってくるお母さんの場合、子どもに硝酸《しょうさん》銀《ぎん》という薬をぬることはあります。これで大きい水いぼのうちいくつかは取れますが、すべては取れず、また小さい水いぼだと、ぬることができませんから、処置できません。でも「取る努力をした」ということで、プールが許されることもあるのです。

とびひ(伝染性膿痂《でんせんせいのうか》疹《しん》)

とびひは子どもにとって、夏の風物詩のような皮《ひ》膚《ふ》病です(風物詩というほどきれいなものではありませんが)。医学用語では伝染性膿痂疹と言いますが、こんなむずかしい名前は避《さ》けて、とびひと呼ぶほうがいいですね。とびひは乳幼児に多く見られます。

とびひは、ひっかき傷やすり傷の部分に細菌が感染したものですが、とくに夏のあいだ多く見られます。夏は虫に刺されることが多く、そこがひっかき傷になること、また夏場は細菌感染が起こりやすいことなどから、とびひになりやすいのです。

とびひの原因になるものとして多いのは、虫刺《むしさ》されのほか、鼻の入口のひっかき傷、ひざのすり傷などです。鼻は、かぜをひいたり鼻炎にかかっている子どもなどが、こすったりひっかいたりして傷を作り、そこに細菌感染が起こるのです。

　虫に刺されたあと、細菌感染したところを手でひっかき、その手で皮膚のほかの部位をひっかくと、そこにも細菌が感染することになり、そうした傷があちこちにどんどん飛ぶようにひろがってゆくと、とびひと呼ばれます。ちょうど1軒《けん》の家に火事が起こって、その火の粉《こ》でほかの家にも火事が移っていくのに似ているからです。

とびひの2つのかたち

　とびひには、2つのかたちがあります。

ひとつは水疱《すいほう》(みずぶくれ)のかたちになるもので、やけどをしたときや、虫に刺されたときにできるものに似ています。水疱が破れると、グチャグチャします。ここをひっかいた指で、からだのほかの部分をひっかくと、そこにもみずぶくれができます。

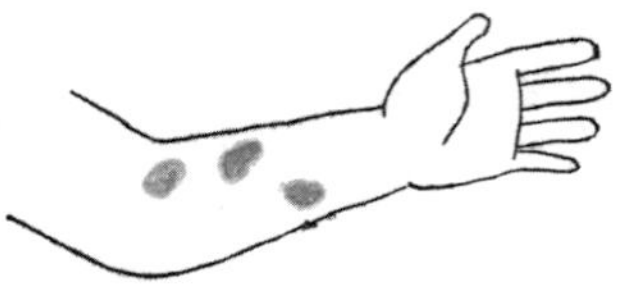

とびひ

　このかたちのとびひは、黄色《おうしょく》ブドウ球菌《きゅうきん》という細菌が感染して起こります。1個できたと思うと、急速に全身にひろがっていくのが特徴です。顔や腕、脚など、露出している部分によくできます。

　もうひとつは、かさぶたになるもので、かさぶたができてまわりが赤くなるというかたちのものが、一気にからだのあちこちにできます。熱が出たり、リンパ節《せつ》が腫《は》れたりすることがあります。夏に多いのですが、それ以外の季節でもよく見られます。このかたちのとびひは、溶連菌《ようれんきん》(↓90ページ)が感染して起こります。

　このほかに、最近はMRSAという細菌によって起こるとびひも増えていますが、これについてはあとでお話しします。

　とびひは伝染力が強く、ほかの子どもにもうつりやすいので、保育園、幼稚園のような集団のなかでは、その対処法がしばしば問題になります。「とびひがおさまらないうちは、登園してはいけない」などと言われることもありますが、きちんと治療がしてあれば、登園してもかまいません。プールのときも、子どもどうし、くっつかないように注意すれば、入ってもかまわないと思います。

　家庭での入浴についても医者のあいだで意見の相《そう》違《い》があり、「ふつうに入浴してかまわない」、「シャワーにとどめ、浴槽に入らない」、「入浴は、よくなるまで禁止」といろいろです。しかし入浴してひどくなることはないようなので、ふつうに入浴してかまいません。もちろん、シャワーだけにとどめてもかまいません。

　いずれにせよ、皮膚《ひふ》を清潔にしておくことは大事なことです。

とびひの治療

治療としては、抗生物質の軟膏《なんこう》をぬる方法と、抗生物質をのむ方法とがあります。軟膏をぬる方法では治りが遅く、薬をのむほうが確実に治るため、のむ方法がひろくおこなわれてきました。

しかし、抗生物質をのむという治療がおこなわれすぎた影響で、たいていの抗生物質に抵抗する細菌が登場してきました。ＭＲＳＡという細菌がそれです。この細菌はブドウ球菌の一種ですが、ペニシリン系やセフェム系といった、ひろく使われている抗生物質には抵抗力をもっていて、これらの薬をのんでも効果がないのです。

しかし、ホスホマイシンと呼ばれる抗生物質などはＭＲＳＡに対しても効《き》きますから、ＭＲＳＡによって起こったとびひも、治らないというわけではありません。でも、このまま抗生物質をのむという治療がおこなわれ続けると、抗生物質に抵抗する新しいかたちの細菌が登場してくる可能性があります。

それで、とびひの治療は、抗生物質のぬり薬をぬるという治療から始め、それでなかなか治らないときに抗生物質をのむことにしようという気運になってきました。

ぬり薬の抗生物質も、ＭＲＳＡにも効く新しい薬が使われるようになったりしています。

ＳＳＳＳ《エスエスエスエス》

ＳＳＳＳとは何だか暗号のような病名ですが、staphylococcal scalded skin syndrome という病名の略称です。日本語ではブドウ球菌性熱傷様皮膚《きゅうきんせいねっしょうようひふ》症候群《しょうこうぐん》と言いますが、こんな長い名前は不便なので、ＳＳＳＳが病名として使われています。

「ブドウ球菌によって、全身の皮膚《ひふ》がやけどのようになってしまった」というのが病名の由来ですが、「重症のとびひ」と考えるとよいでしょう。

０～６歳くらいの子どもに多く、新生児期にも見られます。からだのどこかの皮膚にとびひができ、そこからブドウ球菌が血液のなかへ入りこんで全身にまわり、その結果、全身がまっかになります。水《すい》疱《ほう》（みずぶくれ）ができて、それが破れ、皮膚がはがれたように見える部分もあります。

唇《くちびる》のまわりは、ただれてひびわれたような感じになり、口がつっぱってうまく開けられず、水を飲んだりするのもたいへんになることがあります。

ＳＳＳＳ

抗生物質を積極的に使い、全身の栄養管理などもしなければなりませんから、入院治療が必要なことが多いのですが、生命にかかわったり後遺症《こういしょう》が残ることはないと言ってよく、心配はいりません。

あせものより（汗腺膿瘍《かんせんのうよう》）

むかし、ぼくが子どもだったころ、夏になると頭じゅうおできだらけ、という感じの赤ちゃんを、よく見かけたものでした。この頭のおできは、「あせものより」と呼ばれていました。

赤ちゃんや幼児は、皮膚《ひふ》の単位面積あたりの発汗《はっかん》量《りょう》が多いので、汗をかくことの多い夏には、あせもができ、そこに細菌がくっついて汗腺《かんせん》に入りこみ、おできを作るわけです。皮膚に細菌が入りこんで、ブヨブヨしたかたまりを作ったものは、「おでき」と呼ばれますが、汗腺に生じたおできが「あせものより」で、専門用語では汗腺膿瘍と言います。

頭だけでなく、ひたいや鼻のあたりにもできます。小さなブヨブヨしたふくらみの中心に、黄色いうみのような点が見えることもあり、また、見えないこともあります。

黄色ブドウ球菌の感染であるのがふつうで、抗生物質をぬったりのんだりして治します。うんと大きくなってブヨブヨしているときは、切開《せっかい》する場合もあります。

「かび」による皮膚《ひふ》病

ひどいおむつかぶれ（→274ページ）になった赤ちゃんをみて、「これは、かびがついたんだね」と言うと、びっくりするお母さんがいます。これは、赤ちゃんのほっぺたの内側や舌の表面に白い苔《こけ》のようなものがつく鵞口瘡《がこうそう》（→43ページ）という病気のときに、「これは、カンジダっていうかびがついたんです」と言うと、びっくりするお母さん、お父さんがいるのと同じです。

どうも、かびというとイメージが悪いらしいですね。かびには「きたない」、「不潔」といったイメージが結びつき、「どうしてそんなものがくっついてしまうんだろう。そんなに不潔な生活はしていないはずなのに」と考えてしまう人が多いようです。

しかし、かびはそんなに悪いものではありません。それどころか、かびのなかで人間の役に立ってくれているものは、たくさんあります。とくに日本の食文化では、かびがさかんに利用されているのです。

かびは正しくは真菌《しんきん》と言いますが、真菌のうちの酵母菌《こうぼきん》は発酵に利用され、清酒や納豆を作り出してくれています。

たくさんの種類のかびのうちの多くは、役に立ったり、役に立ってはいなくても無害だったりするのですが、ほんの一部のものが病気の原因になります。その少数のかびのために、かび全体がよくないもののように思われたりするのですが、これは大きな誤解ですから、かびには偏見をもたないでくださいね。

また、病気を起こすわずかな種類のかびにしても、それがぼくたちのからだのどこかにすみついたら、必ず病気を起こすというわけではありません。

たとえばカンジダというかびは、20～30％の人の口内にいると言われています。そして、そのうちのほんのわずかの人が、口内炎《こうないえん》や鵞口瘡になるのです。たまたま免疫《めんえき》の力がおちているといったときにだけ、病気になるのでしょう。

というわけで、ぼくたちはいつでもかびに接しているのです。ですからまた、ときにはかびによる病気にもかかるということです。

皮膚病を起こすかびの代表は、白癬菌《はくせんきん》とカンジダです。白癬菌で起こる代表的な病気はみずむし（白《はく》癬症《せんしょう》）ですが、みずむしは大人ではよく見られるものの、子どもではめったに見られません。そのかわり子どもでは、ときに頭部《とうぶ》白癬《はくせん》とか体部《たいぶ》白癬《はくせん》と言われる皮膚病が見られます。

またおむつかぶれのひどいかたちとして、寄生菌《きせいきん》性紅斑《せいこうはん》と呼ばれるものもあります。これらの病気について、解説しておきましょう。

頭部《とうぶ》白癬《はくせん》

頭部白癬はむかし、「しらくも」と呼ばれていましたが、いまはそういう名前を知る人も少ないでしょう。

頭のあちこちに、円形の白っぽい湿疹《しっしん》部分ができます。その部分の毛は短くまばらで、抜けやすくなります。その部分の毛を抜き、顕微鏡で見て白癬菌が見えれば、頭部白癬と診断できます。

体部《たいぶ》白癬《はくせん》

体部白癬の診断は、皮膚《ひふ》科の専門医でないとむずかしいものです。小児科で湿疹《しっしん》と診断され、ステロイドの軟膏《なんこう》を使っても少しもよくならず、かえってひどくなっているというようなとき、体部白癬のこともあります。

図のような環状《かんじょう》の湿疹がいくつかできていたら、体部白癬ではないかと疑って、皮膚科でみてもらいましょう。

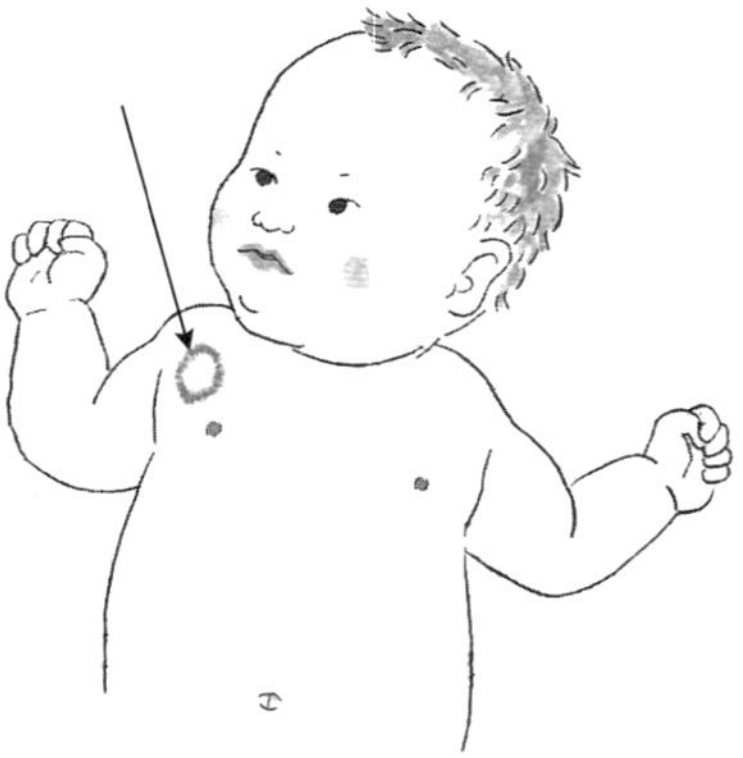

体部《たいぶ》白癬《はくせん》

寄《き》生《せい》菌《きん》性《せい》紅《こう》斑《はん》

おむつかぶれ（↓274ページ）に炎症どめのぬり薬をぬっているのに、ちっともよくならない、ステロイドの軟膏《なんこう》もぬってみたのに、かえってひどくなるようだ、というようなときは、カンジダによる皮膚《ひふ》炎が起こっている可能性があります。

テラテラとぬれたような赤さになっているときも、カンジダ感染の疑いがあります。

カンジダ感染によるおむつかぶれを、寄生菌性紅斑と呼びます。おむつかぶれのひどいものと考えてください。

このときの皮膚の状態の特徴は、皮膚のひだの凹《へこ》みの部分が赤くなることだと皮膚科医の山本一哉《やまもとかずや》さんは言っていて、ぼくもこの説にしたがって診断をしています。逆に、ひだの凸《とつ》の部分、出っぱっておむつにくっついている部分が赤いときは、ふつうのおむつかぶれと考えるのです。

寄生菌性紅斑らしいということでしたら、カンジダ用のぬり薬を使えば、急速によくなります。

耳や鼻の病気

＊ここであつかう主な症状と病気

急性中耳炎《きゅうせいちゅうじえん》
滲出性中耳炎《しんしゅつせいちゅうじえん》
外耳道炎《がいじどうえん》（外耳炎《がいじえん》）
小児良性発作性《しょうにりょうせいほっさせい》めまい
急性鼻炎《きゅうせいびえん》（鼻かぜ）
アレルギー性鼻炎《せいびえん》（鼻アレルギー）
血管運動性鼻炎《けっかんうんどうせいびえん》
副鼻腔炎《ふくびくうえん》
子どもの鼻血

ぼくのところへは、全国のお母さん、お父さん、あるいはおばあちゃんなどから、たくさんの質問が日常的に寄せられます。子どもの病気について何冊かの本を書いていたり、自分たちで出している雑誌では質問コーナーを担当したりしているので、質問がくるのですね。

そうしたなかでもっとも多いのが、耳鼻科《じびか》についての質問です。耳鼻科関連の質問で圧倒的に多いのは中耳炎《ちゅうじえん》に関する質問で、そのほかに鼻炎《びえん》、副鼻腔《ふくびくう》炎《えん》などについての質問がパラパラと見られます。

小児科医であるぼくは、中耳炎の診療はしていません。高熱が出ていて機嫌《きげん》の悪い赤ちゃんの場合は耳鏡《じきょう》という道具を使って鼓膜《こまく》を観察はしますが、治療はしません。鼓膜の所見《しょけん》から見て中耳炎の可能性がある場合は、耳鼻科を紹介するのです。

ですから、中耳炎についてお話しするのは、少し場ちがいという感じもします。しかし、これだけ子どもに多い病気について、ふれないですますわけに

はいきませんし、個人的には中耳炎について海外の文献などにも目を通して勉強してきたつもりですので、ここで少しくわしくお話ししてみようと思います。そして中耳炎以外の耳鼻科の病気についても、いくつかお話ししておきます。

耳鼻科では薬が使われすぎている、と小児科医であるぼくは感じています。耳鼻科の病気も、かなりのものは自然治癒《しぜんちゆ》するのだということが、もっと知られてよいのではないでしょうか。

小児科医のなかには、現在の小児医療の現場で、単なるかぜに抗生物質が投与《とうよ》されることが多いという事実を問題視《もんだいし》し、抗生物質の乱用について考えなおそうと発言している人も少なくないのですが、耳鼻科医のなかで抗生物質の乱用を問題にして発言している人は少ないように思います。

そうした問題を考えながら、子どもの耳や鼻の病気についてお話ししていきましょう。

まず最初は中耳炎です。

耳の病気（中耳炎《ちゅうじえん》と外耳道炎《がいじどうえん》）

中耳炎は子どもの場合、きわめてありふれた病気です。でも大人では、めったに見られません。

なぜなのかということはあとでお話しすることにして、中耳炎には大きくわけて、急性中耳炎《きゅうせいちゅうじえん》と滲出《しんしゅつ》性中耳炎《せいちゅうじえん》という2つがあることを、お話ししておきます。

子どもが耳を痛がり、高熱を出し、とてもぐずるというのは中耳炎の典型的な症状ですが、これは正確に言うと急性中耳炎の症状です。

滲出性中耳炎の場合は自覚症状が少なく、「どうも難聴《なんちょう》（→334ページ）になっているようだ」と親などが気づいて耳鼻科を受診し、それで見つかるというケースが多いのです。

また、乳幼児に対して耳鼻科の健診がおこなわれ、そこで偶然、滲出性中耳炎が見つかることもあります。

しかし日本では、乳児健診で耳や鼻がチェックされるということもありませんし、保育園や幼稚園でも耳鼻科健診はないことが多いので、滲出性中耳炎が偶然見つかるというチャンスは少ないと思います。ですから、ふつうに生活している子どものうち、何％くらいが滲出性中耳炎にかかっているかといったデータは少ないように思います。

欧米の文献を見ますと、「健診で乳幼児の20％に滲出性中耳炎が見られた」といったデータが出てくるので、耳鼻科健診がよくおこなわれていることがうかがわれるのですが。

ともかく、急性中耳炎と滲出性中耳炎は大きくちがう病気だということを、記憶にとどめておいてください。

では、それぞれの中耳炎についてお話ししましょう。

急性中耳炎《きゅうせいちゅうじえん》

急性中耳炎は、子どもではありふれた病気です。

欧米のデータでは、生後1歳までに60%くらいの子どもが、そして生後3歳までに80%くらいの子どもが急性中耳炎にかかるということですから、急性中耳炎にかからない子どものほうが少数派なのです(日本ではちゃんとした統計がありませんから、何%の子どもがかかるか不明ですが、欧米と同じくらいと考えてよいでしょう)。

急性中耳炎《きゅうせいちゅうじえん》は、どのようにして起こるのか

まず、急性中耳炎はどのようにして起こるかということからお話ししましょう。

急性中耳炎は、耳のうちの中耳《ちゅうじ》という部分に細菌やウイルスが入りこんで炎症を起こした状態ですが、細菌やウイルスはどこから入りこむのでしょうか。

下の**図**は耳の構造です。中央に鼓膜《こまく》がありますね。これが耳の外側の部分と内側の部分を仕切る膜です。鼓膜の外側は外耳《がいじ》と言い、耳介《じかい》(耳たぶ)とトンネルのようなかたちの外耳道《がいじどう》からできています。そして鼓膜の内側は中耳《ちゅうじ》と言い、耳管《じかん》、鼓室《こしつ》、耳小骨《じしょうこつ》からできています。

この中耳にどこから細菌やウイルスが入りこむかというと、鼻から耳管を通って入りこんでくるのです。つまり「急性中耳炎の原因は鼻にあり」ということです。

子どもの場合、鼻にくっついた細菌やウイルスが耳管に入りやすいのですが、それは子どものとき、耳管が水平に近いかたちになっていて、おまけに短いという特徴があるからです。

成長していくと耳管はだんだん垂直になって、長さも増していきます。小学校の高学年くらいには大人のかたちになり(垂直に近いかたちです)、長さも十分ということになって、中耳炎にかかりにくくなります。

子どもと大人での耳管のかたちのちがいは、次ページの**図**を見てください。耳管が水平で短いと、細菌やウイルスが鼻から耳管に入りやすいということが、わかってもらえると思います。

ここで注意しておきたいのは、プールやお風呂できたない水やお湯が耳に入り、それで中耳炎になっ

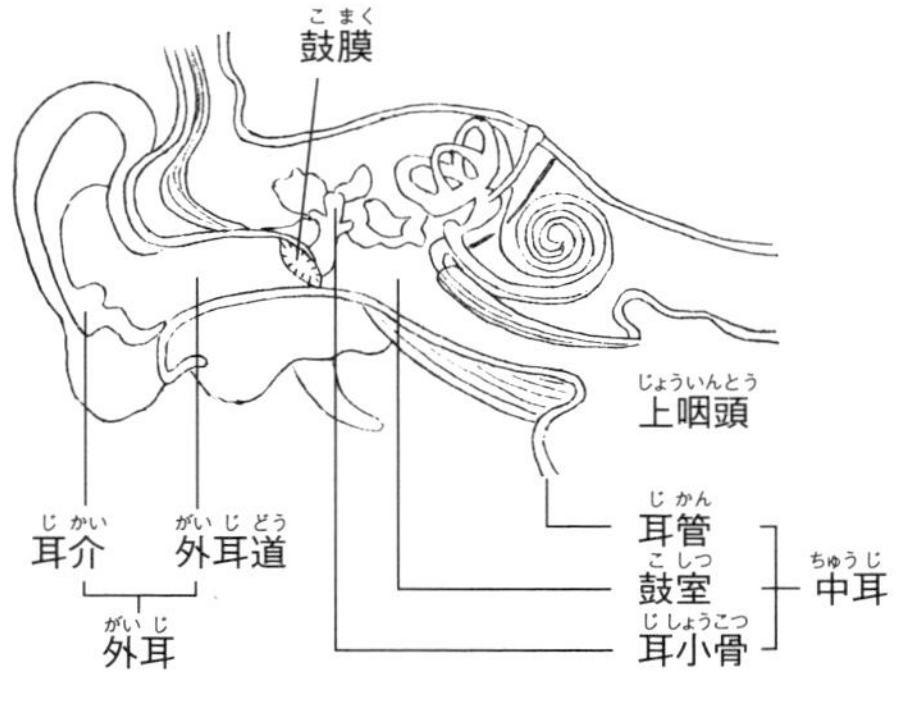

耳の構造

たと思っている人が多いけれど、それはまちがいだということです。耳に入った水のなかに細菌やウイルスがいても、それは鼓膜を突き破って中耳のなかへ入りこむことはできません。ですから、耳から水が入って中耳炎になるということはないのです。

　中耳炎になるのは鼻から細菌が入りこむからなのですが、ぼくたちの鼻には常に細菌がいます。この細菌は病気を起こすこともなく、無害で常在菌《じょうざいきん》と呼ばれます。

　常在菌は数が少ないため、病気も起こさず、じっとしているのですが、ときに外から常在菌以外の病原菌が入りこんできたり、常在菌が異常に増えてしまったりすると、それらの細菌が中耳に入りこみ、中耳炎を起こすわけです。

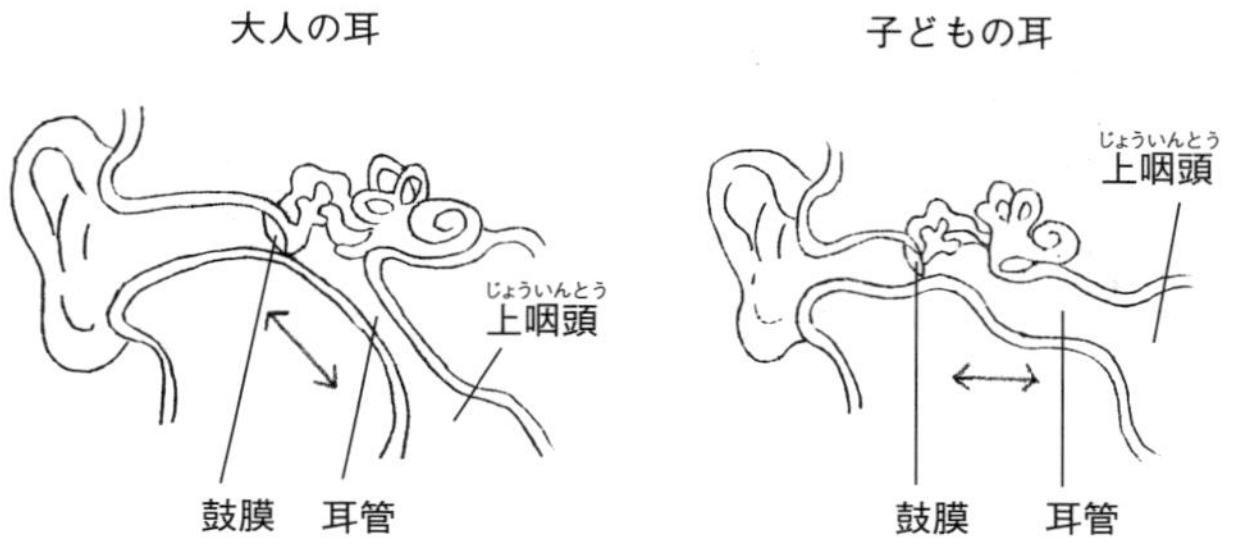

耳管《じかん》のかたち

　次に、中耳炎の症状をあげてみましょう。

急性中耳炎《きゅうせいちゅうじえん》の症状

　痛みなどを言葉で表現できない赤ちゃんと、表現できる幼児とでは、症状がちがいます。

　まず赤ちゃんの場合は、発熱と不機嫌《ふきげん》が中耳炎の2大症状です。

　赤ちゃんは高熱を出しても機嫌《きげん》がよいことが多いのですが、「ともかく、ぐずってしようがない」というときは、耳鼻科でみてもらうと、中耳炎と診断されることが多いのです。

　そのほかに耳をやたらにさわるとか、首をふるといった症状が見られることもあります。ここで注意しておきたいのは、「耳をよくさわるから中耳炎」というふうには考えないでほしいということです。熱もなく機嫌もよくて耳をさわっている場合は中耳炎の可能性はなく、さわるのが気持ちいいからさわっているとか、耳がかゆいからさわっているとかいう場合が多いのです。

　痛みを表現できる年齢の子どもの場合、中耳炎の主な症状は発熱と耳の痛み、そして耳だれということになります。

　熱は高熱のことも微熱《びねつ》のこともあり、痛みも強い場合と弱い場合があります。痛みは夜、とくに深夜に強くなることが多く、夜中に泣き叫ぶ子どもを、病院の救急受付に連れて行かねばならないといったことも、よく起こります。

耳だれというのは、中耳炎が進行して中耳がうみでいっぱいになり、それが鼓膜《こまく》を破って外耳のほうへ出てきたものです。

ぼくが子どもだったころは、急性中耳炎でも抗生物質で治療されることがなかったため、中耳炎が自然に進行して、耳だれを出している子どもがよくいました。でも最近は、耳だれを出している子どもをほとんど見ることがありません。

急性中耳炎のほかの症状として、嘔吐《おうと》や腹痛《ふくつう》が見られることもあります。

急性中耳炎《きゅうせいちゅうじえん》の治療

急性中耳炎の治療について、最近欧米の医学雑誌に「抗生物質をなるべく使わないで治そう」という論調が、よく見られるようになりました。

これまで長いあいだ、「急性中耳炎なら抗生物質で治療」ということが、ずっとおこなわれてきましたが、それが抗生物質の乱用を招き、抗生物質に抵抗する細菌による中耳炎が増えてきたというのが、いわゆる先進国での最近の状況なのです。それで、抗生物質の使用をなるべくおさえることができないかということが、欧米で研究されてきたようです。

ヨーロッパの事情は、ぼくもくわしく知らないのですが、アメリカでは抗生物質の使用をなるべく控える治療が、このところすすめられています。

アメリカの医療は「自然治癒《しぜんちゆ》をあてにせず、医学の力で病気を制圧する」という攻撃型の医療ですが、そのアメリカでさえ、抗生物質の乱用を見直すことになったわけです。

2004年にアメリカでは、一般の医者むけに、「小児急性中耳炎の治療ガイドライン」というものが作られました。このガイドラインというのは、「アメリカの医者は子どもの急性中耳炎に対して、こんな治療をすべきだ」という指針を示したもので、アメリカではこのガイドラインに沿った治療が標準的な治療になっているということです。

ガイドラインの内容を、かいつまんでわかりやすく紹介しておきましょう。

ガイドラインでは、子どもの急性中耳炎を治療する場合、子どもの年齢を考えておこなうように勧告されています。

生後6カ月から2歳の子どもについては、細菌感染が確実な場合、あるいは確実ではないけれど重症な場合は、すぐに抗生物質による治療を始めるべきとされています。もし細菌感染かウイルス感染かはっきりせず、症状も軽症な場合は、48～72時間くらいのあいだ、抗生物質をのませないでようすを見ます。それでよくならない場合は、抗生物質による治療をおこないます。

2歳以上の子どもの場合は、重症でないとき、あるいは細菌性であるという診断が確実でない場合は、まず抗生物質を使わないで経過観察をおこないます。48～72時間後によくなっていない場合、細菌性中耳炎と確定した場合は、抗生物質による治療を開始します。

抗生物質のなかでは、ペニシリン系の抗生物質、なかでもアモキシシリンという種類のペニシリンをまず使うのがよく、それで効果がない場合は、ほかの抗生物質を使うことになります。

日本の治療ガイドライン

こんなふうにアメリカでは抗生物質はできるだけ使わないようにする治療に切りかえられてきているのですが、そうした傾向に背中を押されるようなかたちで、日本でも2006年に「子どもの急性中耳炎《きゅうせいちゅうじえん》診療ガイドライン」というものが作られました。これは日本耳科学会が耳鼻科専門のお医者さんにむけて作ったガイドラインですが、こちらもかいつまんで紹介しましょう。

このガイドラインは『小児急性中耳炎診療ガイドライン』という専門書として刊行されています。この本の冒頭に、こんなことが書かれています。

「急性中耳炎の治療では、欧米から抗菌薬《こうきんやく》(抗生物質のこと――山田注)を使用しない報告がなされている。オランダでは、急性中耳炎症例の90%以上は抗菌薬は不要で、発症3、4日は抗菌薬を投《とう》与《よ》せずに経過観察することが提唱されている」

オランダの状況が紹介されていますが、抗生物質をほとんど使わないで、急性中耳炎が治療できるということが実証されているのですね。しかし、この本には、日本では欧米にくらべ、抗生物質に耐性《たいせい》をもった菌による中耳炎が多いので、欧米のガイドラインをそのまま日本に適用することはできないというようなことが書かれています。抗生物質に耐性をもった菌が多いということは抗生物質の乱用による結果なのですから、そのことの反省のうえに立てば、日本でも抗生物質を使わない治療を思い切ってすすめる必要があると思うのですが、日本のガイドラインはおよび腰です。

ガイドラインでは、まず急性中耳炎を、軽症、中等症、重症の3段階に分類します。

どのように分類するかと言いますと、症状や診療所見《しょけん》を点数化するのです。たとえば耳の痛みについて、痛くないときは0点、痛みがあるときは1点、強い痛みがずっと続くときは2点というふうにわけ、発熱については37度未満が0点、37度から38度未満が1点、38度以上が2点というふうにわけるのです。

このほか不機嫌《ふきげん》かどうか、鼓膜《こまく》が赤いかどうか、鼓膜がふくれあがっているかどうか、耳だれがあるかどうかといったことも点数化し、すべての点数の合計を出します。そして合計点が5点以下の場合は軽症、6点から11点までを中等症、12点以上を重症とします。

そして軽症例にかぎって、3日間は抗生物質を使わず、経過観察をすることをすすめる、というのがガイドラインの要点です。3日後に診察してひどくなっていたり変化がなかったりした場合は、抗生物質を使うことになります。

また中等症、重症の例については、抗生物質を5日間使うということになっています。外国での研究で、急性中耳炎に対して抗生物質を5日間投薬《とうやく》した場合、7日間投薬した場合、10日間投薬した場合の治りかたを比較したところ、差がなかったという結果が出ているので、それを参考にして日本でも5日間投薬としたようです。

また、抗生物質に耳の痛みを治す効果があるかどうかは不明ということも、ガイドラインには書かれています。

ここで欧米での急性中耳炎の治療と日本での治療とのちがいを考えてみます。欧米では中耳炎の治療の主な目的は痛みをとることで、そのためには抗生物質は効《き》かず、アセトアミノフェンのような鎮痛剤《ちんつうざい》が効く。だから鎮痛剤だけ使って抗生物質は使わず、自然に治るのを待てばよいと考えているのに対して、日本ではやはり、抗生物質で治療することが必要だと考えられている点でしょう。

日本のガイドラインは3年ごとくらいに改訂されていく予定だそうですから、いずれ、抗生物質を使わないで治療する方向に変わっていくのではないでしょうか。

鼓膜切開《こまくせっかい》は有効か

さて急性中耳炎《きゅうせいちゅうじえん》の治療としてもう1つ、鼓膜切開という方法があります。これは中耳のなかにたまっているうみを、メスで鼓膜を切開することによって、外に出すという方法です。

この方法が有効かどうかについて日本のガイドラインでふれられていますが、その表現はあいまいです。原文はちょっとむずかしいので、やさしく言いかえると、鼓膜切開でうみを出すことは急性中耳炎の治りを早めるのに有効と考えるが、実際に有効だということを証明した報告は少ない、ということになります。

これではよくわかりませんね。鼓膜切開の有効性については、いまのところはっきりしないと言うしかありませんが、痛みが激しいとき、抗生物質や鎮《ちん》痛剤《つうざい》に加えて鼓膜切開をすると、痛みがとれたり、熱が下がったりするのを早めることは確かなようです。

鼓膜切開をくり返しおこなうと、耳に何か悪い影響がないかと心配する人もいますが、その心配はな

いと言われています。

ただ、鼓膜切開がたびたび必要なほど急性中耳炎の再発をくり返す場合は、鼓膜に小さな穴をあけ、細いチューブを入れておく「鼓膜チューブの留置《りゅうち》」という治療がよい、と言っている耳鼻科のお医者さんもいます。

急性中耳炎についてひととおりお話ししてきましたが、急性中耳炎を何度も何度もくり返し、予防のためということで、症状がないときにも抗生物質をのみ続けているような子どもはたくさんいます。予防のために抗生物質をのむというのは過剰《かじょう》な治療だと思いますし、中耳炎は治っているのに、まだ治りきっていないと言われて、抗生物質をのみ続けている子どももいるように思われます。

そんな場合は、かかりつけのお医者さんに、「予防のために抗生物質をのむことは、意味があるのか」、「どうしてこんなに長びいているのか」とか、「抗生物質を使わなくても治ることはないのか」というふうに、率直に聞いてみることにしましょう。

もし納得できる答えが得られなかったら、別のお医者さんに意見を聞いてみることも有益と思います。

滲出《しんしゅつ》性《せい》中耳炎《ちゅうじえん》

滲出性中耳炎は、難聴《なんちょう》(↓334ページ)以外にはとくに症状がなく、中耳に滲出液がたまっている状態です。ずっと以前に、滲出性中耳炎の滲出液のなかには細菌はいないと言われた時期もありましたが、いまは細菌が存在しているのがふつうだとされています。

滲出液がたまった状態がどのくらい続いているかによって、急性と慢性とにわけられます。

たまっている状態が続いているのが3週間以内のものを急性滲出性中耳炎と呼び、3週間から3カ月以内の場合は亜急性《あきゅうせい》滲出性中耳炎、3カ月を超える場合は、慢性滲出性中耳炎と呼ばれます。

滲出《しんしゅつ》性《せい》中耳炎《ちゅうじえん》の症状

症状は難聴《なんちょう》だけと言ってよく、まわりの人が難聴に気づいて受診させ、それで見つかるというケースがほとんどです(大人の場合は、耳のふさがる感じや、耳鳴りなどの症状が見られることがあります)。

滲出性中耳炎の場合、鼓膜《こまく》が赤くなっているとか破れているといった所見《しょけん》がないので、耳鼻科専門医でないと診断できないのがふつうです。

原因についてはいろいろな説がありますが、耳管《じかん》の働きがおちていることのほか、いろいろな因子《いんし》が重なって滲出性中耳炎になるのだろうと言われています。

滲出《しんしゅつ》性《せい》中耳炎《ちゅうじえん》の治療

次に滲出性中耳炎の治療ですが、これは難聴《なんちょう》を改善するということが目的になります。しかし難聴も軽いものが多いということ、また滲出性中耳炎という病気が成長していくにしたがって自然によくなっていくことなどから、その治療については、さまざまな考えかたがあります。

アメリカでは2004年に急性中耳炎と同様、滲出性中耳炎についてもガイドラインを作っていますが、そこでは特別なケースを除いて、少なくとも3カ月間は何もせずにようすを見る、という治療がすすめられています。特別なケースというのは、次のような場合です。

○滲出性中耳炎と関係のない、不治《ふじ》の難聴がある子ども
○発達の遅れがある子ども
○ことばの遅れがある子ども(→355ページ)
○ダウン症(→341ページ)の子ども(ダウン症の子どもでは、滲出性中耳炎による難聴の率が高く、自然に治りにくいと言われています)
○目の見えない子ども
○口蓋裂《こうがいれつ》のある子ども(→暮らし56ページ)

こうした子どもについても、もちろん主治医が治療をするかどうか決めることになるわけですが、おおむね治療をすることになります。

アメリカの調査では、急性中耳炎のあとで滲出性中耳炎が残った子どものうち、75〜90%が3カ月以内に、何もしないで自然に治ってしまいます。先ほどあげたような特別のケースの子どもについては積極的な治療を考えますが、そうでない無症状の子どもについては、3カ月間何もしないでようすを見る方針がとられています。

問題をかかえていない無症状の子どもの場合は3カ月ようすを見て、そして3カ月経《た》ってもよくならない場合は抗生物質による治療や、鼓膜《こまく》チューブの留置《りゅうち》による治療がおこなわれます。

外耳《がいじ》道炎《どうえん》(外耳炎《がいじえん》)

外耳道炎は、外耳炎とも呼ばれます。非常に強い痛みを特徴とする病気です。

外耳道(290ページの図参照)のどこかに傷がつき、そこからブドウ球菌などの細菌が侵入して炎症を起こしたもので、外耳道にできた「おでき」と言ってもよいでしょう。

外耳の入口のほうにできた場合は、肉眼で赤く腫《は》れあがっているようすがわかりますが、奥のほうにできた場合は、耳鼻科でみてもらわないと診断がつきません。

外耳道炎の痛みは、耳たぶをひっぱられると強まります。痛がっている子どもの耳をひっぱってみるのは非情なことと思われるかもしれませんが、少しひっぱってみて、「痛い!」という反応があったら外耳道炎かもしれないので、耳鼻科へ行って確認してもらいましょう。

治療としては、抗生物質の含まれた軟膏《なんこう》をぬったり、抗生物質や鎮痛剤《ちんつうざい》を内服させたりします。

最後に、外耳道炎の原因としては、「耳かき」がかなり多いことに注意をおきましょう。

耳掃除をして傷つけ、そこから細菌が入って、外耳道炎になるのです。

子どもは耳かきを嫌《いや》がることが多く、耳かき中に動いたりして傷がつくのですね。乳幼児の耳かきは、しないようにしましょう。耳あかがねばっこい子の場合は、たまったら耳鼻科で取ってもらうのがよく、かさかさした耳あかの子ですと、耳あかは自然に外へ出ていくものですから。

中耳炎《ちゅうじえん》をくり返す子どもへの対応

1度中耳炎にかかった子どもは、くり返しかかりやすいことが多いのですが、中耳炎に何度もかかる場合、反復性中耳炎《はんぷくせいちゅうじえん》と呼びます。しかし、どのくらいの頻度《ひんど》でかかる場合を反復性中耳炎と呼ぶかについては、専門家のあいだでも統一されていません。

6カ月に3回、ないしは12カ月に4回以上かかるものを反復性中耳炎と呼ぶべきだ、と言う専門家もいますし、1年間に6回以上くり返すものを呼ぶべきだ、と言う専門家もいます。また、1歳までに4回以上、2歳までに6回以上くり返すものを反復性中耳炎と呼ぶべきだ、と言う専門家もいて、いろいろです。

ここでは、1歳までに4回以上、2歳までに6回以上あたりを、反復性中耳炎と定義しておきましょう。

まず、中耳炎に初めてかかった年齢が早いほど、反復性中耳炎になりやすいと言われています。たとえば反復性中耳炎の子どもの半分が、生後6カ月から1歳までという幼い時期に、初めての中耳炎にかかっていたという報告もあります。

次に、反復性中耳炎のなかには、急性中耳炎をくり返す反復性急性中耳炎と、滲出性中耳炎《しんしゅつせいちゅうじえん》をくり返す反復性滲出性中耳炎とがあります。

いずれにしても、子どもが中耳炎をくり返すのは親にとって悩みの種であり、何とか中耳炎にならなくなる方法はないものか、と思うでしょう。

症状がない時期にも予防として少量の抗生物質をのませておく(→295ページ)とか、アデノイドが大きい場合はアデノイドを取る(→104ページ)とか、いろいろな方法が試みられていますが、どれも効果は実証されていないようです。

子どもといっしょに生活している大人がタバコをすわないようにするといった配慮は、ある程度有効かもしれません。

結局、成長していくにつれて中耳炎になる回数は減っていくものだということに期待して、じっくりつきあっていくしかないようです。

それは、おねしょが治るのに成長していくのを待つとか、扁桃炎《へんとうえん》にかかりやすい子どもが6歳とか10歳とか、自然にかからなくなる時期を待つとかいうことと同じなのです。

親が焦《あせ》ったりなげいたりしないで、なるべくゆったりした気持ちでつきあうこと、それ以上によい対策はないと思われます。

そのほかに、急性中耳炎（↓290ページ）のために耳だれが起こって、その液体のなかに含まれる細菌が、外耳道を汚染する場合があります。水泳で耳に水が入ったとき外耳道に傷がついていると、そこにきたない水が入りこんで感染を起こし、外耳道炎になることがあります。

また、外耳の部分は湿疹ができやすいところで、そこを子どもはしょっちゅうひっかいたりするので、そのために外耳道炎が起こることもあります。

子どものめまい

小さな子どもが「目がまわる」と言ったりすると、まわりの大人はびっくりします。「こんな小さな子どもに、めまいなんて起こるんだろうか」とか、「子どもでも、めまいという感覚がわかるんだろうか」と思うからではないでしょうか。これは、小さな子どもが「頭が痛い」と言いだしたりしたときに大人が感じる驚きや、とまどいに似ていると思われます。

でも4歳くらいの子どもが「目がまわる」と言っていて、どう考えてもそれが確かに「回転性めまい」のことを言っているのだ、と思わされたことは、何度もあります。

「めまい」とは？

ここで「回転性めまい」という言葉が出てきましたね。この言葉を説明する必要がありますが、その前に、日本語のめまいという言葉のあいまいさに、ちょっとふれておきましょう。

「めまい」という言葉を辞書でひいてみますと、「目がまわること。目がくらむこと」などと書かれています。

大人の患者さんが「めまいがします」と言っているときに、ぼくは「どんなめまいのことを言っているのかなあ。まわりがぐるぐるまわる感じなのかなあ、それとも、ふわーっと気が遠くなるような感じになることかなあ」などと考えて、そのうちのどれかを質問することから診察を始めます。子どもの場合も質問のしかたに工夫はいりますが、やはり大人の場合と同じような質問をします。

それは日本語の場合、「めまい」と表現されるもののなかに、「ぐるぐる目がまわる」という感じや、「からだがゆれるような感じ」や、「立ちくらみ」など、いろいろ含まれているからです。しかしこれらのうち、「立ちくらみ」という現象は、「めまい」と表現しないほうがよいと思います。

医者の定義する「めまい」

耳鼻科のお医者さんの定義する「めまい」は、「自分や周囲が動いていないのに、動いているように感じる異常感覚」というようなものです。

そして、周囲のものがうず巻きのようにグルグルまわるものを回転性めまいと言い、酒に酔ったときのように、からだがフラフラしたり目の前が真っ暗になったりするものを、非回転性めまいと言います。

回転性めまいは、内耳《ないじ》にある三半規官《さんはんきかん》という部分の変調によって起こるのがふつうですが、原因はいろいろです。

次に、子どもでめまいの症状が見られる病気の代表として、小児良性発作性《しょうにりょうせいほっさせい》めまいという病気を紹介しておきます。

小児良性発作性《しょうにりょうせいほっさせい》めまい

小児良性発作性めまいは非常に珍しい病気と言ってよいでしょうが、ぼく自身はこれまで、この病気の子ども2人に出会ったことがあります。

1歳から4歳ごろに発病し、突然数秒から数分間のめまい発作が起こります。回転性めまいです。

周囲で見ている人は、子どもが驚きの表情をしたり、泣き叫んだり、よろめいたり倒れたりするのを目撃します。このとき、顔がまっさおになったり、首をかしげたりすることもあります。

脳波をとっても、何の異常もありません。

成長していくと、自然にめまい発作を起こさなくなりますが、そのかわりに片頭痛《へんずつう》(↓371ページ)の発作に悩まされることが多くなると言われています。

そのほかのめまいの原因になる病気

小児良性発作性《しょうにりょうせいほっさせい》めまいは心配する必要のない病気ですが、これ以外にめまいの原因になる病気で、見逃してはいけないものがいくつかあります。

たとえば脳腫瘍《のうしゅよう》はそのひとつで、日に日に強くなるめまいが初発の症状であることがあります。また、めまいがてんかん(↓209ページ)の一症状であることもあります。

子どもがめまいを口で表現できるのは、早い子どもだと2歳半くらいで可能だと言われていますから、子どもが「目がまわる」と言ったら、「うそだろう」と決めつけたりしないで、耳鼻科や小児神経の専門医の診察を受けておくべきです。

鼻の病気

かつて、小さい男の子が「はなたれ小僧」などと呼ばれた時代がありました。辞書をひいてみると、「はなたらし」、「はなたれ」、「はなたれ小僧」がみんな同じ意味で用られ、「意気地《いくじ》のない、また年若く、経験の浅い者をののしっていう言葉」というふうに書かれています。ぼくの記憶では、「はなたれ小僧」は「お尻が青い」というのと同じ意味で、

「まだ、ガキだね」というような意味で使われていたと思うのですが、「意気地なし」という意味がこめられていたようです。

それはともかく、はなをたらしている子どもが、そこらにいくらでもいたことは確かです。小学生になっても青っぱなをたらしている子がたくさんいて、学生服の袖口《そでぐち》でさかんに鼻をこするので、袖口がパリパリになっていたものでした。

青っぱなをたらしていたということは副鼻腔炎《ふくびくうえん》(→303ページ)になっていたということですが、治療などしてはいませんでした。当時は抗生物質が手に入りにくい時代でしたから、治療の方法もなかったわけですが。

それで、この青っぱなをたらしていた子どもたちが大きくなってどうなったかというと、慢性副鼻腔炎(蓄膿症《ちくのうしょう》)になった人もあったでしょうが、たいていの人は自然に治って、何事もなく生活していくようになったのです。

はな水を過剰《かじょう》に心配しないで

そういう時代に比べてみると、ちょっとはな水が出ただけで、「かぜのひき始めかしら。かぜは、早く治さないといけないし」ということで、子どもを診察に連れてくるお母さんやお父さんが少なくない現状に、あらためて驚かされます。

大人の場合、寒いところから暖かいところへ入ったときにくしゃみが出たり、冷たい空気にふれたときに、はな水がツーッと出たりすることはあると思いますが、それですぐ病院へ行ったりはしませんよね。でも子どもたちはその程度のことで、病院へ連れて行かれているのです。

小さな子どもは鼻の粘膜《ねんまく》が敏感ですから、大人よりもくしゃみが出たり、はな水が出たりしやすいのです。ですから子どもが多少はな水を出していても、それを病気と考えてすぐ病院へ連れて行ったりしないでください。

赤ちゃんがくしゃみを何回かしたということで病院へ連れて行くというのも過保護だし、過剰医療です。そんなことをまず、心にとめておいてください。

それでは、鼻の病気についてお話しします。

いろいろな鼻炎

鼻炎というのは、さまざまな原因によって鼻に炎症が起き、そのために鼻づまり、はな水、くしゃみなどの症状が起こるものを言います。

鼻炎のなかには急性鼻炎《きゅうせいびえん》、アレルギー性鼻炎《せいびえん》、血《けっ》管運動性鼻炎《かんうんどうせいびえん》(→303ページ)などいろいろなものがありますが、子どもの場合、血管運動性鼻炎はあまり見られません。

多いのは急性鼻炎で、これはふつう「鼻かぜ」と言われているものです。そしてアレルギー性鼻炎ですが、これはかつて「もっぱら大人の病気で、子どもではきわめて少ない」と思われていましたが、最近はかなり増えてきました。

アレルギー性鼻炎のうち、花粉によって起こるものは花粉症《かふんしょう》(→176ページ)と呼ばれます。

花粉症も大人ではきわめて多いけれど、乳幼児や高齢者には少ないと言われてきました。しかし、最近では赤ちゃんでも80歳以上のお年よりでも、花粉症にかかっています。

花粉症が増えている原因ははっきりとはわかっていませんが、花粉症をはじめとするアレルギーの病気が増えていることは確かです。

では、いろいろある鼻炎のひとつひとつについて、お話ししていきましょう。

急性鼻炎《きゅうせいびえん》(鼻かぜ)

急性鼻炎は、いわゆる「鼻かぜ」です。はな水、鼻づまり、くしゃみが主症状で、そのほかに、のどの痛みやせきといった症状もともなうことがあります。

この病気はウイルスによるもので、多くはライノウイルスというウイルスによって起こります。とくに治療をしなくても、数日で自然に治ります。

アレルギー性鼻炎《せいびえん》(鼻アレルギー)

アレルギー性鼻炎という病名よりも、鼻アレルギーという病名のほうがよく使われています。アレルギーの専門書を見ると、鼻アレルギーという病名で書かれているものと、アレルギー性鼻炎という病名で書かれているものとがあります。こういう混乱は解消されて、病名がひとつに整理されるといいと思いますね(アレルギーの病気については151ページ以下で説明しています)。

アレルギー性鼻炎《せいびえん》の症状

アレルギー性鼻炎は、ある特定の物質の刺激で鼻

の粘膜《ねんまく》が刺激され、くしゃみ、水っぱな、鼻づまりといった症状を起こすものです。

原因になる特定の物質が不明でも、鼻の所見《しょけん》から、耳鼻科医がアレルギー性鼻炎と診断することもあります。

くしゃみ、水っぱな、鼻づまりが3大症状ではありますが、大人の場合、これらが3つとも見られることが多いのに対して、子どもでは、くしゃみをともなわないことが多いのが、ひとつの特徴です。

そのほか子どもでは、鼻こすり、口モグモグ、目の下のくまなどがよく見られます。

鼻こすりは鼻のかゆみ、あるいは鼻づまりのために鼻が気になるためのしぐさで、鼻を手のひらでこすりあげたり、手の甲《こう》で鼻の穴の周囲をこすったりします。

また、鼻づまりが苦になるため、口をモグモグさせることもあります。

目の下、あるいは目の上部にくまができて、目のまわりがうすく黒ずんでいるのも、アレルギー性鼻炎のひとつの特徴です。

目の下のくまはずっとむかしに、「結核にかかると目の下にくまができる」などと言われたことがあったために、いまでも「目の下のくま＝重病」と考えられてしまうことがあるようです。しかし目の下のくまは、重病のサインではありません。アレルギー性鼻炎と関係があるくらいのものですから、気にしなくていいのです。

話は少しそれますが、37度前後の微熱《びねつ》が続く場合や寝汗が多い場合も、重病が隠れているのではないかと心配されることがよくあります。しかし37度前後の熱が長く続いていても、重病のためであるというようなことは、まずありません。この程度の熱が続くとき、副鼻腔炎《ふくびくうえん》（→次ページ）にかかっていることはよくありますが、それ以外にはとくに病気がないのがふつうです。

原因となるアレルゲン

アレルギー性鼻炎《せいびえん》の原因となるものはアレルゲンと呼ばれますが、アレルゲンには通年性のものと、季節性のものとがあります。季節性というのは、春とか秋とかある季節にだけ鼻炎を起こすようなもので、通年性というのは季節を選ばず、1年中いつでも鼻炎を起こすようなものです。

季節性のアレルゲンとしては、春ですとスギ、ヒノキ、シラカバなどの花粉、初夏ですとカモガヤ、ハルガヤ、ナガハグサなどの花粉、盛夏から秋ですとブタクサ、アキノキリンソウの花粉などがあります。また通年性のアレルゲンとしては、ダニ、ゴキブリ、ハウスダスト（家庭内の塵《ちり》）、かびなどがあります。

アレルギー性鼻炎《せいびえん》の治療

治療としてはまず、アレルゲンを避《さ》ける対策をします。花粉症の場合は、飛散《ひさん》の多い日は外出を避けるとか、窓を閉めるとか、マスクをするとかいう方法がありますが、保育園や幼稚園へ行っている子どもが1日室内に閉じこもっているなどというのはとても無理なことで、ある程度花粉にふれることは避けられません。

ダニが原因となっている場合には、住居を板の床に換える、寝具をほす回数を増やす、寝るときぬいぐるみを抱かない、などといった方法を考えます。

薬による治療としては、抗ヒスタミン剤をのむとか、抗アレルギー薬の点鼻薬《てんびやく》を点鼻するなどといった方法があります。

アレルギー性鼻炎は確かにうっとうしいものですが、本人はある程度慣れてしまって、平気になるものです。ぼく自身がもう50年以上もアレルギー性鼻炎とともに暮らしているので、「はたで見ているほど、本人はつらくないものだ」と自信をもって言えるのです。

アレルギー性鼻炎を完治《かんち》させるよい方法はいまのところありませんが、親として「何とかして治してやらなくては」と必死になったりする必要はないと思います。アレルギー性鼻炎は、たいした病気ではないのですから。

ただ、花粉症となると目の症状もいっしょに起こりますので、そうとうつらい思いをします。しかし幸い子どもの場合、一般的に大人に比べると、花粉症の症状は軽いと言われています。抗ヒスタミン剤をのむことで、十分おさえられる例が多いのです。

ただ抗ヒスタミン剤をのむと、子どもによっては眠くなったりボーッとしたりすることがあって、それが困りものですが、そんな場合は点鼻薬でコントロールすることになります。

血管運動性鼻炎《けっかんうんどうせいびえん》

発作《ほっさ》的にくしゃみが続けざまに出て、はな水がダラダラ出る、そして鼻がつまるというふうに、アレルギー性鼻炎《せいびえん》の症状がそろっているけれど、特定のアレルゲン(原因)が見つからず、鼻の所見《しょけん》もアレルギー性鼻炎とはちがっている、というものを血管運動性鼻炎と言います。

温度の変化、気圧の変化などの影響でくしゃみが出て、止まらなくなったりします。

血管運動性鼻炎は大人には少なくありませんが、子どもでは珍しいと言われています。

治療法はアレルギー性鼻炎と同様です。

副鼻腔炎《ふくびくうえん》

鼻の病気についてお話ししていますが、お話の最初に「むかしの子どもは青っぱなをたらしていた」ことを紹介し、この青っぱなをたらしていた子どもたちは副鼻腔炎にかかっていたのだとお話ししました。

1950年代には子どもたちのうちの60%が副鼻腔炎に

なっていたと言われますから、副鼻腔炎なんて、日常的な病気だったわけです。

副鼻《ふくび》腔《くう》とは

さて、副鼻腔炎についてお話しするにはまず、副鼻腔について説明しておかねばなりません。

副鼻腔というのは鼻の奥にある洞穴《ほらあな》のことですが、鼻の奥に洞穴なんかあるのか、とお思いでしょうね。実は、あるのです。しかも4つもあります。そしてそれらはみな、鼻とつながっています。図を見てください。上顎洞《じょうがくどう》、篩骨洞《しこつどう》、前頭洞《ぜんとうどう》、蝶形骨洞《ちょうけいこつどう》という4つの洞穴があるわけです。

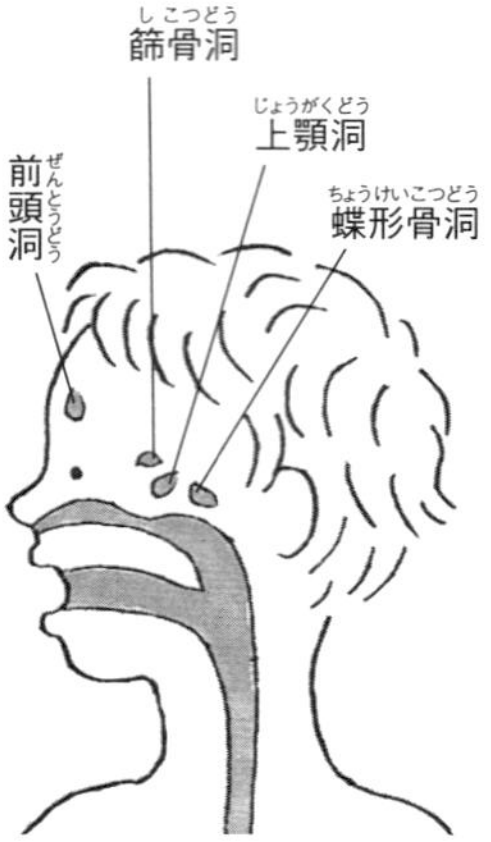

副鼻腔《ふくびくう》の位置

鼻についたウイルスや細菌が、奥まで侵入していってこれらの洞《どう》に入りこみ、そこで増殖《ぞうしょく》して症状を起こした場合、副鼻腔炎と呼ばれます。

副鼻腔炎には、急性副鼻腔炎と慢性副鼻腔炎とがありますが、急性副鼻腔炎にも、急性カタル性副鼻腔炎と急性化膿性副鼻腔炎《きゅうせいかのうせいふくびくうえん》とがあります。ちょっと複雑になってしまいましたが、少し整理してお話ししましょう。

まず鼻やのどにウイルス感染が起こり、そのウイルスが副鼻腔に入りこむと、急性カタル性副鼻腔炎になります（「カタル」というのは炎症の意味です）。

そこにさらに細菌もくっつくと、急性化膿性副鼻腔炎になります。そしてこれが短期間でよくならず、長びいた場合が、慢性副鼻腔炎ということになります。

ふつう副鼻腔炎と呼ばれるのは、急性化膿性副鼻腔炎と、慢性副鼻腔炎のことです。

では、それぞれの症状についてお話ししましょう。

急性《きゅうせい》カタル性《せい》副鼻《ふくび》腔炎《くうえん》

まず、急性カタル性副鼻腔炎では、急性鼻炎《きゅうせいびえん》のときとほぼ同じ症状です。つまり、はな水、鼻づまり、鼻声といった程度で、これは鼻かぜですまされてしまいます。

急性化膿性副鼻腔炎《きゅうせいかのうせいふくびくうえん》

急性化膿性副鼻腔炎は、肺炎球菌やインフルエンザ菌などが感染することによって起こります。

症状としては、はな水、鼻づまり、発熱、せき、口臭《こうしゅう》、いびき、口呼吸（口で呼吸すること）、食欲低下などがあります。食欲がおちるのは、鼻がつまると味覚がおちるからでしょう。

慢性副鼻腔炎《まんせいふくびくうえん》（蓄膿症《ちくのうしょう》）

慢性副鼻腔炎の場合はさらに、顔面の痛み、長く続くせき、頭痛などの症状が加わります。

子どもの慢性副鼻腔炎でいちばん多い症状は、意外なことに、「長びくせき」なのです。それで、子どものせきが長びいてなかなかよくならないときに、慢性副鼻腔炎にかかっていないかどうか、耳鼻科でみてもらうことをおすすめしたいと思います。副鼻腔炎の治療で、せきがよくなる場合も少なくないのです。

顔面の痛みは**図**の部分に起こります。この部分が少し腫《は》れていることもあって、そんな場合はほぼ確実に、慢性副鼻腔炎と言ってよいでしょう。

慢性副鼻腔炎《まんせいふくびくうえん》の顔面の痛み

ただ子どもの場合は、顔が痛いと訴えることは少なく、顔面の痛みは大人によく見られる症状です。

副鼻腔炎《ふくびくうえん》の治療

次に急性化膿性副鼻腔炎《きゅうせいかのうせいふくびくうえん》の治療ですが、日本では抗生物質をのんで治療します。しかしアメリカでは、とくに治療をしないでそのまま経過を見ることもあるようで、アメリカの小児科の教科書を見ると、「急性化膿性副鼻腔炎にかかった子どものうち50～67％は、症状が始まってから4週間以内に自然に治る」と書かれています。

かなりの例が自然治癒《しぜんちゆ》している事実があって、「細菌性の感染症《かんせんしょう》なら、抗生物質を使うのがあたりまえ」と思われている日本の状況から考えると、驚異的です。ぼくが子どもの時代、副鼻腔炎の子どもがたくさんいたことはお話ししましたが、そのころは抗生物質がなかったため自然に治るにまかせていたわけで、それで大半の例は治ってしまったわけです。

アメリカの教科書では、「副鼻腔炎を治療せず、ほうっておいても、脳に膿瘍《のうよう》ができるとか髄膜炎《ずいまくえん》になるとかいったことはまれなので、何もせずに経過を見ていてもよい」とも書かれています。

高熱があったり頭痛や顔面痛がある場合は抗生物質で治療したほうがよいでしょうが、症状が軽い急性化膿性副鼻腔炎は、しばらくようすを見て、1カ月してもよくならないときだけ治療する、といったことでもよいのではないでしょうか。

慢性副鼻腔炎の場合は、アメリカでも抗生物質で治療するようで、「慢性副鼻腔炎の90％は、抗生物質などによる治療で治る」と教科書に書かれています。

副鼻腔炎《ふくびくうえん》の予防

急性化膿性副鼻腔炎《きゅうせいかのうせいふくびくうえん》や慢性副鼻腔炎《まんせいふくびくうえん》にならないように、予防する方法はあるでしょうか。

慢性副鼻腔炎にかかっている人の半分はアレルギ

ー性鼻炎《せいびえん》(→301ページ)にもかかっているので、アレルギー性鼻炎の原因になっている物質(アレルゲン)を遠ざけることが、副鼻腔炎の予防にもなります。

また、鼻ポリープがある場合は、副腎皮質《ふくじんひしつ》ホルモンの点鼻薬《てんびやく》を使ったり、手術をおこなったりして治しておくことがおすすめです。

6カ月に3回以上、あるいは1年に4回以上、急性化膿性副鼻腔炎を起こす場合は、反復性副鼻腔炎《はんぷくせいふくびくうえん》と呼び、予防として長期間抗生物質をのんでおくということを試みる場合もあります。

中耳炎《ちゅうじえん》をくり返す子ども、副鼻腔炎をくり返す子どもなどについて、お医者さんから、扁桃《へんとう》やアデノイドを取ってみたら、とすすめられることがあります。そのときどうしたらよいかについては、「呼吸器の病気」の103ページでお話ししていますので、そちらを見てください。

子どもの鼻血

子どもは、よく鼻血を出します。子どもの鼻血は日常的なできごとと言ってもよいものですが、それをとても心配する親もいます。

大人は、ほとんど鼻血が出ることはないので、子どもであっても鼻血が出たということが、たいへんなことに見えるのでしょう。心配する人の多くはどこかで、「白血病のような病気になると、出血しやすくなる。出血しやすくなると、鼻血も出るようになる」ということを見たり聞いたりしていて、「鼻血=白血病」というふうに考えてしまうのですね。

しかしこれまで「鼻血が出やすい」ということでぼくのところへ診察にきた無数の子どもについて言えば、血液の病気の子どもは1人もいませんでした。ですから、鼻血でやたらに心配しないでくださいね。

では、子どもの鼻血の原因は何かと言えば、ほとんどは急性鼻炎《きゅうせいびえん》(→301ページ)、アレルギー性鼻炎《せいびえん》(→301ページ)、慢性副鼻腔炎《まんせいふくびくうえん》(→304ページ)、鼻いじりです。

鼻血の起こりやすい時期は7〜9月で、高齢者の鼻血が冬に起こりやすいのと対象的です。

鼻血をとめるには、首を前に曲げ、鼻をつまんで、外側から鼻の穴を圧迫するようにおさえます。

首を後ろへ曲げて顔を天井へむけるのは、鼻血をのみこみ、胃のほうへ入って吐《は》きけをもよおすことになりますから、やめましょう。首の後ろをトントンたたいたりするのも無意味です。

綿などを鼻へつめるのは、鼻の奥へ入りこんで、とれなくなるおそれがあるので、おすすめできません。

もし鼻血が大量で、口からもあふれるとか、30分以上もだらだらと出続けているようなときは、血が出やすくなる病気にかかっている可能性もあるので、血液検査で確かめておくほうがよいでしょう。

目の病気

＊ここであつかう主な症状と病気

目が赤い
目が痛い
涙が出やすい(流涙《りゅうるい》)
目やにが出る
まぶたが腫《は》れる
新生児《しんせいじ》結膜炎《けつまくえん》
流行性《りゅうこうせい》結膜炎《けつまくえん》
咽頭《いんとう》結膜熱《けつまくねつ》(プール熱)
細菌性《さいきんせい》結膜炎《けつまくえん》
アレルギー性結膜炎《せいけつまくえん》
春季《しゅんき》カタル
麦粒腫《ばくりゅうしゅ》(ものもらい、めばちこ)
近視《きんし》、遠視《えんし》、乱視《らんし》
弱視《じゃくし》
斜視《しゃし》

子どもの場合、目の病気は種類が多くありません。

小児科の外来で見るもののほとんどは、いわゆる結膜炎《けつまくえん》です。

しかしそれ以外に、近視《きんし》、遠視《えんし》、斜視《しゃし》といったものについて、小児科医でも相談を受けることがあります。

ここでは目の病気の主なものをとりあげ、簡単な説明をしておくことにします。

まず、目に関するいろいろな症状について考えてみましょう。目に関する症状から、どのような病気を考えるかということです。

目が赤い

この場合、充血《じゅうけつ》と出血《しゅっけつ》があり、充血のなかに結膜《けつまく》充血《じゅうけつ》と毛様充血《もうようじゅうけつ》があるのですが、そうしたこまかい区別については、眼科の専門医でないとわからないのがふつうです。

ただ充血と出血のちがいは、みなさんでもわかります。充血の場合はよく見ると、**図**(右)のように1本1本の血管が太くなっているのがわかります。出血の場合は白目《しろめ》の一部が、**図**(左)のように、まっかになります。

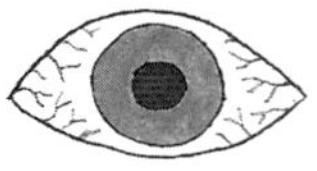

目の充血

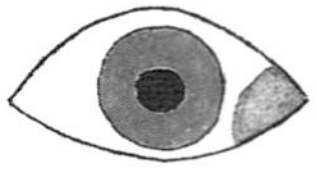

目の出血

　出血の場合、痛くも何ともないので鏡を見るまで気がつかないというのがふつうで、たまたま鏡を見て「エーッ、なに、これは」と、びっくり仰天《ぎょうてん》します。あるいは家族や友人から、「目がすごいよ。どうしたの」などと言われて、初めて気がつくということもよくあります。

　この出血は見ためが派手ですが、実は無害なもので、結膜下出血《けつまくかしゅっけつ》と呼ばれます。大人に多く、子どもではまれにしか起こりません。原因は不明ですが、1週間ほどすれば自然に治ります。

　なお、結膜充血は結膜炎《けつまくえん》(↓次ページ)のときに見られる症状で、毛様充血は川崎病《かわさきびょう》(↓180ページ)などで見られます。

目が痛い

　子どもが急に「目が痛い」と言いだしたら、まず異物が目に入ったのではないかと考えます(↓422ページ)。ぼく自身も経験があります。数年前のこと、風の強い日に道を歩いていたら、突然左の目が痛くなりました。帰宅しても痛みがとれず、涙もいっぱい出てくるので、目に水を流して洗ってみましたが、よくなりません。結局、眼科へ行くことになりましたが、角膜《かくまく》の表面にくっついた微小な金属片を取り除いてもらったら、瞬時に痛みがとれてスッキリしました。風に乗って飛んできたものでしたが、そんなものでも、かなり強い痛みをひき起こすものだとわかりました。

　痛がっている子どもの目をのぞいてみると、異物が見えることもありますが、家庭で取り除こうとせず、眼科へ行って取ってもらうのがよいと思います。

　ウイルスや細菌によって起こる結膜炎《けつまくえん》でも、痛みが起こることがあります。

　麦粒腫《ばくりゅうしゅ》(ものもらい↓312ページ)でも痛みが起こります。この場合、まぶたが腫《は》れて、赤くなっているのがふつうです。

涙が出やすい(流涙《りゅうるい》)

　涙が出やすいという症状の原因としては、涙が出すぎる場合と、涙の排出《はいしゅつ》が妨げられて、あふれる場合とがあります。

　涙が出すぎるのは、角膜《かくまく》に異物がくっついたような場合です。

涙の排出が妨げられるというのは、目から鼻へ通ずる鼻涙管《びるいかん》がつまっていることで起こります。涙は鼻涙管を通って鼻にいたり、そこからのみこまれてのどのほうへ送られているのですが、そこがつまると、目のほうへあふれ出てくるのです。

新生児で涙や目やにが多いときは、鼻涙管がつまっているのではないかと考えます。眼科へ行くと、つまった部分があれば、そこを通してくれます。

目やにが出る

目やにには、結膜炎《けつまくえん》か、鼻涙管《びるいかん》がつまっているかどちらかのときに見られますが、たいていは結膜炎です。

まぶたが腫《は》れる

まぶたが腫れるといっても、腫れぼったくなる場合と、はっきり腫れあがる場合があり、また、片側が腫れる場合と、両側が腫れる場合とがあります。

両側が腫れぼったくなるのは、たとえば寝すぎたときなどにも起こりますが、そうしたものは短時間で消失します。腫れぼったい状態が続くのは、腎臓病、心臓病、甲状腺機能低下症《こうじょうせんきのうていかしょう》(↓228ページ)のときなどです。またEBウイルス感染症のときにも見られ、これはEBウイルス感染症の特徴のひとつと言えます(↓87ページ)。

片側のまぶたが腫れぼったくなるのは、麦粒腫《ばくりゅうしゅ》(↓312ページ)や結膜炎《けつまくえん》のときです。

まぶたがはっきり腫れあがる場合は、たいてい左右どちらかで、両側が腫れあがることはめったにありません。はっきり腫れあがる原因としてもっとも多いのは、虫刺《むしさ》され(↓271ページ)です。また、じんましん(↓270ページ)がからだの一部分に出る場合がありますが、まぶたは唇《くちびる》とともに、じんましんがよく出る場所です。さらに麦粒腫でも、かなり腫れることがあります。

では次に、子どもでよく見られる目の病気の主なものについて、お話ししましょう。

さまざまな結膜炎《けつまくえん》

子どもの目の病気として、もっとも多いのは、結膜炎です。結膜炎の原因としてはいろいろなものがありますが、ウイルスによるもの、細菌によるものが、圧倒的多数をしめます。

ただ最近、かつてはもっぱら大人の病気と思われていた花粉症《かふんしょう》(↓176ページ)が子どもにも増えてきたということもあり、アレルギー性の結膜炎と呼ばれるものが増えてきました。

そうしたさまざまな結膜炎について、簡単に解説しておきます。

新生児《しんせいじ》結膜炎《けつまくえん》

出生時、お母さんの産道《さんどう》を通ってくるとき、産道に存在するさまざまな細菌に感染し、結膜炎が起こります。これが新生児結膜炎ですが、細菌としてはクラミジアがもっとも多い原因になっています。

生後5〜12日で発病し、結膜の充血《じゅうけつ》やまぶたの発《ほっ》赤《せき》、腫《は》れなどが見られ、またうみのような目やにが見られます。抗生物質の眼軟膏《がんなんこう》をぬったり、ときに抗生物質をのませたりすることもあります。

流行性結膜炎《りゅうこうせいけつまくえん》

流行性結膜炎はアデノウイルス8型、19型、37型に感染して起こる結膜炎です。

目やに、結膜の充血《じゅうけつ》、まぶたの腫《は》れで始まり、耳の前方にあるリンパ節《せつ》が腫れて痛みます。ただ乳幼児の場合は、リンパ節の腫れが見られないのがふつうです。

目やには、朝起きたときにはベットリと目にくっついていますが、昼間はうすい、涙のような目やにになります。

結膜炎が片方の目だけに起こった場合、1週間ほどして、反対側に起こることもあります。

抗生物質の点眼薬《てんがんやく》や、ときには副腎皮質《ふくじんひしつ》ホルモン（ステロイド）の点眼をすることもあります。

咽頭結膜熱《いんとうけつまくねつ》（プール熱）

咽頭結膜熱（プール熱とも呼ばれます）は、流行性《りゅうこうせい》結膜炎《けつまくえん》と同様、アデノウイルスによって起こりますが、こちらはアデノウイルス3型によって起こります（ほかにアデノウイルス1型、2型、4型、5型、7型、11型などによって起こることもありますが、少数です）。夏かぜの代表ですが、最近は冬にも見られるようになっています。

結膜は充血《じゅうけつ》し、目やにも見られますが、流行性結膜炎よりは軽度です。

発熱が見られ、たいていは高熱になります。39度前後の熱が数日続きますが、朝やや低く、夕方に上昇するというかたちになります。耳の前方のリンパ節《せつ》が腫《は》れて痛みます。のどが赤くなり痛み、扁桃《へんとう》は赤く腫れあがります。

吐《は》きけや下痢、筋肉痛などが見られることもあります。

結膜炎の症状は1〜2週間続きます。

原因はウイルスですから、いまのところ効《き》く薬はないのですが、細菌による混合感染を予防するということで、抗生物質の点眼薬《てんがんやく》が使われたりします。その効果については、はっきりしていません。

細菌性結膜炎《さいきんせいけつまくえん》

細菌性結膜炎というふうにひとまとめにしましたが、原因になる細菌はいろいろあります。

肺炎球菌《はいえんきゅうきん》、インフルエンザ菌、連鎖球菌《れんさきゅうきん》、ブドウ球菌、モラックス・アクセンフェルド菌、淋菌《りんきん》などですが、このなかでたとえば「肺炎球菌が結膜炎を起こすの？」といった疑問をもたれる方もあると思います。肺炎球菌という菌は肺炎しか起こさない、と思っている人も多いと思うのです。

しかし肺炎球菌は確かにいま、細菌性肺炎のなかでは原因菌としてもっとも多いものではありますが、肺炎だけでなく、結膜炎や中耳炎《ちゅうじえん》も起こすのです。

インフルエンザ菌が、インフルエンザと関係ないことは、すでにお話ししました(→65ページ)。インフルエンザ菌は結膜炎のほか、副鼻腔炎《ふくびくうえん》、中耳炎、子どもの細菌性髄膜炎《さいきんせいずいまくえん》などを起こします。

話がそれましたが、ともかく、いろいろな種類の細菌が結膜炎を起こすということです。

肺炎球菌によるものは冬に多く、乳幼児から学童に見られ、両眼の結膜が充血《じゅうけつ》し、目やにが出ます。症状は2～3日でもっとも強くなり、10日ほどで自然によくなります。インフルエンザ菌によるものは幼小児に多く見られ、結膜の充血、目やにのほか、痛みや、まぶしい感じなどの症状が見られることもあります。10日から2週間ほどで、自然によくなります。

連鎖球菌によるものは、乳児から高齢層までひろい年齢層に見られ、季節としては2～4月ごろに多く見られます。症状は充血と目やにです。

ブドウ球菌によるものは小児に多く、症状は充血と目やにです。

モラックス・アクセンフェルド菌によるものは、3歳以下の小児や成人女性に多く見られ、季節としては春に多発します。充血、目やにのほか、流涙《りゅうるい》、まばたきの増加などが起こります。

淋菌によるものは新生児に見られ、新生児淋菌性《しんせいじりんきんせい》結膜炎《けつまくえん》と呼ばれます。産道感染が原因で、生後1～3カ月に起こり、ほとんどは両目に見られます。結膜が充血し、まぶたは赤く腫《は》れあがります。

目やには最初水様《すいよう》で、やがてうみのようになります。2～3週この状態が続いたあと、自然によくなっていきます。潜伏期は1～3日間。また、症状があるあいだは、他人にうつります。

細菌性結膜炎は自然に治るものですが、自然経過にまかせると長期にわたるので、抗生物質の点眼薬《てんがんやく》を使って治るまでの時間の短縮をはかるのがふつうです。

アレルギー性結膜炎《せいけつまくえん》

ぼくたちは起きているあいだ、ほとんどの時間、目を開《あ》けているのがふつうです。ですから目は常に、外界の異物にさらされていることになります。そこで、何か異物が入ってくると涙で洗い流したり、涙のなかに含まれる殺菌物質によって殺菌したり、さまざまな防御《ぼうぎょ》をしているのですが、ときに目の表面でアレルギー反応が起こってしまうことがあります。これがアレルギー性結膜炎ですが、最近ではアレルギー性結膜炎の代表は、スギ花粉症になっています（→176ページ）。

スギ花粉症によるアレルギー性結膜炎は、結膜花《けつまくか》粉症《ふんしょう》と呼ばれます。結膜花粉症は幼小児や高齢層には少ないと言われてきましたが、最近では小さな子どもにも増えてきています。

スギ花粉の飛ぶ2～4月ごろに、目に急にかゆみが起こり、涙がたくさん出て、まぶしく感じます。同時に、はな水や、くしゃみが出ること（アレルギー性鼻炎との合併）もあります。

抗アレルギー薬の点眼薬《てんがんやく》を使うほか、目を冷やすのも効果があると言われます。

スギ花粉以外のアレルギー性結膜炎の原因としては、そのほかの花粉（5～7月にカモガヤ、オオアワガエリ、7～8月にヨモギ、ブタクサ、8～10月にカナムゲラ）、ハウスダスト、ダニ、さまざまなかび、ネコの毛などがあります。治療法は、スギ花粉による結膜炎と同様です。

春季《しゅんき》カタル

春季カタルは春から夏にかけて、子どもと青年層に見られる両眼性《りょうがんせい》の結膜炎です。

この病気にかかる子どもは喘息《ぜんそく》、じんましん、アトピー性皮膚炎《せいひふえん》などを持病としてもっていることが多く、それで春季カタルもアレルギーが原因だろうと言われていますが、特定の原因が見つかっているわけではありません。

かゆみが強く、ねばっこくて糸を引くような目やにが出ます。涙もたくさん出ますし、熱感《ねつかん》（熱っぽい感じ）や異物感も起こることがあります。治療には抗アレルギー薬の点眼薬《てんがんやく》を用います。

結膜炎《けつまくえん》以外の目の病気

麦粒腫《ばくりゅうしゅ》（ものもらい、めばちこ）

「ものもらい」とか「めばちこ」とかいう俗名《ぞくめい》を

もつ麦粒腫は、子どもでもよく見られます。

まぶたの毛根《もうこん》の部分には、汗や皮脂《ひし》などを分泌《ぶんぴ》する3種類の分泌腺《ぶんぴせん》がありますが、この部分に細菌が感染したものを麦粒腫と言います。

麦粒腫は、上まぶたの外側にできることが多く、初めはまぶたのふちが赤くなり、痛がゆさを感じます。まばたきするときに、うっとうしさを感じることもあります。目やにも出ます。

まぶたが腫《は》れてきて赤さが強まってくると、そこにしこりができ、指でおさえると痛みます。しこりの部分には、うみがたまっているのです。

何もしなくても、3～5日後に自然にうみが出てよくなることもありますが、痛いし、うっとうしい病気ですから、治療をしたほうがよいでしょう。抗生物質の点眼薬《てんがんやく》を点眼したり、抗生物質の軟膏《なんこう》をぬったりしますが、なかなかよくならない場合は眼科で切開《せっかい》をして、うみを出してもらうのがよいでしょう。

いろいろな屈折異常《くっせついじょう》

近視《きんし》、遠視《えんし》、乱視《らんし》

近視、遠視、乱視などを合わせて、屈折異常《くっせついじょう》と呼びます。なぜそう呼ぶのかを、まず説明しておきましょう。

光を感じるのは網膜《もうまく》という部分ですが、網膜に物体の像がピントを結ばないと、はっきり見えません。ピントを合わせるためには、水晶体《すいしょうたい》という部分が働いて、この水晶体がふくれたり、うすくなったりすることで、ピントを合わせています。

図の①を見てください。遠くを見るときは水晶体はうすいままになっていますが、近くを見るときはふくれてピントを合わせています。

①水晶体《すいしょうたい》によるピント合わせ

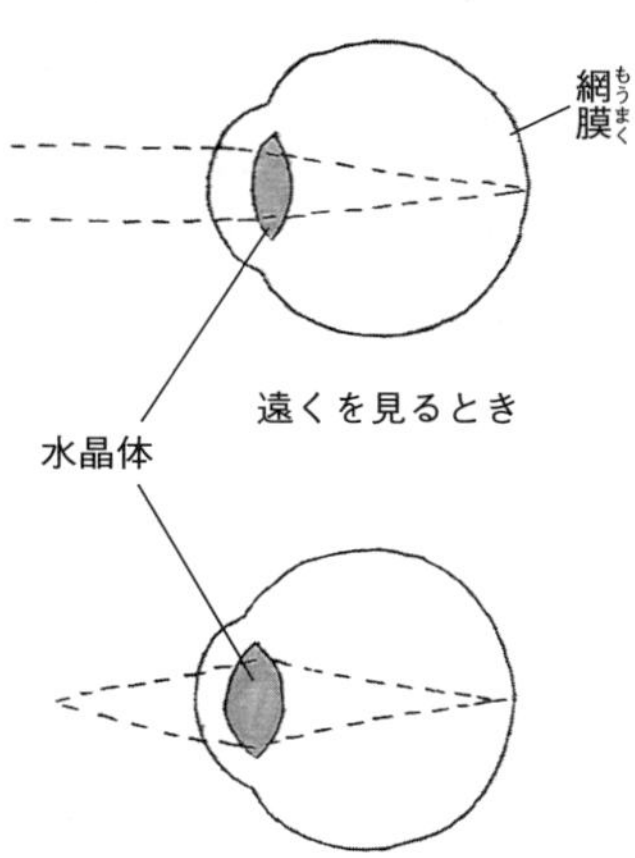

光は目のなかへ入ってくると、水晶体のほかに角《かく》膜《まく》、前房水《ぜんぼうすい》、硝子体《ガラスたい》などによって屈折され、網膜にちょうどよくピントを合わせているのですが、この屈折に異常が生じた場合を、屈折異常と呼びます。

②眼軸《がんじく》

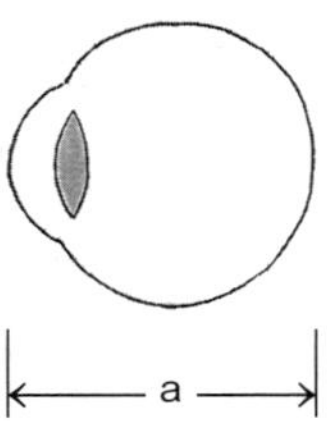

②のaを眼軸《がんじく》と呼び、眼軸が短いとか長いとか言いますが、眼軸が短い目が遠視で、眼軸が長い目が近視です。

③正視《せいし》，遠視《えんし》，近視《きんし》

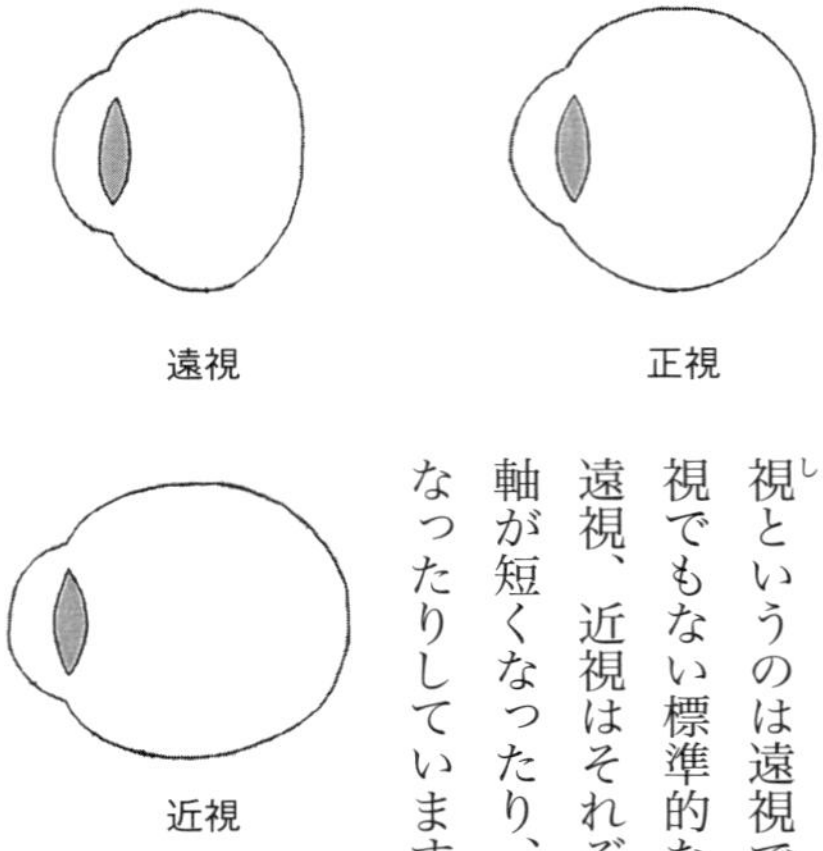

③を見てください。正《せい》視《し》というのは遠視でも近視でもない標準的な目で、遠視、近視はそれぞれ眼軸が短くなったり、長くなったりしていますね。

遠視《えんし》

遠視の場合をくわしく説明したのが、④です。遠視では眼軸《がんじく》が短いため、網膜《もうまく》より後方に像が結ばれることになってしまい、像はぼやけます。

しかし若い人ですと、水晶体《すいしょうたい》をふくらませることによって調節し、像を網膜上に結ぶことができます。ですから、はっきり見えるには見えるのですが、水晶体をふくらませ続けていなければならないので、目が疲れるということが起こります。

④遠視の場合

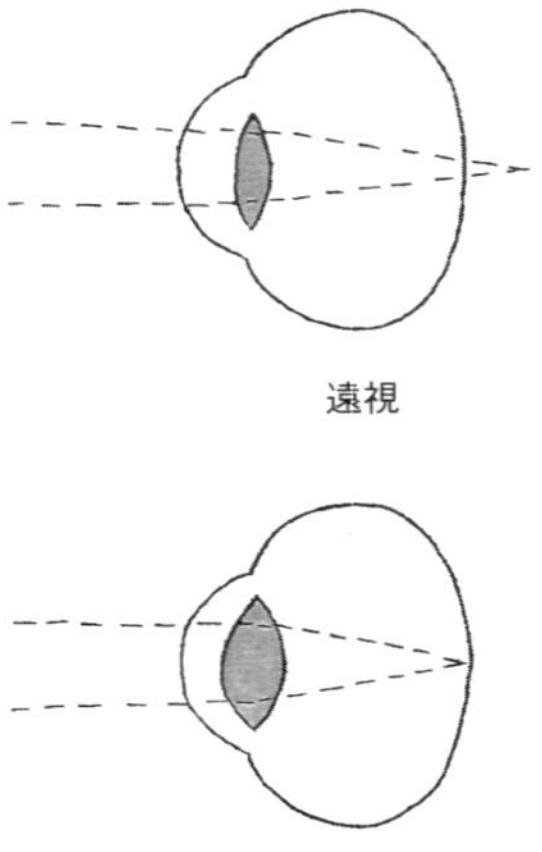

一方、高齢者の場合は水晶体をふくらませる力が弱るため、調節がうまくいかなくなり、眼鏡の力を借りることになります。

近視《きんし》

近視には2種類あって、それぞれ軸性《じくせい》近視《きんし》、屈折《くっせつ》性《せい》近視《きんし》と言います。

軸性近視は眼軸《がんじく》が長い場合で、⑤のようになります。この場合、水晶体《すいしょうたい》をうすくすることはできませんから、正視《せいし》にするには眼鏡を使うしかありません。

⑤軸性近視《じくせいきんし》の場合

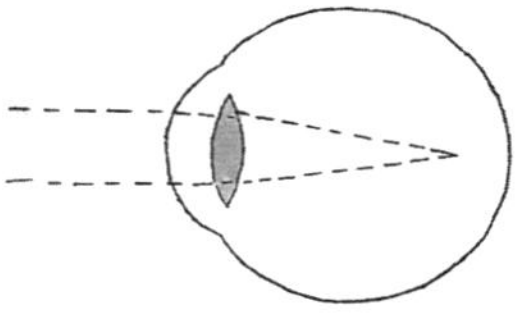

もうひとつの屈折性近視は、偽《ぎ》近視《きんし》、仮《か》性《せい》近視《きんし》、学校近視などとも呼ばれます。これは水晶体が、ふくらんだりうすくなったりという調節の機能を欠くようになった状態です。具体的に言うと、近くを見るときの状態、つまりふくらんだままの状態で固まってしまったもので、遠くを見つめたときに、ぼやけて見えるのです。この状態は、勉強のしすぎなどで近くを見つめすぎたために起こります。

屈折性近視にどう対応したらよいかについては、あとでお話しすることにしましょう。

乱視《らんし》

乱視は、角膜の異常によって起こります。

正常な人では、角膜は縦方向も横方向も、ほぼ同じ曲がりぐあいをしているのですが、乱視の場合は曲がりぐあいが、縦方向と横方向で異なるのです。そのため、縦方向と横方向で屈折力が異なることになり、網膜《もうまく》にはっきりとした像を結ぶことができません。

成長による屈折状態の変化

では次に、子どもの目の屈折状態はどのように変わっていくかをお話ししておきましょう。

出生時は眼軸《がんじく》が短く、多少遠視《えんし》であるのがふつうです。からだの成長とともに眼軸も長くなり、それで遠視も減少していきます。5歳ころまでは90%の子どもが遠視という状態ですが、その後、遠視が減っていって近視《きんし》ぎみの子どもが多くなります。そして16歳ころになると、多くは遠視でも近視でもない、正常な屈折状態の人が多くなるのです。

生まれたばかりの赤ちゃん、つまり新生児の視力は、0.01から0.02くらいと言われています。まだ、ぼんやりと見えているくらいですね。

新生児の眼球の位置は、少し外に開いたようになっていることが多いのです(55%以上が、下の**図**のようになっています)。これは斜視《しゃし》(↓317ページ)とは言いません。生後2カ月くらいまでには、大人と同じような位置になります。

また、ふつう眼球は左右同じように動きますが、生後1カ月くらいまでの赤ちゃんの目は、バラバラに動きます。

ちょっとわかりにくいでしょうか。ふつう右の目がテーブルの本を見れば、左の目もテーブルの本を見ます。もし本がななめ右前方にあれば、右の眼球も左の眼球もそちらをむくわけですが、赤ちゃんの眼球は同じほうをむかず、バラバラに動くということです。

生後4カ月ごろになると、このバラバラな動きはなくなり、両方の眼球がいっしょに動くようになります。

次に生後1カ月をすぎると、目の近くにある色のはっきりしたものを、じっと両目で見つめる「固《こ》視《し》」をするようになっていきます。

そして生後2～4カ月で視力は0.1くらいになり、ゆっくり動いているものを目で追う「追視《ついし》」ができるようになります。

1歳で0.3くらい、2歳で0.5くらい、そして4歳から6歳くらいのあいだに、視力は1.0となって、ほぼ大人なみの視力に達します。

これが子どもの視力の発達です。

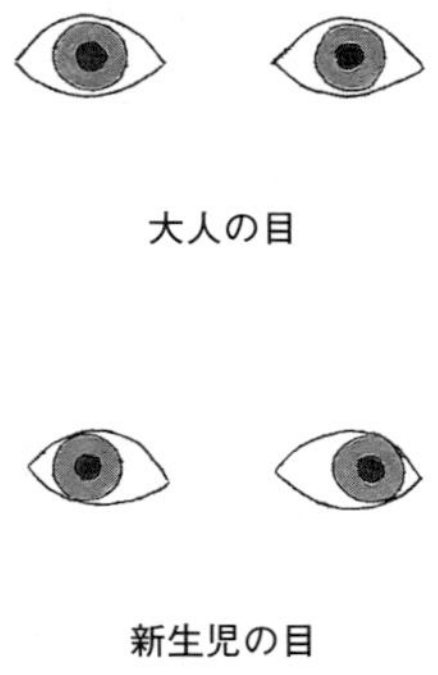

大人の目と新生児の目

屈折異常の治療

乳幼児の遠視《えんし》の場合、よほど強度でないかぎりは何もせず、そのままにしておいてよいと言われています。そうとう強度の遠視でも、2歳以下で眼鏡をうまくかけられない場合は、3歳以後に眼鏡を使うようにします。

3歳から6歳くらいまでの子どもについても、よほど強度でなければ経過観察をします。

学童については、教科書を読んだりノートに書いたりといったことを日常的にするようになりますから、遠視だと目が疲れることがあります。こういう場合は、眼鏡の使用を考えます。

近視《きんし》の場合もよほど強くないかぎり、小学校入学前までは何もせず、経過観察をします。

学校へ入ると、視力が低いと学業にさしつかえるので、眼鏡を使うことも考えます。

教室のどこからでも黒板の字が見えるためには0.7程度の視力が必要なので、これ以下の視力なら、眼鏡を使ってもいいわけです。しかし実際には0.5くらいの視力でもあまり不自由がないことが多いので、眼鏡は作っても使わない子どもも多い、というのが実情です。

眼鏡を作ったら、遠視および乱視《らんし》の場合は原則として、常に使用することにします。近視の場合は、黒板の字を見るときだけ眼鏡を使用する、といった使いかたでもよいと言われます。

コンタクトレンズは、先天性白内障《せんてんせいはくないしょう》の手術後といった特別な場合を除いて子どもは使うべきではないと言う眼科医と、子どもでも安全に使えるから、もっと使われてよいと言う眼科医とがいます。

弱《じゃく》視《し》

弱視とは、屈折異常の矯正《きょうせい》を、眼鏡などを使っておこなっても視力が0.8以下にしかならず、しかも、その原因になるような目の病気が見つからないものを言います。つまり、目の病気はないのに視力が0.8以下しかない目を、弱視というのです。

これは何かの原因で目を使わない時期があったために、正常な視力の発達が遅れたり止まったりしてしまったことによって起こります。

目が使われない理由としては、目の外傷などで片側の目を一定期間おおっていた場合や、強い乱視《らんし》、遠視《えんし》などがあって、網膜《もうまく》にはっきりした物体の像を結ばない場合、斜視《しゃし》(→次ページ)のために一方の目しか使われない場合などがあります。

弱視の治療は、目を使わせることです。しかもなるべく早く見つけて、早くから治療を始めないと効果が見られないとも言われています。

治療としては、片側の目だけが弱視になっていることが多いので、よいほうの目を眼帯《がんたい》でおおって、使わせないようにします。

おおわない場合、弱視になっている目は使わず、よい目だけで物を見てしまうのですが、よいほうの目をおおうと弱視のほうの目だけを使うので、視力が上がるのです。この方法が有効な場合は、だいたい1カ月くらいで視力がよくなりはじめます。

斜《しゃ》視《し》

斜視の大部分は、子どもの時期に起こります。

内斜視《ないしゃし》、外斜視《がいしゃし》、上斜視《じょうしゃし》に分類されます。

正面を見たときに一方の目の視線が内側をむいているものを内斜視(**図**(上))、一方の目の視線が外側をむいているものを外斜視(**図**(中))、一方の視線が上をむくものを上斜視(**図**(下))と言います(「下斜《げしゃ》視《し》」という病名は使われません。たとえば左の目の下斜視の場合は、「右の目の上斜視」と呼びます)。

内斜視には2種類あります。

内斜視のうち、遠視《えんし》が原因のものを調節性内斜視《ちょうせつせいないしゃし》と呼び、そうでないものは非調節性内斜視と呼ばれます。そして非調節性内斜視のうち、生後6カ月までに斜視になったものを先天性内斜視、6カ月以後に斜視になったものを、後天性非調節性内斜視と呼びます(調節性内斜視のほうはすべて6カ月以後に発生するので、後天性内斜視と呼びます)。

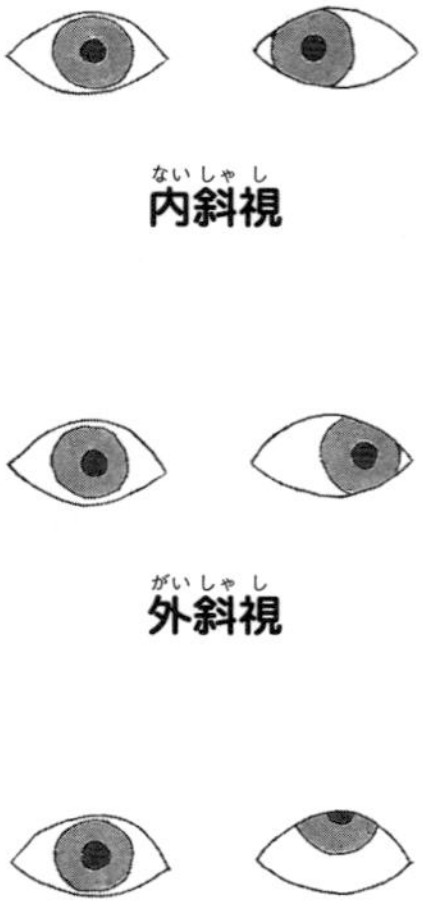

内斜視《ないしゃし》

外斜視《がいしゃし》

上斜視《じょうしゃし》

外斜視のほうは、一方の目がいつも外側をむいているものと、遠方を見たときだけ一方が外側をむき、近くを見たときは両側が正面をむくものと2種類あり、前者を外斜視、後者を間《かん》けつ性外斜視《せいがいしゃし》と言います。

斜視はそのままにしておくと、一方の目だけでものを見ることが続き、斜視になっているほうの目は弱視になってしまうことがあるので、適切な時期に治療をすることが必要です。

斜《しゃ》視《し》の治療

次に斜視の治療ですが、これは眼科医が診察したうえで決めることですから、ここでくわしくたちいった話をするわけにはいきません。おおまかな話だけをしておきましょう。

乳児の内斜視《ないしゃし》のなかで、両目ともに内斜視の状態で、右目で左方を、左目で右方を見ている場合は、交叉《こうさ》視《し》と呼ばれます。この場合、視力の発達は良好ですが、眼球の外側への動きが不十分なので、それを矯正《きょうせい》するため、1日おきに左右の目をおおいかくすという治療をします。

片側だけが内斜視であるというときは、放置すると弱視になる可能性が高いので、手術をします。手術をする時期は2歳以前がよい、というのが多くの眼科医の意見です。

遠視が原因で起こる調節性内斜視《ちょうせつせいないしゃし》の場合は、眼鏡をかける方法がおこなわれます。手術はしないほうがよいと言われています。

外斜視《がいしゃし》はほとんどの例が、間《かん》けつ性外斜視《せいがいしゃし》です。

治療は手術ということになりますが、内斜視とちがって斜視になるのがときどきなので、視力はよく保たれます。

それで手術は急がず、小学校入学前の5～6歳ごろにおこなわれることが多いのです。

偽斜視《ぎしゃし》

ただ、斜視に見えるけれど本当の斜視ではない偽斜視というものがあります。

赤ちゃんの目が、寄り目に見えることは少なくありません。寄り目は医学用語で言うと、斜視ということになりますが、実際には「寄り目に見えるけれど、斜視ではない」ということが多いのです。ちょっとむずかしいですね。

斜視は病気と考えるべきで、治療の対象になるのがふつうですが、赤ちゃんの寄り目の場合には、斜視でないものが含まれています。これを偽斜視と言いますが、なぜこういうことが起こるかというと、赤ちゃんは鼻の根元の部分がひろく、たいらになっているからです。

ですから、この根元の皮膚《ひふ》を指でつまみあげると、眼球が両側とも、同じ位置にあることがわかります。

お母さんやお父さんから見て偽斜視と思われても、いちおう、小児科や眼科でみておいてもらったほうがよいと思います。

この偽斜視のひとつの特徴は、「お母さんは子どもの目について気になっていないのに、周囲の人に、目が寄っているのではないか、と言われて受診する」というケースが多いことです。

毎日子どもと顔を合わせているお母さんは、ちゃんと視線が合っていると感じているものですから、何でもないと思うのですが、他人から見ると「目の位置が変」ということになって、その結果、病院へ行くということにもなるわけです。

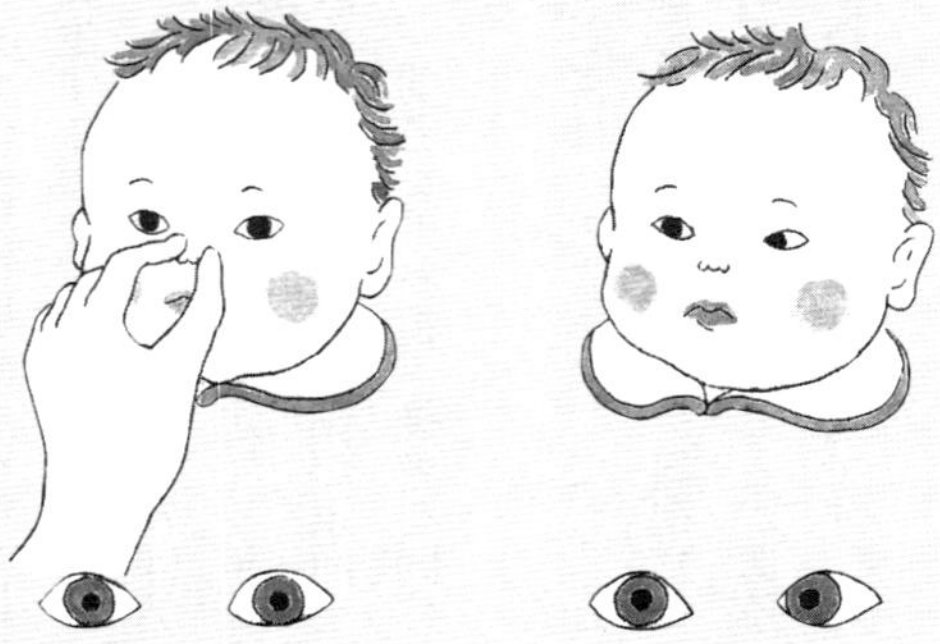

ふつうにしていると内斜視《ないしゃし》に見える

目もとの皮膚《ひふ》をつまみあげると、斜視でないことがわかる

偽斜視《ぎしゃし》

歯についての問題

＊ここであつかうこと

- 歯みがきについて
- 歯の色について
- 歯ならび、かみあわせの問題
- リガ・フェーデ病
- 歯《し》肉《にく》に白いかたまり
- 癒《ゆ》合歯《ごうし》
- 歯ぎしり

赤ちゃんの歯が生《は》え始める時期にはそうとうの個人差があることは、「暮らし編」でもふれています。

一般には、生後7〜9カ月ぐらいのあいだに1本目が生えてくるのですが、4カ月くらいで生えてくる早い子もいれば、1歳ごろになって初めて生えてくる子もいます。まれには、生まれたときにもう小さな乳歯《にゅうし》が生えている子もいますが、異常ではありません。これは先天性歯《せんてんせいし》と呼ばれます。

1歳半になっても1本も生えてこない場合は、歯科医にみてもらっておくほうがよいでしょう。きわめてまれに、歯が生えてこない場合もあるからです。

次に生える順番ですが、これもいろいろです。いちばん多いのは下側の中切歯《ちゅうせっし》2本、ついで上側の中切歯と下側の側切歯《そくせっし》それぞれ2本という順です

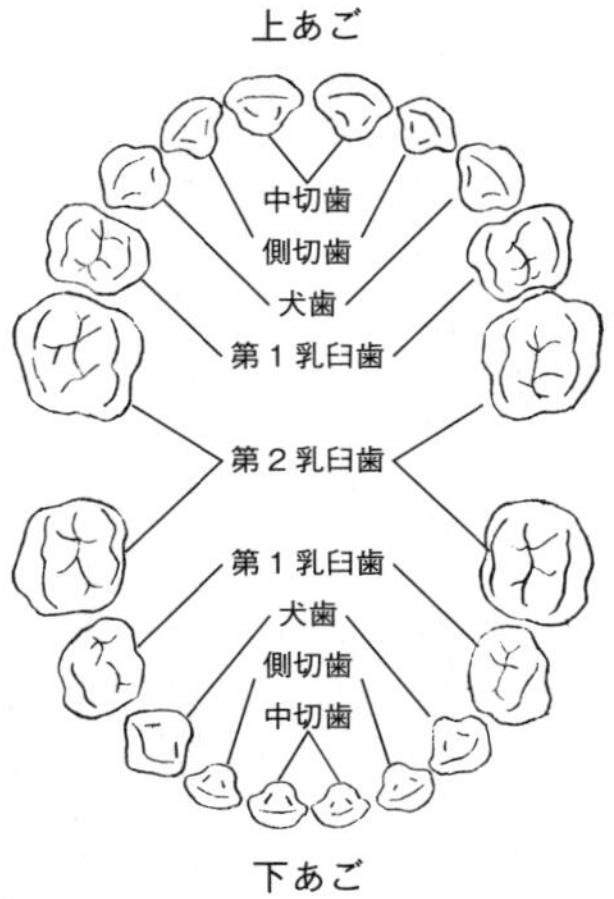

乳歯《にゅうし》

が、それ以外にいろいろなバリエーションがあります。中切歯より先に側切歯が生えたり、中切歯、側切歯が生えたあと、犬歯《けんし》でなく乳臼歯が生えたりすることもあります。順番がちょっと変わっても、歯ならびに影響したりすることはありません。

歯みがきについて

歯《は》が生えてくると、歯みがきはいつごろから始めたらよいかと気になるかもしれません。

歯みがきを急ぐ必要はなく、上下4本が生えそろったころに、赤ちゃんに歯ブラシを持たせてやったらどうでしょう。お母さんやお父さんが歯をみがくまねをすると、赤ちゃんもまねするかもしれません。歯ブラシを口のなかに入れることに慣れるわけです。でも、1歳すぎるまでは歯ブラシ遊びくらいで、無理に歯をみがかせたりしないことです。

食後にお白湯《さゆ》などを飲ませることでも、虫歯は予防できると言われています。自分でみがけるようになるのは4歳ごろと言われますから、焦《あせ》らないでください。

虫歯も気になることのひとつですね。虫歯を作らないようにと、がんばっているお母さんをときどき見ますが、そんなに一生懸命《いっしょうけんめい》にならないで、気楽に子どもの歯とつきあっていけばよいと思います。

食事のたびごとに歯みがきをするというようにしないで、1日1回寝る前に、親が点検みがきをしてやるという程度で十分でしょう。歯みがきに虫歯予防効果があるかどうかについては論争があって、効果なしと言っている歯医者さんもいます。

虫歯予防ということで、子どもに甘いものを与えるのを極端に制限している人もいます。しかし、甘いもの以外でも虫歯を作ることはありますから、適度に甘いものを食べてよいでしょう。

長時間ダラダラと食べていることは虫歯の原因になるとも言われていますから、気をつけたほうがよいと思います。また、人工甘味料入りの清涼飲料水を飲みすぎたりするのは、やめるべきでしょう。

歯の色について

歯の色に異常が見られることがありますが、それは次のような場合です。

まず歯にけがをしたあと、数日から数カ月経《た》って歯の色が赤黒くなったり、灰色になったりすることがあります。ときどき何らかの処置が必要な場合もありますので、歯医者さんにみてもらっておいたほうがよいでしょう。

次に、歯《は》が生えたとき、すでに茶色かったり、でこぼこがあったりする場合がありますが、これはお母さんのお腹《なか》のなかで乳歯《にゅうし》が作られるときに、何らかの原因でこのようなことが起こったものと考えられています。とくに処置の必要はありません。

薬が歯の色に影響することがあります。乳児にテトラサイクリンという抗生物質が使われると、歯が黄色くなることがあるので、テトラサイクリンは使わないほうがいいのです。

歯ならび、かみあわせの問題

歯ならび、かみあわせの異常は不正咬合《ふせいこうごう》と呼ばれますが、不正咬合にはいろいろな種類があります。

反対咬合《はんたいこうごう》(下《か》顎前突《がくぜんとつ》)——上下の歯をかみあわせたとき、上側の前歯が下側の前歯より、内側の位置になってしまう状態のことです。「受け口」と言われるのが、この状態です。乳歯の時期には受け口はよく見られますが、ほとんどは自然に治って上の前歯が前に位置するようになります。

開咬《かいこう》——奥歯をかみしめたとき、上下の前歯がかみあわず、すきまができてしまう状態です。5～6歳でこの状態が見られたら、歯医者さんに相談してみるほうがよいでしょう。

上顎前突《じょうがくぜんとつ》——かみあわせたとき、上の前歯が出ていて、前後に大きなすきまができる状態です。「出っ歯」と呼ばれるのは、これです。

叢生《そうせい》——「乱《らん》ぐい歯《ば》」と言われるのが、この状態です。前歯の歯ならびが重なったり、ねじれていたりすると、乱ぐい歯が起こります。

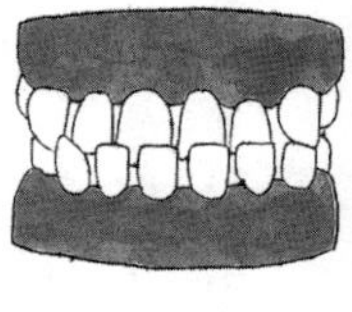

反対咬合《はんたいこうごう》

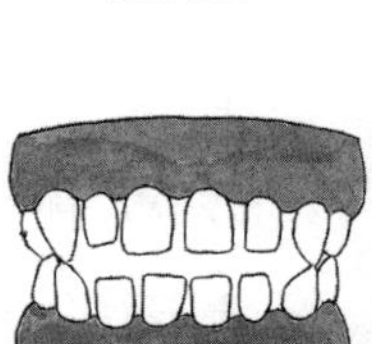

開咬《かいこう》

乱ぐい歯は、乳歯期にはほとんど見られません。乳歯は幅がせまいので、歯と歯のあいだにすきまができているのがふつうです。乱ぐい歯は、歯が大きすぎるために、重なりあったりねじれた方向をむいたりするものですから、永久歯《えいきゅうし》になってから起こります。

もし乳歯期に乱ぐい歯になっている場合は、歯医者さんに相談してみるのがよいでしょう。

不正咬合《ふせいこうごう》の治療

こんなふうに不正咬合にはいろいろな種類があり、またその程度もいろいろですが、治療ということになると、これもまたいろいろな考えかたがあります。

不正咬合の治療は矯正治療《きょうせいちりょう》と言いますが、治療開始の時期についても、3～6歳ぐらいですべきだという早期治療説、12歳以降にすべきだという晩期治療説、さらにその中間の時期にすべきだという中間期説など、いろいろな説がとなえられています。

また、どの程度の不正咬合を治療すべきかということでも、歯医者さんの考えかたはいろいろですから、複数の歯医者さんの意見を聞いてみたほうがよいと思われます。現状を「矯正治療のやりすぎ」ととらえ、批判している歯医者さんもいるのです。

そのほかのこと

リガ・フェーデ病

生まれたときにすでに歯が生えていることがあると前にお話ししましたが、これは先天性歯《せんてんせいし》と呼ばれます(→319ページ)。この先天性歯のため、授乳のときに舌の下面がこすれて、そこに潰瘍《かいよう》ができた場合、リガ・フェーデ病と呼ばれるのです。

この場合、先天性歯の先を研磨《けんま》したり、歯科材料でおおったりして、治療することがあります。

歯肉《しにく》に白いかたまり

乳歯が出てくる前に、歯肉に真珠のような白い斑《はん》か球状《きゅうじょう》のかたまりができることがあり、上皮真珠《じょうひしんじゅ》とか真珠腫《しんじゅしゅ》とか言われます。1つだけのこともあり、いくつか連なることもあります。

自然になくなりますから、そのままにしておいてかまいません。

癒《ゆ》合《ごう》歯《し》

癒合歯と言われる状態も、ときどき見られます。これは2本以上の歯がくっついて1本のようになっている状態で、**図**は2本がくっついた癒合歯です。これはそのままにしておくのが、ふつうです。

癒合歯《ゆごうし》

ただ、これが抜けてそのあとに永久歯が出てくるとき、2本の永久歯が生えるには空間が不足するということになるので、何らかの処置が必要になる場合もあります。その点については歯医者さんに相談してみてください。

歯ぎしり

乳歯が生えだしてすぐから乳歯が全部生えそろうまでのあいだに、赤ちゃんがいろいろなかたちで上下の歯をぶつけたり、歯ぎしりをしたりすることがあり、不安になるお母さん、お父さんもいます。

しかし心配はありません。極端に歯がすりへってしまったというような、きわめてまれな場合だけ、歯医者さんに相談すればよいのです。

さまざまな障害

障害とは

障害についてお話ししますが、障害と一口《ひとくち》に言っても、そうとう範囲がひろく、さまざまな状態が含まれます。ですから、ちょっと長めにお話しすることになるのですが、そうしたお話をする前に、いくつかふれておかねばならないことがあります。

まず、障害という言葉の問題です。この言葉はマイナスイメージが強いので、あまり使いたくありません。しかし、かわりに使える適当な言葉もないので、やむをえず使うことにします。

しかし最近、「障害という漢字、とりわけ「害」という漢字がよくないから、使うべきでない」ということがあちこちで議論されていて、この本で「障害」と表記することに疑問を感じる方もあるかもしれません。

たとえば地方自治体によっては「障害」という表記をやめて、「障がい」と表記することにしているところもあります。また、「害」という漢字のかわりに「碍《がい》」という漢字を使って、「障碍《しょうがい》」とすべきだという人や、「しょうがい」と平仮名書きすべきだという人もいます。

しかし、ぼくはそうした書き換えをすることに、あまり気乗りがしません。ぼくは障害をもつ娘を育ててきましたし、障害者の運動にもいくらかのかかわりをもってきましたが、運動のなかでは、「障害に対する、世の中の偏見や差別をなくすこと」に力を注《そそ》ぎ、言葉の問題にはこだわってきませんでした。世間の「障害に対する見かた」が変わっていけば、そのとき自然に言葉も別のものに変わっていくだろうと思っているからです。

それに、「障害」を「障がい」と表記すると不自然で、かえって「障害」を特別な目で見る見かたが強まってしまうような気がするのです。「碍」という字にいたっては、辞書でひいてみると「さまたげる、さえぎる、とどめる、阻害する、さしさわりになる」という意味で、「害」という字の指《さ》す意味とあまり変わらないので、変更する意味がないように思います。

というわけで、この本ではとくに表記を変えず、一般に使われている「障害」という表記を使っていきます。

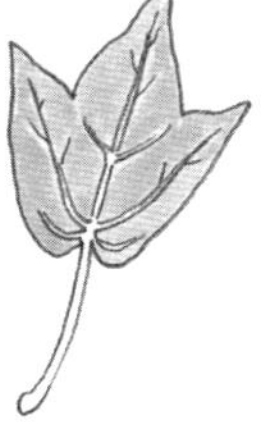

障害とは

次に、「障害って何だ」ということを考えておかねばなりません。

というのは障害という言葉は漠然《ばくぜん》としていて、その指《さ》す内容がはっきりしませんし、また障害と病気のちがいも、あいまいになっているように思われるからです。そこで少し面倒《めんどう》ですが、「障害ってどういうこと」という問いに答えておくことにします。

辞書の定義する「障害」

辞書をひいてみますと、「障害」という言葉の説明として、こんなふうに書かれています。

「身体器官《しんたいきかん》に何らかのさわりがあって機能を果さないこと」(『広辞苑』)

「身体の一部に正常に機能しないところがあること」(『新明解国語辞典』)

これでは、はっきりしませんね。この説明だと、からだのちょっとした異常も、すべて障害ということになってしまいそうです。しかし現実には障害という言葉は、もっと重い意味を含んでいるように思われます。

そこで医学辞典をひいてみます。現在出版されている医学辞典のなかで代表的と思われる辞典にあたってみましたが、「障害」という言葉は項目として立てられていません。そのかわりに「障害者」という項目がありますので、こちらの説明を紹介しましょう。

「1993年に公布されたわが国の「障害者基本法」で、「障害者」とは、身体障害、知的障害または精神障害があるため、長期にわたり日常生活または社会生活に相当な制限を受けるもの、と定義された。この法律によって、障害に身体障害・知的障害・精神障害の3種類があることが示され、障害者の基本的権利や障害者に対する国や地方自治体の責務《せきむ》が示された。この理念に基《もと》づき、教育・医療・福祉・雇用などは個別的法律で対応される」(『医学大辞典』)

法律用語はむずかしく、法律の条文も、とてもわかりにくいのですが、障害のなかに身体障害、知的障害、精神障害の3種類があるということはわかりますね。

これで内容はわかりましたが、障害という概念の指《さ》すものについてはまだよくわかりませんし、病気とのちがいもわからないと思います。

そこで、具体的に考えてみましょう。

ある子どもが、脳梗塞《のうこうそく》のような脳血管障害《のうけっかんしょうがい》の発作《ほっさ》になったとします(脳血管障害は大人にしか起こらないと思っている人がいるかもしれませんが、そんなことはありません。珍しいことですが、子どもでも脳梗塞などが起こることはあります)。

ことばが出なくなり、左手と左足は動かせなくなりました。しかしリハビリテーションをおこなった結果、多少ろれつはまわらないものの話せるようになり、杖《つえ》を使えば歩けるようにもなりました。ただ、左手は動かせないままです。

これらの「ことばの不自由さ」、「手足の不自由さ」は一生続くことも予想され、こうした状態は後《こう》遺症《いしょう》とも呼ばれますが、障害とも呼ばれます。言語障害とか、身体障害とか呼ばれるのです。

そうすると「障害」というのは、「症状が固定して永続する状態」を指すということでしょう。しかし、前にお話ししたように、障害のなかには身体障害のほかに、知的障害や精神障害も含まれています。精神障害のなかには、完全に治るものもたくさんありますし、知的障害の場合でも、「子どものときは症状があったが、成長したら何ともなくなった」というケースもあります。

ですから、「障害とは、心身の異常が永続する状態」というふうに定義してしまうのも、すっきりしません。

そこで、「かわりになる定義を」と考えてみますと、「何らかの病気のために、社会的な不利があると判断され、その不利に対して社会的な援助がおこなわれるようなものである場合、その病気を障害と呼ぶ」とするのが、適当であるように思われます。

といっても、この定義もまたわかりにくいですね。もっと具体的にお話ししましょう。

日本とほかの国とのちがい

日本は欧米に比べて、障害者が少ないと言われます。たとえばアメリカでは人口の17%が障害者であり、ヨーロッパ諸国でも10%弱となっているのに、日本では5%にも達していません。しかし、これは実態とはちがっていると思われます。

日本の統計では、「障害者」とは「障害者手帳を持っている人」となっています。日本ではハンディのある人が行政サービスを受けようとすると、「障害者手帳」を取得《しゅとく》しなければいけないのです。そして障害をもっていても障害者手帳を取得していない人は障害者とカウントされないので、統計上の障害者の数は実際の障害者の数より少なくなります。

欧米各国には日本のような手帳制度はなく、サービスを必要としている人は誰でも援助が受けられることになっています。

とくにスウェーデンでは「心身上のハンディのために、社会的な不利がある」人は障害がある人と考えられていて、たとえば階段の昇り降りが不自由なお年よりも妊婦も、障害があると見なされます。このように、いろいろな人が障害者と見なされる国では、障害者の数は多くなるのです。

というわけで、日本では障害者というのは、「手帳を持っていて、その手帳で公共サービスを受けることのできる人」ということになります。

そこで手帳制度について、少しだけ説明しておきましょう。

障害者手帳制度について

障害者手帳は、障害の種類によってちがいます。身体障害者が取得する「身体障害者手帳」があり、知的障害者には「療育手帳《りょういくてちょう》」があります。療育手帳は緑色なので「みどりの手帳」と呼ばれたり、地域によっては「愛の手帳」と呼ばれたりします。精神障害者には「精神障害者保健福祉手帳」があります。

これらの手帳を取得したいと思ったとき、どうすればよいかをお話ししておきます。

　まず住んでいる市区町村の役所へ行き「手帳を申請《しんせい》したい」と申し出て、具体的な手続きの方法を教えてもらいます。障害の種類、障害をもっている人の年齢などによって、担当する部署がちがうのです。

　手続きには一般に、申請書(役所でもらえます)、写真、印鑑などが必要になります。また身体障害の子どもについては診断書が必要ですし、知的障害の子どもの場合は児童相談所などで判定を受けることが必要になります。

障害の分類と等級

　診断書や面接による判定などで「障害児」と判定されると、次に分類され、等級が決められます。たとえば身体の障害は下の**表**のように6分類され、それぞれの分類について、取得できる等級が決まっています。

　この等級は、「障害の重さをあらわす等級」で、1級から6級まであり、6級がもっとも軽く、1級がもっとも重い、ということになっています。

　⑤のところに7級という級が出てきますが、これは等級を決めるために作られた分類で、たとえば手の障害は7級相当で、足の障害も7級相当というふうに、7級相当の障害が2カ所あったら、6級と見なすということになっています。

　さてこの表を見ると、たとえば②の聴覚障害には1級がないとか、④の言語障害には3、4級の2つのランクしかない、とかいうことが目に付きます。

障害をもった人が生活するうえで、たとえば1、2級の人と3、4級の人では、受けられる公的サービスの内容が格段にちがったりします。

ですから、1、2級に認定されることはなく、3、4級にしか認定されないということは、サービスの内容がかなり制限されることになるのです。

　聴覚障害は1級になることがありませんが、重度の場合の不便さはそうとうなもので、どうして1級が設けられていないのか疑問です。

　また、肢体不自由《したいふじゆう》の場合は、障害の程度が目で見

身体障害の６つの分類と取得できる等級

身体障害の分類	取得できる等級
①視覚障害(視力、視野の障害)	1、2、3、4、5、6級
②聴覚障害(聴力、言葉の明瞭度の障害)	2、3、4、6級
③平衡機能障害(バランス感覚の障害)	3、5級
④音声、言語、またはそしゃく機能の障害(失語症など)	3、4級
⑤肢体不自由(上肢、下肢、体幹機能障害、脳性まひなど)	1、2、3、4、5、6、7級
⑥心臓、じん臓、呼吸器、ぼうこう、直腸、小腸の機能障害、ヒト免疫不全ウイルスによる免疫機能障害	1、3、4級(免疫機能の障害の場合は2級もある)

(「身体障害者福祉法施行規則　身体障害者障害程度等級表」より作成)

たり関節の動く程度を計測したりすることで、わりあいわかりやすいのですが、知的障害の場合は、重さを判定するということ自体にむずかしいところがあって、しばしば認定された等級と子どもの生活状況とに乖離《かいり》が見られることがあります。

このように現在の手帳制度や等級判定には問題があり、改善の必要があると思います。

また日本では障害者の数が少なくカウントされていることはすでにお話ししましたが、そのときに「障害者のなかに、障害者手帳を取得していない人がかなりいるからだ」ともお話ししました。

問題は、なぜ障害者手帳を取得しようとしない人がいるかということですが、日本ではまだまだ障害児、障害者への差別や偏見が強いので、自分や自分の子どもに「障害者」というラベルを貼ることにとまどいを感じる人が多いからです。

現代の日本にはもう、障害児や障害者に対する差別なんてなくなっている、と思っている人も多いと思いますが、決してそんなことはありません。それは、自分や自分の家族の誰かが障害児であったり、障害者になったりしないと、なかなかわからないことかもしれませんが。

「障害児らしく生きる」？

ぼくは、障害児というラベルが貼られることで生じるいちばん大きなデメリットは、ラベルを貼られたそのときから、「障害児らしく生きる」ことを社会から求められるということだと思っています。

社会が障害児に対して暗黙《あんもく》のうちに求めている「障害児らしい生きかた」とは、次のようなものです。

幼いときは、施設に入園したり通院したりしながら訓練に励み、小学校や中学校は特別支援学級や養護学校を選び、高等学校は養護学校を選んで、卒業後は作業所で作業をしたり、施設に入園するといった一生です。

もちろん、軽度の障害だったら卒業後に就労《しゅうろう》したりすることもありますが、重い障害の子どもはほぼ、このような一生を送ります。健常児《けんじょうじ》と呼ばれる子どもたちとは短い時間の交流で、あとは障害児だけが集まる場所での生活を送り、こういう生活形態が一生続くのが障害をもった子どもの標準的な生涯です。そして日本では、このように生きるのが障害児にとって幸せ、と思われています。

しかし、幼いときから老いるまで、健常な人たちと同じ場で、できるだけ同じように生きてゆくのがよいと考える人もいます(ぼく自身もそう考えています、障害をもつぼくの娘は、小中学校も普通学級ですごし、高校は公立高の全日制へ通い、卒業後はアパートで介助者に手伝ってもらいながら、ひとり暮らしをしています)。

ぼく自身の経験から言うと、障害者らしく(世間が期待する障害者像に沿うかたちで)生きていくかぎりは、さまざまな援助が得られますが、障害者らしくない生きかたを選ぼうとすると、さまざまな困難が待ちかまえていて、それを自分の力で切り開いていかなくてはならないのです。

つまり障害をもっていると生きかたについての選択肢が少なくなるわけで、そういうことが起こるのは、世の中の障害者に対する理解がまだ十分とは言えないからだと思うのです。

障害をもっている子どもも、健常な子どもと同じように多様な生きかたの選択肢が与えられて、そのなかから自分の望む生きかたを選ぶことができること、そしてその実現のために、まわりが援助するという体制ができること、それがいま緊急の課題であるように思われます。

さまざまな障害

＊ここであつかう主な障害

脳性《のうせい》まひ
難聴《なんちょう》
水頭症《すいとうしょう》
知的障害
ダウン症
学習障害《がくしゅうしょうがい》（LD）
注意欠陥《ちゅういけっかん》／多動性障害《たどうせいしょうがい》（ADHD）
自閉症《じへいしょう》
アスペルガー症候群《しょうこうぐん》
ことばの障害

ではここから、個々の障害についてお話ししていくことにします。

脳性《のうせい》まひ

脳性まひは子どもの身体障害のなかでは、もっともポピュラーな病気です。

みなさんはこれまで脳性まひの人に、どこかで出会ったことがあるだろうと思います。たとえば町で車椅子に乗っている人に会ったら、その大半は脳性まひの人と考えてよいほど脳性まひは多いのです。

脳性まひと言っても、軽度から重度までさまざまですが、いちおう定義があります。1968年に厚生省（当時）によって示された定義で、示されたときから

ずいぶん時間が経《た》っていますが、いまでも使われています。その定義はおよそ次のようなものです。

「受胎から新生児期(生後4週まで)の間に、脳に加わったさまざまな悪条件によってひき起される脳の病変が原因となった運動機能障害の総称。症状は進行することはないが子どもの発達によって運動障害の状況は変化する」

ちょっとわかりにくいかもしれませんね。

とりあえず、「さまざまな原因による生まれつきの運動障害」というふうに、おおまかにとらえてもらってよいと思います。

脳性まひの原因には、どのようなものがあるでしようか。かつて脳性まひの3大原因は、仮死《かし》産《ざん》、未《み》熟児《じゅくじ》、核黄疸《かくおうだん》(→41ページ)と言われましたが、最近はこうした原因は激減しています。これは、出産前後の時期の医療(周産期医療《しゅうさんきいりょう》と言います)が進歩したためです。

こうした周産期の原因による脳性まひが減る一方、出生前の何らかの原因による脳性まひが多くなっていますが、その原因が何だったのか、はっきりわかるケースは多くありません。

脳性《のうせい》まひの症状

次に、脳性まひの症状についてお話しします。

脳性まひでは、手足の障害が、まずはっきり目立ちます。手足がまったく動かせない場合もありますが、それよりも手足が思うように動いてくれないことが多いのです。

動きにくさのタイプによって、脳性まひは痙直型《けいちょくがた》、アテトーゼ型など、いくつかのタイプにわけられます。

まず痙直型では、筋肉をゆるめなければいけないときに、うまく力が抜けません。それで手足の筋肉が異常に固く、つっぱった状態に見えます。このタイプの子どもは、すばやく動作をするとか、大きな動作をするとかいったことが、うまくできません。

アテトーゼ型は筋肉の緊張が変化しやすく、からだがくねるような動きをします。ですから細かな動作をしようとすると、うまくできません。

そのほかいろいろな型がありますが、手足をほとんど動かすことができないという重症から、軽い不《ふ》随意運動《ずいいうんどう》がある程度の軽症まで、脳性まひの幅はひろいのです。

ここで不随意運動という言葉が出てきたので、説明しておきましょう。

ぼくたちは、からだを自分の意志で自由に動かしています。といっても内臓については自分の意志で自由に動かせるものではありませんが、からだや手足などは思いのままに動かしたり、静止させたりすることができます。

しかしときに自分の意志と関係なく、からだが動いてしまうことがありますね。たとえば人前《ひとまえ》で緊張すると手がふるえたりすることがあるのは、多くの人が経験しているでしょう。このような「自分の意志と関係なく」、あるいは「自分の意志に反して」からだが勝手に動いてしまうことを、不随意運動と言います。たとえば、チック(↓374ページ)は不随意運動の代表的なものと言ってよいでしょう。

脳性まひの場合、この不随意運動が強く起こることが多いのです。手で何かを取ろうとしても手が目的の場所へ届かず、別方向へ動いてしまうので取りにくいといったことが起こり、これは不便なことです。

ことばをしゃべる場合は、口のあたりのいろいろな筋肉が協力して動いて、ことばが出てくるわけですが、これらの筋肉が思うように動いてくれないと、ことばの障害(↓354ページ)が起こります。ですから脳性まひの子どもでは、ことばの障害もよく見られるのです。

脳性《のうせい》まひが見つかるきっかけ

脳性まひという病気はどんなふうにして見つかるかと言いますと、乳幼児期に健診で見つかるのがふつうです。

ときにはお母さんやお父さんが、「からだがぐにゃぐにゃしている」とか、「おすわりがなかなかできないの」とかいうことを心配して赤ちゃんを病院に連れて行き、脳性まひだとわかる場合もあります。しかしそういうケースは少なく、大半は健診で見つかっています。

健診では発達のチェックがされます。首がすわっているかとか、寝返りをするかとかそういうことを医者はチェックするのですが、そうした発達が標準からそうとう遅れている場合に、何か障害があるのではないかと考えられます。「そうとう遅れている」と言っても漠然《ばくぜん》としていますが、正常範囲とされている時期から3カ月ほども遅れていれば、くわしい検査をしてみる必要があります。

たとえば、赤ちゃんの首がすわるのは生後4カ月ぐらいがふつうですから、生後7カ月になっても首がちゃんとすわっていなければ、脳性まひなどの病気が隠れていないかということで、専門医の診療を受け、必要な検査を受けることになるわけです。

このようにして脳性まひという病気が見つけられるのですが、ここで1970年代から1980年代ごろにかけて起こった「脳性まひの早期発見、早期治療ブーム」という現象について、若干《じゃっかん》ふれておきます。

当時、「脳性まひを疑う徴候《ちょうこう》は、生まれて間もない赤ちゃんにでも見られる。だから生後2カ月、3カ月といった幼い赤ちゃんでもていねいに診察すれば、その赤ちゃんが脳性まひである場合は、何らかの異常が見つかる。そうした異常を見つけてすぐに訓練をおこなえば、脳性まひにならなくてすむはずだ」と言われたのです。

この方法は「超早期発見」と、「超」の字までついてブームになり、保健所の乳児健診などで、保健師さんや医者が目の色を変えて、赤ちゃんのちょっとした異常をも発見しようとする状況を生みました。当時、超早期発見のためにがんばった専門家たちのなかには、「これで世の中から、脳性まひという病気はなくなる」とまで言う人もいました。

そして超早期発見に続いて、超早期に訓練を始めるということがしばらく続けられましたが、この世から脳性まひという病気がなくなるというようなことは、起こりませんでした。

「ちょっとした異常がある」ということでチェックされた子どもは、実は訓練などしなくても脳性まひにはならず、ふつうの子どもに成長していくのだということがわかったのです。つまり、脳性まひではない子どもをチェックして、むだな訓練をすることが多かったわけです。

一方、重い脳性まひの子どもは、超早期に見つけて訓練を始めても、やはり脳性まひになるという事実もわかっていきました。

そんなことで、「超早期発見ブーム」は鎮静化《ちんせいか》したのです。

脳性《のうせい》まひの治療

次に治療についてお話ししましょう。

脳性まひの治療としては現在、次のようなことがおこなわれています。

① 理学療法《りがくりょうほう》
② 関節や骨、筋肉の変形に対して、装具《そうぐ》の使用や手術など、整形外科的な治療
③ 固くなった筋肉に対して、筋弛《きんし》緩薬《かんやく》の服用

理学療法というのは一般に、訓練と呼ばれるものです。いろいろな方法がありますが、歩行訓練とか手足のつっぱりを軽減するために、いろいろに動かしてみるとかいったことがおこなわれます。

整形外科的な治療としては、車椅子の使用なども装具のなかに含まれます。足を支える装具、靴や特殊なキーボードなども使われます。

また、筋肉がつっぱるのはとてもつらいことなので、筋肉をゆるめる作用のある薬をのむこともあり、これが「筋弛緩薬による治療」です。

そのほか、脳性まひにてんかんをともなっている場合には、てんかんに対する治療(薬をのむのがふつうです)もおこなわれます(↓215ページ)。

このようにいろいろな治療がありますが、子どもが幼い時期には、訓練が中心になります。

訓練も、どのような訓練をどのくらいの時間おこなうかについては統一されているわけではありませんから、とてもハードな訓練を課せられる場合もあります。成人の脳性まひの人が、「子どものとき訓練をさせられたのは、とてもつらかった。結局、車椅子での生活をすることになったのに」と話すのを、ぼくは何度も聞いたことがあります。

子どもは治療を拒否することができませんから、どんなにつらくても、訓練をさせられてしまったりします。「訓練で障害を克服したい」ということで生活時間の大部分を訓練に費やすというようなことは、子どもには苛酷《かこく》な経験だということを考えて、治療もほどほどにしたいものです(↓359ページのコラム)。

難《なん》聴《ちょう》

難聴というのは、耳の聞こえが悪い状態です。

難聴の程度は、聴力によってあらわされます。聴力の程度は「その人が聞くことができる、ぎりぎりの大きさの音」で測り、dB(デシベル)という単位であらわします。0～25dBを正常、26～40dBを軽度難聴、41～55dBを中等度難聴、56～70dBを準重度難聴、71～90dBを重度難聴、91dB以下を最重度難聴と、区分することになっています。

次に、難聴には種類があって、伝音性難聴《でんおんせいなんちょう》と、感《かん》音性難聴《おんせいなんちょう》にわけられます。この2つは、耳のどの部分に障害があって難聴が起こっているかによってわけられているのです。

まず、伝音性難聴のほうは、外耳《がいじ》や中耳《ちゅうじ》の障害によって起こるもので、原因としては滲出性中耳炎《しんしゅつせいちゅうじえん》(→295ページ)が多く、治療によって改善するのがふつうです。

感音性難聴は、耳の奥の内耳《ないじ》、あるいは聴神経の障害によって起こるもので、治療による改善は、あまり期待できません。

子どもの難聴は、いろいろなきっかけで発見されます。実際、まわりの人が「どうも、この子はよく聞こえていないような気がする」というふうに気づいて耳鼻科を受診し、検査の結果、難聴とわかるといった場合が多いのです。

そこで、難聴に気づくためのヒントを紹介しておきましょう。

まず生後6カ月ぐらいまででしたら、ドアが勢いよく閉まったりするような、大きな音に反応するかどうかに注意します。

6カ月から1歳ごろには、テレビの音声、人の声、ガラガラのようなおもちゃの音に反応して、そちらをむくかどうかに注意します。

あまり反応しないようでしたら、耳鼻科の受診をおすすめします。

また、ことばの遅い子どものなかに、難聴が原因になっている場合もありますし(→355ページ)、ときには知的障害と思われていた子どもが、実はよく聞こえていなかったのだとわかる場合もあります。子どもがことばを話すようになるには、まず耳からことばを聞いてことばを蓄《たくわ》えることが必要で、聞こえていなければ、ことばも出ないことになるのです。

難聴があるとわかり、しかもそれが感音性難聴であることがわかったら、訓練をすることになります。訓練の方法にもいろいろあって、1つの確立した方法があるわけではありませんから、耳鼻科で相談して、「ことばの相談室」のようなところを紹介してもらい、その後どうするかを考えるのがよいでしょう。

また、難聴の子どもをもつ親の会もありますから、そういう会を通して、ほかのお母さん、お父さんなどとコミュニケーションをとり、いろいろな情報を得るのもぜひ必要なことです。

水《すい》頭《とう》症《しょう》

水頭症というのは「脳室《のうしつ》に脳脊髄液《のうせきずいえき》がたくさんたまって脳室が異常に拡大し、その結果、頭が大きくなった状態」につけられた病名ですが、この説明はむずかしいですね。もう少しくわしくお話ししましょう。

脳のなかには脳室という部分があります。脳室には左右対になった側脳室《そくのうしつ》、第三脳室、第四脳室がありますが、両方の側脳室では、脳脊髄液という液体が作られています。この液体は第三、第四脳室、さらには脳の表面にある、くも膜下腔という部分に流れていきます。そして、くも膜下腔から血管に吸収され、排出されていくのです。

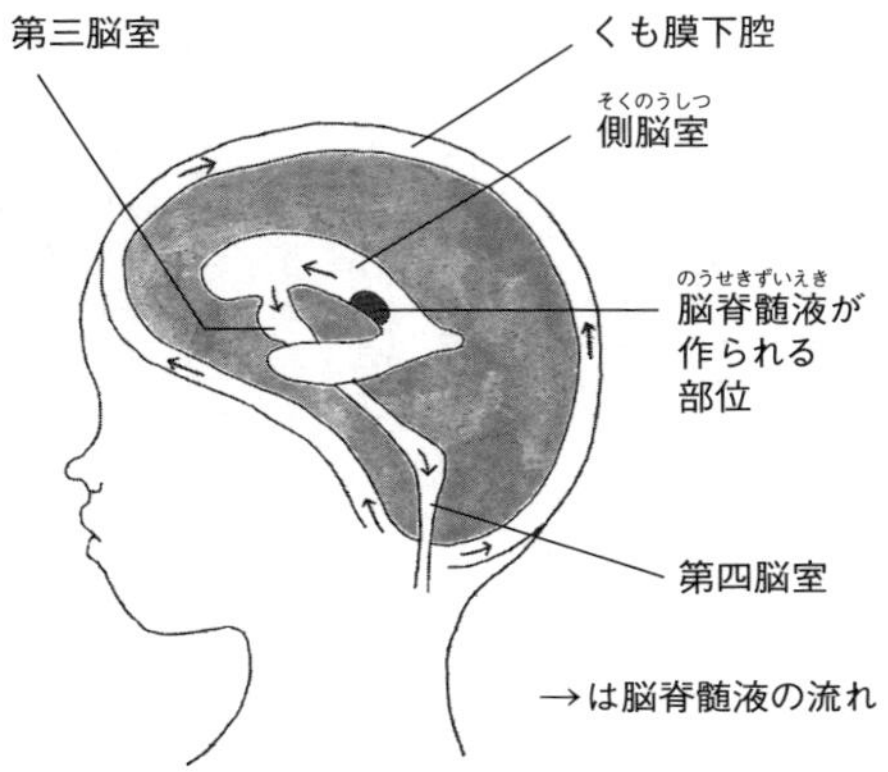

脳脊髄液《のうせきずいえき》の流れ

しかし、何らかの原因でこの排出がうまくいかなくなると、脳室に液体がたまってしまいます。

水頭症には、先天性水頭症と後天性水頭症があります。先天性水頭症は、出生1万人に対して3人くらいの割合ですが、原因としては、遺伝や胎内《たいない》でのウイルス感染などがあげられます。しかし実際には、原因不明のものが多いのです。

後天性水頭症の原因としては、外傷《がいしょう》、髄膜炎《ずいまくえん》、脳《のう》腫瘍《しゅよう》、頭蓋内出血《ずがいないしゅっけつ》などが主なものです。

先天性水頭症は、どのようにして見つかるのでしょうか。現在は産科で胎児に対する超音波診断が日常的におこなわれ、それによって、水頭症がかなり見つかっています。しかし、このような出生前診断《しゅっせいぜんしんだん》は安易な中絶につながってしまうこともあり、慎重にされるべきものだと思います。障害をもって生きることは不幸だと決めつけて、生まれてこないような処置をするのは問題です。

障害をもった子どもをさずかったことで、実りある人生を生きることができたと語る親はたくさんいます。ぼく自身も障害をもった娘と生きたおかげで、たくさんのことを学べました。出生前診断は往々《おうおう》にしてそうした「障害児とともに生きることによる実《みの》り」を事前に断ち切ってしまうことにもなりがちで、それは社会にとっても不幸なことかもしれないと思います。

2人の水頭症の子どもをもつ、日本水頭症協会代表の山下泰司《やましたやすし》さんは、「私は自分を不幸だと思ったことはない」と語っていますが、この言葉をみなさんも、十分、心にとめておいてください。

さて、生まれたあとの赤ちゃんの場合は、健診で頭位《とうい》を測ることで、水頭症の疑いがもたれることがあります。

疑いがある場合は検査をし、水頭症と診断されたら、たまった脳脊髄液を処理することになります。そのために、液体を腹腔内に導くシャント手術という手術をおこなうこともあります。

治療によって順調な発達が期待できることもありますが、さまざまな程度の脳障害が残ることもあります。

発達障害《はったつしょうがい》とは？

発達障害《はったつしょうがい》という言葉は、みなさんには耳なれない言葉だと思います。しかし、医学の世界ではよく使われているのです。発達障害はひろい概念で、およそ次のようにまとめることができます。

「子どもでは種々の能力の発達が見られるが、その発達に遅れが見られるとき、発達障害と言う。同年齢の子どもに比べて遅れがあるが、固定した障害ではなく、年々成長が認められる。最終的な能力が一般の人と変わりがなくなる場合と、途中で成長が止まる場合とがある」

そしていろいろな能力のうち、どの部分の能力が遅れているかによって、分類されています。

発達障害のなかに含まれるものとしては、知的障害、学習障害（ＬＤ）、注意欠陥《ちゅういけっかん》／多動性障害《たどうせいしょうがい》（ＡＤＨＤ）、自閉症《じへいしょう》スペクトラムなどがあります。また、これらのうち、知的障害を除いたものを全部まとめて発達障害と呼ぶこともあります。

たとえば、2005年に制定された「発達障害者支援《はったつしょうがいしゃしえん》法《ほう》」によると、「「発達障害」とは、自閉症、アスペルガー症候群その他の広汎性発達障害《こうはんせいはったつしょうがい》、学習障害、注意欠陥多動性障害その他これに類する脳機能の障害であってその症状が通常低年齢において発現するものとして政令で定めるものをいう」と定義されています。ずいぶん具体的になっていますが、「低年齢において発現する」というような、あいまいな部分も含まれています。

ともかく、発達障害という言葉は混乱したまま使われていますし、軽度発達障害《けいどはったつしょうがい》というような言葉も使われて、ますます混迷をきわめています。

この本では、発達障害をひろい概念としてとらえることにしました。

では、発達障害に含まれるさまざまな障害のひとつひとつについて、お話ししましょう。

知的障害

知的障害は身体障害に比べると、概念がはっきりしていません。身体障害の場合、たとえば右手が動かないとか、目が見えないとか、障害の内容がはっきりしています。しかし、知的障害というのは、知的な面でふつうの人より遅れているということなのですが、そもそも「知的な面でふつうの状態」というのはどのレベルを言うのかと言いますと、そのレベルを決めるのはむずかしいことなのです。そんなことを最初に知っておいてください。

知的障害という言葉

さて、いちばん先に、知的障害という言葉の問題について、ふれておきましょう。

むかしは「精神薄弱《せいしんはくじゃく》」という言葉がありました。1960年に制定された知的障害者のための法律は「精神《せいしん》薄弱者福祉法《はくじゃくしゃふくしほう》」という名前になっていましたが、ここで使われている精神薄弱という言葉はSchwachsinnというドイツ語を直訳したものでした。

しかし、この言葉は差別的な感じがするということで批判がされ、かわりに「精神遅滞《せいしんちたい》」、「精神発達遅滞」、「知恵遅れ」などの言葉が使われました。「知恵遅れ」も、あまり感じのよくない言葉ですね。

1990年代になり、英語のintellectual handicapの訳語として、「知的障害」という言葉が使われるようになりました。この言葉に対しては批判も出ず、ひろく使われましたから、1999年4月に法律の名前も「知的障害者福祉法」と改定されることになり、知的障害という言葉が定着しました。

しかし、「精神薄弱者福祉法」が制定されてから現在にいたるまで、精神薄弱や知的障害についての定義は法律にはありません。法律にはないけれど、みんな漠然《ばくぜん》とは知的障害というものをイメージしているのだと思います。

知的障害の医学的な定義

医学的な定義として一般に使われているのは、1973年にアメリカの精神遅滞学会《せいしんちたいがっかい》が出した定義です。これは次のような3つの条件を満たすものということになっています。

① 明らかに平均以下の知能である(知能指数が70未満)

② 意志伝達、自己管理、家庭生活、学習能力、職業の適応機能が欠如しているか、不十分である

③ 知的機能が低いことになった原因が、18歳までにある(つまり、発病は18歳以下であるということ)

知能指数によって知的障害を判定することには批判的な意見もありますが、ともかく現在は、知能指数70未満ということが知的障害と判定する目安になっています。

知的障害にはいろいろなタイプがあると言われ、いろいろな方法で分類もされていますが、原因によってわけると病理型と生理型の2つにわけられます。

病理型というのは、染色体異常《せんしょくたいいじょう》や出産時のアクシデントなど、知的障害になった原因がはっきりして

いるものです。

一方、生理型というのは、はっきりとした原因は見つからないけれど集団のなかでは知的な遅れが目につき、「正常」とは見なされないというものです。

一般に、病理型のほうが知的な遅れが重いのです。

知的障害の子どもが社会的な援助を受けようとすると、療育手帳《りょういくてちょう》を取得しなければなりませんが(↓326ページ)、取得しようとすると、障害の程度が判定され、決定されます。しかし、この判定にさいして、身体障害の場合のように全国一律の基準があるわけではなく、都道府県ごとに基準が少しちがっています。最重度、重度、中等度、軽度の4段階に分類することが多いのです。

知的障害が見つかるきっかけ

知的障害がどのようなきっかけで見つかるかと言いますと、お母さん、お父さん、あるいはおばあちゃんなどが発達の遅れに気づいて、病院を受診することもないわけではありませんが、ふつうは乳幼児の公的な健康診断(健診)の場で気づかれます。

1歳6カ月や3歳での健康診断は主に発達の遅れの有無《うむ》を見る健診ですから、ここで初めてチェックされ、そののち専門医によって知的障害と診断されることが多いのです。

健診では、成長、運動面の発達、知的な発達などについてチェックされます。

運動面の発達に遅れが見られる場合、たとえば首のすわりが遅いとか、おすわりが遅いとかいったことが見られるとき、その原因は脳性《のうせい》まひ(↓330ページ)のような身体障害であることもありますが、知的障害が原因になっていることもあります。

次に、知的な面での発達の遅れが見られる場合、たとえばことばが遅いといったことがあるときは聴力障害がある場合もありますが(↓334ページ)、知的障害であることもあります。

そんなわけで、健診で何らかの遅れが認められる場合、くわしい検査のために専門医が紹介されます。専門医というのは小児神経科医ですが、小児神経科医は数が多くないので、大学病院など大病院の小児科などに行かないと出会えないのがふつうです。

知的障害の「重さ」の分類

検査では知的な発達の状態を見るために、知能検査や発達診断検査がおこなわれます。

知能検査はその結果が知能指数、知能年齢といった数字であらわされ、「2歳だけれど知的レベルは1歳3カ月程度」といった評価をされます。

知能指数(ＩＱ)は知的障害の判定や分類に使われますが、知能指数70未満が知的障害と定義されたうえで、次のような「重さ」の分類がおこなわれます。

軽　度　ＩＱが50〜69
中等度　ＩＱが35〜49
重　度　ＩＱが20〜34
最重度　ＩＱが20未満

知能検査や発達診断検査の結果は、人の精神の働きのうち、ごく一部をあらわしているにすぎないので、その結果にとらわれないほうがよいとも言われますが、ぼくもそう思います。

また、知能指数で知的障害の重さを判定するのは科学的でない、という批判もあります。知能指数が知的障害の子どもたちに貼《は》られたレッテルになって、差別や偏見を生みだしてもいると思いますが、知能指数に代わる知的障害の評価法がないということで、いまでもよく使われているのです。

さて、知的な遅れがあることがわかったら、次に、その遅れの原因は何かということが追求されます。そのためには、脳波やCT、MRIなど画像診断《がぞうしんだん》と言われる検査や、尿、血液の検査、染色体の検査などがおこなわれます。

その結果、具体的な病名がつく場合もありますが、原因が不明な場合も少なくありません。

いやむしろ、大部分の知的障害が原因不明であると言ってよいでしょう。そして原因がわかる場合もわからない場合も、治療法がないことが多いのです。

しかし、ぼく自身も知的障害の娘をもちましたけれど、思いがけず、波乱に富んだ、なかなかおもしろい人生を娘と生きることができました。

自分の子どもに知的障害があり、治療法もないのだと知らされたとき、明るい未来を思いえがける人は少ないと思いますが、しかし人生というものは、実際に経験すると、最初に思っていたよりけっこう楽しかったり、趣《おもむき》深かったりするものです。

また知的障害をもつ子どもに人としての生きかたを教えられたりするということもありますから、ともかく歩みだしてみることです。楽天的な気持ちで。

知的障害の原因としてあるもの

次に、知的障害の原因がわかる場合、どんな原因があるかというと、以下のようなものです。

まず出生前要因《しゅっせいぜんよういん》というものがあり、これが全体の8割ぐらいを占めます。つまり生まれる前の段階での原因があるということですが、具体的には次のようなものです。

遺伝的要因　遺伝子異常、染色体異常《せんしょくたいいじょう》
環境要因　母体感染、母親が服用していた薬など
不明の出生前要因

そのほかに、明らかに出生後に原因があるとわかるものや、出産前後に原因があるとわかるものが数%ということで、圧倒的に出生前要因が多いということです。

先天的な要因のなかでも多いのが染色体異常で、染色体異常のなかでもっとも多いのが、ダウン症(ダウン症候群《しょうこうぐん》とも言います)です。

そこで、ダウン症について少しくわしくふれておこうと思いますが、その前にまず、染色体について説明しておきましょう。

染色体《せんしょくたい》とは

染色体というのは、細胞核《さいぼうかく》が分裂するときにあらわれるひものような物質で、生物によって数、大きさが一定しており、遺伝子を含んでいます。人間の場合46本ですが、チンパンジーでは48本、ゾウは56本、ハツカネズミは40本、サツマイモは90本というふうに、生物によって本数が決まっています。

人間では46本ですが、それは22対の常染色体《じょうせんしょくたい》と、2本の性染色体《せいせんしょくたい》との合計です。22対の常染色体には番号がついていて、1番から22番まであります。性染色体はXとYという2種類のものがありますが、ふつう女性はX染色体を2本もっていて、XXというかたちになり、男性はXとYを1本ずつもっていて、XYというかたちになります。

これらの染色体の数や構造に異常がある場合は染色体異常《せんしょくたいいじょう》と呼ばれますが、染色体異常はいろいろな原因で起こります。

妊娠中のお母さんが放射線、化学物質などにさらされたり、ウイルスに感染したりすると、胎児《たいじ》に染色体異常が起こることがありますが、そのほかに原因のわからないものがたくさんあります。

染色体異常はひとつの原因によるというより、偶然がいくつか重なって起こることが多い、と考えるべきでしょう。染色体異常を遺伝と考えるのは誤解で、ほとんどは突然変異によって起こるものなのです。

ダウン症

ダウン症はダウン症候群《しょうこうぐん》とも言われ、染色体異常《せんしょくたいいじょう》のなかでは、もっとも多く見られるものです。

1886年にイギリスのダウンというお医者さんによって発見されたのでダウン症と呼ばれていますが、この病気が染色体異常とわかったのは1959年のことで、それ以後、ほかの染色体異常による病気が発見されていきました。

ダウン症は、染色体のなかでもっとも小さい21番の染色体が2本でなく3本になったもので、1細胞あたりの染色体の全数は47本と、1本多くなっています。しかし、からだのすべての細胞の染色体が47本ではなくて、47本ある細胞と46本ある細胞がまじっている場合があり、これはモザイク型と呼ばれ、ダウン症の数%を占めます。また、21番染色体のうちの過剰な1本が、ほかの染色体にくっついたりする軽症型と呼ばれるものもありますが、これもまれにしか見られません。

ダウン症は1000人に1人の割合で生まれますが、最近は出生前診断《しゅっせいぜんしんだん》によって発見され中絶されることがあるため、出生が少なくなっているとも言われ、これは悲しいことです。

染色体異常がどうして起こるのかはわかっていませんが、高齢出産、とりわけ40歳以上での出産の場合に、頻度《ひんど》が高くなることは確かです。

ダウン症の子ども

ダウン症の子どもに共通する問題としては、①発達がゆっくりであること、②筋肉の緊張が弱く、関節がやわらかいこと、③ことばが遅いこと、④心臓に異常がある頻度《ひんど》が高いことなどです。

また、一般に感染症《かんせんしょう》にかかりやすいという特徴もありますが、感染症に対する治療法は進歩していますので、ダウン症の子どもたちも長生きできることが多くなりました。ただ、ふつうの人に比べると、老化の速度は速いと言われています。また心臓などの障害が強い場合は、長生きがむずかしくなります。

ダウン症の子どもは、目がつっているとか舌が大きいなど、顔つき、からだつきに特徴があると言われていますが、実は子どもによってさまざまです。すでにお話ししたようにモザイク型といった「少数派」もおり、そういう子どものなかには、外見上、ダウン症とわからない場合もあります。

性格はやさしく、人なつっこいことが多いと言われますが、性格だってもちろんさまざまで、ダウン症ということでひとつの枠のなかにあてはめてしまうというのは偏見だと思います。

ぼくはこれまで、ダウン症の子どもを、とびきりの愛情で育てているお母さんやお父さんを、たくさん見てきました。ダウン症の子どもが家族のきずなを強めているなあと思うような家庭にも、たくさん出会ってきました。

幸せを運んでくる運び手でもあるようなダウン症の子どもが、出生前診断《しゅっせいぜんしんだん》によってこの世に生まれてくるチャンスを失っている例があるのを、悲しく思います。いま出生前診断の技術はどんどん進んでいますが、ダウン症の出生前診断は、その先頭をきってきたといってよいと思います。そこで出生前診断というものについて、ここで少し考えてみることにします。

出生前診断《しゅっせいぜんしんだん》というもの

出生前診断というのは、胎児《たいじ》の時期に検査をして、胎児が何らかの異常、病気をもっているかどうか、診断することを言います(→暮らし11ページ)。現在ほとんどの染色体異常《せんしょくたいいじょう》は、妊娠中の女性の羊水《ようすい》を検査することで診断できます。

障害児を産んだ経験のある女性のなかには、「次の子も障害があると困るから」という理由で、妊娠しても中絶してしまう例がありますが、そういう人がこの出生前診断を受けて胎児に異常がないことがわかれば、中絶しないですむということもあります。だから出生前診断は有意義だと言う人もいますが、実際には、出生前診断で胎児に異常があることがわかって中絶してしまう例のほうが多いと思われます。

「障害があったら産まないで中絶する。障害がなければ産む」という態度は、選択的中絶《せんたくてきちゅうぜつ》と呼ばれますが、これは「障害をもった子が生まれるのは不幸なことだ」と決めつける態度で、優生思想《ゆうせいしそう》と呼んでよいと思います(→458ページのコラム)。

しかし実際には、障害児をもつことで、その親がいろいろなことを学び、その結果、人間的に成長したり、また障害児と暮らすことで深い喜びを得たりすることは本当によくあることです。世の中に障害をもった人がいることは、障害のない人たちが、さまざまなことを学ぶ契機《けいき》にもなるのです。

そのようなチャンスが、中絶によって失われてしまってよいのでしょうか。出生前診断が有意義なものかどうか、みんなで考えてみる必要があると、ぼくは思っています。

ダウン症以外にも、さまざまな原因による知的障害、また原因のわからない知的障害があります。しかし、それらについてひとつひとつお話しすると膨《ぼう》大《だい》なことになりますし、また、それぞれの障害についても、重い子どもから軽い子どもまで、いろいろな程度がありますから、ひとくくりにしてお話しすることもできません。

それで、くわしくは専門書にゆずることにして、ここでは知的障害の子どもをもって、どうしたら楽に生きられるかを考えてみたいと思います。

知的障害の子をもって生きるということ

知的障害の子どもをもって生きるのは、つらくたいへんなことと、一般には思われているようです。しかしぼく自身、知的障害と身体障害を併《あわ》せもつ娘と生きてきましたから、実体験をもとにして言うことができるのですが、けっこう味のある人生でした。

ぼくには3人子どもがいて、長女が障害をもち、長男と次女の2人は健常《けんじょう》なのですが、長女は、長男や次女と同じように生きたいのだろうと思っています。障害をもっていても、できるだけ健常な人と同じように生きたいはずだと思うのです(自分の本当の気持ちを言葉にあらわすことが苦手な娘なので、確かめにくいのですが)。

しかし、世間では「障害をもつ人は、生活をするうえで特別な配慮を必要とするのだから、健常な人と別に生きるのが幸せだ」と考える人が多いのです。

それで、通園施設、特別支援学級、養護学校、作業所、収容施設など、障害児が教育を受けたり生活したりする場が、特別に用意されてきました(↓359ページのコラム)。

しかし、障害をもつ人ともたない人が別々の場所にいれば、おたがいに十分理解する機会がもてませんから、自然に差別や偏見が生まれがちです。交流教育といったかたちで交流しても、健常な子どもは障害をもつ子どもの一面しか知ることができず、それでは理解は不十分なものにしかなりません。

健常な子どもたちが障害児と日常生活をともにすることで、障害児のよいところも悪いところもすべて、見たり、知ったりできて初めて、障害児と健常児のあいだの壁がなくなり、それによって健常児が成長して大人になったとき、障害をもった人を、曇《くも》りのない目で見ることにつながるのです。

ですからぼくは、障害をもつ子どもは、なるべく早い時期から保育園へ通ったほうがいいと思うし、学校は普通学級へ通うのがいいと思います。

自分でできることは、なるべくできるようになるほうがよいでしょうが、できなければできないで、ほかの人に手伝ってもらうことを平気で頼めるようになることが必要だし、まわりの子どもとコミュニケーションのとれないような子どもの場合は、まわりの子どものほうが、コミュニケーションのとりかたを工夫してくれるものです。

障害をもった子どもが、障害があるからといって遠慮して生きることはしない人に育ってくれるためには、親のほうも、障害児の親だからということで、遠慮して生きたりしてはいけません。そして障害をもつ子どもを、せまい世界のなかに閉じこめないで世間に押し出していくことが必要です。

しかし世間というものは、障害をもつ人がひかえ目に生きているとき、つまり世間が求める「障害児らしい生きかた」をしているときはやさしく接してくれるものの、「健常な人と同じように生きたい」と願った場合は、それを容易に許さないことがあります。障害児が保育園への入園を希望しても許されないケース、普通学級入学を希望して、「この子には養護学校が適当」とする行政や学校と対立するケースは、しばしば見られます。

世界的には教育の面でも、「健常児も障害児も、同じ教室で学ぶべきだ」ということで、「分離《ぶんり》しない教育」がすすめられていますが、日本ではなお、分離教育が正しいとする人が少なくないのです。

そんなわけで、子どもの未来を切り開くために、闘わなければならないこともあるかもしれません。しかし障害をもつ子どもにとっては、ある意味で毎日が闘いと言ってよいかもしれないのが現実ですから、親も、ともに闘う気持ちをもっていたほうがよいと思います。

少子高齢化という世の中で、障害をもつ人たちに対する福祉のレベルはどんどん低下していますから、障害をもつ子どもが将来安心して生きていけるようにするためには、親としても世の中に対して声をあげていかねばなりません。

そして、ぼくの知っている「声をあげる障害児、障害者」やその家族は、みな明るく生きていて、親のなかには「知的障害の子どもの親になったおかげで、自分はいきいきとした人生を送ることができた」と言っている人もたくさんいることを、知っておいてください。

学習《がくしゅう》障害《しょうがい》（ＬＤ）

学習障害という言葉は、アメリカで作られた言葉で、learning disability というのが原語です。原語の省略形であるＬＤという言葉が一般に使われていますので、ここからはＬＤを使います。

ＬＤとはどういうものかということについて、専門家のあいだでも議論がないわけではありません。世界的に見るとＬＤという言葉は、アメリカを中心とした数少ない国で使われているだけで、ほかの国ではそもそも、こういう概念がないのです。しかし日本では、1999年に当時の文部省によって、ＬＤの定義が作られました。それは次のようなものです。

「学習障害とは、基本的には全般的な知的発達に遅れはないが、聞く、話す、読む、書く、計算する又は推論する能力のうち特定のものの習得と使用に著しい困難を示す様々な状態を指すものである。

学習障害は、その原因として、中枢神経系に何らかの機能障害があると推定されるが、視覚障害、聴覚障害、知的障害、情緒障害などの障害や、環境的な要因が直接の原因となるものではない」

簡単に言いますと、「通知表で、国語以外は3とか4とかふつうの成績だが、国語だけは2とか1というふうに、読み書きの力だけが低い」、あるいは「算数以外はふつうの成績だが、計算だけがきわだって不得意なので、算数の点数だけが低い」というような子どもがＬＤと言われます。

読み書きや計算にとくに力を入れて勉強するようにすれば、ほかの子どもに追いついてゆくことは可能です。また、こうした障害が成人まで続いたとしても、読み書きや計算を必要としない職業を選べば、ふつうに生活していくことができます。

またこれからは、読み書きをするにもワープロやパソコン、計算をするには計算機を使えばよい時代になるでしょうから、そうなればＬＤというような「障害」は、なくなってしまう可能性もあります。

注意欠陥《ちゅういけっかん》／多動性障害《たどうせいしょうがい》（ＡＤＨＤ）

注意欠陥／多動性障害という名前は、あまりなじみがないかもしれません。しかし、ＡＤＨＤという名前なら知っている、という人が多いのではないでしょうか。

ＡＤＨＤというのは、最初にアメリカで使われ始めた「障害名」で、attention deficit/hyperactivity disorder の略称です。これを訳すと、注意欠陥／多動性障害となるわけですが、注意欠陥というのがいかにも「直訳」で、とてもわかりにくいですね。これは、「不注意」ということと同じ意味だ、と思ってください。

注意欠陥という言葉と多動性障害という言葉のあいだに、「／」の記号が入るのは、「不注意と多動と両方の症状がある場合もあるし、不注意だけ、あるいは多動だけというふうに、ひとつだけの症状の場合もある」という意味です。いずれにしても日本語にするとわかりにくいことになるので、一般にＡＤＨＤという言葉が使われています。

ＡＤＨＤという言葉は、最近急にあちこちで耳にするようになりましたが、簡単に言えば「注意散漫《ちゅういさんまん》でよく動きまわる子ども」という意味です。しかし幼い子どもというものは、注意散漫なのがあたりまえですし、じっとしていることのないのが特徴と言えます。とくに3歳前後は、人生のうちでもっともよく動きまわる時期だと言われます。

ですから幼児について、「多動児《たどうじ》」などと病気あつかいしてレッテルを貼るのは、おかしいことだと思います。

しかし最近、学童でのＡＤＨＤがちょっとした社会問題になると、「ＡＤＨＤの子どもは、幼児期にもふつうの子どもとはちがった行動特徴をもつはずだ。その時期に早期発見をして医学的に対応しておけば、ＡＤＨＤの子どもが学校で問題を起こしたりしなくなるだろう」というふうにも言われ、2004年に成立した発達障害者支援法では、「発達障害の子どもを早期発見すること」が目標にかかげられていますが、これは結局「ＡＤＨＤのような子どもを早期発見する」ということです。しかし幼児期に早期発見しようとすると、過剰診断が起こってしまうのではないかと心配です。

ADHD、LDという分類が出てくるまで

多動の子どもに医学的な関心がむけられるようになったのは、ずいぶんむかしのことです。しかしそれはアメリカでのことで、それ以外の国では、あまり関心がもたれてきませんでした。日本でも多動について強い関心がもたれるようになったのは、つい最近のことなのです。

日本で話題になるようになったきっかけは、「学《がっ》級崩壊《きゅうほうかい》」と言われる現象があちこちで起こったことや、子どもが加害者となる事件が社会問題になったことなどがあげられますが、そうした話はあとにして、まず、主にアメリカでの「多動の子どもに対する医学の変遷《へんせん》」をたどってみることにします。

歴史的にふり返ってみますと、多動の子どもに対して医学的な面から注目が集まるようになったのは1910年代の後半、第一次世界大戦のころと言われます。

このころ、ほんの数年間だけ一時的に、エコノモ脳炎《のうえん》という脳炎が主に北米ではやりました。そしてこの脳炎にかかった子どものなかに、治ってから多動になる子どもがいたのです。それまで「落ちつきがなく、よく動きまわる子ども」がいても、それは個性であって、脳とは関係がないと思われていたのですが、この脳炎流行をきっかけに、「多動は、脳の何らかの異常によって起こるのだろう」と考えられるようになりました。

そして、脳炎のあとで起こる「注意の集中や活動の調整、あるいは衝動などをうまくコントロールできない状態」は行動異常と見なされ、脳炎後行動障《のうえんごこうどうしょう》害《がい》と呼ばれました。

1940年代になると、微細脳障害《びさいのうしょうがい》という考えかたが出てきました。胎児期および出産前後に赤ちゃんが脳障害を受けた場合、最重度のものは胎児死亡、新生児死亡となり、重度のものは脳性まひ、知的障害、てんかん(→209ページ)などを起こし、もっと軽度の場合は行動異常や学習障害を起こすという説です。そしてこの「脳の微細な病変によって起こる障害」が、微細脳障害と呼ばれたのです。

ぼくは医者になったばかりのころ、この微細脳障害という言葉に出会いましたが、「極端に不器用な子どもは、微細な脳障害が原因になっていて、そういうものを微細脳障害と呼ぶ」というふうに理解していました。

1960年代になると、この微細脳障害という概念についての批判が、いろいろ出てくるようになりました。そのひとつは、「誰も、脳の微細な障害の存在を確かめたわけではないのに、さまざまな症状を脳障害のためだと言ってよいのか」といったものでした。また、この障害に含まれる症状を検討してみたところ100近くもあり、それらの症状をすべて微細脳障害としてしまうと、この病気の範囲がひろくなりすぎ、とりとめがなくなってしまうという批判も出てきました。それで、微細脳障害という病名は使われなくなり、新たにＡＤＨＤとＬＤ(学習障害→344ページ)

という概念が登場したのです。

ＡＤＨＤは、不注意、多動、衝動性を主症状とするもので、「あちこちに注意が移って、ひとつのことに集中するのがむずかしい子」、「落ちつきがなく、いっときもじっとしていられない子」、「衝動的な行動が目立ち、危ないことも平気でしてしまう子」などに対して、ＡＤＨＤの診断が下されます。

ＬＤのほうは、特定の学習能力について発達が遅れているとされる子どもに対する病名です。

そしてもうひとつ、手先や運動がひどく不器用な子どもについては、「発達性《はったつせい》協調《きょうちょう》運動障害《うんどうしょうがい》」と名づけてわけるという考えかたも出てきました。

ともかく、微細脳障害という概念は分解されたのです。そして、いまのところ、ＡＤＨＤ、ＬＤなどが子どもたちの特定の状態を示す名前として使われていますが、いずれまた別の分類がされ、別の名前がつけられることになるのでしょう。

ＡＤＨＤの症状

では、ＡＤＨＤと呼ばれる障害について、少しくわしく見てみることにします。

ＡＤＨＤの症状としてあげられているものは、次のようなものです。

① 不注意

○学業や仕事で、しばしば不注意な誤りをおかす
○注意の持続が、しばしば困難である
○人の話を、しばしば聞いていないように見える
○しばしば指示にしたがえず学業をやりとげられない
○順序だてて物ごとを進めることが、しばしば困難である
○努力しないとできない課題をしばしば避《さ》ける、またはいやいやおこなう
○必要なものを、しばしばなくす
○外からの刺激に、しばしば注意をそらされる
○毎日するべきことでも、しばしば忘れてしまう

② 多動性《たどうせい》

○しばしば手足をそわそわと動かし、着席していてももじもじする
○座っていなくてはいけない状況でも、しばしば席を離れる
○しばしば許されない場面で、走りまわったり高いところへのぼったりする
○しばしば静かに遊べない
○しばしば、まるで「エンジンで動かされるように」行動する
○しばしば、しゃべりすぎる

③ 衝動性《しょうどうせい》

○しばしば質問が終わる前に出し抜けに答える
○しばしば順番を待てない
○しばしば他人を妨害し邪魔をする

こうした症状のうち、いくつかが重なって1人の子どもに見られ、その子どもに知的障害がない場合、ＡＤＨＤと呼ぶというわけです。しかし、この症状をよく見てください。

いちばん最初の症状が、「学業や仕事」で不注意な誤りをおかすことであることからわかるように、この基準は学童や成人にあてはめられるべきもので、そもそも幼児にはＡＤＨＤという概念を適応できないのではないかと思います。

すでにお話ししたように、ＡＤＨＤという障害が日本で急にクローズアップされるようになったのは、学級崩壊、あるいは少年による事件などが起こるようになったからであり、学級崩壊も少年による事件も、ともに幼児とは無関係な社会現象です。ですから就学以前の時期の子どもの病気を主としてとりあげているこの本の性格から言えば、ＡＤＨＤははずしてもよいものですが、ＡＤＨＤが話題になることはとても多いので、もう少しお話ししておこうと思います。

治療の対象となる「病気」なのか

学級崩壊という言葉は、ひろく知られたのは1998年ごろに新聞などのメディアで報道されてからです。狭い意味での学級崩壊は「小学校低学年の教室で、生徒の私語や立ち歩きなどによって、授業が成立しなくなる状態」を指《さ》しますが、ひろい意味での学級崩壊は「大学から高校、そして中学校や小学校高学年までを含む、すべての学校で見られる授業の困難性」を指します。

こういう現象は日本だけでなく、諸外国でも起こっていると言われます。

これは、教育そのものに問題があるから起こる現象と言ってよいでしょう。むかしの教室では、生徒よりも知識をもった先生が生徒にその知識を伝え、その博識《はくしき》に生徒たちは尊敬の念をいだいたものです。また、まじめに勉強すれば、それは将来の成功につながるはずということが生徒たちに信じられていましたから、一生懸命勉強する傾向もありました。

しかしいま、生徒の知識の量は増え、部分的には先生よりもよく知っていたりもします。また、教室での成功が、必ずしも将来の成功につながらない現実があることもわかってしまい、そのような共同幻想に支えられていたかつての学校信仰は、崩れてしまったのです。

その結果、教育についていろいろな問題が起こってきました。学校へ行こうとしない子どもが増え、また「校内暴力」と呼ばれる子どもたちの反乱も起こりました。こうした反乱が鎮圧《ちんあつ》されると、学級崩壊という現象があらわれました。

このようにさまざまな問題が起こったのはなぜか、教育をどう変えていけばよいのかということを真剣に考えないといけないわけで、学級崩壊の犯人探しなどしても問題は解決しないはずです。しかし、実際には犯人探しがおこなわれ、ＡＤＨＤの子どもが火付け役になって学級崩壊が起こるのだ、と言われるようになってしまいました。

また、少年によって起こされる事件などでは、「犯行におよんだ子どもは、ふつうの子ではなかった。ADHDの子どもだった」などと言われるようになりました。

そしてADHDの子どもに対する対策が考えられ、特別なかたちでの教育が必要、ということにもなりました。しかし、いろいろ対策を講《こう》じてみても、簡単にADHDの子どもたちの行動が変わるわけではありません。

そこで、リタリンという薬などが使われるようになりました。リタリンをのむと、「多動」がおさまることが多いのです。アメリカでは何百万人もの子どもがリタリンをのんでおり、それを問題視している学者もいます。人間の行動を変容させる薬というものはこわいもので、軽々しく使うべきではありませんが、子どもがおとなしくなると「教室の平和」が得られるということで多用されつつあります。

人間にはいろいろな個性があることをぼくたちひとりひとりが理解し、異質に見える人もいっしょに生きていけるように工夫をこらすことは必要ですが、そのために個性を病気あつかいし、治療していくことが安易になされてはならないと思います。

自閉症《じへいしょう》スペクトラム

自閉症という言葉を知っている人は多いでしょうが、自閉症スペクトラムと言いますと、知る人は少ないと思います。この言葉は最近登場してきたもので、まだなじみがうすいのですね。

ではまず、自閉症スペクトラムという概念が出てくるまでの歴史を簡単にふり返っておきましょう。

自閉症《じへいしょう》スペクトラムという概念が出てくるまで

自閉症という病気は、1943年にアメリカの児童精神科医であるカナーという人によって、初めて報告されました。カナーは、「重いことばの遅れがあり、社会的な交流を求めず、それでいてある種の分野で特別な能力が潜在《せんざい》していることをうかがわせる子ども」11人について報告しました。

この子どもたちは、現在、自閉症と呼ばれる子どもたちの行動特徴をすっかり備《そな》えているのですが、その詳細については、あとでお話しします。

さてカナーの報告の翌年、オーストリアの小児科医アスペルガーが、カナーの報告した子どもたちとは、ちょっとちがう子どもたちのことを報告しました。アスペルガーが報告したのは、「特別な領域に才能があって、多動であり、せまい人間関係しかもたないような子どもたち」でした。

カナーが報告した子どもたちにつけられた病名は「幼児自閉症」でしたが、この自閉症という病気については世界中で反響があり、同じような子どものことが続々報告され、さまざまな議論もされるようになりました。

一方、アスペルガーの報告に対しては反響も少なく、忘れられたかたちになっていましたが、最近になってアスペルガーが報告したような子どもたちのことが社会的な話題になり、彼の報告が見直されました。そして、彼が報告した子どもたちは自閉症とはちがうということで、アスペルガー症候群《しょうこうぐん》と呼ばれるようになりました。

　さらに近年になって、知的障害はないけれど自閉症の症状をもつ子どもたちに対して、高機能自閉《こうきのうじへい》症《しょう》という病名がつけられるようにもなりました。

　しかし、自閉症、アスペルガー症候群、高機能自閉症のあいだに、はっきりした境界線をひくことはできないと言われ、これら全体をまとめて広汎性発達障害《こうはんせいはったつしょうがい》と呼ぼうということになりました。さらにそれを自閉症スペクトラムと呼ぶようになったのが、最近の傾向です。

　つまり自閉症スペクトラムというのは、自閉症と、それに関連するいくつかの障害の総称だということです。

　なるべくわかりやすい説明をしたつもりですが、それでもなお、わかりにくいかもしれませんね。

自閉症《じへいしょう》

　では次に、自閉症スペクトラムに属するいくつかの障害それぞれについて、お話しすることにします。

カナーが報告した自閉症《じへいしょう》の特徴

　最初は自閉症ですが、まず、カナーが報告した子どもたちの症状をくわしく紹介しましょう。子どもたちには、４つの特徴がありました。

　まず第１に、この子どもたちには、人との情緒的なふれあいが根本的に欠けているように見えました。他人には無関心で、いつも自分の気のむくままに行動しているように見えます。集団で行動しなければならないときも、１人で行動します。この状態が、自閉と呼ばれました。

　２番目に、この子どもたちには同じ状態を続けたいという強い願いがあるようでした。日常生活の特定の行動を、いつも同じ順番でやろうとし、ちがう順番でやらせようとするとパニックを起こしたりするのです。

　３番目には、特定のものに対する強い執着《しゅうちゃく》と、そのものの特異《とくい》な使いかたが見られるということです。たとえば、ある部屋に入ったとたん、スイッチのあるところにかけより、スイッチを入れたり切ったりする動作を、かぎりなくくり返したりします。

　４番目はことばの問題で、ことばの発達にかなりの遅れがあったり、あるいはまったくしゃべらないこともあります。

　しゃべる場合も「名前は何」と聞くと、「名前は何」とくり返すように、いわゆる「おうむがえし」をしたり、「わたし」と言うべきところを「あなた」と言い誤《あやま》ってしまうような代名詞のまちがいなどが見られたりします。これらの特徴はそのまま自閉症の症状となり、いまもこうした子どもたちが自閉症と呼ばれるわけです。

自閉症についてはカナーの報告以来、さまざまな議論がされてきました。自閉症は最初、「子どもに見られる統合失調症《とうごうしっちょうしょう》だろう」というふうに言われました。しかしその説はすぐに捨てられ、いまは脳障害であろうと言われています。

自閉症《じへいしょう》の原因

自閉症の原因についても、いろいろなことが言われた歴史があります。1960年代ごろには、「自閉症の原因は親の性格や態度、育児のしかたにある」と言われました。親といっても、もっぱら母親が育児にあたっているというのが多くの家庭の実状ですから、「母親の性格や育児態度が、自閉症児を作る」というふうに、母親に批判の目がむけられることになりました。「母親が、子どもをほったらかしにしてテレビばかり見せていると自閉症になる」という「テレビ原因説」も出てきましたが、この説は一時、かなりひろく信じられました。

いまでは、こうした母親やテレビに原因があるとする説はまちがいだったことがわかっていますが、それでもときどき、「テレビの見すぎが自閉症を作る」と言っている専門家を見かけることがあります。

1960年代後半になると、イギリスの児童精神科医であるラターが言いだした「自閉症の子どもには言語・認知の障害が根本にあって、そのために自閉的孤立が生じる」という言語・認知障害説が有力になってきました。

しかし同じように認知に問題がある知的障害の子どもたちや、言語に問題のある言語障害の子どもたちは、自閉症のように孤立して閉じこもることはありません。ですから「言語・認知障害が自閉的孤立を生む」という考えかたにも疑問がもたれるようになり、「自閉症の子どもはなぜ、人間関係をじょうずに作れないのか。相手の感情を読みとったり、相手の心の動きを推《お》し測《はか》ったりする能力に、障害があるのだろうか」といったことが、研究の対象となりました。

そしてさまざまな研究がされてきましたが、いまも自閉症の原因はわかっていません。治療についてもさまざまな方法が試みられていますが、どの方法がすぐれているのか、客観的な評価は確立していません。

しかし、まったくことばが出ない子どもが、あるとき話をするようになったりすることもあります。また非常に多動であった子どもが成長するにつれて、静かな人になることも少なくありません。

自閉症の子どもがどのように成長していくかは予想できないのがふつうですから、まわりの人は「とくに変わらなくてもかまわないじゃないか。ありのままを受けとめよう」という気持ちで、のんびりとつきあってやってほしいと思います。

大人になって、介助の人の助けを得ながら自立した生活を送っている、「かつての自閉症児」もいます。どんどん世の中へ送り出していって、いろいろな人といっしょに生きる体験をすることのほうが、個別に一生懸命訓練をするより、ずっと将来のためになると思います。

アスペルガー症候群《しょうこうぐん》

次は、アスペルガー症候群についてお話ししましょう。自閉症《じへいしょう》という概念が提唱《ていしょう》されたのと同じころ、アスペルガーが、自閉症とは少しちがう子どもたちのことを報告したと、すでにお話ししましたね。

アスペルガーが報告したような特徴をもつ子どもが最近になってアスペルガー症候群と呼ばれて、注目されるようになりました。

アスペルガー症候群は、おおざっぱに言うと「自閉症から言語発達障害を差し引いたもの」だと説明する児童精神科医もいます。つまり自閉症のような行動特徴をもっているが言語発達に障害がない場合に、アスペルガー症候群と呼ばれるということです。

アスペルガーの子ども

自閉症《じへいしょう》と言われる子どもにしろ、アスペルガー症《しょう》候群《こうぐん》と言われる子どもにしろ、もちろんひとりひとりがちがっていて、ひとまとめにして「こんな子ども」というふうには言いにくいのですが、あえてアスペルガー症候群と呼ばれる子どもの典型像を紹介しておきます。

幼児期には、「視線が合いにくい」、「名前を呼んでも反応がにぶい」、「周囲の状況に興味を示すことが少ない」などという特徴がありますが、「ちょっと変わった子ども」といった範囲にとどまります。

成長すると、ほかの子どもとのコミュニケーションに問題を生じます。どんなふうに問題を生じるのかわかっていただくには、小児科医である榊原洋一《さかきはらよういち》さんがあげている例がわかりやすいので、紹介しましょう。

榊原さんはまず、アスペルガー症候群の特徴を「アスペルガー症候群では、言語的知能は、言葉そのものの理解という意味では問題はない。でも、言語表現は形式的でかたく、言葉の背後にあるニュアンスを理解することは、アスペルガー症候群の子どもは苦手だ。言葉の字義どおりの理解は問題ない。けれども、言葉は意味を伝える道具であるだけではなく、発した個人の感情も伝えている。言葉が運ぶ感情の理解は、アスペルガー症候群の子どもは不得意である」と言ったうえで、次のような「言語理解を調べるテスト」を紹介しています(『アスペルガー症候群と学習障害』)。

「次の文を読んで、問いに答えなさい。

一郎さんと花子さんは、味がよいことで評判の高級レストランに入りました。ところがレストランは人でいっぱい、なかなかボーイさんが注文を取りにきません。三十分くらい待たされてやっとボーイさんがやってきました。ところがこのボーイさんは態度が悪く、三十分も待たせたのに、まったく詫《わ》びる気配もありません。一郎さんはボーイさんにいいました。

「ふーん、さすがは高級レストランだね」

最後の言葉をいった一郎さんの気持ちは次のどれでしょう?

①待たせてもあやまらないボーイさんの態度に感心した

②高級レストランらしいボーイのふるまいをほめた

③ボーイさんの態度に腹を立てた」

さて、この問いの答えは何番だと思いますか。「あたりまえでしょう。③に決まっているじゃないの」と思われましたか。でもちょっと考えてみると、この答えがあたりまえだというのも、不思議なことではないでしょうか。

多くの人は「ふーん、さすがは高級レストランだね」という言葉を、「言葉どおりにほめているわけではなく、怒って、皮肉っぽく言っているのだ」というふうに「裏読み」して了解するわけですね。

でも裏読みしないで言葉どおりに受けとってしまう人もいて、そういう人は①や②を正解として選びます。

言葉どおりに受けとったら不正解で、裏読みをするのが正解になるというのも、よく考えると不思議なことですが、人間の世界はそんなふうに、ちょっと複雑にできているのです。そして、そういう複雑さが理解できないと、人間どうしのコミュニケーションに問題が生じるというわけです。

ぼくは知的障害をもつ娘とずっとつきあってきて、知的障害の子どもが生きていくうえでのひとつの困難は、融通《ゆうずう》のきかなさにあると痛感してきました。娘は、言ってみれば「まじめの国から、まじめを売りにきたような人」で、たいていの人間には二面性があるという事実を理解できません。

親切にふるまってくれる人は本心から親切な人だと評価し、「あの親切は、ポーズだけではないのか」と疑ったりしません。一方、しかる人はこわいだけで、「わたしのことを思って、しかってくれているのだ」というような理解はしません。

規則を破ることはいけないことだと教えられたら、決して破りません。まったく車が通らない道にある信号が赤になっている場合、たいていの人は渡ると思いますが、娘は決して渡りません。「規則を破ってはいけない」と他人に教えるような立場にある人でも、ときどきはちょっとしたルール破りをしているものだというようなことが、理解できないのです。また敬語を使うべき相手と、使わなくてよい相手が区別できません。

この世の中には、面倒《めんどう》なきまりや習慣、暗黙《あんもく》の了解などというものがありますが、たいていの人はそれらについて理解でき、「要領よく」対応して生きていきます。しかし、そんなに要領よく対応できない人もいるということです。

きわだった個性をもつ人としてとらえる

知的障害はないけれど、いちじるしく要領が悪い人をアスペルガー症候群《しょうこうぐん》と呼ぶのだと考えていいと思いますが、要領が悪い人はこの世の中にいっぱいいるわけですから、どの程度の要領の悪さからを「病的」と考えるかというと、むずかしいことになります。

ですから、アスペルガー症候群というような病名をわざわざ作らなくてもいい、きわだった個性をもつ人と考えるぐらいでいい、と考える児童精神科医もいますが、ぼくも同感です。

この世の中は「平均的な人」が生きやすいようにできているので、平均から少しはずれた個性をもつ人には、生きにくいのです。そのことが、アスペルガー症候群の子どもたちだけでなく、障害をもつ子ども、障害をもつ人一般の、生きがたさにつながっています。世の中にはいろいろな人がいることを認め、平均からはずれた人でも生きやすい世の中を作るために、みんなで知恵を出しあうことのほうが必要なのではないでしょうか。

ことばの障害

赤ちゃんを育てていくうえで、ことばの発達は、まわりの大人たちの強い興味をひくことのひとつです。

3〜4カ月くらいの赤ちゃんが大人の顔をじっと見つめて、「バーババババ」などと言っているのを見ると、「おしゃべりしたいことが、いっぱいあるんだねえ」と、あたたかな気持ちになります。この時期にはことばの遅れといった心配は生まれませんが、1歳をすぎるころになると、意味のあることばを言っているかどうかが気になるようになります。

1歳6カ月になると公的な健診がありますが、この健診では知的な発達やことばの発達に遅れがないかどうかのチェックをされますから、この時期に意味あることばを話していないと、親としてはとても気になると思います。

しかし、ことばの発達は個人差が非常に大きく、3歳になるころまで、ほとんどおしゃべりをしなかったけれど、3歳をすぎたらしゃべり始め、せきが切れたように1日中しゃべっているというようなことはよくあります。ですから、ことばが遅れているという心配は杞憂《きゆう》に終わることが多いのですが、そのあたりのことについて少しくわしくお話ししましょう。

ことばに関するトラブルは、医学的には言語障害《げんごしょうがい》と呼ばれますが、障害と呼ぶのは大げさだなと感じます。言語障害と言われているものに含まれるのは、ことばの発達の遅れのほかに、構音障害《こうおんしょうがい》、吃音《きつおん》(どもり)、失語症《しつごしょう》など多岐《たき》にわたりますが、ここではまず、ことばの発達の遅れをとりあげます。

ことばの発達の遅れ

ことばの発達の遅れの2つの種類

ことばの発達の遅れには、2つの種類があります。1つは、何か原因になる病気があって、そのために遅れている場合、もう1つはとくに原因となる病気がなく、ことばの発達だけが遅れている場合です。

1つめのほうの原因がある場合には、原因としてどのような病気があるかと言いますと、聴力の損失、舌、唇《くちびる》、のど、口蓋《こうがい》などの機能や構造の異常、知的障害、自閉症《じへいしょう》などです。

そしてもう1つは、原因になる病気がなく、ことばの発達だけに遅れがある場合ですが、ここでは、こちらの場合についてお話しします。

ことばの発達だけに遅れがある場合

先ほどもお話ししたように、3歳ぐらいまでほとんどしゃべらなかった子どもが、そのあと、どんどんしゃべるようになる、というケースはよくあります。しかし、すべての子どもがそういう経過をとるわけではなくて、少数は学齢になっても追いつかず、遅れた状態が続いたままになります。

この2つのタイプについて、前者のほうは「遅咲き型」と呼ばれ、後者のほうは「特異性言語発達障害《とくいせいげんごはったつしょうがい》」と呼ばれています。遅咲き型は英語のlate bloomersの訳で、このlate bloomersという言葉を、ぼくは、「なかなかいい言葉だな」と思います。はいはいが遅く始まる子どもも、おねしょをずっとしている子どもも、みんな遅咲き型と呼ぶようにしてはどうでしょうか。

そういえば、ぼくが子どもだったころ、日本でも「あの子はおくてだから」という言いかたがありました。小学校のころはわんぱく坊主で勉強なんかせず、「できない子」と言われていた子どもが、中学の後半から急にがんばって「できる子」になることがあり、そういう子どものことを「おくて」と言っていたのです。

稲の種類で早い時期に収穫できるものを「わせ」と言い、遅い時期に収穫するものを「おくて」と言うので、それをとって「おくての子ども」と言っていたわけですが、それはゆっくり成長する子への励ましでもあったのですね。

たとえば学校の先生が、成績のよくない子にも、「きみはおくてだから、そのうち伸びるんだ。だから悲観しないで、希望をもって生きていこうね」というふうに励ましたのです。そういうふうに励まされることが最近少なくなっているとも聞きますが、残念なことです。

それはともかく、遅咲き型の子どもは、ほかの子どもに比べて話し始める時期がかなり遅かったり、話し始めても、ことばの増えかたがそうとうゆっくりだったりしますが、2歳すぎになると急に、ほかの子に追いつきます。

ことばの遅れ以外に何の障害もない子どもの大半は、この遅咲き型なのですが、そのなかに特異性言語発達障害と言われる子どもが少数います。こういう子どもたちに対しては、言語聴覚士《げんごちょうかくし》という専門家による訓練が必要になるかもしれません。

遅咲き型の子どもと特異性言語発達障害の子どもとを見わけるのは、専門家でないとできないことなので、2歳ぐらいになってもほとんどおしゃべりしない子どもについては、「ことばの相談室」のようなところで相談してみるのがよいと思います。

ことばの遅れ以外の「言語障害」

ことばの遅れ以外の「言語障害」についても、簡単にふれておきましょう。

構音障害《こうおんしょうがい》

小学校入学ぐらいの年齢になっても、「つくえ」のことを「ちゅくえ」と言ったり、「おさかな」が「おたかな」になったりする場合、構音障害と呼ばれます。

成長していくにしたがって、よくなっていく場合が多いのですが、しばしば友だちからからかわれたり、まわりの人から「ちゃんと言いなさい」と言われたりして、プレッシャーになることがあります。本人も気にしているようなら、「ことばの相談室」のようなところで相談してみるとよいと思います。

吃音《きつおん》（どもり）

どもりは子どもによく見られる現象です。医学用語としては吃音と言い、「ことばのつまずき」と形容するのがよいと思います。

たとえば「ライオン」と言おうとすると、「ラ、ラ、ラ、ラ、ライオン」というふうになってしまうのがどもりですね。医学的に説明しますと「ことばに関係のある筋肉がけいれんするために、話すときに1つの音をくり返したり、ひきのばしたり、つまったりして、ことばが流ちょうに出てこない状態」ということになります。

子ども100人のうち4人は、幼児期のどこかでどもるようになると言われています。男女比は4対1と言われていますから、圧倒的に男の子に多いということになりますね。どもる子どものうちの60%は、家族の誰かがやはりどもったという経験があり、遺伝的なものがあると考えられています。

どもりはほとんどが2歳から5歳のあいだに見られ、とりわけ2~3歳が多いようです。

どうしてどもるようになるのか、その原因ははっきりわかっていないのですが、ほかの子がどもるのをまねしていたらどもるようになった、ということもしばしば見られます。

左利《き》きの子どもを無理に右利きに直すと、あとでどもるようになるとも言われますが、その因果関係については現在も研究中で、結論は出ていません。

どもりは心理的な原因があって起こると考えられがちですが、本当にそうかどうかははっきりしていません。心理的な原因を探そうとしても、見つからないことが多いようです。

どもりはしばらく続いたあと自然に治ってしまうことが多いのですが、進行していく場合も、ときおり見られます。進行する場合、どんなふうに進行するかというと、次のようになります。

第1段階——どもりのかたちは主に、短い音節または音のくり返しです。具体的に言うと「おは、おは、おは、おはよう」とか「ね、ね、ね、ねこ」とかいうかたちになります。子どもはどもっていることに自覚がなく、また気にもしません。

第2段階——音をくり返したあと、その音をひきのばしたりし、それがより早くなります。「ね、ね、ね、ねーこ」というふうにどもるのです。子どもは自分のどもりに驚いているように見えることがありますが、親が気にするほどには気にしていないようです。

第3段階——どもる回数が増え、話そうとするとことばが出せず、もがきます。しゃべろうとするとき、不必要に力が入ってしまいます。

第4段階——特定のことばをしゃべるのをこわがって、そのことばを避《さ》けたり、特定の相手と話すのを避けたりするようになります。成人のどもりに、よく見られます。他人とのつきあいに支障をきたすようになり、本人の悩みも深くなります。

こんなふうにどもりは進行することもあるのです

が、幼児の場合、本人は深刻に意識してはいません。第2段階ぐらいまでしか進まないことが多く、まわりが知らん顔して見ていれば、そのうち自然にどもらなくなるのです。

　まわりの大人が気にしてしかったり言い直しをさせたりすると、どもりはひどくなることが多く、逆効果と言うしかありません。「直すべきなのはどもっている子どもではなく、気にして手を出す大人のほうの態度だ」と言われるくらいです。

　心理的なことが原因になっている場合は少ないと先ほど言いましたが、ときには原因が推定できることもあります。

　たとえば弟や妹が生まれてしばらくしたらどもり始めたという場合があり、これは「赤ちゃんのほうばかりかまわないで、ぼくのほうにも目をむけてよ」という気持ちのあらわれかもしれません。お兄ちゃん(あるいはお姉ちゃん)のほうもだっこしたりして、赤ちゃんに対するような手のかけかたをしてやるのがよいでしょう。

　保育園や幼稚園へ行きたくないという気持ちがどもりとしてあらわれることもありますから、園でのようすなどにも気をつけてみてください。

　小学生になっても、なおどもりが続き、第3段階以上の状態になった場合は、「ことばの相談室」のようなところで相談してみましょう。

失語症《しつごしょう》

　失語症は「いったん獲得したことばを、何らかの脳の病気のために失ってしまった状態」ですが、もっぱら大人に見られるもので、子どもでは、きわめてまれです。

　リハビリテーションとしての言語訓練が有効な場合と、あまり有効でない場合があります。

障害をもつ子どもの療育《りょういく》

障害があるとわかった子どもには療育がおこなわれるのがふつうなのですが、療育という言葉は多くのみなさんにとって、なじみの少ない言葉だと思います。辞書をひいてみても療育という言葉がのっているものは少なく、一部の辞書に「療育とは障害児に治療や教育をおこなうこと」などと簡単に書かれているにすぎません。

しかし療育と言われているものの中身は、かつて訓練と言われていたものと、ほとんど変わりがないのです。訓練というと、スパルタ式にビシビシやる感じがしますね。それで訓練という言葉が敬遠《けいえん》されるようになり、そのかわりに療育、治療教育、発達促進などという言葉が使われるようになってきたと考えてよいと思います。ですから療育というのは、「さまざまな方法による訓練をまとめて言う言葉」ととらえてよいでしょう。

乳児健診の場などで障害児と判定された子どもはたいてい、専門家による訓練を受けることをすすめられます。そうすると障害児の親は「障害があったら訓練するのがあたりまえなのだろう」と思って、子どもに訓練を受けさせることになります。

訓練は専門施設に入院したり、通園したりするかたちでおこなわれます。

施設の種類

① 肢体不自由児《したいふじゆうじ》通園施設

脳性《のうせい》まひなど、いわゆる身体障害の子どもを訓練するための施設です。以前は長期にわたる入院訓練が主で、母親とともに入院する母子入院などのかたちでおこなわれました。しかし最近は入院せず、外来で訓練するかたちが多くなり、母子入院の場合も3カ月ぐらいの短期のかたちが増えています。

② 知的障害児通園施設

知的障害の子どものほか、自閉症《じへいしょう》、多動《たどう》、ことばの遅れなどと診断される子どもに対して、就学前の保育を目的とするプログラムをおこなっています。かつて通園施設を保育園と統合する試みがなされたりしましたが、あまり進んでいません。

③ 小規模通園施設

さまざまな障害児に対して、さまざまなとりくみがされています。

④ 収容施設

かつて就学前から施設に入所させるような傾向があった時代もありますが、最近はとても珍しくなりました。緊急一時保護的な収容がおこなわれる程度です。

訓練の種類

次に、これらの施設ではどのような訓練がおこなわれているかをお話しします。

① 運動機能に対するもの

たとえば脳性まひのような手足の不自由な子どもに対し、「将来、関節が動かなくなったり、骨格が変形したりするのを防ぐ」という目的で、筋肉や関節を動かしたりマッサージを施《ほどこ》したりしておこなうような訓練で、理学療法《りがくりょうほう》と言われるものは、これに該当《がいとう》します。

これとは別に「運動機能を促進し、まひなどの機能を改善する」ということで、乳児期の早期から始めるボバース法などの訓練法があります。ボバース法は脳の損傷などで起こる異常な姿勢をおさえて、なるべく正常な発達に近い姿勢にするといった方法です。

② 知的発達に対するもの

非常に多種類の訓練法があります。たとえば行動療法と言われるものは、行動のパターンを条件づけによって学ばせ、このパターンが増えることで生活の幅をひろげていこうとする方法で、行動異常を治したり、発達を促進したりする目的でおこなわれます。この領域では新しい訓練法が登場していて、ここではそれらを紹介しきれない状態です。

療育《りょういく》(訓練)がもつ意味

子どもに障害があると告げられた親は、障害をなくすことができたら、と思うのがふつうでしょう。これが障害があっても「この子はこのままでいい。これがふつうなのだから、障害があるままで生きていこう」と考える人もいますが、そういうふうに強く生きられる人は、そんなに多くないと思うのです。

いまの社会で障害があって生きていくということは、そうとうの波風を受けることですから、そのなかへわが子を押し出していくことの困難を強く感じ、「少しでも障害を軽減して、ふつうの子どもに近づけたい」という気分になります。

そんなときに訓練をすすめられると、訓練の成果に対して、過大な期待をかけてしまうこともあります。実際、あたかも障害がすべてなくなってしまうような宣伝がされている訓練法もあります。

しかし実際には、医学的に効果が確実に証明されている訓練法は少ないのです。

ある訓練法についてその効果を証明するのには、次のようなことを試みる必要があります。

同じような障害をもった赤ちゃんを2群《ぐん》にわけ、一方の赤ちゃんは訓練し、もう一方の赤ちゃんには訓練をしないで、成長の経過を追うのです。その結果、訓練をした赤ちゃんのほうが成長後に障害が軽くなっていたら、訓練の効果があったということになるわけです。しかし、これはそうとう実施がむずかしいことですから、このようにして効果が検証されたものは少ないということになります。

ですから訓練によって障害が治るとか、大幅に軽減されるとか、過大な期待をしないほうがよいと思われます。訓練法のなかには、1日の生活時間の大半を訓練に費やすというやりかたもあり、このような方法を始めると、子どもも本人にも保護者にも、そうとうの負担になります。

成人の障害者が「子どものころの訓練はとてもつらかった。あれだけつらい思いをしたのに、結局歩けるようにはならず、車椅子の生活になった」と述《じゅっ》懐《かい》するのを聞いたことがありますが、子どもの側は一方的に訓練を受けさせられるわけですから、その精神的負担について考えてからおこなう必要があると思います。

また、訓練のために通園施設へ通うことを選ぶか、社会性を身につけるために保育園へ通うことにするかといった選択を迫られることもあります。

気になること

気になること①

＊ここであつかう主な症状と病気

指しゃぶり
爪《つめ》かみ
おちんちんいじり
夜驚症《やきょうしょう》
夢中遊行《むちゅうゆぎょう》（夢遊病《むゆうびょう》）
「睡眠時の儀式」
反復性の腹痛
反復性の足の痛み
成長痛《せいちょうつう》
くり返し起こる頭痛
子どもの片頭痛《へんずつう》
アセトン血性嘔吐症《けっせいおうとしょう》（自家中毒《じかちゅうどく》、周期性嘔吐症《しゅうきせいおうとしょう》）
チック

ちょっと気になる行動

小児科の専門書には、「子どもの気になる行動」という1章があるのがふつうです。

心理学の専門家は「子どもの気になる行動」のことを、「問題行動」などと呼んだりもしますが、問題行動という言葉は、どうも感じがよくありません。問題行動と呼ばれる「子どもの行動」の大半は、別に問題でも何でもなく、単に大人が勝手に「問題」にしているにすぎないものが多いからです。

とはいえ、初めて子育てをする親などにとっては、たいへん心配の種になることもあります。たとえば赤ちゃんが頭を横にふる行動を見たとき、「点頭《てんとう》てんかん」という病気になると、赤ちゃんは頭をふる」というような知識をもっているお母さんだと、「病気ではないかしら」と、不安にかられてしまうわけです。

そんな「気になる行動」を、なるべくたくさんとりあげておきましょう。そのほとんどすべてに対して、ぼくは「気にしなくていいですよ」と言うこと

になると思いますが、「何でもない」の羅列《られつ》に、うんざりしないでくださいね。

からだをいじるくせ

赤ちゃんや子どもが、からだのあちこちをいじったり、しゃぶったり、かんだりする行動は、子どもが発達していくうえで必要な行動と考えてよいようです。でも、たいへん気にする親はたくさんいます。そのなかでもっとも多いのは、指しゃぶりです。

指しゃぶり

イギリスの小児科医であるイリングワースは「すべての子どもは、いつか指しゃぶりをするようになる」と言っていますが、しない子もいるのは確かです。

日本で1つの小学校と3つの幼稚園を対象としたある調査(田原暁氏による)では、次のような結果が出ています。

○指しゃぶりを経験した子どもは、648名中267名で、41.2%。

○性差は認めがたい。

○指しゃぶりは「いつも」、「しばしば」という子どもは、108名で40.4%、「ときどき」、「まれ」という子どもは、159名で59.6%。

○指しゃぶりの最盛期は生後1~2年のあいだ、大部分は生後3年までに最盛期を終える。

○指としては、親指(母指《ぼし》)が68%で最多、左右は約1対2。

○治った理由は、「ひとりでに治った」が81.2%、「しかった、気分転換を図った」が計10.8%。

この調査結果は、一般的な傾向を示していると思われます。この調査で、10歳になっても指しゃぶりをしている子が2人いますが、よほど指しゃぶりの快感が捨てがたいのでしょう。

指しゃぶりを「子どもの不満の反映」とか、「さびしがっていることの表現」と考えるのは、考えすぎです。また、下あごの発達のためには、むしろすすめたいことだという考えも最近はあります。

イリングワースが「指しゃぶりを問題にするなら、指しゃぶりそのものではなく、両親がそれをやめさせるようにする態度を問題にすべきだ」と言っているのは古今不滅の真理で、大部分は5~6歳までに終わるものなのですから、ほほえましい思いで見ていてやってよいのです。

歯ならびへの影響については、「小学生をすぎても続いていたら、多少影響することもある」と言われる程度で、気にする必要はありません(→暮らし217ページ)。

爪《つめ》かみ

指しゃぶりと似たものに、爪かみがあります。

爪かみをする子どもの割合は、日本でのある調査(庄司順一氏による)では、2歳児1.8%、3歳児4.2%、4歳児6.7%、5～6歳児6.1%でした。

爪かみのもつ意味については、定説はありません。とくに意味を考えなくてよい、ということです。

爪かみの持続期間は2年間くらいと言われ、その後、鉛筆《えんぴつ》かみ、ガムかみ、鼻ほじり、ささくれむしり、毛を抜くくせなどに移行することもあると言われています。ぼく自身、ボールペンや万年筆をかみますし、ささくれむしりや耳掃除が好きですから、「いじり癖」の大物なのでしょう。

爪かみは爪の成長に害はなく、不潔でもなく、歯ならびにも影響せず、ようするに実害ゼロですから、やめさせようと、よけいな干渉をしないことです。

おちんちんいじり

男の赤ちゃんが生後5カ月ごろにおちんちんをつかむのは、正常なことです。ちょうど手がとどくところに変わった手ざわりのものがあるのですから、つかんでみるのはあたりまえで、そんなことを親は気にせず、ほうっておいてよいのはもちろんです。

しかし、マスターベーション(自慰行為《じいこうい》)となると、そう簡単にはいかないでしょう。ほうっといてよいと言われても、親はなかなかほうっておく気持ちになれないと思います。

そもそも、マスターベーションと名づけるのがよくないのですね。しかし、習慣としてこう呼ばれている子どもの行動があるのです。

この行動についても、イリングワースは詳細に記述していますので、引用します。

「ふつう、子どもは大腿部《だいたいぶ》をこすりあわせるようにする。これはしばしば、各種のからだを揺する動きとなる。仰臥位《ぎょうがい》であれば、骨盤《こつばん》を規則的に持ち上げる、あるいは腹臥位《ふくがい》であれば、手とひざで前後に揺する。それは5～6カ月をすぎればいつでも始まり、頭を打ちつけることといっしょになったりして、とくに就寝時に多い。その後しばらく、子どもは椅子《いす》の腕木《うでぎ》や子ども用のサークルの部分に外陰部《がいいんぶ》を押しつけ、こするようになる。外陰部を手でリズミカルにこするのは、2歳半前では非常にまれである。

このようなリズミカルな動きのさい、顔は紅潮《こうちょう》し、汗をかき、目は固定し、しばしば顔面蒼白《がんめんそうはく》になり、からだをねじったりするので、てんかんの診断がついたりすることがある」

迫真《はくしん》の記述で、赤ちゃんや幼い子どもがこんなことをするのを見たら、親は驚きあわてて、すぐにやめさせようとするだろうと思われます。これをほうっておいたら性欲過剰な大人になってしまいはしないか、と大人は恐怖したりするのですが、もちろん性欲、ワイセツ性などとは何の関係もありません。

幼児の場合、しかったりやめさせようとしたりすれば、隠れてするようになるだけと言われていますから、これも「子どもらしい、退屈しのぎの方法」と考え、止めたい気持ちをおさえて、じっと見ていてやってください。

眠りにかかわること

眠っているあいだに起こる変わった行動のことは、「睡眠《すいみん》時《じ》異常《いじょう》行動《こうどう》」と呼ばれますが、これは俗に言う「寝ぼけ」です。寝ぼけと言えばほほえましいのに、「睡眠時異常行動」と言うと、とたんに「さあたいへん」ということになるわけで、まさに言葉の魔術です。

寝ぼけには夜驚症《やきょうしょう》と夢中遊行《むちゅうゆぎょう》とがあり、夢中遊行のほうは、夢遊病《むゆうびょう》とも呼ばれます。

夜《や》驚《きょう》症《しょう》

夜驚症は、英語ではスリープ・テラー・ディスオーダー(sleep terror disorder)と言い、直訳すれば「睡眠中にこわがる病気」ということになります。4〜12歳くらいのあいだに、よく起こります。

夜間睡眠中、10時間睡眠をとる子どもだとしたら、寝ついてから3時間くらいまでのあいだに、突然おびえたように泣き叫びながら目をさまします。何かを非常にこわがっているようなようすが、1分から十数分続きます。

まわりの人が呼びかけても反応せず、止めようとしても止められません。目をさましているにもかかわらず、睡眠が続いているような状態です。翌朝目がさめたあと、本人はこのことをおぼえていません。

こういうことを経験する子どもは100人に2〜3人いると言われ、男の子のほうが女の子より多く見られます。毎日起こす子もいれば、月に1日ぐらいという子もいます。

とくに原因はありません。遅くとも思春期までには、自然におさまります。

夢中遊行《むちゅうゆぎょう》(夢遊病《むゆうびょう》)

夢中遊行とは、何だか江戸《えど》川乱歩《がわらんぽ》の推理小説のタイトルみたいですね。夢遊病と言いかえても、そういう感じは残ります。

6〜12歳くらいまでのあいだによく起こりますが、夜驚症《やきょうしょう》に比べると高年齢になって始まることが多いという傾向があります。

夜驚症と同様に、10時間眠る子なら、最初の3時間くらいまでに起こります。

睡眠中寝ぼけたまま起きあがり、歩きまわります。着替えをしたり、お風呂場まで歩いていって、そこでおしっこをするなどという「奇怪」な行動をすることもあります。うろつきは、数分から数十分におよぶこともあります。目ざめたあと、このことをおぼえていないのも、夜驚症と同様です。

100人の子どものうち4〜5人経験すると言われ、こちらは女の子のほうが多いのです。毎日という子もいれば、月に1回という子もいます。

ほとんどは一時的で、大人になっても続く人はごくまれです。

とくに原因はなく、治療法もありません。ほうっておいてよいのです。ただし歩きまわったときに事故が起こらないように(障害物があったら取り除くとか、転落防止とか)、注意をしておく必要はあります。

「睡眠時の儀式」

そのほかの睡眠にまつわる行動として、「睡眠時の儀式」と呼ばれるものがあります。

眠る前の頭打ちつけ(→379ページ)というのもそのひとつですが、ほかに、頭をふったりベッドをゆすぶったり、あるいは指をしゃぶる(→363ページ)、大好きなぬいぐるみやぼろ布などを持たないと眠れない、といったことも、睡眠時の儀式と考えられています。

すべて、子どもの好きなようにさせていいのです。よごれたタオルを愛している子どものお母さんは、何とか洗濯したいと思うことがあります。そんなものをしゃぶって病気にならないかと心配するのでしょうが、そんなことでは絶対に病気にはなりません。

ことのついでにもうひとつ言っておきますが、赤ちゃんが寝ているとき、足をピクピクさせることがありますが、これも何の心配もいりません。

くり返す病気

ずっと以前、ぼくは「くり返し病《びょう》」という病名を提唱したことがあります。それは、アメリカで発行されている小児科学の教科書に、「ピリオディック・ディズィーズ(periodic disease)」という名称がのっていたことに触発《しょくはつ》されたからでした。

「ピリオディック・ディズィーズ」をそのまま日本語に変えれば、「周期病《しゅうきびょう》」ということになるのでしょうが、それよりも「くり返し病」のほうがわかりやすくてよいと思い、「くり返し病」と名づけました。でも、残念ながら一般に使われるようにはなりませんでした。しかし、ぼくとしては捨てがたい名称なので、ここでふたたび提唱しておきます。

大人の世界でも、「くり返し病」にあたるものはたくさんあります。「くり返し病」は、「一定の症状をくり返し起こすが、その症状は、とくにからだへ障害をもたらすわけではなく、もちろん生命に別状はない。しかし本人にとっては、そうとうつらい」というふうに定義できます。

大人の場合、どういうものがあてはまるかというと、片頭痛《へんずつう》や発作性《ほっさせい》のめまいなどがあてはまります。

子どもの場合は「くり返し、からだのどこか一部の痛みを訴えるもの」が、くり返し病の代表で、そのほかに「突然吐《は》き始め、吐き続けるという発作を、くり返し起こすもの」などもあてはまります。

そうしたものも「子どもの問題行動」としてとりあげられることが多いので、ここでお話しすることにします。

反復性の腹痛《ふくつう》

強い腹痛をくり返し訴え、検査をしてみても特別な異常が見つからない子どもには、たくさん出会ってきました。くり返す期間が長い子どももいて、10年間にわたって毎日のようにお腹《なか》が痛いと言っている子どもにも出会ったことがあります。

反復性腹痛は、「独立したエピソードの腹痛が、間けつ的に、3回以上、3カ月以上にわたってあるもの」と定義されています。ちょっとむずかしい言い回しですが、「3カ月前から、腹痛を4回ほどくり返し起こしている」といった子どもがいたら、反復性腹痛を考えるということです。しかし、もっと短い期間、たとえば2週間にわたって毎日腹痛を訴えるようなケースも反復性腹痛に含めるべきだという考えもあります。

もちろん、こういう子どもについて最初から「とくに病気がない、反復性の腹痛」と決めつけるのは問題で、まず何か病気がひそんでいるのではないかと考えてみなければいけません。

しかし実際には、ほとんどのケースで何も異常が見られないのです。

反復性腹痛は、4〜14歳くらいまでの子どもに多く見られます。「いつも朝痛くなる」とか、「必ず夜に痛くなる」とかいうふうに痛む時間が決まっている場合が多いのですが、いろいろな時間に痛くなる子どももいます。

反復性腹痛《ふくつう》の3つのタイプ

痛みのタイプには3つあります。

第1はおへそのまわりの強い痛みで、反復性腹痛の少なくとも半分くらいは、このタイプの痛みです。

第2のタイプは、みぞおちのあたりのシクシクした痛み。第3のタイプは、下痢《げり》や便秘《べんぴ》をともなう下腹《かふく》部《ぶ》右側、あるいは左側の痛みです。

このうち、3番目のタイプの場合は、過敏性腸《かびんせいちょう》症候群《しょうこうぐん》(↓121ページ)という病気と重なる部分があります。

さて、反復性腹痛の特徴は、どのようなものでしょうか。次のような症状は、反復性腹痛と診断するのに役立ちます。

○へその周囲にだけ痛みがあるもの。

子どもがお腹《なか》が痛いと言いだしたとき、どこが痛いのと聞いて、子どもがおへそのまわりを指さしたら、かなり安心していい、というのは一般的な法則です。

へその周囲の痛みということで思い出されるのは、臍疝痛《さいせんつう》という言葉です。これは1913年にモロというお医者さんが提唱した概念で、彼は「へその周囲の痛みをくり返し訴えるのは、自律神経の過敏状態の表現」と言ったのです。100年近く経《た》ったいまも通用するような観察ですね。

○痛いところが漠然《ばくぜん》としているもの。

痛いところがどこかと聞いたとき、お腹全体をなでまわしたり、あるいははっきりどこと言えなかったり、漠然としている。

○痛みの回数が多く、しかも痛みの続く時間が短く、痛みがおさまるとケロッとして、すぐに食事を始めたりする。

○腹痛が長期間続いているのに、体重も減らず、顔色もよい。

○夜、眠ってしまうと、痛みで目ざめることがない。

○腹痛のほかに、頭痛や足の痛みをくり返している。

ここにあげた6つの特徴のうち、いくつかが重なっていれば、より反復性腹痛の可能性が強くなります。

子どもが痛がっているときの対処

さて、反復性腹痛と考えられる場合、親としてはどのように対処したらよいでしょうか。

まず、子どもが痛がっているときに、「痛いか」と、くり返し聞いたりするのはマイナスで、親が不安なようすを見せれば、痛みはより強くなるのがふつうです。

救急車で病院へ連れて行ったりするのも逆効果で、かえって腹痛が頻繁《ひんぱん》になったりします。

幼児の場合、お母さんやお父さんにスキンシップを求めていて、その気持ちが腹痛という症状になってあらわれていることがありますから、「仮病《けびょう》だろう」と怒ったりしないで、やさしくお腹《なか》をさすってやることが最高の治療になるでしょう。

ただ、やさしくしてやっても毎日のように「痛い、痛い」と大騒ぎをすることもあるので、ここは親としてのがまんのしどころです。

反復性の足の痛み

足の痛みをくり返す子どもも、たくさんいます。

ずいぶん多くのそういう子どもに会ってきたなと、

しみじみ思います。

そういう子どものなかで、はっきりと病気があったのは10人以下で、残りの無数の子どもには何の病気もありませんでした。

ただ、わずかとはいえ本当に病気が隠れているケースを見逃してはたいへんです。足の痛みをくり返し訴える子どもについて、ぼくが診察するとき気をつけることを話しておきます。

① まず、痛いというところをさわってみます。ひざや股《こ》関節《かんせつ》の場合は、そこを動かしてみます。さわったり動かしたりするのを嫌《いや》がったり痛そうな顔をしたりする場合は要注意で、整形外科でくわしくみてもらいます。

② 痛いと言っているところが赤くなったり腫《は》れたりしている場合も、精密検査が必要です。

③ 歩かせてみて痛いほうの足をひきずるようなら、やはり精密検査が必要です。

成《せい》長《ちょう》痛《つう》

さて、先のような所見《しょけん》がない場合は、いわゆる「成長痛」と診断します。

成長痛は「足の形態に異常がなく、種々の検査をしてみてもまったく異常を認めない、原因不明の下《か》肢《し》の痛みや不快感で、かなり長期にわたってくり返し起こるもの」ということになりますが、「成長痛」という名前は、1823年にデュシャンというお医者さんが、「発育病」と命名したことに由来しています。

しかし成長という現象が痛みを起こすとは考えられず、成長痛という名前はよくないと言う人も少なくありません。しかし便利なので、一般に使われています。

成長痛は3〜6歳くらいに起こり、4歳あたりで、もっとも多いようです。男女差はありません。成長痛の特徴は、次のようなものです。

○痛みは数カ月から数年というふうに、長期にくり返すことが多い。

○痛みは数カ月に1回とか、月に1〜2回とか、週に1〜2回とか不定期である。

○痛みは1日のなかでも遅い時間帯、すなわち、

夜間就眠後とか、夕方などが多い。
○痛みの場所は、大腿《だいたい》(太もも)の前面、ひざの後ろ側、下腿《かたい》(ひざから足首)の裏側などに多いが、一般にあいまい。
○親がさすってやったりすると、簡単によくなることが多い。
○夜間に痛みがあっても、翌日はふつうに跳びはねている。

成長痛の起こりやすい時間帯として、夜が多いことは以前から知られています。

成長痛の場合も、子どもがスキンシップを求めて、それが痛みとしてあらわれていることが少なくないようです。ですから、怒らずつきあってやることが必要です。

くり返し起こる頭痛

子どもが「頭が痛い」と言ったとき、親の反応は2つにわかれるようです。「子どもに頭痛なんてない。だから仮病《けびょう》だろう」というふうに思ってしまう親と、「子どもが頭痛を感じるなんて、めったにないことだから、重大な病気にちがいない」と考える親とですが、前者は少なく、後者が多いはずです。

こうした反応が生まれるのは、子どもにはふつう頭痛なんて起こらないはずだ、と思っているからです。でも、その考えはまちがっています。子どもにも大人と同じように、頭痛はよく見られるのです。

ただ、小さな子どもは、「頭が痛い」と正確には言えません。からだのどこかが痛いと、すべて「ポンポンが痛い」と表現したりします。「痛い」という形容詞と「ポンポンが痛い」という形容とが、同一の内容をあらわすということです。

子どもが頭が痛いとか、のどが痛いとか言えるようになったら、それは「ここまで成長したか」と感動していいことで、重大なことではないかと心配する必要はないのです。

子どもが頭痛を訴えられるようになる年齢は5歳だとも言われますが、3歳くらいで頭痛を訴える子どもに出会うことはあります。

子どもでの頭痛の発生率がどのくらいかということについては、イギリス、アメリカ、フィンランドなどでの調査結果が報告されていますが、それによると、3歳までに3～8％の子どもが頭痛を経験し、5歳までに19％、7歳までに37～51％が経験します。

このうち、3～5歳までの子どもについての調査では、男の子のほうが女の子より、頭痛を経験する子どもが多かった、ということです。

ということで、頭痛は子どもにとっても、ありふれたものであるわけですが、たいていの大人はそういう事実を知りませんから、子どもが頭痛を訴えると親は心配になり病院へ連れて行くことになります。

こんなとき、親はどんな病気を心配しているのでしょうか。

大人の場合、とくに中年の人でしたら、頭痛が起こったとき、まずくも膜下出血《まくかしゅっけつ》を心配するでしょう（くも膜下出血の場合、それまで経験したことのないような、強い痛みが突然起こるのがふつうです）。しかし子どもが「頭が痛い」と騒いでいるとき「くも膜下出血ではないか」と心配する親は少なく、「脳腫瘍《のうしゅよう》ではないだろうか。それとも髄膜炎《ずいまくえん》かしら」というふうに考えることが多いようです。

しかし髄膜炎では、くり返し頭痛が起こるというようなことはありません。

もし高熱があって頭痛があり、子どもが首をあまり動かさず、首がつっぱったような姿勢をしているときは髄膜炎の可能性がありますから、すぐに病院へ行く必要があります（→220ページ）。

脳腫瘍の場合は、頭痛が最初の症状であることは少なく、「歩きかたがおかしい」とか、「けいれんが起きた」とかいう症状がまずあって、そのあとに頭痛が起こってくることが多いのです。

でも、次のような頭痛の場合は脳腫瘍の可能性もあるので、病院で診察を受ける必要があります。

○最近頭痛が起こって、頭痛の頻度《ひんど》や強さが日を追うごとに増加している。
○夜間に頭痛で目ざめる。
○毎朝、目ざめた前後に頭痛が起きる。
○吐《は》きけがなく、いきなり噴水のように吐くという症状をともなう。

子どもの片頭《へんず》痛《つう》

さて、こうした特別な頭痛を除くと、子どもの場合もっとも多く見られるのは、片頭痛ということになるでしょう。

こう言うと、「子どもにも片頭痛があるのか」と驚く人もいるでしょうが、子どもの片頭痛は決して珍しいものではありません。

「子どもに片頭痛なんて」という大人の先入観で、仮病と思われたり、見逃されたりしているのだろうと思います。また、小さい子どもは自分の頭痛がどんな性質の痛みかを説明することができませんから、片頭痛の診断がつきにくいということもあるでしょう。

しかし、実際に成人で片頭痛をもつ人に聞いてみると、子どものころから続いているという人が多いのです。そしてずっと片頭痛という診断がつかないままになっていて、当然、適切な治療も受けないままだったと語る人が多いのです。

ですから、子どもがくり返し頭痛を訴えているとき、いろいろな検査をしても特別な異常が見られない場合、「何でもない」と片づけないで、一度は「片頭痛かもしれない」と考えてやりたいと思います。

片頭《へんず》痛《つう》の診断基準

では、片頭痛の診断基準を紹介しましょう。

国際頭痛学会の診断基準

		診断基準
小児の前兆のない片頭痛	A	次のB〜Dを満たす発作が5回以上ある
	B	頭痛発作は1〜72時間持続する
	C	次のうち少なくとも2項目を満たす
		1　両側性(前頭／側頭)あるいは片側性
		2　拍動性
		3　中等度〜高度の痛み
		4　日常生活動作により頭痛が増悪《ぞうあく》する
	D	頭痛発作中、以下の1項目を満たす
		1　悪心および／あるいは嘔吐
		2　光過敏および／あるいは音過敏
小児の前兆のある片頭痛	A	次のBを満たす発作が2回以上ある
	B	次の4項目のうち3項目を満たす
		1　皮質あるいは脳幹の機能障害による可逆性の1つ以上の前兆
		2　少なくとも1つの前兆は4分以上にわたり徐々に出現する 2つ以上の症候が起きてもよい
		3　どの前兆も60分以上続かない
		4　頭痛は60分以内に発現

(日本頭痛学会・国際頭痛分類普及委員会訳『国際頭痛分類第2版　新訂増補日本語版』医学書院を参考に一部改編)

表は、国際頭痛学会の診断基準です。この表について、説明を加えます。

まず、「前兆《ぜんちょう》のない片頭痛」と「前兆のある片頭痛」とにわけられていますが、この前兆というのは、たとえば頭痛が起こる前に、「目の前が急に暗くなって、ピカピカチカチカする」というような症状のことを指《さ》します(この症状は、「閃輝暗点《せんきあんてん》」と呼ばれます)。

片頭痛のなかには、このような前兆をともなうものと、前兆がなく頭痛が起こるものとがあることを、知っておいてください。

前兆には閃輝暗点のほかに、次のような多種のものがあります。

○不機嫌《ふきげん》になる
○顔が青くなる
○物が見えにくくなる
○おしゃべりがしづらくなる
○まわりが、ぐるぐるまわって見える
○耳鳴りがする
○耳が聞こえづらくなる
○物が二重に見える
○よろめいたり倒れやすくなる
○両手足などが動きづらくなる
○意識がぼんやりする

こんなふうにいろいろな前兆があって、それに続き、60分以内に頭痛が起こります。これが前兆のある片頭痛ですが、前兆のない場合は、いきなり頭痛が始まります。

頭痛は頭の左右どちらかが痛くなり、ズキンズキンと拍動《はくどう》するような痛みであるのがふつうですが、頭の中央や両側が痛くなる場合もあります。痛みはとつじょ始まるのではなく、ジワジワと強くなっていくかたちをとります。

吐《は》きけや嘔吐《おうと》をともなうこともあります。一般に、眠るとよくなります。

頭痛の続く時間は短くて1時間、長い場合は72時間ほど続きます。

光に過敏《かびん》になり、光をまぶしがることがあります(まぶしがるのは髄膜炎《ずいまくえん》のときだけ、というふうに思いこまないでください)。また音にも敏感になり、静かで暗いところを好みます。

こういったところですが、小さな子どもは自分の症状をなかなかうまく表現できませんから、質問を工夫したり、本人のようすをよく観察することが、診断の手がかりになります。

片頭《へんず》痛《つう》とともに

成人の場合、片頭痛はかなりつらい病気で、生活に支障をきたしたりすることも多いのですが、幸い子どもの場合は軽いことが多く、薬を使わないですむものがほとんどです。

子ども本人や家族に「この頭痛は片頭痛と言って、心配のないもの。頭のなかに何かできたりしているわけではない」といった説明をお医者さんがしてくれると、子どもはそれで安心して、片頭痛とともに生きていけるようになったりします。

片頭痛を起こす誘因《ゆういん》になると思われるものは、なるべく避《さ》けるべきですが、誘因としては睡眠不足、疲労、人ごみのなか、強い日射しなどがあげられます。ある種の食品が片頭痛の原因になるかどうかは議論のあるところですが、チーズ、加工肉、ピクルス、グルタミン酸ソーダ(うまみ調味料)、チョコレートなどは原因になるという人もいます。もしこれらのものを食べたときに片頭痛が起こるようだったら避けるべきですが、片頭痛の人が、これらのすべての食べものをいっさいとらないようにするというのは極端にすぎるようです。

アセトン血性嘔吐症《けっせいおうとしょう》
(自家中毒《じかちゅうどく》、周期性嘔吐症《しゅうきせいおうとしょう》)

アセトン血性嘔吐症は片頭痛《へんずつう》の親類のような病気と思われており、片頭痛の治療薬がこの病気にも効《き》くという説もありますので、ここでとりあげておきます(↓133ページ)。

1歳半から10歳くらいまでの子どもが、とつぜん吐き、そのあと何回もくり返して吐《は》き、ぐったりして青い顔になります。病院へ運ばれてそこで輸液《ゆえき》(一般には点滴《てんてき》と呼ばれます)をすると、終わったころには、かなり元気になります。

これだけの話ですと感染性胃腸炎《かんせんせいいちょうえん》(↓135ページ)と

区別がつきませんが、こういうことを何回もくり返すようになると、周期性嘔吐症と呼ばれます。

軽いかぜがきっかけになったり、精神的、肉体的疲労がきっかけになったりするようです。

この病気になりやすい子のタイプというものがあり、色白、やせ型で、なで肩のヒョロヒョロした男の子(ぼくの子ども時代がそうでした)が、典型的なタイプです。

ぼくが医者になったころ、この病気は自《じ》家中毒《かちゅうどく》とも呼ばれ、日常よく見かける病気でした。しかしどういうわけか最近は少なくなり、しかも症状が軽くなっています。この病気の原因はわかっていません。ですから、なぜ少なくなったのか、なぜ軽くなったのかについても不明です。

そのほかのちょっと気になること

チック

ある日なにげなく子どもを見ていたら、目をパチパチさせて、やたらまばたきが多い。目がうっとうしいのかなあ、などと思ってそのままにしていたら、翌日もパチパチさせている。

これは何だろう、とお母さんはいぶかりします。ものもらい(→312ページ)でもできているのかしら、と眼科へ連れて行ってみたけれど、何ともないと言われ困惑。

子育てのなかでよく見られるワンシーンですが、これはチックと呼ばれるものです。

チックは「からだのどこかの特定の筋肉が、動かそうと思っていないのに勝手に動きだしてしまうために起こる、すばやい運動や発声」ということになります。

ぼく自身は、大学生時代に経験しました。理髪店に行って顔剃《ぞ》りをされるときに、顔がプルプルと左右にふれるという困ったチックでした。原因ははっきりしていて、美しい女性の理容師さんに顔剃りをしてもらうことになり、おおいに緊張して頭が動いてしまったのが、そもそもの始まりでした。その後は、男性の理容師さんの担当でも頭が動くようになり、散髪自体が苦痛になりました。でも半年くらいで自然によくなって、いまはもうどんな美人理容師さんでもだいじょうぶそうですが。

ぼくの場合、原因のはっきりしたチックでしたが、子どもの場合、理由なく起こることが多いようです。

チックのいろいろなかたち

チックには、実にいろいろなかたちがあります。それをあげてみましょう。

① 頭部、顔面のチック

頭をふる、うなずく、まばたく、顔をしかめる、鼻の穴をふくらませる。

②上肢《じょうし》および手のチック
上肢をピクリと上げる、こぶしを握りしめる、からだをたたく。

③胴体のチック
からだをそらす、からだをねじる、肩をすくめる。

④下肢《かし》のチック
下肢をピクピクさせる、床を踏みならす、跳び上がる。

⑤呼吸器系のチック
クスンと鼻をならす、ホッと甲高《かんだか》い声を出す、せきばらい。

⑥消化器系のチック
舌でピチャピチャ音をたてる、げっぷをする。

⑦音声チック
きたない言葉(「バカ、クソ、死ね」など)をまきちらす。周囲の人の言葉を、おうむ返しにくり返す。

チックが始まる年齢、頻度《ひんど》

さてチックが始まる年齢ですが、2〜12歳のあいだに多く、大多数は3〜8歳のあいだに起こります。男の子と女の子の比率は、3対1で男の子によく見られます。

先ほどあげたさまざまなチックのなかでも、よく見られるものと、めったに見られないものとがあります。頻度の高い順にならべると、①「まばたき」、②「頭をふる」で、この2種類で全体の半数以上を占めます。ついで、③「肩をピクリと動かす」、④「クスンと鼻をならす」、⑤「せきばらい」、などがよく見られます。まばたきは3歳ごろにもっとも多く、3歳から8歳でよく見られ、頭をふるのは5歳から8歳ぐらいでよく見られます。

チックは、100人の子どものうち10人くらいは経験するとも言われるありふれたもので、しかも大半は、1年以内に自然に消失してしまいます。ですから、まわりの人は「やめなさい」などとは口にせず、なるべく無関心を装《よそお》っていてやるのが最良です。

トゥレット障害《しょうがい》の基準

ただ、チックの子ども500人に1人くらいがトゥレット障害と呼ばれるものです。この障害の場合は治療が必要なことが多いので、次の基準にあてはまる場合は、小児科で相談してみてください。

○多彩な運動性チック、および1つまたはそれ以上の音声《おんせい》チックが、同時に存在するとはかぎらないが、チックにかかっているあいだの、ある時期に存在したことがある。
○チックは1日中頻繁《ひんぱん》に起こり、それがほとんど毎日、または1年以上の期間中、間《かん》けつ的に見られ、この期間中、3カ月以上連続してチックが認められない期間はなかった。
○チックのためにいちじるしい苦痛、あるいは生活上のいちじるしい障害をひき起こしている。

ここで運動性チック、音声チックという言葉が出てきましたが、先ほどあげたいろいろなチックのうち①〜⑥が運動性チックで、⑦が音声チックです。

運動性チックのうち動きの大きいもの何種類かと音声チックが重なっている場合、小児科で相談したほうがよいということです。

気になること②——1歳以前の場合

＊ここであつかう主な症状と病気

- 頭がいびつ
- 髪の毛がうすい、後頭部がはげている
- 耳の近くの小さいへこみと副耳《ふくじ》
- 頭をふる、頭を打ちつける
- 目やにが多い
- 逆《さか》さまつ毛
- 斜視《しゃし》
- 歯ぐきに白いかたまり
- 口のなかの白い苔《こけ》
- 舌小帯《ぜっしょうたい》が短い
- 歯の生《は》える順序、歯のかみあわせ
- よだれが多い
- 鼻づまり
- 地図みたいな舌
- おっぱいが盛りあがっている、お乳が出る
- おへそのジュクジュク
- きんたまが大きい
- きんたまがおりていない
- 包茎《ほうけい》
- おちんちんが小さい
- おりもの
- おむつのお尻の部分に血がつく
- からだをふるわせる
- 手足が冷たい
- そ径《けい》ヘルニア（脱腸《だっちょう》）
- 出べそ（臍《さい》ヘルニア）

ここではちょっと気になることのうち、とくに1歳以前の赤ちゃんで多くみられる「ちょっと気になること」を集めてみました（ただし、1歳以後でみられないというわけではなく、1歳以前に気がつかれることが多いという意味です）。

生まれて間もない赤ちゃんを育てているお母さん、お父さんのなかには、のんびりして楽天的な人もいれば、ちょっとした変化でも気になってしようがない人もいます。

のんびり型の楽天家のほうが生きていくうえでは

楽なのですが、神経の細かい人が、がんばってのんびり型に性格を変えようとしてみても、うまくはいきません。性格なんて、そう簡単に変えられるものではないのです。

のんびり型はのんびり型で、ときに大事なことを見落としたりする危険性はあります。逆に神経質であったために、赤ちゃんのちょっとした変化を見逃さず、それが重大な病気の発見につながったというプラスだってあります。

だから気になる人は気にしてよいのですが、その気になることについて、身近に相談できる人がいれば過剰《かじょう》に悩まないでもすみます。

しかし、「わざわざ病院へ出かけていって、お医者さんに相談するほどのことではないかもしれないけれど、でもやっぱり気になる」といったこまごましたことが、赤ちゃんには起こります。

ここではそんな「気にし屋さん」が、1歳以前の赤ちゃんを育てていて気にしそうなことを集めてみました。頭のほうから始めて、下のほうへ見ていくことにしましょう。

頭がいびつ

生まれてきた赤ちゃんの頭は左右対称にはなっていないのがふつうなので、寝ぐせというものが生じます。何しろ1日中横になっている生活なので、寝ぐせは頭のかたちに影響して、左右不対称が、より強調されていきます。

これは何とかしなければ、ということでドーナツ枕などを使ってみても、効果はありません。1歳ぐらいの赤ちゃんで、頭がゆがんだようなかたちに見え、極端な場合は顔までゆがんで見えることがありますが、いずれふつうのかたちになっていきます。もちろん頭のかたちがゆがんでいるからといって、脳に影響するなどということもありえません。

髪の毛がうすい、後頭部がはげている

赤ちゃんの髪は生後1〜2カ月まで、だんだんうすくなっていくのがふつうですが、このうすくなりかたに、かなりの個人差があります。それで2〜3カ月の赤ちゃんでは、そうとう髪のうすい子が見られ、とくに女の子の場合など、「将来もこんなにうすいままだったら、どうしよう」と不安になるお母さんもいます。

しかし、髪のうすい赤ちゃんも4〜5カ月になると、生《は》えてくることが多いのです。たとえ、うすいままの状態がしばらく続いたとしても、いずれ生えてきますから心配はありません。

頭の後ろ、ちょうど頭がふとんにつく部分が、きれいにまるくはげている赤ちゃんもいます。頭を左右に動かすとこすれて毛が抜けて、はげてくるわけ

で、これも「立っち」をするようになると、ちゃんと生えてきますからご安心を。

耳の近くの小さいへこみと副耳《ふくじ》

耳の近くに、小さなへこみが見つかることがあります。これは耳瘻《じろう》あるいは耳瘻孔《じろうこう》と呼ばれ、ていねいに探せば1割の赤ちゃんに見られると言われます（図の右の絵）。図の下にある拡大図のように、耳輪《じりん》（耳たぶのこと）の前方に80％ともっとも多く、あとはこの拡大図のほかの場所にあります。

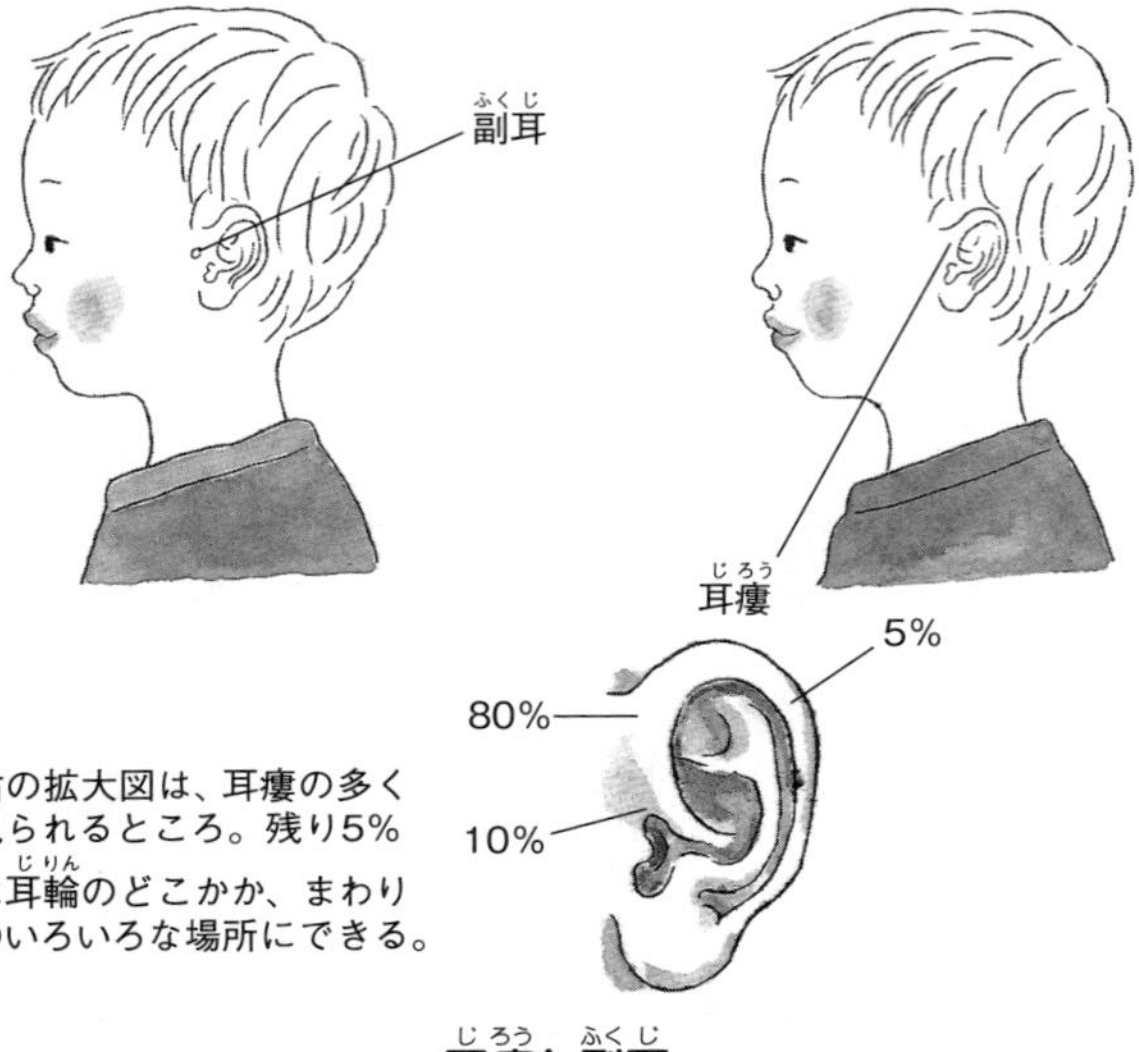

右の拡大図は、耳瘻の多く見られるところ。残り5%は耳輪《じりん》のどこかか、まわりのいろいろな場所にできる。

耳瘻《じろう》と副耳《ふくじ》

生まれつきあるもので、多くの場合、無症状のまま終わり、治療の対象にはなりません。しかしまれに、この部分に細菌感染が起こることがあり、そうするとくり返す場合が多いので簡単な手術をします。

また図の左の絵のように、耳の前側に肉のかたまりのようなものが見られることがあります。1つだけでなく2つ、3つ見られることもありますが、これは副耳《ふくじ》というものです。

何でもないもので、そのままにしておいてよいのですが、目立って気になるというのでしたら、形成外科で相談してみてください。

頭をふる、頭を打ちつける

6カ月健診や9カ月健診のときに「この子、ときどき頭を横にふるんですけど」とか、「眠くなったときに、頭をかべにガンガンぶつけるんですけど」とか、心配そうに言うお母さんによく出会います。

赤ちゃんはうれしそうに頭をふったり、思いつめたような顔つきで頭をふったりするので、まわりの大人は「この子、どうかなっちゃったかな」と思ったりしますが、これは赤ちゃんの楽しみのひとつと思ってよいようです。

頭打ちつけについては、イギリスの小児科医であるイリングワースが細かく記載しています。

「頭打ちつけは、7～12カ月の乳児をベッドに入れたときに起こるもので、子どもの7%に起こる。子どもは頭を、マットレスやベッドの端《はし》の部分や、ほかの固いものに打ちつける。頭打ちつけは、しばしば睡眠中にも起こる」

睡眠中に頭打ちつけをする子どもに、ぼくは会ったことがありません。またイリングワースは、「頭を打ちつけるのに先だって、頭かからだを揺《ゆ》すったりするような、ほかのリズミカルな動作が見られることも多い。「儀式」は1分間20～120回の割合で、30分から4時間続く」と書いていますが、ぼくが知っているのは、せいぜい10分ぐらい頭打ちつけをする赤ちゃんです。

大人の注意をひきつける行動だという説もありますが、赤ちゃんのひそかな楽しみと考え、好きにやらせておいてよいのです。何の害もなく、後遺症《こういしょう》も残りません。

目やにが多い

赤ちゃんの目は、ベトベトしていることが少なくありません。生後3～4カ月くらいまでは、目やにも多いのです。「目やに＝病気」と考える人もいて（確かに大人になると、目やになど無縁になりますからね）、赤ちゃんの目やにを心配するのですが、実際は、たいていの場合心配ありません。

涙は上まぶたの裏側にある涙腺《るいせん》で作られ、眼球の表面をうるおします。仕事の終わった涙は、下まぶたの鼻寄りのところにある小さな穴に流れこみます。ここは鼻涙管《びるいかん》という管《くだ》の入口で、そこから涙は鼻涙管に入り、鼻のほうへ流れていきます。

赤ちゃんの場合、まだ鼻涙管が細いので、ときに涙の通りが悪くなり外にあふれてきます。

そうすると涙目に見えますね。また涙のなかに含まれるタンパク質などが、目やにになります。

鼻涙管は赤ちゃんの成長にしたがって太くなり通りもよくなりますから、涙目や目やにについて心配しなくてもよいのですが、目やにがひどくて、うまく目が開けられないようなときは、眼科で相談してみましょう。お医者さんが鼻涙管を通してくれます。

逆《さか》さまつ毛

逆さまつ毛は、医学的に正式な病名としては、睫《しょう》毛内反症《もうないはんしょう》と呼ばれます。赤ちゃんは皮下脂肪《ひかしぼう》が多いため、下まぶたがふくらんでいるので、まつ毛は内側にむかっているのがふつうです。成長につれ、顔の骨が発達すると、この逆さまつ毛状態はよくなってしまうことが多いのです。

内側にむいたまつ毛が、眼球の角膜《かくまく》を傷つけないかと心配になるかもしれませんが、赤ちゃんのまつ毛はやわらかいので角膜に接触しても、重大な傷を残すことはありません。

1歳半くらいになっても治らない場合は、眼科で相談してみてください。

実際には眼科でも、4～5歳まで何もしないで経過を観察し、その時点でも軽快《けいかい》せず角膜に障害が起こりそうだと思われるときにだけ、手術がおこなわれます。

逆さまつ毛を切ったり抜いたりすると、そのあとで先のとがったまつ毛が生えてきて、角膜を傷つけることがあります。ですから、切ったり抜いたりしようという気にならないでくださいね。

斜《しゃ》視《し》

赤ちゃんに特徴的な偽《ぎ》斜視《しゃし》の場合は、年齢が大きくなって鼻の根元が高くなれば、ふつうになります。偽斜視でなく本当の斜視の場合は、そのままほうっておいてはいけません。くわしくは、「目の病気」の317ページを見てください。

歯ぐきに白いかたまり

新生児、あるいは生後数カ月の赤ちゃんの歯ぐきに、白黄色《はくおうしょく》の小さな真珠のようなものが見られることがあります。これは上皮真珠《じょうひしんじゅ》と言われ、数週間で自然に消えてしまいます（→322ページ）。

口のなかの白い苔《こけ》

赤ちゃんの舌が白くなっていることがあります。舌だけでなく、ほっぺたの内側の粘膜《ねんまく》や歯ぐきにも、白いベタッとした苔のようなものがくっついていることもあります。ときには舌の中央が黄色から褐色になることもあります。乳かす、あるいはミルクかすのように見えますが、ガーゼなどでぬぐい取ろうとしても取れないので、乳かす、あるいはミルクかすでないことがわかります。

これは鵞口瘡《がこうそう》と呼ばれるもので、カンジダというかびが、口のなかに感染したものです。こう言うと「えーっ、口のなかにかびが生《は》えるの」と驚く人もいるでしょうが、赤ちゃんではよくあることです（→43ページ）。

新生児期は産道《さんどう》からの感染が多く、その後は、ほ乳びんや乳頭の消毒が不十分なとき、抗生物質を長いことのんでいるときなどに起こりやすいと言われますが、原因は不明なことがほとんどです。

無理にこすり取ろうとすると出血したりしますから、何もしないことです。ふつうはほうっておいてよいのですが、お乳の飲みが悪くなったりしたときはお薬を使うこともありますので、小児科で相談してみましょう。

舌小帯《ぜっしょうたい》が短い

舌の裏側を見ると、下あごと舌をつないでいる帯状に盛りあがった部分があって、これは舌小帯と言います。誰にでもあるものですが、ふつうこんなものがあることも知らないで、ぼくたちは生活しているのです。

みなさんも、ちょっとさわってみてください。舌の裏側の真ん中あたりに、手でふれられる舌小帯があるでしょう(44ページの図を見てください)。

この舌小帯が大きくて、舌の先端のほうからつながっていることがあります。こうなると舌を出そうとするとき十分前に出ず、舌の先のほうがひっぱられてくぼみ、ハートのようなかたちになったりします。

これは舌小帯短縮《ぜっしょうたいたんしゅく》と言われ、切らなければいけないと考える人もいます。「舌小帯短縮をそのままにしておくと、哺乳《ほにゅう》に支障を生ずるだけでなく、発育や発達にも悪影響がある」と言うお医者さんや助産師さんもいますが、科学的根拠はありません。

実際には哺乳障害さえほとんど見られないと言われていて、乳児期に手術をする必要はありません。

幼児期あるいは学童期になって、サ行、タ行、ラ行の言葉に若干《じゃっかん》の障害をきたす場合もあり、この場合は小児歯科などで相談してみてください。

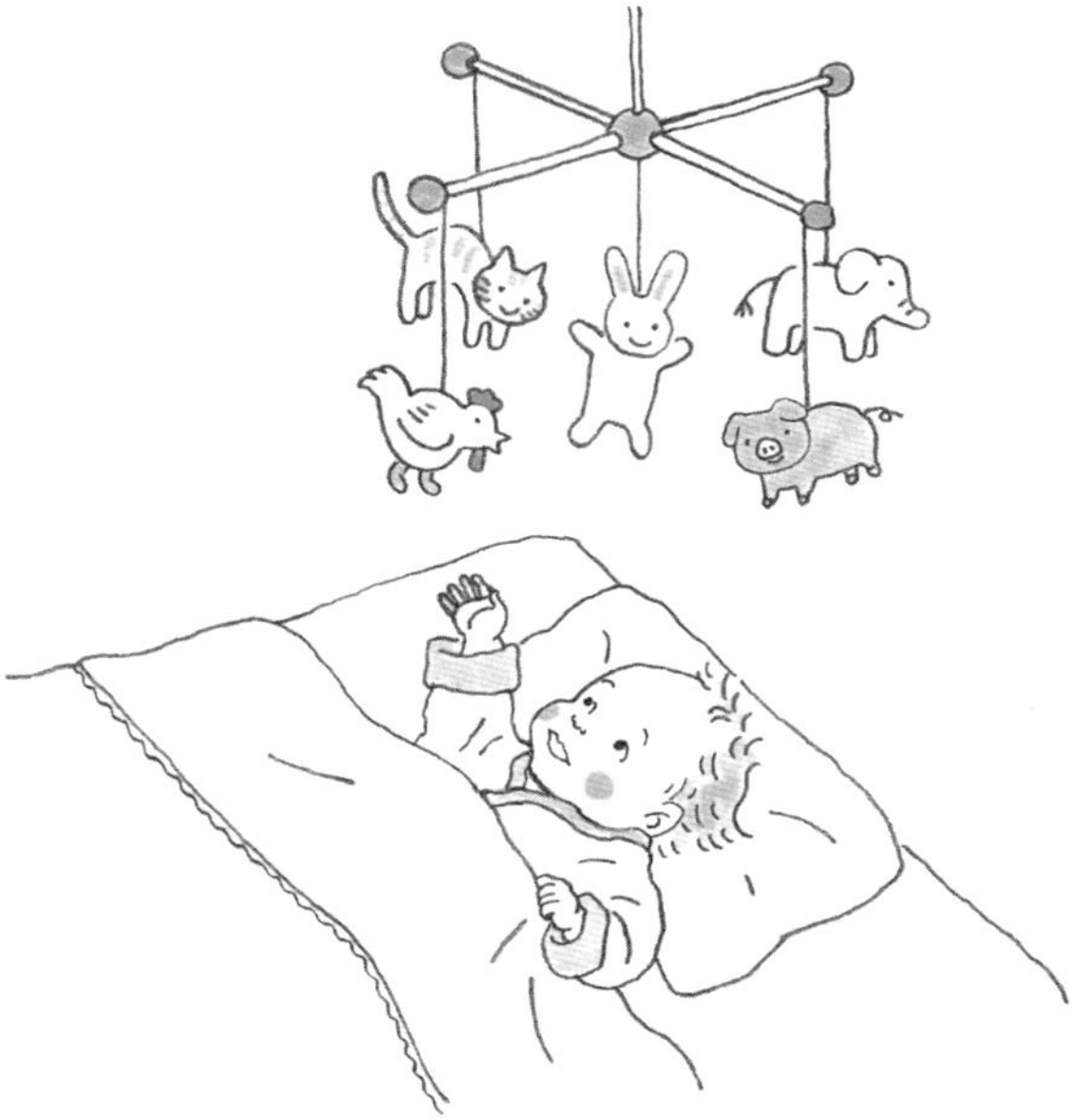

歯《は》の生える順序、歯のかみあわせ

歯についての心配もあるようです。「歯の生える順序が正常ではないようだが……」、「歯がちっとも生えてこないけれど」といった心配をしているお母さん、お父さんは、たくさんいます。

歯の生える順序について、どれが正常、どれが異常といった区別はありません。下の前歯が2本、次に上の前歯が2本というふうに生える赤ちゃんが多いというだけの話で、それ以外の順序で生えても、別にどうということもありません。生え始めの時期もいろいろで、1歳になっても1本も生えておらず、そのあとに生えてくるというのんびり型もいますが、これも早かろうが遅かろうが何の問題もありません。

また、赤ちゃんの歯のかみあわせについての心配もあります。

前歯の場合、上の歯が下の歯よりも前に出るのが正常咬合《せいじょうこうごう》と言われ、反対に、下の歯が上の歯より前に出てくるのが、反対咬合《はんたいこうごう》と呼ばれます。成長していくにつれて治っていくのがふつうですから、気にしなくていいのです(→321ページ)。

よだれが多い

よだれって何でしょう、とあらためて聞かれると、答えにつまるかもしれませんね。「よだれとは、唾《だ》液《えき》が口の外へ流れ出したもの」と定義されますが、言われてみれば、あたりまえのことですね。

よだれが多くなるのは唾液が作られすぎるか、あるいは唾液がうまくのみこめないことによって起こります。唾液の量は、成人で1日1リットルから1.5リットルくらいですが、乳幼児ではどれくらい出ているか、はっきりわかっていません。だいたい150ミリリットルくらいだろう、と言われています。

さて、この唾液が口から流れ出すと、よだれになるのですが、新生児ではほとんど唾液の分泌《ぶんぴ》がなく、よだれは見られないのがふつうです。

新生児でよだれが見られるのは、食道閉鎖《しょくどうへいさ》という病気があるときだけ、と考えてもよいほどです。

よだれが初めて見られるのは生後3カ月くらいですが、この時期によだれが見られるのは、次のような理由からです。

○唾液を分泌する能力は、全開になっている。

○しかし、まだ嚥下《えんげ》する力は十分にできていないから、唾液を完全にはのみこめない。

○唾液が外へ流れ出ないようにするための堤防《ていぼう》のような役割をしているのは、下あご前列の歯だが、まだ、これが生《は》えていない。

さらに、歯が生えてくるときには唾液の分泌が多くなるというおもしろい現象もあって、赤ちゃんのよだれは多いのです。

病気としては、ウイルスによって口内炎《こうないえん》ができたときなど、さらによだれが増加します。

鼻づまり

小児科の開業医がみる「生後半年くらいまでの赤ちゃんの症状」として、もっとも多いもののひとつは鼻づまりでしょう。生後半年くらいまでの赤ちゃんは、あまり病気をしません。

しかしお母さんやお父さんとしては、「こんなに小さいのだから抵抗力もなく、ちょっとした不注意でも、かぜをひかせてしまうはずだ。大事に育てよう」と思いがちです。そして、赤ちゃんが鼻づまりでつらそうにしているのを見たりしようものなら、「やっぱりかぜをひかせてしまった」と深く反省し、早く病院へ連れて行かねばと思います。

「かぜをひかせてしまった」は禁句に

この「かぜをひかせてしまった」という言葉は、子育て中のお母さんがよく口にする言葉ですが、ぼくはこれを、禁句にしたほうがよいと日ごろ思っています。

子どもは自然にかぜをひくものです。どんなに親が注意し配慮していたとしても、かぜをひくことはあるし、どんなにいいかげんに育てていても、まったくかぜをひかない子どももいます。

子どものからだがぬれたままになっていると、かぜをひくと思っている人もいるでしょうが、ぼくたちが子どものころは、池のそばや川べりで遊ぶことが多く、池へ落ちたり川へ落ちたりすることはよくありました。そんなとき、いちいち着がえをしたり、からだを乾かしたりすることもなく、そのまま遊んでいましたが、かぜなどひきませんでした。

「夜中に気がついたら、子どもがふとんをはねとばして寝ていました。わたしが気がつくのが遅かったので、寝冷《ねび》えをしてしまったのですね。今朝は、くしゃみやせきをするようになりました」などと言うお母さんもいますが、寝冷えというものもほとんどないだろう、とぼくは思っています。

寝相《ねぞう》が悪いと言われる子どもは、おそらく毎晩ふとんをはねとばして寝ているのでしょうが、といって、毎日かぜをひいているわけではないのです。

というわけで、子どもがかぜをひくのは親の不注意のせいではなく、たいていの場合は、ひいた理由なんかわからないのだ、と思っておいてください。

赤ちゃんの鼻の粘膜《ねんまく》は敏感

話が横道にそれましたが、赤ちゃんの鼻づまりの話にもどります。

赤ちゃんの鼻づまりはたいてい、かぜのせいではないのです。では何かと言われて、「赤ちゃんのアレルギー性鼻炎《せいびえん》とでも言いましょうか」などと答えると、「ええっ、もうアレルギーですか」とお母さんが悲愴《ひそう》な顔になったりします。アレルギーという言葉にはそれだけ不安な響きがあるのでしょうね。

アレルギーというものを、「ちょっと過剰《かじょう》に敏感な状態」というふうにとらえてもらえるとよいのですが(→152ページ)。

赤ちゃんの鼻の粘膜は大人に比べると、ずっと敏感なのです。それで温度や湿度のちょっとした変化に反応して、くしゃみが出たり、はな水が出たり、鼻がつまったりするのです。そういうものですから、長びいたりします。かぜだったら1週間もすれば治って症状もなくなってしまいますが、温度や湿度の変化への反応だと、気候が不安定な時期などは、ずーっと続いてしまったりします。

鼻づまりの解消法?

鼻がつまると赤ちゃんは口を開けて呼吸をしますから苦しそうに見えますし、おっぱいを飲むときもつらそうで、しばしば飲むのを中断したりします。親としては、耐えられない気持ちになりますね。

市販のはな水を吸いとる器具などを使って吸いとってみても、あまり鼻づまりが解消したようには見えません。それで、病院へ連れて行くことになります。しかしぼくたち医者の側も、鼻づまりに有効な方法をもちあわせていないというのが正直なところです。

むかしはお母さんが、赤ちゃんの鼻の穴に口をつけて、はな水を吸いとっていました。いまでもときどき、吸いとっているお母さんに出会いますが、日本人全体が過剰に清潔好きになっていると思われるいま、吸いとる勇気のある人は減っています。

かわりに、各種のはな水取り器が市販されています。スポイト式のやストローを利用したものなどがあります。

まず鼻の入口にある鼻くそをとり、そのあとはな水取り器ではな水を吸いとります。

鼻くそをとるとき、あまり深追いすると鼻の粘膜を傷つけるので、細い綿棒などで、入口から6~7ミリメートルくらいのところだけを「クリーン」にするようにしてください。

こうして吸いとっても、またすぐにつまってしまうものです。ほかの方法としては、鼻の付け根に温かいぬれタオルをあてたり、天気がよければ外気にあてることで、鼻の通りがよくなることはあります。

しかし、いろいろやってみても鼻づまりが解消できないときは、次の文章を読んで心をやすめてください。これはベテランの耳鼻科医である水谷淳子《みずたにあつこ》さんの文章ですが、たくさんの子どもを見てきた人の言うことですから、信じてよいと思います。

「鼻づまりがあって苦しそうに見えても当の本人はあまりつらくないことが多いのです。赤ちゃんの場合は、おっぱいやミルクが休み休みでも飲めていれば気にすることはありません。もう少し大きい子どもの場合でも、鼻づまりでズーズーしていても眠れていれば、あるいは本人が鼻づまりを気にしていなければ、やっきになって鼻づまりをなおそうとする必要はありません」(『ちいさい・おおきい・よわい・つよい』33号)

地図みたいな舌《した》

地図舌《ちずじた》と言われるものがあります。

図のように舌の表面が全体に白い苔《こけ》のようなものでおおわれ、その一部に円形や半円形の苔がはがれた部分があって(ここは赤く見えます)、総体として見ると、地図のように見えるものです。

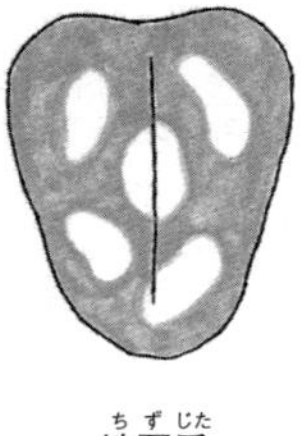

地図舌《ちずじた》

この地図のようなものは、日によってかたちや位置を変えたりします。

　2歳以下の子どもの15%、5〜12歳の子どもの1%くらいに起こると言われますが、生後6カ月から1歳のあいだに初めて起こることが多いとも言われます。

　原因はわかりませんが、何でもないもので、ほうっておいてよいのです。

おっぱいが盛りあがっている、お乳が出る

生まれて間もない赤ちゃんで、生後数週間、乳腺《にゅうせん》の部分が大きくなって、少し盛りあがっていることがあります。そして少量のお乳が出ることもあるのです。これは魔乳《まにゅう》と呼ばれますが、この名前をつけた人は、「赤ちゃんがおっぱいを出すとは、何てこと!」と思って、魔乳なんて呼び名をつけたんでしょうね。

　しかしこれは、何でもない現象です。

　お母さんの胎盤《たいばん》からもらった女性ホルモンの働きによって、お乳が出るのです。この女性ホルモンはだんだんなくなっていきますから、それにつれておっぱいは出なくなります。というわけで、何の心配もいりません。

おへそのジュクジュク

臍帯《さいたい》(へその緒《お》)がとれたあと、おへそは乾いてくるのがふつうですが、2週間くらい経《た》ってもまだジュクジュクしていることがあります。

　そういうときにおへそを少しひろげてみると、真ん中に、つやつやしたピンク色の肉のかたまりのようなものが見えることがあります。これは肉芽腫《にくがしゅ》と言って、臍帯がとれたあと、そこが修復されるさいに、細胞が増殖《ぞうしょく》して盛りあがったものです(→44ページ)。

　肉芽腫があったら、小児科へ行きましょう。お医者さんは、硝酸銀《しょうさんぎん》という液体をぬってくれるでしょう。それで治るのがふつうですが、肉芽腫が大きい場合は、根元を糸でしばって脱落させることもあります。

　出べそ(臍《さい》ヘルニア)については、395ページを見てください。

きんたまが大きい

日本語では性器の呼び名で使いやすいものがないということが、たとえば「からだについての本」を書くときの悩みの種になります。

とくに女の子の性器についてよい呼び名がなく、膣《ちつ》と言ったりヴァギナと言ったりするのですが、どうもしっくりしません。

男の子についても、陰茎《いんけい》のほうは、おちんちんという比較的使いやすい言葉があるのですが、睾丸《こうがん》、陰嚢《いんのう》のほうになると、よい呼び名がありません。困ってタマタマなんて言ったりしますが、これも何だか変ですね。この本では思い切って、「きんたま」と言ってしまうことにしました。

考えられる理由は

さて、赤ちゃんのきんたまが大きいとき、どんなことが考えられるでしょうか(きんたまが大きいということは「ちょっと気になる」ことの範囲を超えているような気もしますが、ここであつかうことにしました)。

ほとんどが陰嚢水瘤《いんのうすいりゅう》、精索水瘤《せいさくすいりゅう》、そ径《けい》ヘルニアのいずれかです。

きんたまが大きいとき、その中身が水である場合と、お腹《なか》からとび出てきた腸である場合とがあります。この区別はなかなかむずかしく、専門医でないと無理なことが多いので、小児外科あるいは外科でみてもらってください。

中身が腸である場合は、そ径ヘルニアですから、手術をすることになるでしょう(→393ページ)。中身が水である場合は「水瘤」と言います。そ径ヘルニアと陰嚢水瘤が共存する場合もありますが、この場合も手術になります。

水瘤《すいりゅう》が原因の場合

陰嚢水瘤《いんのうすいりゅう》、あるいは精索水瘤《せいさくすいりゅう》のみの場合はどうするかというと、経過を見ることになります。というのは、これらの病気は自然に治ってしまうことが多いからです(ということになると、「病気」あつかいすることもないのかもしれませんね)。

乳児期に見つかった陰嚢水瘤の9割、幼児期に見つかったものの6割、学童期に見つかったものでも3割が自然治癒《しぜんちゆ》するのです(精索水瘤の場合も、ほぼ同様です)。

ですから、新生児期、乳児期の水瘤は、その大きさに関係なく、何もせずにおきます。むかしは注射針を陰嚢にさして水を抜いたりしましたが、水を抜いてもすぐに、またたまるのがふつうですし、睾丸《こうがん》に傷をつける危険もあり、無意味で有害な方法であることがわかりました。それでいまは、しないことになっています。

幼児期になっても、まだ水瘤がある場合、この時期でも経過を見るだけというのが原則です。ただ、鶏卵《けいらん》以上の大きさで、経過を見ていても小さくなる傾向が見えず、本人が気にしているとき、あるいは水瘤のために、排尿や歩行に支障がある場合は手術をすることもあります。

学童期にも続いている場合は手術をするのがふつうですが、長径が3センチ以下と小さい場合は、そのままにしておいてよいと言われます。

陰嚢水瘤、精索水瘤は、それがあるからといって、からだに何の不都合もないのです。精巣《せいそう》の発育に悪影響があるなどということはありませんし、局所の打撲《だぼく》で、ふつう以上にけがをしやすいということもないのです。

手術の時期が遅くなっても、まったく心配はいりません。

きんたまがおりていない

陰嚢《いんのう》のなかに睾丸《こうがん》がおさまっていない、つまり、ふくろのなかにきんたまがおさまっていないという状態です。

たいていの赤ちゃんは、生まれる前にきんたまがお腹《なか》からおりてきて、ふくろのなかにおさまるのですが、なかにはおりてこないで、お腹のなかにとどまっている場合もあり、これを停留睾丸《ていりゅうこうがん》あるいは停《てい》留精巣《りゅうせいそう》と呼びます。このほかに、あるときはふくろのなかに、あるときはお腹のなかに、というふうにエレベーターみたいに上下する場合もあり、これは移動睾丸《いどうこうがん》と呼ばれます。

停留睾丸だとわかったら、どうしたらよいでしょうか。まず、きんたまがどうしてお腹から下のほうへおりてくるのかを考えてみましょう。お腹の外にあるほうがケガなどする危険もありますし、また外にブラブラしているのは、見た目にもあまり好ましいものではありませんね。お腹のなかにあったほうが安全でよさそうなのに、なぜ下におりているかというと、「冷やす」ためだと言われています。お腹のなかにあると精巣があたたまってしまい、そうすると、精子ができにくくなるのだそうです。

また、きんたまはお腹のなかにあると、そこからガンが発生する確率が増えると言われます。増えるといってもわずかなことで、実際にはガンが発生するのはとてもまれなことではありますが、それでもちょっと気になりますね。

そういうわけで、停留睾丸は手術をして下におろすのが原則です。

ただ、赤ちゃんで停留睾丸が見つかった場合、自然におりることもあるので、しばらくはようすを見ます。生まれたときに停留睾丸が見られるのは、100人の赤ちゃんについて3〜4人ですが、1年後には100人に1人になっています。

ということは、2〜3人は自然に下降したということです。1年後にまだおりていない1人については、その後おりる可能性はほとんどないので、この時点で手術の時期を決めます。

2つあるきんたまの両方がおりていない場合は1〜2歳、一方がおりていて、一方がお腹のなかにある場合は3〜6歳ぐらいで手術するのがよいとされています。

上がったりおりたりする移動睾丸は問題がないので、そのままにしておいてかまいません。

包《ほう》茎《けい》

最近は、異常なまでに赤ちゃんのおちんちんに関心がもたれているように思われます。

　包茎ではないかとか、おちんちんが小さすぎるのではないかとか、おむつを取り替えているときに赤ちゃんのおちんちんにさわったら勃《ぼっ》起《き》してしまったけれど、これは早熟ではないかなど、心配はいろいろあります。

　なかでも、包茎についての心配はとても多いのです。心配して相談にくるのはたいていお母さんですが、お母さんたちと話していて感じるのは、お母さんたちが包茎を、とても「よくないもの」と考えているということです。たとえば男性用の週刊誌などを見ていると、「包茎治療専門の形成外科医」がものすごい数の広告を出しています。そこには「包茎をほうっておくと、たいへんなことになる」といった文句がいっぱい並べられていますが、そこで「包茎＝悪者説」が作られるのですね。

　包茎だと不潔になるから病気になりやすいとか、性感をそこなうとか、ガンになりやすいとまで言われたりしていますが、実際には包茎であっても、とくに問題はないと考えられています。

　ましてや子どもが包茎であったところで気にする必要などまったくないのですが、泌尿器科のお医者さんのなかには早期の手術をすすめる人もあったりするので、よけいに不安をあおられるようです。

　ここでおちんちんについてくわしく知り、よけいな不安感をもたないですむようにしたいと思います。

おちんちんについて

　まず、左のおちんちんの図を見てください。

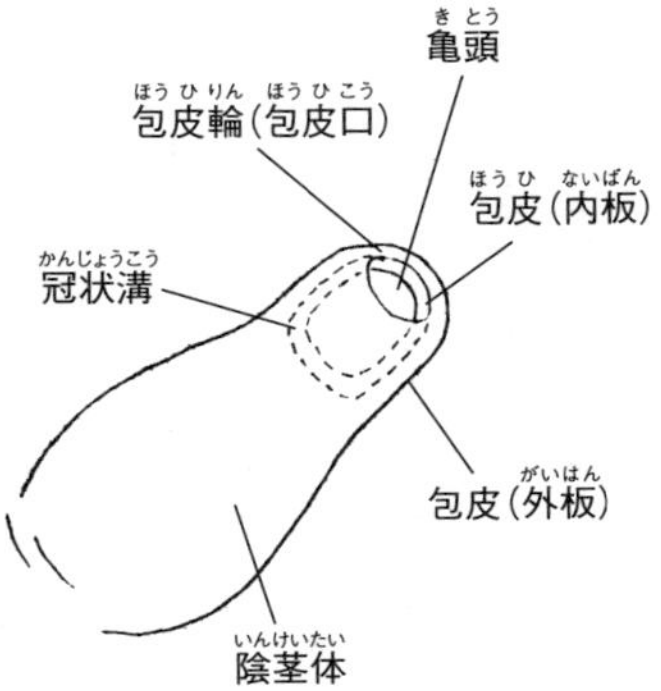

おちんちん

　おちんちんは、円筒状の陰《いん》茎《けい》体《たい》と呼ばれる部分と、先端の丸くなった亀《き》頭《とう》と呼ばれる部分から成り立っています。亀頭と陰茎体との境には、冠《かん》状《じょう》溝《こう》というくぼみがあります。

　おちんちんの皮がむけたという状態では、この冠状溝という部分に、包《ほう》皮《ひ》がたたまれたかたちで存在します。このたたまれた部分がのびて、亀頭をおおっている場合が包茎です。

　亀頭が頭をのぞかせる包皮の先端部分は、包《ほう》皮《ひ》輪《りん》とか包《ほう》皮《ひ》口《こう》とか呼ばれます。

子どもは原則として包《ほう》茎《けい》

　さて、包茎には真《しん》性《せい》包《ほう》茎《けい》と仮《か》性《せい》包《ほう》茎《けい》とがあります。

亀頭《きとう》部を出そうと包皮をずらす努力をしても露出《ろしゅつ》できないものを真性包茎、包皮口《ほうひこう》がせまくなくて、楽に露出できるものを仮性包茎と言います。

子どもの場合、仮性包茎はほっといてもよいけれど、真性包茎は手術の必要があるというような説も流布《るふ》していますが、これもまちがいだと思いますので注意してください。

まず、子どもは原則として包茎です。そして将来は、自然にむけてゆくのがふつうです。真性であっても、成長していくにつれ包皮口がゆるんで仮性包茎に移行し、さらに思春期になっておちんちんが急成長するにしたがい、亀頭部が完全に露出し、まったく包茎でなくなることもしばしばあります。

包皮口がゆるんでくるのにはホルモンの作用も影響しているようで、最近では子どもの包茎に対して、副腎皮質《ふくじんひしつ》ホルモンの軟膏《なんこう》をぬるだけの治療もおこなわれますが、この方法による成功率も高いのです。

日本人は西欧人に比べて、成人してからの亀頭露出の割合は高いと言われ、包茎が自然になくなる傾向は高いのです。

手術が必要な場合

真性包茎《しんせいほうけい》で手術が必要なのは、次のようなときと考えてください。

○包皮口《ほうひこう》がとても小さく、おしっこをするとき、包皮の部分が風船のようにふくらみ、糸のように細くおしっこが出る場合

なかなか排尿できず、お腹《なか》をおさえたり力を入れたりしないと出ないという場合もあります。

○亀頭包皮炎《きとうほうひえん》をくり返し起こす場合

亀頭包皮炎は、包皮内板《ほうひないばん》と亀頭とのあいだにたまった恥垢《ちこう》(あか)に、細菌感染が起こってなる病気。おちんちんが腫《は》れあがって赤くなったり、亀頭部がただれたり、うみが出たりします。おしっこをするとき、痛みをともなうこともよくあります。この亀頭包皮炎をくり返し起こしているときは、手術を考えます。

○「かんとん」した場合

「かんとん(嵌頓)」とは、何かの拍子で、せまい包皮口から亀頭がすべり出し、冠状溝《かんじょうこう》に包皮口がはまりこむために、亀頭が「首絞め状態」になった状態を言います。わかりやすく言うと、包皮がめくれ返ってもどらなくなり、その包皮が亀頭をしめつけた状態ということになります。

この状態をそのままにしておくと亀頭が充血して腫《は》れあがり、痛みや排尿困難が起こり、最悪になると亀頭がくさってしまう状態にもなります。こうなったら手術が、どうしても必要です。

この「かんとん」は、お医者さんから「亀頭包皮炎にならないようにするため、ときどき包皮をめくって亀頭を洗うように」と言われ、実行しているうちに起こることもあります。

洗うときは包皮をめくらないで、ほんの少し

ひっぱってちょっとだけ亀頭を見えるようにし、そこにお湯をかける程度でよいのです。

おちんちんが小さい

赤ちゃんのおちんちんが小さいのではないかと心配するお母さんは、むかしもいまも少なくないようです。心配するのがお母さんなのは、やはり赤ちゃんのおむつの取り替えは、お母さんの役割になっている家庭がいまでも多いからです。

心配になったお母さんは、お父さんに「この子のおちんちん、小さくないかしら。わたしは女だからわからないけど、あなた男なんだから、わかるでしょう」と聞きます。しかしお父さんだっていくら男どうしとはいえ、赤ちゃんのおちんちんの大きさの標準がどのくらいかなんて、わかるはずもありません。自分自身のおちんちんだって標準サイズかどうか、知らないのですから。

お父さんも答えられなければ、やむをえずお医者さんに聞いたりしますが、お医者さんだってふつう、答えられないでしょう。

赤ちゃんのおちんちんだって、ときに勃起《ぼっき》することはすでにお話ししましたが、そうすると長くなったり短くなったりするわけで、どの状態で大きいとか小さいとか言ってよいのかわかりません。

ただ、おちんちんがとても小さい場合、ホルモン異常などが原因になっていることもあります。そこで、どのくらい小さかったら検査をしておくほうがよいかということにふれておきます。泌尿器科医の寺島和光さんは、1歳児でおちんちんの長さが2センチあれば問題はないし、それ以下でも精巣(きんたま)の大きさが正常なら心配ない。おちんちんも精巣も明らかに小さいときだけホルモン異常などを考えたほうがよい、と言っています。

埋没陰茎《まいぼついんけい》——ここでもうひとつ、埋没陰茎というものも紹介しておきましょう。

乳幼児期は外陰部《がいいんぶ》の皮下脂肪が多いので、おちんちんがそのかげに隠れてしまっていることがあります。とくに太った赤ちゃんなどでは、ほんの先端だけしか見えないこともありますが、おちんちんを指ではさんでひっぱり出してみると、ちゃんとあることがわかります。これは埋没陰茎といって、もちろん何でもありません。

おりもの

こんどは女の子の問題です。赤ちゃんでも、おりものが見られることはあります。「おりものなんて大人にだけ起こるもの」と思いこんでいるお母さんはびっくりしますが、それはまちがった思いこみです。

まず生後数日の赤ちゃんで、うすいおりものが見られることがあり、生後5～10日でちょっとした出血が見られることもありますが、いずれも正常です。

新生児期をすぎた赤ちゃんでも、透明でねばねばしたおりものは心配がありません。

黄色や緑色のベットリしたおりものがおむつについている場合は、大多数が膣炎《ちつえん》です。膣炎は大便が膣のあたりに付着して起こるのがふつうで、大腸菌《だいちょうきん》やブドウ球菌《きゅうきん》などが原因になっています。

ほとんどは抗生物質を外陰部《がいいんぶ》にぬることで治りますが、なかなか治らない場合や、くり返しくり返し起こる場合は、産婦人科でみてもらってください。

おむつのお尻の部分に血がつく

おむつのお尻の部分に少量の血がついていることがありますが、これは専門語でいえば裂肛《れっこう》、つまり肛門《こうもん》が切れたのです。

便の一部分にも血がついていることがあり、お尻をふいた紙にだけ血がつくこともあります。

便に血がまじると血便《けつべん》だと思い、とても心配する人もいますが、血便というのは便全体が血液とまじっているもので、便の一部分に血がつくのは血便と言わないほうがよいのです(→150ページ)。

裂肛になる子どもは、便秘《べんぴ》ぎみや便がかたいことが多く、かたくて大きな便が肛門を通るとき、その一部分が裂《さ》けるのです。

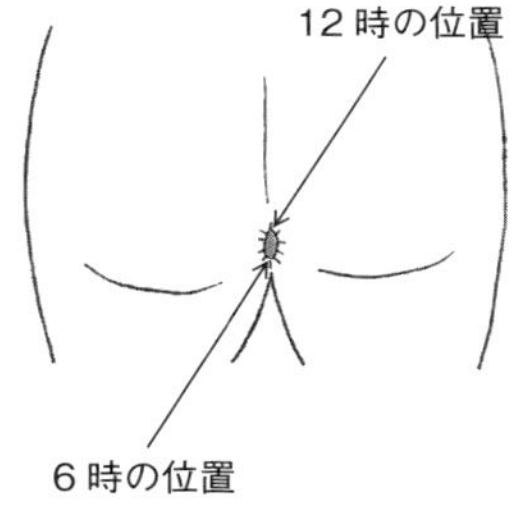

肛門《こうもん》の切れやすい位置

肛門をひろげると図の矢印の先が裂けているのがよく見られます(医者は図の部分を12時の位置、6時の位置と言いますが、これは肛門の周囲を時計に見立てて呼んだものです)。

裂肛があると、赤ちゃんは排便時に痛がって泣くこともあります。

大人用の痔《ぢ》の薬などをぬるだけでよくなりますが、再発しないために便秘対策が必要です(便秘については129ページを見てください)。

なお、おむつが全体に赤くなって驚くことがありますが、これは尿のなかにまじって出てくる尿酸《にょうさん》という物質のための着色で心配ありません。排尿直後はおむつは赤くなっていないのですが、少し時間が経《た》つと赤くなるのです(→190ページ)。

からだをふるわせる

赤ちゃんが突然、からだを硬直させ、頭や背中を軽く前に曲げ、ひじやひざも少し曲げて、腕《うで》や脚《あし》を軽くふるわせることがあります。これは身ぶるい発作と言われ、10秒前後で終わります。

興奮、いかり、おそれ、不満といった感情的な原因が関係しているようで、泣き入りひきつけ（↓218ページ）に似たようなものと思われます。

生後6カ月～2歳くらいまでに見られることが多く、年齢が上がると自然になくなります。まったく心配なものではありません。気になるとは思いますが、そのまま見ていてよいのです。

手足が冷たい

赤ちゃんの手足は冷たいことが多いのです。大人のようには、血の循環がよくないからです。

いまは冬でも大人のしもやけを見ることはありませんが、赤ちゃんだと、しもやけになることもあります。血の循環が悪いせいですね。

手足が冷たいのも赤ちゃんの特徴で、病気ではありませんから心配はいりません。

そ径《けい》ヘルニア（脱腸《だっちょう》）

そ径ヘルニアは一般に、脱腸と呼ばれています。ヘルニアというのは、「臓器または組織の一部が、開口部から異常脱出すること」ですが、そ径ヘルニアと言えば、そ径部に腸の異常脱出が見られることです。お年よりなどでも見られることはありますが、多くは乳幼児に起こります。

ほとんどの場合、お母さんやお父さんが赤ちゃんのおむつを替えているときに、ももの付け根の部分がふくれていることに気がついて発見します。

「大泣きしているときはふくれるけれど、泣きやむとひっこむ」というふうに、細かい観察をしているお母さんもいます。

ときには赤ちゃんが大泣きしているので、診察をしてみたら「かんとん状態」になっていて、それでそ径ヘルニアが見つかるという場合もあります。この「かんとん状態」については、あとで説明しましょう。

そ径《けい》とは

まず「そ径」という言葉について、説明しておきます。これはからだの一部分の名称で、具体的には「下腹部《かふくぶ》の、下肢《かし》に接する内側。ももの付け根」ということになります。

図の網目の部分ということですね。

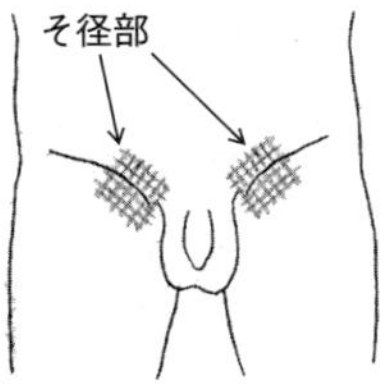

そ径部の位置

なぜこんなことになるかを説明しようとすると、ちょっと複雑でむずかしいことになるのですが、がんばって説明してみることにします。

なぜ、そ径《けい》ヘルニアが起こるのか

3カ月以前の胎児《たいじ》の時期には睾丸《こうがん》は、お腹《なか》のなかにあります。

3カ月以後、睾丸はだんだん下へおりてくるのですが、このとき腹膜《ふくまく》の一部が、睾丸を保護するようにはり出してきて、睾丸といっしょにひきおろされます。このはり出した部分は、鞘状突起《しょうじょうとつき》と呼ばれます。

睾丸と鞘状突起とは、内《ない》そ径輪《けいりん》と外《がい》そ径輪《けいりん》という穴になった部分を抜けて下降し、陰嚢《いんのう》という袋のなかへおさまります。これは男児《だんじ》の場合ですが、女児《じょじ》の場合は、睾丸のかわりに子宮内靭帯《しきゅうないじんたい》というものが下降し、これは陰唇《いんしん》に達します。

さて、睾丸が陰嚢内におさまると、鞘状突起の末端部は離れて睾丸固有鞘膜《こうがんこゆうしょうまく》となり、これは睾丸を包むかたちで残ります。残った鞘状突起はだんだん縮んでいって、ついに消失してしまいます。

これがふつうの経過ですが、鞘状突起が消失しないで残ってしまうことがあります。そうするとそこへ腸などが入りこむということが起こり、それがそ径ヘルニアと呼ばれます。

そ径《けい》ヘルニアの治療

さて、そ径ヘルニアであることがわかったら、どうするのがよいかをお話ししましょう。

そ径ヘルニアは、自然治癒《しぜんちゆ》することもあります。乳幼児から中学生までのさまざまな年齢で、6～35％の自然治癒があることが報告されています。

しかし一方で、ヘルニアの「かんとん」という危険な状態が起こる可能性もあります。

ヘルニアはふつう、赤ちゃんが泣いたりして腹圧《ふくあつ》がかかったときには、とび出てくるけれど、泣きやめばひっこむとか、あるいはとび出ているときに大人が手でおしこむことができる(これにはテクニックが必要で、医者でないとできないことも、しばしばですが)ものです。しかし、ときに出っぱなしになって、もどすことができなくなります。この状態を「かんとん」(嵌頓)と言います。こうなると、赤ちゃんはとても不機嫌《ふきげん》になり、苦しそうに泣くのがふつうです。

この状態で長時間ほっておかれると、腸の一部が死んでしまうという状態になり、生命に危険がおよぶこともあります。こうなったら緊急手術が必要です。

そ径ヘルニアが見つかった場合、これが自然に治るかどうか、かんとんを起こす危険性があるかないか判断できる方法があるとよいのですが、そんな便利な方法は、いまのところありません。そしてかんとんの80％は、1歳以前の赤ちゃんに起こるのです。

そこでそ径ヘルニアは、発見されたらなるべく急いで手術をするというのがふつうです。

生後数カ月の赤ちゃんに麻酔をしてだいじょうぶか、と心配する人もいますが、その心配は不要です。

そ径ヘルニアは手術後再発する可能性はとても低

く、1%くらいと言われ、再発する場合は、手術後1年以内が80%です。この場合、再手術することになります。

出べそ（臍《さい》ヘルニア）

出べそのことを、臍ヘルニアと言います。

臍ヘルニアというのは、臍輪《さいりん》という部分を通って、腸が少しとび出している状態を言います。

臍輪は、10週ごろまでの胎児では、臍帯《さいたい》内にとび出した腸の通り道として大きく開いているのですが、そののち腸はだんだん後ろへひっこみ、それにしたがって臍輪は小さくなっていくのです。そして出生時に臍輪は閉じてしまうのですが、これが完全に閉じないと臍ヘルニアを生じます。

臍ヘルニアは、生後2～4週ころに目立つようになります。そしてその後2～3カ月間だんだん大きくなっていき、生後4カ月ごろに最大となります。親指以上の大きさになることも少なくありません。そして4カ月以降は、だんだん小さくなっていくのがふつうです。

臍ヘルニアは、そ径《けい》ヘルニアと違って「かんとん」することがきわめてまれなので、自然に小さくなっていくのを待っていればよいのです。

なお2～3歳になっても治らない場合、それ以降、治っていく可能性はほぼないので、手術をするかどうか考えます。外科医と相談してみましょう。

さて臍ヘルニアに対しては、かつて片っぱしから圧迫するということがおこなわれていた時代がありました。5円玉などをヘルニアの部分にのせ、そのうえを絆創膏《ばんそうこう》などで固定する方法です。

この方法については無意味だからしなくてよいというお医者さんが最近は多いのですが、なかには圧迫したほうがいい、と言うお医者さんもいます。

しかし、絆創膏でかぶれたりする赤ちゃんもいますから、何もしないで自然によくなるのを待つほうが賢明だと思います。

見張りいぼ

おもしろい言葉ですね、見張りいぼ。別に「尖兵《せんぺい》ポリープ」という名前もありますが、これもまたおもしろい言葉です。

簡単に言うと、「肛門《こうもん》のまわりのビラビラ」といったところで、肛門周囲の(時計でいうと)12時の方向、あるいは6時の方向に、皮膚《ひふ》の一部がとび出したようなかたちのものが見られます。これは赤ちゃんにときどき見られるもので、見つけたお母さんは痔《じ》ではないかと心配しますが、痔ではありません。

赤ちゃんではかたい便が出るときに、肛門が切れることがあります。切れると排便のとき痛みますから、赤ちゃんは便をしなくなります。そうすると、大きなかたいうんちがときどき出るようになり、そのときまた肛門が切れます。

こんなふうに肛門がくり返し切れていると、その部分の皮膚が盛りあがった状態になってきます。これが見張りいぼ、あるいは尖兵ポリープ、医学専門用語としては皮膚《ひふ》垂《すい》と呼ばれます。

便秘が原因になっていることが多いので、浣腸《かんちょう》やおだやかな下剤をのませることで便通をよくしてやるとよいでしょう。

見張りいぼそのものは、そのままほっておいてよいのです。女の子のほうが、男の子よりも多く起こります。多少痛みがあっても、排便時に水で洗ってやるくらいでよいでしょう。

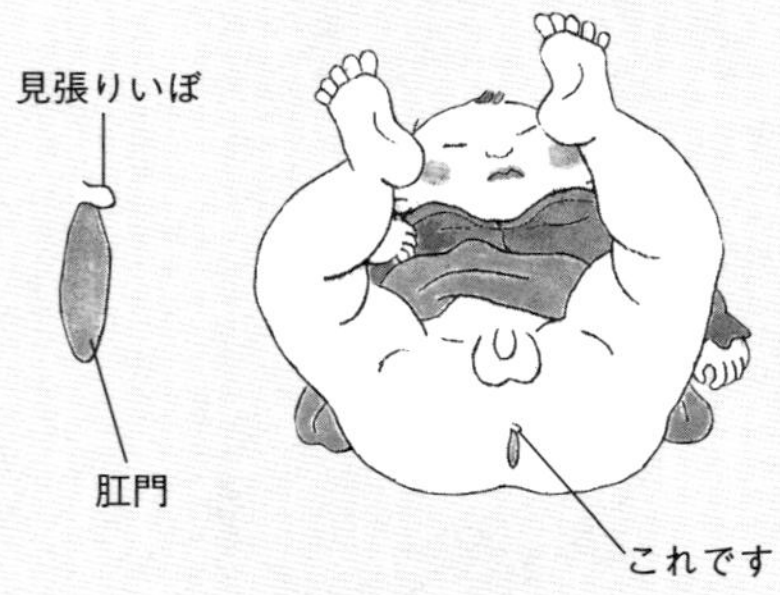

寄生虫について

寄生虫はかつて、ぼくたちのまわりにうようよいました。回虫《かいちゅう》などはあたりまえにいましたし、いまでは見ることもなくなったサナダ虫のようなものも、目にしました。しかし農薬などがさかんに使われたりするようになって、寄生虫もすっかり少なくなりました。

ぼくは、かつて佐《さ》々学《さまなぶ》さんという高名な寄生虫学者が、座談会のなかで次のように言っていたのをおぼえています。「わたしは一生をかけて、寄生虫による病気を減らそうとしてきた。そしていま、寄生虫は確かに少なくなり、寄生虫病も激減した。しかしそれとともに、自然も失われてしまった。こうなってみると、自然が存在し、そのなかに寄生虫もいた、かつての時代のほうが、よかったという気がする。わたしはいったい、何をしてきたのだろう」。

これは示唆《しさ》に富む言葉です。寄生虫にとって住みにくい環境は、人間にとっても住みにくい環境でしょう。すべての寄生虫を撲滅《ぼくめつ》しようなどとすれば、農薬をまきちらしたりして環境をだめにしてしまうのではないでしょうか。

「寄生虫はみんな撲滅しよう」などという、おそろしい考えは、もたないほうがいいと思います。

回虫は農薬が使われるようになって、すっかりいなくなっていましたが、有機栽培野菜に人気が出て、多く食べられるようになって回虫が増えてきたと心配する人もいます。確かに回虫は、蟯虫《ぎょうちゅう》とちがってまれに腸閉塞《ちょうへいそく》を起こしたりすることもあるので、「いてもかまわない寄生虫」とまでは言えないかもしれません。しかし有機栽培でも、人糞《じんぷん》を肥料とせず堆肥《たいひ》を使えば、回虫の心配もありません。ですから回虫が増えることを理由に「有機農業はよくない」と考えるのは、まちがいだと思います。

では、いまでも問題にされることのある寄生虫について、お話ししましょう。

蟯虫《ぎょうちゅう》

蟯虫については、かつて保育園、幼稚園、学校で毎年検査がおこなわれていましたが、1995年に文部省(当時)が、「小学4・5・6年生、および中学生以上の生徒については、蟯虫検査をおこなわなくてもよい」としたこともあって、学校ではおこなわれないところも増えてきました。

しかし保育園、幼稚園などでは毎年おこなわれ、その結果、毎年「おたくのお子さんは、また蟯虫《ぎょうちゅう》卵《らん》が見つかりました」と宣告されては悩んだり悲しんだりしている家庭もあります。

蟯虫卵が見つかる子どもの家庭は、かなり衛生に気をつけていることが多いのですが、それでも見つかるのです。家中で駆虫薬《くちゅうやく》を2回のみ、便の検査で蟯虫卵がいないことを確認までして万全を期したのに、翌年はまた蟯虫卵を見つけられてしまうという、気の毒な家庭も少なくありません。

しかし、蟯虫ってそんなに目の色変えて、駆除《くじょ》しなければいけないような寄生虫なのでしょうか。ぼくにはそう思えないのですが、とりあえず蟯虫の生態について、勉強しておくことにしましょう。

蟯虫の成虫《せいちゅう》は雌が体長8～13ミリメートル、雄は小さくて体長2～5ミリメートルで、人間の盲腸《もうちょう》や大腸《だいちょう》上部《じょうぶ》に寄生しています。交尾《こうび》して雌の子宮内が蟯虫卵でいっぱいになると、夜間人間が眠りについたのち、雌は大腸をおり、肛門《こうもん》からはい出し、肛門周囲をはいまわって、1万個くらいの蟯虫卵を産みつけます。そして蟯虫卵を産みつくした雌は、力つきて死にます。一方、雄のほうは交尾後すぐに死んでしまいます。肛門周囲に産み落とされた蟯虫卵は、6時間くらいで成虫となり、ほかの人への感染能力をもつようになります。

さて、雌の成虫は、尾の先端がピンのようにとがっているので、肛門周囲をはいまわるとき、肛門周囲に刺激を与えます。これがときに激しいかゆみになることがあります。かゆいと、手指で肛門周囲をかくことになり、そのとき指先や爪のあいだに蟯虫卵が付着、その指を口に入れるために、ふたたび感染するというようなことが起こったりします。

また、肛門周囲に産みつけられた蟯虫卵は下着に付着し、その下着の着替えを手伝ったり、下着を洗濯するときなどに、同居家族にうつることもあります。昼間の活動時に、蟯虫卵がふとんや床の上に落ち、それが同居家族への感染につながることもあります。

こういう感染のしかたをするので、蟯虫はほかの寄生虫感染に比べて、家族内感染が多いと言われています。つまり家族のうちの1人に蟯虫が見つかった場合、家族内のほかの誰かもまた、感染している率が高いということです。

ところで、蟯虫がいると、どんな症状が起こるのでしょうか。顔色が悪い、微熱《びねつ》、偏食、腹痛《ふくつう》、指しゃぶり、マスターベーション、夜尿などが起こるとも言われますが、これらは本当に蟯虫による症状なのでしょうか。

こうした症状は蟯虫以外の原因でも見られるものであり、しかも子どもではよく見られる症状です。蟯虫のいない子どもに比べて、蟯虫のいる子どものほうが明らかに頻度《ひんど》が高い、ということがはっきりしないかぎり、これらの症状が蟯虫によるものとは言えないと思います。

ぼくの経験でも、保育園や学校で蟯虫卵を見つけられた子どもの保護者は、「何も症状がないので、蟯虫がいるなんて思いもしなかった」と口をそろえて言います。また、駆虫薬《くちゅうやく》をのむ前後で、子どものようすに変化があったという例も知りません。

「うちの子、落ちつきがないんですが、蟯虫がいなくなったら落ちつくようになるでしょうか」と期待に満ちた目で言うお母さんもいますが、駆虫したら落ちつきが出た、という子どもに会ったこともありません。

蟯虫が体内にいたところで何の害もないというのが、ぼくの意見ですが、いまおこなわれている「蟯虫を見つけるための健診」も、実は「ザル」なのです。

日本で数少ない「蟯虫の専門家」である影井昇《かげいのぼる》さんは、「現在行われている2日連続の検査法では、……実際の蟯虫感染者の40~50%が陽性となり、後の60~50%は見掛け上は陰性となる。真の陽性者の約80%を検出するためには5回以上の検査が必要となるが、現段階では経済的、時間的、技術的な問題点があり2回以上の検査を行うことは困難である」と言っています(『小児科』38巻10号、1997年)。

蟯虫は毎晩、産卵に肛門へ出てくるわけではないので、2日連続で調べても、半分以下の蟯虫感染者しか見つからないのです。

しかし、これで見つからないままに終わった蟯虫感染者に、その後何か困ったことが起こるかと言うと、何も起こらないはずです。だとしたら、無症状の蟯虫感染者を見つけるために、集団健診をする必要はないのではないかと思います。

この検査で蟯虫に感染していることがわかった場合は駆虫薬をのむのがふつうになっていますが、ここまで説明してきたように蟯虫の実害はほとんどないので、薬をのむ必要もないだろうと思います。

シラミ

シラミは、保育園や幼稚園など、子どもが集団で生活する場所で流行することがしばしばあり、そんなとき、かなり大騒ぎになります。しかし、むかしのことを言えば、「人間にシラミが寄生するのは、きわめて日常的なこと」という時代もあったのです。

第二次世界大戦直後まで、日本ではシラミがどこにでもいるという状態でした。しかし戦後になって、シラミが媒介《ばいかい》する発疹《はっしん》チフスという病気が流行するのを防ぐため、DDTという薬が多量に散布《さんぷ》され、それでシラミはいなくなってしまいました。発疹チフスを媒介するシラミは、コロモジラミというシラミでしたが、DDTの威力でアタマジラミも同時に絶滅されてしまったために、ぼくたちの身のまわりにシラミがいなくなってしまったのです。

ところが昭和50年代の初めごろから、幼児や小学校低学年の生徒のあいだにアタマジラミが見つかるようになり、それがあちこちにひろがり、いまは国内のいたるところでシラミが子どもに寄生するということが起こっています。

ここで、シラミという昆虫について説明しておきましょう。

人間に寄生するシラミにはアタマジラミ、コロモジラミ、ケジラミの3種類があり、アタマジラミは頭髪に寄生し、コロモジラミは着衣《ちゃくい》の折り目に、そしてケジラミは陰毛《いんもう》に付着します。

このうち、子どもたちに流行して問題になるのは、アタマジラミです。アタマジラミは体長2～4ミリメートル、産卵期間は約1カ月で、1日3～9個の卵を産み、その総数は約100個です。

アタマジラミは、直接接触で、ある子どもの頭髪から別の子どもの頭髪へと感染していきます。それで遊ぶときにからだを接触させたり、お昼寝をいっしょにしたりするような幼い子どもたちのあいだで、集団感染が起こりやすいのです。男の子より女の子のほうが感染率が高いのですが、髪の長さとは関係がないとも言われます。

頭から離れたアタマジラミは、適度な温度、湿度のもとでは72時間ぐらい生存しますので、頭髪から落ちたシラミは衣類や帽子などについて、ほかの子どもに感染していきます。

アタマジラミの存在は、頭がかゆいことによって気づかれます。かゆみはあるけれど頭皮を見ても何も変化がなく、頭髪をていねいに見ていたらアタマジラミが見つかったというようなことが発見のきっかけです。頭髪に卵が付着していて、その頭髪を皮膚科へもっていき、顕微鏡《けんびきょう》でのぞいてもらった結果アタマジラミの卵と確認されて、診断がつくこともあります。

ただ、かゆみには個人差があり、ほんの数匹が寄生しているだけなのに、とてもかゆがる子どももいれば、たくさん寄生しているのにかゆがらない子どももいます。なぜこうした差ができるのかは、よくわかっていません。また感染したらすぐかゆみが起こるというものでもなく、感染後1~2カ月の期間をおいて、かゆみが起こる場合が多いと言われています。

次に治療法ですが、アタマジラミは頭髪に寄生するわけですから、頭髪を全部そってしまえば確実に治ります。しかしこれは、実行がむずかしいでしょう。

幼い男の子の場合は、頭髪を1.5ミリメートルくらいの長さにする5厘刈《ごりんが》りがいいと言われています。5厘刈りにしてもいいと同意してくれる子どもには、試みてください。

もうひとつの方法は、殺虫剤を用いる方法です。

現在、日本でアタマジラミの駆除剤《くじょざい》として販売されているのはスミスリンパウダーだけですが、これは病院で使う薬としては認められていないので、市販のものを購入することになります。

このパウダーを1回7グラムほど頭髪全体に散布し、1~2時間後にシャンプーして洗い落とします。スミスリンパウダーはアタマジラミの成虫を殺す力は強いけれど卵には効果が弱いので、卵の孵化期間《ふかきかん》である1週間を見込んで、3~4日ごとに3~4回、同じことをくり返します。

衣服にアタマジラミがついていることもあるので、衣服は熱湯やアイロンで処理します。

こうした方法で、アタマジラミは駆除できます。ただ、スミスリンパウダーが殺虫剤であるため、頭に散布することに抵抗感をもつ人もいるでしょう。しかし少量を3~4回散布するだけですから、危険はないので使ったほうがよいと、ぼくは思います。

救急処置

子どもの事故

子どもの事故防止に、もっと関心を

「日本の親は、子どもの病気に対してはとても神経を使うけれど、事故に対しては無関心な人が多い」と、ある小児科医が発言しているのを読んだことがあります。

何度もお話ししているように、子どもの病気で気をつければ予防できるというものは、ほとんどありません。予防接種によって予防できる少数の病気以外は、生活しているかぎり(無菌室《むきんしつ》のなかで生活するという特別なケースを除けば)、どんなに気をつけても自然にかかってしまうのです。そしてその結果、免疫《めんえき》ができて、からだは強くなっていきます。

一方、事故の多くは、気をつければ防止できます。気をつけても予防できない病気に対して神経を使っているよりは、防止のできる事故のほうに対して神経を使ったほうが有意義《ゆういぎ》ですね。

子どもの死亡原因としても、事故はもっとも多いもので、とくに浴室でおぼれるといった惨事《さんじ》は親の注意で防げるものですから、事故に気をつける親になってほしい、と思います。

また日本は、緊急のときの救命処置などの医療行為を一般の市民が身につけていないという点でも遅れています。日本ではほとんどの医療行為について、医師でなければしてはいけない、といった法的規制があり、看護師ですら医師の指示のもとでしか医療行為ができないのです。

そのため、インスリンの自己注射(→235ページ)をしている子どもが、学校で養護教諭(保健室の先生)に注射をしてもらうことができないとか、食物《しょくもつ》アレルギーの子どもが学校でアナフィラキシー(即時型《そくじがた》アレルギー→174ページ)を起こしたときも、自分で注射するしかない、といったことが起きています。

医師以外の人でも医療行為がもっとできるようにならないと、緊急の場合に手遅れになったり、自宅で介護を受けている人が医療を受けにくいといったことが起こります。現状は改められるべきで、多くの人が医療行為をおこなえるように法的な整備をしてほしいと思います。

人工呼吸や心臓マッサージなどは、消防庁などによって市民向けの講習などがおこなわれているので、しろうとでもおこなってよい医療行為として公認されているということでしょう、しかし講習があまりひろがらないのも、「市民が自分の手で医療をおこなえるよう、知識・技術を身につけよう」という意識が育っていないからかもしれませんし、また、そういう意識を育てようという気持ちが、行政や医師の側に、あまりないからだろうと思います。

食べものがのどにつまったときの救命処置法のひとつに、ハイムリッヒ法というのがあります(↓416ページ)。外国では、食べものをのどにつまらせて窒息《ちっそく》しかかっている父親を、小学生の息子がハイムリッヒ法で助けた、という例もあるそうです。

子どものうちから身につけておいてよい医療行為もいろいろあるのですが、そういう教育を学校でどこまでおこなってよいかについても法の束縛があります。

ひとりひとりの市民が、ある程度の医療行為をおこなえる能力を身につけられるよう、社会が変わっていってほしいと思いますが、その入り口として子どもの事故について考えてみてください。

アメリカでは多くの小児科医が乳児健診の機会などをとらえて、保護者に対し、事故防止のための指導をおこなっていると聞いたことがあります。それでぼくも、6カ月健診や9カ月健診の折に保護者に対して、「事故を予防するために、こんなことに気をつけてほしい」と指導、助言をしているのですが、その助言の内容を、ここでお話ししておきましょう。

子どもの死亡事故の原因

まず子どもの事故は生命にかかわるものが多く、死亡原因としてもっとも多いものだということを、胆《きも》に銘《めい》じてください。

子どもの死亡原因の統計を見ますと(2005年の厚生労働省「人口動態統計」)、0歳児の場合は先天性の病気や出産前後の呼吸障害が死亡原因の1〜2位になっているものの、3位は事故です。そして1〜4歳、5〜9歳の場合はいずれも、事故が死亡原因の1位となっています。

次にどんな事故で死亡しているかと言いますと、0歳の場合、窒息《ちっそく》が76.4%、交通事故が6.3%、溺死《できし》および溺水《できすい》が5.2%、転落・転倒が4.0%、煙、火および火炎への曝露《ばくろ》(さらされること)が3.4%、その他が4.5%となっています。

窒息がとても多いことに注意してください。このなかにはいわゆる乳幼児突然死症候群《にゅうようじとつぜんししょうこうぐん》(↓430ページのコラム)や、異物をのみこんでのどにつかえ、窒息死したケースなどが含まれます。

1〜4歳の場合は交通事故が30.1%になり、次いで溺死および溺水が23.7%、窒息は16.5%で、煙、火および火災への曝露は15.7%、転落・転倒は8.9%、その他が5.1%となります。

5〜9歳になると交通事故が47.4%、溺死および溺水が26.5%、煙、火および火災への曝露が9.6%、窒息6.5%、転落・転倒3.5%、その他が6.5%となります。

交通事故にはもちろん十分注意する必要があり、チャイルドシートの装着などぜひしてもらわなければいけませんが、そのほかに、窒息、溺死や溺水、転落事故などを起こさないよう気をつける必要があります。

また、ここには出てきていませんが、毒物を食べてしまったりする異物《いぶつ》誤飲《ごいん》事故にも気をつけなければいけません。

事故防止のために注意すべきこと

ここでは、年齢別に注意すべきことをお話ししておきます。

新生児期〜6カ月

この時期の赤ちゃんはほとんど寝ていて、自由に動きまわることはできません。

この時期に注意するのは、窒息《ちっそく》や転落を防ぐことです。

窒息は、やわらかい枕《まくら》やふとんを使っている場合、赤ちゃんがうつぶせになり、枕やふとんのなかに顔をつっこむようなかたちになって起こることがあります。枕やふとんは沈みこむことのないような、固いものを使うようにしましょう。

転落は、まだ寝返りしないと思っていた赤ちゃんが初めて寝返りしたときに起こったりします。はいはいできない赤ちゃんでも、ベッドであおむけに寝ていて、背中でずるようにして移動することもあります。そして、ベッドのはしから落ちてしまうこともあるのです。

ベビーベッドの柵《さく》は、いつも上げておくようにしましょう。短いあいだ赤ちゃんをベッドに寝かせるときも、ベッドの縦方向と平行に寝かさないで、縦方向に垂直に寝かせるようにしましょう。テーブルやソファなどの上に赤ちゃんを置いたまま、目を離すのも危険です。

そのほか、やけどをさせないように注意することも必要です。お母さんやお父さんが赤ちゃんを抱いたまま、熱いお湯を飲んだりするのは危険です。また入浴のとき、水道の蛇口から急に熱いお湯が出ることのないよう注意が必要です。

7カ月〜12カ月

この時期は、赤ちゃんの行動がどんどん変化していきます。突然寝返りをうったり、歩きだしたり、思いがけないことをします。「まだ歩けないから、階段から落ちることもない」などと考えないで、少々大げさに注意するぐらいにしていいのです。

まず転落の予防をしましょう。階段、玄関など段差のあるところは、転落の防止のため、柵《さく》などを設けておく必要があります。子ども用の椅子は安定のよいものにしないと、それに乗って遊んでいるうちに倒れることがあります。

窓ぎわに踏み台になるものを置かないようにしたり、ベランダには1人で出られないように柵を作っておくことも大切です。子どもが踏み台として使う可能性のあるものは、ビールびんのケース、新聞紙の束、植木鉢、エアコンの室外機などです。

次に、浴室での溺水《できすい》事故に十分注意しましょう。

浴室での溺水事故は、歩けるようになったころから2歳くらいまでのあいだに、もっとも多いのです。つかまり立ちできるようになっていれば、はっていて浴槽につかまって立ち、浴槽をのぞきこんで落ちることもあります。

浴室にカギをつけても、しめ忘れることがありますし、浴槽にふたをしていても、その上でとびはねて落ちることもあります。ですから浴槽内に水をくみおきしないことが肝心《かんじん》です。入浴後はすぐに、水を抜いてしまうことにしましょう。

この時期は、やけどもよく見られます。電気ポットに手をついた拍子《ひょうし》に熱湯が出てきて、やけどをすることもあります。食卓での鍋料理や鉄板を使っての料理などは、しないのが無難《ぶなん》です。テーブルクロスをひっぱったために、クロスの上にある熱いものがからだにかかってやけどをすることもありますから、テーブルクロスは使わないようにしましょう。

炊飯器から出てくる水蒸気にさわっての、やけどもあります。またストーブにさわってやけどをすることもあるので、ストーブガードをつけておくことも必要です。

いろんなものを手あたりしだいに口へ入れてしまうのも、この時期に見られることです。

タバコ、化粧品などを口に入れてしまうことが多いので、子どもの手がとどくところには置かないようにしましょう。大人が薬をのもうとして机の上におき、ちょっとのあいだ席を離れていたら、そのすきに子どもがのんでしまったということも、よくあります。気をつけましょう。

乳幼児がせいいっぱい口を開けたときの口の直径は、最大32ミリと言われています。すると直径32ミリ以下のものは、子どもの口に入ってしまうわけです。直径32ミリ以下の小物は、子どもの手の届かないところに置くことにしましょう。

ドアなどに手をはさむこともあります。かべとドアのあいだのすき間を、牛乳パックなどを利用しておおっておくとよいでしょう。

1歳以降

1歳という時期は、一生のうちでもっとも事故が多い時期です。歩行がまだ上手でなく、からだ全体の割に頭が重いので、よく転倒します。階段での転落もよく見られます。

また、浴室での溺死《できし》もたいへん多いのです。やけども多く、台所、浴室、居間など、どこででも起こります。

口のなかに何でも入れてしまうということは、この時期も続きます。

2～4歳

2歳から4歳ごろでの事故は、1歳のころに起こる事故とほとんど同じですが、お母さんの自転車に乗せられているときに、足を車輪につっこみ、かかとの皮膚《ひふ》が少しはがれ落ちる事故などは、この時期に特徴的です。

公園で遊んだりすることも多くなりますから、ブランコやすべり台についての注意を家庭でちゃんと教えておくことも必要でしょう。

5～6歳

5～6歳の子どもの事故として多く見られるのは、交通事故です。防止対策をきちんと立てておきましょう。交通規則について、ある程度教えておくことも必要です。

花火で遊んでいてのやけども、よく見られます。大人がいっしょにいて、危険回避《かいひ》のために動くことも必要かもしれません。マッチやライターも持たせないようにしましょう。

ゆさぶられっこ症候群《しょうこうぐん》

これは英語の shaken baby syndrome を訳したもので、最近使われるようになった言葉です。

赤ちゃんの首の筋肉は弱く、頭を十分に支えられないので、強くゆさぶられると、視力障害、けいれん、脳障害などが起こる可能性があるのです。

とはいえ、赤ちゃんを「高い高い」してちょっと左右にゆらしたくらいで、障害が起こるわけではありません。

大人が、やりきれない気分や怒りの気持ちを、赤ちゃんにぶつけてふりまわしたりすると、障害が起こることがあるのです。

子どもへの虐待《ぎゃくたい》のひとつのかたちとして見られるもので、日常、赤ちゃんと遊んでいるときなどに起こるものではないことを、お忘れなく。

救急処置

＊ここであつかう主な救急処置

救急蘇生法《きゅうきゅうそせいほう》
人工呼吸と心臓マッサージのしかた
熱中症《ねっちゅうしょう》（熱射病《ねっしゃびょう》）への対応
血の止めかた
気《き》道《どう》に異物《いぶつ》がつまったとき
異物をのみこんでしまったとき
おぼれたとき
頭をぶつけたとき
からだを打ったとき（打撲《だぼく》）
やけど（火傷）
手や指をはさんだとき
虫に刺《さ》されたとき
動物にかまれたとき
目に異物が入ったとき
耳に虫が入ったとき
耳の異物、鼻の異物
けがの処置

救急蘇生法《きゅうきゅうそせいほう》

救急処置と一口に言ってもたいへん幅がひろく、いろいろな処置があるのですが、そのなかでもいちばん重要な救急蘇生法について、まず知っておきましょう。

救急蘇生法《きゅうきゅうそせいほう》とは

救急蘇生法というのは「容態《ようだい》が急変した人の命を守り救うために必要な知識と技術」ですが、とくに、生命の危険に瀕《ひん》している人のためにおこなう緊急処置と考えてよいと思います。

救急蘇生法について、国際的には「救急蘇生のやりかたはこんなふうにする」という標準を示したガイドラインというものがありましたが、日本では2006年6月になってようやく、日本版救急蘇生ガイドラ

インが作られました。
そこで、その内容にしたがって、子どもの救急蘇生法についてお話しすることにします。

子どもの救急蘇生法《きゅうきゅうそせいほう》

ガイドラインでは年齢を3段階にわけて、新生児から1歳までを乳児とし、1歳から8歳までを小児として、それ以上を成人あつかいしています。8歳を超えたら成人なんておかしいと思われるかもしれませんが、この3段階区分が実用的なのでこうなっているわけですから、了承してください。

さて、このガイドラインについて解説した『改訂3版　救急蘇生法の指針　市民用』には冒頭に、こんなことが書かれています。

「実際の救急蘇生法では、手順や手技《しゅぎ》の正確さよりも急変した傷病者《しょうびょうしゃ》の命を救うために「何か役立つこと」を迅速《じんそく》に始めることが大切です。もし、目の前で倒れた人に遭遇《そうぐう》したら、臆《おく》せず躊躇《ちゅうちょ》せず覚えていることを実施してあげてください。周囲の人達が助けてくれるはずです」

いざというときになると「中途半端な知識で手を出すのは、かえってマイナスではないか」とか、「経験が足らないから無理だ」とか考えて、結局、何もしないことになってしまう可能性があります。

しかし、「手順や手技の正確さ」よりも、とにかく何かをしてみることが大事なのです。もちろん手順や手技が正確なら最高ですから、ふだんシミュレーションしてみて、練習をしておくといいですね。

ふだんの学習法についても、テキストにはこんなふうに書かれています。

「馴染《なじ》みのない救急蘇生法を学習するよい方法は、具体的なイメージを描くことです。例えば、夕食後、自宅の居間のテレビの前でお婆《ばあ》ちゃんが急に意識を失って倒れたらどうすればいいの？　と自分に問いかけるのです。最初に声をかけて、返事がなければお父さんとお母さんを大声で呼んで、お婆ちゃんが息をしているか確かめるために気道《きどう》を確保《かくほ》して「見て聞いて感じて」、電話はテレビの反対側にあるので……など、居間の状況に照らしつつ学んでください」

ここではおばあちゃんの場合が想定されていますが、お父さんが倒れたとき、子どもが倒れているときなど、いろいろな場合を想定して考えてみてください。あとでお話しする人工呼吸や心臓マッサージなどは、人間のかわりに人形や座ぶとんを二つ折りにしたものを人間に見立てたりして、練習しておくとよいと思います。

最初に、「倒れている人を見つけたらどうするか」という手順を簡単にまとめたものを紹介し、そのあとくわしく解説しましょう。

AEDとは

なお、この手順のなかに出てくるAEDというのは、自動体外式除細動器《じょさいどうき》のことで、最近公的施設などに設置されつつあるものです。

人間が頻死《ひんし》の状態になったとき、心室細動《しんしつさいどう》という

市民による救命処置の手順（年齢別）

救急処置＼年齢		成人（8歳以上）	小児（1〜8歳未満）	乳児（1歳未満）
通　報		反応がなければ大声で叫ぶ	救助者が1人だけの場合、心肺蘇生を2分間実施してから	
		119番通報、AED手配		119番通報
気道の確保		頭を後ろに曲げ、あご先を持ち上げる姿勢		
心肺蘇生開始の判断		呼吸をしていないように見える		
人工呼吸（省略してもよい）		約1秒かけて2回吹き込む、胸が上がるのが見えるまで		
		口対口		口対口鼻
胸骨圧迫（心臓マッサージ）	圧迫の位置	胸の真ん中（両乳頭を結ぶ線の真ん中）		両乳頭を結ぶ線の少し足側
	圧迫の方法	両手で	両手で（片手でもよい）	2本指で
	圧迫の深さ	4〜5センチくらい	胸の厚みの $\frac{1}{3}$	
	圧迫のテンポ	1分間に約100回		
	胸骨圧迫と人工呼吸の比	胸骨圧迫30回に対し人工呼吸2回		
AED（除細動器）		到着次第使用。8歳以上は成人用パッド、1〜8歳は小児用パッドを用いる。使用後ただちに心肺蘇生再開（2分間）		AEDは使用しない

（『改訂3版　救急蘇生法の指針　市民用《2005》』へるす出版より作成）

不整脈《ふせいみゃく》が起こることがありますが、このとき除細動器という器具を用いて電気ショックを与えると、心室細動から正常な脈に戻せることがあります。この操作を除細動と言いますが、除細動を自動的にしてくれるのがＡＥＤです。

　ＡＥＤは、コンピュータ作動によって心電図をとり、さらにそれを解析《かいせき》して除細動が必要かどうかを判断し、音声メッセージで電気ショックをおこなうよう指示してくれますので、一般市民でも操作できます。

　とはいえ、いきなりＡＥＤを使いこなすのは無理で、ふだん練習しておく必要があります。これから市民向けの講習会なども開かれ、普及していくことと思われます。

　では、**表**を見てください。くわしく説明していきましょう。この本の性質上、乳児、小児についての処置法の解説にとどめ、成人についての解説は省略しますが、この表を見ていただければ、だいたいわかっていただけると思います。

倒れている子どもを見つけたら

　まず最初は、倒れている子どもを見つけてから、人工呼吸や心臓マッサージを始めるまでのあいだに、どんなことをするかをお話しします。

　このときすることは、乳児でも小児でもほぼ同じなので、乳児と小児をまとめてお話しします。

　いま、ここに子どもが倒れているとします。意識を失っているようで、声をかけても反応しません。肩のあたりを強くつねってみても、まったく反応しません。こんなとき、どうしたらいいでしょうか。次の手順をおぼえておくと、役に立ちます。

①まず最初に、脈をみてみます。脈はふつう手首でふれますが(→182ページ)、脈が弱くなっていると、手首ではふれにくいので、小児の場合は、首の外側にある大きな動脈にふれてみます。乳児の場合は、左のお乳の下でふれてみます。

脈がふれない場合は、すぐに心臓マッサージをせねばなりません。心臓マッサージの具体的なやりかたは、次のページを見てください。

②呼吸をしているかどうかをみます。まず胸を露出して、呼吸による胸の動きがあるかどうかを見ます。

胸が動いていなければ、鼻の穴の前方にうすい紙(ティッシュペーパー1枚でよい)を持っていき、紙が動くかどうかを見ます。

紙も動かなければ、呼吸をしていない可能性が大きいので、人工呼吸をおこないます(→次ページ)。

次は、脈拍もあり、呼吸もしている場合の対応の方法です。

①出血の有無《うむ》を確かめます。子どもの全身を調べ、けがをしていないかどうか調べます。

出血のいちばんひどいところから順に、止血《しけつ》をこころみます(→413ページ)。

②口のなかを見ます。口のなかがただれていたり、何か色がついたりしている場合は、中毒の可能性があります。中毒に対する処置を考えます(→417ページ)。

③寒い季節であったり、子どものからだがぬれている場合は、タオルなどでからだをくるみ、保温につとめます。

ここまでの処置は、救急車が来るまでの処置ですが、救急車はどのタイミングで呼んだらいいでしょうか。

あなた1人しかいない場合、脈拍も呼吸も認められなかったら、まず1人で人工呼吸と心臓マッサージをしてみましょう。そして、通りがかりの人に救急車を呼んでもらうよう頼みましょう。通りかかる人もいなければ、人工呼吸と心臓マッサージは2分くらいで中断して、自分で救急車を呼びましょう。このとき、小児の場合はAEDの手配もします。その後、救急車が来るまで人工呼吸と心臓マッサージのくり返しを続けます。

人工呼吸と心臓マッサージのしかた

では、まず心臓マッサージと人工呼吸の方法を、おぼえておきましょう。

心臓マッサージと人工呼吸は、同時におこないます。2人でできればベストですが、あなた1人しかできる人がいなければ、1人でやるしかありません。

乳児(1歳未満)の場合

① 乳児をあおむけに寝かせ、あなたは乳児の顔を横から見る位置にすわります(**図①**)。このとき、やわらかい布団の上などに寝かせると心臓を圧迫したさい、からだが沈むので効率が悪くなりますから、かたい床や板などの上に寝かせるとよいでしょう。

①

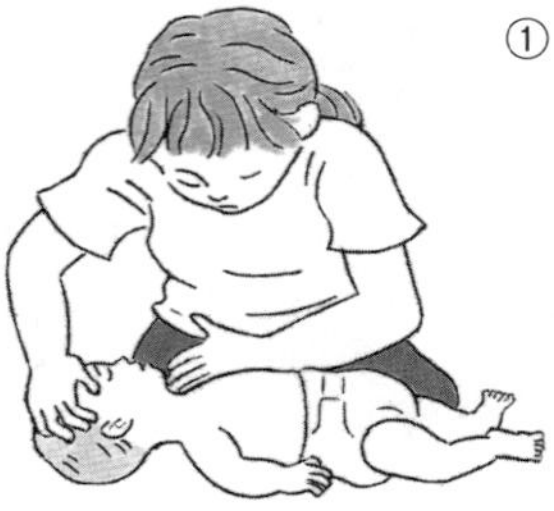

片手で乳児の額をおさえながらもう一方の手の指先を乳児のあごの先端にあてて持ち上げます。こうすると乳児の顔がのけぞるようなかたちになり、あごの先が持ち上がるはずです。こうすると乳児ののどの奥をひろげることになり、空気が通りやすくなります。これを気《き》道《どう》の確保と呼びます。

② 次にあなたの口で乳児の口と鼻を同時に含み、やさしく息を吹きこみます(**図②**)。約1秒かけて息をふきこむと、胸が少しもち上がるのがわかるでしょう。これが人工呼吸です。息の吹きこみは2回くり返します。つまり、最初に人工呼吸を2度くり返すということです。

②

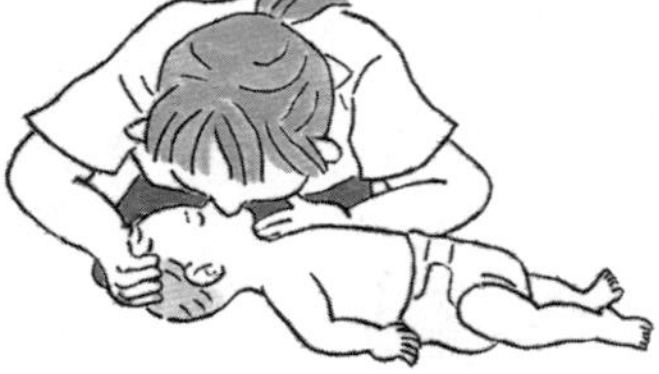

③ 次に心臓マッサージをおこないます(これは具体的には「胸骨《きょうこつ》の圧迫」なので、ガイドラインでは心臓マッサージという言葉のかわりに胸骨圧迫という言葉を使っています。しかし心臓マッサージという言葉のほうがなじみがあると思うので、この本では心臓マッサージを使うことにしました)。

まず胸骨をさがします(**図③**)。胸の真ん中にある縦長《たてなが》の平らな骨が胸骨です(**図④参照**)。胸骨を見つけたらその下半分にあたる部分に中指と薬指の2本をあて、胸の厚みが、3分の1くらい沈む程度に下方に押します。乳児ですが、力をこめて押します。

③

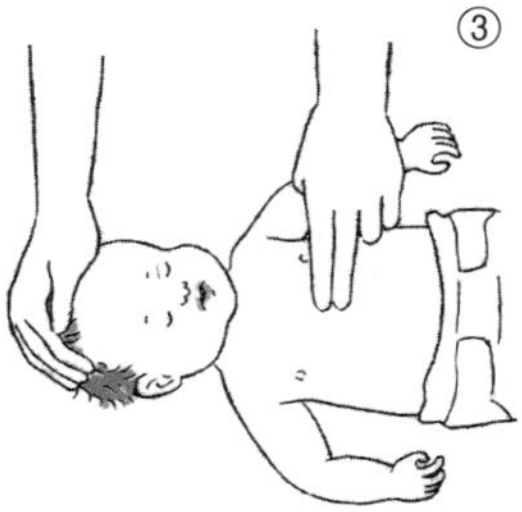

④

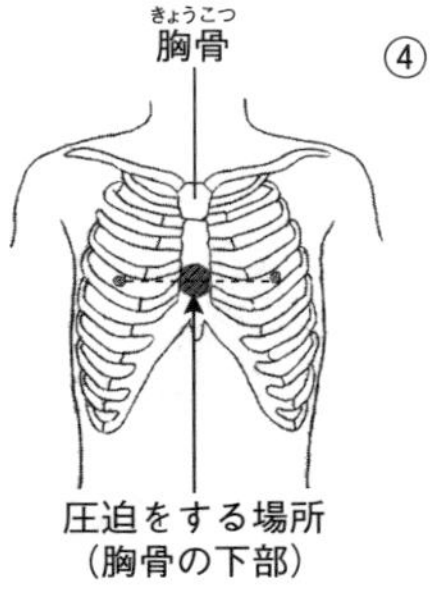

1分間に100回のテンポで圧迫を30回くり返します。

その後2回人工呼吸をおこない、また30回心臓マッサージをおこないます。この「人工呼吸2回、心臓マッサージ30回」を救急車が来るまで続けます。

なお乳児の場合は、専門家以外AEDを使わないことになっています。

小児（1歳から8歳まで）の場合

①あおむけに寝かせ、あなたは小児の顔を横から見る位置にすわります。

小児のあごの先端を持ち上げるのは、乳児と同じです（図⑤）。

⑤

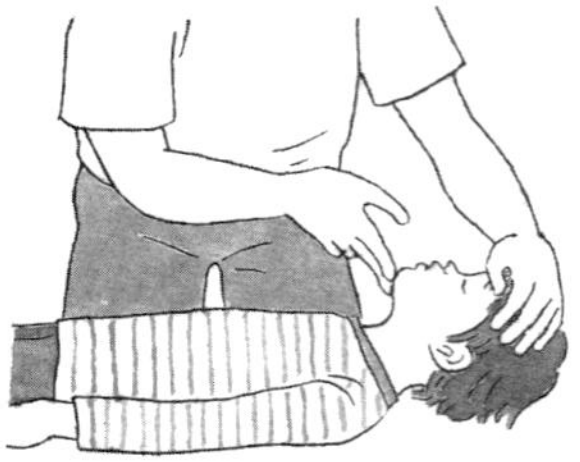

②次に小児の鼻をつまんで鼻の穴を閉じ、あなたの口を大きく開いて小児の口につけます（図⑥）。そして1秒かけてゆっくりと息を吹きこみます。これを2回くり返します（図⑦）。

⑥

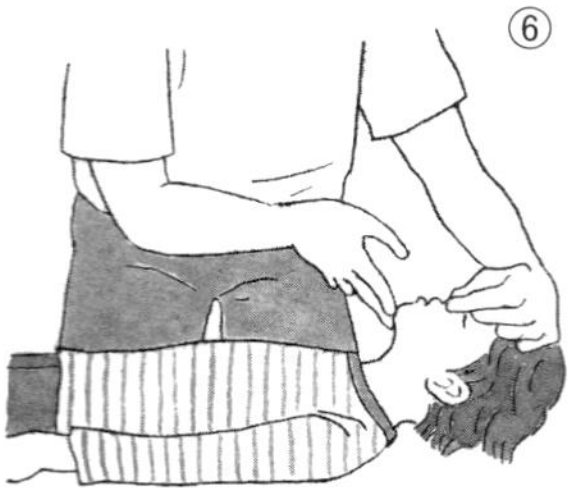

⑦

③次に心臓マッサージをおこないます。胸骨の下半分にあなたの手をあて、胸の厚さの3分の1が沈みこむくらいに強く圧迫します（図⑧）。腕1本で十分押せるなら1本でかまいませんが、力が足らないと感じたら、2本の腕を使って両方の手のひらを重ね合わせて押します（図⑨）。

圧迫は1分間100回くらいのテンポで30回おこない、その後、人工呼吸を2回おこないます。このくり返しを救急車が来るまでおこないます。

このあいだにAEDが到着し、使える人がいたら、すぐに使います。

⑧

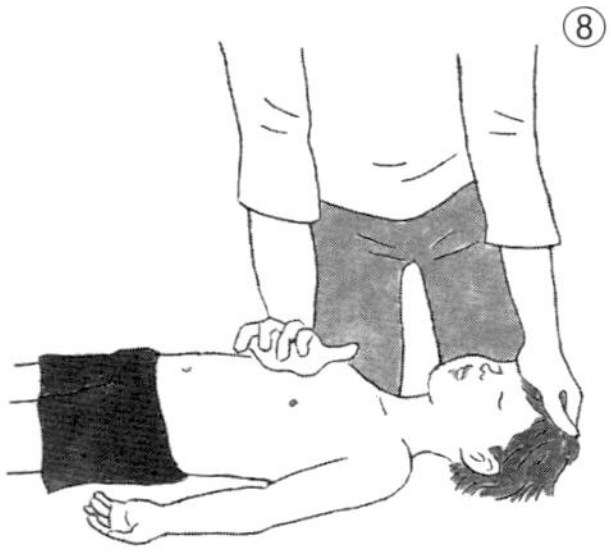

⑨

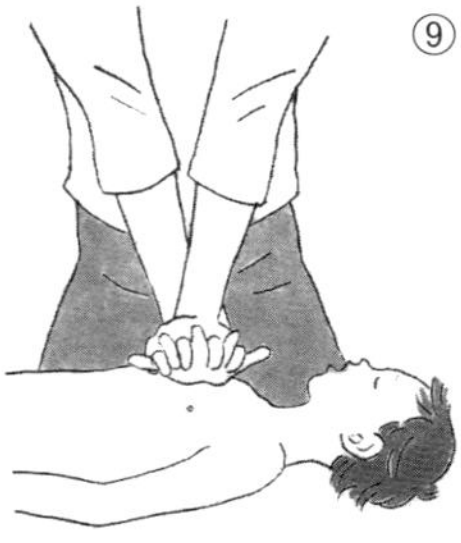

熱中症《ねっちゅうしょう》（熱射病《ねっしゃびょう》）への対応

高温の環境のなかに長い時間いたために起こるさまざまな症状を、まとめて熱中症と言います。

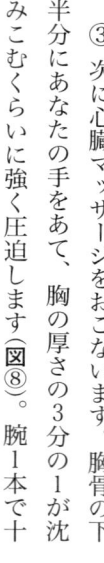

熱中症のなかには、軽いものとして、からだの筋肉の一部がけいれんするだけといったものもありますが、重大なのは熱射病と呼ばれる状態で、これは熱中症のうちの重大なかたちと言ってよいでしょう。

熱射病は学童などですと、高温の下で球技をしたりマラソンをしたり、長時間の遠足をしたなどといったことで起こりますが、幼児ではめったに見られません。

しかしときに、密閉した車のなかに長時間放置された乳幼児などで、熱射病が見られることがあります。また、炎天下を長時間歩いたときなどに、軽い熱射病状態が見られることはあります。

熱射病の症状としては、急に起きる頭痛、意識の混乱、呼びかけてもあまり反応しないなどといったことがありますが、もっとも特徴的なのは、体温が上昇することと汗が止まってしまうことです。

体温が40度以上になっていたら熱射病とする、という考えかたもありますが、38度くらいの発熱でも生命にかかわるような熱射病であることもあるので、注意が必要です。

熱射病らしい子どもがいたら、まず涼《すず》しい場所に寝かせ、上着をすべて脱がせ、パンツ1枚にします。折ったタオルなどを頭の下に入れ、やさしく声をかけてやります。水、あるいはぬるま湯でスポンジを湿らせ、からだをふいてやります。皮膚の表面は十分に濡れたままにしておきます。手や新聞紙などであおいで、風をあててやります。

病院での処置が必要ですから、救急車を呼びましょう。

夏の強い日ざしのなかを幼児と歩いていて、それまで汗をかいていた幼児に汗が見られなくなったら、熱射病になりかかっていると考えます。冷房のある場所へ連れて行き、冷たい飲みものを飲ませましょう。それで汗が出てくれば、だいじょうぶです。

血の止めかた

からだのどこかから出血している場合、血を止めることが必要です。

噴水のようにピューピュー血が吹き出しているときは動脈《どうみゃく》からの出血で、こうした出血は専門家でないと、なかなか止められません。しかし、「出血している場所よりも心臓に近い部分の血管をおさえてみる」という方法は、試みるべきでしょう。

① 頭のてっぺんの出血

耳のすぐ前の部分で、親指を骨におしつけます。

② 顔の出血

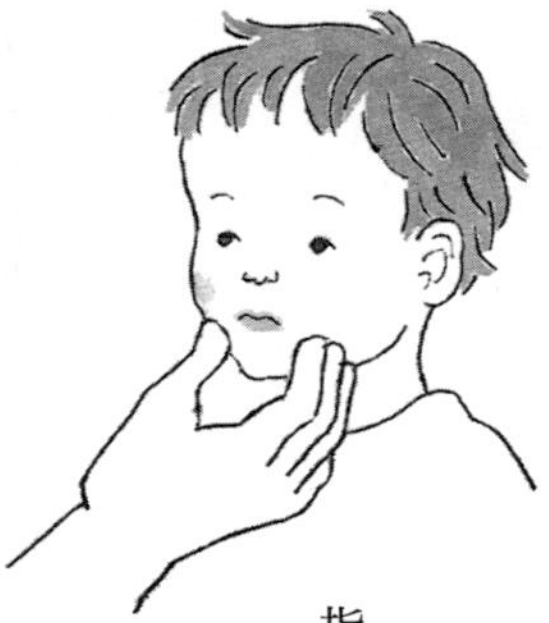

下あごの図の部分を、指でおさえます。

③ 首の出血

親指を首の後ろにまわし、残り4本の指を図の部分にあてて、強くおさえます。

④ 胸、わきの下の出血

鎖骨《さこつ》のくぼんだ部分に親指をあてて、強くおさえます。

⑤ 腕《うで》の出血

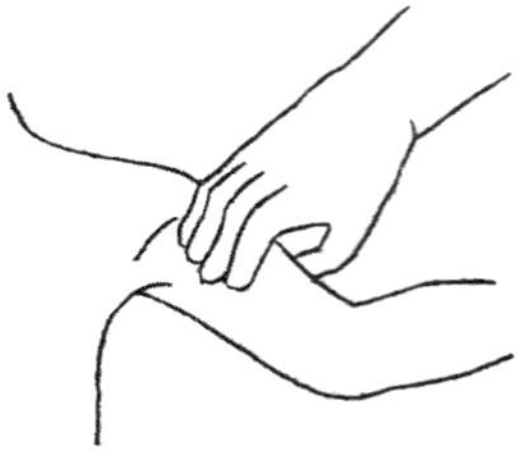

4本の指を上腕《じょうわん》の内側にあてて、**図**の部分の「筋肉のあいだのみぞ」を強くおさえます。親指は上腕の外側にあて、強くおさえます。

⑥ 手の出血

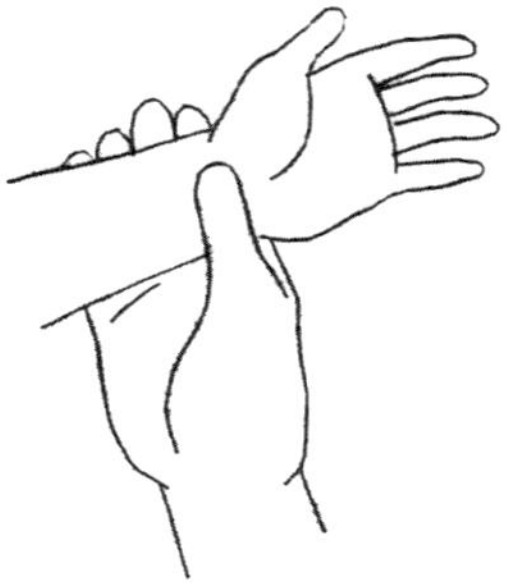

親指を手首の内側にあてて、強くおさえます。

⑦ 脚《あし》の出血

手のひらを、そ径部《けいぶ》のみぞで太ももの内側にあたる部分にあて、次に手のひらの付け根の部分に力を入れて、強くおさえます。

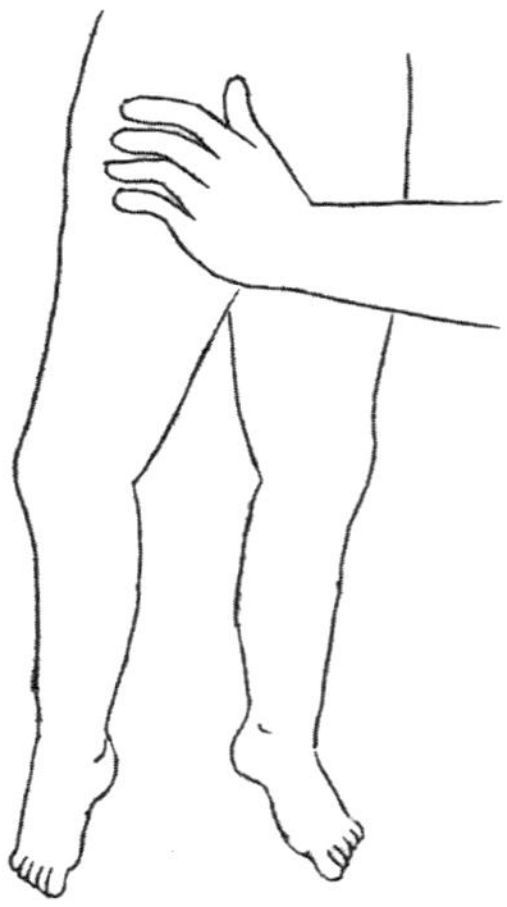

実際には、吹き出すような大出血に出会うことは少なく、ジワジワと出血してくるかたちがほとんどです。

頭のけがの場合、頭は血管が多いので、出血量が多く、けががひどいように見えますが、実際に血をぬぐってみると、ほんの小さな切り傷があるだけ、ということがしばしばです。

ジワジワした出血の場合は、出血している部分に

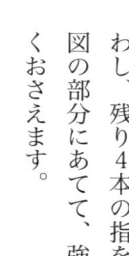

ガーゼか清潔な布などをあてて圧迫していると、しばらくして出血が止まります。そのあとは、切り傷の処置をします（→424ページ）。

では次に、いろいろな事故について、ひとつひとつ対処のしかたをおぼえておきましょう。

気道《きどう》に異物《いぶつ》がつまったとき

幼児でよく見られるのは、ピーナッツやあめを口にふくんだまま走っていて転び、気管《きかん》につまってしまった、というような事故です。

走っていて突然激しくせきこみだしたり、息苦しそうになったりした場合は、何かつまったのではないかと考えます（喘息《ぜんそく》の子どものなかには、走ったりすると喘息発作が誘発《ゆうはつ》される子どもがいます。これは運動誘発性喘息《うんどうゆうはつせいぜんそく》と言い、異物がつまったのとはちがいます）。

子どもの口のなかをのぞき、口の奥に何かがつかえていることがわかり、子どもがふつうに息をしているようなら、あなたの人差し指を子どもの頰《ほお》の内側にそってさしいれ、つまっているものをかき出します。

これで取れない場合は無理をせず、病院へ連れて行きます。

せきこんだり呼吸困難になったりしているときは、まず次の処置をして吐《は》き出させることができなければ、急いで病院へ連れて行きます。

のどにつまったものを吐き出させるには、乳児の場合は背部叩打法《はいぶこうだほう》、幼児の場合はハイムリッヒ法を用います。

乳児（1歳未満）の場合——背部叩打法《はいぶこうだほう》

まず乳児の場合ですが、図①を見てください。あなたの片方の腕《うで》に乳児をうつぶせに乗せ、手のひらで乳児の顔を支えながら頭を体より低い位置にします。

そして、もう一方の手のひらの付け根の部分で、数回、背中の真ん中を強くたたきます。

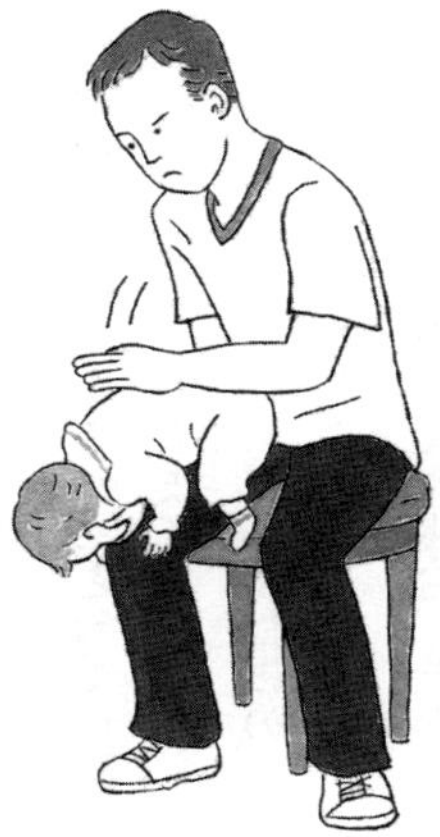

①乳児の場合（背面から）

たたく回数は限定しません。そして異物が取れるか、救急車が来るまで、たたくことを続けます。

これで取れなければ、救急車を呼びます。

もし途中で反応がなくなったら、人工呼吸や心臓マッサージをおこないます（→410ページ）。

幼児の場合――ハイムリッヒ法

次に幼児の場合ですが、左の図②を見てください。子どもを前かがみにし、片手で胸の部分を支え、別の手で背中を5回強くたたきます。

これで出なければ、図③のようにします。まず、にぎりこぶしをみぞおちの下の部分にあて、もう一方の手でこぶしをつかみます。そしてすばやく上方にむかって突き上げます。

②幼児の場合(背面から)

③幼児の場合
(みぞおちの圧迫)

これでも異物が取れなければ救急車を呼び、救急車が来るまで続けます。

もし途中で反応がなくなったら、人工呼吸、心臓マッサージをおこないます(↓410ページ)。

異物をのみこんでしまったとき

のんだり食べたりしてはいけないものをのみこんでしまった場合、異物を誤飲《ごいん》したとか、誤嚥《ごえん》したとか言います。

異物のなかには、からだにとって危険なものから問題のないものまで、さまざまあります。また、少量のんでも心配ないけれど、多量にのみこむと危険、という場合もあります。

危険なものをのみこんだ場合、吐《は》かせたほうがよい場合もあれば、絶対に吐かせてはいけない場合もあります。また、解《げ》毒剤《どくざい》として卵白や牛乳をのませたほうがよい場合と、のませてはいけない場合とがあります。

そういうことについて、あらかじめ知識をもっておきましょう。

少量なら無害のもの

次のようなものは、少量(1ミリリットル未満)のんでも、無害と考えてよいものです。でもいちおうしばらく観察して、いつもとちがうようすになったら、医師に連絡しましょう。

食用油、酒、冷蔵庫用脱臭剤、保冷剤、マッチの先端、ろうそく、インク、クレヨン、絵の具、鉛筆、消しゴム、墨汁《ぼくじゅう》、粘土《ねんど》、糊《のり》、石けん、おしろい、口紅、クリーム、化粧水、香水、ベビーオイル、乳液、ベビーパウダー、歯みがき粉、シャンプー、ヘアートニック、シリカゲル、線香、蚊《か》取りマット、花火、靴墨《くつずみ》、体温計の水銀

これらのうち、体温計の水銀については、「え、毒じゃないの」と思われるかもしれませんね。水俣《みなまた》病《びょう》が水銀によって起こったことを知っている方なら、とくにそう思われるでしょう。

でも水俣病の原因になったのはメチル水銀という有機水銀で、体温計内の水銀は無機水銀です。そして無機水銀のほうは、ほとんど害がないのです。口に入れても、まれに口内炎《こうないえん》ができる程度の害しかありません。

口に入れると危険なものと、その対処法

次に、口に入れると危険なものをとりあげます。これらのものを口に入れたときは、急いで病院へ連れて行かなければなりませんが、連れて行く前に吐《は》かせたほうがよい場合と、吐かせてはいけない場合があります。

① 吐《は》かせないで、すぐ病院へ行くもの

次のものは、吐かせてはいけません。何もせず、すぐ病院へ行きます。

○揮《き》発性《はっせい》の化粧品やガソリンは、吐かせると、気《き》管支炎《かんしえん》や肺炎《はいえん》を起こすことがあります。

○強酸、強アルカリ性の洗浄剤や漂白剤は、粘膜《ねんまく》を傷《いた》めますから、吐かせると二重に傷めることになります。

○ボタン型電池は、まれに胃や腸のなかで電気分解して、胃や腸に穴を開けることがあります。

② 吐《は》かせてから、すぐ病院へ行くもの

○殺虫剤は、水をのませて吐かせます(牛乳をのませると吸収が早くなるので、牛乳を与えてはいけません)。吐かせるには、のどの奥に指を入れ、舌の奥を下のほうに押します。

○灰皿に入っている水(タバコがとけ出しているもの)をのんだ場合は、牛乳や水をのませ、吐かせます。

○エタノール成分などが入っている化粧水は、多量にのむと中毒症状を起こすことがあるので、水や牛乳をのませて吐かせます。

○ナフタリンは吐かせます。牛乳や卵白をのませてはいけません。

○洗剤は、少量のんだ場合は、牛乳か卵白をのませてようすを見てよいのですが、多量の場合は、吐かせて病院へ行きます。

○ホウ酸団子《さんだんご》は牛乳や卵白をのませず、吐かせて病院へ行きます。

ここにあげたもの以外のものをのんだり食べたりした場合は、かかりつけの小児科医に問いあわせて

みましょう。そこで「どうしたらいいかわからない」と言われた場合や、夜間休日などで電話がかからない場合は、「中毒一一〇番」に電話して問いあわせるのがよいでしょう。

ただ、「中毒一一〇番」はたくさんの電話対応で、とても多忙と言われていますから、直接電話するのはなるべく控え、まず、かかりつけのお医者さんに問いあわせるようにしてください。

【中毒一一〇番】

つくば　〇二九—八五二—九九九九

大阪　〇七二—七二七—二四九九

おぼれたとき

おぼれるというと、海やプールを思いうかべますが、乳幼児の場合は、前にもお話ししたように、ほんの少量の水が残っている浴槽《よくそう》でもおぼれることがありますから、注意しましょう。

おぼれた子どもの場合は、次の手順を踏みます。

まず意識がなかったら、気道《きどう》の確保をします。

次に呼吸をしていなかったら、人工呼吸をします。

脈がない場合は、心臓マッサージもします。

そして人工呼吸と心臓マッサージをしながら、病院へ運びます(→410ページ)。

意識がある場合は、からだを布でくるんだりして、暖かくします。この場合も病院へ行って、きちんと診察を受けておきましょう。

頭をぶつけたとき

乳幼児は、しょっちゅう頭を打っています。何でもないことがほとんどですが、まれには重大なこともあって、100％安心というわけではないこともおぼえておいてください。

では、具体的にまず、頭をぶつけてどんなことが起こるかを考えてみましょう。

頭をぶつけるといってもいろいろな原因があり、例をあげれば、転倒、殴打《おうだ》、転落、交通事故などがあります。

転倒の場合は軽症であることがほとんどですが、殴打、転落、交通事故などでは重大なケースが多くなります。

けがの種類としてはまず、「閉鎖性《へいさせい》の外傷《がいしょう》」と言って、頭部の表面には傷がない場合があり、この場合、軽症ですむこともあれば、重症になることもあります。

次に頭の表面の部分のけがで、これは頭の皮膚《ひふ》の切り傷やすり傷、頭皮《とうひ》の真下に出血してできるコブとがあります。これらは、心配する必要がない場合がほとんどです。

さらに頭の骨が折れた場合、頭の内部に出血が起こる場合(頭蓋内出血《ずがいないしゅっけつ》と言います)があり、これには注意しなければいけません。

判断の基準

次に、ぶつけた直後の症状で判断する目安を、お話ししておきましょう。

軽症――ぶつけたあと、すぐ泣きだし、吐《は》くことはあるが1〜2回程度で、そのほかは無症状の場合。

中等症――ぶつけたあとすぐ泣き、頭痛、吐きけ、嘔吐《おうと》、めまい、うとうとと眠りそうな状態、ぼーっとしている状態などが起こるが、一時的なもので終わる。

重症――ぶつけたあと、生あくびに続き、けいれん、意識を失う、顔面がまっ青、手足のまひなどが起こる。

軽症の場合はそのままようすを見ていてよいのですが、中等症の場合は急いで病院(脳外科)へ連れて行く必要がありますし、重症の場合は救急車を呼ばなければいけません。

さて、軽症の場合ですが、この場合もぶつけてから48時間のあいだは、いちおう気をつけている必要があります。というのは、頭のなかで出血している場合、すぐには症状が出ず、ある程度時間が経《た》ってから初めて、症状が出てくることが多いからです。

頭のなかで出血が続くと、血液のかたまりができます。これは血腫《けっしゅ》と呼ばれますが、血腫が雪だるま式にだんだん大きくなると、周囲の脳の組織を圧迫するようになり、そこでいろいろな症状が起こるのです。

ですからもし、頭をぶつけたあと、ひと泣きしただけで平気で遊んだりしていた子どもが、3時間以上経ってから急に吐き続けるようになった、ひどく頭を痛がる、ぼうっとしていて、呼びかけても反応がはっきりしない、手足の一部がきかなくなった、けいれんが起きた、などの症状のどれかが起こったら、すぐに脳外科へ連れて行きましょう。

注意しておきたいこと

ここで注意しておきたいことが、2つあります。

1つは、頭のけがの重さは、ぶつけかたとは関係がないということです。

一般には、強くゴチンと打ちつけたほうが、軽くぶつけた場合よりも、たいへんなことになりそうに思われていますが、実際には「ゴチン」はだいじょうぶなことが多く、一方ふとんの上で転んだというように軽くぶつけた場合でも、頭蓋内出血《ずがいないしゅっけつ》を起こす可能性もあるのです。

もう1つ、「ぶつけたあと、すぐに泣けば、だいじょうぶ」と言われていますが、それは100%の真実ではありません。

すぐ泣けばひと安心していいことは確かなのですが、それでもぶつけてから48時間はいちおう注意していて、先にあげたような「頭を痛がる、吐《は》き続ける」などの症状が起こったら、脳外科へ行くようにしておいてください。

世の中には「絶対」はないということなのですが、といって、きわめてまれにしか起こらない可能性をおそれて、神経を使いすぎるのも困ります。ほどほどの線というのは、むずかしいものですね。

からだを打ったとき（打撲《だぼく》）

頭を打った場合は頭部外傷《とうぶがいしょう》と呼ばれますが、からだを打った場合は打撲《だぼく》と呼ばれます。

手足の打撲の場合は、まず骨が折れているかどうか見当をつけなければいけません。打った直後、手足を動かさず、とても痛がっていれば骨折の可能性がありますから、病院へ連れて行きます。

あまり痛そうでない場合は、ぶつけた場所を湿布《しっぷ》して冷やします。腫《は》れや痛みがとれたら、湿布をはずします。4～5日しても痛みが残る場合は、冷やさず暖めるほうが、回復を早めます。

4～5日経《た》っても、ぶつけたところが腫れたままの場合も骨折の可能性がありますから、整形外科を受診しましょう。

胸や腹部などを強く打った場合は、病院でみてもらっておくべきです。

やけど（火傷）

やけどは子どもの事故としてはとても多いもので、身のまわりにある思いがけないものが原因になることがあるので、注意が必要です。

やけどは家庭内で起こるものがほとんどで、半数以上のケースが2歳未満で起こります。

やけどの原因

原因として多いものをあげてみます。

① 高熱の液体

これが、子どものやけどの原因のうち、半分以上を占めます。ポットの熱湯、コーヒーやみそ汁、ラーメンなどです。

② 熱い器具にさわる

アイロン、ストーブ、やかん、なべなど。ストーブには、ストーブガードをつけておくことが大事です。

③ 高熱の蒸気が出るもの

湯気《ゆげ》でのやけどは、意外に多いものです。炊飯器、加湿器などが原因になります。

④ そのほか

炎《ほのお》、花火などがありますが、こうしたものが原因となることは多くありません。

やけどの手当て

次は、手当てのしかたです。

まずはとにかく冷やすことですが、やけどのひろさや程度によって、処置法が変わります。

①範囲がせまくて浅い場合

やけどをした部分が子どもの手のひらよりも小さくて、赤くなっているだけの場合は、水道の水で冷やし続けます。

最低10分間は冷やし続ける必要があると言われていますが、子どもは10分間も流水をかけられたり、洗面器のなかへつけていたりするのは耐えられないのがふつうですから、ときどき休みながら続けねばならないでしょう。

冷やし終えたら**図**のように、やけどの部分を食品用ラップでおおいます。食品用ラップは、最初の2巻き分はよごれていることがあるので、その部分は捨てて、その下の部分を使います。

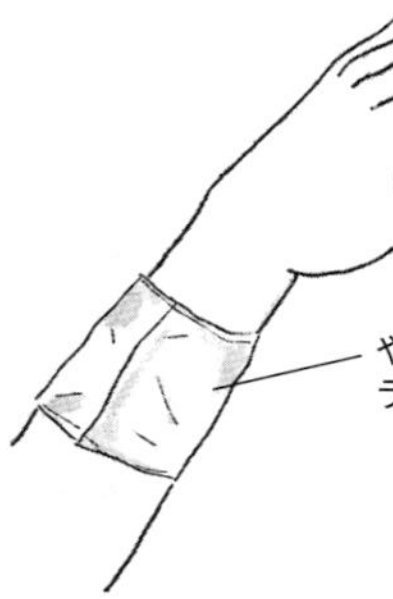

やけどの手当て

やけどをしたところは細菌に感染しやすいため、それを防ぐ目的で、ラップでおおうのです。

そのまま2～3日ラップをとりかえずおおっておけば、やけどは自然に治るはずです。

やけどの部分を冷やすため、何かをぬるのがよいと思っている人がいますが、まちがいです。

むかしは、みそやジャガイモをすったものをぬってくる人などがいて、それを取り除くのに苦労したものでした。

最近では油(食用油や馬油《ばあゆ》など)をぬってくる人がいますが、百害あって一利なしです。やめてください。

②範囲はせまいが、水疱《すいほう》(みずぶくれ)ができている場合

この場合も、10分間冷やしてラップでおおい、病院へ連れて行きましょう。水疱は破ってはいけません。

服を着ている部分のやけどは、服をはがさず、服の上から冷やします。

顔や関節の部分のやけどは、範囲がせまく赤くなっているだけで水疱ができていなくても、病院でみてもらうことにしましょう。

③わかした風呂への転落、熱湯をかぶったなど、広範囲のやけどの場合

この場合は、冷やしているひまなどありません。やけどをした部分をぬらしたシーツなどでくるみ、救急車を呼んで病院へ行きましょう。

手や指をはさんだとき

腫《は》れや痛みが軽く、指を曲げることができ、ふだんどおりに動かせる場合は、水で冷やして、そのあと、あまり動かさないようにします。

動かせない、指が曲げられない、腫れがひどい、爪《つめ》のなかに内出血がある、爪が割れているといった場合は、病院へ行きます。

虫に刺《さ》されたとき

蚊《か》、ダニ、ブヨ、毛虫などに刺されたときは、抗ヒスタミン剤の軟膏《なんこう》をぬっておくぐらいでだいじょうぶです。かゆみが強いときは、冷やしてやりましょう。

ハチに刺された場合、子どもによってはショックを起こすこともあるので、注意が必要です(↓174ページ)。刺されて短時間のうちに、冷や汗が出たり顔色が青くなったりしたら、ショックの可能性があるので、すぐ病院へ行きます。そういうようすが見られず、ただ痛がっている場合は、まず針が残っているかどうか、確認します。残っていたら抜いてやり、そのあと抗ヒスタミン剤の軟膏をぬって、冷やしてやります。

動物にかまれたとき

動物にかまれたときは、出血が多い場合はまず止《し》血《けつ》の処置をし、そのあと病院でみてもらいます。

傷が浅い場合も、かまれた傷は化膿《かのう》することが少なくないので、病院でみてもらっておくほうが安全です。

目に異物が入ったとき

目に異物が入っても、それが小さなゴミ程度なら、涙といっしょに出てきます。

それでも取れないときは、スポイトなどを使って、水で洗い流してみます。それでもなお取れなければ、眼科へ連れて行きます。

洗剤の原液や天ぷら油がはねて目に入ったときなどは、まず十分に水道の水で洗い流し、そのあと眼科へ連れて行きましょう。

目をとても痛がっているときは、草木や紙の先で眼球を傷つけていたり、小さな金属片が刺さっていたりすることがありますから、眼科に連れて行きましょう(↓308ページ)。

耳に虫が入ったとき

耳に虫が入るということは、よくあるようです。羽虫《はむし》が入ったなどという話はよく聞き、この場合は、耳を電灯のほうへむけると、とび出してくると言われます。しかし、アリが入ったりするとたいへんです。

　ぼくはかつて、砂浜で寝ているときに、アリに耳へ侵入されたことがありました。このときは耳のなかでアリが動くたびにガサゴソという音がものすごく大きく聞こえ、「ひょっとして鼓膜《こまく》を喰い破り、その奥へ入りこんでしまうのではないか」と思って、パニックになりました。貸しボート屋さんのおじさんが耳の穴にタバコの煙をふきつけてくれたらアリは出てきてくれましたが、最近はタバコをすう人も少なくなったので、この方法はむずかしくなっているでしょう。

　そこで、次の方法がおすすめです。

耳に虫が入ったら、
耳にぬるま湯をそそぐ

まず、耳に虫が入った子どもを安心させ、座らせてからだを倒します。

　耳の位置が高くなるように頭を支え、ぬるま湯を徐々に耳にそそぎます。これで虫がうかびあがってくれば、成功。うかびあがってこなかったら、耳鼻科へ連れて行くことです。

耳の異物、鼻の異物

虫以外のものを耳のなかへ入れたとき、たとえば豆や小さなおもちゃなどを耳へつめたときは、外から見えていて取れそうでも、取ろうとしないで耳鼻科へ行って取ってもらいましょう。

　取ろうとするとかえって押しこんでしまうことになって、いよいよ取りにくくなることが多いからです。

　子どもが豆などを鼻の穴のなかへつめてしまうのは、とてもよくあることです。鼻の場合は、はな水があるため、豆は水分を吸いこんで膨張《ぼうちょう》しますから、取りにくくなります。

　この場合も取ろうとすると、結局押しこんでしまうことになるのがほとんどですから、耳鼻科へ行って取ってもらいましょう。

けがの処置

すり傷、切り傷、やけどなどの治療は、このところ大幅に変わりつつあります。

その変化を簡単に言うと、「乾かす治療」から「乾かさないで、湿らせておく治療」への変化であり、「けがといえば、消毒とガーゼ」という治療法から、「消毒をせず、ガーゼを使わない治療」への変化なのです。

「乾かさない治療」、すなわち「うるおい治療」を世間へひろめるのに大きな役割を果たした形成外科医の夏井睦《なついまこと》さんは、「消毒とガーゼは、傷の治療に最悪！」と言いきっています。

ここでは「最新で正しい治療法」と考えられる、うるおい療法を紹介しましょう。

「うるおい療法」とは

ぼくは医者になって以来ずっと、すり傷をした患者さんに対してはまず、すり傷ができた部分をよく洗い流し、そのあと消毒を必ずしました。そしてそのあと抗生物質の軟膏《なんこう》をぬって、その上をガーゼでおおったり、抗生物質がぬられたナイロンガーゼと言ってもよい、ソフラチュールという製品を貼ったりしました。

そういう処置は、傷を早く乾かすことを目的にしていましたが、転んでできたひざのすり傷とか、お母さんの自転車の荷台に乗っていた子どもが、スポークにかかとをはさまれて生じるスポーク外傷《がいしょう》とかは、とても治りにくく、苦労したものです。

やけどの場合もまず、水道水で冷やしたあと消毒し、そのあと、水疱《すいほう》(みずぶくれ)ができて破れれば、そこへ抗生物質をぬったりソフラチュールを貼ったりして、やはり早く乾かそうとしていました。乾くことがすなわち治ることで、また、かさぶたができたら、それも治る方向へむかわせるよいことだと考えていました。

しかし、「乾かすのはまちがいで、傷の部分はジュクジュクと湿っているほうが、治りがよいのだ」と最近言われるようになったのです。

傷の部分のジュクジュクの大事さ

これは、革命的と言っても大げさではないほどの、「考えかたの大転換」でした。

傷口がジュクジュクしているって、嫌《いや》ですよね。「ジュクジュク」は、どう見ても不潔な感じがしますから、「このジュクジュクがあるかぎり治らない」、「早くこのジュクジュクを治して、乾かそう」と思ってしまいます。

しかしいまふり返って考えてみると、これまでにもちょっとした「治療法の変化」はありました。

それは、やけどの治療です。やけどをすると、しばらくして水疱《すいほう》(みずぶくれ)ができてくることがありますね。

ぼくは医者になってからそうとう長いあいだ、この水疱は破って、うす皮は取り除き、赤くなっている部分には抗生物質をぬって、ガーゼをあてたりしていました。

しかし、しばらく前から、この水疱は無理に破らなくてもいい、と言われるようになりました。

水疱ができているあいだは、その部分に化膿《かのう》は決して起こらないことは、前からわかっていました。そして、この水疱のなかにある液体には、やけどを治す力があるらしく、水疱をおおっているうす皮も、やけどをきれいに治すのに役立っているから取り除かないほうがよいのだ、と言われるようになったのです。

つまり、やけどの場合、水疱のなかの湿った環境がよいのだということはわかっていたのです。

また、やけどにしても、水疱が破れた場合は、乾かそうとしていました。

やけどの水疱は破れないままで自然に内部の液体がなくなっていき、しぼんで治ってしまうこともありますが、多くの場合は破れます。水疱が破れて露出《ろしゅつ》した部分は外から細菌が入りこみやすく化膿しやすいと言われ、抗生物質の軟膏などを使って化膿を防がねばならない、とぼくたちは信じて処置していました。

しかし、人間のからだには自然に治っていく力があって、その力を大事にするのが最善なのです。やけどはいたずらに乾かしたりしようとせず、しっとりしたままにしておくと、自然に治るものだったのです。

そのことが日本では最近、ようやく知られ始めるようになったということです。

自然に治る力のもとは何かと言うと、傷口に集まってくる液体です。

この液体が「魔法の水」で、これを利用しなければいけないのでした。「魔法の水」によって作られたジュクジュクは、傷が治りつつある現場だったのです。

「この「傷口のジュクジュク」については、1970年代からさまざまな研究がすすんでいた」と夏井さんは言っています。研究の結果、ジュクジュクは、傷を治す物質が集まったかたまりみたいなものだ、ということがわかったのです。その傷を治す物質は細《さい》胞成長因子《ぼうせいちょういんし》と言って、40種類ぐらいあることがわかっています。

ぼくたちのからだのどこかの皮膚《ひふ》に傷がつくと、この細胞成長因子が作られ、傷口に分泌《ぶんぴ》されて、そこがジュクジュクするわけです。

いつまでもジュクジュクしている場合は傷が深いためで、細胞成長因子がそこを治すのに、時間がかかっているだけなのです。それを、「いつまでも治らないから、このジュクジュクをぬぐいとってしまおう」などと考えるのは、大まちがいだということです。

かなりしつこく「傷口のジュクジュクは大事。乾かしてはいけない。治ったら自然にジュクジュク状態も終わるのだから、それまでじっと待っていればよい」ということをお話ししてきましたが、わかっていただけたでしょうか。

傷の消毒はいらない

さて、夏井さんはもうひとつ、「消毒をしてはいけない」ということも言っています。「傷は乾かすと治る」、「傷を消毒すると化膿しない」というのは19世紀の医者の戯言《たわごと》だから、21世紀に生きる人は、その迷信から解放されなくてはいけない、と夏井さんは言います。

傷にもいろいろあって、すり傷のうち、そこに泥や小石などのゴミがいっぱいくっついているようなものは、それをきちんと取り除かないと化膿します。だから病院へ行って取り除いてもらわないといけないし、人にかまれた傷なども化膿しやすいので、病院へ行かないといけません(病院へ行かなくてはいけないけがは、どのようなものかということは、次ページにまとめてあります)。

しかし浅い切り傷や、きれいなすり傷、やけどなどは、消毒しなくても化膿しないのです。

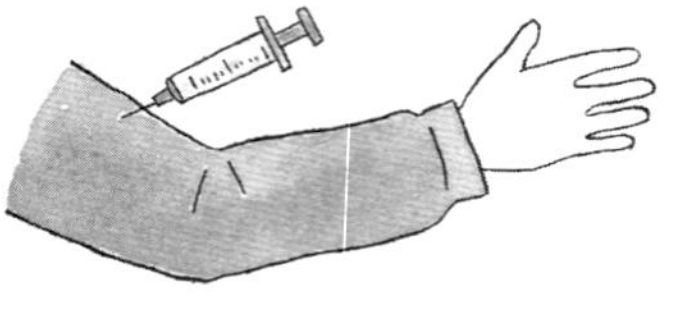

服の上からの注射

ちょっと話がそれますが、皮下《ひか》注射や筋肉注射をするさい、ぼくたちはずっと、まず皮膚《ひふ》をアルコール綿でふいてきました。しかし、これは不必要だったのです。

アメリカなどでは、糖尿病の人が自分でインスリンの注射をするときなど、服をぬがないで服の上から注射をしてよいことになっていて、そういううちかたをしても化膿などしないそうです。

人間の皮膚は抵抗力をもっていますから、傷の表面を洗い流して、ごみを取り除くことさえしておけば、化膿はしないということです。

消毒薬はかえって皮膚をいためるし、しみて痛いし欠点だらけですから、使うべきでないと夏井さんは言います。

ただ、夏井さんと同じように、うるおい治療をすすめているほかの外科医で、「多少の消毒はしてもいい」と言っているお医者さんもいます。

処置のしかた

では、具体的な処置のしかたに話を進めましょう。夏井さんの書かれた本『さらば消毒とガーゼ』を参考にして、処置のしかたを図解しておきました(→428～429ページ)。

まず基本的な治療のしかたを示し、そのあと、それぞれのけがについての治療のしかたを示してあります。

傷はまず流水で十分洗い流すこと、そしてその後、傷の上に市販のハイドロコロイド素材の絆創膏《ばんそうこう》(バンドエイドキズパワーパッド)などを貼るか、ラップでおおうかします。

このとき、ラップに白色ワセリンをぬることもあります。

白色ワセリンは保湿効果がありますから、傷口を乾かさず、ジュクジュクさせておくのによいのです。

白色ワセリン以外の保湿剤はおすすめできませんし、抗生物質の軟膏《なんこう》なども不要です。

絆創膏は毎日、あるいは日に何回か、とりかえます。

やけどの場合、ラップでおおうと、なかに白っぽい液体がたまってふくれあがることが多く、これを見ると心配になりますが、たまっているのは「魔法の水」ですから心配することはありません。

ラップをはがすと水はこぼれおちて、なくなります。そこへまたラップを貼っておけば、再び「魔法の水」が分泌《ぶんぴ》されてきて、ジュクジュクが続くのです。

こうして何日かすると、きれいに治ります。

本当にきれいに治るのです。乾かす治療をすると、治ったあとも、少しひきつれた感じになったりすることもありますが、うるおい治療ならけがをする前の状態に戻ります。

ぜひ、ためしてください。

病院へ行かなくてはいけないけが

ただし、次にあげるようなけがの場合は、病院へ行って処置してもらってください（以下、『さらば消毒とガーゼ』より）。

○動物や人にかまれた傷
○歯にぶつかってできた傷
○骨折や腱損傷《けんそんしょう》が疑われる傷
○電気アンカなどによる低温やけど
○骨や腱などの組織が、露出している傷
○指が動かなかったり、感覚がにぶくなったりしている場合
○まっかに腫《は》れている、痛みをともなうなど、すでに化膿《かのう》している傷
○表面に傷はないが、まっかに腫れあがっている場合
○出血が止まらない場合
○傷口がパックリとあいている傷
○大きなみずぶくれができている傷

ともかく、誰が見ても「これはひどい！」と思うようなけがは、病院に行っておいたほうがよいということです。

なお口のなかが切れたときは、傷の深さなどがわかりにくいので、外科や口腔外科《こうくうげか》へ行って、みてもらっておきましょう。

やけどの場合

たとえばポットのお湯が手にかかった

赤くなっている

①すぐに流水で10分くらい冷やす(小さい子どもで10分冷やし続けるのはむずかしい。がまんできる時間いっぱい冷やす)。

→ ②ただ赤くなっているだけ、あるいは水疱《すいほう》が小さければ、ハイドロコロイド素材の絆創膏か、白色ワセリンをぬったラップでおおう。

③毎日の手当てとしては、絆創膏、あるいはラップの交換。消毒はしない。入浴可。

→ 水疱が大きければ病院へ

刃物で指を切った

①水道の水で傷口を洗い流す。

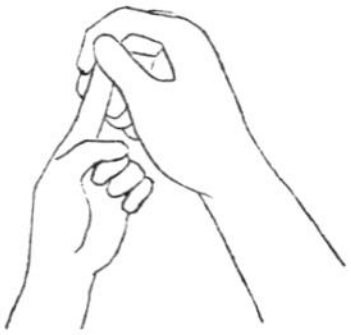

②傷口をぎゅっとおさえて止血する。

こういう傷口は上から下によせる。

これは下から上によせる。

内側へよせる。

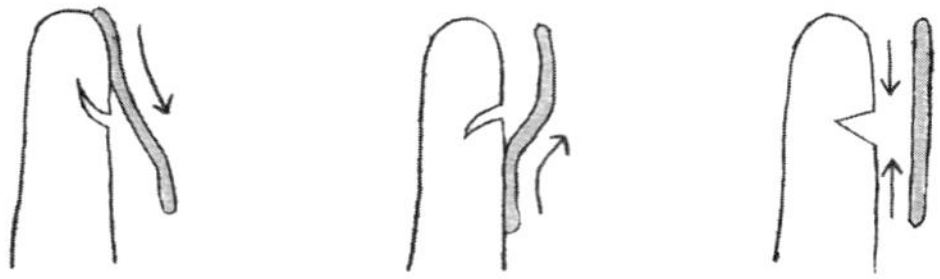

③傷口を閉じるようによせて、テープでとめる(テープは薬屋さんで売っている)。

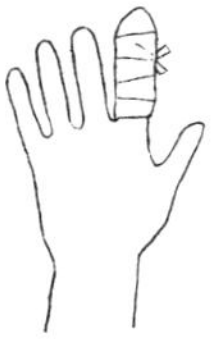

④血がたまらないようにガーゼや包帯で軽くおさえて、とめておく。

⑤傷口が大きかったり、複雑に切れているときは、病院へ。

(夏井睦『さらば消毒とガーゼ』春秋社より)

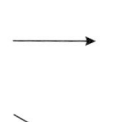

うるおい治療の基本　すべての「ちょっとしたけが」は次のような方法で処置します。

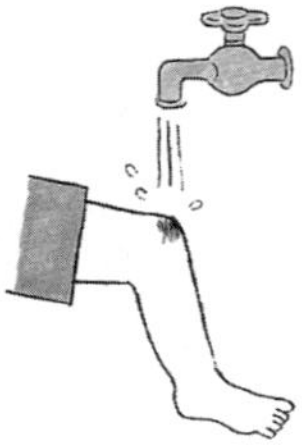

①水道の水で傷口を洗う。

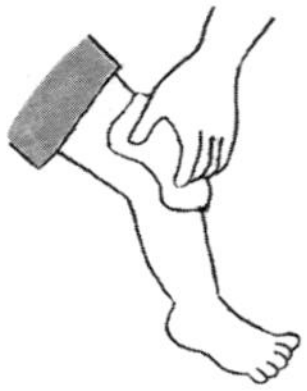

②水けをふきとり、血が止まるまで手でおさえる。

③白色ワセリンをラップにぬり、傷口にあてる。

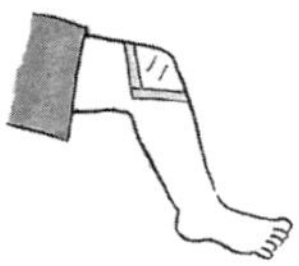

④絆創膏《ばんそうこう》などで動かないようにとめる。

⑤しっかり固定したければ、包帯を巻いてもいい。

⑥通常は１日１回、暑い季節は１日２～３回交換。交換するときに、傷周辺を洗う。入浴OK。

⑦つるつるの皮膚ができたら終了。

ヒザをすりむいた

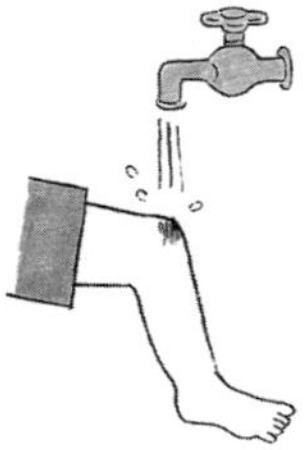

①水道の水で傷口の泥や砂を洗い流す。

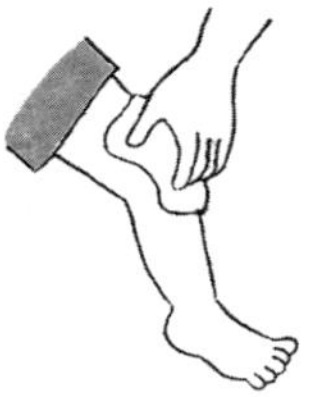

②タオルなどで傷口をおさえて止血。

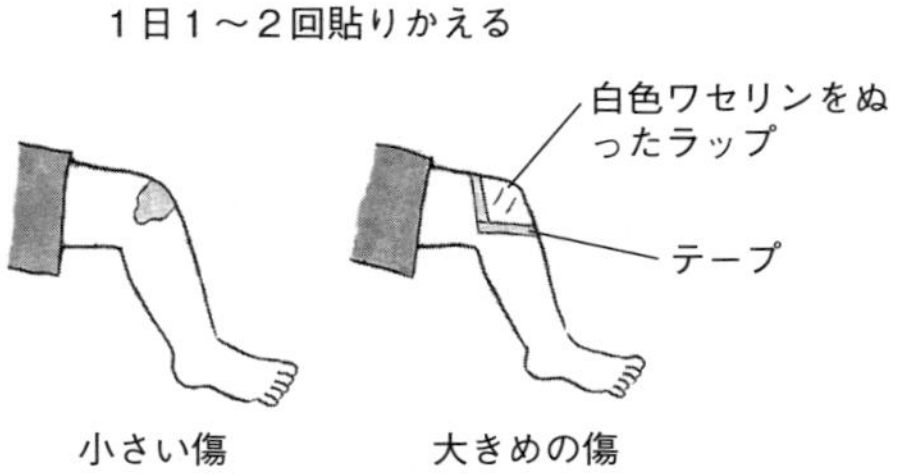

③小さな傷なら市販のハイドロコロイド素材の絆創膏を貼り、大きめの傷ならラップを傷より少し大きく切って白色ワセリンをぬり、傷口にあてテープで密封《みっぷう》。

乳幼児突然死症候群《にゅうようじとつぜんししょうこうぐん》（SIDS）

それまで元気に何事もなく生活していた子どもが、突然命を失うということは、めったに起こることではありません。しかし、子ども時代に死を迎えるということがきわめて少なくなった現在、無視できないほどの頻度《ひんど》で「子どもの急死」が見られます。

急死のなかには不慮《ふりょ》の事故も含まれますが、それを除けば大半は心臓関連の病気か、いわゆる乳幼児突然死症候群ということになります。

ここで急死という言葉と突然死という言葉とが出てきましたが、急死と言えば「突然に訪れた死一般」のことで、死亡の原因がわかっているものも不明なものも、すべてを含みますが、突然死というときは、原因が不明なものだけを指《さ》すと考えてよいと思います。突然死のなかで、乳幼児突然死症候群と呼ばれるものは、社会問題として話題になることも多いので、ここで少しくわしくお話ししておくことにしましょう。

乳幼児突然死症候群は、英語でsudden infant death syndromeと言い、略してSIDSと呼ばれています。それでここからあとは、SIDSという略称を使うことにします。

SIDSの定義

SIDSについては2005年3月、厚生労働省によって「SIDSに関するガイドライン」が出されていますが、そのなかで次のように定義されています。

「**SIDSの定義**　それまでの健康状態および既往歴《きおうれき》からその死亡が予測できず、しかも死亡状況調査および解剖検査《かいぼうけんさ》によってもその原因が同定《どうてい》されない、原則として1歳未満の児に突然の死をもたらした症候群」

この文章のなかで既往歴という言葉が出てきますが、これは「過去にかかった病気」ということで、「既往歴からその死亡が予測できず」というのは、「それまで、「あとになって急死を起こす可能性のある病気」にかかったことがない」という意味になります。「原因が同定されない」というのは、原因不明という意味です。

また、「乳幼児」とはいうものの、「原則として1歳未満の児」と定義されていますから、幼児という言葉を抜いて、「乳児突然死症候群」と言うほうが適当かもしれません。

SIDSは、実際には次のようなものです。

ベビーベッドで、すやすや寝ているとばかり思っていた赤ちゃんが、見に行ってみるとすでに呼吸をせず、冷たくなっていた。それまで赤ちゃんは元気で食欲もあり、かぜをひいているようすなどもなかった。死亡の原因がわからないので解剖してみたが、死亡の原因になると思われる変化が、からだのどこにも見つからなかった。

SIDSの原因についてはいろいろな説がありますが、いまのところはっきりしていません。しかし、SIDSを起こさないために、どんなことに心がけたらいいかについては、さまざまな提言がされています。

SIDSを防ぐために

2005年にアメリカ小児科学会が、「SIDSを防ぐためにおすすめすること」という提言をしましたので、その概略を紹介します。

① 乳児を常に仰臥位《ぎょうがい》で寝かせる。

② 固い寝具に寝かせる(ベビーベッド用の固いマットレスを、シーツでおおった床面が望ましい)。

③ やわらかい物体とふわふわした寝具(枕、キルト、羽ぶとん、羊の毛皮、ぬいぐるみなど)を、ベビーベッドに置かない。睡眠環境から、やわらかいものを取り除く。

④ 妊娠中に喫煙しない。SIDSのリスク以外にも多数の理由から、乳児の間接喫煙を回避《かいひ》すべきである。

⑤ 親の寝室にベビーベッドを置くなど、乳児と親が同室で、別々に寝ることが望ましい。添い寝はすすめられない。

⑥ 昼寝を含む乳児の就寝時に、おしゃぶりをくわえさせる。ただし、おしゃぶりは乳児を寝かしつけるときだけ使用すべきで、乳児が眠ってしまったあとに、再びくわえさせてはいけない。

⑦ 過剰な暖房を避け、乳児は薄着で寝かせるようにすべきである。寝室の温度は、薄着の大人が快適に感じる程度に調節する。

この提言について解説をしておきます。

まず最初に、乳児は仰臥位(あおむけ)で寝かせるようにしなければならない、と提言されています。

これは、赤ちゃんをうつぶせに寝かせると危険だということが、はっきりしたからです。うつぶせ寝にすると赤ちゃんの頭のかたちがよくなる、などという理由で、日本でも一部の産婦人科病院では、生まれて間もない赤ちゃんを、わざとうつぶせに寝かせたりしていました。しかし、うつぶせ寝は窒息《ちっそく》しやすい体位であることがはっきりしたので、赤ちゃんは常に、あおむけで寝かせるようにということになったのです。

次に、寝具がやわらかかったり、ベッドにやわらかいものがあったりすると、そこへ頭をうずめてしまう危険性があるので、やわらかいものを置かないように、という注意がされています。

次に、お母さんが妊娠中に喫煙していると、生まれた赤ちゃんがSIDSになる率が高まると言われています。妊娠中の喫煙は避けたいし、生まれてからも赤ちゃんのまわりで、大人が喫煙するのはよくないということです。

母子が同室で寝ることに関しては、日本ではほとんどが同室ですから問題はありません。

1970年ごろ、日本ではアメリカ文化に対する強いあこがれがあり、育児の面でも「自立した子どもを育てる子育て」が、理想の子育てのように言われました。アメリカでは生後数カ月になると、赤ちゃんは赤ちゃん部屋で1人で寝るようにするのだ、という話が伝わったのです。

このように強制的に母子分離《ぼしぶんり》をすれば、赤ちゃんは最初は泣いても、1週間もすれば1人で眠るようになる。こうすることで赤ちゃんに自立心がはぐくまれるし、親が赤ちゃんの夜泣きに悩まされることもなくなるのだ。そんなふうに言われたものでした。

しかし、これはまねしようにも、日本ではほとんど不可能なことでした。赤ちゃん部屋があって、しかもそれが両親の寝室から十分離れているような、ひろい家に住んでいる人が少ないからです。日本のように両親と子どもが川の字になって寝ているような生活では、母子分離がなかなかできず、子どもの自立心も育たないのではないか、とアメリカなどでは考えられていたようです。

しかし、乳児の突然死が欧米で問題になるようになって、いろいろな調査がおこなわれた結果、日本のように親子同室で寝ているところでは、突然死の発生が少ないことがわかってきました。そこで最近はアメリカなどでも、親子同室で寝ることがすすめられるようになったのです。

ただし添い寝は、お母さんのからだが赤ちゃんを圧迫する危険があるということで、すすめられていません。しかし日本では、添い寝が伝統的におこなわれており、添い寝によってSIDSが増えているということもありません。添い寝の禁止は科学的根拠に乏しく、ぼくは添い寝をしてかまわないと思っています(→暮らし86ページのコラム)。

また、おしゃぶりの使用がすすめられていますが、これはちょっと問題があります。2005年に日本の国民生活センターは、「おしゃぶりやブロックなど、乳幼児が口に入れやすいおもちゃには、誤飲《ごいん》の危険や塗料《とりょう》などに化学物質を含む商品があるなど、問題ありだ」と発表しました。同センターの調査によると、おしゃぶりは10銘柄《めいがら》のうち半数が、口の奥まで届いて、誤飲の危険があるということです(積木など塗料を使った木製玩具のほうは、14銘柄のうち10銘柄から、有害物質であるホルムアルデヒドが検出されました)。誤飲の危険があるとすると、おしゃぶりの使用はすすめられません。

最後に、室内の暖房が過剰なのも危険だと言っています。

これらの提言を参考にして、赤ちゃんを突然死から守ってください。この提言には含まれていませんが、赤ちゃんを1人で寝かせっぱなしにしていて見に行かない、ということは危険です。少なくとも、30分ごとには見に行くようにしてください。

SIDSと認定されてしまうことの問題点

最後にSIDSに関してひとつ、社会的な問題があるので、それを書いておきます。

それは、保育園などで赤ちゃんの死亡事故が起こったりしたときに、「SIDSだったから、しようがなかったのだ」というふうに、簡単に処理されてしまいがちだということです。

保育園の保育のしかたに問題があって、そのために赤ちゃんが死亡したと思われるようなケースで、保護者が裁判に訴えたりしても、SIDSだったということで、保育園の責任が問われないといったことがあるのです。

SIDSという診断は、赤ちゃんの死亡について徹底的に検討したうえで、原因となるものが何も見つからないというときに、初めてされるべきものです。十分な検討もされずに、安易にSIDSとしてしまうのはまちがいです。

SIDSの原因について、1日も早い解明が待たれます。

さまざまな検査

健康診断について

日本は世界中のどの国よりも、健康診断（以下「健診」と略称で呼びます）がおこなわれていると言われます。その受診者の数の多さも、外国から見れば驚異的なようです。とりわけ乳児の健診や学校でおこなわれる学童に対する健診などは、きわめて高い受診率になっています。

それで、たとえば赤ちゃんの9カ月健診を受け忘れてしまったお母さんなどは、「たいへんなことをしてしまった」と激しく自分を責めたり、「赤ちゃんはどうなるのかしら」と不安になったりします。

しかし、赤ちゃんのようすに特別心配なことが認められなければ、健診を受け忘れたからといってどうということはありませんし、心配なことがあったら、かかりつけのお医者さんを受診すればよいことです。かかりつけのお医者さんでは見つからないような病気や異常が、健診なら見つかる、というようなことは少ないのです。でも、お母さんやお父さんのなかには、「健診は受けなければならないもの」と考えている人も多いし、また健診には数々のメリットがあると考えている人が大半でしょう。

アメリカなどでは、健診に経費がかかりすぎることのデメリットや、健診で「異常の疑い」という結果になった人に不必要な精密検査をおこなうことのデメリットなどを、健診のメリットと比較して、メリットが多いと判断される健診だけを選んでおこなっています。そうすると、集団を対象にしておこなう健診の種類は、うんと少なくなります。

ぼくの見るところでは、日本の現状は不必要な健診、無駄な健診がおこなわれすぎています。これについては、次にくわしくお話しします。

健診のメリット、デメリット

健診は、健康で、まったく病院にかかることがないといった子どもにとっては意味があるでしょう。そういう子どもの場合、健診で「隠れている病気」が見つかることもありますし、健診でからだについての情報を得ることもできますから、メリットはあります。しかし、かぜをひきやすく、しょっちゅう病院通いをしているといった子どもにとっては、健診のメリットはあまりありません。そんなわけで、健診を受けることのプラスマイナスは、子どもによってかなりちがいます。

また健診を回数多く受けているから、より安心できるというものでもありません。健診を受けた翌日であっても、子どものようすがいつになくおかしく、「どうもふつうでない」という感じがしたら、病院へ行っておくことにしましょう。健診をしたその時点では異常がないと診断されても、だから翌日もだいじょうぶ、という保証はないのです。

健診と「早期発見」

健康診断というものは、健康に見える人を対象にしておこなわれます。子どもの場合なら健康に見える子どもが対象になるわけで、そういう子どもも、からだのどこかに病気が隠れている可能性もありますから、それを健康診断によって見つけようということが目的になっています。いわゆる病気の「早期発見」ですね。早期発見はもちろん、有意義なことに思えます。それにプラスの点はたくさんあっても、マイナスなどないはずだと思われるかもしれません。しかし、必ずしもそうとも言えないのです。

具体的な例をあげてみましょう。

1984年から2004年まで、「乳児を対象とした神経芽腫《しんけいがしゅ》マススクリーニング」という健診がおこなわれていました。スクリーニングというのは、「多人数の集団に対して、時間のかからない簡便な方法を用いて、まだ発見されていない病気や欠陥、あるいはその疑いのある者を選《よ》りわける作業」のことです。そして「マススクリーニング」と言えば、「全国の1歳児」、「全国の学童」といった、非常に大きな集団を対象にしたスクリーニングのことを言いますから、「大規模集団健診」のことと考えてよいでしょう。

神経芽腫マススクリーニングは、生後6カ月の乳児を対象にして、神経芽腫という小児ガンを早期発見する目的でおこなわれました。

神経芽腫という小児ガンは、1歳未満に発病した場合は大半が治癒《ちゆ》し、1歳以降に発病した場合は命にかかわるものが多い、という特徴をもっています。

6カ月の赤ちゃんを対象にしてマススクリーニングが始められたときの期待は、1歳以降に発見される神経芽腫も、実は生後6カ月ごろにでき始めているかもしれない、それならば6カ月で発見された赤ちゃんに対して治療をすれば、神経芽腫の進行をくいとめることができ、ひいては1歳以降の神経芽腫の発生も減るだろう、ということでした。

神経芽腫というガンは、ＶＭＡという物質を作りだすことがわかり、その物質が尿のなかへ出てくることもわかったので、赤ちゃんの尿を調べてＶＭＡが見つかれば症状が出る前に神経芽腫を見つけることができるだろう、と期待されるようになりました。

そして1984年から2001年までで、2261万507人の赤ちゃんの尿が調べられ、2913人の赤ちゃんが神経芽腫あり、と診断されました。この赤ちゃんたちには手術、抗ガン剤による化学療法、放射線療法がおこなわれ、ほとんどが治癒したと言われました。

ところが1990年代後半になって、カナダやドイツなどから、「1歳以下の赤ちゃんに神経芽腫のマススクリーニングをおこなうことは意味がない」という報告がされるようになりました。ぼくはこれらの報告を読み、神経芽腫マススクリーニングに疑問をもち、雑誌などに、この健診は無意味ではないかと書いたりもしましたが(1997～1998年ごろのことです)、何の反響もなくマススクリーニングは続行されました。2003年ごろになって、ようやく日本でも再検討がされ、「マススクリーニングで発見した神経芽腫のほとんどは、治療しなくても自然に治るものだった」ということが確認された結果、この方式は廃止されることになりました。これまで治療されてきた赤ちゃんの大半は、無意味な治療をされたということです。この健診のために投ぜられた経費も、莫大《ばくだい》でした。また海外から、「日本でおこなわれているマススクリーニングは、無駄と思われる」との批判があったのに、日本では長いあいだ再検討されなかったことも問題として残ります。

　さらにこの健診が廃止になったことや、なぜ廃止になったかなどということは、子育て中のお母さんやお父さんに知らされることもありませんでした。

有意義ではない健診も

　このマススクリーニングのほか、日本の学校でよくおこなわれている側彎《そくわん》健診も、海外では「実際におこなってみたが、まったく無意味だった。治療の必要がない、つまり、ほうっておいても自然に治っていくような側彎を見つけただけだった」といった報告がされています。しかし日本では、側彎健診は有意義ということで、その問題点が検討されることもなく、ずっとおこなわれています。

　ちなみに、2004年に『アメリカ医師会雑誌』にのった論文では、およそ次のように書かれていました。

「1979年から1982年にかけてアメリカのミネソタ州ロチェスターでおこなわれた「学校での側彎健診」の意義を確かめるため、子どもたちが19歳になるまで追跡した。その結果、学校健診ではほとんど病的な側彎の子どもを見つけることはなく、治療の不必要な側彎(時間が経《た》てば自然に治ってゆくもの)を治療してしまう結果になった。だから学校での側彎健診はおこなうべきでない」

　ともかくこんなわけで、健康診断のなかには、必ずしも有意義でないものもあり、また、健康診断を受けることのデメリットというものもあるということを知っておいてください。

健診の種類

　まず、いま日本でおこなわれている健康診断には、どのようなものがあるかを知っておきましょう。

　ここでは、子どもに対しておこなわれているものに限定して紹介します。

公的健診と私的健診

　まず、健康診断の形式として、公的健診と私的健診というものがあります。

　公的健診というのは、自治体が健診費用を公費負担していて無料で受けることのできる健康診断です。

私的健診というのは、かかりつけのお医者さんのところで健診料金を払って健康診断を受けるものです（健康診断には健康保険は使えませんので、各医療機関が定めた健診料を全額払うことになります）。

集団健診と個別健診

公的健診は、集団健診でおこなわれる場合と個別でおこなわれる場合とがあります。

集団健診は決められた日に決められた会場で集団で受けるもので、個別健診のほうは個別の医療機関で個別に受けることになります（かかりつけ医のところで、予約制で受ける場合が多いと思います）。

ではまず公的健診のうち、集団健診のかたちで受けるものをあげてみます。

それぞれの時期の健診

新生児マススクリーニングと呼ばれるものがあります。生後5日前後に赤ちゃんの足首から少量の血液をとり、ろ紙にしみ込ませて室温で乾燥させたのちに検査センターに送ります。検査センターでは、ろ紙に含まれるいろいろな成分を測定して病気を見つけます。このスクリーニングの目的は障害予防で、どのような病気を見つけるために行うかについては次のような基準があります。

①放置すると重大な障害が起こる　②発症前に発見できる　③有効な治療法がある　④発見されたとき適切な診断治療を受ける体制がある　⑤見逃しが少ない

これらの基準を勘案して厚生労働省の研究班は、見逃しが少なくて発見したら障害防止に効果があると判断した16の病気を、一次対象疾患としています。それは次のようなものです。

フェニールケトン尿症　メープルシロップ尿症　ホモシスチン尿症　シトルリン血症　アルギニノコハク酸尿症　メチルマロン酸血症　プロピオン酸血症　イソ吉草酸血症　メチルクロトニルグリシン血症　ヒドロキシメチルグルタル酸血症　複合カルボキシラーゼ欠損症　グルタル酸血症I型　MCAD欠損症　VLCAD欠損症　三頭酵素欠損症　CPT I欠損症

これらのスクリーニングの歴史をふり返っておきましょう。

1977年にフェニールケトン尿症、メープルシロップ尿症、ホモシスチン尿症、ヒスチジン血症、ガラクトース血症という5種類の先天性代謝異常症《せんてんせいたいしゃいじょうしょう》を対象としたマススクリーニングが開始され、1979年には先《せん》天性甲状腺機能低下症《てんせいこうじょうせんきのうていかしょう》のマススクリーニング、1989年には先天性副腎過《せんてんせいふくじんか》形成《けいせい》に対するマススクリーニングが開始されました。

これらのうち、ヒスチジン血症はほとんどの場合、治療をしなくても知的障害を起こさないことがわかり、マススクリーニングの対象疾患《たいしょうしっかん》から外《はず》されましたので、現在は6種類の病気に対して、公費負担で全国的にマススクリーニングがおこなわれています。

しかし、今後対象疾患をいまの6種類から、先ほどあげた一次対象疾患を含む20種類くらいの病気にひろげることが考えられています。

次に乳幼児期の健康診断ですが、公的健康診断は市町村が中心となっておこなうもので、時期については生後3カ月、6カ月、9カ月、1歳半、3歳におこなわれるのがふつうです。

指定された会場で決められた日に集団で受けるかたちと、かかりつけの医療機関へ行って個別に受けるかたちとがある、と先ほどお話ししましたが、自治体によってちがうものの、3カ月、1歳半、3歳は集団で、6カ月、9カ月は個別におこなわれているところが多いようです。

このほか幼児期になると保育園や幼稚園での集団健診がありますし、学校へ行くと学校での集団健診があります。また、小学校入学にさいしては、就学《しゅうがく》時《じ》健診というものもあります。

健康診断の「問題点」

集団健診であることからくる問題

ぼくはこれまで、たくさんのお母さんやお父さんから、健康診断を受けての苦情を聞かされてきました。その多くは健康診断の事後指導の問題でしたが、かかりつけのお医者さんで受けた健康診断ではなく、指定会場での一斉《いっせい》集団健診を受けた場合に抱いた不満が、ほとんどでした。一斉集団健診では、なぜ不満が起こるのかを考えてみます。

集団健診では、ふだん会ったことのない初めてのお医者さんにみてもらうのがふつうです。そうすると、子どものからだの状態について、かかりつけのお医者さんとちがう意見を言われたりすることもあるのです。たとえばアトピー性皮膚炎《せいひふえん》のある赤ちゃんで、親としてはステロイドのような薬を使いたくないので、かかりつけのお医者さんと相談して、弱い薬で治療をしているとします。当然、赤ちゃんのアトピー性皮膚炎は、それほどきれいにはなっていません。そうすると健診をしたお医者さんに、「こんなひどいままにしておいて、赤ちゃんがかわいそうじゃないか。専門医のところへ行って、きちんと治しなさい」と怒られたりもします。

こういう一方的な指導はお母さんやお父さんを傷つけることになりますが、こんな場合は、かかりつけのお医者さんの意見を信頼して、健診で言われたことは無視してよいでしょう。

小児科医でないお医者さんがみた場合

また健康診断を担当したお医者さんが小児科医でなく、子どものからだについてあまりくわしくない場合、トラブルが起こることがあります。保健所や保健センターといったところでおこなわれる乳幼児健診は、おおむね小児科医が担当していると思いますが、園医や校医は、小児科医ではない内科医などが担当していることも、しばしばあります。

そのような場合に、子どもの「無害性雑音《むがいせいざつおん》」を、

「精密検査の必要な心雑音《しんざつおん》」とされてしまったりします。医者は聴診器を胸にあてて、呼吸音や心音《しんおん》を聞いていますが、心音(心臓にある弁《べん》が、開いたり閉じたりするときに生ずる音)に雑音をともなうことがあります。この雑音が聞こえる場合、心臓病が存在することもあれば、まったく異常がないこともあります。心臓にまったく異常がないのに聞こえる雑音を、無害性雑音と言いますが、とくに子どもでは、この無害性雑音が聞こえることが少なくありません(→52ページのコラム)。経験の深い小児科医なら、無害性雑音が聞こえても「異常なし」としますが、子どもにあまりくわしくないお医者さんですと、無害性雑音が聞かれた子どもに対して、「精密検査が必要」というふうに判定してしまいます。

ぼくはこれまで、健診で「心雑音があるから、専門医の診察が必要」と判定された子どもを何百人もみてきましたが、精密検査が必要だったのはほんの2〜3人で、それ以外の子どもはすべて正常な無害性雑音でした。ですから健診で「心雑音がある」と言われても、あまり心配しないことです。

「標準」を重視されることの問題

次に、保健師さんによる指導などにありがちなのですが、「画一的な指導」がされることがあります。

たとえば体重の増えかたが少ない赤ちゃんで、母乳だけで育てられている場合に、「ミルクを足すように」という指導をされることがあります。最近、ある若い女性の小児科医と話をしていたとき、彼女が「体重が少ないだけで、元気な赤ちゃんに、ミルクを足せ、と指導する人が、まだいるんですね」と言うのです。しかしこれは明らかに彼女の認識不足で、そういう指導はいまでも頻繁《ひんぱん》にされています。

集団健診のような、集団を対象にしておこなわれるものでは、「標準」ということが重要視されがちです。たとえば赤ちゃんの体重や身長が計測《けいそく》されると、「標準と比べてどうか」ということが問題にされます。

赤ちゃんの場合、母子健康手帳の6カ月健診や9カ月健診のデータを記載する欄に、カウプ指数(→134ページ)というものを記載する場所があるのをご存じでしょうか。カウプ指数は体重をグラムであらわし、それを身長の2乗で割って、10をかけた数値を言います。たとえば体重8キログラムで身長65センチの赤ちゃんだとしますと、8000を65の2乗で割ると1.9、それに10をかけると19となり、それがカウプ指数となります。

カウプ指数は赤ちゃんが太りすぎかどうか、あるいは栄養失調かどうかなどを判定する指標となっています。13以下だと栄養失調ということになっていますが、こういう赤ちゃんに出会うことはめったにありません。肥満のほうはと言うと、22以上を肥満と考えるのが一般的ですが「22程度なら肥満と言わなくてよい。25くらいになったら肥満と考えて、ミルクの飲みすぎなどに気をつけよう」と考える人もいます。ぼくも25以上を肥満とするゆるやかな考えかたでいいと思います。

乳児期の体型というものは、成人してからの体型と関係がなく、まるまると太っていた赤ちゃんが、スリムな大人になったりするのです。ですから赤ちゃんに「太りすぎ」の汚名を着せる必要もないと思うのですが、「赤ちゃんをこんなに太らせたのは、お母さんの責任だ。こんなに太っていると、将来、成人病《せいじんびょう》になってしまう」などとしかったり、おどしたりするお医者さんもいます。そう言われたので、空腹で赤ちゃんが泣いていても、何も与えずがんばっていたというお母さんもいましたが、これは母子ともに、とてもかわいそうな状態です。

赤ちゃんは自分で体重をコントロールしているようなところがあります。うんと食べていたかと思うと、自然にあまり食べなくなるときがやってきて、そこで体重の増加も止まったりするのですから、赤ちゃんにダイエットなどしなくていいのです。体重が多い赤ちゃんについて心配ないことをお話ししましたが、体重の少ない赤ちゃんも同様です。

元気で食欲もあるのに体重が少ないという赤ちゃんを、ぼくはたくさん見てきました。そういう赤ちゃんのその後をずっと追っかけてみますと、みんな立派な体格の大人になっています。赤ちゃんの時期にやせていたからといって、別にどうということもありませんし、無理に太らせる必要もないのです。

赤ちゃんのなかには、母乳だけで育っている赤ちゃん、母乳とミルクの混合栄養で育っている赤ちゃん、ミルクだけで育っている赤ちゃんといろいろですが、母乳だけで育っている赤ちゃんにやせ型が多いのは確かです。かつて、昭和30年代ごろには、「赤ちゃんは母乳で育てるより、ミルクで育てるほうが頭がよくなる」などという、とんでもない宣伝をミルク会社がおこない、それに乗せられたお母さんたちが、母乳は十分出ているのにそれを飲ませないで、ミルクを買い与えたりしました。当時は赤ちゃんコンクールというあほらしい催《もよお》しもおこなわれ、よく太った赤ちゃんが健康的ということで、表彰されたりしていました。そこで、赤ちゃんにどんどんミルクを飲ませて太らせ、体重を競い合うという「飼育《しいく》」のような育児がおこなわれたのです。

母乳で育てるよりも、ミルクで育てるほうが体重が増えることが多いのはなぜかというと、ミルクの場合は「飲みすぎ」になりやすいからのようです。

母乳の分泌《ぶんぴ》というのはうまくできていて、飲み始めたときに分泌された母乳はあまり濃くないのですが、赤ちゃんがずっと吸っているあいだにだんだん濃い母乳が出るようになり、それで赤ちゃんはもたれるから、吸うのをやめるようです。ところがミルクのほうは、ずっと同じ濃さのものがほ乳びんから出てくるわけですから、赤ちゃんは飽きずに飲み続けがちになり、その結果飲みすぎて、必要以上に体重が増えたりするのです。

こうした体重の増加は、むしろ不自然な増加と言うべきで、体重が増えるからミルクのほうが赤ちゃんの栄養に適している、ということにはなりません。

そういうわけで、母乳だけで育てられている赤ちゃんを人工栄養で育てられている赤ちゃんなみの体重に近づけようとして、「ミルクを足せ」と指導するのは、まちがった指導だと思います。しかし、現実にこのような指導をされたお母さんを、ぼくはたくさん知っています。

不安が最小限になるように医者は説明を

ここまであげてきたのは、乳児健診の現場でよく見られる「問題点」ですが、こうしたこと以外にも、健診でお母さんやお父さんが「ふりまわされる」ケースがあります。

たとえば「頭が大きいということでいろいろ検査をされ、ずいぶん気をもんだが、結局何でもなかった」という話を、ぼくは多くのお母さんから聞かされてきました。確かに「頭が大きい赤ちゃん」については、ぼくも判断に迷うことが少なくありません。

乳児健診では4計測と言って、体重、身長、頭囲、胸囲が測られます。頭囲というのは頭のまわりの長さのことで、メジャーをあてて測ります。そして、その長さが標準を大幅に上まわったり、下まわったりしていないかを判断するのです。しかし赤ちゃんの頭というものは大人に比べると、からだの大きさに比べて、かなり大きめなものです。そして別に病気や障害があるわけではないのに、かなり頭の大きい赤ちゃんがいます。お母さんやお父さんを見て、どちらかが大きめの頭だったりすると、「ああ、遺伝なんだろうな」と安心したりするのです。

ただ、水頭症《すいとうしょう》（→335ページ）という病気などでは頭が大きくなるので、そういう可能性も考えておかねばなりません。そこで、「また来月、頭囲を測ってみましょう」というふうに「判定保留《はんていほりゅう》」にしたり、検査をすすめたりする場合もあります。結果としては、ほとんどの赤ちゃんが「病気ではない。ただ、頭が大きいという個性をもった赤ちゃんというだけ」ということになり、お母さん、お父さんとしては「不必要に心配させられた」と不満をもつことでしょうが、これはやむをえないことです。健診というものは、病気の可能性が99％である子どもも1％である子どもも、「異常が疑われる」ということで、チェックしなければならないからです。

しかし、判定保留ということにされたお母さんやお父さんはとても不安でしょうから、医者の側としては、不安が最小限になるよう、十分な説明をすべきだと思います。

健康診断のじょうずな活用法

かかりつけのお医者さんとの関係

まず、健診はなるべく、かかりつけのお医者さんのところで受けるのがよいと思います。

そしてかかりつけ医を決めたら、すべての健診をそこで受けるようにするのが最良です。同じお医者さんが一貫して子どもをみているほうが、からだのことについてもよくわかるし、適切な指示もできるからです。

しかし、6カ月健診や9カ月健診は、かかりつけ医で受けられますが、3カ月、1歳6カ月、3歳などの健診は、定められた会場での集団健診を受ければ無料、かかりつけ医で個別に受ければ有料、となる地域が多いでしょう。そうなると、集団健診のかたちで受けざるをえないという人が多いと思います。

そういう場合、健診で「異常がある」と言われたり、何らかの指導を受けた場合、かかりつけのお医者さんのところへ行って、その内容を報告し、かかりつけ医の意見を聞くようにしてください。

たまたま1度だけ診察したお医者さんの意見を絶対的なものとしないで参考にとどめ、子どもをふだんからよく知っているお医者さんの意見を大事にしたほうがよいということです。

ただし、かかりつけのお医者さんでも、子どもをていねいにみてくれなかったり、きちんと説明をしてくれなかったりするようなお医者さんの場合もあるでしょう。そんな場合は集団健診でほかのお医者さんにみてもらって、適切な助言が得られることもあります。

また、ふだんかかりつけのお医者さんのところでは見つからなかった病気を、集団健診で見つけてもらった、という幸運なケースもあります。

ふだん聞きにくいことも聞いてみる

健診のメリットとしては、生活相談の場として活用できるということがあります。

ふだん、小児科医にかかるのは病気のときですね。別に病気でなくても、子どもとの生活のうえで、困ったこと、疑問に思うことなどあったら、小児科医に聞きに行ってよいのですが、病気でないと病院には行きにくいし、病気以外のことはなかなか質問しにくいと思います。とくに患者さんが多くて混雑している小児科医だったら、「離乳食は、どうすすめたらよいでしょう」とか、「夜泣きは、どう対処したらよいでしょうか」といった質問をしている時間的余裕は、ないかもしれません。健診というのは、そうした相談にこたえることも想定して時間設定がされているので、質問がしやすいと思います。ふだんの診察のときには聞きにくいようなことを、健診のときに問うてみるとよいと思います。

健診は気軽に受けましょう。そして健診を受け忘れた場合、そのことを悩む必要はありません。心配なことがあったら、かかりつけの小児科医へ行けばよいからです。

ただ、病気にかかったときにふだんの体重を知っていると便利なことがあり、また、低身長《ていしんちょう》(↓238ページ)が心配で受診するときは、身長の記録が必要になります。ですから自宅で何カ月かごとに身長、体重を測って記録しておくとよいと思います。

身長はメジャーを使って測り、体重は大人用の体重計を使って、まずお母さんかお父さんが子どもを抱いて乗ったあと、お母さん、お父さん1人で乗った体重をさしひけば、およその子どもの体重がわかります。体重など、およその値を知っていればよいのですから。

検査をどう受けるか

＊ここであつかう検査

- 尿検査
- 血液の検査
- 心電図《しんでんず》
- レントゲン検査、およびその他の画像診断《がぞうしんだん》
- 病原体をすばやく診断する検査(迅速診断法《じんそくしんだんほう》)

子どもと検査

子どもの場合、大人に比べると検査を受けることは、うんと少ないと言えます。入院すると大人なみにいろいろな検査をされますが、ぼくのような開業医のところでは、検査をすることはめったにありません。

ただ、お医者さんにもいろんなタイプがありますから、あまり検査をしないお医者さんもいれば、熱心に検査をするお医者さんもいます。そういうちがいはあるものの、子どもの場合、大人に比べると検査をされることは確実に少ないのですが、それにはさまざまな理由があります。

子どもの場合、検査をしなくてよい病気が多い

ひとつには、子どもの場合、急性の病気が多く、慢性の病気が少ないということがあります。そして急性の病気の多くは、わざわざ検査をしなくても、ふつうの診察で診断がついてしまいます。

たとえば水ぼうそう(水痘《すいとう》)は、経験のある小児科医なら見ただけで診断がつきます。水ぼうそうの診断にいちいち血液検査をするお医者さんがいたら、それは時間と経費の無駄使いのうえに、子ども本人にもよけいな痛い思いをさせるわけですから、「ちょっと困ったお医者さんだ」と思わざるをえません(まれに水ぼうそうか、ほかの病気かがまぎらわし

い場合があって、そんなときには血液検査も必要でしょうが)。

水ぼうそう以外でも、おたふくかぜ、風疹《ふうしん》、はしか(麻《ま》しん)、手足口病《てあしくちびょう》、ヘルパンギーナなど、特徴のあるウイルス性の病気は何も検査をしなくても、診察だけで診断がつきます。

また、ふつうのかぜについても、子どもの症状や、のどの所見《しょけん》、胸の聴診《ちょうしん》などから、「ふつうのかぜ」という診断がつくので、それ以上検査を必要としません。正確に病名をつけようとするなら、「ライノウイルスによるかぜ」とか「アデノウイルスによるかぜ」とかいう病名をつけねばなりませんが、そのためには、のどを綿棒でぬぐって、どんなウイルスがいるか確かめなくてはなりません。

そして、そういうちょっと面倒《めんどう》な検査をして「正確な病名」をつけたところで、たいしたメリットはありません。ウイルスによるかぜのほとんどは自然に治ってしまうので、ウイルスの種類がわからなくても、それほど医者は困らないのです。ただ最近、簡単な「迅速診断《じんそくしんだん》」というものが登場して、これを頻繁《ひんぱん》に用いるお医者さんも増えています。この迅速診断については、あとでくわしくふれます(↓453ページ)。

ともかく、子どもの場合、検査をしなくてもよい病気が多いということを、まず知っておいてください。

ここで、ちょっとだけ大人の場合にもふれておきます。大人の場合は、検査をしないとわからない病気が多いのです。たとえば高血圧は、ふつう何の症状もなく、健康診断で見つかるということが非常に多い病気です。また糖尿病《とうにょうびょう》も症状があるのはまれで、やはり健康診断で見つかることが少なくありません。ですから大人にとって定期的な健康診断を受けることは、一定の意味があります。この点は子どもと、ずいぶんちがっています。

子どもへの検査は慎重に

子どもにあまり検査をしない、もうひとつの理由は、子どもはふつう「検査が嫌い」だということです。もちろん大人でも採血をされるのはこわいし、痛いし、嫌《いや》だというような人はたくさんいると思うのですが、「検査が必要」と言われれば、たいてい納得して検査を受けます。泣き騒いだり、病院の外まで逃げていってしまうような大人は、めったにいないと思います。でも子どもは「採血をしないと、死んでしまうかもしれないよ」とおどかされても、「検査がちゃんとできる強い子だね」ともちあげられても、まったく動じることなく拒否の姿勢を貫きます。

それで医者の側としては、検査を最小限にしぼることになります。そして最小限にしぼっても、診療にマイナスの影響がほとんどないのです。

さらに子どもの場合、検査の種類によっては、大人より慎重に考えておこなわなければならないものもあります。たとえば、放射線の影響は大人より成長途上の子どものほうが強く受け、とりわけ精巣《せいそう》や卵巣《らんそう》といった生殖腺《せいしょくせん》の部分は、放射線が当たらぬよう庇護《ひご》せねばなりません。子どものX線検査をするときに鉛《なまり》の入った腰巻きのようなものを腰につけさせて検査をしたりするのは、そのためです。

　というわけで、ぼく自身は子どもに対して日常的に、ほとんど検査をしませんが、お医者さんのなかには検査を多用している人も多いようですし、またお母さんやお父さんのなかには、「検査をたくさんしてくれるお医者さんが、よいお医者さん」と思っている人も、かなりいるようです。

　そこでいま、世間でよく見られる「検査信仰」について検討してみることにしましょう。

検査に頼らない診断のいろいろ

ぼくが医者になったころは、いまに比べると検査の種類もずっと少なく、そのため自分の目や耳、手などの力に頼らざるをえませんでした。「診断学」という学問をかなり強力にたたきこまれましたが、これは検査に頼らず、自分の五感を総動員して診断する技術を身につけるための学問でした（一方、検査の結果をもとにして診断をするのを、「検査診断」と呼んでいました）。

　五感でおこなう診断法は、望診《ぼうしん》、問診《もんしん》、視診《ししん》、聴《ちょう》診《しん》、触診《しょくしん》などと呼ばれます。

　望診というのは、患者さんをよく見つめて診断をする方法です。これは、患者さんが診察室に入ってくるときの歩きかたの観察などから始まります。子どもの場合、ぼくは診察室に入ってきたときの顔つきで、まず判断します。もちろん病名まではわかりませんが、「重い病気か、軽い病気か」は、ほぼまちがいなくわかります。ここで重い病気の可能性があると思ったら慎重な診察になりますし、軽いと思ったらリラックスした診察になります。

　顔色や顔つきからも、診断の見当がつくことがあります。甲状腺機能低下症《こうじょうせんきのうていかしょう》や急性腎炎《きゅうせいじんえん》の腫《は》れぼったい顔、貧血のときの青い顔、川崎病《かわさきびょう》や髄膜炎《ずいまくえん》のときの、つらそうで重症と思わせる顔つきなど、特徴的です。

　「はしか顔」などと言われるものもあります。これは、まだらな赤い発疹《ほっしん》が出ていて、目やにや、はなみずで「ぐちゃぐちゃした感じ」があり、全体に腫れぼったい感じの顔を指《さ》すのですが、それははしか特有の顔つきなのです。

　これらのケースでは、望診で病気の見当をつけることができます。

　問診というのは、患者さんに質問をして、診察をすすめていく方法です。じょうずな質問をして患者さんから必要な情報を聞き出すことで、診断がつくことがあります。

　視診は、望診よりももっと細かく患者さんを見ていく診察です。まぶたの色も見たり、舌を見たり、手のひらを見たりして、診断の一助《いちじょ》にします。

　次に聴診ですが、聴診には道具が必要になります。聴診器を使って呼吸の音や心臓の音を聞いて、診断するのです。

　触診は、からだにさわって診断をする方法です。

乳房にふれて乳ガンを見つけるとか、甲状腺《こうじょうせん》をさわって病気の種類を類推するとかいうのが触診です。

ぼくたちは学生時代に、圧痛点《あっつうてん》というものを学びました。からだのある特定の部分を強く圧《お》して、そこに強い痛みがあれば、その部分から病気の診断がつけられるというのです。もっとも有名なものはマックバーニーの圧痛点と言われるもので、**図**のように右下腹部《かふくぶ》にありますが、ここを圧して痛がる場合は、虫垂炎《ちゅうすいえん》の可能性があるということになっています。ぼくはいまも、お腹《なか》を痛がっている子どもの場合、必ずベッドに寝かせて、この部分を圧してみています。

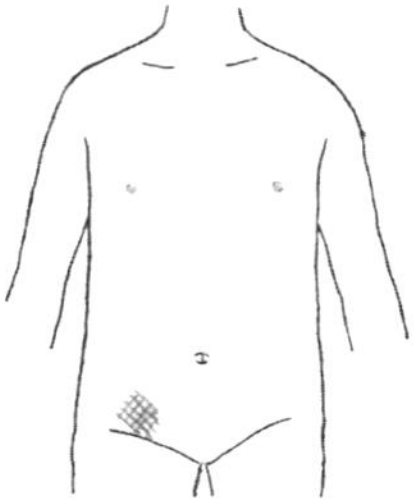

マックバーニーの圧痛点《あっつうてん》

検査をどこまで求めるか

こういうふうに、たいした道具を使わないで診断をするという技術は診察の基本だと思いますが、日本では従来から十分にはおこなわれてこなかったように思います。たとえば欧米の開業小児科医は、子どもの目の病気や耳の病気、鼻の病気なども、とくに専門的なむずかしい病気でないかぎり診断できると言われていますが、日本では、目は眼科へ、耳や鼻は耳鼻科へ、皮膚《ひふ》の病気は皮膚科へなどとまわされることが多く、小児科医の診察範囲はせまいのです。

ぼくは耳をみる耳鏡《じきょう》、鼻をみる鼻鏡《びきょう》などは使っていますが、「中耳炎《ちゅうじえん》の疑いがあるかどうか」とか、「はな水が出るのは、かぜのせいか、アレルギー性《せい》鼻炎《びえん》のせいか、見当をつける」といった程度のことしかできません。

小児科医の守備範囲がせまいものですから、お母さんたちは、「はな水が出るときは小児科へ行ったらいいのか、耳鼻科へ行ったらいいのか」、「赤ちゃんに「しっしん」ができているが、小児科へ行くべきか、皮膚科へ行くべきか」というふうに迷ってしまうわけです。

欧米では開業医は、レントゲンなどの器械を持っていないのがふつうだと言います。こういう検査が必要な人は病院へ紹介されることになっていて、開業医は簡単な道具だけを使って診療するのだそうです。そうなると必然的に開業医は、診断学の腕をみがくことになるのだと思います。

しかし日本では検査が優先され、患者さんの側も高価な器械、最新の器械で検査をしてもらえば、より正しい診断がされるだろう、と思いこむようになってしまったのではないでしょうか。しかし実際には検査を過信することで起こる診断ミスもありますし、検査をしてもしなくても病気の経過には変わりがない、といったこともしばしばあります。

それでは次に、日常よくおこなわれる検査について具体的にその意義を考えてみることにしましょう。

尿検査

尿検査は、簡単におこなえるので便利です。しかし尿の検査によって発見できる病気は、糖尿病《とうにょうびょう》、腎臓病、尿道結石《にょうどうけっせき》といった「成人ではしばしば起こるけれど、子どもには少ない」という病気なので、小児科では、あまりおこなわれません。

尿の検査でいちばん多くおこなわれているのは、尿に試験紙を入れて色の変化を見るという方法です。たとえば、試験紙の一部に糖《とう》と反応すると変色する部分があって、尿にひたしたときに、その部分が無色から青色に変化したら、尿のなかに糖が出ているというふうに判断できるのです。

この方法で、尿のなかに糖、タンパク、血液などがまじっているかどうかの判断ができます。

糖が出る場合

糖が出る場合は、糖尿病《とうにょうびょう》(→231ページ)の可能性を考えなければいけませんが、糖尿病でなくても糖が出る場合もあり、その区別をするには血液をとって、血液中の糖の量を調べる必要があります。

タンパクが出る場合

タンパクが出る場合は、腎臓病の可能性を考えなければいけませんが、運動をしたあとや熱が出る病気にかかっているときなどにとった尿ですと、健康な子どもでもタンパクが出ていることがあります。

また立った姿勢を続けていたあとでとった尿では、タンパクが出ているけれど、早朝、目ざめてすぐにとった尿ではタンパクが出ない、という場合もあり、起立性《きりつせい》タンパク尿と呼ばれます。起立性タンパク尿も、病気ではありません(→193ページ)。

尿に血液がまじる場合

次に、尿に血液がまじる場合ですが、これは血尿《けつにょう》と呼ばれます。血尿を2種類にわけ、肉眼的血尿《にくがんてきけつにょう》と顕微鏡的《けんびきょうてき》血尿と呼びます(→189ページ)。

肉眼的血尿というのは、尿がまっか、あるいは暗《あん》赤色《せきしょく》になり、見ただけで血尿とわかるものを言います。顕微鏡的血尿というのは、見た目では血液がまじっていることがわからないけれど、試験紙を使ったり尿を顕微鏡でのぞいたりすると血液がまじっていることがわかるというものです。

肉眼的血尿の場合は、原因となる何らかの病気が見つかることが多いのに対し、顕微鏡的血尿の場合は、とくに原因が見つからないことがしばしばあります。そしてそんな場合は心配しなくてよいのです。

肉眼的血尿を起こす病気としては、腎臓や尿管に石がある場合(尿管結石《にょうかんけっせき》)、腎臓や尿路の形態異常、IgA(アイジーエー)腎症《じんしょう》(→195ページ)、溶連菌感染後《ようれんきんかんせんご》の急性糸球体腎炎《きゅうせいしきゅうたいじんえん》(→194ページ)、細菌性の膀胱炎《ぼうこうえん》などがあります。

子どもの場合、出血性膀胱炎《しゅっけつせいぼうこうえん》と言われる病気があります。これは肉眼的血尿、頻尿《ひんにょう》、排尿痛《はいにょうつう》の症状があり、血尿も派手なのでまわりの人を驚かせますが、1〜2週間で自然に治ります。この病気はアデノウイルスが原因であることが多く、ウイルス性の膀胱炎と呼ぶのが適当でしょうが、一般には出血性膀胱炎と呼ばれています。

肉眼的血尿は親を驚かせますが、たいへんな病気が原因になっていることはきわめてまれで、多くは1回かぎりで終わってしまい、原因も不明であることが多いのです。

顕微鏡的血尿のほうは、先ほども言いましたように心配のない場合がほとんどで、まれにIgA腎症などの腎臓の病気が見つかるくらいです。「顕微鏡的血尿を起こす体質」といったものがあるようで、一家のなかに何人も顕微鏡的血尿の人がいる場合も少なくありません。これは良性家族性《りょうせいかぞくせい》血尿《けつにょう》（↓193ページ）などと呼ばれ、病気ではありません。

このほか、尿では脱水になったときにケトンという物質が含まれるとか、尿の量がいちじるしく多くなったときに尿崩症《にょうほうしょう》（↓237ページ）というホルモンの病気が見つかるとかいうことがあります。ケトンが出ていることは試験紙を尿にひたすことで簡単にわかるので、脱水の診断に使われることがあります。

血液の検査

血液を調べることで診断できる病気は、たくさんあります。血液検査の種類は、これからもどんどん増えていくでしょうし、一方では価値がなくなって消えていく検査もあるでしょう。

たとえば肝臓の検査ではかつて、血液検査の項目が少なかったころには、膠質反応《こうしつはんのう》と呼ばれる検査（具体的には、ZTTとかTTTとか呼ばれるもの）が診断のためにおこなわれましたが、その後、いろいろな血液検査ができるようになってみると、膠質反応は「おこなう価値のない検査」と言われるようになって、いまではめったにおこなわれません。

血沈《けっちん》という検査がありますね。血沈という言葉はたいへん有名で、血液の検査では血沈だけを知っているという人も多いのではないかと思います。血沈は炎症の程度などを知るのに有用ということで、むかしはさかんにおこなわれました。

しかしこれは、とても手間のかかる検査です。そして、血沈と同じように炎症の程度を判断できる検査で、もっと手間をかけずにできるCRPのような検査が普及したので、血沈はあまりおこなわれなくなりました。

こんなふうに、血液検査にも栄枯盛衰《えいこせいすい》があるのだということを知っておいてください。

では次に、血液検査にはどのような種類のものがあるのかをお話ししましょう。

血液の病気を見つけるための検査

赤血球《せっけっきゅう》の数、白血球《はっけっきゅう》の数、血小板《けっしょうばん》の数や血色素《けっしきそ》（ヘモグロビン）の量を調べる検査は、まとめて血算《けっさん》と呼ばれます。貧血、白血病、血友病《けつゆうびょう》などの診断のためにおこなわれます。

糖尿病《とうにょうびょう》を見つけるための検査

血液のなかのブドウ糖の量を調べる血糖検査のほか、グリコヘモグロビンの検査などは、糖尿病を見つけたり糖尿病の重さを診断するためにおこなわれます。

肝臓の働きや異常を調べる検査

血清《けっせい》ビリルビン、ＧＯＴ（ＡＳＴとも言います）、ＧＰＴ（ＡＬＴとも言います）、アルカリフォスファターゼ（ＡＬＰと略して呼びます）、γ《ガンマ》-ＧＴＰ、ＬＤＨ、ＣｈＥ（コリンエステラーゼ）などを調べます。

一般的に言えば、これらの検査では、数値が正常の範囲を超えている場合、病気の可能性があるというふうに考えるわけですが、アルカリフォスファターゼについては注意が必要です。

アルカリフォスファターゼというのは体内の酵素のひとつですが、肝臓にも関係があるけれど、骨にも関係があるのです。それで、骨が成長している年代の子どものアルカリフォスファターゼの値はかなり高値《こうち》になっていることがあり、それは病気ではないのです。たとえば何種類かの肝臓に関する血液検査をして、アルカリフォスファターゼの値だけが異常に高いという場合、それが成長期の子どもなら、正常と考えてよいということです。

腎臓の異常を調べる検査

尿素窒素《にょうそちっそ》、クレアチニンの検査は、腎臓病がそうとう進んで腎不全《じんふぜん》という状態となったときに、その重さ（重症度）を知るためにおこなわれる検査です。ほかに、補体《ほたい》というものの量を調べたりすることもあります。

脂質《ししつ》の検査

コレステロールとか中性脂肪とかいった物質が、血液のなかにどれくらいあるか調べます。

成人ではコレステロールや中性脂肪が高値だと、動脈硬化《どうみゃくこうか》になりやすいということで食事療法をしたり薬をのんだりすることがありますが、子どものときにコレステロールが多いということが将来どんな影響をからだにおよぼすのかは、まだよくわかっていません。また子どもの場合、コレステロールや中性脂肪の正常値をいくつぐらいの範囲にするかということについても定説はありません（↓250ページのコラム）。

コレステロールは、ネフローゼ症候群《しょうこうぐん》（↓196ページ）という腎臓病のときや、甲状腺機能低下症《こうじょうせんきのうていかしょう》（↓231ページ）というホルモンの病気のときに、異常に高い数値になることがあります。

内分泌《ないぶんぴ》の病気に関する検査

甲状腺《こうじょうせん》の病気を見つけるための検査としてT_3、T_4、ＴＳＨなどがあります。低身長《ていしんちょう》（↓238ページ）の診断には、血液中のＡＣＴＨ、コルチゾールなどの量を測るという検査がおこなわれます。

感染症《かんせんしょう》とアレルギーに関係する検査

抗体《こうたい》を調べます。

ウイルス性の感染症にかかったあと、ぼくたちのからだには抗体というものができて、ふたたびウイルスがからだに侵入しようとすると、その抗体が防《ぼう》衛《えい》してくれます。このさいは、抗体はからだにとって、有益なものです。

一方、スギ花粉やダニに対してからだが抗体を作ってしまうと、その抗体とスギ花粉やダニがアレルギー反応を起こし、はな水、くしゃみ、せき、目のかゆみなどの症状が出てくることがあり、この場合、抗体があることはメリットではありません。

そこで、感染症の診断や、感染症に過去にかかったことがあるかどうかの確認のために、血液中の抗体を調べることや、アレルギーの原因を知るために抗体を調べることがあります。抗体はこのほかに、膠原病《こうげんびょう》や内分泌《ないぶんぴ》の病気の診断のために調べられるものもありますが、多くは感染症、アレルギーの関連だと考えてよいでしょう。

アレルギーで抗体を調べる場合に注意しておきたいのは、「抗体があるからといって、必ずアレルギー症状を起こすわけではない」ということです。また逆に、ある食物《しょくもつ》に対してアレルギー反応を起こした子どもの抗体を調べてみたところ、抗体はマイナスという結果が出たというようなこともあるのです。

保育園に行っている子どもで、食物に対するアレルギーをもっている場合、親が園に対して除去食《じょきょしょく》にしてほしいと求めたとき、園の側から「抗体検査をして、その結果を知らせてくれないとできない」というふうに言われることがあります。子どものかかりつけのお医者さんが「除去食が適当」という診断書を出している場合でさえ、「診断書だけではだめ。検査結果が必要」と強要されることもあるのです。

これは「お医者さんの意見だけでは信用できない。検査結果こそが、科学的に信用できる」という思いこみ、つまり検査への過信が生み出した現象と言ってよいでしょう。

抗体検査は、アレルギーを正しく反映するものではありません。ある食べものを食べたとたん、くしゃみが出て息苦しくなったとか、からだにかゆみが出て赤い発疹《ほっしん》が出たというようなことがあったら、その食べものにはアレルギーがあると考えて、以後は食べることをひかえたほうがよく、抗体検査をした結果マイナスだったからといって、食べるのは危険なことです。

一方、ある食べものに対する抗体がプラスだった人で、その食べものを食べても平気、という人もいます。ですから、いろいろな食べものに対する抗体の検査をして、プラスになった食べものを全部ひかえる、といったことはまちがいなのです。

抗体検査はあくまでも、「参考にする」というレベルにとどめるべきです。

このほかにも血液の検査にはたくさんの種類がありますが、説明はここまでにしておきます。

心《しん》電《でん》図《ず》

子どもでは、心電図をとることはめったにありません。心電図は心臓の病気を診断するための検査ですが、子どもでは心臓の病気は少ないからです。でもここで心電図について基礎的な知識をもっておいてもいいように思いますので、簡単に説明しておきます。

みなさんよくご存じのように、心臓はのびたり縮んだりして動いていますが、動いたときに、電流を発生しています。その電流を波形《はけい》としてとらえたのが心電図です。

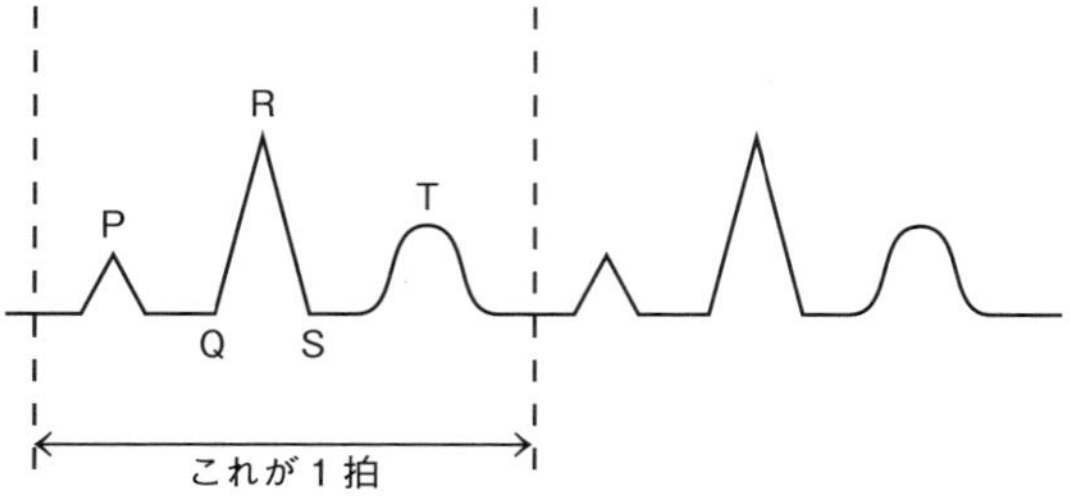

心臓が1回縮んでのびるのを、1拍と考えます。その1拍が**図**のようなかたちになります。でこぼこなかたちになっていますが、それぞれのでこぼこに名前がついていて、P波、Q波、S波などと言います。

このPからTまでの波で、成立した1拍がずっとくり返しになったかたちが、心電図です。心臓が病気になると、P波とQ波の間隔《かんかく》が短くなるとか、R波の高さが増すとか、T波の高さが減るとかといった変化が生じることがあり、その変化のようすから、どんな心臓病であるか診断できるのです。

心筋梗塞《しんきんこうそく》の診断などには心電図は威力を発揮しますが、心筋梗塞は子どもにほとんど見られない病気なので、ぼくのような小児科の開業医が心電図を使ったりすることは、ほとんどありません。

レントゲン検査、および その他の画像診断《がぞうしんだん》

レントゲン検査はX線検査とも呼ばれますが、「画像診断」のひとつです。

画像というのは辞書をひいてみると、「えすがた。絵像。機械的な処理により、感光材料・紙・スクリーン・テレビ—ブラウン管などの上にうつし出された像」と解説されています。そして「画像診断」を医学辞典でひいてみると、「X線撮影、核医学シンチグラフィ、超音波断層《ちょうおんぱだんそう》、CT、MRIなどさまざまな画像を使った診断法の総称。最初はX線撮影に限られていたのでX線診断であったが、核医学の登場によって両者を包含《ほうがん》する放射線診断となり、さらに放射線以外を使った超音波などの登場により、こう呼ばれるようになった」と書かれています。

画像診断はこのところ、とても進歩しました。「からだのなかの病気が起こっている場所を、目

で見ることができたらなあ」というのは、長年の医者の夢でした。もちろん切開《せっかい》すれば見ることはできますが、いちいち切開するわけにはいかないので、切開しないで見られる方法を待ち望んでいたのです。

レントゲンが登場して、からだの内側をある程度見ることができましたが、肝臓や脳の内部などを見ることはできませんでした。

しかし超音波という方法が開発されて、肝臓や膵《すい》臓《ぞう》について、ある程度わかるようになりました。そしてさらにCTやMRIなどが登場し、脳の内部なども見られるようになったのです。

このように画像診断は進歩しましたが、それにともなって画像診断が乱用されるようになったのです。

乱用される画像診断《がぞうしんだん》

もともと日本は、レントゲン検査（X線撮影）をしすぎる国でした。2度の原子爆弾投下によってたいへんな被害を受けた国なのに、放射線に対して無警戒なのはどういうわけなのか、と諸外国からいぶかられるほど、レントゲン検査が多くおこなわれてきたのです。

たとえば、かつて小学校などでも、定期的に胸部のX線検査がおこなわれていました。これは結核《けっかく》を早期発見する目的でおこなわれていたのですが、実際にはこの検査で発見される子どもはゼロに近く、それで廃止されました。

このように、有効性のはっきりしないX線検査や不必要なX線検査が数多くおこなわれているのが実情です。

実際、1回X線検査を受ければ、ほんのわずかではありますが、ガンになる率が高まります。それはほんのわずかですから、たとえば「うちの子は乳幼児期に何度もX線検査をしたが、将来ガンになるだろうか」といった質問には、「ほとんど心配ないのだから、気にしなくていい」と、ぼくは答えます。

しかし、無駄なX線検査、不必要なX線検査は減らしたいものです。そのためには、みなさんの「X線検査信仰」を、あらためてもらわなくてはなりません。

レントゲンをとる、とらない

子どもの場合、みなさんはどんなとき「X線検査をしてほしい」と思うでしょうか。

子どもがかぜをひいて、なかなか熱が下がらないとき、あるお医者さんはこんなふうに言います。

「かなり長いこと熱が続いていて、ちょっとせきもひどくなってきたね。でもわりに元気がいいから、抗生物質を使っておこうね」

そして別のお医者さんは、こう言います。

「こりゃあ、だいぶひどくなってきましたね。肺炎になってるかもしれない。レントゲンをとっておきましょう」

多くのみなさんは後者の、慎重なお医者さんを支持されるのではないかと思います。レントゲン写真をとって、それを見せられ、「ほら、ここに肺炎の影があるでしょう。ちゃんと抗生物質をのんで治しましょうね。入院はしなくていいですから」と言われれば、納得、安心ということになるからです。実際は、生まれて初めてじっくり見たレントゲン写真で、どこが肺やら心臓やらよくわからないものの、「ほら、影があるでしょう」と言われて何となく納得してしまったわけですが。

でも、いずれのお医者さんでも同じように、子どもはよくなってしまうのです。

前者のお医者さんも、子どもが肺炎になっている可能性も考えているのです。でも「肺炎の可能性がある」と告げると、とても不安になってしまうお母さんがいるし、また、お母さんによってはそのあと、「一度手おくれで肺炎にしてしまったから、これからはちょっとせきや熱が出ても、すぐ病院に行こう」と決意を固めてしまう場合もあるので、「肺炎」という病名を告げたくないのですね。

たまたま一度だけ肺炎になったために、その後、過保護な育てかたをしてしまうというのは、親子両方にとって不幸なことでしょう。過保護にすることで、子どもが丈夫になるわけではないのですから。

肺炎という病気は、レントゲンをとって初めて確定する病気です。ですからレントゲンをとらなければ、「肺炎かもしれない」ということで終わり、まあ、かぜのこじれたものと考えてもよいわけです。

レントゲンをとれば、はっきり肺炎とわかります。ですから、レントゲンをとるお医者さんのほうが、医学的に正確な診断ということになります。

しかし、どちらのお医者さんのやりかたでも同じように子どもが治っているのだとしたら、レントゲンをとらなければ親の不安も少ないし、放射線もあびないし、医療費だって安くすむわけで、よいことずくめです。

でも、レントゲンをとって「肺炎」ときっぱり言うお医者さんのほうが信頼できる、と思っているお母さんお父さんが多いのです。

子どもが頭をぶつけたときも、レントゲンをとってもらわないと安心できない人が、少なくありません。また医者の側も、とる必要がないのにとっているケースが少なくありません。

病原体をすばやく診断する検査（迅速診断法《じんそくしんだんほう》）

ぼくたち医者は、熱を出している子どもを診察して、その発熱の原因が細菌であるかウイルスであるか知りたい、と思うことがしばしばあります。細菌が原因ならば抗生物質を使うし、ウイルスならば抗生物質を使わないで対症療法《たいしょうりょうほう》でようすを見る、というふうに診療の方針を決められるからです。

しかし以前は、のどに綿棒《めんぼう》などをあて、そこで採《さい》取《しゅ》したものを検査にまわし、その部分に細菌がいるかどうかを調べようとすると、何日もかかってしまいました。そうすると、その結果が出るまでは治療が始められないことになるので不便でした。そこで、患者さんののどをのぞいて見たり、首のリンパ節《せつ》にふれてみたりして、そうした所見《しょけん》から「原因はウイルスだろう」とか、「原因は細菌だろう」とか見当をつける診断をし、その診断にしたがって薬を出していました。

ところが最近になって、20分くらいのあいだに、原因になっているウイルスや細菌を知ることができるキットが登場してきました。こういうキットを使って診断する方法を、迅速診断と言います。この迅速診断が最近ひろく使われるようになり、種類も増えてきました。

たとえば次のような細菌やウイルスについて、迅速診断のキットができています。

溶血性連鎖球菌《ようけつせいれんさきゅうきん》（溶連菌《ようれんきん》）、インフルエンザウイルス、アデノウイルス、ロタウイルス

これらのキットができたことで便利な点もありますが、逆に乱用されてその結果、薬の乱用につながってしまったということもあります。

迅速診断《じんそくしんだん》が必要かどうかが疑問なケース①

たとえば溶連菌について言うと、こんなことがあります。

熱を出している子どものどを見ると、扁桃《へんとう》が腫《は》れあがって、まっかになっています。この場合、溶連菌のような細菌が原因になっている場合もあれば、ウイルスが原因になっていることもあります。

そこで迅速診断をして、溶連菌がのどに存在するかどうかを調べてみます。すると溶連菌はマイナス、つまりそこに溶連菌がいないという結果が出ました。その結果をもとに、この子どもには抗生物質を使わないということにすると、無駄な抗生物質の使用を減らすことができて、これはたいへんよいことです。

しかしたとえば3人兄弟がいて、長男が溶連菌による扁桃炎《へんとうえん》で熱を出していて、次男と三男は元気でピンピンしているとします。このとき「次男、三男も溶連菌に感染しているかもしれない」ということで、次男、三男に迅速診断がされる場合があります。

そして次男も三男も溶連菌がプラスであったとすると、「溶連菌に感染しているから、いずれ熱を出すかもしれない。予防のために、抗生物質をのんでおきましょう」と、抗生物質が与えられることがあるのです。

しかし、ぼくたちののどに溶連菌がくっつくことは、しばしばあります。そしてほとんどの場合、発病もすることなく終わってしまいます。溶連菌は、常在菌《じょうざいきん》と言ってよい状態になっているのですね。こんなふうに、おとなしくしている溶連菌を見つけて抗生物質でやっつけるというのは、明らかに過剰《かじょう》な医療と言えると思います。

迅速診断《じんそくしんだん》が必要かどうかが疑問なケース②

また、たとえば冬に吐《は》いたり下痢《げり》したりする子どもがいたら、たいていはロタウイルスかノロウイルスによる「お腹《なか》のかぜ」（→135ページ）なのですが、この場合にロタウイルスの迅速診断キットを使って、原因になっているのがロタウイルスであることを確かめるお医者さんもいます。

しかし「お腹のかぜ」については、ふつう何もしないで、ようすを見ていていいのです。吐くのがひどくて脱水になったときに点滴《てんてき》をすることがあるくらいで、その嘔吐《おうと》もふつうは自然に止まります。下痢も薬を使わないで、自然に止まるのを待つのが最良です。お母さんやお父さんには、脱水にならないように、水分をじょうずに与える方法だけをお話ししておけばよいのです(↓146ページ)。

原因がロタウイルスであることを知っても知らなくても、処置法は同じということです。「お医者さんから、はっきりロタウイルスによる下痢ですと言われたほうが安心できるし、お医者さんへの信頼感も増す」という人もいるかもしれませんが、やはり無意味な検査、医療費の無駄使いだと、ぼくは思います。

インフルエンザの迅速診断も、タミフルなどの抗インフルエンザ薬の乱用につながっていて、好ましい使いかたがされていないと、ぼくは感じています。

迅速診断ができるようになることは確かに便利ではありますが、その使いかたは十分考えなくてはいけないと思います。

ほかにもいろいろな検査がありますが、検査についてみなさんにわかっておいてほしいのは、「たくさん検査をするのが、よい医療ではない」ということ、「検査よりも、お医者さんが五感を駆使《くし》しておこなう診察のほうが有用である」ということです。

過剰な検査が、「からだをていねいに診察する」という大事なことをおろそかにしてしまうなら、それは本末転倒だと思います。

「先端医療」について
――これからの医療

ここまで、子どものいろいろな病気についてお話ししてきましたが、最後に未来の医療について考えておきましょう。

遺伝子医療

現在、最先端の医療は、遺伝子医療と言われるものです。遺伝子を調べることで病気の予想ができたり、遺伝子を操作して、病気が治療できたりするというのです。

これからの医療は、遺伝子についての知識をもとにして展開されていくことになりそうです。

しかし最近、遺伝子中心主義と言ってよい考えかたが支配的になっていて、少々心配なのです。確かに遺伝子の異常によって起こる病気があり、また、特定の病気になりやすい遺伝子というものもあります。しかし、Aという病気にかかりやすい遺伝子をもっているからといって、必ずAという病気になるわけではなく、さまざまな環境因子《かんきょういんし》が加わって初めて病気になるのです。ですから、病気を起こすような環境要因《かんきょうよういん》をなくしたり、改善したりすることが必要なのですが、遺伝子をどうするかといった方向にばかり医療が進んでいる感があります。

遺伝子を操作するということは、人間の生命を操作することであり、人間を改造することにもつながります。この領域にどこまで踏み込んでよいのか、ぼくたちは十分考えておく必要があると思います。

やがて遺伝子についてさまざまなことが解明され、遺伝子を調べることで病気の診断ができたり、遺伝子を入れかえたり加えたりすることで、病気の治療ができたりするという時代がくるのでしょう。

そういう未来を理想的な未来だと手ばなしに期待し、評価している人が少なくありませんが、本当に理想的なのでしょうか。ぼくはそうした評価に、おおいに疑問をもっています。

なぜそう思うのか、理由をお話ししてみましょう。

遺伝子医療への疑問

人間は生まれてから死ぬまで、さまざまな病気にかかりますが、そのなかには遺伝が関係しているものも多くあります。

たとえば、ぼくたちがいま、病気のなかで最大の難敵《なんてき》と考えているのはガンだと思いますが、ガンにもなりやすい体質となりにくい体質があり、そうした体質は、遺伝するものだろうと考えられています。

実際、タバコは肺ガンの原因になることはほぼ確実なのに、毎日100本ずつすっても肺ガンにならない人もいれば、20本ずつすって肺ガンになる人もいて、不公平と言えば不公平です。この不公平が起こる原因はと言うと、遺伝子のせいらしいのです。

アレルギーの病気なども遺伝性が強く、ぼくのところへ初めて診察にきたアトピー性皮膚炎《せいひふえん》や気管支《きかんし》喘息《ぜんそく》の子どもなどについては、必ずお父さんやお母さんがアレルギー素質であるかどうかの質問をします。そうするとお父さん、お母さんのいずれか、あるいは両方がアレルギー素質であることが、かなり多いのです。熱性けいれんや夜尿症《やにょうしょう》などでも、ある程度の遺伝性が認められます。

こんなふうに、さまざまな病気や体質について遺伝性が認められ、その遺伝性は遺伝子によってもたらされると考えられます。

そこで、どの遺伝子が、どんなふうに病気と関連しているのかが、探究されることになります。現在は、病気と関連する遺伝子を発見することが医学の大きな課題になっています。そして、特定の病気と関連する遺伝子が次々と見つかっています。

そんなに医学が進んだのなら、病気がどうして起こるかについて、すっかりわかったはずだ、と思われるかもしれません。しかし自然というもの、あるいは人間のからだというものは、そうとう複雑にできていて、そうそう一筋縄《ひとすじなわ》でいくものではないのです。その複雑さを示す、比較的わかりやすい例をあげてみましょう。

病気のなかには、1個の遺伝子の突然変異によって起こるという単純なもの(「単一遺伝子病」)もあれば、複数個の遺伝子が関連して起こる複雑なものもあります。

病気の発生に関連する遺伝子がひとつだけで、それが突然変異を起こすことが病気の原因なのだとしたら、その遺伝子を入れかえたり、突然変異を防いだりすれば、病気にならないですむように思われます。でも実際には、そう簡単ではありません。

たとえば、嚢胞性線維症《のうほうせいせんいしょう》という病気があります。子どものときに発病することが多いこの病気は、アメリカなどでは高い頻度《ひんど》で見られますが、日本ではほとんど見られない病気です。

この病気は、CFTRという名前の遺伝子ただひとつが、突然変異することで起こることがわかっています。ただ、この突然変異のしかたはひとつとおりではなく、400とおりもの突然変異があることがわかっていて、さらに今後、もっと多くの突然変異のしかたが見つかるだろうと言われています。そして、これらのたくさんの突然変異のうち、一部の突然変異だけが、嚢胞性線維症や、それに似た症状を起こすのです。

こんなわけですから、嚢胞性線維症に関連する遺伝子がCFTRであるとわかっても、その遺伝子によって病気が起こる過程が十分にわかるまでには、時間がかかるということです。

単一遺伝子病でもこんなに複雑なのですから、複数個の遺伝子が関連する病気については、もっともっと複雑になります。

そして、数多くある病気のなかで、単一遺伝子病はきわめて少なく(病気全体の2%と言われます)、ほとんどの病気が、複数個の遺伝子がかかわるものなのです。しかも、こうした複数個の遺伝子がかかわる病気は、環境要因《かんきょうよういん》とさまざまにかかわって病気の発生にいたるわけですから、そのメカニズムは複雑きわまると言ってよいのです。

しかし最近は、環境要因を無視して、「遺伝子によって、人間の運命が決まってしまう」というふうに考える、遺伝子決定論がかなりひろがっています。遺伝子決定論は、ぼくには非常に危険な考えに思えるのですが、どこが危険なのかを遺伝子診断や遺伝子治療という具体的な医療行為を例にとって、考えてみましょう。

出生前診断《しゅっせいぜんしんだん》

遺伝子診断は、すでにひろくおこなわれています。

胎児《たいじ》の遺伝子を調べて、胎児が病気をもっているかどうかを知ろうとする出生前診断は、どんどんおこなわれるようになっていますし、成人についても、「遺伝子を調べてあげます」といったキャッチフレーズで、遺伝子をネタにした商売をしている企業もあります。そうしたことに、問題はないのでしょうか。

まず、出生前診断について考えてみましょう。

出生前診断はこれまで主として、「次に生まれてくる子に、障害があるかどうか知りたい」という人に対して、おこなわれてきました。遺伝性の病気の子どもをもつ親が、「もう1人子どもがほしいけれど、その子どもも病気をもっているとすると、障害児を2人もつことになり、それはつらい。もし病気でない子どもだとわかったら産みたいけれど」と考えた場合、出生前診断が利用されるのです。

出生前診断は、お母さんの羊水《ようすい》を少量採取《さいしゅ》しておこなわれます。羊水のなかには、胎児の細胞がはがれ落ちて浮遊《ふゆう》していますから、その細胞の遺伝子を調べて診断します（→暮らし11ページ）。

この診断で、胎児の遺伝子に異常がないとわかったら、母親は出産することになるでしょう。しかし異常の可能性があったときは、どうなるでしょうか。

遺伝子診断は、胎児の遺伝子が正常か異常かを、100％診断できると思っている人もいるでしょうが、決してそうではありません。

進化生態学の専門家である廣野《ひろの》喜幸《よしゆき》さんは、次のように言っています。

「遺伝子診断といっても、病気によっては一〇〇％確定できないものもある。いや、そうした遺伝病のほうが多いだろう。五〇％の確率で遺伝病だが、五〇％は正常の子が生まれるという判定も当然出てくる。このとき、障害がある可能性が五〇％もあるならやめよう、あるいは五〇％しかないなら産もうという決断をどこかで親はしなければならない。これは大変慎重に決断すべき問題である」（『ゲノム――命の設計図』）

選択的中絶《せんたくてきちゅうぜつ》がはらむ問題

実際に、みなさんが遺伝子診断を受けたとして、「障害のある確率50％」と言われたら、どうするだろうかと考えてみてください。

もし産まないことに決めれば中絶することになりますが、それは選択的中絶と呼ばれます。「胎児がどんな子どもか、具体的には知らないままに中絶する」のが一般的な中絶ですが、それに対して、「胎児が健康なら産むけれど、障害をもっていたら産まないで中絶する」というやりかたが、選択的中絶と呼ばれるのです。

このやりかたは、「障害をもつ人は生まれてくるべきでない」という考えかたや、「障害をもつ人は、この世にいないほうがよい」という考えかたにつながってしまう可能性をもっています。それで、選択的中絶は優生思想《ゆうせいしそう》ではないかという考えかたがあり、ぼくもそう考えています。

しかし、遺伝子診断をよいことと考える人たちは、「産まないという選択だけでなく、障害があっても産もうという選択もできるのだから、優生思想ではない」と言います。

けれども、あらかじめ胎児に障害があると言われて、「障害があることなど、何でもない。当然産みます」と選択する人は、それほど多くないように思われます。

実際、障害のある子どもをもった肉親に話を聞くと、生まれてきた子どもに障害があるとわかったときは、混乱したり困惑したり、嘆き悲しんだり、あるいは「自分の子どもにだけ、どうして障害があるのだろう」と怒ったり、さまざまな感情にとらわれたと語るのがふつうです。

しかし、育てていくうちに、「この子を授かってよかった」、「障害のある子をもったおかげで、親のわたしが成長できた」、「こんなかわいい子なのに、生まれたときに悲しがったのは、どうしてなのだろう」などという感情が生まれていくのも、ふつうなのです。そうした喜びや感謝の気持ちは、生まれる前に「あなたの赤ちゃんには障害があるが、どうしますか」と問われたときには、想像できないようなものであることが多いのです。

生まれる前に「障害がある」と告げられたら、障害がある子をもつことによって得られる幸せは思いうかべられず、不幸な将来ばかりが心にうかんで、育てていく自信がもてなくなることが多いでしょう。そうすると、中絶につながってしまいます。

その決定は、確率に左右されるようなものではありません。「子どもに障害がある確率が50％なら産まないけれど、5％なら産む」ということにもならないのです。どんなに確率が低くても、「障害児なら育てたくない」という思いが強ければ、産むことをためらうでしょう。

一方、どんなに確率が高くても、「障害があってもなくても産む」という気持ちさえあれば産むことを選択するのですが、こういう場合には、遺伝子診断は意味がなくなります。

しかし、障害のある子を産むことを選んだ場合、社会は必ずしも好意的ではない、という現実があります。

障害をもつ人、とりわけ知的障害の人は、労働力として期待できないことが多いのですが、「働かざる者、食うべからず」という暗黙の了解が人間の社会にはありますから、「お荷物」と考えられてしまうことがあります。そんなひどいことは誰も考えていないと言われるかもしれませんが、障害者でなくても、生活保護を受けて暮らしているような人には、世間のまなざしは、しばしば冷たいものです。

かつてある学者が、ある血友病《けつゆうびょう》の青年の親に対して、こんなふうに言ったことがあります。「血友病は遺伝性の病気なのだから、子どもが血友病であることは、生まれる前からわかっていたはずだ。それなのに子どもを産んで、その子どものために国が医療費を負担しなければならないのは、理不尽なことだ」。

社会に負担をかけることがわかっているような子どもを産んではならないという、優生思想丸出しの考えかたでしたが、この発言に対して、障害者から抗議の声はあがったものの、「健常《けんじょう》」な人たちからは、あまり非難の声はあがりませんでした。こうした発言に、あからさまに賛成する人は少ないけれど、心のなかで賛同したり拍手を送ったりする人は、少なくないのではないかと、ぼくは危惧《きぐ》します。

そして、こうした社会的なプレッシャーは、「胎児が障害をもっていても産む」という決意をにぶらせます。

現実に出生前診断によって、障害をもつ子どもの出生に影響が出てきています。

出生前診断は、障害児をもつ母親だけでなく、高年齢(40歳以上)でお産をする女性でもしばしばおこなわれていますが、それは高齢での出産の場合、ダウン症の出生率が高くなる、という事実があるからです。そして、出生前診断でダウン症と診断された胎児は、中絶されることが少なくないのでしょう。最近、ダウン症の子どもの出生が、少なくなっているのです(→341ページ)。

　イギリスでは二分脊椎《にぶんせきつい》という病気の人が減っている、という事実があると言います。イギリスでは、二分脊椎について、遺伝子診断をしてよいというゴーサインが出て以来、急速に二分脊椎の人の数が減りましたが、それは、遺伝子診断で胎児が二分脊椎だと知らされた親の多くが中絶を選んだためでした。

　先ほど紹介した廣野喜幸さんは、次のように言います。

　「遺伝子診断が行われると、遺伝子の選別が進んでいく。一面では、これはいいことなのかもしれない。しかし、遺伝子の選別を推進する考え方は、優生思想につながる。「劣った性質を持っている人びとの遺伝子をなくしていこう」、「悪性疾患とか悪い遺伝子を持つことがわかったら、堕胎《だたい》してこの世からなくしていこう」という思想がある。この優生思想によって、障害者たちは劣った遺伝子を持っているというキャンペーン(これは事実ではない)で、ナチスは障害者の撲滅に邁進《まいしん》した。ナチス以後五〇年間、優生思想というのはタブーだった。ところが、遺伝子診断ができるようになってくると、アメリカなどでは選別的な堕胎が多く行われ、それを支える思想として新優生思想が登場してきた。たとえば、ダウン症を堕胎する人びとが多くなると、ダウン症の人たちは自分たちの存在が否定されているような気になってしまう、という問題が指摘されている」

　出生前診断は、どんどん進められていくかもしれません。そうすると、「赤ちゃんは天からの授かりものだから、どんな赤ちゃんでも育てていく」というこれまでの「常識」は崩《くず》れて、「自分の望むような赤ちゃんなら産むけれど、そうでなければ中絶する」という、選択的な出産の時代がくるのかもしれません。それでいいのでしょうか。ぼくにはいいとは思えません。

日常的な遺伝子診断

　出生前診断だけでなく、生まれてからも日常的に、遺伝子診断がおこなわれる日がくるかもしれません。

　生まれたときに、すべての遺伝子が調べられるようになることも、あり得るのです。そして、「この子はガンになりやすい遺伝子をもっている」とか、「高血圧になりやすい遺伝子をもっている」とか、宣告されるようになるでしょう。

　ある病気になりやすい遺伝子は、ぼくたちは誰でも、5〜6個くらいもっていると言われています。

　そうすると、人間は誰でも病気である、という変なことになります。

　そして、病気になりやすい遺伝子をいくつもっているか、あるいはどんな病気になりやすい遺伝子をもっているかによって、あらたな差別が生まれるのではないかと心配されています。

　このような心配は、すでに現実のものになっています。たとえば生命保険会社が、保険加入のさい、加入しようとする人に遺伝子診断を求め、その結果、病気にかかりやすい遺伝子をもつ人には保険金を高額にする、といった動きが、アメリカなどではあると言われているのです。

　自分の遺伝子すべてがどんな遺伝子かを示すマップのようなものを、ひとりひとり持たされ、就職や結婚、あるいは進学のときなどに提出させられるようになるかもしれませんが、それは背筋《せすじ》の寒くなるような世界だと、ぼくには思われます。そもそも、「あなたはAという病気にかかる確率は5%、Bという病気にかかる確率は20%」というふうに告げられて生きていくのは、幸せなことでしょうか。

　ある人は「いつ病気になるのか」と、常に心配し続けて生きていくかもしれません。そしてそのストレスで、病気になることもあるでしょう。何だか本末転倒といった感じです。

　また、ある人は病気にならないように、摂生《せっせい》に摂生を重ねた生活を毎日続けるかもしれませんが、病気にならないことだけを目標にした人生というのも、味気ないのではないでしょうか。将来のことがわかっていれば、あらかじめ手をうっておけばいいのだから、情報がたくさんあるのはよいことだ、と楽観的に言う人が多いのですが、少ない可能性に対してもすべて手をうっておくのは、たいへんなことだと思います。

　そして、手のうちようのないものもあります。摂生しても、防ぐことができない病気もあるのです。そうすると、そんな病気に対しては、遺伝子治療をしようということになります。

　遺伝子による診断や治療は、人間が新しい世界に足を踏み入れることになります。それは、人間を自由に作り変えることができる世界が開けたということですが、何しろ未知の領域ですから、どんなおそろしいことが待ちかまえているのか、予想もできません。このような医療をすすめていってよいのかどうか、ぼくたちはよく考えてみる必要があります。

放射線についての考えかた

原子力発電のしくみ

2011年3月11日、巨大な地震が東日本を襲いました。津波によって大きな被害が出ましたが、さらに福島第一原子力発電所(以下、原発と略す)の事故が起こって日本全体が壊滅しかねない状態になってしまいました。幸い、最悪の状態には至りませんでしたが、原発事故の恐ろしさは身にしみました。

地震がきわめて多く、また国土が狭くて、原発事故のようなことが起こったとき逃げる所もないというこの日本に原発を作ること自体が無理なことであり、間違ったことであったと思います。

しかし原発事故は起こってしまいました。取り返しがつきません。ぼくたち、とりわけ子どもたちはこれから先、長い期間、放射性物質によって汚染された環境のなかで生きていかねばなりません。生き抜いていくためには放射線というものについてある程度の知識をもっている必要があると思いますから、ここで放射線とそれによる健康障害について解説をしておくことにします。

まず原子力発電のしくみについて見ておきましょう。原発は核分裂という現象を利用した発電方法です。

核分裂というのは、どういう現象でしょうか。

この地球上に存在するすべてのものは原子からできていますね。ぼくたちのからだも、さまざまな原子の集合体です。

原子は中心に原子核があり、そのまわりを電子が飛び回っています。原子核のなかには陽子と中性子《ちゅうせいし》が存在します(水素だけは例外で、中性子がなく陽子一個だけです)。

1938年から1939年にかけて、ウランの原子核に中性子をぶつけるとウランの原子核が二つに割れて、それぞれ新しい原子になることがわかりました。そしてこのとき原子核から2、3個の中性子が飛び出してくることもわかりました。これが核分裂と呼ばれます。核分裂のさいには、大きなエネルギーが発生します。

核分裂を連続的に起こさせて莫大なエネルギーをうみ出し、それを利用するのが原子爆弾です。核分裂の連鎖反応をコントロールして大爆発に至らないようにし、そこで得られたエネルギーで水を水蒸気に変え、タービンを回して電気を得るのが原子力発電です。

原爆と原発はともに、核分裂を利用した兄弟のようなものだということを確認しておきましょう。

ウランの核分裂によってさまざまな原子が作られますが、これらは「不安定」な原子です。不安定な原子は放射線を出して、安定な原子に変わろうとします。この不安定な原子を、放射性物質と呼びます。

原発の原子炉のなかで核分裂が起こり、さまざまな放射性物質がうみ出されていますが、ふだん、これらの物質は原子炉内に閉じこめられています。しかし2011年3月のような原発事故が起こると、放射性物質は外へ飛び出してきます。

実際に福島第一原発事故で、30種類以上の放射性物質が外へ飛び出しました。これらの物質は人体に被害を及ぼすものが多いのですが、なかでもセシウム134、セシウム137、ヨウ素131の量が多く、これらによる健康被害が懸念されました。ストロンチウム90、プルトニウム239なども人体に影響がありますが、福島の事故では飛び出した量が少なかったと言われます。

放射線による健康障害とは

次に放射線による健康障害を考えてみましょう。放射線のなかで原発事故のさい問題になるのはα《アルファ》線、β《ベータ》線、γ《ガンマ》線、中性子線です。中性子線は1999年の東海村JCO臨界事故では出ていますが、福島の事故では出ませんでしたから、福島の事故以後心配されているのはα線、β線、γ線による健康被害です。

放射線をからだに浴びることを被曝《ひばく》と言いますが、被曝の形には、高線量被曝、内部被曝などがあります。

高線量被曝は、いちどきに大量の放射線をドバッと浴びることで、低線量被曝とは、少量の放射線を長期間ジワジワ浴び続けることです。

外部被曝というのは、からだの外からからだに放射線が当たることで、内部被曝というのは、放射性物質を吸いこんだり放射性物質が含まれた食物を口からとり入れたりして、からだのなかへ入りこんだ放射性物質がその場所で放射線を出し続けることです。

高線量をいちどきに浴びると急性障害が起こり、短期間で死に至ることもあります。チェルノブイリ原発事故や東海村JCO臨界事故では作業員が高線量被曝で亡くなっています。福島の事故では高線量被曝は起きませんでしたが、空間に飛び出したヨウ素やセシウムによる低線量の外部被曝、内部被曝が問題になりました。ヨウ素131やセシウム134、セシウム137はγ線、β線を出します。プルトニウム239はα線を出します。

γ線は飛距離が何百メートルもあるので、たとえばセシウム134が含まれた土の上にいると、セシウム134から出たγ線が、ぼくたちのからだに当たります。当たったγ線の半分はそのままからだを突き抜けますが、半分はからだを通るとき細胞を傷つけることがあると言われます。一方、α線、β線は数センチしか飛びませんので、外部被曝はほとんどありません。セシウムが食物にふくまれた形で体内に入るとそこでβ線を出しますし、プルトニウムを吸いこむと体内でα線を出します。このβ線やα線が周囲の細胞を傷つけます。

それぞれの放射性物質は人体内に入ったとき集まりやすい部分があり、それは決定臓器《けっていぞうき》と呼ばれます。ヨウ素131は甲状腺に集まり、ストロンチウム90は骨に集まります。セシウムは全身に分布します。

不安と向き合う

低線量被曝、内部被曝が人体にとって危険であることは、原子力が利用されるようになった1940年代からすでにわかっていました。しかし核兵器を保有したいと思っている国、原子力産業を推進しようとする人たちは、「低線量被曝の危険性が大衆に知れわたることは、原子力産業を脅かすものだ」と考えました。

それで、低線量被曝の危険性を訴える学者、研究者は弾圧され、多くの放射線の専門家は低線量被曝、内部被曝の研究には手をつけず、「人間はふだん自然放射線を浴びていてなんともないのだから、低線量被曝の健康への影響など心配ない」と言い続けてきました。

チェルノブイリでは、子どもにはまれにしか起こらない甲状腺ガンが事故後に多発したため、甲状腺ガンだけは放射性物質が原因とされましたが、一方、それ以外の健康障害はいっさい起こらなかったという「公式見解」が作られてしまいました。

しかし、1954年にビキニ環礁で水爆実験がおこなわれたマーシャル諸島に住む人たちのあいだではさまざまな健康障害が起こっていますし、チェルノブイリの事故後、ロシア、ウクライナ、ベラルーシなどの国でさまざまな健康障害が起こっています。放射線による健康障害は多岐にわたり、特徴があるわけでもないので因果関係を説明することが困難なのですが、集団として見るとき、マーシャル諸島でもチェルノブイリ近隣でも病人が増え、完全に健康と言える人が非常に少なくなっているという事実があります。放射線はDNAを傷つけることがわかっており、そのためにさまざまなガンを起こす可能性があるほか、免疫力の低下、心筋(心臓の壁の筋肉)への影響、造血器(血球を生成する器官。骨髄、脾臓《ひぞう》、リンパ節など)への影響、胎児への影響などいろいろなことが起こりうるのですが、まだ実態はよくわかっていません。

ですから福島の事故以来、ホットスポットと言われる場所にいて外部被曝、内部被曝をした人たちには定期的な健康診断をおこない、慎重に経過を見ていくことが必要です。

ぼく山田は2011年6月以来、継続して福島に行き健康相談に当たっていますが、放射線による健康障害については未解明の部分が多いため、ぼくは不安ですし、もちろん福島をはじめとする線量の高い地域に住んでいる人たちの不安も消えることはないでしょう。放射線というものが必然的に不安を与えるものなのですから、原発を稼働させることがそもそもの間違いなのだと実感しています。これからの人生はそう長くありませんが、子どもたちを守るため健康相談をすすめながら、原発をなくす闘いをしていこうと思っています。

あとがき

たくさんの時間をかけてようやく、自分としては満足できる一冊を書き上げることができました。

40年近い日々を町医者としてすごし、たくさんの子どもたちやお母さん、お父さん、おばあちゃん、おじいちゃんと出会って学んできたことのほぼすべてを書きつくしたという思いがしています。

あとはこの一冊がどれだけみなさんのお役に立ってくれるかということだけです。

ぼくが小児科医になろうと思った動機のひとつが松田道雄さんでした。今は亡い母が幼いぼくに「将来は松田さんのような医者になってくれるとうれしい」とくり返し言い、やがてぼくのなかに理想像としての松田さんができあがったのです。

そして小児科医になったばかりのぼくに松田さんの『育児の百科』は、どのような小児科医になるべきかを示す指針になってくれました。『育児の百科』はまた、育児書というものはどうあるべきかを教えてくれる本でもありました。

子どもを育てるということが生の営みの一つである以上、育児書は「親が子とどう生きていくべきか」を提案する本であってもよいのではないかと思ったのです。

松田さんが亡くなられて9年、岩波書店は新しい育児書を作る機会を、毛利さんとぼくに与えてくれました。毛利さんとは長年の盟友であるもののけんか友だちでもあり、共著というかたちで本を作ることができるだろうかという一抹《いちまつ》の不安はありました。しかし「育児書は単なるマニュアル本であってはつまらない。どう生きるかを読者といっしょに考える本であるべきだ」という点では一致できるだろうという思いのもとに一冊を作るための航海に乗り出したのです。

そして航海はすべて平穏というわけではなかったけれど、岩波書店の田中朋子さん、吉村弘樹さん、坂本純子さんたちにご苦労いただいて、目的の港に着くことができました。

今ふり返ってみて、この本を作るために費した3年ほどの時間は楽しかったなあとしみじみ思います。幸せなときを経てでき上がったこの本を、多くのみなさんが座右の相談相手にしてくださったらこんなにうれしいことはありません。

山田　真

二〇〇七年九月

毛利子来
1929–2017年．岡山医科大学卒業．小児科医。東京都渋谷区で小児科医院を1960年に開業．雑誌『ちいさい・おおきい・よわい・つよい』編集代表．著書に，『ひとりひとりのお産と育児の本』(平凡社，毎日出版文化賞)，『赤ちゃんのいる暮らし』，『幼い子のいる暮らし』(ともに筑摩書房)など．

山田　真
1941年生まれ．東京大学医学部卒業．小児科医．八王子中央診療所で日々幅広い患者さんに接する．雑誌『ちいさい・おおきい・よわい・つよい』編集代表．著書に，『はじめてであう小児科の本』，『びょうきのほん』(ともに福音館書店)，『小児科へ行く前に――子どもの症状の見分け方』(監修，ジャパンマシニスト)など．

育育児典（全2冊）　病気編

2007年10月26日　第1刷発行
2021年 2 月25日　第4刷発行

著　者　毛利《もうり》子来《たねき》　山田《やまだ》 真《まこと》

発行者　岡 本　厚

発行所　株式会社 岩波書店
〒101-8002 東京都千代田区一ツ橋 2-5-5
電話案内 03-5210-4000
https://www.iwanami.co.jp/

印刷・精興社　製本・松岳社

ISBN 978-4-00-009877-9　　Printed in Japan

索　引

・この索引は、〈暮らし編〉、〈病気編〉に共通です。
・横に*がついている数字は〈病気編〉のページを、イタリックの数字は〈病気編のはじめに〉のページを、ゴシックの数字は本文の見出しに対応していることを示しています。
・索引に掲げた言葉が、示されたページのなかに、そのままのかたちで出てこない場合、その言葉に対応した記述があります。

う

え

お

か

き

く

け

こ

さ

し

横に*がついている数字は〈病気編〉のページを、ゴシックの数字は本文の見出しに対応していることを示しています。

横に*がついている数字は〈病気編〉のページを、ゴシックの数字は本文の見出しに対応していることを示しています。

横に*がついている数字は〈病気編〉のページを、ゴシックの数字は本文の見出しに対応していることを示しています。

ひ

ふ

へ

ほ

ま

み

む

め

も

や

ゆ

よ

ら

横に*がついている数字は〈病気編〉のページを、ゴシックの数字は本文の見出しに対応していることを示しています。

病気編　主要参考文献

『アスペルガー症候群と学習障害 ── ここまでわかった子どもの心と脳』榊原洋一、講談社α新書、2002 年
『アレルギー ── 正しい治療のために』長屋宏、中公新書、1988 年
『医学大辞典』伊藤正男他、医学書院、2003 年
『育児の百科』松田道雄、岩波書店、1967 年
『開業医の外来小児科学　改訂 5 版』豊原清臣他編、南山堂、2007 年
『外来の小児皮膚科学』大城戸宗男編、南山堂、1989
『学校医のための小児腎臓病のみかたと指導』内山聖、医学書院、2002 年
『感染症予防必携』山崎修道他編、日本公衆衛生協会、2005
『改訂 3 版　救急蘇生法の指針 2005　市民用』日本救急医療財団心肺蘇生法委員会監修、へるす出版、2005 年
『薬はいつ飲めば効く？ ── 生体リズムと時間治療』吉山友二、丸善、2001 年
『決戦下の育児』小林彰、東京社、1943 年
『ゲノム ── 命の設計図（東京大学公開講座 76）』東京大学綜合研究会、東京大学出版会、2003 年
『「健康」の日本史』北澤一利、平凡社新書、2000 年
『現代 児童青年精神医学』山崎晃資他、永井書店、2002 年
『国際頭痛分類　第 2 版　新訂増補日本語版』日本頭痛学会・国際頭痛分類普及委員会訳、医学書院、2007 年
『こどものアトピーによくみる 50 症状 ── どう診て・どう対応するか』山本一哉、南山堂、2002 年
『子どもの応急処置マニュアル』大塚敏文監訳、南江堂、2000 年
『こどものおむつ部によく見る 50 症状 ── どう診て・どう対応するか』山本一哉、南山堂、2005 年
『こどものけいれん』大塚親哉、日本小児医事出版社、1995 年
『子どもの整形外科教室 ── 芽を育てる治療のために』坂口亮、同文書院、1987 年
『子どもの精神科』山登敬之、筑摩書房、2005 年
『さらば消毒とガーゼ ── 「うるおい治療」が傷を治す』夏井睦、春秋社、2005 年
『小児アレルギー疾患　最新の診療』岩田力編、中外医学社、2001 年
『小児科学　新生児学テキスト』阿部敏明他編、診断と治療社、2003 年
『小児科へ行く前に ── 子どもの症状の見分け方』ジョン・ガーウッド、アマンダ・ベネット、青木玲訳、山田真監修、ジャパンマシニスト、2000 年
『小児眼科の ABC』小口芳久、日本医事新報社、1995 年
『小児急性中耳炎診療ガイドライン　2006 年版』金原出版、2006 年
『小児耳鼻咽喉科　臨床の実際』形浦昭克編、南山堂、1995 年

病気編　主要参考文献

『小児の頭痛』ポール・ウインナー、デビッド・ロスナー、寺本純訳、診断と治療社、2002 年
『小児の肥満症マニュアル』日本肥満学会編、医薬出版、2004 年
『新生児学入門』仁志田博司、医学書院、2004 年
『人体常在菌』牛嶋彊、医薬ジャーナル社、2001 年
『身長の神話』カトリーヌ・モンディエ＝コル、ミシェル・コル、小沼純一、西村薫訳、工作舎、1994 年
『統合医療の扉 ── 生命倫理の視角から』小松美奈子、北樹出版、2003 年
『日本人の病気観 ── 象徴人類学的考察』大貫恵美子、岩波書店、1985 年
『乳幼児の哺育と看護』長尾美知、岩波書店、1934 年
『ノーマルチャイルド』R. S. イリングワース、山口規容子訳、メディカル・サイエンス・インターナショナル、1994 年
『標準眼科学　第 5 版』清水弘一、野寄喜美春編、医学書院、1992 年
『放射線被曝と甲状腺がん ── 広島、チェルノブイリ、セミパラチンスク（シリーズ甲状腺・広島から vol. 1）』武市宣雄、星正治、安井弥、佐渡敏彦監修、渓水社、2011 年
『痩せと肥満の心理 ── 摂食障害へのアプローチ』メアリー・パイファー、杉村省吾、杉村栄子訳、川島書店、2000 年
『よくわかる言語発達』岩立志津夫他編、ミネルヴァ書房、2005 年
『予防接種へ行く前に ── 受けるこどもの側にたって』ワクチントーク全国・「予防接種と子どもの健康」攻略本編集委員会、編集代表　毛利子来、母里啓子、ジャパンマシニスト社、2006 年
Current Pediatric Diagnosis & Treatment 17th edition, McGraw-Hill, 2005
Harrison's Principles of Internal Medicine, McGraw-Hill, 2001
Nelson Textbook of Pediatrics, Saunders, 2004
John Apley, *The Child with Abdominal Pains*, Blackwell, 1975

《雑誌論文》
朝山光太郎ほか「小児肥満症の判定基準」『肥満研究』2002 年 8 巻 2 号
影山昇「寄生虫」『小児科』1997 年 38 巻 10 号
庄司順一「爪を嚙む」『小児科』1992 年 33 巻 10 号
田原暁「指しゃぶりについての一考察」『小児科診療』1984 年 47 巻 4 号
寺島和光「よく相談される小児の泌尿器科学的な問題」『小児科』2001 年 42 巻 11 号
村上睦美ほか「学校検尿の現状：有所見率」『腎と透析』1998 年 45 巻 5 号

《雑誌》
『ちいさい・おおきい・よわい・つよい』ジャパンマシニスト社